1910년대 일본 유학생 잡지 연구

김영민(金榮敏, Kim, Young-min)
연세대학교 국어국문학과 교수이다. 연세대학교 국어국문학과와 같은 학교 대학원을 졸업했다. 전북대학교 국문과 조교수와 미국 하버드대학교 옌칭연구소 방문교수, 일본 릿교대학 교환 연구교수를 지낸 바 있다. 연세대학교 학술상과 한국백상출판문화상 저작상을 수상하였다.
그동안 지은 책으로 『한국문학비평논쟁사』(한길사, 1992), 『한국근대소설사』(솔, 1997), 『한국근대문학비평사』(소명출판, 1999), 『한국현대문학비평사』(소명출판, 2000), 『한국 근대소설의 형성과정』(소명출판, 2005), 『한국의 근대신문과 근대소설』 1－대한매일신보(소명출판, 2006), 『한국의 근대신문과 근대소설』 2－한성신보(소명출판, 2008), 『문학제도 및 민족어의 형성과 한국 근대문학(1890~1945)』(소명출판, 2012), 『한국의 근대신문과 근대소설』 3－만세보(소명출판, 2014) 등이 있다.

1910년대 일본 유학생 잡지 연구

초판인쇄 2019년 1월 18일 **초판발행** 2019년 1월 28일
지은이 김영민 **펴낸이** 박성모 **펴낸곳** 소명출판 **출판등록** 제13-522호
주소 서울시 서초구 서초중앙로6길 15, 1층
전화 02-585-7840 **팩스** 02-585-7848
전자우편 somyungbooks@daum.net **홈페이지** www.somyong.co.kr

값 38,000원

ISBN 979-11-5905-377-1 93810

이 저서는 2015년 정부(교육부)의 재원으로 한국연구재단의 지원을 받아 수행된 연구임
(NRF-2015S1A6A4A01009646)

1910년대 일본 유학생 잡지 연구

A Study on the Modern Korean Literature and Magazine Issued by Korean Students in Japan in 1910s

김영민

소명출판

머리말

이 책은 1910년대 일본에서 발행된 유학생 잡지를 연구한 것이다. 이 책에서 연구의 대상으로 삼은 잡지는 『학지광』, 『여자계』, 『기독청년』, 『현대』, 『창조』 등이다. 근대 초기의 일본 유학생들은 한국 근대문학의 형성 및 전개 과정에서 적지 않은 역할을 했다. 잡지는 근대를 상징하는 매체이면서 지식인 사회를 대변하는 매체이기도 하다. 그런 점에서 근대 유학생 잡지를 연구하는 일은, 한국 근대문학사와 근대지성사를 체계적으로 연구하는 일과 직결된다. 일본에서 발행된 근대 유학생 잡지는 국내 출판계와도 일정한 교류 관계를 유지하면서 근대 지식장의 형성에 촉매 역할을 했다. 국내에 전문적 문예지가 아직 등장하지 않았던 상황에서, 일본 유학생 잡지의 역할은 문학사적으로도 매우 중요했다. 본 연구의 중심을 1910년대에 맞춘 이유는 이 시기에 발행된 유학생 잡지의 역할이 다른 시기에 비해 상대적으로 크고 중요했기 때문이다.

제1부는 예비적 고찰에 해당한다. 여기에서는 근대적 유학 제도의 성립과 유학생 잡지의 출현 과정을 밝히고 있다. 유학생 사회에 공식적인 조직이 생기기 시작한 것은 1895년 대규모의 관비유학생이 파견되

면서부터이다. 이 시기에 처음으로 조직된 유학생 단체가 '대조선인일본 유학생친목회'였다. '대조선인일본 유학생친목회'는 1896년 2월 15일 『친목회회보』를 창간함으로써 언론 활동을 시작한다. 『친목회회보』는 우리나라 사람들이 발행한 최초의 근대 잡지이다. 일본 유학생 잡지에 문학 작품이 실리기 시작한 것은 1906년의 『태극학보』의 경우가 처음이다. 이 시기 일본 유학생 잡지와 국내에서 발간되는 학회지는 상호 교류 관계를 유지했다.

제2부는 이 책의 본론에 해당한다. 여기서는 1910년대 일본 유학생잡지들을 통해 발표된 논설과 소설 등을 정리했다. 『학지광』은 '조선유학생학우회'가 발행한 기관지이다. 『학계보』의 후신인 『학지광』은 1914년 4월 2일에 창간되었다. 『학지광』의 논설의 범주는 새로운 윤리 도덕의 기준 설정의 필요성 제시, 여성의 지위 향상을 위한 노력 강조, 실력양성을 위한 조선 청년의 책임 강조 등으로 나눌 수 있다. 1910년대 이후 유학생 사회에서 가장 광범위하게 퍼져나갔던 사상은 사회진화론과 실력양성론이다. 『학지광』의 실력양성론과 준비론의 사상은 경제 관련 논설들을 통해서도 반복적으로 거론되었다. 『학지광』의 문학론에서는 문학의 자율성론과 예술성론이 주류를 이룬다. 『학지광』 소재 소설의 범주는 약육강식의 세계관을 드러낸 작품, 유학생의 정신적 고뇌를 다룬 작품, 조선의 구습과 낡은 제도로 인한 번뇌의 현실을 다룬 작품 등으로 나눌 수 있다. 이들 작품의 창작 동기는 대부분 문학 작품을 통해 현실에 대한 고민을 표출하려는 데 있다.

『여자계』 창간호는 1917년 봄 등사판으로 발간되었고, 이후 1917년 6월에 활판으로 다시 발행되었다. 국내외 소장 자료들을 종합해 판단하면, 『여자계』 제1호의 실제 제작은 6월 말에서 7월 초에 걸쳐 완료되었고 공식적인 간기는 7월 12일로 되어 있을 것이라는 새로운 추정이 가능하다. 한일병합 직후 국내 매체에서 여성담론이 급격히 사라져 버리게 되었다는 점을 생각하면, 근대 여성담론 전개사에서 일본 유학생 잡지가 수행한 역할은 그 의미가 크다. 『여자계』는 국한문체 기사뿐만 아니라 한글체 기사들도 함께 수록한다. 이는 1910년대에 발간된 지식인 매체 가운데서는 매우 드문 사례이다. 『여자계』의 논설 범주는 가정제도의 개혁과 풍속의 개량, 여자교육의 필요, 부인의 각성 촉구, 남녀평등과 여자해방 등으로 나눌 수 있다. 『여자계』에 수록된 산문들 가운데는 논설 이외에도 주목을 끄는 글들이 몇 편 있다. 그 가운데 하나가 춘정생의 글이다. 춘정생이 누구인가에 대해서는 지금까지 전혀 알려진 바 없지만 당시의 광고 문안 등을 근거로 할 때 그는 나혜석임이 분명하다. 『여자계』에 수록된 나혜석의 작품 「경희」와 「회생ᄒᆞᆫ 손녀에게」는 한국 근대 지식인 소설에서 언문일치의 한글체 문장이 정립되어 가는 모습을 보여준다.

『기독청년』은 '동경조선기독교청년회'의 기관지이다. 1910년대 일본 유학생 사회에서 기독교의 위상과 역할은 매우 중요했다. 『기독청년』 소재 종교 관련 논설들은 개인의 신앙과 구원에 관한 문제 못지않게 사회 구원에 대해서도 큰 관심을 보였다. 『현대』에서는 『기독청년』에 비해 종교적 논설의 숫자가 급격히 감소하고 사회문제를 다루는 일반 논설이 주를 이루게 된다. 『기독청년』 소재 논설과 『현대』 소재 논설의 성격 차이는 단순히 필자 개인들의 성향 차이로만 보기 어렵다. 이러한 변화는 근본적으로는 3·1운동 이후 급격히 보수화되어 갔던 국내 기독교의 성격 변화와 연관된 현상으로 보인다. 종교적 논설의 신비화와 보수화는 유학생 사회에서 기독교의 영향력 약화로 이어지게 된다.

『창조』 창간호는 1919년 2월 1일 발행되었다. 『창조』의 창간 동기는 크게 두 가지로 요약된다. 하나는 도쿄에 유학 중이던 문학 지망생들이 안정적인 작품 발표 지면을 확보하기 위한 것이었고, 다른 하나는 조선의 신문학운동을 일으키고자 한 것이었다. 전자가 실질적 동기라면, 후자는 명분상 제시한 이유였다. 이광수에 대한 『창조』 동인들의 태도는 이율배반과 상호모순의 극치를 이룬다. 창간호에 드러난 이광수 문학에 대한 비판과는 달리, 『창조』 동인들은 이광수를 잡지 필자로 끌어들이기 위해 적지 않은 애를 썼다. 『창조』는 문학 및 미술 등 다양한 분야에 걸친 평론들을 수록했다. 『창조』는 예술과 도덕의 관계에 거리를 두는 입장 표명으로 인해 유미주의 예술론 중심의 잡지로 이해되기도 한다. 그러나, 『창조』에는 유미론적 문학관뿐만 아니라 그와 상대적 위치에 놓인 효용론적 문학관도 적지 않게 담겨 있다는 점을 주목할 필요가 있다.

마무리는 지금까지 논의된 주요 쟁점들을 요약하고, 1910년대 유학생 잡지의 특징을 정리한 것이다. 1910년대 일본 유학생 잡지는 동서양 지혜의 절충을 명분으로 삼았지만, 실질적으로 이들이 지향하던 세계는 서양이었다. 상호모순성과 이율배반성은 이 시기 유학생 잡지 글쓰기의 중요한 특징이 된다. 유학생 잡지가 이러한 특징을 드러내게 된 데에는 유학생의 위상과 사회적 배경, 편집 체제와 편집 여건 등 다양한 요인들이 복합적으로 작용했다.

책을 쓰는 동안 다시 적지 않은 시간이 흘렀다. 오래전부터 관심이 갔던 주제에 대한 정리를 하나 마쳤다는 생각에 조금은 홀가분하다. 그러나, 짐을 다 내려놓은 것은 아니다. 큰 줄기를 정리하느라 남겨둔 곁가지들에 대해서는 추후 소논문들을 통해 보완해 가려고 한다. 오랜 시간 글을 쓸 수 있도록 배려해준 가족들, 학교의 동료 교수와 제자들, 그리고 회강학사 동학들과의 토론이 내게 큰 힘이 되었음을 고백하지 않을 수 없다. 근대한국학연구소의 학술총서로 간행하게 된 것도 고마운 일이다. 출판을 맡아준 소명출판에도 감사의 뜻을 전한다.

2019년 1월

김영민

차례

제1부
근대적 유학 제도의 성립과 유학생 잡지의 발간 과정

/ 제1장 /

근대적 유학 제도의 도입과 일본 유학생의 파견

해외 유학 초기인 1880년대까지의 일본 유학생은 신분이 높지 않았다. 『매천야록梅泉野錄』에서는 한말의 일본 유학생들에 대해 "처음 조정에서 젊고 총명한 자를 널리 뽑아 일어를 익히게 하고 기예를 연마케 하였는데, 그들을 왜학생도倭學生徒라고 불렀다. 사대부로서 한미하고 곤궁한 자들 및 서얼이나 중인인 무뢰배들이 많이 응모하였다"[1]라고 적고 있다. 그러나 일본 유학이 본격화되는 1890년대 이후 1900년대에 이르면 이들의 신분이 급격히 높아진다. 관비官費 유학의 경우는 관료의 자제들이, 사비私費 유학의 경우는 신흥자산가의 자손들이 대부분을 차지하게 된다.[2]

개항 이후 정부가 유학 제도를 정비하고 유학생을 파견하게 된 데에

1 황현, 임형택 외역, 『매천야록梅泉野錄』 상, 문학과지성사, 2005, 222쪽.
2 김영모, 『한말 지배층 연구』, 한국문화연구소, 1972, 177~178쪽 참조.

는 여러 가지 이유가 있지만, 이는 결국 조선과 일본의 이해관계가 서로 부합되었기 때문에 가능한 것이었다. 조선 정부는 일본에 비해 근대화에서 뒤처진 현실을 인식하고 이를 극복하기 위한 방안의 하나로 유학생 파견을 생각했다. 일본으로서도 유학생을 받아들여 교육하는 일은 조선인의 일본에 대한 거부감을 없애고 조선 내에서 영향력을 확대하는 데 필요하다고 생각했다.[3] 조선 정부의 유학생 파견 계획 수립 과정에서는 고종이 보여준 교육에 대한 관심도 중요하게 작용했다. 고종은 1895년 1월의 홍범14조를 통해 교육의 중요성을 강조했다.[4] 당시 김홍집 내각은 교육제도의 개혁과 신식 학교의 설립에 상당한 노력을 기울인다. 1895년 2월 2일 반포된 「교육에 관한 조서詔書」는 고종의 학교 설립과 인재 양성에 대한 분명한 의지를 담고 있다. 교육을 통해 국가를 발전시켜야 한다는 생각을 담고 있는 것이다. 이 조서를 바탕으로 각종 학교가 설립되고 일본 유학생 파견이 본격화되기 시작한다.[5] 이후 5월에 반포되는 「한성사범학교 관제官制」와 그에 따른 한성사범학교의 설립, 그리고 6월에 반포되는 「외국어학교 관제」와 학교 설립 등은 모두 같은 맥락에서 이해할 수 있다.[6]

근대 초기 해외 유학생들은 전통적인 전대前代 문학 및 문화의 흐름을 익히며 성장한 인물들이지만, 새로운 문화 체험을 통해 전대 문학 및 문

---

3 김기주, 「개화기 조선 정부의 대일 유학 정책」, 『개화기 한국과 세계의 상호 교류』, 국학자료원, 2004, 80쪽 참조.

4 홍범14조 제 11항은 '나라의 총명한 자제를 널리 외국에 파견하여 학술과 기예를 전습傳習하는 일'에 대해 언급하고 있다.

5 차배근, 『개화기 일본 유학생들의 언론출판활동연구』 1, 서울대 출판부, 2000, 65~66쪽 참조.

6 김홍집 내각의 교육제도 개혁에 관한 상세한 논의는 신용하, 『갑오개혁과 독립협회운동의 사회사』, 서울대 출판부, 2001, 82~86쪽 참조.

화와의 단절을 시도하게 되는 인물들이기도 하다. 근대적 의미의 일본 유학이 시작된 것은 1876년 한일수호조약이 체결된 이후이다.[7] 다만, 초기의 유학은 개인적 또는 비공식적 차원에서 이루어진 것이라는 해석이 유력하다.[8] 공식적으로는, 한말 최초의 일본 유학생은 1881년 신사유람단에 포함되어 일본을 방문한 유길준兪吉濬, 유정수柳定秀, 윤치호尹致昊 등으로 알려져 있다. 이들은 공적인 절차를 거쳐 도일했고, 그곳에서 정식으로 학교에 입학해 수학했다. 유길준과 유정수는 후쿠자와 유키치福澤諭吉의 게이오의숙慶應義塾에 그리고 윤치호는 나카무라 마사나오中村正直의 도진사同人社에 입학한다. 이들은 일본에 도착하자마자 학교에 입학했다. 따라서 이들은 처음부터 유학을 목적으로 선발되어 도일했던 것으로 추정된다.[9] 이들은 조선 최초의 일본 유학생이기도 했지만, 근대 일본이 받아들인 최초의 외국인 학생이기도 했다.[10] 이후 1883년 김옥균이 천거한 수십 명의 유학생이 게이오의숙에서 예비학교를 마친 뒤 육군학교, 세관, 체신성 등에서 실무연수를 계속했다. 『한성순보』의 기사에 따르면, 1883년 3월 이후 일본에 유학한 학생 수가

7 일본이 유학생의 파견을 처음 제의한 것은 한일수호조약의 후속 조치를 위해 1877년 우리나라를 방문한 일본 대리공사 하나부사 요시모토花房義質를 통해서이다. 차배근, 앞의 책, 5~7쪽 참조.

8 위의 책, 4~5쪽 참조. 참고로, 1869년부터 이미 일본 유학이 시작되었다는 주장도 있다. 김영모는 1869년 이후 1881년 사이에 5명의 관료가 일본에 유학한 경험이 있다고 정리한다. 김영모, 앞의 책, 164~165쪽 참조.

9 이광린, 『한국 개화사의 제문제』, 일조각, 1986, 45~47쪽; 송병기, 「개화기 일본 유학생 파견과 실태(1881~1903)」, 『동양학』 18, 단국대 동양학연구소, 1988, 251쪽 참조.

10 上垣外 憲一, 김성환 역, 『일본 유학과 혁명운동』, 진흥문화사, 1983, 15쪽 참조. 당시의 일본 신문은 유길준과 유정수의 게이오의숙 입학을 「朝鮮の二秀才 慶応義塾へ入學」이라는 기사로 다루고 있다. 이 기사에서는 이들이 게이오의숙에 입학한 최초의 순수 외국인이라고 적고 있다. 이에 대해서는 阿部洋, 「旧韓末の日本留學 (1)」, 『韓』 3-5, 1974, p.67 참조.

50여 명에 달했다. 이들은 대부분 게이오의숙에 입학했는데, 게이오의숙은 조선 유학생들을 위하여 특별히 교실 하나를 별도로 설치하여 가르치기도 했다.

> 금년 3월 이후에 日本에 遊學한 語學生徒 50여 명이 거의 日本 東京의 慶應義塾에 있었다. 慶應義塾에서는 西洋 학문을 위주로 가르쳤고 생도 또한 언제나 6, 7백 명쯤 되었는데, 특별히 우리나라 生徒들을 위하여 교실 하나를 마련하여 성심껏 지도한 바, 생도 중의 1명은 이미 졸업하고 洋文科로 전학하였다. 또 이중에는 稅務를 배우는 자도, 혹은 養蠶法을 배우는 자도 있고, 士官學校에 들어가 軍制를 배우는 자도 있으니, 장래의 성취는 알 수 없으나 거의가 온갖 노력을 다하여 밤낮으로 게을리 하지 않으므로 일본 사람들도 우리나라 생도를 높이 평가하고 있다고 한다.[11]

이 시기의 유학생 파견은 주로 개화파 인사들에 의해 주도되었다. 이들이 유학생을 파견한 의도는 근대화를 추진할 수 있는 인재의 양성과 개화 세력의 확충이라는 두 지점에 있었다. 실제로 당시 유학생들은 개화파 인사들과 밀접한 관계에 있었고 1884년의 갑신정변에도 관여하게 된다. 하지만 갑신정변의 실패와 함께 유학생들은 대부분 국내로 소환되거나 도피함으로써 유학을 중단하게 된다. 이후 약 10년간은 공식적인 유학생 파견이 중단된다.[12] 해외에 유학생을 다시 파견하게 된 것

11 「주일생도駐日生徒」, 『한성순보』, 1883.12.20. 『한성순보 · 한성주보』 번역판, 관훈클럽 영신연구기금, 1983, 82쪽.

12 갑신정변 이후 유학생 소환에 관한 논의는 차배근, 앞의 책, 24~29쪽; 송병기, 앞의 글, 226쪽 참조.

은 1894년 이후의 일이다. 특히 1895년에는 백 명이 넘는 대규모의 관비유학생이 파견된다.[13] 이 시기에 파견된 관비유학생들은 대부분 관료층의 자제들이었다.[14]

유학생 가운데 일부는 조선에서 6개월 정도 일어학교를 다니며 일본어를 배운 경험이 있었지만, 대부분은 일본어에 서툴렀다. 따라서 이들은 먼저 일본어를 배우고 이어서 게이오의숙 보통과 과정을 이수하는 절차를 밟았다. 이들은 약 1년 6개월에 걸쳐 보통과 교육을 마쳤고 이후 귀국하거나 상급학교로 진학했다. 일본 유학생 파견이 게이오의숙으로 집중된 이유는 한말의 한일 유학생 파견 계약이 게이오의숙 사두社頭 후쿠자와 유키치와 학부대신學部大臣 이완용 사이에 이루어졌기 때문이다.[15] 유학생의 상당수는 도쿄 및 교토 지역에 머물렀는데, 이 가운데 대략 80~90%에 이르는 학생들이 도쿄에 모여 있었다. 해외유학 초기에는 관비유학생이 그리고 후기에는 사비유학생의 숫자가 더욱 많았다. 특히 1905~1906년 무렵부터 사비유학생은 급격히 늘어났다. 그런데 이인직李人稙의 사례에서도 볼 수 있듯이, 사비유학생이 관비유학

13 이들에 대한 정확한 숫자는 알 수 없지만, 관련 자료 및 회고담 등을 종합할 때 대략 130명에서 200명 사이로 추정된다. 이와 관련된 논의는 김영모 앞의 책, 166쪽; 차배근, 앞의 책, 67쪽 참조. 박찬승은 1895년의 경우 관비유학생은 4월에 113명, 5월에 26명, 11월에 12명 등 총 151명이 파견되었고, 그밖에 이미 일본에 파견되어 있던 7명이 있다고 보았다. 이후 1896년에 파견된 관비유학생을 포함하면 그 숫자는 160명 내지 164명이 된다는 것이다. 박찬승, 「1890년대 후반 관비유학생의 도일 유학」, 『한일공동연구총서』 3, 고려대 아세아문제연구소, 2000, 85쪽 참조.

14 위의 글, 91쪽 참조. 박찬승은 그 가운데 상당수가 양반의 서자였을 가능성이 있다고 본다. 참고로, 1895년 이후에도 일본 유학생 파견은 여러 번 우여곡절을 겪게 된다. 1896년에는 다시 유학생 파견 중단과 소환이 이루어졌고, 1899년의 재개와 1903년의 중단 및 소환 과정이 있다.

15 위의 글, 100~105쪽 참조.

생으로 전환되는 경우도 없지 않았다. 『황성신문』 1900년 3월 13일 자 잡보란에는 이인직을 비롯한 총 12명의 사비유학생이 관비유학생으로 신분이 바뀌었다는 기사가 실려 있다. 일본 유학생들의 재정 상태는 대체로 어려웠던 것으로 보인다. 『대한자강회월보大韓自强會月報』가 일본의 『호치신문報知新聞』에 실린 「한국 유학생의 궁상窮狀」이라는 기사를 인용하여 작성한 「부인의협夫人義俠」은 일본 유학생들의 곤궁상을 매우 적나라하게 드러내고 있는 대표적 사례이다.

> 該留學生도 困難이 益甚ᄒᆞ야 衣服을 典質ᄒᆞ고 書籍도 亦乏絶ᄒᆞ더니 八重等이 畢竟 扶助키 不能홈에 至ᄒᆞᆫ 故로 該留學生이 於是에 決意ᄒᆞ고 昨年 十二月上旬에 我國公使館에 前往ᄒᆞ야 其 困境의 狀況을 一一陳述ᄒᆞ고 其 保護홈을 請求ᄒᆞᆫ 則留生監督 韓致愈氏가 矜惻히 녁이여 爲先該留學生을 該館內에 收容ᄒᆞ고 更히 我廷에 報告ᄒᆞ야 一進會의 反省을 請求ᄒᆞ얏더니 我廷에셔 此에 對ᄒᆞ야 何許通知가 無ᄒᆞ고 又一進會에셔도 何許消息이 無홈으로 該留學生困境이 極度에 達ᄒᆞ얏스나 尙且揚言ᄒᆞ기를 他國에셔 如斯히 困難을 當ᄒᆞ더ᄅᆡ도 어ᄃᆡᄭᆞ지던지 學事를 遂行ᄒᆞ야 國家를 爲ᄒᆞ야 有爲의 士가 될지라 ᄒᆞ고 公使館內에셔 各其學業을 孜孜勉勵ᄒᆞ나 此亦其決意目的을 達키 不能ᄒᆞ더니 該留學生이 今月五日에 某處에 會同ᄒᆞ야 決議ᄒᆞ기를 余等이 他國에셔 如此히 困難을 當ᄒᆞ면셔 忍耐ᄒᆞ야 學事를 遂行ᄒᆞ랴홈은 將來國家를 爲ᄒᆞ야 盡力ᄒᆞ기 爲홈이라 ᄒᆞ고 其 契約의 証據로 指를 切斷ᄒᆞ자 ᄒᆞ야 發論者가 爲先斷指ᄒᆞᆫ 則 其同意者가 續出ᄒᆞ야 總히 斷指ᄒᆞ고 其 二十一指를 一瓶中에 盛入ᄒᆞ야 永久히 保存ᄒᆞᆯ 意向이더니 更히 陳情書와 眼同ᄒᆞ야 學部에 提呈ᄒᆞ게 되얏다더라.[16]

일진회가 내홍으로 인해 자신들이 파견한 유학생들에 대한 지원을 중단하자 그중 반수는 귀국하였지만, 나머지 21명은 곤궁한 생활을 견디며 학업을 지속하고 있다는 것이 기사의 요지이다. 이들은 한국 공사관에 나아가 보호를 청구하는 등 자구책을 강구하였으나 별다른 소득을 얻지 못하게 된다. 결국 이들은 곤궁 속에서도 학업을 계속하겠다는 의지를 보이며 그 증거로 손가락을 절단하여 이를 진정서와 함께 학부에 보내게 되었다는 것이다. 이 사건에 대해서는 대한자강회大韓自强會의 발기인 가운데 한 사람이었던 윤효정尹孝定이 「지사志士의 안루眼淚와 학생學生의 지혈指血」을 써서 깊은 우려를 표명한 바 있고,[17] 황현 또한 『매천야록』에 다음과 같이 기록하고 있다. "일본 유학생 최창조崔昌祚 등이 맹서하는 혈서를 보내왔다. 최창조 등은, 을사년(1905) 봄에 일본에 갔을 때, 학비가 떨어져서 중도에 돌아오는 자가 반이 넘었으나, 최창조 이하 21인은 '비록 굶어죽는다 하더라도 학문을 이루지 못하면 귀국하지 않을 것이다' 맹서하고, 드디어 일제히 손가락 하나를 잘라 피를 내어 글을 썼던 것이다. 감독 한치유韓致愈가 학부學部에 보고하여 그들의 일이 널리 알려져서 우리나라 사람들이 그들을 장하고 어여삐 여겨 성금이 전후로 수만을 헤아렸다."[18] 그런가 하면, 『제국신문』 논설에서는 유학생들이 본국 정부의 지원을 기대하는 태도 자체가 잘못된 것이라고 비판하며 다음과 같이 조언하기도 한다. "닉하젼 나리기를 기다리는 것도 의뢰심에셔 나온 것이오 닉디 동포의 의연금을 기(다)리는 것

16 「부인의협夫人義俠」, 『대한자강회월보大韓自强會月報』 8, 1907.2, 67쪽.
17 윤효정尹孝定, 「지사志士의 안루眼淚와 학생學生의 지혈指血」, 『대한자강회월보』 8, 1907.2, 50~54쪽 참조.
18 황현, 임형택 외역, 『매천야록』 하, 문학과지성사, 2005, 367쪽.

도 의뢰심에서 나옴이니 여러분 청년의 쟝흔 뜻으로 엇지 나라 망흐던 더러온 버릇을 다시 힝흐리오 (…중략…) 즈고로 큰 스업을 일운 쟈는 지극히 어렵고 지극히 괴로온 딕셔 싱기는 법이니 지금 여러분의 쳐디는 진실로 다힝흔 기회를 맛낫다 홀지언뎡 조곰이라도 불샹흐다든지 가련흐다 홀 것은 업스니 여러분은 각기 굿은 마암과 확실흔 뜻이로 남의게 의뢰치 말고 쌈 흘니며 힘들여 먹으며 공부흐기를 간절히 바라노라."[19] 유학생들이 정부의 도움이나 동포의 의연금을 기다릴 것이 아니라 품을 팔아서라도 자신의 길을 스스로 개척해 가야 한다는 것이다. 반면, 『제국신문』 잡보란에는 유학생들이 경제적으로 어려웠지만 친일단체인 일진회의 돈은 받지 않았다는 다음과 같은 기사도 실려 있다. "일본에 류흐는 리용구 씨가 류학흐는 학싱들의게 돈 오십환을 긔부흐엿더니 그 학싱들이 비루흔 일진회의 의연금을 밧는 거시 불가흐다 흐야도로 퇴각흐엿다더라"[20]

일본 문부성文部省의 통계 자료에 따르면 1908년에는 270명, 1909년에는 323명, 그리고 1910년에는 420명의 한국인 유학생이 각지의 관공사립官公私立 학교에 재학하고 있는 것으로 기록되어 있다.[21] 『대한매일신보』 잡보란의 기사를 보면 1906년 당시 도쿄에 머물고 있는 관비유학생은 약 50명 정도였고, 사비유학생 및 유학을 희망하며 도쿄에 체류하고 있던 인원은 약 400명에 이르렀다.[22] 『대한매일신보』의 이 기사를

19 「동경 고학싱의게 권고흠」, 『제국신문』, 1907.8.11. 이 책에서 부호 [ ] 속의 글자들은 모두 원문의 오탈자를 수정한 것이다.
20 「류학싱의긔」, 『제국신문』, 1909.4.16.
21 阿部洋, 앞의 글, p.68 참조.
22 「한씨망보韓氏妄報」, 『대한매일신보』, 1906.2.1 참조.

참고로 하면, 당시 유학을 목적으로 일본에 건너간 사람들 가운데 상당수는 실제로는 학교에 입학하지 못했거나 학업을 지속하지 못했던 것으로 보인다.

자료에 따라 약간씩 차이를 보이기는 하나, 『학지광』에 따르면 한일병합 직후인 1910년대 초중반의 총 유학생 수는 대략 500명에서 600명 사이에 걸쳐 있다. 이 자료에서는 1904년 총 449명이던 유학생 숫자가 1905년에는 583명, 1906년에는 735명, 1907년에는 805명, 1908년에는 886명 등으로 점차 증가하다가 1909년에 들어서면서 600명 이하로 줄어들게 된다.[23] 〈표 1〉은 『학지광』 제6호에서 인용한 것이다. 여기서 연도 표시 첫 해인 三十은 단기 4230년 즉 서기 1897년을 의미한다.

한일병합 무렵 유학생 숫자가 급격히 줄어든 이유는 경제적인 요인 외에도, 조선총독부가 조선인에게는 고등교육이 필요하지 않다는 방침에 따라 유학을 억제하는 정책을 펼쳤기 때문이다. 『학지광』의 기사를 보면 "留學生이 有한 以來 三十年間에 來往한 人數를 計하면 一千六百人에 達하나 其中 卒業을 得한 者는 四百餘人에 不過하고"[24]라는 언급이 있다. 학교를 졸업하는 유학생의 비율이 25% 정도에 불과했던 것이다. 『학지광』에서는 1910년대 중반 무렵 경제적 사정으로 인해 재학생 수가 일시적으로 줄어들었음을 밝히고 있다.

> 留學生이 有한 以來로 其經過凡節은 學部에셔 官費生으로 遣한 者도 잇고 自己 財産으로 私費하는 者도 잇고 學校에셔 學資를 先貸하야 後日 報納을

23 「일본 유학생사日本留學生史」, 『학지광學之光』 6, 1915.7, 12~13쪽 표 참조.
24 위의 글, 12쪽.

〈표 1〉 1910년 전후 유학생 현황

項 \ 四千二百年別	三〇	三一	三二	三三	三五	三六	三七	三八	三九	四〇	四一	四二	四三	四四	四五	四六	四七	四八	合
學生數 已在	一五〇	一六一	一ㄱ二	一四一	一四〇	一四八	一〇二	一九七	四三〇	五五四	七〇二	七三九	五九五	四四九	五〇二	四三〇	四五〇	三四二	
學生數 新渡	一六〇	二	六	七	一二	三七	一五八	二五二	一五三	一八一	一〇三	一四七	五	九三	五八	一〇七	六八	未詳	一,五四九
政經	一		三	二	一	一		一			一	七	一八	二	八	五	一四	一二	七六
法律			一	二	二	二		一	五	四	一〇	一六	二五	一四	九	一九	三〇	一〇	一五五
軍人		一七					九					一					一三	二〇	六〇
中學										二五		四	九	四	三	七	八	四	六四
商業							一					三	五	一〇	八	六	四	七	四四
警察									二	四	一〇	一							一七
農業										二	三	八	五	六	三	三	九	三	四二
工業						一			一		一	四	一	六			三		一七
文學											一	一	二	五	一		一		一一
醫學					一	一			一			一	二	二	一		四	五	一八
卒業生合計	一	一七	九	四	四	五	一〇	二	八	三六	二六	四六	六七	四九	三三	四〇	八六	六一	五〇四

考備

一、商科에는簿記生五人主計一人을合

一、農科에는園藝一人蚕七人畜産四人을合

一、工科에는商船一人鐵道五人電氣二人職工三人製革三人建築一人造船一人裁縫一人을合

一、文學에는神學三人哲學一人師範八人을合

一、醫科에는齒三人獸醫一人藥學三人을合

一、女子四人은此에不計함

一、今年度卒業水産科二人美術科一人外國語科三人은此에不計함

約하고 受業하는 貸費生도 略有하며 或은 有志士의 贊助와 勞働으로 苦學하는 者들도 多하야 其數가 總 七八百名에 至하더니 近日에 至하야는 官費 贊助及 苦學生 等은 合 七十餘人이오 貸費生은 全無하며 私費生이 二百五十餘人이라 然則 現在 學生 總數가 僅히 三百三四十人에 不過하다 二三年 前에 比하면 半數 以上이 減하야 年復年退步의 狀態를 呈하니 此의 原因을 考하면 民志가 經濟恐荒과 大勢變遷에 墮落이 되야 公益과 義理의 倫氣가 敗하고 個人과 重金의 主義가 膨脹한 緣故로다[25]

유학생의 숫자가 2, 3년 전에 비해 반 정도로 줄어들었다는 것이다. 하지만 일본 유학생 숫자는 1920년대를 넘어서면서 다시 급격한 증가세를 보이게 된다.[26] 일본 내무성內務省 경보국警保局 자료에 따르면 중학 이상 조선인 유학생 수는 1915년 481명이었다가 1920년에는 828명으로 늘어난다. 다시 1925년에는 2,204명으로 늘어나고 1930년에는 5,285명이 되는 것이다.[27] 1910년대부터는 유학생 가운데 여학생의 숫자도 점차 늘어나기 시작했다. 1910년에 전체 유학생의 8.1%였던 여학생의 숫자는 1920년에 11.8%로 증가하게 된다.[28] 1920년대 중반 이후 유학생의 숫자는 급증하지만, 여학생의 비율은 10% 이하에 머물다가 1942년경에 다시 10%를 회복하게 된다. 그러니까 여학생의 비율은 1920년을 정점으로 더 이상 늘어나지는 않았던 것이다.[29]

25 위의 글, 16~17쪽.
26 이준식, 「'광복 70주년'에 동아시아의 근대 유학을 다시 생각한다」, 『동아시아 근대 유학 경험과 학문 연구』(한국학과 세계 포럼 제2회 국제학술회의 자료집), 2015, 13쪽.
27 水野直樹, 『朝鮮人留學生たちの京都』, 同志社大學人文科學研究所, 2003, p.11 참조.
28 박선미, 『근대여성, 제국을 거쳐 조선으로 회유하다』, 창비, 2007, 41쪽 참조.
29 위의 책, 42쪽 참조.

『학지광』에 수록된 검산촌인檢山村人의 글 「오제吾儕의 장래문제將來問題」에서는 유학의 단계를 다음의 넷으로 나누어 정리한 바 있다. 첫째, 어학주의語學主義 시대. 둘째, 부동주의浮動主義 시대. 셋째, 실력주의實力主義 시대. 넷째, 귀일주의歸一主義 시대. 어학주의 시대는 새로운 문명의 수입을 위해 새로운 어학 수련의 필요성을 절감하는 시대이다. 이는 유학의 초기 단계를 일컫는 말이기도 하다. 부동주의 시대는 새로운 세계의 지식을 익힌 유학생들이 학업을 마치고 귀국하였으나, 제대로 정착하지 못하고 방황하거나 배척받는 시대이다. 이는 아직 유학생들의 실력이 충분하지 못한 때문이기도 하다. 조선으로 보면 갑신년甲申年부터 경술년庚戌年까지가 여기에 해당한다. 실력주의 시대는 부동浮動의 시대를 근본적으로 타파하고, 실력주의에 입각해 제반 학술과 지식을 깊이 연구해 정치·법률·농학·상공학 등에서 각자 특색을 발휘해 성과를 얻는 시대이다. 이를 통해 조선의 경제계와 교육계도 발전하며 사회 제도도 개량될 수 있다. 실력주의 시대는 경술년 이후 금일 즉 검산촌인이 이 글을 쓰는 1910년대 중반 당시를 지칭한다. 귀일주의 시대는 유학생이 지향하는 미래를 의미한다. 유학생의 최종 목적은 학문을 익힌 후 귀국하여 조선에서 자신의 책무를 다하는 것이다. 그들이 조선의 기대에 부응하는 역할을 수행하게 될 때 비로소 귀일주의는 발현될 수 있는 것이다.[30]

---

30 검산촌인檢山村人, 「오제吾儕의 장래문제將來問題」, 『학지광』 6, 1915.7, 32~35쪽 참조. 1910년대 이전과 이후의 유학생사회의 성격 변화를 이해하는 데는 다음의 지적이 참고가 된다. "이렇게 영향력을 상실하고 있던 한말 지식인 세대를 대체하여 새로운 지식층의 핵심부가 성장하고 있었던 곳은 일본 유학생계였다. 일본 유학생계는 1910년 관비유학생이 주류였던 한말 유학생들이 대거 귀국한 이후 대부분 사비로 온 새로운 유학생들로 교체되고 있었다. 이들은 이전의 유학생들과 존재조건이나 지향점에서 판이하게

한일병합 이후의 도일 유학은 부실화되어 가는 식민지 조선의 교육 제도와도 관련이 있다. 1911년 제정 공포된 조선교육령은 조선인에게 열등한 교육을 시킴으로써 식민지 백성으로서의 위상에서 벗어나지 못하도록 하겠다는 의도를 담고 있었다. 그 결과 조선 내에서는 중등교육조차도 제대로 받기 어려운 열악한 상황이었기 때문에, 조선총독부의 비우호적 방침에도 불구하고 적지 않은 학생들이 외국으로 유학을 떠나고자 했다. 그 때 주된 행선지는 일본이 될 수밖에 없었다.[31] 일본 유학이 많았던 이유는 지리적인 근접성과 더불어 상대적으로 높은 근대화 수준, 그리고 일제 식민지 교육 과정을 거친 학생들에게 상대적으로 열려있던 입학의 문 등의 요인이 복합적으로 작용했다.[32] 일본 유학생

달랐다. 우선 첫 번째로 한말유학생들은 다수가 관비라는 점에서 보이듯이 권력 엘리트로의 진입이나 관료지향적 성격이 매우 강했던 데 비해, 새로운 유학생들은 이런 문제에서 자유로웠다. 이들은 식민지라는 조건 속에서 고급관료나 권력층으로 진입하는 것은 의미가 없다고 보고, 사회적 입지나 방향을 스스로 선택하고 만들어 가야 한다고 인식하고 있었다. 그리고 동시에 국가 없는 식민지 조건 속에서 조선민족을 이끌어가야 할 엘리트란 점을 강하게 의식하고 있었다. 이전 유학생이나 지식인들처럼 유학을 통해 보장받은 길을 걷기보다는 모든 것이 사라진 상황 속에서 조선민족의 부활을 위해 앞장서야 할 선택 받은 엘리트로서 스스로를 인식한 것이었다." 이태훈, 「1920년대 초 신지식층의 민주주의론과 그 성격」, 『역사와 현실』 67, 한국역사연구회, 2008, 23쪽.

31 박찬승, 「1910년대 도일유학과 유학생활」, 『역사와 담론』 34, 호서사학회, 2003, 115쪽 참조. 조선인 학교의 경우 초등교육기관인 보통학교는 수업 연한을 4년으로 하고, 중등교육기관인 고등보통학교도 4년으로 하였다. 조선 내 일본인 학교의 경우 초등교육기관인 심상소학교가 6년, 중등교육기관인 중학교가 5년이었다. 일본에서의 학제는 심상소학교 3년, 고등소학교 3년, 심상중학교 3년, 고등중학교 3년으로 되어 있었고, 고등중학교를 졸업해야만 대학에 진학할 수 있었다. 따라서 조선에서 고등보통학교를 나온 후 일본에서 대학에 들어가기 위해서는 모자라는 학력을 보충하기 위해 예비학교를 다녀야만 했다. 위의 글, 115~118쪽 참조.

32 이준식, 앞의 글, 3쪽 참조. 이에 대해서는 다음과 같은 부연 설명이 가능하다. 첫째, 지리적으로 한반도와 가깝다는 점. 둘째, 동일한 한자 문화권이기 때문에 상대적으로 일본어를 익히기 쉬운데다가 초·중등 교육을 통해 이미 기초 일본어를 어느 정도는 배웠다는 점. 셋째, 일본을 서구의 근대 학문을 배우는 통로로 여기는 사람이 많았다는 점. 위의 글, 12쪽 참조.

들은 문명 개화된 일본 사회의 모든 측면에 대해 많은 관심을 가졌다. 유학의 목표가 일차적으로는 서구 근대학문을 전문적으로 익히는 데 있었지만, 그에 못지않게 중요한 것이 문명개화된 나라의 실정과 근대 세계의 정세를 아는 것이었다. 특히 동아시아에서 유일하게 문명개화에 성공한 일본은 특별한 관심의 대상이 될 수밖에 없었다.[33] 일본 유학생들은 무엇보다 문명개화론에 긍정적이었다. 유학 과정에서 그들의 개화론은 더욱 체계화되어 갔다. 유학생들의 상당수는 나라의 보존이 문명개화에 달려 있다고 생각했고, 조선의 큰 문제점 가운데 하나를 교육의 취약성으로 파악했다. 이들이 귀국하여 교육운동을 펼치게 된 것도 이러한 문제의식에서 비롯된 것이었다. 이는 결과적으로 보면 고종이 애초에 계획했던 교육입국敎育立國을 위한 유학생 파견이라는 취지와도 연결되는 것처럼 보인다. 그러나 고종은 유학을 마치고 귀국한 인물들에 대해 크게 호의적이지 않았던 것으로 알려져 있다. 특히 입헌군주제에 호감을 보이는 유학생 집단에 대해 고종은 적지 않은 견제 의식을 지니고 있었다. 이로 인해, 일본 유학생 집단은 러일전쟁 이후 조선에서 일본의 영향력이 강화된 뒤에야 본격적으로 고위 관직에 등용되기 시작한다.[34] 일본 유학생 가운데 상당수는 점차 친일 지식인으로서 일신의 영달을 도모하는 길로 나아가게 된다.[35] 1910년대 도일 유학생의 사

---

33 이태훈, 「대한제국기 재일본 유학생의 유학생활과 유학의식」, 『동아시아 근대 유학 경험과 학문 연구』(한국학과 세계 포럼 제2회 국제학술회의 자료집), 2015, 117쪽 참조.

34 1890년대 후반까지는 정부 각 부서에서 일본 유학생을 받아들일 수 있는 여지가 거의 없기도 했지만, 무엇보다 그들의 정치적 성향이나 행동에 대한 우려 때문에 그들의 임용을 기피했다. 이에 따라 일본 대학에서 정치학이나 법률학, 재정학 등 사회과학을 전공한 이들은 대개 1900년 전후에 귀국하기는 했지만 1904년까지는 뚜렷하게 관료로 진출한 경우가 드물었다. 왕현종, 「대한제국기 조선지식인의 일본 유학 현황과 유학분야」, 위의 책, 48~49쪽 참조.

상적 성향이 일정한 것은 아니었지만, 이들이 1920년대 국내의 부르조아 민족운동 우파 세력을 형성하는 것은 분명하다. 당시 도일 유학생들에게 가장 광범위하게 퍼져나갔던 사상은 사회진화론과 실력양성론이었다. 이들이 주창하는 실력양성론은 신사상과 신문화를 수용하고 구문화에 대해 비판을 가하는 것과, 산업화를 통해 경제적 환경을 개선하는 것이었다.[36] 문명개화론과 사회진화론은 한말 이후 계몽운동가들의 사상적 기반으로 자리 잡았고, 교육과 실업의 발전만이 근대국가를 이룰 수 있다는 실력양성론으로 구체화된다. 생존경쟁生存競爭, 약육강식弱肉強食, 우승열패優勝劣敗를 골자로 하는 사회진화론은 19세기 후반 열강들의 식민지 지배를 합리화하기 위한 제국주의의 이론적 기반이 된 논리였다. 근대 초기 국내 계몽운동가들이 실력양성을 통하여 부국강병을 이루고 제국주의 국가와 같은 발전을 이루어야 한다고 믿은 것도 바로 이 사회진화론에 영향을 받은 결과였다. 민족과 국가의 현실을 이해하려는 측면에서 사회진화론은 긍정적 기여를 하기도 했지만, 근대화에 지나치게 집착한 결과 민족의 독립이 실력양성을 이룬 뒤에나 이루어질 수 있다는 주장으로 이어지기도 했다.[37] 1910년대의 실력양성

35 관비유학생들은 귀국 이후 정부로부터 기대한 만큼의 대접을 받지 못했다. 이들이 관직에 본격적으로 등용된 것은 1904년 러일전쟁 이후 일본의 한국 정부에 대한 영향력이 강화된 이후부터였다. 그러다가 1910년 병합 이후 약 30명 정도가 고위 관직에 오르게 되고, 결국 1910년대와 1920년대 초에 걸쳐 친일관료로 자리를 잡게 된다. 이와 관련된 논의는 박찬승, 「1890년대 후반 관비유학생의 도일유학」, 『한일공동연구총서』 3, 고려대 아세아문제연구소, 2000, 128쪽; 박찬승, 「1890년대 후반 도일渡日 유학생의 현실인식」, 『역사와 현실』 31, 1999, 151~154쪽 참조.

36 김명구, 「1910년대 도일 유학생의 사회사상」, 『사학연구』 64, 한국사학회, 2001, 93쪽 참조.

37 최기영, 『한국 근대 계몽사상 연구』, 일조각, 2003, 12~13쪽 참조.

론은 독립을 요원한 것으로 간주하고 우선은 문명개화와 실력양성 및 민족성의 개량에 주력해야 한다는 것으로 요약되는데, 국내 신지식층의 상당수가 이러한 생각을 갖고 있었던 것이다.[38] 1910년대 도일 유학생의 주류가 실력양성론을 기초로 하면서 친일적 성향을 드러내게 된 것은, 민족의 정치적 독립에 대한 전망을 사실상 철회하면서 문화적 번영을 추구한 결과이기도 했다.[39] 유학생 문인들의 경우를 보더라도, 문명개화를 외치면서 친일 성향으로의 경도를 드러낸 사례가 적지 않다.

식민지 시기 일본 유학생들의 활동에 대해서는 여러 가지 부정적 평가의 여지가 없지 않음에도 불구하고, 이들이 일제강점기 동안 근대 지식과 근대 사상을 국내에 소개하고 전파하는 데 주도적인 역할을 했다는 사실만은 분명하다. 이에 대해서는 "해외 유학생은 일제강점기 근대 지식의 수용과 민족 해방 운동을 이해하는 데 더 없이 중요한 의미를 갖는다"[40]는 적극적 평가 또한 존재한다. 이들이 우리나라에 새로운 사상을 도입하여 지식 교류의 장을 열고, 새로운 문학 및 문화 제도의 정착에 기여하게 되는 과정에 대해 주목해야 하는 이유가 여기에 있다.

---

38 박찬승, 『한국 근대 정치사상사 연구』, 역사비평사, 1992, 134쪽 참조.
39 위의 글, 121~122쪽 참조.
40 이준식, 앞의 글, 5쪽.

/ 제2장 /

유학생 잡지의 발간과 서사문학 자료의 등장

유학생 사회에 공식적인 조직이 생기기 시작한 것은 1895년 대규모의 관비유학생이 파견되면서부터이다. 이 시기에 처음으로 조직된 유학생 단체는 '대조선인일본 유학생친목회大朝鮮人日本留學生親睦會'였다. '대조선인일본 유학생친목회'는 관비유학생들이 일본에 도착한 직후인 1895년 5월 12일에 출범했다. '대조선인일본 유학생친목회' 결성의 취지는 유학생 상호간의 친목 도모 및 상호 정보 교환, 상호 권면 등에 있었다. '대조선인일본 유학생친목회'는 1896년 2월 15일 『친목회회보親睦會會報』를 창간함으로써 언론 활동을 시작하게 된다. 『친목회회보』는 우리나라 사람들이 발행한 최초의 근대 잡지로 분류된다.[1] 『친목회회보』의 창간은 국내에서 발간된 최초의 잡지

---

1 송병기, 「개화기 일본 유학생 파견과 실태(1881~1903)」, 『동양학』 18, 단국대 동양학연구소, 1988, 265~267쪽; 차배근, 『개화기 일본 유학생들의 언론출판활동연구』 (1), 서울대 출판부, 2000, 62쪽 · 217~218쪽 참조.

『대죠선독립협회회보』(1896.11.20)의 창간보다 약 9개월 정도 앞서 이루어진 셈이다. 『친목회회보』는 창간 이후 1898년 4월 9일까지 총 6호를 내면서, 유학생들에게 모국의 개화에 필요한 지식의 보급과 개화사상·자주독립사상 등의 고취를 위한 언론매체로서의 역할을 수행했다. 『친목회회보』는 일본에서 발행되었지만 국내에도 배포가 되었고, 각 호가 발행될 때마다 그 내용이 『독립신문』에 보도가 됨으로써 국내 독자들에게도 적지 않은 영향을 미쳤다.[2] '대조선인일본 유학생친목회'는 약 3년간 지속된 후 해산되었으며, 그 자리를 '제국청년회帝國靑年會'가 이어갔다. 이후에도 일본 유학생들은 '태극학회太極學會', '공수학회共修學會', '대한유학생회大韓留學生會', '대한동인회大韓同寅會', '낙동친목회洛東親睦會', '대한학회大韓學會', '대한흥학회大韓興學會' 등을 만들어 『태극학보太極學報』(1906.8.24), 『공수학보共修學報』(1907.1), 『대한유학생학보大韓留學生學報』(1907.3.3), 『동인학보同寅學報』(1907.7), 『낙동친목회학보洛東親睦會學報』(1907.10), 『대한학회월보大韓學會月報』(1908 .9.25), 『대한흥학보大韓興學報』(1909.3.20) 등의 잡지를 발행했다.

1900년대 일본에서 발행된 이들 유학생 잡지 가운데 일부는 일반 기사뿐만 아니라 문예 작품도 수록했다. 다만, 1900년대 유학생 잡지에 수록된 문예 작품의 숫자는 그리 많지 않으며 작품의 완성도 또한 높지 않았다. 이들 가운데 상당수는 습작 수준에 머무르는 것들이었다. 하지만, 1900년 유학생 잡지에 수록된 문예 작품들은 그 나름의 문학사적 가치를 지닐 뿐만 아니라, 이후 본격화되는 1910년대 유학생 잡지 수록 문예 작품의 위상을 이해하는 데도 도움이 된다.

---

2 위의 책, 62쪽 참조.

일본 유학생 잡지에 서사문학 작품이 실리기 시작한 것은 1906년의 『태극학보』에서부터이다. 1906년은 한국 근대소설사에서 특별한 해이다. 1906년 『대한매일신보大韓每日申報』는 우리나라 사람들이 발행한 신문新聞 가운데서는 최초로 '소설'란을 두고 작품을 게재하기 시작했다. 『대한매일신보』는 1906년 2월 6일 「청루의녀전靑樓義女傳」을 소설란에 게재한 이후 국한문판 및 국문판 신문에 모두 소설란을 두고 작품을 수록한다.[3] 이후 『제국신문帝國新聞』, 『경향신문京鄕新聞』, 『황성신문皇城新聞』, 『만세보萬歲報』 등이 모두 소설란을 두게 되었던 것이다. 잡지에서 소설란이 등장하게 되는 것 역시 1906년부터이다. 1906년 7월에 『조양보朝陽報』가 「파란혁명당波蘭革命黨의 기모궤계奇謀詭計」를,[4] 그리고 『대한자강회월보』가 이기李沂의 무제명無題名 작품을 소설란에 발표하기 시작한 것이다.

『태극학보』를 비롯한 유학생 잡지에서는 서사문학 작품들이 '학원學園', '문예文藝', '문원文苑', '사전史傳', '사담史譚'란 등에 발표된다. 『태극학보』는 1906년 8월 24일 창간되어 1908년 12월 24일까지 통권 27호를 발행했다. 『태극학보』는 주로 관서지방關西地方 출신 유학생들이 중심이 되어 조직한 '태극학회'의 기관지였다. '태극학회'는 '제국청년회'가 해산된 이후 탄생한 여러 분파分派 학회 가운데 하나였다. '태극

3 『대한매일신보』 소재 서사문학 작품에 대한 자세한 논의는 김영민, 「대한매일신보와 한국의 근대소설」, 『한국의 근대신문과 근대소설』 1-대한매일신보, 소명출판, 2006, 62~122쪽 참조.

4 『조양보』는 국내에서 발행된 인쇄물 가운데 최초의 종합지적 성격을 띤 잡지로 평가받는다. 『조양보』의 성격 및 수록 서사문학 자료에 대한 상세한 논의는 이유미, 「1900년대 근대적 잡지의 출현과 문명 담론」, 『한국 근대 서사양식의 발생 및 전개와 매체의 역할』, 소명출판, 2005, 291~310쪽 참조.

학회'는 여타 학회들에 비해 조직의 규모가 크고 활동이 활발했던 것으로 알려져 있다. 『태극학보』의 표면적 성격이나 발행 목적은 회원 상호간의 친목 도모에 있었다. 그러나, 실제로 『태극학보』의 근본이 되는 것은 민족주체 의식의 확립과 철저한 국가관념, 민족관념의 부식扶植 등이었다. 『태극학보』는 근대에 대한 각성과 신문화 형성에도 중요한 매개적 역할을 했다.[5]

『태극학보』에서 확인할 수 있는 첫 번째 서사문학 자료는 박용희朴容喜의 「역사담—클럼버스전傳」이다. 이 글은 1906년 10월 제3호와 11월 제4호에 걸쳐 연재 발표되었다. 첫회에는 단순히 「역사담歷史譚」이라고만 표기되었다가 두 번째 회부터는 「역사담—클럼버스전」으로 제목이 구체화되었다. 「클럼버스전」은 크게 보면 근대계몽기의 중요한 문학 양식 가운데 하나인 '역사·전기소설' 계열에 속하는 작품이다. 조금 더 세밀하게 분류하면 이는 한국 근대소설사에서 '역사·전기소설'의 전단계라 할 수 있는 '인물기사' 및 '인물고'에 속하는 작품이 된다.[6] 『태극학보』에 연재된 「클럼버스전」의 집필 의도는 단순히 흥미로운 서사의 전달에만 있는 것이 아니었다. 「클럼버스전」은 본격적인 서사를 시작하기에 앞서 다음과 같은 내용의 서序를 두고 있다. 이는 이 글의 집필의도가 어디에 있는가를 보여준다는 점에서 의미가 있다.

---

5 백순재, 「태극학보 해제」, 『태극학보』 영인본 1, 아세아문화사, 1978, 5~9쪽 참조.

6 근대계몽기에 국내에서 발행된 신문과 잡지들은 '인물기사' 혹은 '인물고'로 분류되는 작품들을 적지 않게 연재했다. 이들이 '인물기사'와 '인물고'를 기획 연재한 의도는 무엇보다 이를 통해 민족의식을 고취하려는 데에 있었다. 이에 대한 상세한 논의는 김영민, 「'역사·전기소설'의 형성과 전개」, 『한국 근대소설의 형성과정』, 소명출판, 2005, 40쪽 참조.

自十五世紀頃으로世界文明이日進月長에生存競爭이無處不起라 顧其原因컨딘 有二大重要導大線ᄒᆞ니 米國發見이 爲其經濟的遠因ᄒᆞ고 佛國革命이爲其政治的近因矣라 何故오 一自米土發見後로 西班牙人이 陸續渡米ᄒᆞ야發掘新世界(新世界라 云ᄒᆞᆷ은 東半球에 對ᄒᆞ야 西半球을 名稱ᄒᆞᆷ이라) 天貯之金銀銅鐵ᄒᆞ야 輸送歐洲에 貨幣ᄂᆞᆫ 日賤ᄒᆞ고 物價ᄂᆞᆫ 日貴라 是故로 貧益貧富益富ᄒᆞ야 惹起生活之懸殊에 競爭이 隨而愈迫ᄒᆞ니 是其經濟的遠因也요繼又有佛國革命ᄒᆞ야 數千年間壓制下之人民이 猝唱共和에 影響이 播傳에全歐가 聳動ᄒᆞ야 專制에 不平을 唱道者四起ᄒᆞ니 此乃政治的近因也라 故로余가 欲叙發見米土ᄒᆞ야 以催近世文明之泰斗者 클럼버스傳ᄒᆞ야 以報我同胞ᄒᆞ노라[7]

여기서 지은이는 인류의 삶에 지대한 영향을 미친 두 사건으로 콜럼버스의 아메리카 대륙 발견과 프랑스대혁명을 꼽는다. 이 두 사건이 커다란 경제적 · 정치적 변화를 가져왔다는 것이다. 「클럼버스전」은 이탈리아에서 태어난 콜럼버스가 스페인 여왕 이사벨의 지원을 얻어 아메리카 대륙을 발견하고, 이후 자신이 발견한 땅의 총독이 되었다가, 여러 가지 어려움을 겪다 임종을 맞게 되는 과정을 연대기 식으로 전달한다. 미래를 개척하며 역경과 싸우는 주인공의 삶을 그리고 있는 것이다.

당시 『태극학보』가 '인물고'에 속하는 작품을 연재했다는 것은 이 시기 일본 유학생들이 발행하는 잡지의 편집 체계가 국내의 그것과 긴밀한 연관 관계 속에 있었다는 사실을 실증적으로 보여준다. 1890년대

7 박용희, 「역사담」, 『태극학보』 3, 1906.10, 39~40쪽.

중반 무렵부터 국내에서는 「중일략사中日略史」, 「아국략사俄國略史」, 「서사건국지瑞士建國誌」 등 수많은 역사전기물의 번역이 이루어졌다. 1890년대 말부터는 국내에서 발행되는 『독립신문』이나 『그리스도신문』 등에 다양한 형태의 '인물기사'가 발표된다. 국내에서 발행되는 잡지에 '역사・전기소설'이 본격적으로 연재되기 시작한 것은 『조양보』를 통해서였다. 『조양보』는 1906년 7월 「비스마룩구청화淸話」를 시작으로 「애국정신담愛國精神談」, 「갈소사전噶蘇士傳」 등의 작품들을 줄곧 연재한다. 이어서 국내 잡지 가운데는 『서우西友』가 '인물고'의 게재에 적극적으로 가담한다. 『서우』는 1906년 12월 창간호부터 '인물고'란을 마련하고 17호 종간시까지 단 한 호도 빠짐없이 이 난을 이어간다. 여기에 발표된 작품들이 「을지문덕전乙支文德傳」, 「양만춘전梁萬春傳」, 「김유신전金庾信傳」, 「온달전溫達傳」, 「강감찬姜邯贊」, 「이순신李舜臣」 등이다. 시기상으로 보면 『태극학보』에 '인물고' 류의 글이 실리기 시작한 것은 『조양보』와 『서우』에 '인물고'와 '역사・전기소설'이 실리던 시기와 중첩된다. 『서우』가 주력하던 '인물고'의 연재는 그보다 수개월 앞선 『태극학보』의 전기류 문학 연재와 직접적인 관계가 있다. 『태극학보』와 『서우』의 긴밀한 관계는, 이들이 관서 출신 지식인 중심의 학회지였다는 점에도 찾을 수 있다. 『태극학보』에 뒤이어 창간된 『서우』는 평안남북도와 황해도 출신 지식인들이 중심이 되어 조직한 '서우학회'의 기관지였다. '서우학회'는 1906년 10월 박은식朴殷植 등 11명의 명의로 조직된 학회였고, 뒤에 미국 유학에서 돌아온 안창호安昌浩도 여기에 가입해 활동한 바 있다.[8] 관서지방 일본 유학생들의 모임인 '태극학회'와, 같은 지역 출신의 국내 지식인 모임 '서우학회' 사이에 교류가 있었다는 사실을 유추하는 것은 어렵지 않다. 1907년 중반에 이르면 '태극학회'는 기관지 『태극학보』를 국내 각급 학교로 우송할 것을 공식적으로 의결한다. 이 학보를 통하여 국내 청년들의 교육에 적극 이바지하겠다는 의사를 표명하게 되는 것이다.

> 本月노 爲始ᄒᆞ야ᄂᆞᆫ 內國 各處學校의 處所를 아ᄂᆞᆫᄃᆡ로 本會學報를 發送ᄒᆞ야 有爲青年의 觀覽에 供ᄒᆞ여 그 學識의 萬分之一이라도 有助케ᄒᆞ기로 十六日 任員會에셔 決定ᄒᆞ다[9]

근대계몽기에 발간된 국내 잡지와 일본 유학생 잡지는 상호 교류 관계 속에 있었다. 독일의 정치가 비스마르크의 일화를 다룬 「비스마룩구청화」가 1906년 7월부터 12월까지 국내 잡지 『조양보』에 연재되었고, 동일한 소재를 다룬 「비스마-ㄱ전比斯麥傳」이 1906년 12월부터 1907년 5월까지 『태극학보』에 연재되었다는 사실도 이를 뒷받침하는 구체적 사례 가운데 하나가 될 수 있다. 『태극학보』에 「비스마-ㄱ전」이 연재되던 1907년 5월 『대한자강회월보』에는 한기준韓基準의 「외교담外交談」이 발표되는데, 이 「외교담」에도 비스마르크의 일화가 포함되어 있다.[10]

8 백순재, 「서우 해제」, 『서우』 1, 아세아문화사, 1978, 3~6쪽 참조.

9 『태극학보』 11, 1907.7, 58쪽. '태극학회'는 국내 여러 곳에 지회를 두고 교류했다. 그런가 하면 미국의 '공립협회共立協會'와도 긴밀한 관계를 유지하며 교류했다. 이에 대한 상세한 논의는 김윤재, 「백악춘사 장응진 연구」, 『민족문학사연구』 12, 민족문학사학회, 1998, 197~202쪽 참조.

10 한기준의 「외교담」은 현재의 기준으로 보면 논설에 가깝다. 그러나 이 글에는 '소설'이라는 표기가 붙어 있다. 근대계몽기 '소설'의 양식적 특질이라는 문제에 대해 접근한 김재영은 "「외교담」과 같은 논설 형식의 글에 부기 되어 있는 '소설'은 편집상의 실수가 아니었을까 싶을 정도로 그 시기의 '소설' 용례에서도 예외적인 것으로 보인다"(김재

하지만 『태극학보』의 「비스마―ㄱ전」과 『조양보』의 「비스마룩구청화」가 동일한 원전에 토대를 둔 작품은 아니다. 이 두 작품은 동일한 소재를 다루면서도 서로 다른 서술 방식을 선택하고 있다. 『조양보』의 「비스마룩구청화」는 저자가 밝혀져 있지 않으나, 『태극학보』의 「비스마―ㄱ전」은 저자가 박용희朴容喜로 명기되어 있다. 「비스마룩구청화」는 처음부터 바로 주인공의 생애에 관한 서술을 시작하지만, 「비스마―ㄱ전」은 저자가 이 글을 번역 집필하는 의도가 어디에 있는가를 설명하는 것으로 시작된다.[11] 비교를 위해 두 작품의 서두를 인용하면 각각 다음과 같다.

(가) 區宇大勢가 循環無窮에 人生機會가 亦隨而變遷일식 乘時而活動者는 流芳無窮ᄒᆞ고 乘機而網羅者는 流臭萬代ᄒᆞᄂᆞ니 何其世態無情之甚乎아

영, 「근대계몽기 '소설' 인식의 한 양상」, 『근대계몽기 문학의 재인식』, 소명출판, 2007, 43쪽)고 지적한 바 있다. 「외교담」에 논설의 요소가 매우 많고 서사의 요소가 지극히 적은 것은 당시의 '소설' 관행으로 보아도 예외인 것은 틀림이 없다. 그러나 한기준의 「외교담」을 '문예부文藝部'의 '소설'로 분류했던 『대한자강회월보』의 편집 태도는, 『대한매일신보』 등의 '소설'란에 실렸던 '논설적 서사'나 '역사 · 전기소설' 등에서 서사와 논설의 강력한 결합을 비교적 자연스럽게 받아들이던 당시 관행으로 보면 실수라고 생각하기 어렵다. 단, 이 글이 미완의 상태임에도 불구하고 이후에 새로운 연재 부분이 발견되지 않는다는 사실로 미루어보면 '소설' 「외교담」을 계속 진행시키는 일이 쉽지는 않았던 것으로 판단된다. 당시 '소설'이라는 용어는 지식인들에게는 별반 호감이 가는 용어가 아니었다. 국한문으로 쓴 글에는 가급적 '소설'이라는 양식 표기를 하지 않았던 것은 그 때문이다. 한기준으로서는 자신이 투고한 글이 '소설'로 분류되어 편집된 것이 결코 반가운 일은 아니었을 것으로 짐작된다. 참고로, 송민호는 「외교담」을 소설란에 수록한 것에 대해 "'소설'이란 어휘를 '짤막한 이야기'라는 뜻으로 쓴 흔적"(송민호, 『한국 개화기소설의 사적연구』, 일지사, 1975, 133쪽)이라고 정리한 바 있다. 물론 이러한 접근도 일리는 있다. 그러나, 이 경우 왜 다른 짤막한 논설류의 글은 소설로 분류하지 않고 유독 이 글만 그렇게 분류했는가 하는 문제가 남는다. 논설로 보이는 이 글을 '소설'로 분류한 것은 여기에 서사적 요소가 이 포함되어 있었던 때문이라고 보아야 한다.

11 「비스마―ㄱ전比斯麥傳」은 「클럼버스전」과 동일한 서술 방식을 취하고 있다. 이는 두 작품의 저술자가 동일 인물이라는 점을 그 가장 큰 이유로 꼽을 수 있다.

著者가 於斯에 不能禁一片慨世之淚가 龍鍾于袖而彷徨如有失이라가 憑憶十九世紀歐洲屈指之鐵而政略家比公之事業ᄒᆞ고 奮然起舞而長嘯短吁ᄒᆞ니 時에 四隣은 寂寞ᄒᆞ고 日光은 朦朧ᄒᆞᆫ데 客思는 耿耿ᄒᆞ고 秋風은 蕭瑟이라 排燈跪坐ᄒᆞ고 閱覽比公傳ᄒᆞ니 當時普魯射國國勢가 彷彿于現今東亞形便이라 余가 益有感于此ᄒᆞ야 直譯公傳而俾我同胞로 注意于此ᄒᆞ노라

公은 西曆一千八百十五年四月十一日에 普魯射國쏫쓰담에 誕生ᄒᆞ엿ᄂᆞᆫᄃᆡ 父ᄂᆞᆫ 同國近衛隊士官쉰하우센이요 母ᄂᆞᆫ 월헬미나요 幼名은 옷토폰비스막—이라[12]

(나) (비스마룩구)ᄂᆞᆫ 德國人이라其邸宅이(후리—도릿히스루—)地方에在ᄒᆞ더니客이相訪與語ᄒᆞ고歸ᄒᆞ야其友人의게書를贈ᄒᆞ야曰비公의言語가一種人心을感動하ᄂᆞᆫ能力이有하야聽者로自然興起케하니이此人을直接하야其談話를聽하면宛然히(세에—기스피아)의劇曲을聞함과如하야唯其覺得할거슨今世英雄이悠寬한態度로兄의面前에셔快談不倦하ᄂᆞᆫ것ᄲᅮᆫ이라恍惚히意消心醉의야吾忘吾身而又不能挿一語라하엿더라비公이幼時에(게쯔징겐)校舍에在하더니朋友(모쯔도레—)氏가伯林에셔訪見하고後에其妻의게贈書하야曰비公이與予로當代大事件을擧하야長談을試할時에彼가平易한口調로歐州六年間可驚歷史를演說ᄒᆞᆷ이魂飛骨舞하야無限快樂을永久難忘이라하엿더라[13]

『조양보』의 「비스마룩구청화」는 미완의 상태로 연재가 중단되었으

12 박용희, 「비스마—ㄱ전」, 『태극학보』 5, 1906.12, 23~24쪽.
13 「비스마룩구청화」, 『조양보』 2, 1906.7, 23쪽.

나, 『태극학보』의 「비스마―ㄱ전」은 완결되었다. 『태극학보』는 「비스마―ㄱ전」의 연재를 완료한 이후에도 「시싸該撤―전傳」(1907.6~10)과 「크롬웰전傳」(1907.11) 등의 역사・전기류 작품을 계속 게재했다.

『태극학보』에 수록된 서사문학 자료 가운데 주목의 대상이 되는 또 다른 작품들은 백악춘사白岳春史 장응진의 작품들이다. '태극학회'의 회장이기도 했던 장응진은 『태극학보』에 「다정다한多情多恨」(1907.1~2), 「춘몽春夢」(1907.3), 「월하月下의 자백自白」(1907.9), 「마굴魔窟」(1907.12)과 같은 작품들을 발표한다. 이들 작품은 "개화사상開化思想이 반영反映된 과도적過渡的인 소설小說의 편린片鱗을 규시窺視할 수 있는 대표적代表的인 것"[14]으로 평가 받는다. 일찍이 장응진의 작품들에 주목했던 송민호는 이들 작품이 구소설적 요소와 신소설적 요소를 함께 지니고 있다고 지적했다. 상투적 어구의 사용이나 작가 개입 등이 구소설적 잔재라면, 새로운 표제와 작품 배경, 신선한 소재와 주제 등은 신소설적 요소가 된다. 기존의 연구에서는 장응진 소설의 특징을 '실제 사건의 소설화와 1인칭 독백체의 사용'이라고 정리한다. 특히 「춘몽」에서는 한 지식인의 1인칭 독백을 통해 식민지 유학생이 지녔던 내적 번민을 격렬히 토로하고 있는데, 이것이 약소국 지식인의 내적 번민을 소설화한 근대문학사상 최초의 작품이 된다는 것이다.[15] 이는 타당성이 있는 주장이다. 아울러 「춘몽」과 「월하의 자백」, 「마굴」 등을 통해 언문일치에 다가가고 있다고 하는 주장 역시 수긍할 만하다.[16]

---

14 송민호, 앞의 책, 131쪽.

15 김윤재, 앞의 글, 197~198쪽 참조.

16 위의 글, 197~201쪽 참조.

사실소설寫實小說이라고 표기되어 있는 「다정다한」은 주인공 삼성三醒 선생先生과 관련된 일화들을 엮어간 것이다. 그런데, 이 작품에 나오는 삼성 선생이 당시 실존하던 인물인 김정식金貞植이었다는 점을 생각한다면,[17] 「다정다한」은 곧 '인물고'의 성격을 띤 작품이 된다. '인물고'라는 관점에서 보면 「다정다한」은 앞에서 다룬 「클럼버스전」이나 「비스마-ㄱ전」과도 곧바로 연결된다. 「다정다한」은 「클럼버스전」이나 「비스마-ㄱ전」과 마찬가지로 국한문혼용체로 쓰인 작품이다. 그런데 국한문혼용체로 된 이 작품의 서두는 부분적으로 국문체를 수용하고 있다는 점에서 주목을 끈다.

(가) 時節은 大韓光武五年頃인가, 흘너가는, 가을빗슨, 大地를 包容ᄒᆞ야 나뭇가지, 풀닙마다, 누릇, 누릇 峰々ᄒᆞᆫ 黑雲中에 ᄡᅵ엿다 버셔젓다, ᄯᅥ러지는 日輪은 黃海水平面上에 半掛ᄒᆞ야 上下天을 眞紅으로 물드린 듯 順風에 돗글 달고 濟物浦로 도라가는 漁夫 노ᄅᆡ, 울굴굴, 미러오는 潮水소ᄅᆡ, 썻다, 잠겻다, 펄-펄, 나라드는, 白鷗소ᄅᆡ 自然의 妙樂을 合奏ᄒᆞᄂᆞᆫ 듯[18]

(나) 이 ᄯᆡ에 草々ᄒᆞᆫ 四騎輕裝으로 一童子를 隨行ᄒᆞ야 仁川港柚峴으로 下來ᄒᆞᄂᆞᆫ 一客子年可四十頃에 容貌가 秀出ᄒᆞ고 風采가 非凡ᄒᆞ나 多年客地風箱에 苦楚를 經ᄒᆞᆷ인지 人世風波에 辛酸을 嘗ᄒᆞᆷ인지 顔色이 憔悴靑白ᄒᆞ고 顴骨이 稍高ᄒᆞ야 一種의 秘憂를 먹음은 듯ᄒᆞ더라[19]

---

17 위의 글, 193쪽 참조.
18 백악춘사白岳春史, 「다정다한」, 『태극학보』 6, 1907.1, 45~46쪽.
19 위의 글, 46쪽.

「다정다한」의 이러한 서두는 국한문혼용체 작품이 국문체를 수용하는 과도기적 모습을 보여준다. 위에 인용한 (가)와 (나)는 서로 연결되어 있는 부분이다. (가)에는 비록 한자가 많이 섞여있기는 해도 구문상으로는 국문체 문장에 가깝다. 표기는 한자가 중심을 이루지만, 그 표현은 우리말을 바탕으로 한 것이다. "울굴굴, 미러오는 潮水소릐, 쎳다, 잠겻다, 펄-펄, 나라드는, 白鷗소릐"와 같은 표현은 이 시기 문장에서는 쉽게 만나기 어려운 개성적 표현이다. 그러나, (나)는 전형적인 근대계몽기의 국한문혼용체 문장이다. (가)와 (나)는 모두가 묘사체 문장이라는 공통성이 있다. 여기서 (가)는 시공간적 배경을 묘사한 것이고, (나)는 인물의 모습을 묘사한 것이다. (가)에서는 주관적 감흥이 담긴 개성적 묘사가 돋보이지만, (나)에서는 객관적이고 상투적인 묘사만이 눈에 뜨인다. 작가는 개성적 묘사를 위해서는 국문체를 사용하지만, 상투적으로 익숙한 묘사를 위해서는 국한문체를 사용한다. 서두의 묘사문이 끝나고 이후 서술문으로 옮겨가면, 작품 전체가 국한문혼용체 문장이 되는 것이다.

「다정다한」에는 이렇게 서두 부분에만 국문체가 사용되지만, 「춘몽」이나 「월하의 자백」, 그리고 「마굴」에서는 더욱 많은 국문체가 사용된다. 「춘몽」과 「월하의 자백」, 그리고 「마굴」은 모두 국문체와 국한문혼용체가 혼재하는 특이한 모습을 보여준다. 「춘몽」은 1인칭 독백체를 사용해 반半식민지 혹은 약소국 지식인의 내적 번민을 소설화한 근대문학사 최초의 작품으로 꼽힌다.[20] 「월하의 자백」은 한 노인의 참회와 자

20 김윤재, 앞의 글, 197~198쪽 참조.

살이라는 서사를 담고 있는 작품이다. 이 작품은 외형상으로 보면 전지적 작가가 서술자로 개입하는 3인칭 시점을 택하고 있다. 하지만, 작품의 대부분이 노인의 술회라는 점에서 보면 실질적으로는 1인칭 고백체 소설의 성격이 강하다. 「마굴」은 살인 사건을 소재로 다룬 것인 바, 작품 속 세부 기술로 미루어 볼 때 이 사건은 당시대에 실재했던 것으로 추정된다. 「마굴」은 회장체回章體의 형식을 취하고 있으며, 상투적 표현이 빈번히 사용된다는 점에서 보면 전대소설의 영향 속에 있는 작품처럼 보인다. 하지만, 작품 곳곳에서 발견되는 언문일치의 문장을 보면 전대소설과 결별한 근대소설의 면모 또한 적지 않게 담고 있다.

(가) (二) 尹守明治吏民安堵 正犯未出申家繫獄

却說 이ᄯᆡ 本郡々守ᄂᆞᆫ 尹氏인데 尹守ᄂᆞᆫ 外國事情에도 畧通ᄒᆞ고 元來 事理에 明析ᄒᆞᆫ 人이라 到任以來로 諸般行政이 一体人民의 福利를 標準ᄒᆞ야 一切弊瘼을 革除ᄒᆞ며 自來吏屬의 惡習을 一變ᄒᆞ고 四民으로 ᄒᆞ여금 各其職業에 安堵케ᄒᆞ니 由來로 虐政塗炭中에서 呌苦ᄒᆞ든 海隅殘民에게ᄂᆞᆫ 嚴冬後에 陽春이, 도라온듯 大旱에 雨澤이 霈下ᄒᆞᆫ듯 明官의 稱頌이 人々마다 口碑相傳이오 尹守의 愛民善政碑가 村々 街頭에 林立ᄒᆞ엿더라[21]

(나) 尹守, 「네 婿郎이, 언졔, 네 집에 와서」

老婆, 「그, 죽기 젼날, 왓서요」

尹守, 「네 婿郎을, 네가, 오라고 ᄒᆞ야서 왓드냐」?

21 백악춘사, 「마굴」, 『태극학보』 16, 1907.12, 45쪽.

老婆, 「네, 사웨도, 보고 푸고, 쌀도, 보고 십허, 오라고 ᄒᆞ엿더니, 그날, 小女의 쌀子息ᄒᆞ고, 사웨되는 사람ᄒᆞ고, ᄀᆞᆺ치 와서요」

尹守, 「네, 婿郞되는사람이, 죽는 날, 져녁에, 어데, 잇ᄃᆡ여서」?

老婆, 「네, 그ᄂᆞᆯ 져녁에, 어데 ᄀᆞᆺ든 거슨, 알지 못ᄒᆞ고요, 小女의 子息놈이, 골房에서, 다리고, 자깃다고 ᄒᆞ여시요」

尹守, 「그러면, 네 婿郞이 何時頃에, 엇더케 죽은 거슨, 네가 모로깃나냐」?

老婆, 「그거슨, 도모지, 몰나요」

老婆ᄂᆞᆫ 獄으로, 다시 나리우고, 次에ᄂᆞᆫ 申將孫의 次例,

初次에ᄂᆞᆫ 大綱 前番과 ᄀᆞᆺ흔 訊問을 次第로 發ᄒᆞᆫ 後에

尹守, 「그날 져녁에, 네의 妹夫가, 어데, 잇ᄃᆡ여서」?

將孫, 「그ᄂᆞᆯ 져녁에, 小人의 妹夫되ᄂᆞᆫ 사람이, 어데, 놀너가 도라오지, 아니, ᄒᆞ엿습ᄂᆡ다」[22]

인용문 (가)는 전형적인 회장체 고전소설의 모습을 띠고 있다. 하지만 인용문 (나)를 읽으면 전혀 다른 작품의 한 부분을 옮겨온 듯한 인상을 준다. 「마굴」에는 인용문 (나)와 같은 부분이 적지 않다. 인용문 (나)는 대화문이다. 「마굴」에서 발견되는 언문일치의 문장들은 대부분 이와 같은 대화체 문장이다. 인용한 부분처럼 화자話者가 누구인지 명시된 경우도 있지만, 화자가 명시되지 않은 경우도 있다. 「다정다한」에서 작가의 감정이 담긴 묘사문들이 국문체 문장으로 쓰여졌다면, 「마굴」에서는 대화문들이 국문체 문장으로 쓰여지고 있는 것이다.[23]

---

22 위의 글, 49쪽.

23 이들 작품 외에도 『태극학보』 제12호(1907.7)에 수록된 초해椒海 김낙영의 「외국外國에

근대계몽기의 일본 유학생들은 대부분 국한문혼용체 문장을 사용했다. 하지만, 그럼에도 불구하고 점차 한글을 사용해야 한다는 인식만은 분명했다. 최초의 유학생 잡지 『친목회회보』는 사설社說 「한문자漢文字와 국문자國文字의 손익여하損益如何」를 통해 국문 사용의 필요성을 강조한 바 있다. 이 글에서는 먼저 '문자文字는 학문의 수혼자守閽者'라는 사실과, 언어와 문자는 서로 떨어질 수 있는 성질의 것이 아니라는 점을 강조한다. 이어서 문자의 두 종류인 '상자象字'와 '발음문자發音文字' 즉 상형문자와 표음문자에 대해 설명한 후, 세종대왕이 표음문자인 국문을 발명하였으나 안타깝게도 그것이 한문에 권리를 빼앗기게 되었다는 사실을 지적한다. 한문자를 습득하기 위하여 십 년의 세월을 보낼 지라도 절반의 의미밖에 깨닫지 못하는 것이 현실이지만 국문자를 습득하면 단 한 달의 세월로 전체 의미를 터득할 수 있게 된다는 것이 이 글의 주장이다. 이 글은 다음과 같은 말로 국문 사용의 필요성을 강조하면서 마무리된다.

嗚呼ㅣ라, 우리 二千萬 同胞ᄂᆞᆫ 如何ᄒᆞᆫ 決心에 在ᄒᆞᆯ고, 家事에 齷齪ᄒᆞ야, 屋外에 思想이 不及ᄒᆞ고, 父母國에 一片丹誠을 盡ᄒᆞᄂᆞᆫ 義俠이 頓無ᄒᆞᆫ則 高麗半島ᄂᆞᆫ 永히 陸沉ᄒᆞᆯ 뿐이라, 玆에 想到ᄒᆞᆷ애 吾人은 舊勇一番의 責任을 各擔ᄒᆞ얏스니, 卑屈保守의 頑迷習慣을 脫ᄒᆞ고, 實力競爭의 域에 就ᄒᆞ야, 羈絆

출학出學ᄒᆞᄂᆞᆫ 親子의게」와 제14호(1907.10)에 수록된 「한恨」을 서간체 서사의 실험으로 보기도 한다. 이들 작품은 단편소설이라고 하기에는 부족하나 둘이 대칭을 이루며 마치 연작의 형태 같은 효과를 준다는 점에서 또 다른 서사의 실험이라 볼 수도 있다는 것이다. 이와 관련된 논의는 전은경, 「근대계몽기 독자와의 상호소통적 글쓰기와 '서사' 양식의 실험 」-『태극학보』를 중심으로」, 『대동문화연구』 91, 성균관대 대동문화연구원, 2015, 279~321쪽 참조.

에 繫혼 鎖鑰을 切斷ᄒᆞ야써 列國의 暴虐을 防衛ᄒᆞ고, 大朝鮮國에 古有혼 光輝를 發홈이, 小生의 日夜企望ᄒᆞᄂᆞᆫ 비ㅣ라, 一國一人의 私有훌 學問을 學훌ᄉᆡ, 萬國萬人의 同由利用훌 學問을 學훌ᄉᆡ, 萬智萬愚의 平等均得훌 者ᄂᆞᆫ 國文專修ᄒᆞᄂᆞᆫ 一點에 不外훌ᄯᅳᆺ.[24]

결국, 학문을 익히고 식견을 넓히는 데 가장 유용한 도구가 곧 우리의 국문임을 강조하는 것이 이 글의 요지인 셈이다.[25]

『태극학보』 제6호부터 7호에 걸쳐 발표된 강전姜荃의 글 「국문편리급한문폐해國文便利及漢文弊害의 설說」은 이러한 인식을 보여주는 주목할 만한 자료 가운데 하나이다. 강전은 여기서 국문의 편리함과 한문의 폐해에 대해 다음과 같이 언급한다.

國文의 便利ᄂᆞᆫ 其字体의 結搆가 精當ᄒᆞ고 子母合音의 變化가 詳簡ᄒᆞ며 規模가 確實ᄒᆞ고 意味가 眩亂치 아님으로 學習키 甚히 容易ᄒᆞ야 雖三尺의 童과 倡優隷僕의 賤이라도 三四日의 工夫만 勉ᄒᆞ면 豁然解了ᄒᆞ야 日用事物과 往復書翰에 隨機酬應ᄒᆞ기가 極히 敏速ᄒᆞ야 平生에 用ᄒᆞ야도 限이 無ᄒᆞ고 漢文의 獘害ᄂᆞᆫ 髮을 結ᄒᆞ고 書를 讀ᄒᆞᄆᆡ 膏油를 焚ᄒᆞ고 日光을 繼ᄒᆞ야 孜々屹々히 頭童齒濶토록 口에 吟ᄒᆞ기를 絶치 안코 手에 披ᄒᆞ기를 停치 안트ᄅᆡ도 成業ᄒᆞᄂᆞᆫ 日에ᄂᆞᆫ 陳腐혼 套句例題만 掇拾ᄒᆞ야 等身의 書를 得ᄒᆞ기에 過치 못ᄒᆞ고 卓越혼 學問을 發明ᄒᆞ거ᄂᆞ 顯赫혼 勳烈를 建樹ᄒᆞ기도 ᄒᆞ야 國民

24 신해영, 「한문자漢文字와 국문자國文字의 손익여하損益如何」, 『친목회회보』 2, 1896.6, 8쪽.

25 이와 관련된 상세한 논의는 김영민, 『문학제도 및 민족어의 형성과 한국 근대문학(1890~1945)』, 소명출판, 2012, 208~210쪽 참조.

的義務를 盡키 難ᄒᆞ고 惑世에 出ᄒᆞ야 榮進의 塗에 登ᄒᆞᆫ 者ᄂᆞᆫ 一時僥倖에 付ᄒᆞ야 ᄌᆞ못 鮮少ᄒᆞᆫ즉 統計ᄒᆞ야 論ᄒᆞ면 漢學者ᄂᆞᆫ 畢生토록 蠹書虫을 作ᄒᆞ야 耳聞日見이 固陋頑迷ᄒᆞ고 肢胚를 惰怠ᄒᆞ며 菽麥을 不辨ᄒᆞᄂᆞᆫ 者가 多ᄒᆞ니 肉袋飯囊에 不過ᄒᆞ고 右怪木偶에 是同ᄒᆞ야 其身勢가 淸冷ᄒᆞᆫ 境遇를 當ᄒᆞᆯ ᄲᅮᆫ 아니라 國家進取的勢力의 分子된 臣民의 職責을 擔任치 못ᄒᆞᄂᆞᆫ도다[26]

국문은 한문에 비해 배우기가 쉬울 뿐만 아니라 그 쓰임새 역시 무한하다는 것이 글쓴이의 생각이라 할 수 있다. 『태극학보』 제21호(1908.5)에 실린 이광수李光洙의 글 「국문國文과 한문漢文의 과도시대過渡時代」 역시 주목할 만한 글이다. 이광수는 우리가 현재 선택할 수 있는 문자 사용방식을 다음 세 가지로 제시한다. 첫째, 국문을 전폐專廢하고 한문을 전용專用하는 것. 둘째, 국문과 한문을 병용竝用하는 것. 셋째, 한문을 전폐하고 국문을 전용하는 것. 이 가운데 이광수가 선택 지지하는 것은 세 번째 방식 즉 한문을 전폐하고 국문을 전용하는 것이다. 그러나, 국문을 전용하고 한문을 전폐하는 것이 곧 한문을 일체 학습하지 말라는 의미는 아니었다. 이에 관한 이광수의 구체적인 생각은 다음과 같다.

國文을 專用하고 漢文을 專廢ᄒᆞᆫ다 함은 國文의 獨立을 云함이요 絶對的 漢文을 學하지 말나함이 아니라 此萬國이 隣家와 갓치 交通ᄒᆞᄂᆞᆫ 時代를 當ᄒᆞ야 外國語學을 硏究ᄒᆞᆷ이 學術上 實業上 政治上을 勿論ᄒᆞ고 急務될 것은 異議가 無ᄒᆞᆯ바이니 漢文도 外國語의 一課로 學ᄒᆞᆯ지라 此重大ᄒᆞᆫ 問題를 一朝

---

26 강전姜筌, 「국문편리급한문폐해國文便利及漢文弊害의 설說」, 『태극학보』 6, 1907.1, 17쪽.

> 에 斷行ᄒᆞ기는 不可能ᄒᆞᆫ 事라할 듯ᄒᆞᄂᆞ 遷延히 歲月을 經ᄒᆞ야 新國民의 思想이 堅固케 되고 出判書籍이 多數히 되면 더옥 行ᄒᆞ기 難ᄒᆞ리니 一時의 困難을 冒ᄒᆞ야 我邦文明의 度를 速ᄒᆞ게 함이 善策이 아닌가 玆의 淺薄ᄒᆞᆫ 意見을 陳ᄒᆞ야 有志同胞의 注意를 促ᄒᆞ며 幷ᄒᆞ야 方針의 講究를 願ᄒᆞ노라[27]

이광수는 국문의 전용의 필요성을 강조하면서 더불어 한문은 단지 외국어의 하나로 배우면 된다고 주장한다. 이 글은 이광수가 유학시절 발표한 최초의 글이라는 점에서도 의미가 있다.[28]

『대한유학생학보』 제3호(1907.5)에 발표된 몽몽夢夢 진학문秦學文[29]의 작품 「쓰러져가는 딥」은 이 시기 잡지에 발표된 서사문학 자료 가운데서는 드물게 순한글로 표기된 작품이다. 「쓰러져가는 딥」은 일화형逸話型 단편소설이다. 한 편의 에피소드에 간략한 후일담이 곁들여진 작품인 것이다. 쓰러져가는 집이나마 지키려 애쓰는 길동 어미를 노름에 빠진 남편이 거칠게 구타하는 장면은 이 작품의 핵심을 이룬다. 이 작품에 사용된 한글은 근대적 언문일치체 한글이라기보다는 아직 구투가 남아 있는 문어체 한글이다. 「쓰러져가는 딥」의 서두 문장을 인용하면 다음

---

27 이보경李寶鏡, 「국문國文과 한문漢文의 과도시대過渡時代」, 『태극학보』 21, 1908.5, 18쪽.

28 이와 관련된 상세한 논의는 김영민, 앞의 책, 211~212쪽 참조.

29 몽몽夢夢이 누구인가에 대해서는 "작자作者의 원명原名을 분명히 고증考證할 수는 없으나, 당시 '대몽大夢 최崔'라는 필명筆名을 사용했던 육당六堂 최남선崔南善일 가능성도 있고, 또 춘원春園이 4첩반疊半의 방에서 하숙下宿했던 일이 있었고, 필체筆體로 보아서 춘원春園일 가능성이 있다"(송민호, 앞의 책, 43쪽)는 등의 주장이 존재한다. 그러나, 현재로서는 진학문이라는 주장이 가장 설득력이 있다. 이에 대한 자세한 논의는 김복순, 『1910년대 한국문학과 근대성』, 소명출판, 1999, 63쪽 참조. 최근 발표된 다음의 논문은 몽몽이 진학문이라는 사실을 명확히 논증하고 있다. 최태원, 「어느 식민지 문학청년의 행방 (1)」, 『상허학보』 50, 상허학회, 2017, 293~337쪽 참조.

과 같다.

「젼ᄉᆡᆼ차ᄉᆡᆼ 무ᄉᆞᆷ죄로 네나ᄂᆡᄂᆞ 이 고ᄉᆡᆼ을 ᄒᆞᆫ단 말이냐 ᄂᆡ몸이 귀티 안으니 ᄌᆞ식도 귀티 안코 아무것도 귀티 안타」

ᄒᆞ면셔 다 쓰러져 ᄀᆞ는 초가뎝, 다 ᄉᆡᆨ딘 마루우헤 쏘이는 볏흘 화로쌜 ᄉᆞᆷ아 남향ᄒᆞ야 안져 무릅우헤 됴고만ᄒᆞᆫ 어린ᄋᆞᄒᆡ를 누이고 두렁이를 둘너듀는 부인은 나이ᄂᆞ ᄉᆞᆷ십밧게 못되얏는데 이마에는 벌셔 듀름술이 즙히고 얼골은 녹박ᄀᆞᆺ티 오그라딘 것을 보면 쳔가디만가디 온ᄀᆞᆺ 시름을 다 격근듯ᄒᆞ며 ᄃᆞ시 그 집을 ᄉᆞᆯ펴보면 집이 근슈는 오륙간 되는 모양이ᄂᆞ 그집 헷근ᄒᆞᆫ 간은 반이ᄂᆞ 쓰러졋스니 디는히 당마 그 몹쓸 당마가 이불승ᄒᆞᆫ ᄉᆞ람의 집ᄉᆡᆨ디 ᄒᆡ를 입힌듯ᄒᆞ고 안방은 동으로 기우러디고 거는방은 셔으로 물너ᄂᆞ며 마루라고 널마루가 억결이 다 되얏는데 하남 촌구셕이라 터는 널딕ᄒᆞ야 압뒤쓸이 헌틸ᄒᆞ니 그 역시 다힝이라.[30]

근대계몽기 잡지에 실린 서사문학 자료들은 대부분 국한문혼용체로 기록되었다. 이는 해외에서 발행된 유학생 잡지뿐만 아니라 국내에서 발행된 잡지의 경우를 보아도 마찬가지이다.[31] 그런 점에서 지식인 집단을 독자로 발행한 『대한유학생학보』에 수록된 「쓰러져가는 뎝」이 처음부터 끝까지 순한글 표기를 사용했다는 점은 그 사실만으로도 적지 않은 의미가 있다.

30 몽몽, 「쓰러져가는 뎝」, 『대한유학생회학보』 3, 1907.5, 60쪽.

31 다만, 국내에서 발행된 잡지 가운데 『가정잡지』, 『소년한반도』처럼 어린이나 가정주부 등 한글에 익숙한 독자들을 대상으로 삼은 경우는 예외가 된다.

몽몽은 또다른 유학생 잡지 『대한흥학보』에 「요조오한四疊半」을 발표한다. 『대한흥학보』의 발간 주체인 '대한흥학회'는 그동안 몇 개의 분파로 갈라져 있던 유학생 모임이 명실상부하게 하나로 통합되어 출범한 학회이다. 지연地緣이나 학비 지원처 등 기타 인연을 중심으로 모이던 '대한학회', '태극학회', '공수학회' 등이 통합하여 1909년 1월에 출범한 것이 '대한흥학회'였던 것이다.[32] 「요조오한」은 유학생 잡지 최초로 '소설'란에 발표된 작품이기도 하다. 「쓰러져가는 딥」이 순한글로 표기 된 것에 반해 「요조오한」은 국한문혼용체 문장으로 되어 있다.[33] 「요조오한」은 「쓰러져가는 딥」과 문체에서는 차이가 있지만, 전체적 성격을 볼 때는 서로 유사한 측면이 적지 않다. 「요조오한」은 「쓰러져가는 딥」처럼 일화형으로 되어 있다. 「요조오한」의 중심을 이루는 에피소드는 주인공 함영호와 그 친구 채군과의 만남이다. 「쓰러져가는 딥」이 서사의 중심을 이루는 에피소드와 간략한 후일담이라는 두 부분으로 이루어져 있듯이, 「요조오한」 역시 중심을 이루는 에피소드와 후일담으로 이루어져 있다. 「쓰러져가는 딥」이나 「요조오한」에서는 모두 등장인물의 현실적 고뇌가 중요한 요소를 이룬다. '쓰러져가는 집'이나 '요조오한(사첩반)'이라는 제목은 모두가 구차한 살림살이를 상징한다. 함영호는 사첩반짜리 방을 '침실, 객실, 식당, 서재' 겸용으로 쓰고 있는데, 그 방에는 이런저런 책들이 '면적 좁은 것을 한恨'하며 쌓여있다.

---

32 이들 학회의 통합 과정은 「대한흥학회취지서」(『대한흥학보』 1, 1909.3)에 상세히 나와 있다. 이 취지서에서는 '대한흥학회'의 출범 의미에 대해 "日本에 留學生 歷史가 有 흔 以來로 初有흔 盛擧라 흘지라 此를 推測ᄒᆞ면 全國同胞의 將來 團體도 可期 할 者이로다"라고 적고 있다. 그만큼 '대한흥학회'의 출범은 유학생 사회에서 고무적인 사건이었다.

33 이는 「쓰러져가는 딥」의 등장인물들이 서민이었던 것과는 달리, 「요조오한」에 등장하는 인물들이 고뇌하는 지식인이었다는 점과도 관계가 있는 것으로 생각된다.

「쓰러져가는 딥」이라는 작품 제목에는, 기울고 있는 국운國運을 상징적으로 드러내는 측면이 없지 않다. 「쓰러져가는 딥」의 마무리 문장인 "슈일 후에 다 쓰러져가는 그 집에는 일본인 아무기의 차디라고 텹을 박고 션젼시졍 축에는 길동아버디의 얼골이 보이디 안터라"라는 부분에서도 이러한 상징성을 확인할 수 있다. 쓰러져가는 집이 결국은 일본인 아무개의 차지가 되었다는 사실을 주목해 볼 필요가 있는 것이다. 「요죠오한」에서도 이 주제는 암시된다. 「요죠오한」에서 채군은 '시대의 희생'이라는 소리를 노래처럼 읊조린다. 함영호가 궁금해 하는 고국소식에 대해서는 별다른 대답을 하지 않는다. 다만 "그저 堅忍하여 堅忍하여야 하오 우리는 天生이 戀愛와 思想과 事爲의 自由公權을 剝奪當하얏습넨다 그中 思想으로 말하면 것흐로 들어나지 아니하니깐 얼만콤 自由가 잇슬가"[34]라며 굳건히 참아내야 할 뿐이라고 답하는 것이다. 하지만 채군의 이 대답 속에서 독자들이 기울어가고 있는 나라의 운명을 생각하게 되는 것은 결코 어려운 일이 아니다.

『대한흥학보』를 논할 때 빼놓을 수 없는 사실은 여기에 이광수 최초의 우리말 창작 단편 「무정無情」이 실려 있다는 점이다. 단편 「무정」은 『대한흥학보』 제11호(1910.3)부터 12호(1910.4)에 걸쳐 발표된 작품이다. 「무정」은 전근대적 혼인제도가 불러온 가족 관계의 비극을 작품화한 것이다. 이광수는 이 작품을 발표하기 이전에 일본어로 쓴 소설 「사랑인가」를 『백금학보』(1909.12)에 발표한 바 있다. 이어서 그는 우리말 소설 「어린희생」을 『소년』(1910.2)에 발표했다. 하지만 「어린희생」이

34 몽몽, 「요죠오한四疊半」, 『대한흥학보』 8, 1909.12, 29쪽.

기존의 영화를 소설로 바꾼 번안소설이라는 점을 생각한다면, 단편 「무정」은 그가 창작한 최초의 우리말 소설이 되는 셈이다.[35] 「무정」은 근대소설사의 맥락 속에서 보면 이른바 '신소설 축약형' 단편소설에 속하는 작품이다.[36] 이 작품은 단편에 대한 의식을 갖고 쓴 것이 아니라, 장편소설에 어울리는 소재를 택해 단순히 서사 골격만을 제시하는 방식으로 쓴 것이다. 이 점은 「무정」의 한계이기도 하다. 그러나, 이것은 단순히 개별 작품 「무정」의 한계만을 보여준다기보다는, 근대매체와 근대문학의 상관관계를 보여주는 것이기도 하다. 단편 「무정」을 통해, 근대소설의 길이를 결정하는 가장 중요한 요소가 작가 개인의 취향이 아니라 매체가 제공한 여건이었다는 점을 명백히 확인할 수 있기 때문이다.[37] 단편 「무정」에는 부조리한 관습과 가족 관계에 관한 이야기가 담겨 있다. 하지만, 이 작품을 본격적 계몽소설이라고 보기는 어렵다. 주인공인 한명준의 아내는 현실의 온순한 피해자일 뿐이다. 작가 역시 객관적 사실의 전달자로 만족할 뿐이다. 그럼에도 불구하고 단편 「무정」은 계몽주의의 맹아를 보이는 작품이다. 이광수가 뒷날 지속적인 관심

---

35 「어린희생」이 영화의 번안임을 밝힌 것은 하타노 세츠코波田野節子이다. 이에 대해서는 하타노 세츠코, 「이광수의 자아—작품을 통해 본 이광수의 제1차 유학시대의 세계관」, 『민족문학사연구』 5, 민족문학사학회, 1994, 90~118쪽 참조. 「어린희생」의 번역 및 번안 논란에 대해서는 김태준, 「이광수의 첫 번째 유학시대와 그 저작들」, 『한국문학연구』 15, 동국대 한국문학연구소, 1992, 117쪽 참조. 참고로, 전영택의 작품 「크리스마스 전야前夜」(『조광』, 1935.12)에도 '오래 전 어떤 영화를 본 희미한 기억을 더듬어 쓴 이야기'라는 필자 부기가 있다. 전영택은 이광수의 초기 소설 중에 서양 이야기를 다룬 「어린 애국자」가 있다고 회고한 바 있다. (전영택, 「나의 문학수업」, 『문학예술』, 1965.5. 『전영택전집』 3, 목원대 출판부, 1994, 526쪽 참조) 이는 「어린희생」을 잘못 기억한 것으로 생각된다.

36 이에 대한 자세한 논의는 김영민, 『한국근대소설사』, 솔, 1997, 349~352쪽 참조.

37 근대소설과 근대매체의 관계에 대한 상세한 논의는 김영민, 「1910년대 신문의 역할과 근대소설의 정착 과정」, 『한국 근대소설의 형성과정』, 소명출판, 2005, 139~174쪽.

을 표명하게 되는 조혼의 문제 등이 여기서 처음으로 다루어지고 있다는 점은 의미가 있다. 단편 「무정」에서, 이광수가 후일 발표하게 되는 계몽주의 소설 「소년의 비애」의 편린이 발견된다는 사실 역시 주목할 필요가 있다. 단편 「무정」 역시 그 시기의 일반적인 지식인 소설과 마찬가지로 국한문혼용체 문장으로 쓰여진 작품이다. 어미도 '따름이라', '깨닫더라' 등의 관습적 문어체로 이루어진 경우가 많다. 따라서 단편 「무정」을 언문일치가 이루어진 국문소설이라고 말하기는 어렵다. 그러나, 문장 구조로 보면 그 대부분이 한문 문장 구조가 아닌 국문 문장 구조에 가깝다는 사실을 확인할 수 있다. 장응진의 「춘몽」과 「월하의 자백」, 「마굴」 등에 비한다면 이광수의 「무정」이 더욱 진일보한 국문 문장 구조를 지니고 있다는 점만은 분명하다.[38]

38 국한문혼용체 문장과 국문체 문장의 분류에서 중요한 것은, 한자를 얼마나 많이 섞어 썼는가하는 것보다는 문장의 구조가 어떠한가를 기준으로 삼아 이 문제에 접근해야 한다는 점이다. 이와 관련된 논의는 임상석, 『20세기 국한문체의 형성 과정』, 지식산업사, 2008, 115~145쪽 참조.

제2부
1910년대 유학생 잡지 연구

/ 제1장 /
『학지광』 연구

1. 『학지광』의 발간 배경 및 서지 연구

1) 『학지광』의 발간 배경

(1) '조선유학생친목회'와 『학계보』

『학지광學之光』은 '조선유학생학우회朝鮮留學生學友會'가 발행한 기관지이다. '조선유학생학우회'는 '조선유학생친목회朝鮮留學生親睦會'의 후신이었고, 이 단체에서 발행한 잡지가 『학계보學界報』이다. 여기에서는 먼저 『학지광』의 전신인 『학계보』의 성격에 대해 간략히 정리하기로 한다.[1]

---

1 「재동경조선유학생친목회」와 『학계보』의 역할에 대해 주목한 연구는 많지 않다. 이에 대해 언급한 연구로는 다음의 논문이 대표적이다. 오노 야스테루小野容照, 「1910년대 전반 재일유학생의 민족운동－재동경조선유학생친목회를 중심으로」, 『숭실사학』 27, 숭실사학회, 2011, 225~256쪽.

1900년대 후반의 대표적 유학생 단체였던 '대한흥학회'는 1910년 8월 일제의 조선에 대한 병합과 함께 그 수명을 다하게 된다. 이후 등장한 단체가 '조선유학생친목회'인 바, 이는 병합 이후 일본에서 결성된 최초의 공식 유학생 단체인 셈이다. '조선유학생친목회'는 1911년 5월 21일 도쿄에서 결성되었고, 기관지 『학계보』 창간호는 1912년 4월 1일에 발행되었다. 창간호의 편집겸 발행인은 문일평文一平이었고, 발행소는 "東京市麴町區中六番町四九番地" 소재 친목회사무소親睦會事務所로 기록되어 있다. 인쇄는 도쿄 시내 긴자銀座의 교문관인쇄소敎文館印刷所에서 했다. 교문관인쇄소는 미국 감리교 선교사가 설립한 곳으로 당시 일본 내에서 한글 활자를 보유하고 있던 몇 안 되는 인쇄소 가운데 하나였다. 『학계보』 창간사에는 '조선유학생친목회'가 도쿄 지역에 거주하는 수백 명 조선인 유학생들이 모여 심신을 휴양하고 학술을 토론하며 지식을 교환하기 위해 만들어진 모임이라고 정리한다.

> 因ᄒᆞ야 此中에셔 所起ᄒᆞᄂᆞᆫ 多少事項과 現象을 大綱 記錄ᄒᆞᆯ 必要가 有ᄒᆞᆯ ᄲᅮᆫ 不啻라, 特히 吾人의 日常學校에셔 各其所習ᄒᆞᄂᆞᆫ 課業과 所聞ᄒᆞᄂᆞᆫ 講話에 對ᄒᆞ야 注意力을 增進케ᄒᆞ며 應用術을 鍊熟케ᄒᆞ기 爲ᄒᆞ야 玆에 一個簡單ᄒᆞᆫ 學報를 一年에 四次式刊行ᄒᆞᆷ에 至ᄒᆞᆫ지라. 此를 名ᄒᆞ야 曰學界報라 ᄒᆞ니 其意義는 無他라 純粹ᄒᆞᆫ 學術 限界 以內에 在ᄒᆞ야 學生 身分에 適當ᄒᆞ고 智的 方面에 切實ᄒᆞᆫ 文藝, 科學을 選拔 揭載ᄒᆞ야써 寂寥ᄒᆞᆫ 文苑에 一朶艶梅가 되며, 蕭條ᄒᆞᆫ 學園에 一幹喬松이 되고자 ᄒᆞᄂᆞᆫ 所以니. 萬一이라도, 本學報가 我一般學界에 利益 補助가 되면 幸甚이라 ᄒᆞ노라.[2]

이 창간사에서는 『학계보』를 일 년에 네 차례 간행할 예정임을 밝히고 있다. 그러나, 실제 『학계보』는 창간호를 마지막으로 더 이상 발간되지 못한다. 창간호가 곧 종간호가 되고 말았던 셈이다. 더불어 창간사에서는 『학계보』에 수록되는 기사의 범주를 순수한 학술로만 한정하고 있음을 밝힌다. 학생 신분에 맞는 문예와 과학 등의 글을 선발 게재함으로써 '적요寂寥한 문원文苑에 일타염매一朶艶梅가 되고 소조蕭條훈 학원學園에 일알교송一斡喬松이 되고자' 한다는 것이다. 『학계보』의 창간 시기가 한일병합 직후임을 고려하면, 이는 일본 당국의 간섭 혹은 감시 등을 염두에 둔 발언으로 보인다. 『학계보』에 수록된 「조선유학생친목회규칙朝鮮留學生親睦會規則」 제2조에서도 모임의 목적을 "本會는 情誼敦睦과 學術相勵로 目的흠"[3]이라고 밝히고 있는 바, 이는 창간사의 내용과도 서로 통한다. 『학계보』에 수록된 「회록발요會錄拔要」에서는 '조선유학생친목회'가 그동안 존재하던 '삼남친목회三南親睦會'와 '황평친목회黃平親睦會' 그리고 '청년구락부靑年俱樂部' 등이 모여 결성한 단체임을 밝히고 있다. '삼남친목회'·'황평친목회'·'청년구락부' 등은 1910년 8월의 '대한흥학회' 해산 이후 유학생들이 결성한 소규모의 모임이다. 이러한 소규모의 모임에 만족하지 못한 유학생들이 함께 모여 새롭게 결성한 단체가 '조선유학생친목회'가 되는 것이다.

> 部分親睦會가 到底히 我留學生의 滿足홀 바이 안인지라 早晩間 總合集會의 成立을 各其 希望ᄒᆞ더니 以上 三團體가 組織된 지 不數月에 三南親睦會

2 「창간사」, 『학계보』 1, 1912.4, 1쪽.

3 「조선유학생친목회규칙」, 위의 책, 79쪽.

의 發起와 其他 兩會의 贊應으로 總合 團體를 組織ᄒᆞ니 卽辛亥五月二十一日 이 我留學生親睦會의 紀元일이라[4]

창립총회는 유학생감독부留學生監督部에서 이루어졌으며, 초대 회장에 조용은趙鏞股 부회장에 정세윤鄭世胤 총무에 박해극朴海克 등을 선출했다. 이중 정세윤은 '황평친목회'의 회장이었고, 박해극은 '삼남친목회'의 회장이었다. 「회록발요」 중 관심을 끄는 것 가운데 하나는 1912년 6월 25일에 개최된 평의회評議會 기록이다. 여기에는 "前大韓興學會 遺産管理委員의 交涉에 應ᄒᆞ야 該印刷機械 書籍 財政 等을 一切 讓受홀 事"[5]라는 내용이 나온다. 이 기록은 다시 9월 10일에 개최된 임시평의회 기록 중 다음의 내용과 연결된다. "興學會 遺産 受領人 李鍾南君 報告內 金額 殘存 七十八圓四十八錢五厘와 其他 物品을 確實 讓受ᄒᆞᆫ 事"[6] 이러한 기록들, 특히 '대한흥학회'의 잔여금을 '조선유학생친목회'가 양수한다는 사실은 '조선유학생친목회'가 실질적으로 '대한흥학회'를 계승한 학회임을 명시적으로 보여준다. 두 단체 사이에 금전 및 설비의 양도와 양수가 가능했던 것은 조용은, 정세윤, 박해극 등이 모두 과거 '대한흥학회'의 임원으로 활동했다는 점과도 관련이 있다. 결과적으로 '조선유학생친목회'는 '대한흥학회'의 인적·물적 유산을 모두 물려받았다.

『학계보』 창간호는 강단講壇, 학해學海, 잡찬雜纂, 문원文苑 및 부록 등으로 구성되어 있는 바, 이는 『대한흥학보』의 짜임새와 크게 다르지 않

---

4 「회록발요」, 위의 책, 73쪽.
5 위의 글, 74쪽.
6 위의 글.

다. 『학계보』의 문원란에서 가장 관심을 끄는 것은 김녀사金女史라는 필명으로 발표된 작품 「인ᄉᆡᆼ의 한人生의 恨」이다. 「인ᄉᆡᆼ의 한」은 연재물로 기획되었으나 『학계보』가 더 이상 발간되지 않아 미완성 상태로 마무리가 되었다. 작품의 서두는 남편을 잃고 흐느껴 우는 한 부인에 대한 묘사로 시작된다. 이어서 인근에 사는 한 할멈이 등장해 예수교를 믿으라고 권유하는 내용들이 나머지 부분을 채우고 있다. 「인ᄉᆡᆼ의 한」에서 예수교 신자 되기를 권유하는 할멈의 대사는 매우 구체적이고 직설적이다. 작품의 일부를 인용하면 다음과 같다. 아래 인용에서 대화문의 발화자는 모두 할멈이다.

> 할멈이 창황ᄒᆞ여 안젓더니 정답게 ᄒᆞ ᄂᆞᆫ 말이
>
> 『ᄋᆡ씨! 예수교를 밋어 보시지요』
>
> 『이왕에도 항상 말삼ᄒᆞ엿지ᄆᆞ는……』
>
> 『우리쥬 예수ᄭᅴ옵셔 ᄋᆡ씨 갓치 불상ᄒᆞ신이를 구졔ᄒᆞ신다우』
>
> 『죄악이 가득ᄒᆞᆫ 쳔하만민을 위ᄒᆞ야 십자가에 죽으신 예수씨는 이 셰상에 죽을 자를 살려 쥬고 근심ᄒᆞ고 슬퍼ᄒᆞᄂᆞᆫ 사람을 즐겁고 화평ᄒᆞ게 ᄒᆞᆷ네다』
>
> 『국ᄭᅵᆫ 셔방님ᄭᅴ셔도 예수교 밋고 이 셰상을 ᄯᅥ나셧드면 죠흘 것을……』
>
> 『학문이 아무리 잇드ᄅᆡ도 도덕이 업스면 헛것시지요』
>
> 『예수 말삼ᄒᆞ시기를 이 셰상에 지혜잇ᄂᆞᆫ 자가 어ᄃᆡ 잇ᄂᆞᆫ야 권셰 잇ᄂᆞᆫ자가 어ᄃᆡ 잇ᄂᆞᆫ야 ᄒᆞ ᄂᆞ님 압페는 도모지 자랑흘 것이 업ᄂᆞ니라 ᄒᆞ셧습네다』
>
> 『셔방님ᄭᅴ셔도 예수를 밋어드면 학문과 도덕이 겸비ᄒᆞ셧슬 섄더러 낙심 실망이 되지 안으 시고 도리혀 즐겁고 화평ᄒᆞ게 되실 것을……』[7]

근대 초기 국내에서 발표된 기독교 관련 매체의 서사물에서도 이렇게 직설적으로 선교를 하는 인물은 찾아보기 어렵다. 참고로, '조선유학생친목회'의 회장이었던 조용은은 기독교에 입교한 상태였고 「예수에 일관하는 주의」라는 글을 발표한 바도 있다.[8] 「인싱의 한」은 『대한유학생학보』 제3호(1907.5)에 발표된 진학문秦學文의 「쓰러져가는 딥」 이후 최초의 유학생 잡지 소재 순한글 단편소설이라는 점에서도 의미가 있다. '김녀사'라는 필명을 사용한 이 작품의 실제 작가가 누구였는가는 알 수 없다. '김녀사'가 여성 작가로 판명이 된다면 이 작품은 한국 근대문학사상 최초의 여류 작가의 단편소설로 기록될 수 있을 것이다. 그러나, 「인싱의 한」의 작가를 단지 필명에만 의거해 여성이라고 단언하기는 어렵다. 그 이유 가운데 하나는, 『학계보』에 함께 수록되어 있는 논설 「부인론婦人論」의 필자인 무명여사無名女史도 실은 남성이었기 때문이다. 무명여사는 '조선유학생친목회'의 회장인 조용은이다.[9] 『학계보』에 수록된 「부인론」과 조용은의 문집에 들어 있는 「동유략초東遊略抄」 중 「부인론」을 대조해 보면, 그 두 글이 완전히 일치하는 것은 아니지만 동일한 필자의 글임에는 틀림이 없다. 「부인론」에는 '우리 여자女子'라는 표현이 여러 번 등장해 형식상 서술의 주체가 여성인 것처럼 보이기도 한다. 이러한 「부인론」의 경우로 미루어 보면, 근대 초기에 발행된 잡지에서 필자

7 김녀사, 「인싱의 한」, 위의 책, 68~69쪽.

8 武井一, 『趙素昂と東京留學』, 波田野硏究室, 2009, p.159・227 참조.

9 「부인론」의 필자가 조용은이라는 사실을 처음 확인한 연구자는 다케이 하지메武井一이다. 다케이 하지메는 소앙素昂 조용은의 일기 「동유략초東遊略抄」를 통해 이러한 사실을 확인한 바 있다. 다만, 다케이 하지메는 「부인론」을 '게재지를 알 수 없는 글'이라 설명하고 있다. 이와 관련된 자세한 논의는 위의 책, pp.227~228; 오노 야스테루, 앞의 글, 241쪽 참조.

의 이름이나 서술 형식만으로 그것이 남성필자인가 여성필자인가를 추정하는 일은 큰 의미가 없어 보인다. 『학계보』에 수록된 논설 가운데 「부인론」에 대한 이해는 뒤에서 본격적으로 다루게 될 『학지광』의 여성주의 관련 논설을 이해하는 데도 중요한 참고가 된다.

무명여사의 글 「부인론」은, 그동안 공공연하게 거론되던 '남우여열男優女劣, 남존여비男尊女卑, 남강여약男强女弱, 남주여종男主女從, 남지여우男智女愚'의 관념이 과연 옳은 것인가 하는 질문에서부터 출발한다. 물론, 이에 대한 답변은 그러한 생각들이 옳지 않다고 하는 것이다.

> 그러나 此ᄂᆞᆫ 男子 等이 우리ᄅᆞᆯ 壓制ᄒᆞ기 爲ᄒᆞ야 拘束ᄒᆞ기 爲ᄒᆞ야 自己의 便利ᄃᆡ로 學理ᄅᆞᆯ 憑籍[藉]ᄒᆞ며 歷史ᄅᆞᆯ 妄引ᄒᆞ야 우리의 耳目을 眩惑케 ᄒᆞ며 우리 女子의 목에 束縛 줄을 굿게 ᄎᆡ이고져 ᄒᆞᄂᆞᆫ 野心이라 斷言ᄒᆞ노라
>
> 婦人諸君이여 試思ᄒᆞ옵소셔 上帝ᄭᅴ셔 人生을 降生ᄒᆞ실 ᄯᆡ 엇지 孰優孰劣이 잇셔 누ᄂᆞᆫ 壓迫밧으ᄅᆞ고 ᄂᆞ이시고 누ᄂᆞᆫ 壓迫ᄒᆞ라고 ᄂᆞ이셧스리오 生理上 差別은 男女의 區別이 된ᄃᆞ ᄒᆞ려니와 能力上 優劣은 男女의 標準이라 ᄒᆞᆯ 슈 업ᄂᆞ니[10]

여자가 남자에 비해 약하고 어리석다는 관념은, 남자들이 여자를 압제하기 위하여 만들어낸 구실들에 지나지 않는다. 남녀의 구별은 생리상으로만 가능할 뿐, 능력상 우열을 논할 수는 없다. 이 글에서는 남녀동등을 주장할 수 있는 근거로 다음의 세 가지를 제시한다. 첫째, 동양

10 무명여사, 「부인론」, 『학계보』 1, 1912.4, 11쪽.

철학의 기초가 되는 음양의 원리. 둘째, 19세기 이래로 세계 사상계를 지배한 진화론의 원리. 셋째, 도덕상 책임의 동등함의 원리. 이 근거들을 통해 글쓴이가 주장하는 것은, 남녀 조화의 필요성과 양성 간 차이 없는 생물학적 진화의 상태, 그리고 품행 수양에 대한 남녀의 동등한 책임 의식이다. 그러나, 「부인론」이 여권의 신장만을 주장하는 것은 아니다. 「부인론」의 필자는 '망녕되게 여권을 주창하여 가정평화의 기초를 파괴하거나, 요망망측妖妄罔測한 패덕悖德 행위로 도덕 관습의 미풍을 해치는 일'에 대해서는 크게 경계한다. 그 대신 '온건한 이론과 공평한 관찰'을 바탕으로 남녀동등을 주장하고, 이를 통해 가정의 발전과 사회의 균형 그리고 다음 세대에 대한 양육문제 등에 기여할 수 있을 것이라는 기대 속에서 글을 쓰고 있는 것이다.

『학계보』의 발행 주체인 '조선유학생친목회'가 언제 해산되었는지 정확한 날짜는 알 수 없다. 다만, 『학계보』 준비 과정 중인 1912년 2월에 조선유학생감독부朝鮮留學生監督部로부터 해산 명령을 전달받았고, 일본내무성 자료에는 3월 중에 해산했다는 기록이 있을 뿐이다.[11] 『학계보』 창간호의 발간은 '조선유학생친목회'가 수행한 마지막 공식 활동이다. 따라서 '조선유학생친목회'의 공식 해산일 또한 『학계보』 창간호가 발간된 1912년 4월 1일로 잡아도 무리가 없을 것이다.

11 이에 관한 논의는 오노 야스테루, 앞의 글, 240~243쪽 참조.

(2) '조선유학생학우회'의 출범

'조선유학생학우회'는 1912년 10월 27일에 결성되었고, 기관지 『학지광』은 1914년 4월 2일에 창간되었다. 『학지광』은 '조선유학생학우회'의 결성으로부터 약 1년 반이나 지난 이후부터 발간되기 시작했던 것이다. 기관지의 창간이 늦어진 데에는, '조선유학생학우회'의 전신인 '조선유학생친목회'의 해산 이유가 기관지 『학계보』의 발행과 연관되어 있다는 점도 영향을 미쳤던 것으로 보인다. '조선유학생학우회'로서는 그만큼 기관지의 발행에 신중을 기하지 않을 수 없었던 것이다. 『학지광』 제3호에 수록된 기사 「학우회學友會 창립약사創立略史」는 '조선유학생학우회'의 창립 과정에 대한 여러 가지 중요한 사실들을 알려준다.

> 波瀾, 曲折, 衝動, 解散, 分立, 聯合으로 裝飾된 事實은 我留學界의 歷史라 或 自力의 薄弱, 或 市勢의 不利, 原因이 되며 結果과 되니 그 複雜호 狀態를 一時에 論定키 難할 섇 아니라 特히 本報의 不許홈을 因호야 玆에 簡略히 學友會 創立된 由來 及 事實만 揭述호노니
>
> 元來 我留學生會는 時勢의 便利홈과 境遇의 必要홈을 因호야 孤寓時代를 演出키도 호고 分立活動을 復興케호엿스나 到底히 此等生活은 一般學界의 最高 理想을 滿足키 難호지라 是以로 癸丑秋에 至호야 大同團結의 名義下에 鐵北親睦會, 浿西親睦會, 海西親睦會, 東西俱樂部, 三漢俱樂部, 洛東同志會, 湖南茶話會 七團體가 會同호야 和氣靄靄호 裏에 留學生總團體가 組織되니 此가 學友會 紀元이 되다[12]

---

12 「학우회 창립약사」, 『학지광』 3, 1914.12, 51~52쪽.

이 기사에서는 우선 유학생계의 역사를 파란과 곡절의 역사로 정리한다. 해산과 분립 그리고 연합의 연속이 조선유학생사가 된다는 것이다. '조선유학생친목회'가 해산된 후 일시적으로 유학생계는 고우시대孤寓時代를 맞았으나 곧 다화회茶話會, 친목회親睦會, 동지회同志會, 구락부俱樂部 등의 형태로 다시 모이기 시작한다. 또 다른 분립이 시작된 것이다. 그러나, 이들 소규모 단체의 분립으로는 학계의 최고 이상을 만족시킬 수 없으므로 대동단결의 명분을 앞세워 다시 유학생 총단체를 조직했고 그것이 학우회의 기원이 된다. 학우회의 설립은 각 지역을 기반으로 활동하고 있던 소규모 단체들의 연합을 통해 이루어졌다. 여기에 참여한 것은 함경도를 기반으로 한 '철북친목회', 평안도를 기반으로 한 '패서친목회'·'해서친목회', 경기도와 강원도를 기반으로 한 '동서구락부', 경기도와 충청도를 기반으로 한 '삼한구락부', 경상도를 기반으로 한 '낙동동지회', 전라도를 기반으로 한 '호남다화회' 등 모두 7개의 단체이다.[13] '조선유학생학우회'의 조직 과정에 중심 역할을 한 인물들은 대부분 '조선유학생친목회'의 활동을 주도하던 인물이었다. '조선유학생학우회'의 초대 회장은 정세윤이 맡았고 안재홍, 서경묵, 최한기, 송진우, 김성수, 김병로 등이 임원으로 활동했다.[14] 그렇게 보면 결국 '조선유학생학우회'의 성격은 '조선유학생친목회'를 거슬러 '대한흥학회'와도 이어지는 것임을 알 수 있다.

'조선유학생친목회'와 '조선유학생학우회'를 비롯한 유학생 단체의

13 강원도를 기반으로 한 모임을 '영남구락부嶺南俱樂部'로 기록한 경우도 있다. 최승만, 『나의 회고록』, 인하대 출판부, 1985, 185쪽 참조.

14 오노 야스테루, 앞의 글, 244~245쪽 참조.

역사에 대해서는 『학지광』 제6호에 수록된 기사 「일본 유학생사日本留學生史」에서 비교적 상세히 거론하고 있다. 이 글에서는 유학생 단체의 활동을 크게 3기로 나누어 기술한다. 제1기는 1880년대 초반부터 '대조선인일본 유학생친목회'를 결성해 『친목회회보親睦會會報』를 발간하게 되는 1890년대 말까지이다. 제2기는 '제국청년회' 해산 이후 '태극학회太極學會', '공수학회共修學會', '한철청년회漢鐵靑年會', '동인학회同寅學會', '낙동친목회洛東親睦會', '호남학계湖南學稧', '광무학회光武學會', '연수학회研修學會', '광무학우회光武學友會' 등이 연합하여 '대한흥학회'를 만들고 『대한흥학보』를 발간하던 1900년대 말까지를 의미한다. 제3기는 '대한흥학회' 해산 이후 '조선유학생친목회'의 『학계보』를 거쳐, '조선유학생학우회'가 『학지광』을 발간하게 되는 1910년대이다.

> 此會('조선유학생친목회'－인용자)가 罷한 後로 學生이 더욱 慨歎의 情을 不勝아야 間或 不規則의 現狀으로 懇親會를 行하더니 壬子春에 湖南茶話會와 洛東親睦會가 起하야 稍稍集會의 機關을 設하는 同時에 兩會가 協議하야 今日 學友會를 組織하고 各地方의 便利로 分會를 立하니 卽 所謂 七團體가 是오 因아야 學報를 發行하니 是卽 學之光이라 現今 團體의 狀態로 보면 懇親이 情이 厚誼하고 또한 學會 學報의 名稱도 前에 比하면 適當할 뿐안이라 其凡節이 大進步를 呈하얏다 할지라 然이나 各小小한 會가 分立함은 第二期 分爭狀態보다 猶甚하야 多數 小會가 各立하니 嗚呼라 幼穉한 居動과 不合의 行習은 留學生의 流傳性인가.[15]

15 「일본 유학생사日本留學生史」, 『학지광』 6, 1915.7, 15쪽.

「일본 유학생사」에 기록된 『학지광』의 발간 배경은 「학우회 창립약사」의 서술 내용과 크게 다르지 않다. 다만 이 글에서는 「학우회 창립약사」에서와는 달리, 학우회 창립에 '호남다화회'와 '낙동친목회' 두 단체가 중추적 역할을 했고, 이후 7개 단체의 성립을 학우회 결성 이후의 결과물로 정리하고 있다는 점이 차이가 난다. 그런데, 1914년 4월 20일에 발행된 『학지광』 제2호의 학계 소식란에는 다음과 같은 기사가 실려 있다. "三漢俱樂部에서는 三月二十一日에 創立 一週年 記念式을 擧行ᄒᆞ엿는ᄃᆡ 頗이 盛況을 呈ᄒᆞ엿ᄃᆞ더라." "湖南茶話會에서는 今月一日에 創立 第三週年紀念會를 擧行ᄒᆞ엿는ᄃᆡ 會員 宋鎭禹君의 式辭가 有ᄒᆞᆫ 후 來賓諸氏의 祝辭와 其他 會員의 演說이 有ᄒᆞ고 閉會 撮影ᄒᆞ엿는ᄃᆡ 絶無의 盛況을 頗呈ᄒᆞ엿ᄃᆞ러라." 이러한 기사에 따르면 '호남다화회'는 '조선유학생학우회'의 결성보다 더 빠른 시기인 1911년 4월 1일에 창립되었지만, '삼한구락부'는 '조선유학생학우회'가 결성된 이후인 1913년 3월 21일에 창립되었음을 알 수 있다. 학우회의 창립 과정에 대해서는 「학우회 창립약사」의 기록보다는 「일본 유학생사」의 기록이 더 신뢰할 만하다. 『학지광』 제5호에 소개되어 있는 「조선유학생학우회회칙朝鮮留學生學友會會則」에 따르면 이들 7개 단체는 정식으로 학우회의 분회分會로서의 지위를 지니고 있었음을 알 수 있다.[16] 다음의 기사를 보면 각 분회는 학우회 중앙 본부에 회비를 분담 납부할 의무가 있었다. "學友會 會費의 共同分擔은 學生의 一般義務인ᄃᆡ 每月 十錢 未滿의 會費를 다른 ᄃᆡ로 시집

16 「조선유학생학우회규칙」 제14조에 다음과 같이 기록되어 있다. "第十四條 本會은[는] 事務處理의 便利를 企圖키 爲ᄒᆞ야 左記의 分會를 定ᄒᆞᆷ / 鐵北親睦會, 浿西親睦會, 三漢俱樂部, 東西俱樂部, 湖南茶話會, 洛東同志會, 海西親睦會" 위의 글, 66~67쪽.

보닉랴고 익를 쓰고도 부끄러운 줄도 모르는 사람은 참 엇더타 할고 今般 學友會 會費 配定함에 對ᄒᆞ야 엇던 分會에서는 會費 負擔할 이는 四十三人이오 苦學生이 二十二人이라고 하엿ᄃᆞ니 돈은 적게 負擔ᄒᆞ여쎗지마는 그런 僞詐가 어ᄃᆡ잇서 부끄러운 줄도 모르는지 이런 일은 그 會의 體面에 損傷되는 일이니 (…하략…)"[17] 이러한 분회들은 1916년 1월 총회를 통해 해산한 후 학우회는 중앙통일제로 개편된다.[18] 다음의 기사를 통해 이를 확인할 수 있다. "東京留學生總團體學友會는 今番에 組織을 變하야 從來의 地方分會制度를 中央統一制度로 고쳐 時代와 갓치 進步함을 보이엿는데 申翼熙君이 會長 尹顯振君이 總務로 被選되앗더라"[19] 참고로, 「조선유학생학우회규칙」 제1, 2, 3조는 아래와 같다.

第一條 本會는 學友會라 名稱홈

第二條 本會는 敦誼硏學으로 目的홈

第三條 本會 會員은 日本東京及 東京附近地에 在ᄒᆞᆫ 留學生으로 定홈[20]

이는 「조선유학생친목회규칙」의 제1, 2, 3조와 거의 차이가 없다. 다만 「조선유학생친목회규칙」 제2조가 친목회의 목적을 '정의돈목情誼敦睦과 학술상려學術相勵'라 표현했던 것을 '돈의연학敦誼硏學'으로 줄여 표현했을 뿐이다. 그밖에 회원의 권리와 의무 및 임원의 구성 등도 두 학회의 규칙이 큰 차이가 나지 않는다. 「조선유학생학우회규칙」은 이어

17 「학계 소식」, 『학지광』 2, 1914.4, 23쪽.
18 김인덕, 「학우회의 조직과 활동」, 『국사관논총』 66, 국사편찬위원회, 1995, 119쪽.
19 「우리 소식」, 『학지광』 10, 1916.9, 58쪽.
20 「조선유학생학우회규칙」, 『학지광』 5, 1915.5, 66쪽.

서 「조선유학생학우회세칙朝鮮留學生學友會細則」으로 이어진다. 이 학우회 세칙에 편집부와 편집원에 관한 규정이 포함되어 있는 바, 이와 관련된 원문은 다음과 같다.

> 第六條 二. 編輯部는 編輯에 關흔 一切 事務를 掌理함
>
> 第九條 四. 各部 部員은 各分會에서 選出흔 委員으로 評議會에셔 選定ᄒ되 各部 部長 은 投票로 部員은 圈點으로 흠
>
> 但 編輯員은 一般 會員 中으로 投票 選定ᄒ되 兼任을 得흠[21]

이 규정에 따르면 '조선유학생학우회' 내에서 편집부는 편집 관련 사무 일체를 관장하는 독립된 부서로 존재했고, 편집원은 일반 회원 중에서 투표를 통해 선정되었음을 알 수 있다.[22]

'조선유학생학우회'는 창립 당시에는 약 600여 명 정도의 회원이 있었다. 그러나, 창립 직후부터 이 숫자는 급격한 감소세를 보이게 된다. 학우회 창립 이후 약 2년이 지난 1914년 하반기(1914.9~1915.2)에는 347명이, 1915년 상반기(4월 현재)에는 356명이 회원 총 수로 기록이 되어 있다. 유학생이 감소한 가장 큰 이유는 조선 내 경제 사정이 악화된 때문이었다. 이 사실에 대해 『학지광』 제5호는 다음과 같이 설명한

21 위의 글, 68쪽.

22 학우회의 탄생과 『학지광』의 발간에 대해 최승만崔承萬은 다음과 같이 회고한다. "초대 회장에는 鄭世胤 씨요 그 후에는 朴海暾, 申翼熙, 盧益根, 白南薰 씨 등이 이어 피선되었다. 연구발표의 필요성에 의하여 1년에 두 번 정도의 잡지를 발간하자고 하여 學之光이라는 이름으로 발행하게 되었는데 수준 높다는 좋은 평판을 듣게 되었다. 편집 책임자로는 金炳魯, 申翼熙, 崔斗善, 張德秀, 崔承九, 玄相允 씨 등이 계속 일을 맡아보게 되었다." 최승만, 앞의 책, 185쪽.

다. "△ 第一回 二回 任期에는 會員數가 六百餘名에 각갑더니 現今에 와서는 僅三百餘人에 지나지 못ᄒᆞ니 이는 本國 經濟狀態가 ᄆᆡ우 困難ᄒᆞᆷ을 因함이라. △ 學生數가 減少함은 燈불에 길음油 업서지는 것과 맛치 한가지니 참 寒心한 일이라 父兄과 우리 靑年의 努力이 一層 緊切하도다."[23] '조선유학생학우회'는 회원들로부터 매월 회비를 거두어 『학지광』의 발간비 등 운영자금에 충당했다. 회비는 1914년 하반기의 경우 매월 18전이었고, 1915년 상반기의 경우는 20전으로 기록되어 있다. 1915년 상반기 총 수입이 265원인 것으로 미루어 보면 전체 회원 356명 중 약 3분의 1을 조금 넘는 130여 명만이 회비를 납부하고 있음을 알 수 있다.[24] 당시 도쿄에 머물던 유학생 숫자는 1917년 상반기의 경우 여학생을 제외하고 약 400명 정도라는 다음과 같은 기사가 있다. "東京에 留學하는 우리 學生 總數는 綿密한 統計가 업서 詳細히 알 수는 업스나 그러나 概算에 依하건대 女子를 除한 外 男子만이 四百餘 名 假量이며 今年에 新來한 學生이 限 五六十名 假量이라더라."[25] 그 외에 다음의 기사 등을 참고로 하면, 1917년 당시 도쿄 지역의 유학생 수는 남녀를 합쳐 약 500명 정도가 되었던 것으로 추정된다. "學友會에서는 지난 四月八日에 春李(季)陸上大運動會를 早稻田中學校 運動場에서 擧行하얏는데 四五百人의 男女留學生이 齊齊來會하야 各技의 多趣多味한 運動과 假裝行列노 一日의 快遊을 博하얏스며 (…하략…)",[26] "學友會에서는 四月三日에 大久保

23 「우리 소식」, 『학지광』 5, 1915.5, 63쪽.

24 위의 글 참조. 참고로, 당시 일본 육군사관학교에 재학 중이던 조선의 왕세자 영친왕英親王 이은李垠도 학우회의 활동에 관심을 보였고 1914년 이후 매년 1월 초에 연시다과료年始茶菓料 명목으로 200원씩 보낸 것으로 기록되어 있다. 「소식」, 『학지광』 13, 1917.7, 83쪽 참조.

25 「소식」, 『학지광』 11, 1917.1, 54쪽.

練兵場에서 春期 陸上大運動會를 擧行하엿난ᄃᆡ 四五百名의 男女留學生이 齊齊來會하야 各技의 多趣多味한 運動과 意味잇난 假裝行列로 一日의 快遊을 博하엿으며 (…하략…).”[27] 그런데, 이 500명이라는 숫자는 중국이나 대만에서 온 유학생 수에 비하면 상대적으로 매우 적은 것이었다. 이는 다음의 기고문을 통해 확인할 수 있다.

> 留學生 奬勵이니 在東京留學生의 總數를 聞ᄒᆞᆫ즉 日本內 各地方人은 暫捨ᄒᆞ고 支那留學生이 六千餘人, 臺灣留學生이 六百餘人, 其他 歐米와 如이 文明ᄒᆞᆫ 種族도 亦日本에 留學ᄒᆞᄂᆞᆫ 者가 不少云인ᄃᆡ 我在東京留學生은 僅히 五百人에 不過ᄒᆞ다 ᄒᆞ니 古人이 云不敎而戰은 是ᄂᆞᆫ 網民이라 ᄒᆞ얏ᄂᆞᆫᄃᆡ 我朝鮮人은 能히 不學ᄒᆞ고 知乎아[28]

이 기고문에 따르면 조선인 유학생의 숫자는 중국에서 온 유학생 숫자의 십분의 일에 불과하고, 대만에서 온 유학생 숫자에도 미치지 못했다. 기고자는 이러한 현실을 개탄하며 조선의 장래를 위해서 유학생 수가 늘어나야 할 것임을 주장한다.

1910년대 '조선유학생학우회'의 활동에는 기독교 및 기독교 관련 단체가 적지 않은 영향을 미쳤다. 이는 다음의 회고 등을 통해서도 유추가 가능하다.

---

26 「소식」, 『학지광』 13, 1917.7, 83쪽.

27 「소식」, 『학지광』 17, 1918.8, 78쪽. 참고로, 당시 일본 당국이 정리한 「조선인개황朝鮮人槪況」에 의하면 1917년 말 도쿄에 체류하고 있던 조선인 유학생 수는 436명이었다. 이 자료에서는 교토 체류 36명 오사카 체류 10명 등 총 유학생 숫자를 589명으로 기록하고 있다. 박경식 편, 『在日朝鮮人關係資料集成』 1, 三一書房, 1975, 62~63쪽 참조.

28 장석우, 「기서奇書」, 『학지광』 17, 1918.8, 79~80쪽.

> 내가 1916년 동경에 갔었을 때에는 대개가 학생들이었다. 학생수는 천명 내외로 말하고 있었지마는 자세한 것은 모르고 있었다. 여학생은 몇 명되지 않았고 日本女子醫學專門學校 수삼 명, 女子學院에 수 명 있던 것으로 안다. 女子美術學校에도 한 명이 있지 않았나 한다. 그런데 학생들이 많이 모이는 곳은 YMCA 뿐이었다. 총독부 감독부 기숙사가 麴町區 옛날 韓國公使館 자리에 있지마는 일본인 감독과 사감의 감시하에 있기 때문에 관비생 외에는 별로 있기를 원치 아니했다. 특별히 가야 될 일이 있기 전에는 가려고들 하지 않았다. (…중략…) 동경 YMCA는 우리 사람의 오직 하나밖에 없는 회관이었다. 기독교인이건 기독교인이 아니건 관계없이 모일 수 있는 회관이었다. 동창회, 환영회, 송별회 등등 자유로 모이는 곳이었다. 주일마다 모이는 교회 예배당으로도 쓰게 되었다. (…중략…) 신문, 잡지도 비치해 놓았기 때문에 이것을 보려고 가는 사람, 특히 본국의 신문 또는 「하와이」와 「샌프랜시스코」에 있는 우리 교포가 발행하는 한글신문이 오기 때문에 많은 사람들의 흥미를 끌었던 것이다.[29]

'조선유학생학우회' 구성원의 상당수가 '조선기독교청년회'의 회원이었고, 도쿄 지역 유학생들의 모임은 기독교청년회관YMCA을 중심으로 이루어졌다. '조선유학생학우회'가 '조선기독교청년회'와 이명동체異名同體였다는 주장[30]이 나오는 것은 이러한 사실들에 근거한 것으로 보

29 최승만, 앞의 책, 185~186쪽.

30 김인덕, 앞의 글, 120쪽 참조. '조선기독교청년회'와 관련해서는 다음의 서술 추가 참조. "동경의 조선기독교청년회YMCA는 1906년에 창립되었는데, 1924년경 회원은 2백 명 정도였으며, 『젊은이』라는 기관지를 발간하고 있었다. 이사장은 蔡弼根이었으며, 이사는 崔承萬·韓偉健·金洛永·姜鳳羽·金相敦 등이었다. 동경 시내 간다神田에 있었던 YMCA회관은 1923년 9월 동경대지진 때 소실되었다. 따라서 1924년에는 시외에 있던

인다. 일본 내무성內務省 경보국보안과警保局保安課에서 조사한 자료에서도 '조선기독교청년회의 『학지광』'이라는 구절이 들어 있어 오해를 불러일으킬 소지가 충분하다.[31] 다음은 경보국보안과가 작성한 「조선인개황朝鮮人概況」 중 '조선기독교청년회' 관련 서술의 일부이다.

> 재동경조선기독청년회
>
> 본회는 그 후 새로 미국에 건너간 유학생이 있다. 대정 7년 5월 29일 미국 목사 유데 박사를 맞이하여 환영을 겸한 전도 강연회를 개최하였는데 그 후에 새로 31명이 입회하는 등 점차로 회원 수가 증가한 결과 융성하게 되어 대정7년 6월 현재 백 팔십 명에 이르고 이에 앞서 대정 7년 2월 초순 미국 유육紐育 만국기독청년회본부에 사업확장비로 이천엔을 요구한 바 6월경 상당히 희망적이라는 취지의 회신을 받았다. 그리고 대정 6년 6월 15일 목사 이여한李如漢이 귀국하자 같은 해 11월 7일 임종순林鐘純이라는 이가 처자식을 동반하고 동경에 와서 이 목사의 뒤를 이었다. 해가 바뀌어 대정 7년 1월 12일에 개최된 본회 제12회 정기총회 석상에서 간사 백남훈이 보고한 주요 임원은 / 회장 피셔 부회장 이광수(와세다대학생, 갑호)……[32]

배일사상을 지닌 조선인은 종래에 간행물로써 그 주의를 선전하는데 힘

김낙영의 집에 임시사무실을 두고 있었다." 박찬승, 「1920년대 도일유학생과 그 사상적 동향」, 『한국근현대사연구』 30, 한국근현대사학회, 2004, 112쪽. "그러면 친목회에 이어서 설립된 학우회는 왜 기독청년회와 공고한 협력관계를 구축했을까. 그 이유 가운데 하나는 1915년에 학우회 회장이 된 백남훈을 비롯해 학우회와 기독청년회 회원들이 많이 중복되어 있었기 때문일 것이다." 오노 야스테루, 앞의 글, 248~249쪽 참조.

31 박경식 편, 앞의 책, 94쪽 참조.

32 위의 책, 65쪽. '유육'은 뉴욕을 지칭한다. 「조선인개황」은 일본어 자료이다. 이 책에서는 이를 번역하여 인용했다.

을 써왔다. 신한민보新韓民報(상항桑港), 태평양시보太平洋時報(포와布哇), 국민보國民報(포와布哇), 독립신문獨立新聞(상해上海), 한미보韓美報(포와布哇), 진단震壇(상해上海) 등으로 이것들은 대단히 치열한 배일사상의 선전을 함으로써 대개 내지에서 수입금지처분을 받은 것들인데 교묘히 이것을 편지 속에 넣는 등의 수법으로 밀송하는 경우가 있다. 또한 내지에서는 조선기독교청년회의 『학지광學之光』 및 여자친목회의 『여자계女子界』, 그밖에 『혁신시보革新時報』(동아시아론 개제), 『농계農界』, 『삼광三光』, 『신조선新朝鮮』 등을 발행하고 배일적 기사를 게재해서 발매반포금지처분을 받은 경우가 적지 않은데……[33]

이 서술 가운데서는 이광수가 '조선기독교청년회'의 부회장이었다는 사실이 특히 눈길을 끈다. 백남훈白南薰이 간사를 맡았고, 전영택田榮澤이 종교부 위원 겸 서기를 맡았다는 사실도 기록되어 있다.

『학지광』은 간혹 표지를 격언 등의 명구로 장식했는데, 제14호의 표지는 "收穫할 것은 만으나, 이것을 거둘 사람은 적다. 그럼으로 너희는 收穫의 主의게 빌어라, 그가 將次 그의 收穫에 일군들 보내기를. －예수－"라는 구절로 이루어져 있다. 『학지광』은 소식란을 통해 다양한 기독교 관련 행사를 상세히 전한다. 다음 기사는 새로 부임한 목사의 환영회를 학우회가 주최하였다는 사실을 밝히고 있다. "今秋에 新來한 牧師 吳基善 氏의 歡迎會를 十一月二十一日(土曜)에 學友會 主催로 開ᄒᆞ다"[34] 목사 오기선은 이후 송년회 등 학우회의 공식 행사에 참여해 연설하는 등 학

33 위의 책, 94쪽. 상항은 샌프란시스코, 포와는 하와이를 지칭한다.
34 「우리 소식」, 『학지광』 3, 1914.12, 54쪽.

우회와 긴밀한 관계를 유지하며 활동하게 된다. 현상윤이 기록한 「학우회 망년회忘年會 스켓취」에 의하면 1914년 송년회에서 세 사람이 내빈來賓 연설을 하였는데 첫 번째 연사는 '재동경조선기독교청년회在東京朝鮮基督敎靑年會' 총무 김정식金貞植이었고 두 번째 연사가 연합교회聯合敎會 목사 오기선이었다.[35] 『학지광』 제10호 소식란에 실린 다음의 기사에서는 조선기독교청년회가 '유학생을 위하여 있는 유학생의 것'이라는 사실에 대해 방점을 찍어 강조하고 있다. "多年 東京朝鮮基督敎靑年會 總務로 잇서 힘쓰시든 金貞植 氏는 今番에 辭任 歸國하섯는데(八月二十三日에) 八月二十一日에 同會館에서는 盛大한 送別會가 이섯다더라 老體의 健康을 빌고 同會의 더욱 旺盛함을 바라는 同時에 靑年會는 留學生을 爲하여 잇는 留學生의 것이라 警告하노라 留學生의 이에 對한 責任이 重大하도다."[36] 『학지광』 제11호의 소식란에도 기독교 관련 기사가 적지 않다. 여기에는 우선 새로 부임한 '재동경기독교연합교회' 목사 이여한의 환영회를 학우회가 개최하였다는 소식과, '재동경조선기독교청년회'의 간사 선임 문제 등이 올라 있다. 더불어 '재동경조선기독교청년회'가 회원 증대 등을 목적으로 학우회의 평의원 및 부장들을 초빙해 간담회를 열었고, 그 결과 회원이 나날이 증가하고 있다는 사실도 기록되어 있다. 그밖에 우리나라에서 기독교 전도 활동을 펼치던 언더우드 목사

35 소성小星, 「학우회 망년회 스켓취」, 『학지광』 4, 1915.2, 54쪽 참조. 참고로, 세 번째 연사는 기병騎兵 소위少尉 김광서이다. 그렇다고 해서 『학지광』이 불교 등 여타 종교에 대해 절대적으로 배타적이었던 것은 아니다. 경성에서 있었던 『불교진흥회월보』의 창간 소식을 전하는 일(「우리 소식」, 『학지광』 5, 1915.5, 64쪽 참조)이나, 도쿄에서 있었던 조동불교대학曹洞佛敎大學 주최 각 대학 동창회 연합 현상웅변대회 개최를 전하는 기사(「소식」, 『학지광』 17, 1918.8, 78쪽 참조) 등을 통해 이를 알 수 있다.

36 「우리 소식」, 『학지광』 10, 1916.9, 58~59쪽.

가 뉴욕에서 서거하였다는 사실을 알리는 다음의 기사도 주목을 끈다. "우리나라 基督教의 파이오니어로 三十餘年 동안 傳道의 事務에 熱心하던 牧師 언더우드 氏는 지난 녀름에 靜養次로 自己나라에 渡去하얏던 바 年來의 宿疾로 因하야 지난 十月에 뉴욕市에서 맛참내 長逝의 人이 되얏다더라."[37] 이는 다시 동경유학생계에서 기독교연합교회와 청년회가 합동으로 언더우드 목사 추도회를 개최하였다는 기사로 이어진다. 고국의 경성기독교청년회학관京城基督教青年會學館이 교황校況의 부진을 이유로 폐지된다는 소식을 전하며 이에 대해 강력히 비난하는 기사를 싣고 있기도 하다. 다음의 기사들 또한 '조선유학생학우회'와 기독교와의 긴밀한 관계를 유추할 수 있게 한다.

海外에 게신 어른 가운데 本報 發行所에 對하야 交涉하실 일이 게시거든 東京新田區西小川町二丁目五番地 朝鮮基督教青年會內轉傳次『學之光發行所』라 하여도 無妨할가 하나이다. 이 理由로 말하면 學之光發行所로 말하면 時를 隨하야 變更이 無常할진즉 모쳐럼 보내신 書信이 中途에 闖失되거나 或은 도로 갈가하야 하는 일이올시다.[38]

東京에 在한 朝鮮基督教會는 信徒가 日加日增하야 每主日 出席者가 百餘名에 達하얏는데 李牧師의 熱誠인 結果인가 하노라[39]

37 「소식」, 『학지광』 11, 1917.1, 53쪽.
38 「편집여언編輯餘言」, 위의 책, 56쪽.
39 「소식」, 『학지광』 12, 1917.4, 61쪽.

> 東京에 잇는 우리 基督教青年會에서는 지난 三月三十一日로 四月四日까지에 亘하야 第四回 春令會를 箱根堂ケ島에서 開하얏는데 二十九人의 參加者가 有하고 內村鑑三小松武治 李如漢 吉野作造 諸氏의 講演이 有하야 여러 가지로 愉快한 일이 多有하얏다더라[40]

이 기사에서는 학지광 발행소의 주소가 따로 있음에도 불구하고,[41] 해외에서 보내는 중요한 우편물의 경우 수신처의 주소를 기독교청년회관으로 해 줄 것을 요청하고 있다. 자신들의 주소지가 변경될 경우를 대비해 가장 안정된 연락처인 기독교청년회관을 수신처로 지정해 놓은 것이다. 이밖에도『학지광』제13호 소식란에는 청년회 간사 백남훈白南薰이 전주全州에서 개최되는 조선기독교청년회 전국 총회에 참석했다가 다시 일본으로 돌아왔다는 기사, 미국으로 가는 길에 일본에 들른 경성중앙기독교청년회 총무 및 운동부 주임 등 세 사람에 대한 만찬회 기사, 도쿄교회에서 시무하던 이여한 목사의 귀국 소식 등이 실려 있다. 제13호의 경우 소식란에 실린 총 25편의 기사 중 6편의 기사가 청년회 및 교회 관련 기사였다. 제14호 소식란에도 청년회 강연 기사 및 김유순 목사 송영회 기사, 도쿄의 연합교회聯合教會 신임 임종순 목사 부임 기사 및 환영회 기사, 전영택의 조선 기독교에 대한 강연 기사 등 총 6편의 청년회 및 교회 관련 기사가 실려 있다. 이렇게『학지광』이 소식란에서 기독교 관련 기사를 비중 있게 다룬 것은 제15호, 제17호

40 「소식」,『학지광』13, 1917.7, 83쪽.

41 "관헌의 탄압을 피하기 위해 유학생감독부를 발행소로 쓰지 않았던 학우회는『학지광』의 발행소를 유학생 하숙에 두고 있었다." 오노 야스테루, 앞의 글, 249쪽 참조.

의 경우도 마찬가지이다. 그러나 제18호 이후로 가면서 『학지광』에서 기독교 관련 기사는 급격히 줄어든다. 제18호와 제19호, 제20호, 제22호의 경우에는 청년회 및 청년회관에서 개최된 행사에 대한 기사가 여러 개 있지만 이들 기사에 기독교 관련 언급이 전혀 없다.[42] 이는 1919년 학우회가 잠정적으로 활동을 중지하게 되는 이른바 정회停會 사건과 이후 필진의 변화라는 현상과 맞물려 있는 것으로 보인다. 학우회는 1919년 도쿄에서 있었던 2・8독립선언을 주도한 결과 상당수 회원들이 옥고를 치르게 되는데, 다음의 기사는 당시 옥고를 치른 인물들에 대해 관한 것이다.

> 慰勞會. 昨年 二月八日부터 東京 監獄에서 苦生하시든 여러분 中 宋繼日氏 는 身病으로 執行停止를 받아 昨年 十二月二十五日부터 北里養生園에 入院 治療하시다가 目下 芳州에서 靜養 中이며, 金尙德, 李琮根 兩氏는 今年 二月九日 滿期가 되야 出監하엿스며, 崔八鏞, 徐椿, 金喆壽, 白寬洙, 金度演, 尹昌錫 六氏는 今年 三月二十六日 滿期가 되야 出監하엿는데 去四月二十五日 우리 留學 中 有志者 五十餘人이 出監하신 여러분을 爲하야 우리 靑年會

42 이후 제26호 소식란을 보면 총회의 장소가 '府下下戶塚 스코트홀'로 바뀌었다. 내외 통신물도 모두 학우회사무소로 직접 보낼 것을 알리고 있다. 그러나, 스코트홀에서 학우회와 기독교청년회 그리고 천도교회가 합동으로 음악회를 개최했다는 기사가 실린 것으로 미루어 보면, 이 시기 학우회가 기독교청년회와 긴밀한 관계는 청산했으나 일상적 교류까지 단절한 것은 아니었음을 알 수 있다. 제27호에 따르면 1925년의 망년회忘年會는 제대불교청년회관帝大佛教青年會館에서 개최되었다. 1927년에 발간된 28호에 따르면 학우회와 기독교청년회가 일시적으로 갈등을 빚었다는 사실을 알 수 있다. 학우회는 기독교청년회를 성토하고 조사위원회를 구성하게 된다(「학우회學友會 집행위원회執行委員會 기사記事」, 『학지광』 28, 1927.3, 138쪽 참조). 그러나, 1930년 1월에 발간된 제30호에 『학지광』의 발전을 축하하는 전면 광고가 '재일본 동경 조선기독교청년회'의 명의로 실린 것을 보면 이 갈등이 오래 이어진 것은 아니다.

館 後園에서 記念撮影하고, 그날 下午 七時에 本鄕三丁目 燕案軒에서 慰勞會를 開하엿다.[43]

정회 상태에 놓였던 '조선유학생학우회'는 1919년 12월 11일 임원 개선을 통해 다시 활동을 시작하게 된다.[44] 1920년대 이후로 가면 '조선유학생학우회'는 급격히 사상과 조직의 변화를 겪게 되고, 무정부주의와 공산주의의 영향을 강하게 받게 된다. 더불어 친일적 성향을 띤 회원들에 대한 제명 처분을 통해 정체성을 분명히 하려는 시도를 하게 되는데, 다음의 총회 기사를 통해 이를 확인할 수 있다.

> 十日月三日 下午 六時에 府下下戶塚 스코트홀에서 第一期 決算總會를 開하고 決算審査, 任員改選, 早大同窓會提案에 依한 除名處分에 關한 議決이 有하다.
>
> 除名處分에 關한 件은 日本人 阿部充家와 親誼關係를 有한 者, 官費學生, 其他 個人 又는 團體됨을 不問하고 一切 反動的 處地에 在한 者는 除名하기로 決議하다.[45]

1920년대 이후 학우회는 일본 내 사회주의 운동 단체와 연대하여 새로운 방향으로 활동을 전개한다. 특히 1923년 9월의 관동대진재는 조

---

43 「재일경在日京 우리 유학생계留學生界의 소식消息」, 『학지광』 20, 1920.7, 60쪽.

44 「소식」, 『학지광』 19, 1920.1, 77~78쪽 참조.

45 「회중기사會中記事」, 『학지광』 26, 1926.5, 103쪽. 이 조치로 인해 누가 제명처분을 받았는지는 명시되어 있지 않다. 와세다대학 동창회 제안으로 '일본인 阿部充家와 친밀한 관계를 유지한 자'를 제명하기로 의결했다는 점만 밝혀져 있다.

선인 유학생들의 사상에 큰 변화를 가져오는 계기가 된다. 이를 계기로 조선의 독립에 대한 인식이 높아지게 되었던 것이다. 1925년이 되면 학우회는 재학생 본위로 조직을 재편하게 되는데, 이 시기 이후에는 사회주의가 학우회에 영향을 미치는 가장 중요한 사상적 토대가 된다.[46] 1928년 이후 학우회는 조선공산당 일본총국 소속 구성원들이 주도권을 잡고 운영하게 되고, 이 해에 발표된 '12월 테제'는 학우회에도 영향을 미쳐 이른바 해소파와 비해소파로 나뉘어 갈등을 겪게 된다. 결국 '조선유학생학우회'는 1930년에 해체를 결정하게 되고, 1931년 2월 1일 해체선언서를 발표함으로써 그 수명을 다하게 된다.[47]

---

46 1920년대 이후 학우회 간부진 구성과 관련해서는 다음의 서술 참조. "이들 간부진의 면면을 보면, 1921년경에는 민족주의 계열 학생들이 다수를 차지했다면, 1924, 25년에는 사회주의 계열 학생들도 상당수 참여하고 있는 것을 볼 수 있다. 1925년에는 사회주의 계열의 韓林이 대표위원이 될 정도였던 것이다. 1927년에는 박형채가 대표위원을 맡았는데, 그는 고려공산청년회 일본총국에 소속된 멤버였다." 박찬승, 앞의 글, 111쪽.

47 1920년대 이후 학우회의 활동과 관련된 자세한 논의는 김인덕, 앞의 글, 124~127쪽 참조. 이 시기 일본 내 조선인 유학생 단체의 해체는 1928년의 '12월 테제' 이후 재일조선인 민족해방운동의 해체 분위기와 연관된다. 즉 해소파(공산주의계)와 비해소파(민족주의계)의 논쟁이 직접 영향을 미친 것 이다. '12월 테제'의 핵심 사항이 인텔리 중심의 조직 방법에서 탈피하는 것과 민족개량주의자들을 대중들로부터 격리 내지 고립시키는 것이었다는 점을 생각하면 학우회의 해체 주장이 힘을 얻을 수 있었던 당시 상황에 대한 이해가 가능하다. 학우회 해체 선언에도 이 단체가 '아무런 계급의식도 없는 애매한 집단'이라는 비판이 들어 있다. 그런가 하면, 『학지광』과 학우회가 유학생 사회에서 강한 구심력을 지니고 있었던 것은 1921년 무렵까지이고 그 이후는 구심력이 서서히 약화되었다고 보는 견해도 있다. 잡지 발행 빈도수의 감소 등을 통해 이를 유추할 수 있다는 것이다. 그러한 원인으로는 유학생들의 관심의 다양화와 동인지를 비롯한 기타 잡지의 창간 등을 들 수 있다. 이와 관련해서는 布袋敏博, 「『學之光』 小考 : 新發見の第8号と 第11号を中心に」, 『大谷森繁博士古稀記念朝鮮文學論叢』, 白帝社, 2002, pp.231~245 참조.

2) 『학지광』의 서지와 편집의 특징

'조선유학생학우회'의 기관지 『학지광』은 1914년 4월 2일 창간호를 발행한 이후 1930년 12월 27일까지 총 30호를 발간했다. 이 가운데 제7호~제9호, 제16호, 제18호, 제20호~제21호, 제25호~제26호가 검열로 인해 발매금지가 되었다. 현재 실물 확인이 가능한 것은 제2호~제6호, 제8호, 제10호~제15호, 제17호~제22호, 제26호~제30호까지 총 23호이다.[48]

『학지광』의 편집겸 발행인은 '조선유학생학우회'의 간부들이 교대로 맡았다. 이는 김병로, 신익희, 장덕수, 이광수, 변봉현, 현상윤, 최팔용, 계인상, 박승철, 박석윤, 최원순, 김항복, 박락종, 이종직, 이덕진, 박용해, 정용모 등으로 이어졌다. 『학지광』에서는 대체로 편집부장이 곧 편집 겸 발행인의 역할을 맡았다. 그러나, 제5호에 편집부원으로 이름이 올라 있는 신익희가 제3호와 제4호의 편집겸 발행인이었다는 점으로 미루어 보면 편집부장과 편집부원의 지위는 내부에서 상호순환이 가능한 관계였음을 알 수 있다. 현상윤은 제5호와 제6호 그리고 제8호 등에서는 인쇄인으로 이름이 올라 있지만 이후 제11호부터 제13호까지는 편집 겸 발행인을 맡게 된다. 제8호에서 편집겸 발행인 역할을 맡

---

48 제3호~제6호, 제10호, 제12호~제15호, 제17호~제22호, 제27호, 제29호까지는 1983년 태학사에서 펴낸 영인본에 포함되어 있다. 여기에 제2호, 제11호, 제26호, 제28호, 제30호 등 총 다섯 호가 2012년 소명출판에서 영인 출판한 『아단문고 미공개 자료 총서』에 추가 포함되었다. 제8호는 위 두 영인본에는 포함되어 있지 않으나, 『민족문학사연구』 제39호(2009)를 통해 학계에 공개되었다. 『학지광』 제8호의 존재가 처음 알려진 것은 위 호테이 토시히로布袋敏博의 「『學之光』 小考 : 新發見の第8号と 第11号を中心に」를 통해서이다.

았던 이광수도 제14호에 실린 임원 명단에서는 최승만·전영택과 함께 편집부원으로 이름이 올라 있다. 제18호부터는 편집주임 제도가 신설되어 편집인과 발행인이 분리되는데, 편집부장이었던 계인상은 발행인을 맡고 편집주임 박승철이 편집인을 맡았다. 편집주임 박승철은 편집부장이던 박석윤 대신 제19호의 편집인 겸 발행인을 맡기도 했다. 제20호에 가면 편집주임 직제가 사라지고 다시 편집부장 박석윤이 편집인 겸 발행인을 맡게 된다.

잡지 제11호까지는 긴자銀座에 위치한 복음인쇄합자회사福音印刷合資會社의 도쿄지점에서 인쇄했으나 제12호부터는 요꼬하마橫濱의 복음인쇄합자회사 본사를 이용했다. 제26호 이후는 동성사同聲社, 대동사大東社 등으로 인쇄소를 옮겨 다녔다. 『학지광』 제작 경비는 제3호(총 56쪽)의 경우 60원 82전, 제4호(총 58쪽)의 경우 79원 40전이 들었다.[49] 『학지광』은 제4호까지는 비매품으로 발행되었지만 제5호 이후부터는 가격을 매겨 유상 판매를 시작했다. 판매 첫 호인 제5호의 정가는 13전이었지만, 이후 점차 가격이 상승되어 제20호의 경우는 60전에 판매되었다.[50] 『학지광』의 편집 후기에서는 잡지 가격 상승의 가장 큰 요인을 전쟁으로 인한 물가 폭등이라고 설명한다.

> 印刷費와 紙價의 暴騰을 쌀아 本誌갑도 十五錢으로 올랏소이다 이 亦 戰爭 ᄶᅡ닭이올시다 讀者諸君은 照諒하십소사[51]

---

49 「우리 소식」, 『학지광』 5, 1915.5, 63쪽 참조.

50 『학지광』의 판매 가격은 대체로 호별 페이지 수에 비례해 결정된 것으로 보인다. 호별 판매 가격 등 『학지광』의 일반 서지에 관한 상세한 정리는 이한결, 「『학지광』 연구」, 연세대 석사논문, 2013, 10~19쪽 참조.

> 그리고 이 號로 말하면 原稿의 分量이 以前 平號보담 좀 만코 그런餘에 物價가 또 高騰하여슴으로 할 수 업시 紙質을 前보다 좀 次한 놈으로 하엿난딕 그래도 오히려 計算이 마저주지아니함으로 싱각다 못하야 以前 定價에 參錢을 더야 拾八錢으로 하엿난바 讀者諸氏에 對하야 甚히 不安아오나 그러나 責任인즉 都是 싸홈을 遊戲와 갓이 아는 歐洲人에게 잇슴을 洞燭하여 주시옵소서.[52]

'조선유학생학우회'에서는 『학지광』의 발행을 위해 기금위원基金委員을 두고 회원들을 대상으로 기금을 모금했다. 1916년 상반기의 경우 총 모금액은 288원 90전이었다.[53] 『학지광』은 유상 판매를 하는 잡지였지만 '조선유학생학우회'의 기관지였던 만큼 회원들에게는 무상으로 배포했다.[54]

초기의 『학지광』은 "本會 會員은 日本東京及 東京附近地에 在흔 留學生으로 定흠"이라는 '조선유학생학우회'의 회칙에 따라, 주로 도쿄에 거주하는 유학생들을 중심으로 발행되었다. 그러나 시간이 지나면서 점

---

51 「편집소에서」, 『학지광』 10, 1916.9, 59쪽.

52 「편집여언」, 『학지광』 14, 1917.12, 77쪽.

53 위의 책, 60쪽 참조. 당시 졸업생들의 경우 1원부터 10원에 걸친 기부금을 낸 것으로 기록되어 있다. 졸업생 외에도 일부 독지가들의 기부가 있었는데 제13호에는 「현씨기부玄氏寄附」라는 제하에, 조선의 실업가 현기봉 씨가 일본을 방문했을 때 백원을 기부했다는 기사가 실려 있다(『학지광』 13, 1917.7, 81쪽 참조). 2·8독립선언 이후 잠시 정회 상태에 놓였다가 다시 활동을 재개한 1920년 상반기에는 대대적인 모금 활동을 벌이게 되는데 이때에는 국내 거주 참여자도 적지 않았다. 당시 모금 활동은 성과가 커서, 도쿄 거주 유학생들 사이에서만 2800원을 모을 수 있었다. 「학지광學之光 기본금基本金 의연義捐 방명芳名」, 『학지광』 20, 1920.7, 62쪽 참조.

54 회원 가운데 주소가 변경된 경우 꼭 서무부에 알려줄 것과, 또 『학지광』을 못 받은 사람이 있거든 서무부장에게 통지하여 줄 것을 알리는 사고社告를 통해 이를 유추할 수 있다. 「서무부庶務部의 긴탁緊托」, 『학지광』 11, 1917.1, 55쪽 참조.

차 교토 등 도쿄 이외의 지역에 거주하는 유학생들도 『학지광』에 관심을 갖고 참여하게 된다. 다음의 기사는 1917년 2월 교토 지역에 거주하는 유학생들이 '『학지광』에 대한 권리와 의무'를 같이 하기로 결정했다는 사실을 전하고 있다.

> 京都에 잇는 우리 親睦會는 二月三日에 例會兼卒業祝賀會를 열고 學之光에 對한 權利와 義務를 東京에 게신 兄弟들과 갓치 하기로 決定하엿나이다. (…중략…) 京都에 잇는 우리 一團은 現今 四十餘名이외다 나로 增加하는 中이외다. 山紫水明한 이 京都! 修學하기 가장 適當한 곳이외다 우리는 산 學問 배호기에 힘쓰의다 帝大에 三高에 中學에.[55]

이 기사에 따르면 1917년 상반기 현재 교토 지역에 유학하며 친목회에 참여하고 있는 학생 수는 약 40명 정도였던 바, 이는 당시 도쿄 지역 유학생 수의 약 10분의 1에 해당하는 숫자였다. 1917년 이후 『학지광』의 소식란에서는 교토 지역뿐만 아니라 나고야名古屋, 사가현佐賀縣, 오사카大阪, 구마모토熊本 등지에 재학 중인 유학생들의 진급 및 졸업 소식을 전하게 된다.[56] 이는 '조선유학생학우회'의 기관지로서 도쿄 지역 유학생들을 위한 잡지로 출발한 『학지광』이 점차 일본 내 거주하는 전체 조선인 유학생들의 잡지로 확장되어 가고 있음을 보여주는 것이다. 『학지광』은 제15호부터 공식적으로 광고료를 책정해 외부에 알리고, 서적 광고 이외에도 상점 및 생필품 광고 등을 게재하기 시작했다.[57] 이

---

55 「교토통신京都通信」, 『학지광』 12, 1917.4, 61쪽.

56 「소식」, 『학지광』 13, 1917.7, 83쪽 참조.

또한 『학지광』의 독자 수가 늘어나고 점차 영향력이 증대되었다는 증거가 될 수 있다.[58] 『학지광』의 독자는 일본뿐만 아니라, 조선 내에도 있었다. 이들은 선금을 보내 잡지를 직접 구입하는 방식으로 『학지광』을 받아 읽었다. 조선 내에서 『학지광』을 직접 구매하는 독자가 있었다는 사실에 대해서는 다음의 기사들을 참고할 수 있다.

> 그리고 朝鮮內地에 게신 여러분의게 對 하야는 이 雜誌는 月刊이 아니오 一年에 四次 혹은 五次式 發行되는데 보내기는 一切 先金이 아니면 아니 보낸다는 일이올시다.[59]

> 本誌가 發行된 以後로 或 은 本國 或은 海外에서 불갓흔 同情과 多大의 歡迎을 밧는 것은 一便으로 悚懼한 생각을 感하는 同時에 本誌로 하여서는 無上한 光榮으로 思하는 배어니와[60] (…하략…)

그런데, 1917년 12월에 발행된 제14호부터는 표지에 "販賣取扱所 京城 鐘路二丁目 八十六番地 東洋書院"이라는 표기가 있어 동양서원을 통해

---

57 광고료는 가장 비싼 특등급 지면 한 페이지가 15원이었고 가장 싼 3등급 지면 4분의 1 페이지가 2원이었다.

58 다음의 후기도 참고가 된다. "十四號는 意外의 大歡迎을 밧앗습니다. 그러체 쏠갓치 아니하게 된 것이 그러케 空前한 大歡迎을 밧은 것은 우리 同人이 愛讀者諸位에게 깁흔 感謝를 들이는 바이올시다." 「편집실에서」, 『학지광』 15, 1918.3, 80쪽.

59 「편집여언」, 『학지광』 11, 1917.1, 56쪽. 제13호에 실린 다음의 사고 또한 이와 직접 관련이 있다. "讀者의 注意 一. 本誌는 一切 先金이 아니면 發送치 아니함 一. 本誌는 月刊이 아니요 隔月刊이며 年 四回 發刊함 一. 先金은 小爲替 或은 貳錢郵票로 보내시되 郵票는 極小額에만 限함 一. 海外에 게신 諸君으로 本所에 通信코저하는 이는 東京新田區西小川町 朝鮮基督教青年會內로 하심이 便利함" 『학지광』 13, 1917.7, 특별대부록 21쪽.

60 「편집여언」, 『학지광』 12, 1917.4, 60쪽.

조선 내에서도 공식적으로 판매를 개시했음을 알 수 있다. 제15호에는 판매취급소에 "平安南道 平壤府 景昌里 七番地 朴鍾恩"이 추가됨으로써, 경성뿐만 아니라 평양 등 지방에도 잡지가 발송되었다는 사실을 확인할 수 있다.[61] 제18호로 가면 판매취급소가 평양의 광명서관光明書觀, 전주全州의 동문서관東門書館 등으로 확대되는데, 특기할 만한 것은 "支那 北間島 龍井市 湖南商店 裵東熙" "支那 北間島 七道溝市 永昌商店 金國泰" 등 북간도 지역으로까지 발송처가 늘어났다는 사실이다.

『학지광』의 발행부수는 매호 600부에서 1,000부 사이였고, 1918년 3월에 발행한 제15호의 경우는 1,600부를 인쇄했다. 『학지광』의 발행부수와 배포처는 다음의 자료를 통해 일부 확인이 가능하다.

> 근래 조선에서 환영받고 구독하는 이가 많아서 종래에 매호 육백 내지 천부를 발행하던 것을 대정7년 3월21일 발행 제15호는 인쇄대금 백육십 엔을 들여 요코하마시 복음인쇄회사에서 천육백 부를 인쇄하여 그 중 삼백 부는 내지 유학생에게 배부하고 나머지는 조선 및 외지인에게 배포하였는데 그 배포지가 밝혀진 것을 지방별로 표시하면 다음과 같다.
>
> 조선 184부 / 북미가주 만테카 1부 / 동 묵국墨國 1부 / 동 로스엔젤레스 13부 / 동 시아고市俄古 2부 / 동 오하이오주 아크론 1부 / 동 상항桑港 3부 / 포와布哇 호놀룰루 1부 / 지나간도支那間島 5부 / 계 211부[62]

---

61 제15호에는 조선 함경남도 소재 공성상점共誠商店 및 이 상점에서 발행하는 『공성상보共誠商報』에 대한 광고가 실려 있다.

62 박경식 편, 앞의 책, 68쪽. 묵국은 멕시코, 시아고는 시카고를 지칭한다.

최근 공개된 제2호에는 「이호지광二號之光이 출현出現」이라는 권두언이 실려 있어 『학지광』 발행의 의도를 엿볼 수 있다.[63] 일부를 인용하면 다음과 같다.

> 文明의 波動에 萬邦이 咸號ᄒᆞ야 人權問題의 鋒矢가 激烈함은 東西界의 政爭이오, 思潮가 一新에 氣魄이 復活ᄒᆞ야 理想的 融合의 祥氣를 頻呈함은 現今 我學界의 狀況이라. 玆에 學界의 理想을 綜合 又ᄂᆞᆫ 融和코저 ᄒᆞ야 本誌의 繼續 刊行할 必要가 有함으로 千障萬碍에 不拘ᄒᆞ고 第二號의 光이 出現된 所以라 하노라[64]

여기에서는 『학지광』의 가장 큰 기능을 '학계學界의 이상理想을 종합綜合하고 융화融和하는 일'로 보고 있다. 이러한 사명을 다하기 위해 수많은 장애에도 불구하고 잡지의 간행을 시도하고 있다는 것이다. 「이호지광의 출현」에서는 이밖에도 "正義에 基礎ᄒᆞ야 公正을 標本ᄒᆞ고 學界動靜을 隨聞輒載ᄒᆞ야 或 敬意를 表ᄒᆞ며 或 批難을 加ᄒᆞᆷ은 本誌의 特色이라"[65]거나 "現代의 思潮를 融會ᄒᆞ야 半島의 民智를 增發케 함은 我學生界의 重責이라"[66]는 주장을 담고 있다. 『학지광』이 독자들에게 새로운 문명을 소개하는 일은 이렇게 이상을 종합하고 융화하는 일과도 연관된다.

『학지광』 제2호에는 다음과 같은 투고 안내문이 실려 있다.

---

63 『학지광』은 첫 호가 전하지 않아 창간사를 직접 확인할 수는 없다.
64 편집인, 「이호지광이 출현」, 『학지광』 2, 1914.4, 1쪽.
65 위의 글.
66 위의 글.

投書注意

一. 原稿料 論說 學術 文藝 詞藻 古今珍談 (但 時事政談은 不要홈)

一. 用紙式樣 橫十二行 縱二十五字 (原稿用紙)

一. 寫字注意 正楷書 國文正音

一. 期限 每奇數月 二十日ᄭᆞ지

編輯權限 批評 停載 添削

本誌 發行에 對ᄒᆞ야 投書ᄒᆞ신 諸彦의 厚意를 感謝ᄒᆞ오며 紙面의 不許함을 因ᄒᆞ야 餘稿가 常在ᄒᆞ오니 追後 揭載ᄒᆞ깃삽[67]

첫 항의 '원고료'는 '원고재료原稿材料'의 오식誤植이다. 제3호 이후로 가면, 원고재료는 '사조詞藻 고금진담古今珍談' 대신에 '진담珍談 기타其他'라는 문구로 바뀐다. 시사정담時事政談에 대해서는 '불요不要'라는 표현을 '불수不受'로 바꾸어 표현함으로써, 시국時局 관련 원고는 수용하지 않겠다는 의사를 더욱 분명히 한다. 원고용지는 종25자를 종24자로 바꾸고, 원고 마감일은 우수월偶數月 15일로 변경했다가 제4호부터는 마감일을 정하지 않게 되고, 제5호부터는 편집 후기를 통해 다음 호의 원고 마감일을 독자에게 통보하는 방식을 취하게 된다.[68] 위의 「투서주의」에 포함된 "寫字注意 正楷書 國文正音"의 의미를 이해하는 데는 다음과 같은 편집 후기가 참고가 된다. "이 雜誌에 對ᄒᆞ야 여러분의 助力을 바라며 더욱 投稿를 希望합니다. 그런대 原稿ᄂᆞᆫ 아모조록 楷字로 精書ᄒᆞ

67 「투서주의」, 『학지광』 2, 1914.4, 24쪽.

68 예를 들면 다음과 같다. "次號 投稿는 五月十五日까지 보내시기를 바랍니다." 「編輯所에서」, 『학지광』 5, 1915.5, 65쪽.

시며 더욱 諺文用法의 可及的 正確과 또 寫字의 明瞭함을 付託합니다."[69] 언문의 사용법을 준수하고 글자를 흘려 쓰지 말고 정성들여 바르게 써서 투고해 줄 것을 부탁하고 있는 것이다. 그러나, 당시로서는 국내 잡지에서도 한글 사용법이 통일되어 있지 않았던 상황이었으므로 『학지광』의 경우에도 실제 편집에서 일관된 용법을 기대하기는 어려웠다. 다음의 후기는 이러한 상황을 잘 보여준다. "本誌上 諺文用法은 確實한 過誤과 아니면, 다 原稿主의 用法을 그대로 揭한 것임으로, 多少의 差異가 不無하고, 或은 變體의 用法으로 誤正한 것이, 째째 잇슴은 遺憾되난 일이나, 읏지 할 수 업스니 諒恕하시기 바람니다, 今後붓터난 可及的으로 注意하랴함니다."[70] 『학지광』이 언문 용법의 준수와 더불어, 사자寫字에 대한 주의와 정해서正楷書를 반복적으로 강조한 이유는 잡지의 인쇄가 일본에서 이루어졌고 따라서 인쇄공이 한글에 익숙하지 않은 사람들이었다는 점 때문이기도 했다. 다음의 후기를 보면 이를 알 수 있다. "그리고 原稿 쓰실 때 아모쬬록 「投書注意」의 規程를 따라 激烈한 말슴은 一切避하시고 또한 글시를 楷正히 써주시며(印刷하는 사람이 우리네 사람 아닌 것을 생각하시와) 우리나라 國文 쓰는 法을 特別히 注意하여 주시옵소셔."[71]

편집의 권한에 대해서는 처음에는 '비평批評, 정재停載, 첨삭添削'의 세 항목을 제시했으나 제3호부터는 '비평'을 삭제하고 정재와 첨삭의 권한만을 남겨 두게 된다. 투고 원고의 매수가 길어지는 것을 방지하기 위해 제5호부터는 자수字數의 제한을 두어 "多ᄒᆞ야도 原稿紙로 八張"이라

69 「편집소에셔」, 『학지광』 3, 1914.12, 53쪽.
70 「편집소에셔」, 『학지광』 4, 1915.2, 55쪽.
71 「편집여언」, 『학지광』 11, 1917.1, 56쪽.

는 항목을 신설한다. 이 제한은 제11호부터는 원고용지 10장 이내로 완화된다. 제11호부터는 원고재료에서도 '진담'이 사라지고 그 자리를 '종교宗教와 전기傳記'가 대신하게 된다. 이후 '투고는 일체 반환하지 않는다'는 조항 등이 첨가되기도 하지만, 제11호의 투고 규정이 『학지광』의 완성된 투고 규정이라고 보아도 무리가 없다. 다만, 제14호부터는 "本誌는 隔月刊으로 年 四回 發行하난딕 平號倍號 二種에 分하야 前者는 郵稅並貳拾錢 後者는 郵稅並貳拾貳으로 함"[72]이라는 구절을 통해, 통상 분량의 평호와 분량이 추가된 배호로 나누어 발행할 것이라는 의사를 전하고 있다. 제18호 투고 안내에서는 평호와 배호를 한 호씩 교대로 발행하려는 뜻을 전하고 있지만 이를 그대로 지키지는 못했다.

『학지광』은 시사정담을 불수不受한다는 편집 방침을 밝히고 시국관련 기사를 취급하지 않겠다는 의사를 표명했음에도 불구하고[73] 수시로 발매금지 처분을 받았다. 특히 1916년 상반기에 인쇄한 제7호, 제8호, 제9호는 연속 발매금지를 당했으며, 이후에도 1918년 5월 중순에 제작한 제16호가 6월 1일에 압수조치를 당했고, 1918년 말에 제작한 제18호가 발매금지를 당하자 1919년 1월 특별호를 제작해 대체 발행했다. 1920년 7월 2일 제작한 제20호의 경우는 압수조치 후 7월 6일 자로 정정재판訂正再版을 발행했고, 1921년 1월 21일 자의 제21호 역시 같은 절차를 밟아 1월 31일에 다시 정정재판을 발행했다.

편집 후기에 나타난, 편집과 관련해 '말할 수 없는 불편한 사실'이 있

72 「독자의 주의」, 『학지광』 14, 1917.12, 79쪽.

73 시사정담을 수용하지 않겠다는 투고 주의사항은 제22호까지만 게재되었다. 사회주의로 편집 방향을 선회한 제26호 이후부터는 이러한 광고가 보이지 않는다.

었다는 술회는 검열 등으로 인한 고통을 우회적으로 표현한 것이다. 제 10호에서는 투고 내용에 대해 극히 주의해 줄 것과, 될 수 있으면 학술 방면의 원고를 투고해 줄 것을 독자들에게 당부하기도 한다. 다음은 『학지광』의 발매금지 사실 및 이와 관련된 사정을 알리는 편집 후기 및 사고社告 등이다.

> △ 第一 말삼할 것은 本誌 七號 八號 九號가 連續하야 發賣禁止를 當한 바 讀者諸君의게 對하야 매우 罪悚하옵니다 하는 것이올시다
>
> △ 第二 말삼할 것은 所謂 卒業生 祝賀號가 새로히 學生이 드러올 九月에 야 出刊되게 되 얏스니 무엇이라 말삼하면 조흘넌지 알 수 업시 罪悚하올시 다 하는 것이요
>
> △ 第三 말삼할 것은 九號에 次號는 盛粧하겟다 宣言하고서 또한 이번 號 를 貧弱하게 하 얏스니 이 亦 罪悚하옵기 限이 업소이다
>
> △ 이것저것 다 編輯者의 不敏한 까닭이올시다 하나 여러 가지로 말삼할 수 업난 不便한 事實이 이섯사오니 多幸히 讀者諸君의 용사하심을 바라옵 니다
>
> △ 投稿를 만히 바라옵니다 하나 內容은 極히 注意하야 될 수 잇는대로 學 術方面을 선택 하야주십소사 投稿期限은 別 로히 업소이다 자서한 것은 卷 末 「投稿注意」를 보십소사[74]

> △ 그 다음 이번 號에 原稿 보내신 어른들의게 對하야 한말슴 드릴 것은

74 「편집소에서」, 『학지광』 10, 1916.9, 59쪽.

싀는 것도 만코 써리는 것도 만아서 보내신 것 中에 못내인 것도 만앗으리 이것은 特別히 容恕하여주 소서 하는 일이 올시다.[75]

△ 最初로 말슴할 것은 五月中旬에 發行하려든 十六號 우리 雜誌는 六月初一日 當局으 로서 押收의 命이 나려서 옴작 못하고 고개만 숙엿섯습니다 讀者諸氏의게 對하야 未 安아기도 하옵고 罪悚하기도 하오나 이럿타는 것 外에 다른 무슨 말슴으로 잇줄 것이 업습니다 다만 더욱 愛護하여주십쇼! 라고 할 샌이외다.

△ 그런데 投稿하신 여러분의게는 感謝한 뜻을 表하나이다 그러나 좀 時局에 拘碍되는 文句도 잇고 또 其他의 關係로 記載치 못하게 되는 것은 容恕하여 주시기 바라는 바 올시다.[76]

社告

本月 中旬에 發行하려든 本誌 第 十八號는 不幸 發賣禁止의 厄運을 當 하고 보니 우리 讀者諸君의게 未安하고 罪悚한 말슴이야 實로 一筆難陳이로소이다 本社는 財政에 貧窮하지만은 우리 親愛하신 讀者諸君의 從來의 芳情에 副코져하와 玆에 特別號를 發行한 바오니 江湖의 讀者諸君은 이리 諒察하심을 仰要하옵나이다[77]

△ 이번 號에 對하야 投稿하신 讀者에게 感謝不已하나이다. 그러나 이번

75 「편집여언」, 『학지광』 11, 1917.1, 56쪽.
76 「편집여언」, 『학지광』 17, 1918.8, 77~78쪽.
77 「사고」, 『학지광』 18(특별호), 1919.1, 속표지.

에 揭載치 못한 事情으로 말삼하면 時局에 關한 文句도 잇스며, 또는 頁數의 制限이 업습도 안이올시 다. 그러하오니 이번은 寬恕해 주시고, 또한 더욱 愛護애 주소서.[78]

여러분의게

곳 된다고 곳 된다고 말만해노코, 豫告하 것보다 얼마나 늣게야 겨우 되야서, 반가운 마음으로 곳 여러분의게 난호아드리려고, 위선 製本된 것만, 우리 青年會에다 갓다두엇더니, 高等刑事들이 와서 「差押을 執行함」하는 名啣을 내밀고, 잇는대로 다씰어가고 말앗습니다. 事實의 內面은 엇잿던, 時期가 너무 느저저서 매우 罪悚스러운데다가 雪上加霜으로 發賣禁止ᄭᅡ지 當하엿스니, 正말 무어라고 辨明할 餘地가 업게 되엿습니다.[79]

검열에 따른 문제를 최소화하기 위해, 『학지광』의 편집진들은 학술 방면의 원고를 강조할 뿐만 아니라 문제가 될 만한 글들을 미리 가려내 스스로 게재 불가로 판정하기도 했다. 이러한 편집진의 태도는 다음의 「편집여언編輯餘言」에서도 잘 드러난다.

그러나 本所에서는 文章보다도 思想을 重히 넥이오며 華보다도 實을 歡迎하오니, 큰 소리 쓴말보다 적은 말이라도 重量잇고 價値잇는 말이 좃소이다. 卽 換言하면 硏究에 根據를 有한 學者的 態度잇는 文字가 本所에서는 맛칩이라 하나이다.[80]

---

78 「편집여언」, 위의 책, 73쪽.
79 용주생龍洲生, 「여러분의게」, 『학지광』 20, 1920.7, 6쪽.

赤乞郎 氏의 「望美人乎天一方」은 忌憚되는 말이 넘어 만아 내기 不能하옵기 그만두오니, 恕鑑하시옵소서.[81]

『학지광』은 소식란을 통해 경성에서 발행되는 잡지를 소개하는 등 조선 내 지식인들의 언론 및 문화 활동에 대해서도 지속적인 관심을 표시했다. 다음의 기사들이 그러한 예에 속한다.

○ 京城 新文舘에셔 發行ᄒᆞᄂᆞᆫ 雜誌 「青春」은 前 少年雜誌 主筆 崔南善 氏가 또한 主筆ᄒᆞᄂᆞᆫ 터인ᄃᆡ 그 內容의 豊富함은 勿論이오 그 行文이 簡易ᄒᆞᆫ 中達意ᄒᆞ며 特히 哲學, 文藝 等의 思潮를 流暢ᄒᆞ고 明晰ᄒᆞ게 紹介ᄒᆞᄂᆞᆫ 故로 混沌ᄒᆞᆫ 思想界에 不可無할 讀物이라더라[82]

○ 京城 公道社에셰[셔] 發行하ᄂᆞᆫ 雜誌 「公道」ᄂᆞᆫ 宗教, 倫理, 教育學術의 改善을 綱領삼아 人智開發과 社會誘導를 正義公道로 ᄒᆞᄂᆞᆫ故로 教育家 宗教家 또ᄂᆞᆫ 學術을 講究ᄒᆞ랴ᄂᆞᆫ 이의 好 伴侶가 된다더라.[83]

◎ 佛教振興會月報 第一號가 三月十五日에 京城府壽松洞八二, 佛教振興會本部에서 呱呱之聲을 올엿ᄂᆞᆫ데 그 偉大한 前途를 祝ᄒᆞᄂᆞᆫ 同時에 本國 智識界가 各方面으로 盛히 活動하기를 깁히 바라노라.[84]

---

80 「편집여언」, 『학지광』 11, 1917.1, 56쪽.
81 「편집여언」, 『학지광』 13, 1917.7, 82쪽.
82 「우리소식」, 『학지광』 3, 1914.12, 53쪽.
83 위의 글.
84 「우리 소식」 『학지광』 5, 1915.5, 64쪽.

△ 事情에 因하야 二個年 동안이나 不飛不鳴하고 잇던 京城崔南善 氏의 主幹하는 『靑春』 雜誌는 萬全의 根基와 確固의 抱負를 가지고 지난 五月十五日부터 繼續 刊行하는데 主張의 健實함과 言論의 淸高함은 氏의 손[솜]씨라 世上에 임의 定評이 잇거니와 한 번 다시 接함에 實노 當代 一流의 驚人衝天하는 氣槪가 잇더라 (每月 一回 發行 定價 二十錢 發行所 京城黃金町 新文館)

◆ 以後로는 本國의 文化에 關한 消息을 될 수 잇는대로 記載하겟사오니 地方有志 여러분이여! 만히 알여쥬십시오 우리의 文化的 向上을 爲하야![85]

『청춘』은 『학지광』 제4호에 "敢히 諸君의 眷注를 求함"이라는 제목 아래 장문의 기사가 포함된 전면 광고를 게재했다. 이를 보면 최남선崔南善의 신문관新文館이 발행하던 국내 월간지 『청춘』 또한 일본 유학생 집단에 대해 관심이 컸고, 잡지의 독자층 가운데 일부를 이들로 설정하고 있었음을 알 수 있다. 이후 『학지광』에는 『여자계』, 『기독청년』, 『현대』, 『창조』, 『사상운동』, 『대중신문』, 『동아일보』, 『조선일보』 등 국내외에서 발간되는 수많은 신문 잡지의 광고가 수록된다. 이는 『학지광』이 그만큼 문화 교류의 중심축 역할을 하고 있었다는 사실로도 해석될 수 있다.

85 「편집실에서」, 『학지광』 21, 1921.1, 84쪽.

〈표 2〉『학지광』의 기본 서지

호수	편집 겸 발행인	발행일	정가	비고
1				미발굴
2	김병로	1914.4.20	비매품	
3	신익희	1914.12.1	비매품	
4	신익희	1915.2.28	비매품	
5	장덕수	1915.5.2	13전	발매금지
6	장덕수	1915.7.23	18전	발굴본 부분 낙장
7		1916.1.21(?)[86]		발매금지 / 미발굴
8	이광수	1916.3.4	15전	발매금지
9		1916.5.23(?)		발매금지 / 미발굴
10	변봉현	1916.9.4	15전	
11	현상윤	1917.1.1	15전	
12	현상윤	1917.4.19	15전	
13	현상윤	1917.7.19	20전	
14	최팔용	1917.12.20	18전	
15	최팔용	1918.3.25	20전	
16		1918.5 중순 제작, 6.1 압수		발매금지[87] / 미발굴
17	최팔용	1918.8.15	20전	
18	박승철 / 계인상	1919.1.3	25전	발매금지 / 새로 인쇄한 특별호 발행 편집인과 발행인이 분리됨
19	박승철	1920.1.26	40전	
20	박석윤	1920.7.2 / 7.6	60전	압수조치 이후 7.6 정정재판(訂正再版) 발행
21	최원순	1921.1.21	45전	1.31 정정재판(訂正再版) 발행
22	김항복	1921.6.21	50전	
23				미발굴
24				미발굴
25				발매금지[88] / 미발굴
26	박락종	1926.5.3	50전	
27	이종직	1926.5.24	50전	편집겸 발행인이 인쇄인을 겸함
28	박양 / 이덕진	1927.3.10	50전	편집인과 발행인이 분리됨, 편집인이 인쇄인을 겸함
29	박용해	1930.4.5	30전	속간을 의미하는 갱생호(更生號)로 표기됨
30	정용모	1930.1.27	30전	

2. 『학지광』의 논설 연구

1) 새로운 윤리 · 도덕의 기준 설정

생활환경의 변화는 윤리관의 변화를 수반한다. 그런 점에서 조선을 떠나 새로운 세계에서 생활하게 된 유학생 사회에서 윤리와 도덕이라는 논제는 매우 현실성 높은 관심사 가운데 하나였다. 『학지광』 제2호에 수록된 권두 논설 추성인秋城人의 「도덕론道德論」은 사회 문명의 핵심을 도덕으로 보고 당시대에 유학생들이 취할 방향에 대해 거론한 글이다. 이 글에서는 "如何흔 時代와 如何흔 社會를 勿論흐고 人類의 眞實흔 生命을 支配흐며 靈界의 無限흔 快樂을 供給흐는 大勢力은 道德이 是라"[89] 라는 말로 도덕의 중요성에 대해 강조한다. '도덕이 발달하면 사회가 문명하고 진보하며 흥왕興旺한 활기를 드러내게 되지만, 도덕이 부패하면 사회가 지리멸렬하고 침체하여 쇠퇴한 참극에 이르게 된다'는 것이다. 추성인이 이 글을 쓴 이유는, 현재 우리 반도사회를 돌아보건데 사상계가 과도시대에 처하여 구도덕은 개혁이 없고 신도덕은 원만한 조화가 결핍되어 있다는 판단 때문이다. 이 글에서 가장 주목해 보아야 할

---

86 제7호와 제9호의 발간일은 하타노 세츠코 교수가 「조선인개황」 1(『特高 · 警察關係資料集成』 第32巻, 不二出版, 2004) 등의 자료를 참고하여 제시한 날짜이다. 참고로, 「조선인개황」을 바탕으로 추정 제시된 제8호의 발간일은 1916년 3월 5일이지만 실물이 발견 후 확인된 날짜는 3월 4일로 하루의 차이가 있다. 이와 관련된 상세한 논의는 하타노 세츠코, 최주한 역, 『일본 유학생 작가 연구』, 소명출판, 2011, 85~86쪽 참조.

87 제17호의 사고社告에 전체 목차만 소개되어 있다.

88 제26호 표지에 "前號 押收"라 쓰여 있다.

89 추성인秋城人, 「도덕론道德論」, 『학지광』 2, 1914.4, 2쪽.

부분은 '동서 도덕의 비교' 이다. 다음은 동서양 도덕의 특징을 비교 서술한 부분이다.

> 第四, 東西道德의 比較니, 以上의 所述홈과 如히 道德의 形式은 時代와 地域을 隨ᄒᆞ야 差異가 生ᄒᆞᄂᆞ니 差異가 生홈으로 東西가 區別되고 東西가 區別됨으로 比較觀念이 生ᄒᆞ고 比較觀念이 生홈으로 優劣長短를 知得홀찌로다 今에 兩者의 性質을 比較ᄒᆞ면 東洋道德은 家族本位며 義務本位니 三綱五倫를 標榜ᄒᆞ야 名教를 尊尙ᄒᆞ며 上下를 分別ᄒᆞᆫ지라 是以로 階級的 道德을 主眼ᄒᆞ야 孝子 忠臣 烈女로 社會의 規範을 作ᄒᆞ니 此ᄂᆞᆫ 差別的이 되며 服從的이 되며 習慣的이 되며 保守的이 되며 依賴的 되고 西洋道德은 個人本位며 權利本位니 우리 人類ᄂᆞᆫ 同一ᄒᆞᆫ 天帝의 奴婢가 되므로 同等의 權利가 有ᄒᆞ며 元來, 君이라 謂ᄋᆞ며 臣이라 謂홈은 다맛, 區別的 名詞에 不過ᄒᆞᆫ지라 是以로 愛ᄋᆞᆫ 普遍의 道가 되며 平等的 道德을 主眼ᄒᆞ야 人權을 伸張ᄒᆞ며 自由를 鼓吹ᄒᆞᄂᆞᆫ 志士로 民生의 龜鑑을 ᄒᆞ니 此ᄂᆞᆫ 普遍的이 되며 正義的이 되며 理想的이 되며 進取的이 되며 獨立的이 되니 前者는 服從의 精神이 多ᄒᆞ야 因循의 風을 脫키 難ᄒᆞ고 後者ᄂᆞᆫ 獨立의 思想이 富ᄒᆞ야 進取의 氣象이 溢滿ᄒᆞᆫ지라[90]

이 글은 마무리에서 '그런즉 도덕과 인생의 관계가 이렇게 밀접하고, 도덕과 문명의 관계가 이렇게 중대하니, 사회를 개량하려면 먼저 도덕을 개혁할 것이요, 도덕을 개혁하려면 먼저 동서 도덕을 비교 절충할 필

90 위의 글, 3쪽.

요가 있다는 의견을 제시한다. 동서양 도덕의 특징 서술에 사용된 어휘를 보면 둘 사이의 비교를 시도하는 필자의 진의가 어디에 있는가를 알 수 있다. 동양 도덕의 특질을 설명하는 데에 사용된 어휘들은 '가족본위, 의무본위, 계급적, 차별적, 복종적, 습관적, 보수적, 의뢰적' 등이다. 서양 도덕의 특질을 설명하는 데 사용된 어휘들은 '개인본위, 권리본위, 평등적, 보편적, 정의적, 이상적, 진취적, 독립적' 등이다. 이 가운데 '가족본위'와 '개인본위'라는 두 어휘만을 제외한다면 나머지 어휘들은 가치중립적이라고 보기 어렵다. 동양 도덕의 특질을 설명하는데 사용된 어휘인 '의무, 계급, 차별, 복종, 습관, 보수, 의뢰'보다는, 서양 도덕의 특질을 설명하는데 사용된 어휘들인 '권리, 평등, 보편, 정의, 이상, 진취, 독립'이 상대적으로 긍정적 가치관을 대변한다. 결국 「도덕론」이 지향하는 새로운 세계의 표준은 동서양의 절충이 아니라, 서양이었던 셈이다.

같은 호에 실린, 현준호玄俊鎬의 글 「반도半島의 조혼폐해早婚弊害를 통론痛論함」은 조선 내에서 성행하고 있는 조혼의 풍습을 비판한 글이다. 이는 「도덕론」과도 맥락이 서로 통한다. 이 글에서 현준호는 먼저 세계 각국이 각 나라의 풍토와 민습民習 등을 기초로 법제法制를 통해 혼인의 연령을 제한하고 있다는 사실을 강조한다. 이는 적당한 연령에 달하여 의식과 능력 등을 겸비한 후 혼인을 할 때, 가정이 원만하고 생활이 만족하며 사회가 정비될 수 있기 때문이다. 그러나 조선 반도에서는 심지어 8, 9세에 혼인하는 등 유년성혼幼年成婚의 폐가 극심하여 일가一家의 비참함과 사회의 잔인함을 초치할 지경에 이르렀다는 것이 글쓴이의 주장이다.

昨日에 驚한 者 今日에 行ᄒᆞ며 今日에 悔한 者 明日에 行ᄒᆞ야 一家의 悲慘과 社會의 殘忍을 招致함에 至ᄒᆞ나니 이ᄂᆞᆫ 惡한 原因이 有함으로 惡한 結果가 有함은 必然한 應報的 正則이라 今에 誰를 怨ᄒᆞ며 誰를 恨ᄒᆞ리요마ᄂᆞᆫ 第一 責任이 重한 者도 父兄이며 遠慮를 顧할 者도 父兄이라 此로 因ᄒᆞ야 余가 半島의 早婚 慘況에 對ᄒᆞ야 一般父兄의게 責任을 歸着ᄒᆞ기 忌憚키 아니 ᄒᆞ노라 吾人이 半島의 惡習과 半島의 弊風을 言키 誰가 肯ᄒᆞ리요마ᄂᆞᆫ (…중략…) 半島의 末流弊害에 對ᄒᆞ야 父兄의 責任을 問코ᄌᆞᄒᆞᄂᆞᆫ 同時에 그 心理를 攷索할ᄯᅵᆫᄃᆡ 婚姻의 本領과 婚姻의 原理ᄂᆞᆫ 解치 못ᄒᆞ고 다맛 利己便身의 慾만 充코ᄌᆞ 함이니 이 엇지 結婚의 本義에 符合ᄒᆞ며 齊家의 良策에 適宜ᄒᆞ리요[91]

여기에서는 조혼으로 인한 사회적 참황慘況의 책임이 부형父兄에게 있다고 비판한다. 이는 조선에서의 조혼이 혼인 당사자의 결정에 따라 이루어지는 것이 아니라, 별다른 의심 없이 관례에 따라 이루어져 왔고 그 관례를 집행하는 역할을 한 것이 이른바 부형들이었다는 판단에 근거한 것이다.

송진우宋鎭禹의 「사상개혁론思想改革論」은 새로운 시대를 맞아 생활과 사상을 개혁할 것을 주문한 글이다. 이 글에서 제시하는 생활과 사상 개혁의 구체적 내용은 다음의 다섯 가지이다. 첫째, 공교孔敎 타파와 국수國粹 발휘. 둘째, 가족제의 타파와 개인 자립. 셋째, 강제연애의 타파와 자유연애의 고취. 넷째, 허영교육虛榮敎育의 타파와 실리교육實利敎育의

91 현준호玄俊鎬, 「반도半島의 조혼폐해早婚弊害를 통론痛論홈」, 『학지광』 2, 1914.4, 8쪽.

주장. 다섯째, 상식실업常識實業의 타파와 과학실업科學實業의 환흥喚興. 이들을 성취하기 위해서 가장 필요한 것이 자립력自立力의 확립이며, 오늘날 우리는 '개혁과 내성內省을 요구하는 시대'에 살고 있다는 것이 송진우가 내리는 결론이다.[92] 이 글과 같은 호에 실린 현상윤의 「사회社會의 비판批判과 및 표준標準」에서도 조선 사회가 비판을 통해 새롭게 태어나야 한다는 사실을 강조한다. 현상윤은 비판력이 있는 사회가 발전할 수 있는 사회라는 논리적 근거를 바탕으로 비판의 필요성을 제시한다. 오늘날 조선 사회에는 모든 것이 허위 아닌 것이 없고 가면 아닌 것이 없다. 조선이 신천지를 개척해 나가기 위해서는 먼저 비판의 과정이 필요하다. 결국, 창조나 새로운 전개에 앞서 강력한 비판이 요구된다는 것이다.[93] 최승구崔承九 또한 「불만不滿과 요구要求」에서, 근래의 사회개량社會改良 논의에서 자주 제기되는 '제 것 보존'과 '남의 것 수입'이라는 상반된 명제 사이에서 "나는 敢히 '남의 것 輸入'이 第一 順序로 잇슬 것이라 하오. 位置의 交換뿐만이 안이라, 速步的으로 實行이 잇어야겟다 하오"[94]라는 입장을 분명히 표명한다. 그는 오늘날 조선의 현실에서는 '남

92 송진우, 「사상개혁론思想改革論」, 『학지광』 5, 1915.5, 2~8쪽 참조.

93 현상윤, 「사회社會의 비판批判과 및 표준標準」, 위의 책, 23~27쪽 참조. 이 시기 현상윤의 사고의 틀을 이해하는 데는 다음의 지적이 참고가 된다. "현상윤은 유년기부터 한학을 배우고 사학과 사회학을 전공했다는 점에서 여타 신지식인보다는 전통적 인문학에 가까운 조건에 있었다. 하지만 1910년대 젊은 현상윤은 극단적 서구주의자였다. 우선 현상윤은 동양문명과 서양문명은 극단적으로 대비되는 문명이라고 보았다. 서구문명이 물질적이며 진취적이고 힘을 중시한다면, 동양문명은 나태하고 정적이며, 형이상학적인 것이었다. (…중략…) 따라서 그는 조선 사회가 추구해야 할 방향도 동서문명의 절충이 아닌 오로지 서구화를 위한 실천이 되어야 한다고 보았다. 문중심의 기질을 버리고, 무를 숭상하는 기풍을 융성시켜야 하며, 자본주의사회의 실질적 힘, 예컨대 경제적, 자연과학적 힘을 기르는데 집중해야 한다는 것이었다." 이태훈, 「해방 후 현상윤의 유학儒學인식과 사상적 지향—평가의 변화를 중심으로」, 『한국사상사학』 38, 한국사상사학회, 2011, 219쪽.

의 것 수입'이 문명을 증진하는 표본을 만드는 일이며 동시에 자타문명自他文明의 정도 비교를 위한 척도를 제시하는 일이라 주장한다.

이광수의 「혼인婚姻에 대對ᄒᆞᆫ 관견管見」은 혼인과 관련된 전반적인 물음에 대해 의견을 제시한 글이다. 이광수는 이 글에서 혼인의 목적, 혼인의 조건, 혼인상으로 본 여자 교육문제, 정조 등 당시대의 관심사를 하나하나 정리해 나간다. 이광수는 혼인의 목적이 '종족의 번영과 개체의 행복'에 있다고 단언한다. 종족의 번영은 생식을 통해 이루어지는 바, 생식의 이상은 '건전하고 재능 많은 자녀를 가급적 많이 생산하여 가급적 완전하게 교육하는' 것이다. 혼인과 관련된 행복이란 '개인적으로 보면 연애와 원만한 가정 두 가지이고, 사회로 보면 이 두 가지에서 나오는 호영향好影響'이라 할 수 있다. 여기서는 개인의 행복의 핵심적 근원을 '연애'로 설명하는 방식이 주목을 끈다. 연애의 중요성에 대한 강조는 혼인의 조건을 따지는 일에서도 반복된다. 그는 혼인의 조건을 건강, 정신력, 발육, 경제력 등으로 제시하면서도 '연애야말로 혼인의 근본 조건'이라고 천명한다. 이광수는 "婚姻업ᄂᆞᆫ 戀愛ᄂᆞᆫ 想像ᄒᆞᆯ 수 잇스나 戀愛업ᄂᆞᆫ 婚姻은 想像ᄒᆞᆯ 수 업ᄂᆞᆫ 것이외다"[95]라는 주장을 펼치며, 종래 조선의 혼인 제도가 이 근본 조건을 무시해 왔다는 사실에 대해 비판한다. 비판받아야 할 또 하나의 조선 관습은 여자에 대한 교육을 소홀히 여기는 일이다. 신문명은 남녀의 교육을 구별 없이 평행하게 할 것을 가르친다. "엇던 方面으로 보든지 男子敎育과 女子敎育을 平行케 ᄒᆞᆷ은 文明ᄒᆞᆫ 民族에게—繁榮ᄒᆞ랴ᄂᆞᆫ 民族에게 絶對로 必要ᄒᆞ고 緊急ᄒᆞᆫ 일"[96]이 되

---

94 최승구, 「불만不滿과 요구要求」, 『학지광』 6, 1915.7, 77쪽.
95 이광수, 「혼인에 대한 관견」, 『학지광』 12, 1917.4, 30쪽.

는 것이다. 우주가 진화하듯 인생도 진화한다. 진화는 변천을 의미한다. 도덕과 제도 또한 진화하고 변천하는 것이 순리이다. 종래 조선은 이 진화의 천리天理에 역행해 온 바, 특히 정조관념의 대변혁이 필요하다는 것이 이 글의 결론적 주장이다. 불경이부不更二夫라는 그릇된 관념에서 벗어나야 한다는 것이다. 『학지광』 제12호는 편집여언을 통해 이 글에 대한 독자들의 관심을 환기시킨 바 있다.

> 李光洙君의 結婚論 한 篇은 매우 苦心의 作인데 文章의 淸快한 것은 同君 一流의 雄筆이니 吾人의 紹介를 기다리지 아니하고 諸君이 임의 닉히 알녀니와 思想이며 意見으로 말하면 우리나라에이서 가장 새로운 것이오 또 가장 得宜한 議論이니 매우 愛讀할 文字인가 하노이다.[97]

「혼인에 대흔 관견」이 '우리나라에서 가장 새로운 사상과 새로운 의견'을 제시한 글이라는 것이다.

이광수는 이어서 「졸업생卒業生 제군諸君에게 들이는 간고懇告」를 발표하는데, 여기에서도 구습에 대한 타파와 새로운 사회제도의 확립을 거듭 강조한다.

> 여러분은 萬般事에 조흔 것을 擁護하는 者, 創造者가 되고 안 된 것을 改革하는 者 打破하는 者가 되어야 할 것이외다. 早婚, 强制婚姻, 不合理한 冠婚喪祭의 諸禮, 官尊民卑, 男尊女卑, 子女를 自己의 所有物로 아는 것, 富貴

96 위의 글, 33쪽.

97 「편집여언」, 『학지광』 12, 1917.4, 60쪽.

한 者의 無職業한 것, 모든 迷信, 兩班 상놈의 階級思想, 非經濟的, 非衛生的 인 家屋, 衣服制度, 實로 枚違한 이 惡風俗 — 우리를 괴롭게 하고 망하게 한 것 갓히 우리 子孫을 괴롭게 하고 망하게 할 모든 이 惡風俗을 우리 손으로 싸려부시지 아니하면 언제 누구를 기다리겟습니가.[98]

이광수는 조선에서 타파해야 할 악풍속의 사례로 조혼, 강제혼인, 관혼상제 제례, 관존민비, 남존여비, 반상제도, 의복제도 등을 제시한다. 이러한 낡은 관습을 타파하고 새로운 제도를 도입하기 위해 필요한 것이 교풍사업矯風事業이다. 낡은 부대에 새 술을 담을 수 없듯이, 낡은 풍속습관으로는 신문명을 흡입하지 못한다. 교풍사업은 다음과 같은 네 가지 방향에서 가능하다. 첫째, 순량한 풍속 습관의 역설과 장려. 둘째, 불완전한 자의 개량. 셋째, 해독 있는 풍속의 타파. 넷째, 신풍속 습관의 건설. 해독 있는 풍속의 타파는 교풍사업의 핵심에 해당하는 것이나, 가장 어려운 일이기도 하다. 신풍속 습관의 건설에는 외국의 선량한 풍속과 습관 중 우리에게 적합한 것을 취하는 일과, 각자가 새롭게 고안한 것을 적용하는 일이 모두 가능하다. 이광수는 앞으로 우리 사회가 취해야 할 방면이 교육의 보급과 산업의 진흥에 있음을 강조하며 글을 맺는다.

전영택의 「구습舊習의 파괴破壞와 신도덕新道德의 건설建設」 또한 조선 사회 전반에 걸쳐 남아있는 구습을 걷어내고 그 자리에 새로운 도덕을 건설할 것을 제안한 글이다. 전영택이 파괴의 대상으로 삼은 구습은 이

98 이광수, 「졸업생卒業生 제군諸君에게 들이는 간고懇告」, 『학지광』 13, 1917.7, 7쪽.

광수의 경우와 마찬가지로 상당부분 유교적 가르침과 관련된 것들이다. 전영택은 먼저 효孝의 윤리를 고루한 것으로 비판하고 부정한다.

> 몬져 固陋蒙昧한 所謂 孝道라는 것을 破壞할지어다. 뒤만 도라보고 녜古로 물너가게 ᄒᆞ는 孝道는 現代에는 到底히 合할 수 업도다. 人類의 發展을 위ᄒᆞ야 子孫의 將來을 爲ᄒᆞ야 父母는 絶對的으로 아달 ᄯᅢ문에 生存ᄒᆞ여야 ᄒᆞᆯ깃도ᄃᆞ. 아달이 아비에게 感謝할 것이나 將次 無限 發展ᄒᆞ며 活動ᄒᆞ랴고 ᄒᆞ는 子息의 精力을 殺損흠은 크게 不可ᄒᆞᆫ 일이며, 아비가 生活의 道가 無ᄒᆞ면 이어니와 그러치 안이하고 子息에게 養育ᄒᆞ며 敎育ᄒᆞᆫ 報酬를 밧으랴고 ᄒᆞ며 갑흐라고 흠은 人道上에 可히 하지 못할 일이라 하노라. 이러ᄒᆞᆫ 孝道는 밧으랴고도 하지 말고 하랴고도 하지 말지어다 斷然코 破壞ᄒᆞᆯ지어다.[99]

전영택의 주장에서 남존여비는 여필종부의 사상으로 이어지는 바 이 역시 파괴와 비판의 대상이 됨은 물론이다. 남녀유별의 주장 또한 생존경쟁이 극렬한 현대에는 어울리지 않는다. 남녀칠세부동석男女七歲不同席이라는 구호도 현 시대에는 웃음거리에 지나지 않는다. 문벌이니 양반이니 하는 계급제도도 현시대에는 용납 받을 수 없다. 특기할 만한 것은, 파괴해야 할 구습 가운데 하나로 한문의 사용을 들고 있다는 점이다. 전영택은 "그 다음에는 우리 文字로는 漢文制度를 破壞ᄒᆞ야라. 漢文으로 因ᄒᆞ야 얼만, 社會의 文化가 妨害되며 文明이 遲滯되는지 計量할 수 업도다 어려운 漢文記錄과 漢文書信法은 ᄯᅩᄒᆞᆫ 急히 破壞할지어다"[100]라

99 전영택, 「구습舊習의 파괴破壞와 신도덕新道德의 건설建設」, 위의 책, 53쪽.
100 위의 글, 54~55쪽.

는 말로 한문 사용의 폐해를 지적한다. 한문으로 인해 사회의 문화가 방해를 받으며 문명의 보급이 지체된다는 것이다. 그러나, 전영택이 이 글에서 단순히 파괴만을 주장하는 것은 아니다. 그는 파괴에 이은 건설의 사례를 '구미천지歐米天地'에서 찾을 수 있다고 제안한다. 이들 사례를 염두에 두고 우리가 주력해야 할 것은 굳세고 풍부한 개성의 건설, 이상적이며 신성한 가정의 건설, 은행과 공장과 농장의 건설, 대학과 도서관과 학술의 건설, 종교적 토대와 대교당大敎堂의 건설 등이다. 이를 위해 먼저 정신적 근거와 학술적 토대를 마련할 필요가 있다는 것이다.

박승철朴勝喆의 「우리의 가정家庭에 재在한 신구사상新舊思想의 충돌衝突」에서는 관혼상제의 폐해를 벗어나기 위해 세대교체가 필요함을 역설한다. 이 글은 이광수・전영택의 앞의 글과 같은 호에 수록되었다. 박승철은 "이 社會의 所有者는 우리 靑年이며 이 思想界를 支配하는 者도 곳 우리 靑年"[101]임을 주장한다. 따라서 신구 세대가 사상적 충돌을 피하기 위해서는, 우리 사회의 부형父兄되는 이들이 구사상舊思想으로 신사상新思想을 지닌 청년들을 억제하지 말아야 한다는 것이다. 박승철은 우리나라와 같이 사회의 기본 단위를 가족으로 삼는 나라에서는 가정의 개량을 통해 사상의 혁신을 이룰 수 있다고 주장한다.

추봉秋峯의 「양반兩班의 쇠망衰亡과 박멸론撲滅論」도 조선의 구제도를 비판한 글이다. 이 글에서는 특히 양반에 대한 부정적 이미지를 열거한 후 이들을 박멸의 대상으로 제시한다. 그들을 박멸하고 계몽하여 선량한 동포로 만들어야 할 책임이 신진청년에게 있다는 것이다.[102] 일성一

101 박승철, 「우리의 가정家庭에 재在한 신구사상新舊思想의 충돌衝突」, 『학지광』 13, 1917.7, 43쪽.

星의 「것 개화開化? 속 개화開化?」는 조선 사회에서 일어나고 있는 변화가 겉모습만 바뀌는 것일 뿐 진정한 변화가 아님을 지적한 글이다.

> 그 가온대에 우리는 만은 經驗, 刺戟을 바든 줄 암니다마는 이내 民族은 아즉까지 어두운 밤을 못버서나고 잇읍니다. 아니 우리의 社會狀態는 날노 變化하여 가는 것이 現下의 事實이고 짜라 우리의 內面生活도 時時刻刻 말할 수 업는 勢力으로 變化하여 나가지마는 우리 民族은 아즉도 外界의 刺戟이 옴을 짜라 自己의 活力을 그곳에다 反應아햐 볼여고 하는 이가 적을 샌 아니라 쏘한 變化하여가는 生活의 內容을 막으려고 하는 이가 만흠니다.
>
> 우리는 무엇보담도 몬저 넷날의 나려오든 典型을 次次 버서나아 새 活力을 가지고 모든 競爭이 激烈한 곳에 闊步로 나아가야만 할 것이외다.[103]

「것 개화? 속 개화?」에서는 수많은 외계外界의 자극에도 불구하고 아직 조선 사회가 이에 대해 적극적으로 반응하지 못하고 있음을 비판한다. 변화를 막으려는 낡은 세력 또한 여전히 존재한다는 것이 글쓴이의 판단이다. 이 글에서 결론적으로 주장하는 것은, 과거의 전형을 벗어나

---

102 추봉秋峯, 「양반兩班의 쇠망衰亡과 박멸론撲滅論」, 『학지광』 15, 1918.3, 34~38쪽 참조. 신진청년이 지닌 계몽의 책임은 『학지광』 등 1910년대 유학생 잡지 발간의 목적과도 관계가 깊다. 이와 관련해서는 다음의 지적 참조. "1910년대 동경에서 간행된 이 세 유학생 잡지(인용자 주—『학지광』, 『여자계』, 『삼광』)는 모두 '배움의 빛'(『학지광』 3)으로 조선민중들을 인도하겠다는 계몽적 기획 하에서 발간된 잡지들이다. 그러나 이들이 말하는 계몽은 애국계몽기에서처럼 무지한 자들을 이끌어 내어 개화·계몽시키는 방식이 아니라 새로운 학문과 사상을 통해 새로운 민족·개인을 구성하고자 한다는 측면에서 근대 실현의 의지태로 보아야 한다." 서은경, 『근대초기 잡지의 발간과 근대적 문학관의 형성』, 소명출판, 2017, 59쪽.

103 일성一星, 「것 개화開化? 속 개화開化?」, 『학지광』 18, 1919.1, 67~68쪽.

새로운 세계로 나아가는 것이다. 개화의 추세를 따라 우리의 생활 내용을 개혁하고, 자신을 새롭게 하는 것만이 경쟁이 치열한 이 세상에서 살아남는 길이 된다는 것이다.

『학지광』에 수록된 논설들이 모두 조선의 관습 혹은 전통적 가치를 부정하거나 비판만 했던 것은 아니다. 이들 가운데 일부는 유학생 사회의 영향으로 인한 조선의 가치관의 변화에 대해 우려하거나, 유학생 사회가 지향하는 가치관이 지나치게 서양 편향적이라는 사실에 대해 경계심을 드러낸다. 김변수金忭洙의 「인생人生의 가치價値와 이혼離婚의 적부適否」는 조선 내에서 점차 사회문제로 대두하고 있는 이혼 현상에 대해 의견을 표명한 글이다. 이 글에서는 이혼 증가의 주요 원인이 유학생들의 귀국 이후의 행동과 태도에 있음을 지적한다. 그는 조선에서 행해지는 이혼은 실상 이혼이 아니라, 박처薄妻와 기처棄妻 즉 아내를 구박하고 버리는 일이며 인도人道를 무시한 행위라고 비판한다.

> 此를 敢行훈 者로 후여곰 엇지 人道를 知훈다 稱후리오 兼후야 或 父母의 責이 至후야도 全然無視후며 或 孤兒의 涕淚가 滂沱후야도 猶然不顧후니 此는 上으로 不孝오 下으로 悖倫이오 中心으로는 人道의 問題―라 홀띠니 事理의 如此를 不拘후고 다맛 新女子 巧言令色의 一時的 趣味를 想像후야 力貪無忌후는 者에 對후야는 誰某를 勿論후고 社會의 責任을 不知훈 者라 홀띠며 人生의 價値를 滅却훈 者라 홀띠며 或은 人類社會에 無益훈 者라 후며 人道上의 一 罪人이라 稱후야도 過言이 아니라 후노라[104]

104 김변수金忭洙, 「인생人生의 가치價値와 이혼離婚의 적부適否」, 『학지광』 2, 1914.4, 10쪽.

김변수가 결론적으로 주장하는 것은 유학생을 비롯한 조선의 청년들이 구습관舊習慣을 개량하며 신제도新制度를 선택하되, 그들이 가치적價値的 생활을 통한 가치적 인물이 되어야 한다는 것이다. 문희천文義天의 「아학우我學友 사상계思想界를 논論홈」에서는 최근 유학생계의 생활과 사상이 지나치게 서구 중심적으로 변하고 있다고 보고 이를 경계한다. 문희천은 자신이 읽은 최근의 한 논설이, 동양의 고유한 주의를 배척하고 서양인의 광막한 이상을 이을 것을 제안하고 있다는 사실을 지적하고 이에 대해서 반론을 편다. 그러나 문희천이 궁극적으로 주장하는 것은 전통적 사상의 준수가 아니라 신구 사상의 새로운 조화이다.

> 勿論 東西古今의 先知的 思想과 大覺的 生活을 引用ᄒᆞ야 自我의 心血로 同化식히고 自我의 糧食으로 補充식히면 余ᄂᆞᆫ 擧首ᄒᆞ여 贊成ᄒᆞ노니 所謂 後繼的 姑息的의 理想을 希望치 말고 同化的 超越的 理想을 要求ᄒᆞ라 換言ᄒᆞ면 自我로 他人에 個人으로 國民에 抽象으로 具體에 我로 始ᄒᆞ야 我로 歸ᄒᆞ기를 思ᄒᆞ되 東西 先覺者의 思想과 古今 沿革的의 生活을 輸入ᄒᆞ여다가 自我의 部分的 心血을 擴充ᄒᆞ고 自我의 中心的 生命을 沒却치 말지어다[105]

이 글에서는 새로운 사상을 받아들이되 자아의 중심을 잃지 않는 삶을 사는 것이 중요하다는 사실을 강조한다. 이는 신제도를 받아들이되 가치 있는 생활을 영위해야 한다는 김변수의 주장과도 일맥상통한다.

105 문희천文義天, 「아학우我學友 사상계思想界를 논論홈」, 『학지광』 4, 1915.2, 22쪽.

2) 지식인 여성의 등장과 여성의 위상 변화

'지식인 여성'이라는 어휘의 등장은 유학생 집단의 형성 및 유학생 사회의 탄생 과정과 직결된다. 여성과 그들의 교육에 대한 관심은 1910년대 유학생 잡지에 비교적 자주 등장하는 주요 논제였다.

『학지광』에 수록된 논설 가운데 이 문제를 다룬 글로는 먼저 제2호에 수록된 고금여사古今女史의 「여자계女子界의 달관達觀이라」를 들 수 있다. 「여자계의 달관이라」는 태서문명泰西文明이 동양으로 밀려들어오면서 '소위 남녀동등이니 연애도덕이라는 문제'에 대한 관심이 고조되자 이를 계기로 조선의 남녀가 취할 태도에 대해 입장을 표명한 글이다. 이 글은 『학계보』에 수록된 「부인론」과 함께 비교적 이른 시기에 발표된 여성 관련 논설에 속한다. 「여자계의 달관이라」는 부분적으로 남자의 반성을 요구하고 있는 글이다. 그러나, 「여자계의 달관이라」를 면밀히 분석해 보면 오히려 이 글의 토대를 이루는 것은 보수적인 남성관에 토대를 둔 남녀의 위상에 대한 이해임을 알 수 있다. 고금여사는 글의 서두에서부터 '우리 여자의 품성은 수미粹美하고 온유溫柔하여 항상 여자다운 성행을 지켜 가정을 원만히 하며 사회 풍기를 정숙케 하여 여자의 천직을 완성코자 함이 우리의 주뇌主腦되는 관념'이라는 사실을 강조한다. 서구 문명이 동양으로 파급되고, 남녀동등과 연애도덕의 문제가 새롭게 부각되는 이 시기에 여자들에게 필요한 것은 자각과 근신이 된다.

> 그러ᄂᆞ 近來에 泰西文明이 泰東에 波及ᄒᆞᄂᆞᆫ 同時에 所謂 男女同等이니 戀愛道德이라ᄂᆞᆫ 問題가 우리 女子의 腦髓를 刺激ᄒᆞᄂᆞᆫ 바 되며 우리 女子의 感

> 情을 惹起ᄒᆞᄂᆞᆫ 바 不少ᄒᆞ니 이런 問題에 對ᄒᆞ야 얼는 ᄉᆡᆼ각ᄒᆞ면 由來의 拘束밧든 우리의 權利가 伸長되며 從來의 卑劣ᄒᆞ든 우리의 思潮가 變遷됨은 女子界의 未曾有한 幸福時代라 稱ᄒᆞᆯ찌ᄂᆞ 만일 이런 問題를 幻想ᄒᆞ야 우리의 由來 因襲을 전혀 바리고 망녕도히 女權을 主唱ᄒᆞ야 男子를 蔑如ᄒᆞ거ᄂᆞ 우리의 溫柔粹美한 品性에 背馳ᄒᆞ야 奢侈野薄(ᄒᆞ이칼나)을 숭상ᄒᆞ거ᄂᆞ 우리의 生命되ᄂᆞᆫ 貞操를 바리고 戀愛聯想의 邪道에 迷入ᄒᆞ면 女子의 性行과 女子의 生命을 喪失할ᄲᅮᆫ 아니라 家庭에ᄂᆞᆫ 平和를 破壞ᄒᆞ며 社會에ᄂᆞᆫ 秩序를 紊亂ᄒᆞ야 由來의 자랑할만한 우리의 美績을 墜落ᄒᆞ며 一生의 悲劇을 招致함에 이를찌니 現代의 女子界를 顧念ᄒᆞ야 健全하고 新鮮한 女子社會를 組成코저ᄒᆞᄂᆞᆫ 우리ᄂᆞᆫ 맛당히 自覺할띠며 謹愼할띠어ᄃᆞ[106]

이 인용문에서는 특히 '우리가 망녕되게 여권을 주창하여 남자를 멸시하거나, 우리의 온유수미溫柔粹美한 품성에 배치되는' 행동을 해서는 안 된다는 구절이 주목을 끈다. '여자의 정조'라는 문제를 다루면서는 '우리 여자는 신사상을 양성하여 여권을 주창하거나, 신문명을 흡수하여 지력智力을 발전시키거나 무엇을 물론하고 제일 우리의 생명되는 정조를 미덕의 기초로 삼아 여자가 여자다운 품성을 존봉尊奉해야 할 것'임을 강조한다. 남녀 간의 연애를 다룬 '연애의 해결'에서는 경거망동을 하지 말고 순수무흠純粹無欠한 연애를 함으로써 신성한 연애 도덕을 보존하여 양처현모의 영예를 누릴 것을 권고한다. '이혼의 적부適否' 문제를 다루면서는 다음과 같은 논지를 펼친다.

---

106 고금여사古今女史, 「여자계女子界의 달관達觀이라」, 『학지광』 2, 1914.4, 6쪽.

엇던 事由가 잇더라도 出妻이니 離婚이니 絶對的 不可라 論할 ᄯᅵᄂᆞ 特殊ᄒᆞᆫ 事由에 因ᄒᆞ야 夫婦의 諧樂을 保全치 못ᄒᆞᆯ 境遇에ᄂᆞᆫ 家庭의 平和를 維持키 不能할 ᄯᅵ며 社會의 風紀를 紊亂할 弊害가 有함으로 自古及今에 一定한 原因에 限ᄒᆞ야 或 出妻이니 離婚이니 ᄒᆞᄂᆞᆫ 制度를 認容한 所以라 ᄒᆞ노라 그러ᄂᆞ 往昔에ᄂᆞᆫ 法律의 制度가 未備ᄒᆞᆷ으로 다맛 泰東의 認容ᄒᆞ든바ᄂᆞᆫ 聖訓의 制裁이니 孔氏의 이른바 七去之惡이 是也라 ᄃᆡ저 七去之惡이라 함은 男子가 女子의게 對ᄒᆞᆫ 便宜行動에 不過할 ᄯᅵ오 社會的 公眼의 光明한 者이라 稱ᄒᆞ기 不能ᄒᆞ도ᄃᆞ 아달이 無ᄒᆞ면 바리라 함과 악한 병이 잇스면 바리라 ᄒᆞᆷ을 批論ᄒᆞ건ᄃᆡ 아달이 無ᄒᆞᆷ은 한갓 婦의 不幸일 ᄲᅮᆫ 아니라 夫婦의 不幸이오 악한 병이 有ᄒᆞᆷ은 한갓 婦의 悲運일 ᄲᅮᆫ 아니라 一家의 悲運이어날 夫婦의 不幸을 婦의게만 歸責ᄒᆞ야 바리ᄂᆞᆫ 일이며 一家의 悲運을 婦의게만 돌니여 바림은 終身醮約의 本旨에 違背될 ᄲᅮᆫ 아니라 人道正義에 不容할 者이오[107]

이 글이 칠거지악에 동의하지 않는 이유는, '아들이 없음은 단지 아내의 불행일 뿐만 아니라 부부 모두의 불행'이기 때문이다. 「여자계의 달관이라」에서 남자의 반성에 대한 요구는 "男子의 情操 不美함을 憑藉ᄒᆞ야 우리의 情操를 等棄함이 無케"[108]하는 것, 즉 조선 남자의 방탕함을 핑계 삼아 조선 여자 또한 그러한 길을 가서는 안 된다 사실을 전제로 한 것이다. 『학계보』 소재 「부인론」의 필자 '무명여사'가 여성이 아니라 남성이었다는 점을 염두에 두면, 「여자계의 달관이라」의 필자 '고금여사' 또한 남성일 가능성을 배제하기 어렵다. 이 글이 새로운 남녀 관

107 위의 글, 7쪽.
108 위의 글, 8쪽.

계 정립의 필요성을 내세우면서도, 여성들이 여권을 주장하기 위해 전래적 미풍을 거스르는 경거망동을 해서는 안 된다는 사실을 거듭 강조한 것 역시 「부인론」의 기조와 일치한다.

『학지광』 제3호에 수록된 나혜석羅蕙錫의 「이상적理想的 부인婦人」은 「여자계의 달관이라」와는 전혀 다른 시각에서 여성의 삶에 대해 접근한 글이다.[109] 나혜석은 과거와 현재의 역사를 통틀어 볼 때 아직 '이상적 부인'이라 일컬을 만한 인물은 없었다고 단언한 후, 이상에 근접한 신사상을 토대로 생장生長해 나갈 필요가 있다고 제안한다. 나혜석은 관습에 의한 도덕과 세속적 본분의 수행만으로는 이상적 부인이 될 수 없다고 비판한다. 관습에 의한 도덕과 세속적 본분의 수행을 상징하는 단어 가운데 하나는 '양처현모'이다. 따라서 그동안 조선의 부인들이 지향해야 할 역할 모델 가운데 하나로 제시되던 '양처현모'는 이 글에서 철저하게 비판의 대상이 된다.

> 習慣에 依하야 道德上婦人, 卽 自己의 世俗的 本分만 完守험을 理想이라 말헐 수 읍도다. 一步를 更進하야 此以上의 進備가 읍스면, 안이될 줄노 生覺헌 바요, 單히 良妻賢母라 하야 理想을 定험도, 必取헐 바이 안인가 허노라. 다만 此를 主張허는 者는 現在 敎育家의 商賣的 一好策이 안인가 허노

109 나혜석 사상의 형성 배경과 관련해서는 다음의 서술 참조. "나혜석이 일본에 유학간 시기는 세이토샤를 중심으로 일본 신여성들이 화려하게 활약할 때이다. 경제적으로는 제1차 세계대전의 특수경기特需景氣로 채무국에서 채권국으로 전환한 호경기를 배경으로 도시 문화가 꽃피웠던 것이다. / 나혜석이 쓴 「이상적 부인理想的 婦人」(1914)에 히라츠카 라이초平塚らいてふ나 요사노 아키코与謝野晶子의 이름이 보이는 것으로 볼 때, 일본 다이쇼기의 여성해방사상에 강한 영향을 받은 것으로 짐작된다." 송연옥, 「식민주의에서 다시 보는 나혜석의 여성주의」, 김현주 외편, 『두 조선의 여성—신체・언어・심성』, 혜안, 2016, 61~89쪽.

라. 男子는 夫요 父라. 良夫賢父의 教育法은 아즉도 듯지 못하얏스니, 다만 女子에 限하야 附屬物된 教育主義라. 精神 修養上으로 言허드래도, 實로 滋味읍는 말이라. 또 婦人의 溫良柔順으로만 理想이라 험도, 必取헐 바가 안인가 허노니, 云허면 女子를 奴隷 맨들기 爲하야, 此主義로 婦德의 奬勵가 必要허엿섯도다.[110]

나혜석은 양처현모가 부인의 이상이 될 수 없으며, 이를 가르치는 것은 여자를 남자의 부속물로 삼기 위해 만들어낸 교육가들의 상업적 술책 가운데 하나에 지나지 않는 것이라고 맹렬히 비난한다. 그는 양처현모의 이상을 교육하기 위해서는 마찬가지로 양부현부良夫賢父의 이상 또한 가르쳐야 하나, 그러한 교육법을 아직 본 바가 없다는 것이다. 양처현모를 이상으로 삼은 교육은, 오랜 시간에 걸쳐 부인을 남자들을 위하여 진무盡務케 하는 주의主義로 양성했고, 그 결과 여성들은 온양유순溫良柔順이 과도하여 이상理想은 물론 이비理非의 식별조차 불가능한 상태에 이르게 되었다. 이러한 상태를 벗어나기 위해 조선의 여성이 취해야 할 태도는 무엇인가? 이를 위해서는 지식과 기예가 필요할 뿐만 아니라, 무슨 일에 당면하거나 상식으로 옳고 그름을 처리할 수 있는 실력이 있어야만 한다.

一定헌 目的으로 有意義하게, 自己 個性을 發揮코저허는 自覺을 가진 婦人으로서, 現代를 理解헌 思想, 知識上及 品性에 對하야, 其時代의 先覺者가

110 나혜석, 「이상적理想的 부인婦人」, 『학지광』 3, 1914.12, 13쪽.

되어 實力과 權力으로, 社交 又는 神秘上 內的 光明의 理想的 婦人이 되지 안이허면 不可헌 줄노 生覺허는 바라.[111]

그리하여 나혜석은 조선의 부인들이 점차 지식을 확충하고, 자기의 노력으로 책임을 다 하며 본분을 완수하고 이상에 근접해 나갈 것을 주문한다. 자신도 이를 위해 무한한 고통과 싸우며 예술적 노력 또한 병행해 나아갈 것이라는 다짐 또한 덧붙인다. 나혜석의 이러한 주장은 고금여사가 「여자계의 달관이라」에서 여성들에게 '신성한 연애 도덕을 보존하여 양처현모의 영예를 누릴 것'을 제안한 것과 상반된다. 온양유순의 윤리가 여자들을 노예로 만들기 위한 것이라는 나혜석의 주장 또한 고금여사가 여자들에게 '온유수미한 품성을 지킬 것'을 강조한 것과 대비된다. 나혜석의 「이상적 부인理想的 婦人」은 고금여사의 「여자계의 달관이라」에 대한 반론적 성격을 지니고 있는 글이다. 고금여사와 나혜석의 글을 나란히 놓고 읽으면, 나혜석의 「이상적 부인」이 고금여사의 「여자계의 달관이라」에 대한 반론으로 쓰였다는 사실을 알 수 있다.[112] 이후에도 나혜석은 『학지광』 제12호와 제13호에 「잡감雜感」이라는 제목의 글들을 발표한다. 여기에 수록된 두 편의 글은 제목은 같으나 각각 독립된 것이다. 제12호의 「잡감」에서는, 남들이 가지 않은 새로운 길을 가야 한다는 각오가 선명하게 드러나 있다. 여기서 나혜석은 먼저 조선 여자의 실상에 대해 다음과 같이 서술한다.

111 위의 글, 13~14쪽.

112 이와 관련된 논의는 김영민, 「한국 근대 초기 여성담론의 생성과 변모 (2)－근대 초기 잡지를 중심으로」, 『현대문학의 연구』 60, 한국문학연구학회, 2016, 129~173쪽 참조.

社會에서 女子를 不信ᄒᆞ고, 男子가 여자를 侮辱ᄒᆞᄂᆞᆫ 거시며, 女子의 事業이 어리고, 自覺이 업고 成功이 더듸고 事物에 어둡고 處理가 鈍ᄒᆞ고 失敗가 만흔거슨 全혀 確固ᄒᆞᆫ 信念이 缺乏ᄒᆞ고 理智的 解決力이 貧弱ᄒᆞ엿던 ᄭᆞᄃᆞᆰ ᄀᆞᆺ소. 이 缺點이 사ᄅᆞᆷ 以下의 今日 女子의 現狀을 支配ᄒᆞᄂᆞᆫ 것 ᄀᆞᆺ소.[113]

이러한 현실을 벗어나 여자도 사람다운 사람, 여자다운 여자의 길을 가야 한다는 것이 나혜석의 주장이다. 우리가 지금부터 여자다운 여자의 길을 나서는 첫걸음을 밟는다 해도 이는 오히려 늦은 감이 있다는 것이다.

우리 朝鮮女子도 인제ᄂᆞᆫ 고만 사ᄅᆞᆷᄀᆞᆺ히 좀 돼봐야만 ᄒᆞᆯ 것아니오? 女子다온 女子가 되어야만 ᄒᆞᆯ 것 아니오? 美國 女子는 理性과 哲學으로 女子다온 女子요, 佛國 女子ᄂᆞᆫ 科學과 藝術로 女子다온 女子요, 獨逸 女子ᄂᆞᆫ 勇氣와 勞動으로 女子다온 女子요. 그런데 우리ᄂᆞᆫ 인제서야 겨오 女子다온 女子의 第一步를 밟ᄂᆞᆫ다ᄒᆞ면 이 너머 늦지안소? 우리의 悲運은 너머 慘酷ᄒᆞ오 그려[114]

남들이 가지 않은 새로운 길을 간다는 것은 위험과 고통이 따르는 일이다. 나혜석은 '미끄러져 머리가 터질 각오로' 새로운 길을 밟아 나갈 것이라는 의지를 거듭 표명한다. 제13호에 수록된 「잡감雜感—K언니에게 여與홈」에서도 나혜석은 기존의 관념에 대한 반론을 시도한다. 그는 '조선 여자는 허영심과 욕심이 많아 걱정'이라는 지적에 대해 '욕심이

113 정월晶月, 「잡감雜感」, 『학지광』 12, 1917.4, 54쪽.
114 위의 글, 54쪽.

많아야 사업도 할 수 있다'는 주장을 편다. 조선 여자들에게도 첫째 사람이 될 욕심, 둘째 자기 소유를 만들려는 욕심, 셋째 활동할 욕심이 필요하다는 것이다.[115]

『학지광』에 수록된 논설 중 여성의 삶에 대해 언급한 또 다른 글로는 제4호에 수록된, 강호江戶 강여사姜女史의 「여자계女子界에도 자유自由왓네—나의 사랑ᄒᆞ는 반도半島 신부인新婦人에게」를 들 수 있다. 이 글에서는 과거 조선의 여자들이 남자들의 압제 속에서 살아왔음을 다음과 같이 토로한다.

> 여러분이여 우리의 過去를 ᄉᆡᆼ각ᄒᆞ야 보아라 男子가 果然 우리를 엇더ᄒᆞ게 待遇ᄒᆞᆫ가 그 殘忍 그 壓迫은 아—ᄎᆞ마 엇지 人情으로 차마 엇지 ᄒᆞ얏는가 우리도 禽獸가 아닌 바에 感情도 잇고 才能도 잇고 理想도 잇것마는 ᄂᆡ 입 ᄂᆡ 눈으로 一嚬一笑도 自由치 못ᄒᆞ얏고 깁고 깁흔 閨門 속에 긴긴이 禁錮되야 긴 한숨! 짜른 탄식 幾百年 幾千年 의 長長한 그 세월을 바람이 불고 비가 오는지 알길이 全히 읍셔 ᄂᆡ 才能 ᄂᆡ 理想을 發揮키는 姑舍ᄒᆞ고 自然이 發育되는 身體ᄭᅡ지 束縛을 當하야셔 실로 暗黑洞中에 下動物的 生活을 堪作ᄒᆞ얏ᄯᅩ다[116]

조선의 여자들은 수백 수천 년의 길고 긴 세월을 규문 속에 갇혀, 재

---

115 C W, 「잡감雜感—K언니에게 여與홈」, 『학지광』 13, 1917.7, 65~68쪽 참조. 참고로, 이 글은 '여자 유학생을 향하여 쏟아지는 비난을 어느 정도 수용하는 듯한 K언니에 대한 나혜석의 반발감'을 담고 있다. 김수진, 『신여성, 근대의 과잉』, 소명출판, 2009, 248쪽 참조.

116 강호江戶 강여사姜女史, 「여자계女子界에도 자유自由왓네—나의 사랑ᄒᆞ는 반도半島 신부인新婦人에게」, 『학지광』 4, 1915.2, 11~12쪽.

능과 이상의 발휘는 고사하고 신체까지 속박을 당하며 하등 동물의 취급을 받고 오늘날까지 지내왔다는 것이다. 그런데, '여자는 심지心志가 약하고 지식이 열등하며 복종심이 많고 자립력이 없다'고 비판하던 남자들이 갑자기 여자에 대한 태도를 바꾸게 된 이유는 어디에 있는가? 이 글의 필자는 그 이유가 남자들이 느끼게 된 공구심恐懼心 즉 두려움에 있다고 진단한다. '문호門戶를 개방한 지 몇 날이 못 되어서 우리의 지식이 일진월보日進月步는 물론이고, 어떠한 방면으로는 오히려 남자를 구축驅逐하고자 하는 경향이 유有한 결과' 남자들이 두려움을 느끼게 되었다는 것이다. 이 글에서는 이른바 지식인 여성 집단의 등장을 계기로 남녀의 위상이 전과 다르게 변하였다는 사실을 다음과 같이 지적한다.

> 此에 本記者는 今古를 俯仰ᄒᆞ매 悲喜의 感이 交集ᄒᆞ는 바이라 여러분이여 前日에 우리를 壓道ᄒᆞ던 男子와 今日에 우리를 恐懼ᄒᆞ는 男子가 男子되기는 必竟 古今이 다를 이가 萬無ᄒᆞ고 過去에 人의 壓道를 被ᄒᆞ던 우리와 現在에 人의 恐懼를 買ᄒᆞ는 우리가 女子되기는 亦是 古今이 다를 이가 萬無ᄒᆞ지마는 前日에 男子는 웃지 그리 殘酷ᄒᆞ고 今日에 男子는 웃지 그리 懦弱ᄒᆞ며 過去에 女子는 엇지 그리 溫柔ᄒᆞ고 現今의 女子는 웃지 그리 活潑ᄒᆞᆫ가 余는 煩悶에 煩悶ᄒᆞ고 硏究에 硏究ᄒᆞ야 此 理由을 解得ᄒᆞ얏노라 大抵 우리의 才質이 男子부더 超越홈은 以上에 證據한 바이라 然홈으로 저 愚蠢한 男子덜의 眼中에는 社會도 읍고 人類도 읍난지라 우리를 아무쪼록 無知無識한 구덩이로 驅入ᄒᆞ야 ᄎᆞᄎᆞ 自由도 ᄲᅢ앗고 平等도 ᄲᅢ아슨 結果가 過去의 事實을 釀出ᄒᆞ얏쏘다[117]

그런데, 이렇게 적극적으로 남존여비 사상을 비판하고 남자들의 어리석음을 탓하던 것에 비하면 이 글의 마무리는 다소 의외로 보인다. 마무리에 이르러 필자는 '원인 없는 결과는 없다'는 주장에 이어, 과거 여성이 자유와 평등을 빼앗겼던 이유가 여자 스스로의 자각과 준비가 부족했던 때문일 뿐, 남자들 때문은 아니라고 방향을 선회한다. '이상理想을 고상하게 하며 품행을 정대正大하게 하고, 사회를 사랑하며 원만한 가정과 원만한 사회를 조성하여 인류의 고등적 생활을 영위함이 우리의 본분'이라는 결론적 제안은 전혀 새로울 것이 없다. 이는 그동안 지식인 남성들이 조선의 여성들에게 보내던 흔한 계몽의 메시지와 별다른 차이가 없다.

『학지광』에 수록된 여성주의 관련 논설 중 실명으로 발표된 나혜석의 글들을 제외하면, 고금여사와 강호 강여사 등 비실명으로 발표된 글들은 자기 분열적 성격이 없지 않다. 이들은 새로운 시대를 맞이해 과거의 남녀 관계를 반성하고, 새로운 관계 설정의 필요성을 논하면서도 결국은 여성의 도덕적 일탈에 대한 우려를 표명하는 것을 주요 논지로 삼는다는 공통점이 있다.[118]

---

117 위의 글, 12쪽.

118 이와 관련해서는 다음의 지적 참조. "『학지광』은 민족주의 담론을 전개하면서 그 일부로서 신여성 담론을 구축했다. 『학지광』에서 주창되는 결혼관은 대개 국가관에 종속되는 것으로서 생산담론에 동원될 가능성을 지니고 있었다. 또한 근대교육을 받은 여성이 가정의 근대적이고 합리적인 개조에 기여할 것이라는 판단 아래 가정을 위해 봉사하는 여성을 양성하는 현모양처 담론을 주창했다. 특히 모성을 여성의 본질로 규정하는 시각을 곳곳에서 드러냈다." 이경수, 「1910~1920년대 재일본 조선유학생친목회지에 나타난 신여성 담론—『학지광』과 『여자계』를 중심으로」, 『한국학연구』 31, 고려대 한국학연구소, 2009, 207~208쪽. 이밖에, 『학지광』의 여성담론에서는 '여성'이 '국민'이라는 의무를 진 존재에 불과하다는 지적도 이루어진 바 있다. 전은경, 「1910년대 지식인 잡지와 '여성'—『학지광』과 『청춘』을 중심으로」, 『어문학』 93, 한국어문학회, 2006, 499

3) 실력양성의 책무와 조선청년에 거는 기대

일본에 머물던 유학생들은 자신들이 수많은 조선청년 가운데 특혜를 받아 선택된 사람들이라는 의식과 함께, 그렇게 받은 혜택을 조선에 돌려주어야 한다는 의무감 또한 지니고 있었다. 『학지광』 제3호에 수록된 현상윤玄相允의 「구求하는 바 청년靑年이 그 누구냐? ─유학생留學生 여러분 형제兄弟의게」는, 이 시대가 필요로 하는 이상적 청년의 출현에 대한 기대를 담고 있는 글이다. 현상윤은 이 글에서 시대적 사명을 어깨에 메고 용기 있게 나오는 신청년이 곧 이상적 청년인 바, 그러한 청년의 출현이 가능한 집단이 유학생 사회라고 단언한다. 그는 당시 일본에 머물던 조선 유학생들의 특징을 '다금다전多金多錢의 부호자제富豪子弟로 순경順境의 맛을 많이 맛본 자, 남보다 먼저 신학문과 신지식 등의 새로운 공기空氣를 호흡한 자, 남보다 뛰어난 재질과 능력 등의 천예天譽를 가진 자'로 표현한다. 유학생 사회에서 이상적 청년이 나지 않는다면 조선에서는 아직 이상적 청년을 기대하기 어렵다는 것이 그의 판단이다. 그는 유학생들이 조선 문명과 조선 민족을 위하여 다음과 같은 일들을 해야 한다고 주장한다.

> 아아 諸君 諸君아 우리는 압흐로 가장 緊하고 가장 바른 길을 求하지 안이하며 가장 온젼하고 가장 아름다운 方向을 찻지 안으랴는가. 그러면 法律도 죠코 政治도 죠타 自然科學도 죠코 形而上學問도 죠타. 實利主義 唱道도 잇

~530쪽.

서야 하겟고 宗敎改革 運動도 잇서야 하겟고, 文藝復興도 되어야 하겟고 生活變更도 되어야 하겟도다. 이것이나 저것이나 朝鮮文明에 새 貢獻을 하고 朝鮮民族의게 새 福音을 傳하랴면 工夫라면 다 하고 思潮라면 다 紹介하는 것이 今日 吾輩의 하염잇고져 하는 圖謀오 압흐로 나아가는 行進 運動이 안이냐.[119]

유학생의 임무는 다양한 방면의 공부와 다양한 방면의 사조에 대한 소개를 통해 조선의 문명에 공헌하고 조선민족에게 새로운 복음을 전하는 일이다. 그리하여 '우리가 배우는 학문은 생을 위한 학문이어야 하고, 우리가 관찰하는 문명은 실질적이어야 하며, 우리가 그리는 이상향은 영구적·완전적이어야 하고, 우리가 서두르는 생활은 충실적·원만적이어야' 하는 것이다. 『학지광』 제3호에 함께 수록된 김영섭金永燮의 「이상적理想的 인물人物의 실력實力과 수양修養」 역시 현상윤의 윗글과 동일한 맥락에서 나온 것이다. 여기에서는 신信·망望·애愛를 이상적 인간이 취해야 할 중요한 덕목들로 꼽고 있다. 『학지광』 제3호에 수록된 나혜석, 현상윤, 김영섭의 글의 핵심어는 '이상적 부인', '이상적 청년', '이상적 인물'이다. '이상적'이라는 공통분모를 토대로 논지를 펼치고 있는 것이다.

『학지광』 제4호에 수록된 「신년新年을 당當하야 유학생留學生 제군諸君에게 정呈홈」에서 주종건朱鐘建은, 유학생들이 조선민족을 위해 할 일에 대한 입장을 표명한다. 그는 어려움에 처한 조선민족을 구제할 책임이

---

119 현상윤玄相允, 「구求하는 바 청년靑年이 그 누구냐?－유학생留學生 여러분 형제兄弟의게」, 『학지광』 3, 1914.12, 6쪽.

바로 유학생 청년들에게 있다고 주장한다.[120] 『학지광』 제4호에는 특히 유학생 및 조선청년들에 대해 거는 기대감을 표현한 글들이 적지 않다. 안확安廓은 「금일今日 유학생留學生은 하여何如」에서, 오늘날 우리 사회를 관찰해보면 소위 유지有志라 하는 인사들이 수많은 퇴패頹敗와 오부汚腐를 작作하였음을 알 수 있다고 지적한다. 이러한 현상을 개선할 자가 유학생들이다. 그러나 과거 광무光武·융희隆熙 시대의 유학생은 허영심 등으로 인해 그 역할을 제대로 하지 못했다는 것이 안확의 진단이다. 하지만 그는, 다행히 오늘날의 유학생들은 과거의 잘못된 관행들을 개선해 나가고 있다고 생각한다. 따라서 이제는 조선에서도 유학생들을 신뢰하고 기대할 필요가 있음을 주장한다.

> 實地로 目睹한 즉 右에 言한 바와 知히 其 程度가 實로 前代 學生에 比하면 雲泥의 別이 有한지라 故로 予가 其 實狀 眞情을 書하야 半島父兄에게 通告하노니 請컨대 父兄諸氏는 此를 見하고 第一代 留學生의 經驗으로 今日 留學生을 比證치 말며 第一代 留學生의 愆過로 今日 留學生을 疑心치 마시오 予가 諸氏를 爲하야 此를 斷言하노라[121]

안확은, 자신 역시 현지에 도래하여 유학생들의 활동상을 직접 보기 이전에는 과거의 선입견에 따라 그들을 크게 신뢰하지 않았으나, 실상

120 "今日 死에 瀕한 兄弟를 救濟할 責任이 우리 靑年에 잇지 아니한가? 사랑하난 諸君이 乙卯의 新年을 迎하난 同時에 우리의 活力을 養하야 우리의 力으로써 瀕死의 兄弟를 救濟하며 우리의 眞生活을 得하도록 努力할지어다." 주종건朱鍾建, 「신년新年을 당當하야 유학생留學生 제군諸君에게 정呈홈」, 『학지광』 4, 1915.2, 92쪽.

121 안확安廓, 「금일今日 유학생留學生은 하여何如」, 『학지광』 4, 1915.2, 14쪽.

을 확인한 후 그러한 생각을 바꾸게 되었음을 고백한다. 과거의 유학생이 불교不巧한 목수木手였다면 오늘날의 유학생은 능란한 새 목수가 되어야 한다. 과거의 유학생이 무효無效의 구의舊醫였다면 오늘날의 유학생은 신령神靈한 새 의사가 되어야 한다. 모든 사업은 한난계寒暖計와 같아서 열심히 하면 진進하고 그렇지 아니하면 퇴退하는 것임을 명심해 유학생 모두가 열심히 앞을 향해 나아가야만 하는 것이다. 안확의 「이천년래二千年來 유학留學의 결점缺點과 금일今日의 각오覺悟」는 「금일 유학생은 하여」의 논지를 계속 이어 쓴 글이다. 안확은 이 글에서도 과거의 유학생 파견이 이利보다 해害가 많았다는 사실을 지적한다. 신라시대 이후로 시작된 해외 유학생 파견의 결과가 '화禍만 유有하고 복福은 소少'하게 나타났다는 것이다. 과거의 폐해를 극복하기 위해 유학생들이 취해야 할 태도는 무엇인가? 이 글에서는 '첫째, 상식을 지킬 것, 둘째, 경배심을 발할 것'이라는 말로 이를 설명한다. 외래 문명을 수입하면서 조선의 정도程度를 알지 못한 채 단도직입적으로 파괴를 목적으로 수입할 경우 곧 조선 사회의 배척을 받게 될 것임은 자명한 일이다. 따라서 세계적 지식을 배우는 유학생들이 매사에 상식을 지키며 처신하는 일이 중요하다는 것이다. 경배심이 중요한 것은, 장차 조선의 지도자가 될 유학생들이 서로 화합하는 일이 긴요하기 때문이다. 유학생들 서로가 자신이 습득한 지식의 상대적 우월성만을 강조하며 질시하고 분쟁을 일으키는 것은 조선의 미래에 아무런 도움이 되지 못한다. 그리하여 안확은 다음과 같은 구절로 유학생들의 주의를 환기시키며 글을 맺는다. "思하라 諸子의 心中에는 學術을 速成하고 事業에 着手하야 文明을 指導하여 前途를 開拓코자 할 抱負가 急急할지나 然이나 諸子는 事業을 着手하기

前에 此二點을 修養야며 覺悟하라."[122] 학술을 익히고 사업에 착수하여 문명을 지도하고 전도를 개척하기 이전에, 먼저 이 두 가지 점을 꼭 기억할 필요가 있다는 것이다.

『학지광』 제4호에 실린 현상윤의 「말을 반도청년半島青年의게 붓침」은 사회진화론적 현실인식을 바탕으로 실력 양성을 강조하고, 이어서 조선을 문명화시키고자 하는 의도를 드러낸 전형적인 유형의 글이다. 현상윤은 다음과 같은 말로 약육강식의 사회진화론적 현실 인실을 드러낸다.

> 諸君이여 諸君은 일즉이 夏日野邊에 多數한 昆蟲이 저보다 强한 제비나 참새의게 잡혀죽고 또 그 제비나 참새가 저보다 强한 새매나 독술이의게 멕혀 죽는 것을 구경한 일이 잇는가, 今日의 人類社會도 또한 이런 自然律 알에 支配를 밧고 世界의 存在도 또한 이런 法則 우에 建設되야 잇는 것이로다. 그럼으로 남의 同情 업는 것을 셜어하지 안이하고 내의 힘업는 것을 셜어하는 것이 現代 生活의 特徵이오, 남은 엇지 되얏던지 내 배나 잘 채우는 것이 現代 人類의 道德이라.[123]

강한 동물이 약한 동물을 잡아먹는 자연계의 법칙은 인류 사회에도 그대로 적용된다. 이러한 현실 앞에서 조선의 청년들이 취할 바는 무엇인가? 경륜과 각오를 통해 현실의 어려움에 대처해야 한다는 것이 현상

122 안확, 「이천년래二千年來 유학留學의 결점缺點과 금일今日의 각오覺悟」, 『학지광』 5, 1915.5, 32~33쪽.

123 현상윤, 「말을 반도청년半島青年의게 붓침」, 『학지광』 4, 1915.2, 16~17쪽.

윤의 제안이다. 그는 우리 청년의 위에는 선각이 별로 없으며 경륜 또한 별로 없다고 진단한다. 따라서 이제 어른 노릇도 우리가 하여야 하고 힘있는 이의 노릇도 우리가 하여야 한다. 현상윤은 이러한 논지를 『학지광』 제6호에 기고한 「강력주의强力主義와 조선청년朝鮮青年」을 통해 발전시켜 나간다. 이 글은 '어떻게 하면 우리가 다시 살고, 어떻게 하면 조선이 다시 새로워질 수 있는가?'라는 질문에 답하는 방식으로 구성되어 있다. 이 글에서 강조하는 것은 강력한 힘의 소유자가 되는 것이다.

> 슯으다 우리의게는 오직 强한 힘이 이슬 뿐이오 오직 大한 motive power(原動力)가 이슬 뿐이니, 前하야 우리가 生活權을 世界에 求하고 後하야 우리가 빗잇는 歷史를 永久에 保傳하는 것도 모도다 强한 힘 大한 原動力에 在치 안이한가. 눈물과 恨숨이라도 强한 힘이라야 驅除하겟고, 우숨과 춤이라도 强한 힘이라야 오게 하겟도다. 그런故도[로] 니이체에는 이 點에서 權力萬能을 主張하얏고, 몬테스큐는 이 點에서 强權의 絕對價值를 唱道하얏나니, 世界의 論難이 아모리 紛紛하드래도 나는 이 두 사람의 말을 어듸가지든지 尊奉하고 確信코저 하노라. (…중략…) 아아 애닯고나 世上에 弱者처럼 셜은 것이 다시 어대 잇으리오![124]

계속해서 현상윤은 '세계 문명의 공통된 규호叫呼는 약한 자가 되지 말라함이며 근대생활의 제일의第一義는 우주의 생명을 강력으로 표현함에 있다'는 말로 강력주의에 대해 주창한다. 강하지 않고는 자아를 실

124 현상윤, 「강력주의强力主義와 조선청년朝鮮青年」, 『학지광』 6, 1915.7, 44쪽.

현할 수도 없으며 충실한 생生을 살 수도 없다는 것이다. 강력이란 곧 '인간천부人間天賦의 생활을 가장 독립적으로 가장 행복적으로 십분 완전하게 향유하는 권력의 총량'을 의미한다. 이를 얻기 위해서 필요한 것은 '최선의 노력과 최선의 분투'를 다하는 일이다. 그렇다면, 조선반도에서 강력한 힘을 양성하기 위한 방안은 무엇일까? 현상윤은 이에 대해 무용적武勇的 정신과 과학의 보급, 그리고 산업혁명 등 세 가지가 긴요하다고 주장한다.[125]

> 이 세가지 綱領이 實行된 後라야 비로소 吾儕의 「엇더케 할가」하는 問題가 解決되리니, 그 째가 眞實로 朝鮮은 朝鮮사람의 朝鮮이라는 소리를 지를 째오, 그날이 眞實로 世界는 共有物이니 너만 가질 것이 안이라는 말을 우리 입으로 吐하게 될 날이라 하노라. 諸君아 復活을 함부로 부르지 말고 强한 勢力을 쓸데업시 말치 말아라. 힘업는 곳에 살기는 엇지 살며 힘잇기를 圖謀치 안는 곳에 勢力이 强하야질 理는 어대잇나뇨.[126]

자강이라는 말이 조선반도에 제창되기는 십수 년 이래의 일이나, 이것이 실현되지 못한 이유는 어디에 있는가? 그 이유는 바로 어떻게 해야 강해지는가 하는 방법에 대한 무지와, 이 강强을 이룰만한 정성 있는 인물이 없었기 때문이다. 강력함을 구현할 수 있는 인물, 그에 대한 책

---

125 '1910년대 『학지광』에서 가장 빈번히 출현하고 있는 혁명의 용례는 정치적 · 사회적 혁명이 아니라 산업혁명'이라는 지적도 있다. 이 시기의 산업혁명은 1900년대의 식산흥업론과 정치개혁론이 결합된 양상으로도 해석된다. 권보드래, 「1910년대의 혁명」, 『백년 동안의 진보』, 소명출판, 2015, 139쪽 참조.

126 현상윤, 앞의 글, 48쪽.

임을 진 인물은 결국 조선의 청년들이라 할 수 있다. 그리하여 현상윤은 '다시금 강력强力의 필요를 말하고, 다시금 강력주의의 선전을 포고한다'는 구절로 글을 마무리한다.

이응남李應南의 글 「오인吾人의 특유特有흔 력力의 가치價値를 발휘發揮흐여라」에서는 현대 사회의 속성을 약육강식과 우승열패라는 구절로 정리한다. 이러한 사회에서 가장 중요한 것은 학식지려學識智慮와 강력한 힘을 기르는 것이다. 이응남의 생각은 강력주의를 제창한 현상윤의 앞의 주장들과 연결된다.

> 抑今日吾人 人類社會의 弱肉强食흐고 優勝劣敗흐는 此競爭場裡에 立흐야 先必要求흘 者는 何오 余는 思흐노니 其要求흘 者의 順序가 無흐엿드면 其要求흘 者—不計數也—언마는 最先要求에 占흘 者는 左二種에 不過흐도다. 一則 學識智慮오 二則 吾人의 力이라 흐노라.[127]

학식지려와 력力 가운데서는, 력이 그 우선 순위를 점한다. 력은 대개 다음의 세 종류로 세분된다. 첫째, 체력體力 둘째, 뇌력腦力 셋째, 자력資力이 그것이다. 근일의 사회에서 이 세 종류의 힘을 지니지 못하고는 우승열패의 세勢를 다스리기 어렵고 위대한 사업을 수행하기도 어렵다. 이 세 종류의 힘을 구비한 후에는 거기에 더하여 학식지려를 갖추어야 한다. 무한한 신문명의 학식지려에 대한 구득求得을 통해 경천동지驚天動地할 위업을 이룰 수 있기 때문이다. 『학지광』 제18호에 김준연金俊淵은

---

127 이응남李應南, 「오인吾人의 특유特有흔 력力의 가치價値를 발휘發揮흐여라」, 『학지광』 6, 1915.7, 62쪽.

「따—윈의 도태론淘汰論과 사회적社會的 진화進化」라는 번역문을 통해 찰스 다윈의 사회진화론이 지니는 의미를 소개한 바 있다. 이 역시 사회진화론적 현실인식과 실력양성론의 광범위한 유포라는 맥락 속에서 이해할 수 있다.

주목해 볼 사실은, 『학지광』의 실력양성론과 준비론의 사상이 일반 논설들뿐만 아니라 경제 관련 논설들을 통해서도 반복적으로 거론되었다는 점이다. 『학지광』에는 다른 유학생 잡지와는 비교될 수 없을 만큼 많은 경제 관련 논설들이 수록되어 있다. 『학지광』에서 확인할 수 있는 첫 번째 경제 평론은 제2호에 수록된 의춘인宜春人의 「반도半島의 경제개황經濟槪況과 아유학생我留學生」이다. 이 글에서는 강력주의의 가장 굳건한 바탕을 이루는 것이 경제력이라는 의견을 표명한다.

> 有世界以來로 未曾聞未曾見ᄒᆞᆫ 大幻劇을 演하ᄂᆞᆫ 二十世紀 今日의 大原因大主働되ᄂᆞᆫ 一物이 有ᄒᆞ니 此物이 有ᄒᆞ면 强ᄒᆞ고 無ᄒᆞ면 弱ᄒᆞ며 有ᄒᆞ면 勝ᄒᆞ고 無ᄒᆞ면 敗ᄒᆞ며 有ᄒᆞ면 生ᄒᆞ고 無ᄒᆞ면 死ᄒᆞ며 有ᄒᆞ면 自由福樂을 享ᄒᆞ고 無ᄒᆞ면 悲痛苦楚를 受ᄒᆞ나니 此物의 功效를 論ᄒᆞ면 百世에 長存ᄒᆞ고 能力을 言ᄒᆞ면 宇宙에 彌滿할지라 偉흡다 此物이여 (…중략…) 此物은 何物고 황금이 是也니[128]

의춘인은 황금이 유有하면, 강强하고 승勝하고 생生하고 자유복락을 누릴 수 있다고 주장한다. 하지만 이것이 무無하면, 약弱하고 패敗하며

128 의춘인宜春人, 「반도半島의 경제개황經濟槪況과 아유학생我留學生」, 『학지광』 2, 1914.4, 5쪽.

사死하며 비통고초를 겪게 된다는 것이다. 그는 '결국 모든 일의 성패가 황금 무대舞臺의 우열여하愚劣如何에 달려 있다'는 언급을 통해 이른바 황금만능주의적 입장을 드러낸다. 그가 이러한 주장을 펴게 되는 것은 역설적으로 조선 반도야말로 황금이 무無한 곳이며 궁窮하고 고苦한 곳이라는 생각 때문이다. 무실생務實生의 「기업론企業論」에서도 경제적 활동은 곧 평화적 방식으로 진행되는 전쟁의 일부이며, 우승열패의 법칙이 철저히 적용되는 영역이라는 사실이 강조된다.

> 經濟的 活動은 吾人의 平和的 千軍萬馬之間의 戰爭이라 「워-타루-」에셔 한번 失敗ᄒᆞᆫ 奈翁은 「센트헐네나」島에 幽囚의 몸이 되얏스나 한번 經濟的 競爭 場裡에 失敗ᄒᆞᆫ 者ᄂᆞᆫ 그가 個人이면 社會의 落伍者요 그가 民族이면 民族的 競爭의 失敗者로 滅亡을 免치 못ᄒᆞ리도다 優勝勞[劣]敗ᄂᆞᆫ 無情ᄒᆞᆫ 鐵則이요 自然淘汰ᄂᆞᆫ 人力으로 如何히 하지 못할 生物界의 大勢라[129]

개인을 부유하게 하며, 민족을 강하게 하여 우승지위優勝地位에 서게 하는 자가 곧 기업가이다. 따라서 기업가는 한 나라의 대정치가大政治家와 필적할 만한 공로가 있는 자라는 것이 무실생의 주장이다.

『학지광』의 편집 후기에는 노익근盧翼根이 제1호부터 한 호도 거르지 않고 경제 평론을 게재했다는 언급이 있다. 『학지광』이 자랑할 만한 기사 가운데 하나로, 노익근의 경제 평론을 거론하고 있는 것이다.[130] 제5

129 무실생務實生, 「기업론企業論」, 『학지광』 3, 1914.12, 29쪽.

130 「편집실編輯室에서」, 『학지광』 15, 1918.3, 81쪽 참조. 그런데, 『학지광』에서 실제로 노익근의 경제 평론을 확인할 수 있는 것은 제5호 이후부터이다. 그 이전에는 노익근이 필명으로 글을 투고했을 가능성도 있다. 노익근은 한때 학우회의 회장을 맡은 적도 있

호에 수록된 노익근의 「반도금후半島今後의 금융金融과 생활개혁生活改革의 급무急務」에서는 준비론의 사상이 근검절약과 창고倉庫의 설립으로 구체화되어 나타난다. 전도顚倒된 경제계를 구출하는 데에는 창고를 설립해 농민의 저축을 장려하는 것이 가장 좋은 방침이라는 것이 노익근의 주장이다.[131] 노익근은 「경제진흥에 대한 여余의 의견意見」에서도 조선의 경제 진흥을 위해 근검과 절약이 중요하다는 사실을 강조한다. 여기에서는 구체적으로 외품外品의 사용을 방지하고 본방품本邦品 사용을 장려할 것, 혼상제婚喪祭에 들어가는 비용을 절약할 것, 고등유민高等遊民을 구제하고 노동이 신성한 것이라는 사상을 수입할 것, 자손에게 재산을 물려주기보다 교육에 투자할 것 등을 제안한다.[132] 노익근은 「조선현하朝鮮現下의 경제상經濟上 공황恐慌과 청년青年의 자각自覺」을 통해서는 조선의 경제적 공황 상태의 원인을 물화가격物貨價格의 불균형, 금융기관의 불비不備, 가치 있는 경제 활동의 부재 등으로 정리한다. 이를 타파하기 위해서는 다음과 같은 노력이 필요하다는 것이다.

> 曰 商工業 勃興이니라. 우리의 使用하는 工業品은 우리가 製造하얏으면 本來부터 物貨價格의 不平均이니 무엇이니 하는 소리를 할 것이 업고.
>
> 曰 銀行設立과 組合組織이니라. 우리의 細民을 우리가 救濟하고 우리의 企業을 우리가 奬勵하얏으면 貧民의 困狀과 企業의 不興을 別노 嘆할 것이 업스며.

다. 이에 대해서는 『학지광』 18, 1919.1, 74쪽의 임원 개선 관련 기사 참조.

131 노익근, 「반도금후半島今後의 금융金融과 생활개혁生活改革의 급무急務」, 『학지광』 5, 1915.5, 27~30쪽 참조.

132 노익근, 「경제진흥에 대한 여余의 의견意見」, 『학지광』 6, 1915.7, 52~57쪽 참조.

曰 産業에 着手하야 遊民되지 안음이니라. 놀지 안코 일하면 주릴 理는 어대 잇으며 허울벗을 理는 어대 잇으리오. 우리의게 經濟的 價値가 自然 生길 것이오 生産的 能率이 自然 잇게 될 것이니라.[133]

노익근은 조선의 청년들이 '다른 사람이 되기 전에 기업가가 될 것이며, 다른 학술을 배우기 전에 공업을 배울 것'을 강조한다. 기업가와 기술가가 많아져야 조선의 경제를 진흥시킬 수 있다는 것이다. 기업과 기술의 중요성에 대한 강조는 「부富를 증가增加함에 대對하야」로 계속 이어진다. 노익근은 부를 증식하기 위한 첫 번째 과제로 '특수교육의 장려'를 주장하고 있는 바, 특수교육이란 곧 '한 편으로는 기업가의 자격과 지능을 양성하는 것이며, 다른 한 편으로는 특수의 기술가를 양성하는 것'을 의미한다.[134] 노익근은 이밖에도 「생산生産의 의의意義 급及 기其 소장消長의 원동력原動力」(제11호), 「경제계經濟界를 부진不振케 하는 삼대원인三大原因」(제13호), 「현하現下의 경제계經濟界와 급及 기其 금후今後 변천變遷에 대하야」(제14호), 「은행당국자銀行當局者 제공諸公의게 고告함」(제15호), 「실업진흥實業振興에 대對한 근본방침根本方針」(제17호) 등을 통해 조선의 경제 진흥에 대한 의견을 지속적으로 개진한다. 그 외에 이강현李康賢의 「조선산직朝鮮産織 장려계奬勵契에 대對하야」(제6호), 최원호崔援浩의 「조선인朝鮮人의 생활生活과 산업조합産業組合의 필요必要」(제12호), 김엽金燁의 「조선광업朝鮮鑛業을 논論함」(제14호), 김명식金明植의 「도덕道德의 타

133 노익근, 「조선현하朝鮮現下의 경제상經濟上 공황恐慌과 청년靑年의 자각自覺」, 『학지광』 8, 1916.3, 25쪽.

134 노익근, 「부富를 증가增加함에 대對하야」, 『학지광』 10, 1916, 9.20쪽 참조.

락墮落과 경제經濟의 부진不振」(제14호), 양원모梁原模의 「조선청년朝鮮青年의 경제적經濟的 각성覺醒」(제15호), 김철수金喆壽의 「국민경제상國民經濟上 농업農業의 지위地位」(제18호), 김규호金逵浩의 「상업商業 발전發展에 대對하야」(제19호)와 「조선朝鮮 관세제도關稅制度를 논論함」(제20호) 등도 모두 조선의 경제 발전을 위한 다양한 생각들을 담아낸 글이다.

4) 문학론

『학지광』에 수록된 첫 문학론은 최두선崔斗善의 글 「문학文學의 의의意義에 관關하야」이다. 최두선은 이 글에서 '문학이란 무엇인가?'라는 질문에 대한 답을 찾아 나간다. 문학의 정의는 시대에 따라 변해왔고, 사람에 따라 그 정의를 다르게 해석해 왔다. 문학의 정의는 절대적이기보다는 상대적이다. 문학은 시대에 따라 문文을 의미하기도 하고 저작물을 의미하기도 했으며, 문헌학文獻學이나 문전학文典學으로 오해되기도 했다. 문학을 결정하는 것은 형식만도 아니고, 내용만도 아니다. 이는 시가와 소설이라는 형식을 문학의 표준으로 삼기 어렵고, 사실과 비사실이라는 내용을 기준으로 문학 여부를 판단하기 어렵다는 사실에서 연역해 낼 수 있다. 문학의 정의를 수립하기 위해서는 문학의 생명이 무엇인가 하는 문제를 먼저 풀어야 한다. 여기서 최두선이 관심을 갖는 요소는 지식과 정의情意이고 그중 핵심을 이루는 것은 정의이다.

情意가 滿足하면 비로소 生命을 經驗할 수 잇스니 生命은 知識의 認知할 바이 아니오 오직 情意를 노코는 不能하니 읏더한 글을 보고 生命이 잇슴을 感得함은 그것이 情意의 經驗에 感觸됨이라 갓흔 글이라도 知識의 經驗에만 感觸될 때에는 生命을 感得하기 難하고 다시 情意의 經驗에 感觸한 後에 비로소 感得하나니라 그런데 生命이 잇다 함은 그 글이 情意의 經驗을 刺戟함이니 그 글 가운데 情意가 잇슴이라 그럼으로 누구든지 그 글을 보면 그 가운데서 情意의 刺戟이 生하나니 그러한 때에 그 글이 生命이 잇다 함이라 (…중략…) 要하던대 文學은 글 가운데에 情意를 늣는 것이니라[135]

최두선이 문학의 생명이 '정의情意'에 있다고 주장하는 것은, 이광수가 「문학의 가치」에서 정情의 분자分子를 포함한 문장이 문학이라고 언급했던 것과 일맥상통한다. 최두선의 「문학의 의의에 관하야」는 문학 개념의 시대적 변천에 관한 언급으로부터 출발해 현 시대 문학의 필요조건을 정情이라고 결론짓는다. 이러한 논지의 구성 방식도 이광수의 「문학의 가치」와 크게 다르지 않다. 다음의 인용문만을 한 예로 보더라도 두 글의 바탕을 이루는 사고의 유사성을 어렵지 않게 확인할 수 있다.

「文學」이라는 字의 由來는 甚히 遼遠ᄒᆞ야 確實히 其 出處와 時代는 攷키 難ᄒᆞ나, 如何턴 其 意義는 本來 「一般學問」이러니 人智가 漸進ᄒᆞ야 學問이 漸漸 複雜히 됨애 「文學」도 次次 獨立이 되야 其 意義가 明瞭히 되야 詩歌, 小說 等 情의 分子를 包含ᄒᆞᆫ 文章을 文學이라 稱ᄒᆞ게 至하여시며(以上은 東

135 최두선, 「문학文學의 의의意義에 관關하야」, 『학지광』 3, 1914.12, 26~28쪽.

洋) 英話[語](Literature)에 「文學」이라는 字도 또한 前者와 略同한 歷史를 有한 者 ㅣ라 (…중략…)

그러면 「文學」이라는 거슨 무엇이며, 또 如何한 價値가 有하뇨?

文學의 範圍는 甚히 넓으며 또 其 境界線도 甚히 朦朧하야 到底히 一言으로 弊之할 슈는 無하나 大概 情的 分子를 包含한 文章이라 하면 大誤는 無하리라 故로 古來로 幾多學者의 定義가 紛紛호되 一定한 者는 無하고. 詩, 歌, 小說 等도 文學의 一部分이니 此等에는 特別히 文藝라한 名稱이 有하나니라.[136]

문학의 본령을 정情 혹은 정의情意의 만족이라고 주장하던 시기의 이광수는 아직 효용론자가 아니었다. 그보다는 오히려 문학의 존재 이유를 문학 자체에 두거나 유희적 측면에서 찾는 입장에 기울어 있었다.[137] 최두선의 이 글 또한 같은 맥락에서, 문학의 의의 혹은 존재 이유를 문학의 자율성에서 찾고 있다.

1910년대 초반 이광수가 문학의 핵심적 요소로 '정'을 강조했고 최두선이 '정의'라는 요소를 문학의 필수조건으로 설정했다면, 최승구는 '정감'이라는 용어를 통해 문학의 본질에 접근한다. 최승구는 「정감적情感的 생활生活의 요구要求」에서 다음과 같이 발언한다.

「우리의 系縺은 먼저 情感的 生活을 허도록」 해야겟다고. 例를 들어 말슴

136 이보경李寶鏡, 「문학文學의 가치價値」, 『대한흥학보』 11, 1910.3, 15~16쪽 참조.
137 이광수의 초기 문학론에 관한 상세한 정리는 김영민, 「이광수의 문학이론」, 『문학이론연구』, 새문사, 1989, 145~163쪽 참조.

> 허면, 五官은 다 가젓겟소. 허나, 작용은 조금도 허지 못허오. (…중략…) 아아, 나는 이 두 번째 更生허는 째를 바라오! 渾身勇으로 지금붓허 準備허오. 兄은 이째에 아틔스트라고 불너주기 願허는 바요. 우리 系縺이 불너주는 것도 願허오. 나도 이째에는 와일드의 本能的 色情主義나 소로구부의 極端的 厭世主義의 作物들까지도 滋味스럽게 읽볼 줄 아오. 아아, 나는 얼마나 이 째를 바라고 잇슬가요![138]

최승구가 주장하는 정감적 생활에 바탕을 둔 예술은 궁극적으로 본능적 색정주의나 극단적 염세주의까지도 수용할 수 있는 경지에 이르는 것을 목표로 한다.[139]

김억金億의 「예술적藝術的 생활生活」에는 앞에 정리한 글들과 견해가 상반되는 구절들이 적지 않게 들어 있다. 이 글의 가장 큰 특징은 문단에서 지속적으로 거론되는 '예술 자신을 위한 예술'이론에 대해 직설적인 비판을 가하고 있다는 점이다. 김억은 예술 자신을 위한 예술 이론이야말로 우물 안 개구리식의 편협한 식견이 아닐 수 없다고 비판한다.

---

138 최승구, 「정감적情感的 생활生活의 요구要求」, 『학지광』 3, 1914.12, 17~18쪽.

139 이에 대해서는 다음의 견해 참조. "최두선, 이광수의 문학에서 '감정'을 통한 자율성론이 선언으로 또는 이념형에 머물고 있는 데 비해, 최승구의 자율적 문학론은 '낭만주의 문학론' 더 나아가 후기 낭만주의 또는 심미주의 문학론으로 연결되는 단초를 드러낸다." 양문규, 「1910년대 유학생 잡지와 한국 근대소설의 형성－『학지광』의 담론들을 중심으로」, 『현대문학의 연구』 34, 한국문학연구학회, 2008, 144쪽. 그러나, 최승구의 문학관이 일방적으로 문학의 자율성론에만 경도되어 있는 것은 아니었다. 그러한 고민을 보여주는 사례가 '자아自我의 실현實現'과 '공공公共의 도리圖利' 사이에서 일어나는 회의懷疑에 대한 서술이다. 둘 사이의 관계에 대한 서술은 최승구, 「불만과 요구」, 『학지광』 6, 1915.7, 75~76쪽 참조.

또 藝術이 人生에 對하야 아모 意味할 바가 업다면 왜 藝術을 要求하며, 또는 人生과 써난 藝術해서는 무엇에 쓰랴. 내의 要求하는 바 藝術은 人生으로 向上, 創造, 發展식이는 이 點에 잇나니, 웨 그러냐 하면 藝術는 改革者이며, 模倣者인 까닥으로. 다시 말하면 人生을 向上식이며, 改革식이며, 創造식이며, 發展식이며, 模倣식이는 것은 藝術임으로 나는 藝術을 人生을 위하야 要求한다.[140]

김억이 주장하는 것은 실생활과 인생에 직접 도움이 되는 예술이다. 예술의 목적은 인생을 향상시키고 발전시키는 데 있다. 예술가가 개혁자이며 창조자이며 모방자가 될 수 있는 것은 예술이 인생과 분리될 수 있는 것이 아니기 때문이다. 김억의 생각은 예술적 생활을 통해 현실 생활의 이상理想이 실현될 수 있다는 주장으로도 이어진다.

백일생白一生의 글 「문단文壇의 혁명아革命兒야」는 조선문단의 혁신의 필요성과 함께 문학의 자율성 및 자유로움에 대해 강조한 글이다. 백일생은 우리문단의 현 상황이 썩은 지 오래이며, 따라서 문사文士가 혁명광革命狂이 되어야 할 필요가 있음을 주장한다. 그는 '도덕은 시대를 따라 변하는 것이며, 진리는 사람에 따라 다른 것'이라는 사실을 전제로 삼아, 현시대의 문학이 새로운 세계를 그려내야 할 의무가 있음을 강조한다. 백일생은 부분적으로 사실주의 문학의 필요성을 지적한다. 그러나, 궁극적으로 그는 문학의 미래가 넓게 열려 있다는 사실에 더 큰 관심을 표명한다. 조선의 문학이 새로워질 수 있다면, 예술파이거나 인생

140 김억, 「예술적藝術的 생활生活」, 위의 책, 61쪽.

파이거나 혹은 절충파이이거나 구애됨이 없이 어떠한 문학도 수용할 수 있다는 것이 그의 입장이다.

> 朝鮮民族의 指導者가 되는 文壇의 勇士야! 文學의 天地는 自由의 天地라, 忌憚할 바가 無하며 畏懼할 바도 無하니 藝術派의 南歐文學도 可하며, 人生派의 北歐文學도 可하며, 折衷派의 英米文學도 可하여 雜種派의 日本文學도 可할지니 此를 輸入之, 譯述之, 咀嚼之, 消化之하야 우리의 民族性을 힘잇게 發揮하는 時代的, 우리的 文學의 基礎를 樹立하야, 以之 한 줄 한 句 의 글이라도 生氣가 폴폴 뛰는, 어듸를 끈턴지 뜨겁은 피가 줄울 흘으는 산 글의 作者가 될지어다.[141]

특기할 만한 사실은 그가 이 글의 결구에서, 자신이 지향하는 세계와 부합하는 문단의 혁명아의 구체적인 예로 춘원春園과 육당六堂,[142] 그리고 소성小星을 들고 있다는 점이다.

백일생의 이러한 의견에 대해 서상일徐常一은 「「문단文壇의 혁명아革命兒」를 독讀하고」를 써서 비판한다. 서상일은 백일생의 혁명관과 자신의 혁명관이 내용에서 상이相異한 분자分子가 있는 말로 백일생에 대한 비판을 시작한다.

> 奔走無暇와 紙數의 不許로 由하야 白一生의 글에 全篇을 玆에 引錄하지 못함은 나의 遺憾이다. 그러나 누구나 그의 全篇을 通讀하면 알으려니와,

141 백일생, 「문단文壇의 혁명아革命兒야」, 『학지광』 14, 1917.12, 423쪽.
142 원문에는 '文堂'으로 되어 있으나 이는 '六堂'의 오식이다.

첫재 그는 그의 글에 現出한대로 말하면 그의 新式 文學主義를 爲하야는 社會의 모든 制度와 모든 習慣을 打破하다 하며, 그의 文學主義下에는 道德도 업는 듯이 國家 民族도 업는 듯이 말한 것이 큰 罪責이라. (…중략…)

白一生 文學의 天地는 自由의 天地라, 忌憚할 바가 無하며 畏懼할 바도 無하니.

評曰, 世에는 이러한 思想이 흔히 行하야 人生의 行路를 잘못함이 多하다. 世에 本來 絶對自由가 無하거늘 다른데 다 업는 自由가 엇지 홀로 文學의 天地에만 잇스리오. 文學者도 사람의 아들인 以上에는 사람으로 바들 制裁는 相當히 밧어야 할 것이라 엇지 文學者의게만 絶對 自由가 잇서 國家 民族을 無視하며, 社會 道德의 制裁를 脫出하야 任意 放肆의 行動을 할 수가 잇으리요. 故로 文學을 한다 稱하고 白一生과 갓히 國家 民族 社會 道德을 無視하는 者의게는 相當한 道德的 制裁가 업슬 수가 업다 하는 바로다.[143]

서상일이 주장하는 것은 문학이 구사상과 구제도를 비판할 수는 있으나, 그것은 어디까지나 도덕의 범주 안에서, 그리고 국가와 민족에게 도움이 된다는 전제 아래에서 행해져야 한다는 것이다. 문학이 자율성을 갖는다거나 문학 행위가 자유로운 행위라는 견해 또한 무한한 자율과 무한한 자유를 가정한 것이 아니며, 이 또한 도덕과 국가와 민족의 통제를 받는다. 서상일은 춘원과 육당 그리고 소성 등의 작가가 문단의 혁명아가 아니라는 견해를 덧붙인다. 그들 작가가 결코 '국가 민족을 무시하는 문단의 혁명 수령이 아니요, 사회도덕을 이유 없이 파괴하려

143 서상일, 「「문단文壇의 혁명아革命兒」를 독讀하고」, 『학지광』 15, 1918.3, 63・68쪽.

드는 혁명 수령이 아니라는 것'이다.

「소설小說에 대對한 조선朝鮮 사람의 사상思想을」은 김동인金東仁이 처음 발표한 글이다. 예술성을 중시하는 김동인 특유의 문학관도 이 글에서 처음으로 모습을 드러낸다. 김동인은 글을 시작하면서, 현시대 조선 사람들이 예술적 작품을 멀리하고 흥미 본위의 통속소설에 빠져드는 현상을 비판한다. 참 예술 작품, 참 문학 작품은 읽으려 하지 않고 오히려 경멸하거나 조롱하려 드는 것이 조선의 현실이라는 것이다.

> 치만 通俗小說에셔는 우리는 卑코, 劣코, 汚코 추한 것 밧게는 아모 것도 發見치를 못하오. 거긔는 獨創의 閃이 업소 思想의 烽이 업소 사랑의 엄이 업소. 아모 것도 없소. 讀者를 쓰르랴는 卑劣한, 아렴의 思想이 이슬 섇이오…… 이러한 低級小說을 보아셔 有益이 없소. 우리는 小說에 對 한 誤解의 思想을 긋치고—卽 極幼稚한 通俗小說에 健全한 文學的 小說로 代하고, 小說과 墮落을 聯想하는 思想에, 小說과 文化를 聯想하는 思想으로 代 하여 우리 社會를 純藝術化한 社會로 만드릅시다. 몃百年 前에 어나 나라가 몃千年 前에 어나 나라가 發達하엿댓다 함은, 그 나라의 藝術的 進化를 稱함이오—.
>
> 藝術 잇는 곳에 文明이 잇고, 文明 잇는 곳에 幸福이 잇소. 하고, 幸福은 우리가 眞心으로 求하는 바오.[144]

김동인은 우리 사회가 통속소설에 대한 관심에서 벗어나 예술소설의 길로 가야 할 것임을 일관되게 강조한다. 심지어 한 나라의 발전 척도는

144 김동인, 「소설小說에 대對한 조선朝鮮 사람의 사상思想을」, 『학지광』 18, 1919.1, 47쪽.

그 나라 그 사회가 얼마나 예술적으로 진화했는가를 확인하는 일에 있다고까지 주장한다. 하지만 김동인은 자신이 중시하는 예술성이 구체적으로 무엇을 의미하는가에 대해서는 전혀 언급하지 않는다. 예술이 곧 문명이고 예술이 곧 행복이라는 예술지상주의적 명제에 대한 원론적 주장만을 반복하는 것이다.

『학지광』의 문학론은 논자에 따라 적지 않은 편차를 보인다. 이는 『학지광』이 문학 전문지가 아니라 종합잡지였다는 데에서도 그 원인을 찾을 수 있다. 문학에 대한 지향점을 공유하지 않은 채, 투고자 개인의 취향을 반영하는 방식으로 문학론을 전개시켜 나갔던 데에 그 원인이 있었던 것이다. 하지만 다양한 편차에도 불구하고, 『학지광』의 문학론에서 주류를 이루는 주장이 문학의 자율성론과 예술성론이라는 점만은 분명하다.[145] 『학지광』 소재 소설들의 성격을 염두에 둔다면 이러한 문학론의 전개는 다소 의외로 보인다.[146] 『학지광』의 문학론들은, 현실에 대한 관심과 고뇌가 주를 이루는 이 잡지 소재 소설들의 성격과 적지 않

145 이에 대해서는 다음의 견해 참조. "『학지광』의 담론에서는 내면, 정신을 강조하며 외부의 물질세계에 대하여 극히 배타적인 권력의 태도를 취하면서도, 한편으로는 이와 정반대로 약육강식・실력양성, 서구의 물질문명에 대한 선망을 드러내는 분열된 모습을 보여준다. 현실에서 이러한 자기분열의 모습을 벗어버리고, 정신세계, 내면으로 들어가서 안주하며 현실로부터의 초연함을 향유할 수 있는 공간이 종교 또는 문학예술의 공간이다. 그리고 이것을 현실과 독립된 자율적 근대문학의 표식이라고 보았다. 1910년대 문학의 자율성이라는 문제는 이러한 과정을 통해 얻어낸 산물이다." 양문규, 앞의 글, 163쪽. "『학지광』 문학론은 도덕적, 공리적 규범을 거부하고 미적인 것을 통한 자기 발견만을 최고의 목적으로 본다는 점에서 근본적으로 계몽주의 이후 서양의 미학과 친연성을 지니고 있으며, 특히 미학주의의 문맥에 놓여있는 것으로 보인다." 구인모, 「『학지광』 문학론의 미학주의」, 『한국근대문학연구』 1-1, 한국근대문학회, 2000, 135쪽.

146 참고로, 1910년대 『학지광』의 문예론이 그 이전 시기의 계몽적 문예론과 대립했다기보다는 그것을 변화된 상황에 맞게 변형시켰다는 견해도 있다. 권유성, 「1910년대 『학지광』 소재 문예론 연구」, 『한국민족문화』 45, 부산대 한국민족문화연구소, 2012, 25~49쪽 참조.

은 거리가 있다.

3. 『학지광』의 소설 연구

1) 약육강식의 세계관

『학지광』 제2호 문원文苑란에는 「탁고啄枯」와 「밀蜜의 월月」 두 편의 서사문학 작품이 수록되어 있다. 소소생笑笑生의 작품 「탁고」는 형식상 전형적인 '서사적敍事的 논설論說'에 해당하는 작품이다. '서사적 논설'은 1897년 『그리스도신문』에 수록된 「코기리와 원숭이 니야기」를 필두로 1910년대까지 한국의 근대신문에서 자주 발견되는 서사문학 양식이다. '서사적 논설'은 조선 후기 한문단편의 전통을 이어받아 근대소설사의 서두를 열어간 문학 양식이기도 하다.[147]

「탁고」의 줄거리는 다음과 같다. 오래된 홰나무에 둥지를 틀고 살던 까치가 한 마리 있었다. 까치는 열심을 다해 집을 짓고 새끼를 낳아 잘 키우고 있었다. 어느 날 독수리 한 마리가 근처에 날아들어 떠나지 않고 까치집을 염탐하게 된다. 까치 새끼는 배가 고파 음식을 재촉하지만 어미 까치는 집을 나설 수가 없다. 그러던 중 까치는 독수리가 삭은 나뭇

147 '서사적 논설'에 관한 자세한 논의는 김영민, 『한국근대소설사』, 솔, 1997, 23~48쪽 참조.

가지와 마른 잎을 쪼아 먹는 광경을 보고 그 이유를 묻게 된다. 그러자 독수리는 자신은 지금까지 살아있는 생물을 해친 적이 없으며 오직 마른 풀과 나뭇가지만 쪼아 먹고 살았다고 거짓말을 한다. 그러니 자신을 두려워할 필요가 없다는 것이다.

> 또다시 連해 말하되 여보 까치 書房 老兄 氣色을 잠간 뵈어니 나를 疑心하시는 模樣이오나 나는 天然한 良心을 가지고 잇소 암모 惡意도 업소 나를 惻될 必要가 업소 우리가 飛禽界의 屬한 同族이 안이요 우리는 빗이 갓한 四寸의 親族關係가 잇지 안소 老兄은 니가 이곳 잇다고 조곰도 念慮마시오 오히려 나는 老兄퇴을 保護하지요 이 소리를 드른 까치 그러할 듯하게 드럿다 하아 그러하시오 나는 바로 吐說이지 空然한 疑心을 하엿소이다 子息식기덜이 饑渴을 不勝하와 먹을 것 니라 때를 써도 老兄의 마암을 알지 못하야 이 씨신지 쉼작도 모사엿소이다 老兄 갓은 高尙한 思想家 淸操한 道德君子를 아러뵙지 못하고 오히려 疾視하고 疑心하엿스니 失禮 千萬이오이다[148]

까치는 독수리의 말을 믿고, 먹을 것을 구하러 둥지를 떠나지만 그 사이에 독수리는 결국 까치 새끼를 잡아먹고 만다. 「탁고」에는 까치와 독수리 사이에 얽힌 서사가 끝나는 지점에 다음과 같은 작가 해설이 들어 있다.

> 아아 毒술이는 自己의 奸惡한 政略이 成功되엿다 自己의 無道한 奸計가

148 소소생笑笑生, 「탁고啄枯」, 『학지광』 2, 1914.4, 17쪽.

成事되엿다 건넌산 검은 森林 中으로 豪氣잇게 날어간다

아아 毒술이의 쌘쌘한 그 詐欺的 行爲

아아 까치의 불상한 것 찰아리 未練하다

이 世上은 弱者의 肉은 强者의 쓰더먹는 쌰레드다 弱者의 血은 强者의 마시는 쎄-루다 人情은 半分엇치 업다 나만 빅부르면 고만이다 正義와 悖惡은 顚倒되어엿다 아아[149]

교훈적 우화에 뒤이은 작가 해설의 등장은 '서사적 논설'의 전형적 전개 방식이다. 『학지광』이 한말 근대 신문에서 주로 발견되는 '서사적 논설'의 형식을 활용한 작품을 수록하고 있다는 것은 여러 가지로 의미가 있다. 이는 해외에 머물던 유학생들의 글쓰기의 바탕에 국내에서의 독서 체험이 영향을 미치고 있음을 보여준다. 「탁고」는 외세에 대한 경계를 주제로 한 『독립신문』의 '서사적 논설' 「엇던 유지각흔 친구에 글을」[150]과 유사한 면이 있다. 「엇던 유지각흔 친구에 글을」은 물고기들을 보호하겠다는 구실로 상대를 안심시킨 백로가 결국 방죽의 물고기들을 하나둘 몰래 잡아먹는 우화를 소재로 삼았다. 이 우화를 통해 글쓴이가 주장하는 것은 애족시심愛族之心의 발휘이다. 애족지심을 발휘하여 분개하고 원수를 갚을 것을 독려하고 있는 것이다. 이와 달리, 「탁고」에서 강조하고 있는 것은 피해자의 집단적 대응이 아니라, 그가 힘이 없고 미련하여 피해를 당했다는 사실의 확인이다. '약자의 육肉은 강자의 빵, 약자의 피는 강자의 술'이라는 구호는 약육강식의 또 다른 표현이다.

149 위의 글.
150 『독립신문』, 1898.2.5.

약육강식과 우승열패의 준비론적 주장이 1910년대 『학지광』의 논설란을 관통하는 핵심적 주장 가운데 하나였다는 점을 생각하면 「탁고」가 지니는 의미가 더욱 선명해진다. 「탁고」를 읽으면, 현상윤의 논설 「말을 반도청년半島青年의게 붓침」의 논지가 자연스럽게 떠오른다. 「탁고」는 결국 유학생 사회에 유행하던 사회진화론을 서사물의 형태로 재구성해낸 작품이었던 셈이다.[151]

현상윤의 「청류벽清流壁」은 남편에게 버림받고 기생이 되어 학대받다가 죽음을 택하는 한 여자의 불행한 일생을 다룬 작품이다. 「청류벽」은 기생이 된 옥향이가 전 남편으로부터 한 통의 편지를 받고 눈물을 흘리는 장면으로부터 시작된다. 옥향은 원래 영은이라는 이름의 여염집 처녀였다. 그녀는 열여섯 살 되던 해에 인근에 사는 이성도와 혼인한다. 이성도는 첩을 두고 영은을 구박하여 친정으로 돌려보낸다. 이후 영은은 잠시 재령군 주사로 와 있던 황석보의 첩이 되어 생활하였으나, 다시 황석보에게 버림받고 삼백 원에 평양 융선관에 기생으로 팔려 간다. 이후 전 남편 이성도는 가산을 탕진한 뒤 과거의 잘못을 뉘우치고 영은에게 찾아가 다시 함께 살 것을 권유한다. 그러나 그는 융선관에 갚아 줄 삼백 원을 구하지 못한 채, 겨우 백 원만을 구하여 우편으로 영은에게 우송한다. 남편의 편지와 돈을 받아 든 영은은 융선관 주인에게 백 원을 받고 자신을 놓아줄 것을 간청하나 주인은 들어주지 않는다. 도망하다 순사에게 잡혀 융선관으로 다시 돌아온 영은은 가지고 있던 백 원마저

151 『학지광』 관련 연구 중 「탁고」에 대해 언급한 것은 이한결의 경우가 유일하다. "이 우화는 이후에 전개되는 『학지광』 논설의 '우승열패優勝劣敗'적 사고를 보여주는 한 징후이다. 이것은 이 시기 『학지광』 논설의 한 주축을 이루고 있는 문명화론文明化論과 연결되어 있다." 이한결, 앞의 글, 22쪽.

주인에게 빼앗기고 결국 대동강 청류벽에서 몸을 던져 자살한다. 「청류벽」 또한 현상윤이 평소에 신봉하던 사회진화론의 논리를 작품화 한 것으로 해석할 수 있다. '약하고 힘없는 자의 슬픔'을 소재로 했다는 점에서 보면 더욱 그러하다. 현상윤은 작품에서 "弱하고 힘업는 永恩"[152]이라는 표현을 구체적으로 사용할 뿐만 아니라, 결말에 "아아 不祥한 少女! 언제는 사람의게 바림을 바다서 寃恨을 불으젹이다가, 언제는 金錢의 拘束을 바다서 苦痛을 맛보든 一生! 엇더케 사람으로 하야곰 밸을 끈게 하는고!?"[153]라는 해설을 덧붙이며 자신의 목소리를 직접 드러낸다. 이 세상이 약육강식의 논리가 지배하는 비정한 세상임을 다시 한번 이야기하고 싶었던 것이다.

2) 유학생의 정신적 고뇌

『학지광』은 제2호 이후 창작소설을 수록하지 않다가, 제8호에 가서 다시 새로운 작품을 게재한다. 『학지광』 제8호에 게재된 작품은 「크리스마슷밤」이다. 「크리스마슷밤」의 저자는 '거울'로 표기되어 있다. 이 작품의 제목이 「크리스마슷밤」이라는 점, 서두가 교회당의 예배 장면으로 시작된다는 점 등에서 보면 우선 떠올릴 수 있는 작가는 늘봄 전영택이다. 전영택은 『학지광』 제8호가 출간되던 1915년 말 무렵 일본 아오야마青山 학원대학 문학부에 재학중이었다. 그는 청산학원 문학부를 졸

152 소성小星, 「청류벽清流壁」, 『학지광』 10, 1916, 9.54쪽.
153 위의 글, 57쪽.

업한 후 다시 신학부에서 공부했다. 전영택은 「크리스마스」(1918. 발표지 불명)라는 시를 창작한 바 있고, 「크리스마스 종소리」(『동광』, 1926.12), 「크리스마스의 마음」(『진생』, 1928.12), 「크리스마스를 맞는 마음」(『기독신보』, 1929.12) 등의 수필과 「크리스마스 전야前夜」(『조광』, 1935.12), 「크리스머스 새벽」(1948. 발표지 불명) 등의 소설을 창작하고 발표한 바 있다. 이런 점들로 미루어 보면 「크리스마슷밤」의 작가 거울이 전영택일 개연성이 없지 않아 보인다. 그러나, 단정적으로 말해 전영택은 이 작품을 쓰지 않았다. 전영택은 8·15해방 이후 1968년까지 문필활동을 계속했다. 따라서 그는 유학 시절 등 자신의 과거에 대해 회상할 수 있는 기회가 비교적 많았던 작가 가운데 한 사람이었다. 전영택은 후일 발표한 여러 편의 문단 회고문을 통해 자신의 첫 소설이 『창조』 창간호에 발표한 「혜선의 죽음」이라고 밝히고 있다.[154] 그 이전에는 소설을 써서 활자화시킨 일이 없다는 것이다. 그런데 전영택의 회고 「처녀작 발표 당시의 감상」을 보면 그냥 지나치기 어려운 기록이 나온다. 이광수와 김여제가 『학지광』에 시와 소설을 발표했다는 것이다.

> 그래서 當時 우리네의 唯一한 雜誌이든 「學之光」에 張德秀, 玄相允, 盧翼根 君 等이 政治 思想 經濟에 關한 論說을 盛히 發表할 쌔에 나는 종종 노래와 感想文을 썻다. 勿論 春園, 金興濟 군 갓흔 이들이 훌륭한 詩, 小說을 發表하엿고 나는 겨우 그 末席을 차지하얏슬 샘이엇지만.[155]

154 전영택, 「처녀작處女作 발표發表 당시當時의 감상感想—신통新通스러운 일이 업소」, 『조선문단』 6, 1925.3, 74쪽 참조. 이밖에 「나의 문단 자서전」(『자유문학』, 1956.6), 「『창조』를 중심한 그 전후」(『문학춘추』, 1964.4), 「나의 문학수업」, (『문학예술』, 1956.5) 등도 참고가 된다.

전영택의 이 회고는 『학지광』 제8호와 제11호가 발굴되기 이전까지는 사실로 받아들여지기 어려웠다. 전영택의 이 술회와는 달리, 그동안 전해지던 『학지광』에는 이광수와 김여제의 시나 소설은 한 편도 수록된 바가 없었기 때문이다. 이광수의 글도 대부분 논설과 수필류였다. 제14호에 「극웅행極熊行」이라는 운문이 한 편 수록되어 있어 이를 시로 볼 수도 있겠으나, 『학지광』의 편집자는 이 글을 문예 작품과는 구별되는 잡찬雜纂으로 분류하고 있다. 그런데 『학지광』 제8호와 제11호의 발굴은 이 회고가 일부 사실임을 확인시켜 주었다. 김여제는 『학지광』 제8호에 「세계世界의 처음」이라는 시를, 그리고 제11호에는 「만만파파식적萬萬波波息笛을 울음」이라는 시를 발표했던 것이다.[156] 『학지광』 제8호에는 이광수의 시 「어린 벗에게」가 수록되어 있다. 그러니까 김여제와 이광수 두 사람은 모두 『학지광』에 시를 발표했던 것이다. 전영택이 「처녀작 발표 당시의 감상」을 쓴 1925년도 이전에 『학지광』에 발표된 소설의 수는 많지 않다. 이들 가운데 이광수나 김여제의 작품으로 추정되는 것은 한 편도 없다. 하지만 전영택의 이 회고를 바탕으로 하면, 『학지광』 제8호에 수록된 새로운 작품 「크리스마슷밤」이 이광수와 김여제 두 사람 가운데 한 사람이 쓴 것일 수도 있다는 가정이 가능해진다. 두 사람의 문학적 생애를 참고로 할 때, 소설을 쓴 사람이 있다면 그것은 김여제보다는 물론 이광수가 될 가능성이 높다. 더구나 『학지광』 제8호의 편집 겸 발행인이 이광수였다는 사실은 이러한 가능성을 더욱 높여준다.[157]

---

155 전영택, 「처녀작 발표 당시의 감상—신통스러운 일이 업소」, 『조선문단』 6, 1925.3, 73쪽.

156 이 두 편의 시가 지닌 의미에 대한 상세한 논의는 심원섭, 「유암 김여제의 '만만파파식적'과 '세계의 처음'」, 『문학사상』, 2003.7, 221~233쪽 참조.

157 이광수는 「조선유학생학우회」의 활동에 매우 깊이 관여했다. 『학지광』에는 이광수가

1915년 말은 이광수가 인촌仁村 김성수金性洙의 후원으로 일본에 건너가 와세다대학早稻田大學 고등예과에 재학하던 시기였다.[158] 그는 이미 『학지광』 제5호에 「공화국의 멸망」이라는 글을 발표한 상태였으며,[159] 『학지광』 제8호에도 외배라는 필명으로 시 「어린 벗에게」를, 이광수라는 이름으로 논설 「살아라」를 발표한다.[160]

이광수는 일찍 부모를 잃고 고아가 된 후 동학에 입도入道하였고, 그곳에서 문서를 베껴 배포하는 서기의 일을 보며 성장했다.[161] 이 점을 생각하면 기독교보다는 천도교가 더 자연스럽게 다가온다. 그러나, 전영택은 다음과 같은 말로 이광수가 일본 유학 당시 기독교의 영향권 안에 있었음을 상기시킨다.

투고한 글뿐만 아니라, 그의 행적과 관련된 기사 또한 적지 않다. 『학지광』 제10호에는 이광수가 유학생들이 설립한 조선학회朝鮮學會에서 농촌문제 대해 연구 발표를 했다는 기사가 있다(58쪽). 제11호에는 조선학회에서 우리 민족성에 관한 보고를 했다는 기사가 있다(54쪽). 13호에는 신입생 환영회와 졸업생 축하회에서 축사를 했다는 기사가 있다(83쪽). 같은 호에 와세다 철학과 재학중인 이광수가 특대생으로 진급했다는 기사가 있다(84쪽). 제14호에는 이광수가 청년회에서 오도답파여행담을 강연했다는 기사와(76쪽), 특대생이 된 이광수 등에게 조선총독부가 포상을 위해 상품을 지급했다는 기사가 실려 있다(76쪽). 제17호 속표지에는 압수당한 제16호의 목차가 수록되어 있는데, 여기에 이광수의 글 「의지론적 진화론」이 들어 있다. 제17호 소식란에는 이광수가 와세다대학에서 우등으로 진급했다는 기사가 있다(79쪽). 제14호와 제15호에는 편집부원 명단에도 올라 있다.

158 이광수는 1915년 9월 30일 와세다대학에 입학했다. 이 시절의 이광수에 대해서는 김윤식, 『이광수와 그의 시대』 2, 한길사, 1986, 478~503쪽 참조.

159 1914년 5월에 발행된 『학지광』 제5호에는 고주孤舟의 「공화국의 멸망」이라는 글이 실려 있다. 고주는 이광수가 문필 활동 초기에 가장 즐겨 사용하던 필명이다.

160 이광수는 1916년 1월 22일 학우회 주최 웅변대회에서 「나는 살아야 한다」라는 제목으로 연설한 바 있다. 이경훈, 「『학지광』의 매체적 특성과 일본의 영향 1—『학지광』의 주변」, 『대동문화연구』 48, 성균관대 대동문화연구원, 2004, 106쪽 참조. 「살아라」는 이 웅변대회의 원고를 바탕으로 작성한 것으로 추정된다.

161 이광수, 『이광수전집』 20, 삼중당, 1963, 265쪽 참조.

春園과 나는 나이 겨우 三年 差異의 친구지마는 그는 썩 早熟 早達하고 나는 늦되고 晩成의 사람이기 때문에 그는 나의 어린 時節에 文學趣味를 일으켜 주고, 글공부의 先導者가 되었고 말하면 나의 선생님 격이 된 셈이다.

그런데 後日에 동경에서 만나서 사괴는 동안에 意氣가 서로 통하여 精神이 같을 뿐 아니라, 性格조차 비슷한 데가 있으므로 서로 가까워지게 되니, 언제(少年時節에 있어서) 글에서 影響을 주고받고 하였던가 하리만큼 된 셈이다. 그와 나와는 文學思想에 있어서도 主로 人道主義로 나갔다고 하는 점에 있어서 서로 通하는 點이 있다. 그리고 그는 日本 東京에서 明治學院이라는 미숀學校, 나는 靑山學院이라는 미숀학교에서 敎育을 받기 때문에 피차에 일찍부터 基督敎의 影響을 받았다고 하는 것도 같은 點이라고 할 수 있다.[162]

전영택과 이광수는 유사한 점이 많았던 바, 그 가운데 하나가 기독교적 영향 아래 있었던 일이라는 것이 이 술회의 요지이다. 이광수가 열여섯 살 되는 해에 처음으로 예수교 성경을 접하고 청교도적 생활을 흠앙欽仰했다는 기록[163] 또한 주목할 필요가 있다. 전영택은 시간이 지날수록 기독교를 적극적으로 받아들이고 그 결과 신학교 교수를 거쳐 목사가 된다. 하지만, 이광수는 때때로 기독교에 대해 회의를 느끼게 된다. 다음은 1909년 11월 15일 자 이광수의 일기 가운데 일부이다.

禮拜時間은 참으로 싫다.(註曰 敎會學校인 까닭에 每日 祈禱會가 있다.) 그 祈禱는 모두 하나님을 부끄러우시게 하는 것뿐이다. 「大日本 帝國을 愛

162 전영택, 「나의 문학수업」, 『문학예술』, 1956.5, 116쪽.
163 이광수, 『이광수전집』 20, 삼중당, 1963, 268쪽.

護하시옵소서. 伊藤公 같은 人物을 보내어 주시옵소서.」 滑稽! 滑稽. 그리고 도 그들은 基督信者라고 한다. 혓바닥은 아무렇게나 도는 것이다.[164]

이광수는 메이지학원明治學院을 다니면서 의무적으로 예배에 참석해야 했다. 하지만 그는 예배 시간 중에 행해지는 기도에 대해 골계의 감정을 느끼고 냉소적 태도를 취하게 된다. 식민지화되어가는 약소국가의 국민으로서, 식민지 지배 권력을 위해 기도하는 일본 기독교의 모습을 그대로 수용하기 어려웠던 것이다.[165]

「크리스마슷밤」에서 주인공 김경화가 교회당의 예배 의식을 바라보는 태도 역시 매우 냉소적이다. 김경화와 친구 성순은 교회에 참석한 교인들에 대해서나, 머리에 기름을 바른 집사들에 대해서 진실성을 믿지 않는다. 그들은 '세상은 모두 다 유희'라고 생각한다. 진심으로 무엇을 하는 이가 드물다는 것이다. 「크리스마슷밤」은 외형적으로는 실연을 소재로 한 소설이다. 그러나, 그가 이별한 애인 가운데 한 사람의 이름이 '배달'이었다는 점에서 이 작품은 단순한 연애소설로만 읽히지는 않는다. 유학생 김경화는 일본에서 연애에 실패하고 귀국한다. 귀국 후 술로만 살아가던 그는 새로운 애인 '배달'을 만나게 되고, 그 애인을 위해 헌신하기로 결심한다. 하지만 얼마 뒤 '배달'은 죽고 그는 다시 일본 동경으로 돌아간다.

---

164 이광수, 「나의 소년시대」, 『이광수전집』 19, 삼중당, 1963, 11쪽.

165 이광수는 「야소교耶蘇敎의 조선朝鮮에 준 은혜恩惠」(『청춘』 9, 1917.7) 및 「금일今日 조선야소교회朝鮮耶蘇敎會의 결점缺點」(『청춘』 11, 1917.11) 등의 글을 통해 조선의 기독교가 지닌 장점 및 단점에 대해 거론한 바 있다. 이광수는 기독교가 가져다 준 이익을 신문명 및 학교 교육과 한글의 보급, 여성의 지위 향상 등으로 지적한다. 반면 기독교가 지닌 문제점으로는 계급적, 미신적, 교회지상주의敎會至上主義, 교역자의 무식함 등을 지적한다.

그때에 만일 새로운 愛人을 맛나지아니하엿던들나는 永遠히 酒狂이 되고 말앗스리라. 그러나 나는 幸인지 不幸인지 한 새 愛人을 만낫다. 그는 누구뇨, 배달이엇다. 나는 이 새 愛人을 爲하야 獻身하기로 決定하엿다. 마치 失戀한 사람이 或 僧侶도 되며 或 慈善事業家도 되는모양으로. 그리하야 가슴에 마즌 아픈 傷處를 참고 지나더니 그도 얼마아니하야 그 愛人도 죽고 말앗다. 나는 그 愛人의 무덤을 쓸어안고 내 不幸을 慟哭하다가 할일업시 東西八方으로 漂浪하기를 시작하엿다, 마치 크게 失望한 사람이 하는 모양으로. 그래서 天涯地角으로 流離하는 동안에도 두 愛人의 생각이 番갈아 닐어나 花朝月夕에 慟哭한적이 멧번이런고. 나는 萬年을살아야 다시 두 愛人을 보지못할가하엿다. 그러고 또 살아갈동안 자미부칠 무엇이 잇슬가하고 다시 東京으로 굴어들어왓다. 京華는 不勝感慨하야 한참이나눈을감고 안젓더니.

「不意에 그의 얼굴을 다시 보앗다. 한 愛人은 이믜 보앗거니와 또 한 愛人은 다시 볼는가 말는가.」[166]

'배달'은 조선을 상징하는 이름이다. 그것이 다른 뜻을 지니고 있다고 보기는 어렵다. 한 애인은 교회에 와서 다시 보게 되었으나, 또 다른 애인은 다시 볼 수 있을지 없을지 알 수 없다는 것이 김경화의 생각이다. 김경화가 이런 생각을 하는 것은 '배달'이 완전히 죽은 것이 아니라고 믿기 때문이다. 주인공 김경화가 애인과의 재회를 읊조리는 것은 그가 재회의 기대를 완전히 버리지 않았다는 사실을 의미한다. 상실한 조국에 대한 회복의 의지를 버리지 않고 있음을 보여주는 것이다. 「크리

---

166 거울, 「크리스마슷밤」, 『학지광』 8, 1916.3, 38쪽.

스마슷밤」은 나라 잃은 시대의 유학생의 고민을 상징적으로 드러낸 작품이다. 『학지광』 제8호가 배포금지를 당하는 일에 「크리스마슷밤」도 관계가 되었을 것으로 추정하는 이유가 여기에 있다.

이광수는 1916년 초반까지만 해도 민족의 자존이라는 문제에 적지 않은 관심이 있었다. 『학지광』 제8호에 발표한 논설 「살아라」와, 시 「어린 벗에게」는 모두 이러한 관심을 담고 있다. 먼저, 논설 「살아라」의 일부를 인용하면 다음과 같다.

> 우리도 사람이외다. 그럼으로 살고 퍼져야 하겟습니다. 가장 즐겁게 가장 價値잇고 合理하게 가장 榮光스럽게 살아야 하겟고 할 수만 잇스면 南北極에까지라도 퍼져야 하겟습니다. 그런데 事實은 이와 反對로 우리는 날로날로 잘 못살게 되고 잘 못퍼지게 되는 衰運에 잇습니다. 우리가 이 運數를 挽回함에는 새로운 精神과 氣魄으로 낡은 精神과 氣魄을 代身함에 잇습니다. 무릇 한 집이 興하려 할 때에 그를 興하게 할만한 精神을 가진 사람이 出現하야 全家族으로 하여곰 이 精神下에서 行動하는 것이외다. 民族이 興할 때에도 亦是 그럴 것이외다. 歷史를 보면 환하외다. 이제 우리에게 이와 가튼 새 精神을 가져야 할 때가 왓습니다. 그러고 그 精神은 두 말 할 것 업시 「살쟈 퍼지쟈」외다.[167]

이광수는 이 글에서, 전력을 다하여 자신의 의지를 존중하고 사상과 감정을 자유롭게 표현하는 권위 있는 삶을 살 것을 제안한다. 누구나 이

167 이광수, 「살아라」, 위의 책, 4쪽.

런 욕망을 지니고 이를 이루려 분투 노력하는 중에 찬란한 문명과 부富가 실현될 수 있다는 것이다. 그러나 이광수는, 현재 우리 청년은 너무 욕망이 단순하고 요구가 박약하다고 한탄한다. 좀 더 강렬한 욕망을 지니고, 할 수 있는 대로 완전한 '살음'을 요구하고 노력하여야 한다는 것이 그의 결론적 주장이 된다. 시 「어린 벗에게」에는 "슬픔보던 네 눈으로 / 깃븜을 보게 하라 / 낡은 半島 보던 눈이 / 새 半島를 보게 해라 // (…중략…) // 造化잇는 네 손아 / 半島를 삼여 줄 손 / 살려주는 네 藥손을 / 세 번 敬拜하노라// (…중략…) // 土筆가치 뿌리 깁히 / 잔듸가치 얽히어 / 三千里에 二千萬이 / 한 生命이 되도록"[168]이라는 표현이 있다. 여기서 거론되는 '반도'와 '삼천리'는 곧 조선의 상징이 되고 '이천만'은 바로 민족의 상징이 된다는 사실은 자명하다.

이런 점들로 미루어보면 일단 「크리스마슷밤」이 이광수의 작품이 될 기본적 전제는 얼마간 충족이 되는 셈이다. 그러나, 이 작품이 이광수의 작품임을 증명하기 위해서는 세부 사항들에 대한 구체적 검증이 더 필요하다. 작품 속 주인공 김경화가 "그때 나는 톨스토이와 木下尙江의 眞實한 弟子로 自任하야 사랑을 求호대 極히 淨潔한 풀라토니크 사랑을 要求하엿다"[169]고 한 서술 역시 이 작품의 작가가 이광수일 개연성을 높여준다. 이광수가 일본 유학중 특별히 톨스토이에 심취했고 그의 문학관과 예술관을 따랐다고 하는 사실은 이미 잘 알려져 있다.[170] 이광수는 톨스토이에 심취했를 뿐만 아니라, 여기서 언급되는 키노시타 나오에木

168 외배, 「어린 벗에게」, 위의 책, 1~2쪽.
169 거울, 앞의 글, 37쪽.
170 이선영, 「개화・식민지시대의 문학가 이광수론」, 『한국근대작가연구』, 삼지원, 2001, 65~67쪽 참조.

下尙江 역시 탐독했다.[171] 특히 키노시타 나오에는 「경애하는 조선」, 「지리지상의 조선」, 「조선의 부활기」 등의 글을 통해 일본의 식민지 지배와 전쟁에 대한 야욕을 직접 비판하고, 한국 민족에 대해 우호적 입장을 드러냈던 지식인 작가였다.[172] 이 점에서 그는 이광수에게 크게 매력적으로 보였던 것으로 생각된다.

「크리스마슷밤」이 이광수의 작품일 가능성을 높여주는 또 하나의 실마리는 이광수의 아명兒名이 보경寶鏡이었다는 점이다. 거울은 곧 보경과 통하는 필명이다. 이광수는 일본 유학 시절에는 초기에는 대부분 이 보경이라는 아명을 써서 작품을 발표했다. 그러다가 1910년대 이후로 가면 주로 고주孤舟, 외배, 올보리, 춘원春園 등의 필명을 사용하거나 이광수라는 이름을 사용한다. 보경이라는 이름은 이광수의 초기 유학 시절까지만 주로 쓰이던 이름이며 와세다 시절 이후에는 별반 사용하지 않던 이름이다. 그런데 『학지광』 제8호에 이광수가 새삼스럽게 보경을 떠올리게 하는 거울이라는 필명을 사용한 이유는 무엇인가? 그것은 이광수가 『학지광』 제8호에 여러 편의 글을 게재했기 때문이다. 그는 이광수라는 이름으로 수필 「살아라」를, 그리고 외배라는 필명으로 「어린 벗에게」라는 시를 게재했다. 그리고 또 한 편의 작품 「크리스마슷밤」을 같은 잡지에 게재하게 되자 거울이라는 필명을 만들어 쓴 것으로 보인다. 지금의 상식으로는 잡지 한 호에 이렇게 세 편의 글을 싣는다는 것

171 이광수, 『이광수전집』 20, 삼중당, 1963, 269쪽 참조. 이광수의 작품과 키노시타 나오에의 작품과의 유사성에 관해서는 김태준, 「이광수의 첫 번째 유학 시대와 그 저작들」, 『한국문학연구』 15, 동국대 한국문학연구소, 1992, 116쪽 참조.

172 다테노 아키라, 오정환 · 이정환 역, 「식민지 지배와 전쟁의 야욕을 날카롭게 비판하다」, 『그때 그 일본인들』, 한길사, 2006, 133~138쪽 참조.

은 이해하기 힘든 일이다. 그러나, 1910년대 당시는 이것이 그렇게 특별한 일이 아니었다. 특히 이미 문명이 나 있던 이광수의 경우는 누구보다도 이러한 일이 많았다. 그는 『학지광』 제12호(1917.4)에도 세 편의 글을 발표한다. 이광수라는 이름으로 「천재天才야! 천재天才야!」와 「혼인婚姻에 대對ᄒᆞᆫ 관견管見」과 같은 논설류의 글을 두 편 썼고, 고주라는 필명으로 「이십오 년을 회고回顧ᄒᆞ야 애매愛妹에게」라는 수필을 발표했다. 후일 그가 주재했던 『조선문단』의 경우를 보면 이러한 현상은 더욱 심했다. 그는 『조선문단』 제2호(1924.12)에 주재主宰의 자격으로 「권두사卷頭辭」를 쓰고, 춘원이라는 필명으로 소설 「H군을 생각하고」와 시 「묵상록黙想錄」을, 장백산인長白山人이라는 필명으로 「문단만화文壇漫話」와 「담편談片」이라는 소품을, 그리고 이광수라는 이름으로 「문학강화文學講話」라는 소논문과 「소설선후언小說選後言」을 썼다. 잡지 한 호에 세 가지 필명을 사용해 모두 일곱 편의 글을 발표한 것이다.

이러한 사실들은 「크리스마슷밤」이 이광수의 작품일 개연성을 점차 높여준다. 다만, 이들은 모두 직접 증거라기보다는 간접 증거의 성격이 짙다. 하지만 다음의 사실은 「크리스마슷밤」이 이광수의 작품임을 확정짓는 결정적인 증거가 될 수 있다. 1917년 7월 『청춘』 제9호 이후 세 호에 걸쳐 연재 발표한 이광수의 단편소설 「어린 벗에게」 속에는 「크리스마슷밤」의 주요 에피소드가 그대로 들어 있다. 「어린 벗에게」라는 소설 제목은 「크리스마슷밤」이 수록된 『학지광』 제8호에 실린 이광수 시의 제목과도 동일하다. 「크리스마슷밤」의 가장 중요한 에피소드는 주인공 김경화의 회상을 통해 제시된다. 김경화는 교회에 갔다가 오래전 사랑을 고백했던 여인을 우연히 보게 되고, 이를 계기로 과거의 사건을 떠올리게 된다. 유학생이었던 그는 친구의 여동생 O 양을 만나 그녀에게 사랑을 고백했던 적이 있다. 하지만 기혼자였던 김경화는 이로 인해 곤경에 처하게 되고 결국은 학업을 포기하고 귀국길에 오르게 되었던 것이다. 이 에피소드는 「어린 벗에게」의 제2신第二信에 나오는 에피소드와 매우 유사하다. 「어린 벗에게」는 주인공 나(임보형)의 과거를 서간체로 써나간 작품이다. 여기서도 임보형은 오래전 사랑을 고백했던 여인을 우연히 만나게 되고 이를 계기로 과거를 떠올린다. 임보형은 유학시절, 친구의 여동생인 김일련을 만나 사랑을 고백했다. 하지만 그는 기혼자라는 이유로 거절을 당한다. 그 후 임보형은 일본을 떠나 타국을 유랑하게 된다. 「어린 벗에게」의 제2신에 나오는 임보형과 김일련 사이의 일화는 「크리스마슷밤」에 나오는 김경화와 O 양 사이의 일화를 좀 더 상세히 풀어 쓴 것이다. 이 둘은 내용이 유사할 뿐만 아니라, 부분적으로는 문장이 겹치기도 한다. 두 작품을 직접 비교해 보기로 한다. 먼저 「크리스마슷밤」의 일부이다.

> 바로 그때에 엇지엇지하야 그를 보앗다. 말할때마다 살작 붉어지는 그의 맑읏맑읏한얼골. 한녑흘 슬젹 갈라 츠렁츠렁 ᄯᅡ하늘인 머리, 作別할때예. 「奔走하신데……」하던 목소리. 그는나의 가슴에 아직 지나보지못한 火焰을 던졋다. 그때 나의 어린 생각에는 올치 저야말로 내가 求하는 天使라하엿다. 그러고 나는 數十日 동안을 혼자 애를 타이다가 엇던날 「나를 사랑하여주소서 오라비와가치 사랑하노라 하여주소서, 나는 決코 그대의 얼글을 다시 보고져아니하나이다, 永遠히 아니보더라도 다만 그대의 올아비야 내 너를 사랑한다 한마듸로 一生의 힘을 삼으리이다」하는 ᄯᅳᆺ으로 詩를지어보

내엇다. 그러나 이 말이 그의 을아비귀에 들어 已婚男子로 無禮한 일을 하엿다하야 絶交의 請求를 밧고 다시 이말이 全留學生界에 傳播되어 나는 不良한 墮落生으로 注目밧게 되엇다. 나는 失望과 羞恥를 의긔지지못하엿다. 나는 나의 바라던 모든 것을 쌔앗겻슬뿐더러 社會(社會라야 내 知人學生數十人이지마는) 에서는 大罪人과가튼 冷遇를 바닷다. 나는 울고 울엇다. 이제는 내 生命은 임의 破壞되엇거니하고 스스로 冷灰에 비겻다. 나는 엇던날 平生 첨 술을 만히 마시고 澁谷鐵道線路에서 自殺을 하려하야 遺詩를 써노코 線路에 누어서 마즈막 그를 생각하면서 汽車가 어서 와서 내 生命을 마자긋키를 기다렷다. 그때에 나는 實로 죽을수밧게는 길이 업거니하엿섯다. 그러나 마츰 工夫에게 붓들려 巡査에게 萬般說諭를 밧고 다시 살아낫다. 그러고는 學校도 다 내어던지고 歸國하엿다. 歸國後에는 酒狂이 되어 二三朔동안 世人의 嗤笑를 바닷다.[173]

다음은 「어린 벗에게」 가운데 위와 유사한 내용을 다루고 있는 부분이다.

저의 얼굴이 쌝아케됨을 슬적 볼때에 나의 얼굴도 저러하려니하야 참아 얼굴을 들지못하엿나이다. 그는 겨오 가느나마 快活한 목소리로,「奔走하신데 수고하셧습니다.」할뿐이러이다. 나는 엇지할줄을 모르고 우둑하니 섯섯나이다. (…중략…) 그後 얼맛 동안을 苦悶中으로 지내다가 나는 마츰내 내 心情을 書柬을 썻나이다. (…중략…) 내가 그대에게 要求하는바는 오직 하

173 거울, 앞의 글, 38쪽.

나—아조 쉬운 하나이니 卽「輔衡아 내 너를 사랑하노라, 누이가 올아비에게 하는 그대로」한마듸면 그만이로소이다. 만일 그대가 이 한마듸만 주시면 나는 그를 나의 護身符로 삼아 一生을 그를 依支하고 살며 活動할것이로소이다. 그 한마듸가 나의 財產도되고 精力도되고 勇氣도되고—아니, 나의 生命이될것이로소이다. 나는 決코 그대를 만나보기를 要求아니하리이다. 도로혀 만나보지 아니하기를 要求하리이다. (…중략…) 그가 내 書柬을 밧고 一鴻君을 請하야 물어보앗고 一鴻君은 내가 旣婚男子인 理由로 이를 拒絶하게 한것인줄을 알앗나이다. 그後 나는 매오 失望하엿나이다. 술도 먹고 學校를 쉬기도하고 밤에 잠을 못일워 不眠症도 엇고(이不眠症은 그後四年이나 繼續하다), 幽鬱하여지고 世上에 맘이붓지아니하며 成功이라든가 事業의 希望도 업서지고—말하자면 나는 싸늘하게 식은 冷灰가되엇나이다. 或時 나는 鐵道自殺을 하랴다가 工夫에게 붓들리기도 하고 卒業을 三四月後에 두고 退學을 하랴고도 하여보며, 이리하야 여러 朋友는 나의 急激한 變化를 걱정하야 여러 가지로 忠告도하며 慰勞도하더이다. 그러나 元來 孤獨한 나의 靈은 다시 나을수업는 큰 傷處를 바다 모든 希望과 精力이 다슬어졋나이다. 나는 이러한 되는대로生活, 落望悲觀的生活을 一年이나 보내엇나이다.[174]

「크리스마슷밤」의 김경화는 시를 보내 사랑을 고백하고, 「어린 벗에게」의 임보형은 편지를 보내 사랑을 고백한다. 이들이 상대에게 공통적으로 원하는 것은, 자신을 단지 오라비처럼 사랑한다고 말해달라는 것이다. 그렇게만 해준다면 앞으로는 다시 만날 수 없다 해도 좋다는 것

174 외배, 「어린 벗에게」, 『청춘』 9, 1917.7, 112~121쪽.

또한 이들의 공통된 약속이다. 하지만 두 사람은 모두 기혼자라는 이유로 여자에게 거절당하고 실망과 수치심을 느낀다. 결국 두 작품의 남자 주인공들은 모두 철도자살을 시도하지만 공부工夫에게 붙잡혀 살아난다. 이러한 사실들은 「크리스마슷밤」이 이광수의 작품임을 확정적으로 보여주는 것이다. 「어린 벗에게」는 다시 일부가 개작되어 1926년에 「젊은 꿈」이라는 작품으로 발표된다.[175] 「어린 벗에게」와 「젊은 꿈」 사이의 가장 큰 차이는 문체에 있다. 즉 국한문혼용체이던 「어린 벗에게」가 「젊은 꿈」에서는 순한글체 작품으로 변화한 것이다.[176] 이광수는 「젊은 꿈」 서문에서 「어린 벗에게」가 자신의 생명의 한 조각, 젊은 꿈의 한 조각이기 때문에 차마 건드릴 수 없어 그대로 재수록한다고 밝히고 있다. 하지만 「젊은 꿈」이 「어린 벗에게」의 문체만을 바꾸어 그대로 재수록한 작품은 아니다. 「젊은 꿈」의 개별 문장들은 「어린 벗에게」의 문장과 상당 부분 차이가 난다. 작품의 큰 틀은 그대로 유지되지만 세부는 적지 않게 바뀌는 것이다. 위 인용문에 나타난 철도자살을 시도하다가 공부工夫에게 붙들리는 부분 등도 사라지게 된다.[177]

「크리스마슷밤」은 기교의 측면에서도 주목할 만한 점들을 여럿 지니고 있는 작품이다. 그 가운데 주목할 만한 것은 구성의 기법이다. 오랜만에 교회에 간 주인공이 거기서 피아노를 연주하는 옛 애인을 만나게

175 이광수, 『젊은 꿈』, 박문서관, 1926. 작품 「젊은 꿈」은 같은 제목의 작품집 『젊은 꿈』에 수록되어 있다.

176 이와 관련된 자세한 논의는 김영민, 「한국 근대문체의 형성 과정－이광수 문장의 언문일치아 구어체 소설의 정착」, 『현대소설연구』 65, 한국현대소설학회, 2017, 39～77쪽 참조.

177 「어린 벗에게」와 「젊은 꿈」의 문장상의 차이에 대해서는 사에구사 도시카쓰 편, 『이광수 작품선』, 이룸, 2003, 290～347쪽 참조.

되고 그 애인을 통해 또 하나의 애인 배달을 떠올리게 하는 수법은 치밀하게 계산된 것이다. 이 작품에 등장하는 두 명의 애인 가운데 작가 이광수가 궁극적으로 관심을 가졌던 애인은 물론 배달이다. 표면적으로만 보면 교회에서 있었던 O 양과의 조우遭遇가 중요한 것 같지만, 실제로 작가가 말하고자 하는 것은 주인공과 배달 사이의 관계이다. 달리 말해, 이 작품의 창작 동기는 배달의 죽음을 떠올리며 그 애인의 회생을 기대하는 일에 있었던 것이다. 작품의 마무리에 자신의 심경을 표현한 시를 적어 넣은 것 역시 적지 않은 의미가 있다.[178]

「크리스마슷밤」은 이광수가 초기 문필 활동에서 보여주던 비타협의 자세를 드러내주는 작품이다. 이광수는 특히 1900년대의 대표적인 유학생 잡지 『태극학보』와 『대한흥학보』에 투고한 「혈루血淚」와 「옥중호걸獄中豪傑」에서 압제자에게 굴복하지 않고 사력을 다해 저항할 것을 각각 다음과 같이 외친 바 있다.

> 同胞여! 諸君이 萬一 禽獸와 如ᄒ면 宜여니와 萬一, 人의 性을 具ᄒ엿거든 우러의 生命을 爲ᄒ야 우리의 權利를 爲ᄒ야 우리의 自由를 爲ᄒ야 起티, 아니ᄒᄂ다!
>
> 然ᄒ다가 得ᄒ면, 우리 스팔타를 再見ᄒᆯ지요, 不得ᄒ면 我輩의 肉片은 萬古不朽의 寶玉이, 되깃고 我輩의 鮮血은 千秋不廢의 靑史를, 빗ᄂ리로다.

178 이와 관련된 논의는 김영민, 「이광수의 새 자료 「크리스마슷밤」 연구」, 『현대소설연구』 36, 한국현대소설학회, 2007, 7~21쪽 참조. 이 작품의 지은이가 이광수라는 사실은 다음의 글에서도 언급된 바 있다. 하타노 세츠코, 최주한 역, 『일본 유학생 작가 연구』, 소명출판, 2011, 64~67쪽 참조. 이 글은 원래 2007년 12월 서울대학교에서 개최된 대학원생 국제교환프로그램에서 발표된 것이다.

勇士아!

義士아!

希臘同胞아!

我輩가, 萬一, 戰티아니티못홀딘딘, 我輩를 爲ᄒᆞ야 戰홀디여라.

我輩가, 萬一, 屠殺티아니티못홀딘딘, 我輩를 壓迫하ᄂᆞᆫ者를 屠殺홀더여다

我輩가 萬一 死티아니티못홀딘딘 自由의, 하늘아릐, 美麗ᄒᆞᆫ 川邊에셔, 勇敢ᄒᆞᆫ 獨立戰에 死홀디여다.[179]

너—브엄아, 셔를시고, 너—부엄아, 서를시고! 슨어어라, 네니쌜노, 너를, 얼맨 쇠사슬을! 너니쌜이, 다라져셔, 가루가, 되도록! 깃더려라, 발톱으로, 너를갓운, 긋은獄을! 네발톱이, 다라져셔 가루가, 되도록! 네니쌜과, 네발톱이 다라져셔, 업셔지고, 네勇氣와, 네의힘이 衰ᄒᆞ며셔, 업서지면, 네心臟에, 잇ᄂᆞᆫ피를, 색리고 족어이라![180]

「혈루」의 경우는 그것이 비록 번역물이기는 하나, 이광수는 뒤에 붙인 역자 후기를 통해 이 글에 자신이 크게 공감하고 있음을 토로하고 있다. 사조詞藻란에 수록된 작품 「옥중호걸」에서는 좁은 옥獄에 갇히어 살아가는 호랑이에게 사슬을 끊고 압제를 벗어날 것을 강력히 주문하고 있다. 1910년 2월부터 3회에 걸쳐 『소년』에 연재 발표한 「어린희생」 역시 같은 맥락으로 읽을 수 있는 작품이다. 여기서는 압제자에 저항하다 희생되는 가족의 이야기를 다루고 있다. 이러한 점들과 연관 지어 볼

179 이보경李寶鏡, 「혈루血淚」, 『태극학보』 26, 1908.11, 55쪽.
180 고주생孤舟生, 「옥중호걸獄中豪傑」, 『대한흥학보』 9, 1910.1, 33쪽.

때, 「크리스마슷밤」은 이광수 초기문학의 속성을 선명히 드러내주는 작품 가운데 하나가 된다.[181] 다만, 이광수의 이러한 비타협적 자세는 오래 지속되지 않는다. 그는 「크리스마슷밤」을 개작해 「어린 벗에게」라는 제목으로 다시 발표하면서 작품의 주제를 변화시킨다. 「크리스마슷밤」의 김경화의 일화가 「어린 벗에게」의 임보형의 일화로 변하는 사이, 이광수가 지녔던 '민족 갱생'의 의지는 '동족 교화敎化'라는 계몽의 의지로 변화한다. '민족 갱생'은 『학지광』의 필자로서 이광수가 지녔던 미래 구상이었고, '동족 교화'는 조선총독부의 기관지 『매일신보』의 필자로 거듭난 이광수가 지니게 되는 새로운 미래 구상이다.[182]

『학지광』 제12호에 발표된 진학문의 「부르지짐Cry」 또한 유학생 청년이 느끼는 삶의 고뇌를 다룬 작품이다. 「부르지짐」은 진학문이 이전에 『대한흥학보』에 발표한 작품 「요죠오한四疊半」(1909.12)과도 유사한 점이 많다. 이 두 작품의 주인공은 사첩반四疊半 하숙방에 기거하는 유학생 청년들이고, 그들과 관련된 몇 가지 일화를 중심으로 소설이 구성된다는 점도 유사하다. 하지만 「요죠오한」에서 주인공이 괴로워하는

181 이광수 초기문학에 대한 다음과 같은 정리는 「크리스마슷밤」에도 적용된다. "고아이며 나라를 떠난 유학생이었던 이광수는, 누군가를 사랑하고 누군가에게 사랑을 받고 싶다는 애정기갈로 괴로워했고, 고향에서 빈궁한 생활을 하다가 부모를 잃는 비참한 체험으로부터 탈출해온 이광수의 생존 본능은 살아가는 것을 희구해 마지않았다. 이 생존과 애정에 대한 욕구가 시대상황과 결부된 곳에 이광수의 낭만적 민족주의는 확립되었다. 우선 살아가는 것, 생을 철저히 긍정하는 것으로 자아를 확립하였고, 다음으로 자기의 생존과 밀접한 관련을 지닌 국가를 자아의 연장으로서 자기와 일체시하는 것, 그럼으로써 고향에서 고아로서 경험한 공동체로부터의 소외감은 보상되었으며, 대상을 찾아서 방황하고 있던 사랑은 애국주의에 '정박'한 것이다." 하타노 세쯔꼬, 「이광수의 자아—작품을 통해 본 이광수의 제1차 유학시대의 세계관」, 『민족문학사연구』 5, 민족문학사학회, 1994.116~117쪽.

182 이와 관련된 자세한 논의는 김영민, 「이광수 초기 문학의 변모 과정」, 『현대문학의 연구』 34, 한국문학연구학회, 2008, 107~140쪽 참조.

이유가 사회적 요인과 연관되어 있었던 것과 달리, 「부르지짐」에서는 그 이유가 철저히 개인적 요인들로만 채워진다. 친구의 죽음을 그저 '사람의 피할 수 없는 운명'으로 돌리는 일 등은 이 작품의 한계가 어디에 있는가를 여실히 보여준다. 다음은 갑자스러운 친구의 죽음을 통보받은 주인공의 심경을 토로한 부분이다.

> 아모의 樂도 업고 아모 빗도 업는 그의 單調한 孤寂한 生活은 거림자도 업시 슬어젓다. 긴 沈黙에서 나와 弱한 목소리로 한마듸 부르지젓다. 아나 긴 沈黙은 다시 그 부르지짐을 마셔바렷다. 그는 참 어둠眞闇으로브터 나와 잠간 반짝햇다. 하나 참 어둠은 다시 그 반짝을 싸 감추엇다. 그 沈黙은 아모리 두다려도 沈黙은 아모 反響이 업다. 沈黙은 變함업시 길게 繼續된다. 한 번 마신 소리를 다시 두 번 吐하지 아니한다. 그 어둠은 아모리 긁어판다하야도 어둠에는 아모 손잡을 데도 업다. 어듸까지든지 어듸까지든지 어둠이다, 한번 싸 감춘 반짝을 決코 決코 다시 내여노치는 아니한다. 安箕燮은 그 沈黙 그 긴 沈黙에게 마저섯다! 그 참 어둠에게 쌔워 감추어젓다! 나도 얼마 아니잇다가 그 칙량할 수 업는 무서운 캄캄한 어둠 속에 싸지겟고나! 찬 어름과 것치 찬 限업는 긴 沈黙에게 샘켜지겟고나! 그러고 나쁜 아니라 모다도!! 이것이 사람의 避할 수 업는 運命이다.
>
> 적은 부르지짐과 짜른 반짝! 이것이 무슨 째문인가 무엇 하자는 것인가?! 서로 속이고 서로 싸홈하자는 부르지짐인가? 돈과 사랑－더러운 돈과 거짓 사랑을 서로 쌧자는 반짝인가?!
>
> 아니 아니! 이 貴하고 쯧잇는 반짝과 부르지짐을……
>
> 順範의 얼골빗은 죽은 사람과 갓치 푸르희蒼白엿다.[183]

「요죠오한」에서는 한말 유학생의 고뇌가 '시대'와 '고국'에 닿아 있지만, 「부르지짐」에서는 식민지 시기 유학생의 고뇌가 '실존'과 '운명'이라는 문제에 닿아 있는 것처럼 표현된다.[184] 진학문은 「부르지짐」을 발표하기에 앞서 『학지광』에 이미 세 편의 러시아 소설을 번역 수록한 바 있다. 1910년대 『학지광』에는 총 네 편의 번역소설이 수록되어 있는데, 이 가운데 세 편을 진학문이 번역했던 것이다.[185] 이 가운데 「랑狼」(제8호)은 무리지어 방황하며 으르렁대고 서로 싸우는 이리떼의 모습을 그려낸 작품이다. 이 작품의 서두에는 다음과 같은 역자의 주석이 달려 있다.

> 이 「狼」의 一篇은 人生을 象徵化한 小說이라. 人生이 果然 이다지 暗黑하고 殘忍하고 寂寂하고 冷淡한가 하고, 生覺할 째에는 禁할 수 업는 눈물이 절로 나오고, 또 나는 이 暗黑과 無聊와 冷淡과 殘忍 가운데에서 부비닥이치면서라도 살지 아니하면 아니 되겟다 生覺할 째에는 더욱 한층 말할 수 업는 悲哀와 苦痛을 늣기노라.[186]

이 주석에서 진학문은 인생을 '암흑하고 적적하고 냉담한' 것으로 파

---

183 순성瞬星, 「부르지짐Cry」, 『학지광』 12, 1917.4, 59쪽.

184 이와 관련된 논의는 김영민, 「근대적 유학 제도의 확립과 해외 유학생의 문학 · 문화 활동 연구」, 『현대문학의 연구』 32, 한국문학연구학회, 2007, 323쪽; 양문규, 『한국근대소설사연구』, 국학자료원, 1994, 180쪽 참조.

185 안드레-프의 작품 「외국인」(제6호)과 싸이채-프의 작품 「랑狼」(제8호)에는 몽몽夢夢이라는 필명을 사용했고, 체-호프의 작품 「사진첩」(제10호)에는 「부르지짐」에 사용한 순성瞬星이라는 필명을 사용했다. 나머지 한 편은 미하일 알치바-세프의 작품 「밤」(제18호~제19호)으로 주요한이 번역했다.

186 싸이채-쯔, 몽몽 역, 「랑狼」, 『학지광』 8, 1916.3, 31쪽.

악한다. 더불어 그러한 세상에서 살아야 한다는 사실에서 '비애와 고통'을 느끼지 않을 수 없음을 토로한다. 바탕에 깔려 있는 정서의 측면에서 보면, 진학문의 창작소설 「부르지짐」은 번역소설 「량」에 상당부분 기대고 있는 작품이다.

3) 구습과 제도의 번뇌

찬하생餐霞生의 「밀密의 월月」은 두 개의 독립된 일화로 이루어진 작품이다. 첫 번째 일화는 부모의 허락을 받지 않은 채 일본 유학길에 오른 청년에 관한 것이다. 부산에서 일본으로 향하는 배에 오른 청년은 옆 사람과의 이야기를 통해, 그가 부모 허락 없이 집을 나섰고, 혼인 또한 미룬 채 유학길에 올랐다는 사실을 밝힌다. 이 일화는 다음과 같은 작가 해설로 마무리 된다.

> 우리나라 습관에 부모의 명령 업시 원힝ᄒᆞᄂᆞᆫ 것이 도리에 픽려ᄒᆞ다 ᄒᆞ깃지마는 류학ᄒᆞᆯ 목적인즉 부득이ᄒᆞᆫ 경우에 권도라 용셔 아니 ᄒᆞᆯ 수 업슬 ᄲᅮᆫ 아니라 젼국에 막딕ᄒᆞᆫ 영향을 밋치는 죠혼의 폐단을 벽파ᄒᆞᄂᆞᆫ 청년 긔샹은 진슬로 찬셩ᄒᆞᆯ 만ᄒᆞ도다[187]

부모의 허락 없이 먼 길을 나서는 것은 잘못이지만, 그 목적이 유학

187 찬하생餐霞生, 「밀密의 월月」, 『학지광』 2, 1914.4, 18쪽.

에 있을 때는 용서받을 수 있는 것이며 조혼을 피해 집을 나섰다면 그 또한 잘못이 아니라는 것이 작가의 주장이다. 두 번째 일화는 서양머리를 한 여학생에 관한 것이다. 어머니와 함께 성묘를 간 여학생은 건달들을 만나 시비를 가리게 된다. 이 일화에서도 작가는 다음과 같이 직접 개입해 해설한다.

> 이 세상에 보통 사람이라 ᄒᆞ는 말을 ᄒᆡ셕ᄒᆞ면 유형적으로 이목구비와 사지체양이 남과 갓기만 ᄒᆞ면 곳 사람이라는 명사를 부치지마는 조금 ᄒᆞᆫ자죽 더 들어 가셔 학리샹으로 ᄒᆡ셕ᄒᆞᆯ 지경이면 유형적 ᄲᅮᆫ 아니라 무형적으로 심지의 정신과 학문의 지식이 완비치 못ᄒᆞ면 참으로 사람이라는 명사 부치기ᄂᆞᆫ 어려울 지라 그러나 이ᄂᆞᆫ 무형ᄒᆞᆫ 것이라 육안에ᄂᆞᆫ 보이지 안치마는 그 낫타나ᄂᆞᆫ 곳은 어려운 일을 당ᄒᆞ는 자리에 언어와 ᄒᆡᆼ동이라[188]

이 작품이 전하고자 하는 바는 교육의 필요성과 교양의 유용성이다. 지은이는 학문과 지식이 완비되지 못하면 사람이라 칭하기 어렵다고 말한다. 사람의 가치를 판단하기 위해서는 그가 어려운 일을 당하여 어떠한 언어를 사용하며 어떠한 행동을 하는가를 보아야 한다. 일화의 주인공인 여학생은 어려운 일을 당했을 때, 교양 있는 언어와 행동을 통해 위기를 벗어나는 인물이다.

백악白岳 김환金煥의 소설 「동정同情의 루淚」는 제19호와 제20호 두 회에 걸쳐 연재 발표 되었다. 「동정의 루」는 일본 유학과 동성애 등의

188 위의 글, 19쪽.

사건을 감상적으로 다룬 작품이다. 지방학교 교사인 주인공 K는 산책길에서 한 학생을 만난다. 평소 조혼 제도를 비판하고 조혼을 행하는 사람들을 경멸하던 K는 자신이 만난 학생 B가 조혼을 했다는 사실을 알게 된다. 그러나 조혼에 얽힌 사연을 듣게 된 K는 B를 동정하는 눈물을 흘리고 그를 동생으로 대한다. 둘 사이는 점차 가까워져 "所謂「同性戀愛」라는 名稱을 부칠 수 밧게 업시"[189] 된다. 그러나 "社會를 爲하야 나의 몸을 밧치겟다고 決心한"[190] 그는 삼 년간의 교사 생활을 마치고 홀연 동경으로 유학을 떠난다. 도쿄의 하숙집에서 K가 B의 편지를 받아 읽는 것으로 작품은 마무리가 된다. 「동정의 루」에서 주목할 부분이 있다면 다음과 같이 당시대의 도덕과 윤리관의 보수성을 지적한 구절이다.

> 참말 우리나라에 女子들야말노 참 불상하다. 한심하구나 저 新郞이 限 二十 넘어서 世上 쳘을 알게 되면 색시는 그만 늙은이가 되고 말겟구나. 솟갓흔 색시가 절문 靑春을 공연히 可憐하게 虛送하겟으니…… 아! 요사이 離婚事件이 만이 생기는 原因도 아마 早婚하는 結果인게로다…… 그러면 저것이 누구의 죄일고? 무론 쳘모르는 當者의 죄는 안이겟지…… 첫재는 子息을 自己가 所有한 작난감과 갓치 認定하고 膝下의 樂을 보겟다는 그 父母의 죄요 둘재는 그런일을 容許하는 우리 社會의 責任이로다.[191]

여보 S先生! 우리가 무얼 얼마나 아는 것이 그러케 많아요? 또는 講臺에

189 백악白岳, 「동정同情의 루淚」(二), 『학지광』 20, 1920.7, 71쪽.
190 위의 글, 81쪽.
191 「동정同情의 루淚」(一), 『학지광』 19, 1920.1, 79쪽.

서 教授를 식킬 그 때에는 學生의게 先生이 되겟지만은 下學한 뒤에야 그들이나 우리나 다 平等한 사람인 줄 알음니다 아직도 師弟의 區別이니 長幼有序니 하는 것은 썩어진 儒教의 遺風이지요! 우리가 그런 惡習을 革新하지 안으면 도뎌이 文明한 사람이 못될 줄 압니다.[192]

「동정의 루」에서는 조혼의 풍습을 비판하며 부모와 사회의 책임을 함께 거론한다. 그러나, 「동정의 루」에 삽입된 이러한 구절들이 특별히 큰 감흥을 불러일으키지는 못한다. 그 이유는 이러한 구절들이 작품의 구성과는 관계없이 여기저기 산발적으로 삽입되었기 때문이다. 작품 곳곳에 등장하는 "社會와 公益을 爲하야 몸을 밧치기로 決心한 나"[193] 등 이른바 사회성과 공익성을 앞세운 구절들도 앞뒤 문맥과 전혀 어울리지 않아 작위적인 느낌을 준다.[194]

「벗의 죽엄」에서도 조선의 혼인 제도라는 문제가 중요하게 다루어진다. 「벗의 죽엄」의 작가는 용주인龍洲人이다. 『학지광』에 수록된 여타의 글들을 참고로 할 때, 용주인은 박석윤朴錫胤임이 분명하다.[195] 박석윤은

---

192 「동정同情의 루淚」(二), 『학지광』 20, 1920.7, 80쪽.
193 「동정同情의 루淚」(一), 『학지광』 19, 1920.1, 71쪽.
194 이 작품이 『학지광』에 수록된 이유는 작가 김환이 이 시기 편집부원으로 선임되어 활동했기 때문으로 보인다. 『학지광』 제19호 소식消息란에는 1919년 12월 11일 임원 선임 과정에서 편집부장에 박석윤朴錫胤, 편집주임에 박승철朴勝喆, 그리고 편집부원에 김환 등을 선출했다는 기사가 있다. 「소식消息」, 『학지광』 19, 1920.1, 77~78쪽 참조.
195 박석윤은 최남선의 여동생인 최설경의 남편이다. 1912년 유학을 시작해 1916년 9월 교토의 제삼고등학교 대학 예과 1부(법과)에 입학, 1919년 7월 졸업했다. 그해 9월 동경제국대학 법학부에 입학, 1922년 3월 졸업했다. 조선유학생학우회의 평의원과 편집부장을 지냈고, 1921년 7월 조선유학생학우회 순회강연단의 일원으로 귀국하여 강연 중 내용 불온을 이유로 일본 경찰에 체포되어 구류 처분을 받은 바 있다. 1924년 『시대일보』 정치부 기자를 지냈고, 1925년 3월부터 1928년 1월까지 조선총독부 재외연구원 신분으로 영국에 유학했다. 1930년 2월부터 『매일신보』 부사장을 지냈다. 『친일인명사

교토에 유학 중이던 1917년 3월 『학지광』 제13호에 「교토통신京都通信」을 용주생龍洲生이라는 필명으로 투고한 바 있다. 제14호에도 「생각生覺나는 대로」를 투고하면서 필자명을 '京都에서 龍洲生'이라고 표기했다. 1919년 동경제국대학으로 학교를 옮긴 박석윤은 「벗의 죽엄」이 수록된 『학지광』 제20호의 편집인 겸 발행인을 맡았다. 그는 『학지광』 같은 호에 용주생이라는 필명으로 「졸업卒業하신 형兄님들의게」와, 「여러분의게」를 썼다. 그 외에도 논설 「'자기自己'의 개조改造」를 박석윤이라는 본명으로 게재했다. 「벗의 죽엄」은 주인공 창호가 친구 원영의 죽음을 알리는 전화를 받은 후, 두 사람의 만남을 회고하는 이야기이다. 창호는 결혼을 앞두고 있던 인물이다. 원영은 창호가 신부에게 보낼 사주四柱를 준비하는 일을 돕던 중, '이러한 무의미한 것은 다 고쳐야 할 것'이라 제안하고 우리나라 결혼제도를 어떻게 개량하면 좋을 지 의견을 묻는다. 원영은 우리나라의 전통적 결혼제도가 개성을 무시한 추악한 것이라고 비난하지만, 이를 당장 개선하는 것은 적절하지 않다는 의견을 낸다.

「勿論 結婚問題는 얻더한 사람을 不問하고 매우 重大한 問題올시다. 또 大概 특수한 例外의 境遇에 屬한 사람이 아니고는 男女가 다 一生 中에 한 번은 解決할 問題올시다. 그런데 在來의 우리나라 結婚制度가 個性을 無視한

전』, 민족문제연구소, 2010, 21쪽 참조. 박석윤은 교토의 제삼고등학교 재학 당시 김우영이 편집한 잡지 『학우學友』 창간호(1919.1)에 「노동勞動의 신성神聖」이라는 글을 발표한 바도 있다. 교토의 유학생 활동과 관련된 논의는 정종현, 「경도京都의 조선유학생 잡지 연구」, 『민족문화연구』 59, 고려대 민족문화연구원, 2013, 467~514쪽; 안남일, 「재일본 한국유학생잡지 연구」, 『한국학연구』 55, 고려대 한국학연구소, 2015, 245~264쪽 참조.

醜惡한 것이엿는 것은 다시 말할 必要도 업거니와, 이것을 改良하는데는 몬져 두 가지 前提를 생각해 볼 必要가 잇습니다. 卽 말하면 우리는 몬져 朝鮮社會의 한 사람이라는 것을 생각해 볼 必要가 잇고, 그 다음에는 全人類의 한 分子라는 것을 생각해 볼 必要가 잇습니다. 그런고로 朝鮮 사람으로서는 當然히 할 일도 人類의 한 사람으로 생각해 볼 째는 罪惡이 되는 일도 잇습니다. 우리가 自然이 준 그대로의 사람을 想像할 째는 自由戀愛라던가 自由結婚이라던가는 차라리 當然한 일이올시다. 그러나 오늘날 朝鮮社會에 잇서서 이 두 가지를 主張하는 것이 必要하냐? 다시 말하면 主張할 만한 時期가 되엿느냐 或은 우리 同胞가 그만한 程度까지 째엿느냐 이것이 몬져 생각해 볼 問題라고 생각합니다.」

여기까지 듯고 잇던 昌浩는 조곰 놉픈 소리로,

「그러면 君은 尙早論者로구려」

「네-簡單히 말하면 그럿습니다. 그러니까 이 方面만으로 보더라도 우리 同胞의게 얼마나 敎育이 必要한가를 알 수가 잇습니다. 敎育만 進步가 되면 自然히 靑年男女들이 自己 父兄의 勢力과 因襲의 羈絆을 버슬 것이니까, 그째는 새로운 道德에 合當한, 人性과 個性을 尊重하는 方法을 講究하겟지오.」[196]

원영이 제안하는 것은 구습에 대한 단절이 아니라 교육을 통한 점진적 개량이다. 원영은 "우리의게는 强力生活이 잇슬 쑨이여요. 이것이 업고는 朝鮮 사람은 살 수가 업서요"[197]라고 주장한다. 창호에게 원영은 '강력주의를 이상으로 삼는' 인물로 각인되어 있다. 「벗의 죽엄」은 강

196 용주인龍洲人, 「벗의 죽엄」, 『학지광』 20, 1920.1, 65~66쪽.
197 위의 글, 66쪽.

력주의에 대한 지향과 교육을 통한 점진적 준비론의 사상을 소설화한 작품이다. 「벗의 죽엄」에 담긴 사회 개량의 사상은 같은 호에 실린 논설 「'자기'의 개조」에서도 거듭 강조된다. 시대사조의 변천에 따라 그에 순응하는 삶을 살아야 한다는 것이 「'자기'의 개조」의 전제를 이루는 주장이다.

> 甲의 時代에는 그 時代에 適當한 道德이 잇고, 또한 사람들이 그것에 順應하지마는 時代라는 舞臺가 한번 핑 도라서 새로운 時代를 낫케 되면 모든 사람들은 이 새 時代에 適應될 새로운 道德을 찻느라고 애를 씀니다. 다시 말하면 이것을 人類의 煩惱라 하겟지요. (…중략…) 그러나 因襲이나 傳統이라는 것은 어느 民族 어느 國家에 屬한 것을 勿論하고 相當한 期限을 通過해온 潛勢力이 잇는 싸닥으로 그것이 그른 것을 깨닷고도 그것이 우리우 生活을 속혀온 것이오 到底히 이 光明스러운 새 時代에 잇서서는 順應할 수 업는 것인 것을 明確히 알고도 오히려 그것에 代身될 새로운 것이 생겨나서 그 새로운 것이 一般의 輿論이 되고 또한 한거름 더 나아가서 直接 利害關係를 이루기까지는 사람의 弱點으로부터 나오는 在來의 惰性으로 因緣하야 버리지 못합니다. 쏙 끈어 업세지 못합니다. 또 그박게 큰 原因으로 말하면 大槪 民衆은 無智한 것임으로 짜라서 將來를 豫想할 批判力이 적음으로 設令 小數의 先驅者가 바른길로 引導해 준다 할지라도 到底히 短歲月에는 그것을 깨닷지 못하는 싸닥이 올시다.[198]

198 박석윤, 「'자기自己'의 개조改造」, 『학지광』 20, 1920.7, 9~10쪽.

「'자기'의 개조」에서 박석윤이 주장하는 것은 민중이 무지하다는 사실이다. 민중의 무지로 인해, 소수의 선구자가 그들을 바른 길로 인도해 준다고 할지라도 그들은 이를 바로 깨달을 능력이 없다는 것이다. 「벗의 죽음」에서 원영이 "우리 同胞가 그만한 程度까지 깨엿느냐 이것이 몬져 생각해 볼 問題라고 생각합니다"라고 발언한 것도 결국은 박석윤의 이러한 생각을 드러낸 것이다. 민중에게 교육이 필요한 이유는 이들이 스스로 깨달을 능력이 아직은 부족하기 때문이다.

성해星海 이익상李益相의 소설 「번뇌煩惱의 밤」도 조혼과 유학 그리고 교육의 문제 등을 소재로 다룬 작품이다. 그런데 「번뇌의 밤」은 이광수의 희곡 「규한閨恨」과 매우 닮아 있다.[199] 이광수의 「규한」은 동경 유학생의 부인 이 씨가 백림伯林 유학생의 부인 최 씨와 만나 대화를 하는 장면으로부터 시작된다. 이 씨와 최 씨는 자신들이 학식이 없어 남편에게 구박받았던 경험을 서로 공유한다.

> 李 「우리야 學校에를 다녓서야지.」
>
> 崔 「참 우리도 學校에나 좀 다녓스면. 집에 오면 늘 無識하다고 그러면서 工夫를 하라고 하지마는 글세 이제 엇더케 工夫를 하겟소.」
>
> 李 「참, 그래요. 저도 밤낫 편지루 工夫해라 工夫해라 하지마는 어느틈에 工夫를 하겟습 닛가. 또 設或 틈이 잇다면 가르쳐주는 先生이 잇서야지. 오.」
>
> 崔 「넘어 無識하다 無識하다 하닛간 집에 돌아와도 만나기가 무서워요.

199 「규한」은 신문・잡지에 게재된 한국 최초의 창작 희곡이다. 「규한」은 한국 근대극의 출발을 알리는 작품으로서 가치가 있지만, 근대극의 방향성을 제시하는 작품으로서는 큰 한계가 있다는 지적 또한 받고 있다. 이에 관한 논의는 김재석, 「「규한」의 자연주의적 특성과 그 의미」, 『한국극예술연구』 26, 한국극예술학회, 2007, 41~72쪽 참조.

셔울이랑 日本이 랑 다니면서 工夫하든 눈에 무슨 잘못하는 것이나 업슬가 하고 그저 暫時도 맘노흘 쌔가 업서요.」[200]

신세타령을 하는 이들에게 이웃 사는 노파가 찾아온다. 노파는 재령 사는 김덕천이라는 이의 아들이 일본 유학 중 자신의 처를 버렸다는 이야기를 전한다. "아모 罪도 업는 것을 父母의 命令 아니 服從한다는 罪로 仝年 녀름에 離婚을 하엿대. 그래사 그 새악시가 울면서 親庭에 쫏겨갓더니 그 새악시의 어머니가 憤이 나서 머리를 풀어허치고 金德川네 집에 와서 사흘이나 왕왕 쳐울면서 내 쌀 웨 죽엿는가고 야뢰를 하엿답데다. 저런 變怪가 어듸 잇겟소."[201] 노인의 이야기에 대해 이 씨는 '나 같으면 죽고 말지'라고 말을 받는다. 이 씨는 4년 만에 처음으로 온 남편의 편지를 받게 되고, 그가 글을 알지 못하므로 최 씨가 대신 읽게 된다. 남편은 편지에서 자신들의 결혼은 자유의사에 따른 것이 아니므로 법적 효력이 없다고 주장한다.

崔(편지를 들고)「이 쌔 날이 점점 치워가는데 량당 모시고 몸이 니어 평안하시니잇가. 이곳은 편안히 지나오니 념려 말으시옵소서. 그대와 나와 서로 만난지 이믜 五年이라, 그쌔에 그대는 十七歲요 나는 十四歲라—쟈 나 討論은 쏘 웨 나오노—나는 十 四歲라. 그쌔에 나는 안해가 무엇인지도 모르고 婚姻이 무엇인지도 몰랏나니 내가 그대와 夫婦가 됨은 내 自由意思로 한 것이 아니오—」

200 고주孤舟, 「규한閨恨」, 『학지광』 11, 1917.1, 39쪽.
201 위의 글, 41쪽.

李「자유의사가 무엇이야요.」

崔「나도 모르겟습니다. 평생 편지에는 모르는 소리만 쓰기를 조하하것다.－自由意思로 한 것이 아니오 全혀 父母의 强制－强制, 强制－强制로 한 것이니 이 行爲는 實로 法律上에 아모 效力이 업는 것이라－.」

李「그게 무슨 말이야요?」

崔「글세요, 보아가노라면 알겟지.」

老「응하고 입을 다시며 돌아안는다)「응, 응」

崔「아모 效力이 업는 것이라. 只今. 文明한 世上에는 强制로 婚姻시기는 法이 업나니 우리의 婚姻行爲는 當然히 無效하게 될 것이라. 이는 내가 그대를 미워하야 그럼이 아니라, 實로 法律이 이러함이니 이로부터 그대는 나를 지아비로 알지 말라, 나도 그대를 안해로 알지 아니 할 터이니 이로부터 서로 자유의 몸이 되어 그대는 그대 갈대로 갈지어다 나는－아 이게 무슨 편지야요」(하고 中途에 편지를 놋는다.」[202]

이혼을 알리는 남편의 편지를 받은 이 씨는 이내 정신이상 증세를 보인다. 그녀는 오래전 죽은 자신의 어머니를 만나겠다며 집을 뛰쳐나간다.

「번뇌의 밤」은 동경 유학생의 아내인 숙경이 시동생과 대화를 나누는 장면으로부터 시작된다. 그때 이웃 사는 노파가 찾아와 인근 읍의 어느 집 아들이 일본 유학 중 자신의 처를 버렸다는 이야기를 전한다. 신랑이 다음과 같은 내용의 편지를 그 아내에게 보낸 것이다. “夫婦 사이

202 위의 글, 42~43쪽.

에는 第一 무엇보다도 愛情이 잇서야 할 것 그런데 우리 두 사람 사이에는 아모 愛가 없으니 彼此에 緣을 끈를 일이 두 사람의게 彼此 幸福이 될 것과 當初에 結婚한 것은 우리들의 父母네 끼리 自己네들 意思대로 作定한 것이지 우리 두 사람은 彼此間에 우리 結婚한데 對하여는 責任을 질 必要가 업다 우리가 夫婦의 關係를 맺는 것은 누구보담도 우리 두 사람의 幸福을 求함이오 父母나 兄弟間의 幸福을 求하는 것이 아님으로 우리들의게 不幸한 結果를 오게 할 것 갓흐면 우리는 勇敢스럽게 幸福의 길을 찾는 것이 人倫에 썻덧한 것이다."[203] 노파의 이야기를 전해들은 숙경은 잠을 이루지 못한다. '번뇌의 밤'을 보내던 숙경은 죽음을 떠올리게 되고 그 모든 것이 "女子라고 敎育을 식히지 안흔 까닭"[204]이라고 생각한다. 아침에 일어나자 시어머니는 숙경에게 아들의 소식이 궁금하니 일본에 편지를 해 보라 이른다. 숙경은 여러 차례 고쳐 쓴 끝에 겨우 국문 편지 한 통을 완성한다. 그러나, 봉투는 스스로 쓰지 못해 시동생에 부탁을 할 수밖에 없고, 숙경은 자괴감으로 인해 더욱 괴로워한다.

> 淑卿은 그의 男便이 그 無識함을 嘲笑할 때마다 아모리 女子라도 편지나 한 장 쓰고 新聞이나 볼 줄 알어야지 다른 女子들은 國事를 하느니 社會를 爲하는이 하는 때에 저런 爲人은 무엇을 하노! 이즐 수 업다 이러한 記憶이 한편 구석에 잇다가 이러한 境遇에는 반다시 일어낫섯다 이와 갓흔 記憶날 때에는 無識한 自身보다도 無識하게 만들어 노흔 親庭 父母를 원망하지 안흘수 업섯다.[205]

203 성해星海, 「번뇌煩惱의 밤」, 『학지광』 22, 1921.6, 90쪽.
204 위의 글, 92쪽.

편지를 부친 며칠 후에 남편의 답신이 배달된다. 남편의 편지에는 전에 없는 위로의 말과 '집에서도 공부하라'는 내용이 담겨 있다. 숙경은 한편 안심이 되면서도 불안과 비애悲哀가 자신의 가슴을 파고들고 있음을 느끼게 된다. 「규한」과 「번뇌의 밤」은 각각 희곡과 소설이라는 양식상의 차이가 있을 뿐 구성과 주제 면에서는 거의 차이가 없다. 「규한」의 결말에 비해 「번뇌의 밤」의 결말이 해피엔딩에 가깝다고 할 수도 있으나, 두 작품에 등장하는 유학생 아내들의 불안한 심정은 본질적으로 큰 차이가 없다. 이 두 작품은 자아실현의 권리를 주장하며 이혼과 재혼을 감행하는 지식인 유학생들의 삶의 이면에, 눈물과 한숨으로 생을 보내야 하는 여인들의 비극적 삶이 존재한다는 사실을 알리고 있다.

편집진이 사회주의 계열로 바뀐 1920년대 중반 이후에도 『학지광』에는 꾸준히 소설이 게재된다. 이 시기 이후 『학지광』에 수록된 소설로는 몽애夢涯의 「아芽」(제27호, 1926.5)와 이종직의 「勝手口갓데구지」(제27호), 최의순의 「불비츤 몰으고」(제28호, 1927.3), 석천의 「측면관側面觀」(제29호, 1930.4) 등이 있다. 이들 네 작품에는 모두 유학생이 주인공으로 등장한다. 「勝手口」는 신문 배달 중 일본인에게 폭행을 당한 친구의 분풀이를 하러간 유학생들이 폭도로 몰리게 되는 이야기를 다루고 있다. 「불비츤 몰으고」는 조선인 여학생이 일으킨 방화放火 사건을 소재로 삼았다. 「아芽」는 뜰에 심은 수선水仙과 망부亡父를 연계시켜 감상적 분위기를 자아내고 있고, 「측면관」은 여행 중 기차 안에서 만난 사팔눈을 가진 일본인 여인을 통해 측은지심을 불러일으킨다. 「勝手口」와

205 위의 글, 95쪽.

「불비츤 몰으고」는 당시 『학지광』의 편집진이 지녔던 사회에 대한 저항 의식을 간접적으로나마 엿볼 수 있는 작품이다. 그러나, 1920년대 중반 이후 『학지광』에 수록된 소설들은 거의 문단의 주목을 받지 못한다. 이 시기 국내에서 발표되는 작품의 수준이 급격히 향상된 것에 비해, 『학지광』의 소설들은 전반적으로 1910년대의 수준을 벗어나지 못했기 때문이다.

/ 제2장 /

『여자계』 연구

1. 『여자계』의 발간 배경 및 서지 연구

1) 『여자계』의 발간 배경

『여자계女子界』는 '동경여자유학생친목회東京女子留學生親睦會'가 주관하여 발행한 잡지이다. 그러나, 『여자계』가 지니는 의미는 단순히 여자유학생친목회의 기관지로만 한정되지 않는다. 『여자계』를 주목하는 가장 큰 이유는 이 잡지가 우리나라의 근대 초기 여성담론을 주도한 대표적 잡지라는 점에 있다. 『여자계』의 발간 배경으로는, 앞에서 살펴본 『학계보』와 『학지광』 소재 여성담론의 전개 등을 생각할 수 있다. 더 큰 시각에서 바라보면, 1910년대 유학생 잡지 소재 여성담론들은 1900년대를 전후해 국내외에서 발간된 다양한 매체에 수록된 여성담론과 직간접적으로 연관된다.

여성담론을 본격적으로 게재하기 시작한 국내 최초의 근대 매체는 『독립신문』이다. 『독립신문』에서는 한국 근대 여성담론의 핵심을 이루는 논제들인 남녀동등 담론, 축첩폐지 담론, 과부개가 담론, 조혼폐지 담론, 여성교육 담론 등이 새롭게 다루어진다. 『독립신문』의 논설과 잡보란에서 가장 빈번하게 등장하는 여성담론의 주제는 여성교육의 필요성에 대한 강조와 여성 교육기관의 설치이다. 『독립신문』이 주창한 여성교육 담론은 이후 대부분의 근대 신문에서 조선 사회의 개량을 위한 주요 핵심 담론 가운데 하나로 자리 잡게 된다. 『독립신문』의 여성 교육 강조는 '아내의 지식이 자식 교육을 위한 도구가 될 수 있다'거나, '여자의 학문 있는 것이 나라와 백성에게 유익하기 때문'이라는 생각에 바탕을 두고 있다. 이러한 생각들은 오늘날의 시각에서 바라보면 여러 가지 문제점을 내포한 것으로 비판받을 여지가 없지 않다. 하지만 『독립신문』이 여성교육 관련 논설 및 기사를 반복해 수록함으로써 여성을 위한 교육 기관의 설립을 촉진하고, 여성 교육의 기회를 넓혀가는 일에 기여했다는 사실만은 분명하다. 『협성회회보』와 『매일신문』도 여성담론을 비교적 적극적으로 수록했다. 특히 『매일신문』에서는 여러 차례에 걸쳐 남녀평등의 사상과 여성 교육의 필요성을 강조하는 논설이 실리게 된다. 『매일신문』의 논설은 남녀평등을 통한 개명이 부강한 나라를 이룩하는 지름길이라는 사실을 주창한다. 『매일신문』에도 조혼폐지 주장이 실리기는 했으나, 이는 여성담론이라기보다는 풍속개량 담론의 성격이 더 강하다.

『제국신문』에서는 여성 교육이 필요한 이유를 크게 두 가지로 설명한다. 첫째, 교육받은 여성이 자녀를 훌륭하게 키워내 장차 나라의 훌륭한 인재를 양성하는 일을 맡아 할 수 있기 때문이다. 둘째, 교육받은 여성의 사회적 활동이 가정과 국가의 경제에 도움이 되기 때문이다. 이는 『독립신문』의 논지와 별반 다르지 않다. 『제국신문』에서는 「외국통신」뿐만 아니라 논설란을 통해서도 외국 여성의 삶의 모습을 자주 전달한다. 「외국통신」에 수록된 기사가 비교적 객관적이라면 논설란에 수록된 기사는 상대적으로 주관성이 강하다. 『제국신문』의 논설은 서양에 비해 동양이 소극적이고, 외국에 비해 조선이 열등하다는 인식을 드러낸다. 『제국신문』 논설은 여성의 지위 향상과 사회 활동 참여 분위기 조성에 기여했다. 하지만, 그럼에도 불구하고 『제국신문』 논설에서는 조선 여성의 사회 참여 기회가 점차 확대되어가는 현실에 대한 우려가 함께 표현되어 있다는 사실 또한 주목해야 한다. 이러한 생각의 바탕에는 남성과 여성은 타고난 심성이 다르고, 남성이 여성보다 우월하다는 인식이 자리 잡고 있었다. 여성의 사회적 역할 변화에 대해 남성 지식인들이 끊임없이 관심을 가져야 하고, 여성을 바르게 교육시켜야 하는 이유도 이와 관련이 있다.

『제국신문』과 『독립신문』의 여성담론은 서로 유사한 점이 많다. 하지만 이 두 신문의 담론 기조가 완전히 일치하는 것은 아니다. 『독립신문』의 여성담론은 남녀가 원래부터 동등한 권리를 지니고 태어났다는 천부인권 사상에 바탕을 두고 전개된다. 이에 반해 『제국신문』의 여성담론은 그보다는 풍속개량이라는 측면을 중시하며 전개된다. 『독립신문』에서 여성교육과 풍속개량이 남녀의 동등한 권리를 깨닫고 실천하기 위한 수단이라면, 『제국신문』에서는 그 자체가 목표처럼 보이는 경우가 많다. 『제국신문』에서는 주필이 이종일에서 정운복으로 바뀐 후 여성담론을 풍속담론의 하위 범주 속에 포함시키려는 성향이 더욱 두드러지게 나타난다. 『제국신문』에는 여성독자들이 투고한 글이 여타신문에 비해 비교적 많이 실렸는데, 이러한 여성독자들의 투고를 통해 새로운 시각에서의 여성담론의 전개가 이어졌다. 『제국신문』의 기서寄書는 풍속개량론의 한계를 넘어서 여성담론의 논의 폭을 확장시키는 데 기여했다.

『대한매일신보』 논설란의 여성담론은 『독립신문』이나 『제국신문』에 비해 상대적으로 보수적이다. 특히 『대한매일신보』 논설에는 남녀동등을 주장하면서도 실질적으로는 남녀의 위상과 역할에 차이가 있음을 강조하는 구절이 적지 않게 포함되어 있다. 여성교육론을 여성에 대한 남성의 계도 책임론과 연결시키는 것 또한 『대한매일신보』의 여성담론이 지니는 주요 특색 가운데 하나이다. 『대한매일신보』의 여성담론은 독자투고가 논의의 방향을 주도하고 논설이 이를 추인하거나 뒷받침하는 양상으로 전개되었다. 『대한매일신보』의 독자투고는 예외 없이 여자들에 대한 신교육의 필요성을 강조하고 있다. 아울러, 대부분의 경우 주요 논지를 충군과 애국사상 등의 민족담론으로 연결시키고 있다는 공통점이 있다. 『만세보』의 여성담론은 온전히 풍속개량론에 바탕을 두고 있다. 『만세보』의 풍속개량론은 이 신문이 주력했던 위생담론의 유포와도 직결이 된다. 위생담론과 결합된 『만세보』의 풍속개량론에서는 특히 복식服飾 개량이 주요 논제가 된다. 『만세보』에서 복식개량론이 여성담론으로 이어질 수 있었던 것은, 전통 복식이 여성에 대한 억압의 도구로 사용되는 측면이 없지 않았기 때문이다. 『매일신보』의 여성담론의 전개 방향은 앞선 시기 신문들의 담론의 방향과는 매우 큰 차이를 보인다. 한일병합 이후인 1910년대 『매일신보』에서는 민족담론의 소멸과 함께 여성담론도 사실상 소멸된다.[1]

국내에서 발간된 근대 잡지에 여성담론이 수록되기 시작한 것은 『가뎡잡지家庭雜誌』가 처음이다. 그러나, 『가뎡잡지』는 발간의 목적이 여성의 삶 자체에 대한 관심보다는 가정의 문명화에 있었고 기사의 초점도 여기에 맞추어져 있었다. 『가뎡잡지』에는 부인의 사회적 위상을 적극적으로 인정하려는 생각과 그 역할을 전통적 범주에 한정시키려는 보수적 주장이 혼재한다. 『가뎡잡지』는 여성담론을 당시대 지식인들의 사회문명화 의지와 연결 지음으로써 여자에게도 학문이 필요하다는 주

---

1 근대 초기 신문 소재 여성담론에 관한 상세한 논의는 김영민, 「한국 근대 초기 여성담론의 생성과 변모－근대 초기 신문을 중심으로」, 『대동문화연구』 95, 성균관대 대동문화연구원, 2016, 223~260쪽 참조. 근대 초기 신문 소재 여성담론에 대한 기존의 연구 성과로는 다음을 들 수 있다. 김기란, 「근대계몽기 매체의 코드화 과정을 통한 여성인식의 개연화 과정 고찰－『제국신문』의 여성 관련 기사 분석」, 『제국신문과 근대－매체・담론・감성』, 현실문화, 2014; 김복순, 「『제국신문』의 힘－'여성 감각'의 탄생」, 『제국신문과 근대－매체・담론・감성』, 현실문화, 2014; 김현주, 「『제국신문』에 나타난 혼인제도와 근대적 파트너십」, 『제국신문과 근대－매체・담론・감성』, 현실문화, 2014; 박애경, 「야만의 표상으로서 여성 소수자들－『제국신문』에 나타난 첩, 무녀, 기생 담론」, 『제국신문과 근대－매체・담론・감성』, 현실문화, 2014; 이경하, 「『제국신문』 여성 독자투고에 나타난 근대계몽담론」, 『한국고전여성문학연구』 8, 한국고전여성문학회, 2004; 이경하, 「여성문학사 서술의 필요성에 관하여」, 『한국 여성문학 연구의 현황과 전망』, 소명출판, 2008; 이대형, 「계몽적 주제와 연설적 수사－『제국신문』의 정운복 논설」, 『제국신문과 근대－매체・담론・감성』, 현실문화, 2014; 이상경, 「한국 여성문학론의 역사와 이론」, 『한국 근대 여성문학사론』, 소명출판, 2002; 전미경, 「개화기 축첩제 담론분석－신문과 신소설을 중심으로」, 『한국가정관리학회지』 19-2, 한국가정관리학회, 2001; 전미경, 「개화기 과부개가 담론분석－신문과 신소설을 중심으로」, 『한국가정관리학회지』 19-3, 한국가정관리학회, 2001; 전미경, 「개화기 '남녀동등' 담론에 나타난 여성에 대한 계몽의 시각」, 『한국가정관리학회지』 20-1, 한국가정관리학회, 2002; 최기숙, 「이념의 근대와 분열 / 착종되는 근대 여성의 정체성과 담론－『제국신문』 논설・기서(별보)・서사의 여성 담론과 재현」, 『제국신문과 근대－매체・담론・감성』, 현실문화, 2014; 홍인숙, 「근대계몽기 여성 글쓰기의 양상과 '여성주체'의 형성과정－1908년 『대한매일신보』, 『여자지남』, 『자선부인회잡지』를 중심으로」, 『한국고전연구』 14, 한국고전연구학회, 2006; 홍인숙, 『근대계몽기 여성담론』, 혜안, 2009.

장을 반복한다. 이는 다시 자녀교육론과 민족교육론 등으로 이어지면서 자연스럽게 애국담론으로 이어지는 구도를 형성하게 된다. 이러한 구도는 동시대에 발간되는 학회지 등에서도 큰 차이 없이 반복적으로 구현된다. 『대한자강회월보』 등 1900년대 국내에서 발간된 학회지 가운데 상당수는 여성담론을 수록했다. 이들 학회지에 게재된 전체 기사 가운데 여성 관련 기사의 비중은 상대적으로 극히 미미한 것이다. 학회지에 수록된 여성담론은 그 범주가 넓지 않고, 논지 또한 정형화되어 있었다. 이는 여자 교육의 필요성 강조와 조혼의 폐해를 들어 이를 근절시키고자 하는 의지를 드러내는 일로 집약된다. 『대한자강회월보』 등 근대 초기 학회지는 여자 교육이 국가 재산의 근본이며 여자를 교육시키지 않는 것은 사회적 손실이라는 주장을 폈다. 조혼의 폐해는 지智 · 덕德 · 체體 전 분야에 걸쳐 제기되었다. 학회지에는 내용상 반反 여성담론으로 볼 수 있는 기사들도 게재되었다. 이는 보수적 남성 지식인의 시각과 의식구조를 적나라하게 드러내는 것으로, 여성 지식인이 경거망동하거나 전통적 미덕을 해치지 말 것을 경고하는 방식으로 전개되었다. 『여자지남』은 근대 잡지 중 최초로 여성들이 주동이 되어 만든 잡지로 알려져 있으나, 이는 잘못된 것이다. 『여자지남』은 여자교육회 소속 교육기관인 여자보학원에서 발행했다. 이 잡지의 실제 편집과 발행은 여자보학원 유지회가 주도했는데, 여기에 관여한 인물들은 대부분 남성 지식인들이었다. 기사의 배열 등 실제 잡지의 편집 방식을 보더라도 이는 남성필자 중심의 잡지였음이 분명하다. 『여자지남』의 편집진들은 '지남指南'이라는 제호의 의미를 살려 여성을 이끌고 가르치려는 의도를 드러냈다. 『여자지남』의 남성필자들은 대부분 현부정녀賢婦貞女 및 현모양처賢母良妻를 지향하는 여성담론을 전개했다. 이들의 주장은 한국 근대 초기의 보수적인 여성담론을 대표한다. 『자선부인회잡지』는 근대 최초로 여성들이 주축이 되어 발간한 잡지이다. 하지만, 이 잡지 또한 당시의 여성담론을 선도하지는 못한다. 『자선부인회잡지』는 실제로는 부인교양지에 가까웠다. 이 잡지가 발간사에서 가장 강조하고 있는 것은 '인간의 착한 본성의 실현'이다. 근대 초기 잡지의 여성담론의 전개 구도가 대부분 '여성 → 문명화 → 애국(부국강병)'의 틀을 취하고 있는 것에 반해, 『자선부인회잡지』에서는 '여성 → 문명화 → 자선'의 틀을 취한다. 근대 초기 잡지에서 여성담론이 애국담론과 결합되지 않는 경우는 『자선부인회잡지』가 거의 유일한 사례에 해당한다. 『자선부인회잡지』에서 애국담론을 찾을 수 없는 이유는, 이 잡지의 발행 주체인 자선부인회 회원의 상당수가 친일단체와 관련을 맺고 있었기 때문이다.

근대 초기 유학생 잡지에 여성담론이 실리기 시작한 것은 『태극학보』의 경우가 처음이다. 『태극학보』는 일본 유학생 단체인 '태극학회'가 1906년 8월에 창간해 1908년 11월까지 통권 26호를 발행했다.[2] '태극학회'는 서북지방 출신 유학생들이 중심이 되어 1905년 일본 도쿄에서 설립한 친목단체이다. 그 점에서 보면, 『태극학보』는 국내 발간 잡지 『서우』 및 『서북학회월보』와 지역적 친연성이 높다. 『태극학보』에 수록된 최초의 여성담론은 이 잡지의 편집에 관여했던 김낙영金洛泳의 글 「녀ᄌ교휵」이다. 창간호 논설 가운데 하나인 이 글에서 김낙영은 여자교육의 중요성에 대해 거듭 강조한다. 김낙영의 이 글은 여타 국내 잡지의

2 이는 해외에서 발간된 최초의 유학생 잡지였던 『친목회회보親睦會會報』(1896.2)에 이은 두 번째 간행물이기도 하다.

남성필자들의 글과 마찬가지로, 여자교육을 통한 자녀교육의 토대 마련 및 이를 통한 나라의 인재 양성이라는 목표에 초점이 맞추어져 있다. 김낙영의 논지는 비슷한 시기에 『대한자강회월보』에 수록된 윤효정의 연설문 「윤효정 씨가 여자교육에 필요란 문제로 연설ᄒᆞ되」, 『서우』에 수록된 류동작의 「여자교육」과 김하염의 「여자교육의 급선무」 등에 담긴 주장과 별반 다르지 않다. 특히 류동작의 「여자교육」과 김하염의 「여자교육의 급선무」는 『서우』라는 매체의 성격과 발표 시기 및 글의 제목 등을 고려할 때, 김낙영의 글을 토대로 삼아 쓰였을 가능성이 크다. 『태극학보』를 통한 여성담론 전개사에서 주목을 끄는 것은 윤정원의 글들이다. 윤정원이 『태극학보』에 연이어 글을 싣게 된 배경에는 태극학회의 발기인이며 부회장으로 활동했던 최석하와의 관계 때문이었던 것으로 보인다.[3] 윤정원은 『태극학보』에 「본국 졔형 졔ᄆᆡ의게」(제2호), 「추풍일딘」(제3호), 「공겸의 경신」(제4호), 「헌신적 정신獻身的 精神」(제7호) 등 모두 네 편의 글을 발표했다. 이 가운데 「헌신적 정신」은 앞에서 다룬 『대한자강회월보』 제10호에 게재된 것과 동일한 글이다. 「추풍일딘」(1907.10.30), 「공겸의 뎡신」(1907.10.31), 「헌신적 정신」 등의 글은 『제국신문』에도 재수록되었다. 이 가운데 「헌신적 정신」은 「별보-몸을 밧치는 정신」(1907.10.23~24)이라는 제목으로 바뀌어 게재되었다.[4] 윤정

3 윤정원은 하란사에 이어 두 번째로 일본에 유학한 여성이다. 그러나 하란사가 1년여라는 짧은 기간 동안 청강생으로 일본에 머물렀던 것에 반해, 윤정원은 정식으로 일본에서 중등 및 고등 교육과정을 이수했다. 이에 관한 정리는 김성은, 「신여성 윤정원尹貞媛의 현실인식과 사회활동」, 『한국근현대사연구』 67, 한국근현대사학회, 2013, 295~327쪽 참조. 우리나라 여성 최초의 정규 일본 유학생을 윤정원이라고 지칭하는 것은 이러한 이유 때문이다. 윤정원은 후일 최석하와 혼인한다.

4 이와 관련된 논의는 김복순, 앞의 글, 31~38쪽 참조.

원이 첫 글 「본국 졔형 졔믹의게」를 통해 강조하고 있는 것은 여자교육의 필요성과 그 시행의 시급함이다. 이 글은 "녀ᄌ라 ᄒᆞᄂᆞᆫ 것은 국민지모요 샤회지화요 인류지틔양"[5]이라는 구절로 시작된다. 여자가 국민의 어머니이며 사회의 꽃이고 인류의 태양임에도 불구하고 우리나라 여자들은 자신의 감화력이 사회적으로 얼마나 큰 것인지 알지 못한다는 것이다. 한 가정을 풍요롭게 하고 사회를 번화 찬란케 하고 국가를 창성케 하는 일의 절반 이상이 여자의 힘에 달려 있다는 점에서 여자의 책임은 중대하다. 여자 교육은 이러한 책임을 다하기 위한 준비 과정이다. 그럼에도 불구하고 아직 우리나라 사람들이 여자 교육에 적극적이지 않다는 사실에 대해 윤정원은 거듭 안타까움을 표시한다. 윤정원의 「본국 졔형 졔믹의게」는 『태극학보』에 먼저 실린 김낙영이나 박상락의 글들과 소재가 유사하다.[6] 그러나 김낙영 등의 경우와 달리, 윤정원은 여성 자신의 사회적 감화력을 높이 평가하고 그가 감당해야 할 사회적 책임이 적지 않다는 사실을 강조한다. 「추풍일딘」에서도 여성의 사회적 책임과 역할에 대한 논의가 이어진다. 이 글에서는 무엇보다 여성의 능력에 대한 깊

5 여사 윤뎡원女史 尹貞媛, 「본국 졔형 졔믹의게」, 『태극학보』 2, 1906.9, 38쪽.

6 박상락은 『태극학보』 제1호에 세태평론적 성격의 글 「수감수필隨感隨筆」을 발표한 바 있다. 이 글에서는 여자가 남자보다 생리적·정신적으로 불급不及하다는 사실을 전제로 여자 교육의 필요성을 주장한다. 참고로, 최근의 한 연구에서는 「수감수필」이 '여자' 대신 '여성'이라는 어휘를 사용한 사실에 대해 주목한 바 있다. 일제하에서는 '여자'와 '여성'이라는 기표가 다음과 같은 차이를 보이기도 한다. "요컨대 전통적으로 사용되던 기표 '여자'·'부인'·'부녀'는 '여성' 기표로서의 보편적 의미뿐만 아니라, 연령 및 혼인 여부 등에 따라 달라지는 가족 내 지위를 반영하여 서로 구별되는 고유한 의미도 가졌다. 또한 담론·규범의 측면에서는 주로 단속과 보호의 대상으로 등장한다. 그에 비해 '여성'은 가족 내 지위와 무관하게 남성에 대비하여 여성 일반을 가리키는 기표로서 새롭게 등장한 근대적 기표였고, 남녀평등·남녀동권의 사고와 깊게 관련되었다." 이정선, 「근대 한국의 '여성' 주체－기표의 각축을 통해 본 일제시기 여성 개념」, 『개념과 소통』 19, 한림대 한림과학원, 2017, 106쪽.

은 신뢰를 볼 수 있는데, 불평곤궁한 인간세계를 도와 바로 세울 수 있는 자가 곧 여자라는 것이다. 여자는 세상을 이롭게 하려는 의도를 '몸으로 실행하는 자'이다. 여자가 자신의 본분을 깨닫고 지키며, 길을 밝게 하기 위해서는 교육이 필요하다. 이 글에서는 다음과 같은 결구를 통해 여자 교육의 중요성을 거듭 강조한다. "이를 비컨딕 남즈는 젼심진력ᄒᆞ여 발연명구ᄒᆞᄂᆞᆫ 쟈ㅣ오 녀즈는 직각 실힝ᄒᆞᄂᆞᆫ 쟈ㅣ라. 연고로 뎨일 덕당 착실케 그 본분을 씨닷고 직히는 쟈ㅣ는 녀즈라 ᄒᆞ고 뎨일 바르게 그 길을 밝게 ᄒᆞᄂᆞᆫ 것슬 녀학이라 ᄒᆞ고 이 길을 좇추 ᄀᆞ르치는 것을 녀즈교휵이라 ᄒᆞᆫ다더라."[7] 「공겸의 정신」은 서두에서 여성에게 특히 필요한 것이 공겸恭謙의 정신임을 강조한다. 공손하게 자신을 낮추는 일이 필요하다는 것이다. 이는 문맥상 「추풍일딘」에 대한 독자들의 반응에 대해 해명하는 것처럼 보이기도 한다. 여성의 역할과 자부심에 대한 강조가 일종의 교만함으로 받아들여질 수 있는 현실에 대한 우려를 표명한 부분들이 포함되어 있는 것이다. 윤정원의 이 글은, 이 시기 여성필자의 여성담론이 여타 남성필자 및 독자들의 반응을 염두에 두고 전개될 수밖에 없었다는 사실을 보여주는 사례가 된다.

『태극학보』에 게재된 여성담론에서 또 하나 주목할 것은, 기서 형식으로 수록된 「불학무식ᄒᆞᆫ 집안의 가ᄉᆞ 싸홈을 구경ᄒᆞᆷ」이다. 이 글은 회원 리원붕의 모친 백 씨가 기고한 것이다. 「불학무식ᄒᆞᆫ 집안의 가ᄉᆞ 싸홈을 구경ᄒᆞᆷ」에는 글쓴이가 보고 들은 이웃집 여인의 사정이 담겨 있다. 이웃집 여인은 남편에게 천한 물건 취급을 받는다. 이를 본 글쓴이는

7 여사女史 윤정원尹貞媛, 「추풍일딘」, 『태극학보』 3, 1906.10, 47쪽.

"대져 녀ᄌᆞ라 ᄒᆞᄂᆞᆫ 거슨 웨 그리 쳔ᄒᆞᆫ 물건이 되엿ᄂᆞᆫ고. 당초지ᄉᆞ ᄉᆡᆼ각ᄒᆞ면 이 셰샹 ᄉᆡᆼ겨나셔 나히 이십 셰가 근당ᄒᆞ도록 ᄉᆡᆼ부모의 양육을 밧어 거의 일비지력이라도 부모의게 도아 갑흘만ᄒᆞ면 일평ᄉᆡᆼ에 한 번도 보고 알지 못ᄒᆞ든 ᄉᆡ부모와 남편을 셤기게 되며 불ᄒᆡᆼ이 세상사리나 빈한ᄒᆞᆫ 집안을 맛나면 약ᄒᆞᆫ 몸에 각ᄉᆡᆨ 일은 남편들보다도 더 무겁게 맛하 살피고 그 즁에도 남편이나 불ᄒᆡᆼ히 잘못 맛나면 오ᄂᆞᆯ 져 녀인과 ᄀᆞᆺ치 씨식은 혼ᄌᆞ 굼고 일평ᄉᆡᆼ 고로음 즁에 한 셰샹을 보ᄂᆡᆯ 터히니 앗갑도다"[8] 라고 탄식한다. 하지만 그럼에도 불구하고, 글쓴이는 '재미있는 세상'이 언젠가 오게 될 것이라는 기대를 버리지 않는다. 재미있는 세상이란 '남녀의 동등권을 완전히 하고 학문과 교육을 같은 정도로 가르쳐 각 사람이 문명하게' 되며 '집안이 화목하고 사회가 문명하며 나라가 부강한' 모습을 보이는 세상이다. 글쓴이가 일본과 미국에 유학 중인 학생들에게 큰 기대를 거는 것은 이들이 '문명한 공기 중에 각종 학문을 배워와 뛰어난 사상들을 많이 얻어가지고 본국에 돌아와 문명을 전달하고 부강발달'을 이룰 수 있기 때문이다. 이 글에서 가장 눈길을 끄는 것은, 차별받고 살아가는 당 시대 여성들에 대한 현장감 있는 서술이다. 아울러, 이 글이 이른바 '본래 무식한 여인'의 서술임에도 불구하고 '여성 → 문명 → 애국'의 논지 전개 구도를 유지하고 있다는 사실 또한 흥미롭다.

1900년대에 간행된 유학생 잡지 가운데 여성담론을 수록한 또 다른 매체로는『대한학회월보』를 들 수 있다. '대한학회'의 기관지『대한학회월보』는 1908년 2월에 창간되었다. '대한학회'는 유학생 단체 가운

8 회원 리원붕의 모친 백씨, 「불학무식ᄒᆞᆫ 집안의 가ᄉᆞ ᄊᆞ홈을 구경ᄒᆞᆷ」, 『태극학보』 9, 1907.4, 20~21쪽.

데 비교적 조선 독립지향의 정치적 성격이 강했던 모임으로 분류된다. 『대한학회월보』 제3호에 수록된 김갑순金甲淳의 기서 「대성질호아국민적정신大聲疾呼我國民的精神」은 『대한학회월보』의 여성담론의 성격을 대표적으로 드러내는 글이다. 이 글에서는 우리나라의 국민적 정신이 바로 서지 못한 원인을 다음의 두 가지로 정리한다. 하나는 사람을 차별하는 '인류계급 숭상의 관습' 때문이고 다른 하나는 '여자교육을 실시하지 않은' 때문이다. 따라서 이러한 원인을 제거하고 대처하는 일이 곧 국민정신을 함양하는 일이 된다. 이 글에서는 국민정신이 위태롭게 된 이유를 남녀 사이의 구별과 여성에 대한 교육 차별에서 찾고, 여학교를 다수 설립하는 것을 문제에 대한 해결책으로 제시한다. 하지만, 그럼에도 불구하고 이 글은 근대 여성담론으로서는 근본적인 한계 또한 안고 있다. 여자교육의 필요성을 강조하는 사고의 바탕에는 여성을 지금보다 더 고급한 노동력으로 만들려는 시도가 잠재되어 있다. 여성교육의 목적이 자녀 교육을 위한 것이라는 남성필자들의 논리 구조 속에서는 여성 존재의 도구적 측면이 더욱 강조된다. 이는 근대화되어 가는 가정과 사회에서 여성을 더욱 철저히 그리고 더 효율적으로 소모시키고자 하는 의도를 반영한다. 1900년대 근대 잡지에 남성필자들이 투고한 여성담론의 바탕을 이루는 공통된 사고구조의 핵심 또한 여기에 있다. 덧붙여 둘 것은, 근대 초기 잡지의 여성담론의 주된 요지가 당시의 신소설에서도 유사하게 구현되고 있다는 사실이다.[9]

---

9 이와 관련해서는 다음의 연구 참조. 권보드래, 「가족과 국가의 새로운 상상력—신소설의 여성 주인공을 중심으로」, 『한국현대문학연구』 10, 한국현대문학회, 2001, 27~51쪽. 다음과 같은 지적이 특히 주목할 만하다. "1900년대에 개인 · 가족과 국가는 주로 은유적 동질성의 관계로 조명되었지만, 개인이 모여 가족을, 가족이 모여 국가를 이룬

근대 초기 매체의 여성담론에서 신문과 잡지가 가장 큰 차이를 보이는 부분은 풍속에 관한 것이다. 1900년대에 발행된 『제국신문』과 『만세보』 등의 여성담론이 인권보다는 풍속에 대한 관심으로 점차 집중되는 현상이 나타났던 것에 비하면, 잡지에서는 이러한 변화는 거의 발견되지 않는다. 근대 초기 매체의 여성담론에서 신문과 잡지가 공통적으로 보이는 현상은 민족담론과의 결합이다. 근대 초기 잡지의 여성담론은 신문의 경우와 마찬가지로 궁극적으로는 애국담론을 지향하고 부국강병론과 결합하게 된다. 이는 국권이 흔들리던 한말이라는 특정한 시기에 여성담론이 거둔 주목할 만한 성과이기도 하다. 그러나, 역설적으로 이는 여성담론의 근대적 진화를 가로막는 원인이 되기도 했다. 근대 초기 국내외 잡지를 통해 전개된 여성담론의 가장 큰 한계는 그것이 애국담론 혹은 부국강병 담론과 분리가 어려울 만큼 매우 밀접한 관계를 유지하고 있었다는 점이다. 여성담론이 애국담론과 연결되는 틀 자체가 의미 없는 것은 결코 아니다. 한말에는 여성담론이 애국담론과 결합되었기 때문에 보수적 남성 지식인들까지도 여성담론에 관심을 표명하게 되었고, 남성필자가 중심이 되었던 다수의 학회지들까지도 여성담론에 지속적인 관심을 보일 수 있었다는 해석도 가능하다. 1900년대 국내 발간 매체에서 여성담론의 출현 빈도가 한일병합 이후인 1910년대보다 월등히 높은 이유, 1910년 한일병합과 함께 일시적으로 국내

다는 집합적 상상력 또한 중요하게 자라나고 있었다. 신소설은 이 두 가지 상상력의 교차를 보여주는 가운데 특히 가족을 국가의 기본 단위로 조명하는 시각을 서사적으로 구체화해 갔다"(36쪽), "가정은 미래의 국민을 훌륭하게 길러냄으로써 국가의 기본 단위로서의 역할을 완수할 수 있다고 했다"(37쪽), "모성이 국민 양육의 분담자로서 의료화 · 과학화되는 것, 이것이 1900년대 남녀 동등론의 실질적인 결론이었다"(42쪽).

매체에서 여성담론이 소멸되는 현상을 보이는 이유도 이와 연관이 있다. 근대 여성담론이 새로운 모습을 드러내게 되는 것은 1910년대에 발행된 『여자계』 등의 유학생 잡지를 통해서이다. 한일병합 직후 국내 매체에서 여성담론이 급격히 사라져 버리게 된다는 점을 생각하면, 근대 여성담론 전개사에서 유학생 잡지가 수행한 역할은 상대적으로 의미가 크다. 『여자계』는 무엇보다 여성의 삶 자체에 대한 관심을 증폭시키고, 앞 시기에 발간된 매체들과는 구별되는 다양한 형태의 여성담론을 생성해냈다는 점에서도 의미가 있다.[10]

2) 『여자계』의 서지와 편집의 특징

『여자계』의 서지 정리에서 아직도 문제가 되고 있는 것은 이 잡지 첫 호의 발간 시기가 언제인가 하는 점이다. 『여자계』는 제2호부터 전해진다. 창간호는 실물은 물론 정확한 발행일조차도 확인된 바가 없다.

『여자계』의 발간 주체인 '동경여자유학생친목회東京女子留學生親睦會'가 결성된 것은 1915년 4월 3일이다. 이는 『학지광』의 우리 소식消息란

10 근대 초기 잡지 소재 여성담론에 관한 상세한 논의는 김영민, 「한국 근대 초기 여성담론의 생성과 변모 (2) — 근대 초기 잡지를 중심으로」, 『현대문학의 연구』 60, 한국문학연구학회, 2016, 129~173쪽 참조. 근대 초기 잡지 소재 여성담론에 대한 기존의 연구 성과로는 다음을 들 수 있다. 김성은, 「신여성 윤정원尹貞媛의 현실인식과 사회활동」, 『한국근현대사연구』 67, 한국근현대사학회, 2013; 유정숙, 「근대계몽기 '여성' 담론의 형성과 계기들 — 학술지 『태극학보』를 중심으로」, 『한국언어문화』 40, 한국언어문화학회, 2009; 이장우, 「대한제국기 『가뎡잡지』에 대한 일고찰 — 애국계몽운동의 일단면」, 『서지학연구』 4, 한국서지학회, 1989; 임상석, 「근대 지식과 전통 가치의 공존, 가정학의 번역과 야담의 번안 및 개작 — 『가뎡잡지』 결호의 발굴」, 『코기토』 79, 부산대 인문학연구소, 2016.

에 게재된 다음의 기사를 통해 확인할 수 있다.

女子親睦會의 出生. 金淑卿, 金貞和, 金弼禮, 崔淑子 諸氏의 發起로 四月 三日에 婦人會를 金貞植 氏 宅에 開催ᄒᆞ고 一會를 組織ᄒᆞ얏는데 名稱은 女子親睦會라 하고 會長은 金弼禮 孃이 被選되얏다더라 親睦뿐 아니라 女子界의 光明이 되야 「엘런께이」의 일은바 理想的婦人의 生을 創造하기를 간절히 바라노라.[11]

이 기사를 통해 알 수 있는 사실은 출범 당시 단체의 명칭은 '여자친목회女子親睦會'였고, 회장은 김필례金弼禮가 맡았다는 것이다. 김필례는 일본동경여자학원 고등부에 재학 중이었다. 모임의 장소가 김정식의 사저私邸였던 것으로 미루어 보면, 발기 당일 참석자 수가 그리 많지 않았음을 알 수 있다. 『여자계』 제5호 소식란에는 "우리 女子親睦會는 一九一五年에 當時 우리 女子留學生 十餘人이 創立한 後로 每年 三次式 會集하여"[12]라는 구절이 있다. 출범 당시 모임의 참석자 수는 십여 명에 불과했던 것이다. 여자친목회의 전체 회원 수는 이보다는 많아 대략 30~40명 정도였다.[13] 여자친목회의 초대 회장을 맡았던 김필례는 1916년 학교를 마치고 귀국해 정신여자중학교 교사를 지내는 등 국내 교육계에서 활동하게 된다.[14]

---

11 「우리 소식消息」, 『학지광』 5, 1915.5, 64쪽.

12 「소식消息」, 『여자계』 5, 1920.6, 67쪽 참조.

13 1917년 9월 이후 새롭게 도쿄에 온 여자유학생 9명을 합해 회원이 모두 40여 명이 되었다는 기사 참조. 「소식消息」, 『여자계』 2, 1918.3, 75쪽.

14 『여자계』 제2호 소식란에는 다음과 같은 기사가 실려 있다. "我親睦會를 믿드러주시고 가신 金弼禮 氏는 元來 熱誠이 만흐신 형님이시라 番今 蓮洞 貞信女學校에셔 教育에 힘

『여자계』 창간호의 서지 사항을 유추할 수 있는 자료로는 다음의 기사가 주로 인용된다.

> 지난 春期에 謄寫版으로 第一號를 發刊하앗던 雜誌 女子界는 大發展의 準備를 가지고 지난 六月末日에 活版으로 五十餘頁의 第二號를 發行하앗는데 女子 諸氏의 深刻한 思想과 美妙한 文章은 男子로 하여곰 仰面의 餘地가 업스리만큼 그 內容이 豊富하고 그 步武가 堂堂하더라(定價 十五錢, 發行所 東京府下下澁谷三四三 常盤屋 女子界社)[15]

이 기사에 따르면 『여자계』 제1호는 '지난 춘기'에 등사판으로 발간되었고, 제2호가 '지난 6월 말'에 활판으로 발간되었다. 하지만, 현재 실물 확인이 가능한 『여자계』 제2호는 위 기사에서 제시한 잡지 제2호와 서지 사항이 전혀 일치하지 않는다. 현존하는 『여자계』 제2호의 발행일은 1918년 3월 20일이고, 정가는 18전이며, 발행소 즉 여자계사의 주소는 東京本鄕區眞砂町二十五번지이다. 따라서, 위 기사에서 제시한 활판 인쇄 잡지는 『여자계』 제2호가 아니라 『여자계』 제1호라는 것이 현재 학계의 공통된 의견이다. 이 사실을 토대로 다시 정리하면, 『여자계』 창간호는 원래 등사판으로 발간되었고, 이후 1917년 6월에 활판으로 제1호를 재발행했다는 이해가 가능하다. 하지만 그렇다고 하더라도, '지난 춘기에 등사판으로 발간된 제1호'에 대한 의문은 여전히 남는

쓰시는 中인딕 學生들의 歡心은 宏壯ᄒᆞ다 ᄒᆞ오며 누구의 便에 氏 特히 親睦會 여러 會員씌 安否를 傳히달나 ᄒᆞ시며 自己는 工夫할 ᄯᅢ보다 더 滋味잇는 生活을 합니다고 ᄒᆞ신다더라." 위의 글.

15 「소식」, 『학지광』 13, 1917.7, 84쪽.

다. 특히 등사판 제1호가 발간된 시기 즉 '지난 춘기'가 언제인가 하는 점을 명확히 구명해야 하는 것이다. 이에 대해서는 현재 두 가지 의견이 있다. 하나는 '지난 춘기'를 이 기사가 쓰인 해인 '1917년 봄'으로 보는 것이다.[16] 다른 하나는 이를 여자친목회가 결성된 시기인 1915년 4월 무렵, 정확히는 '4월 8일경'으로 보는 것이다.[17] '지난 춘기'가 1917년 봄이 아니라 1915년 봄이라는 주장은 『여자계』와 『동아일보』에 실린 다음의 두 자료를 바탕으로 한 것이다.

> 동경에서 처음 된 일 하나 잇슴니다 이는 곳 동경에서 류학하시는 女學生들이 女子界 第五週年 記念式을 하엿는딕 朝鮮서 보든 아름다온 흰 옷은 우리 靑年會館에 천사가 강님한 듯 눈을 놀닉게 하고……[18]

> 女子界紀念會
>
> 동경서 셩대히 거힝
>
> 동경에 류학하는 우리 자매의 손으로써 발힝되는 잡지 녀자계女子界는 발서 창간한지 오주년이 된지라 창간 오주년 긔렴회를 지난 팔일 밤 여섯시에 동경 신뎐구 조선긔독교 청년회관 내에 개최하엿는대 그날밤 남녀학싱의 출석이 삼빅여 명에 달하고 「스코필드」 박사의 강연이 잇서 자뭇 성황을 이루엇슬 뿐더러 녀자계 발힝 유지비로 긔부금이 오빅여원이 뫼이고 현금으로 삼빅오십여원이 거두어젓다더라(동경)[19]

---

16 서정자, 「나혜석의 처녀작 「부부夫婦」에 대하여」, 『여성문학연구』 1, 한국여성문학회, 1999, 307~329쪽; 이상경, 『한국 근대 여성문학사론』, 소명출판, 2002, 58쪽 참조.
17 이혜진, 「『여자계』 연구」, 연세대 석사논문, 2008, 11~23쪽 참조.
18 「편집여언編輯餘言」, 『여자계』 5, 1920.6, 51쪽.

이 자료들에 의하면 1920년 4월이 『여자계』 창간 5주년이 되고, 따라서 여자계가 창간된 시기는 1915년 4월이 된다. 적어도 이들 자료에 근거한다면, 『여자계』가 창간된 것은 1915년 4월이 분명한 것이다. 하지만 이런 기사가 발굴되었다고 해도 의문이 완전히 사라지는 것은 아니다. 가장 큰 의문은 1915년 4월 3일에 발기 모임을 가진 여자친목회가 어떻게 1주일도 되기 전에 잡지 창간호를 낼 수 있었는가 하는 점이다. 이는 아무리 등사판 잡지라 할지라도 원고 집필과 수합 및 편집 작업 등을 감안하면 거의 불가능한 일이다. 그런가 하면, 『여자계』 제5호의 「편집여언」에 등장하는 '여자계 제5주년 기념식'이라는 구절의 의미도 명확한 것이 아니다. 『여자계』에서는 '여자계女子界'라는 단어가 통상 두 가지 의미로 사용되고 있다. 이 단어는 잡지 『여자계』를 지칭하는 의미로 주로 사용된다. 그러나, 경우에 따라서 이는 '여자들의 세계'를 의미하기도 한다. 다음의 경우를 보면 이를 알 수 있다.

> 戰後의 婦人의 地位와 責任은 얼마ㄴ 變하고 커질까요! 우리 女子界도 그새 좀 변하여가는 거슨 고마우나, 眞實, 質儉, 努力, 犧牲의 精神이 매우 不足한거슨 恨歎할 일이외다.[20]

이런 맥락에서 접근하면 '여자계 제5주년 기념식'은 잡지 『여자계』 창간 5주년 기념식이 아니라, 여자친목회 창립 5주년 기념식으로 해석하는 것 또한 가능하다. 『여자계』 제5호의 「편집여언」에 이어 나오는

---

19 「여자계기념회女子界紀念會」, 『동아일보』, 1920.4.13.
20 「제2호第二號 발행發行에 제際하야」, 『여자계』 2, 1918.3, 76쪽.

소식消息란에서도 '여자계, 유학생계, 조선 여자계' 등의 표현이 계속 이어진다. 이때 '여자계' 혹은 '조선 여자계'가 의미하는 것이 잡지명이 아니라는 사실은 명확하다. 이날 모임에 참석해 일정한 액수를 기부한 사람들의 명단은 "今番에 女子界 第五週年 記念式에 捐助하신 諸氏의 氏名"[21]으로 표기가 되어 있다. 이 또한 잡지 『여자계』를 위한 기부가 아니라, 여자친목회 등 '여자계'의 일반 활동을 위한 기부로 해석될 수 있다. 『여자계』 제5호 본문에 수록된 축하의 글 「축오주년여자계祝五週年女子界」에서는 축하의 대상이 줄곧 '학흥회여자계學興會女子界'로 표현된다. 이 글은 "비나이다 비나이다 萬頃蒼波에 救世船이 되며 黑暗한 每日夜에 燈火가 된 學興會女子界는 永遠無窮토록 계시기를 비나이다"라는 구절로 시작되어 "兩手執拜하나니 學興會女子界여 汗, 油, 血로써 우리 社會를 光明한 日月下 廣闊한 運動場으로 引導하여 주시기을 懇切히 비나이다"[22]라는 구절로 끝이 난다. 잡지 『여자계』에 대한 언급은 없다.

1915년부터 1917년 상반기까지 간행된 국내외의 어떠한 매체에도 잡지 『여자계』에 관한 기사가 실린 바 없다는 점도 의문을 더한다. 『학지광』이나 『청춘』 등 국내외 잡지에서 『여자계』 창간에 관련된 기사가 발견되는 것은 모두 1917년 여름 이후부터이다. 『청춘』에서 최남선이 『여자계』 1호를 보고 "대개 우리의 안악네가 입 잇는 표를 膽大하게 드러낸 嚆矢라 할 것"[23]이라고 언급한 사실도 주목할 필요가 있다. 그 이전에는 이른바 아낙네들이 '입 있는 표'를 드러낸 바가 없다는 사실로 해

21 「기부寄附」, 『여자계』 5, 1920.6, 52쪽.

22 청파靑波, 「축오주년여자계祝五週年女子界」, 『여자계』 5, 1920.6, 3쪽.

23 「여자계女子界」, 『청춘』 10, 1917.9, 11쪽. 이 글은 『여자계』 제2호에 「청춘靑春에서 여자계女子界의게」라는 제목으로 다시 수록되었다.

석될 수 있기 때문이다. 그렇다면 『동아일보』 기사에 포함된 '잡지 『여자계』 창간 오주년 기념회'라는 구절을 어떻게 해석할 것인가? 『동아일보』의 이 기사는 취재 기사가 아니라 전언傳言 형식의 단신이다. 따라서, '여자계 5주년 기념식'이 '여자계 창간 5주년 기념회'로 잘못 전달될 가능성이 없지 않다. 즉 오보의 가능성을 배제할 수 없는 것이다. 제3호 발간으로부터 무려 1년 6개월이 지난 1920년 3월 25일에야 『여자계』 제4호가 발간되었고, 이렇게 발간된 제4호에 창간 5주년 기념호라는 표기가 없다는 사실도 성대하게 거행되었다는 기념식의 분위기와는 어울리지 않는다. 뒤에서 상세히 언급하겠지만, 『여자계』는 제3호 발간 이후 정간停刊 상태에 처해져 있었다.

설령 『여자계』의 창간 시기를 1915년으로 보더라도, '1915년 춘기 등사판 『여자계』와 1917년 6월 제1호의 발간을 모두 평양숭의여중학교平壤崇義女中學校와 관련된 사람들이 주도한 것'[24]으로 추정하는 것은 재고할 필요가 있다. 여학생친목회와 긴밀한 관계를 유지한 인물들 가운데 평양숭의여중학교의 졸업생으로는 황신덕, 송복신, 최성숙, 구순선, 위덕실, 엄성실 등이 꼽힌다.[25] 그런데, 이 가운데 송복신, 구순선, 최성숙 등은 모두 1916년 이후 숭의여중을 졸업했으므로 이들이 1915년 등사판 창간호 발행 작업에 참여할 수 있는 가능성은 전혀 없다. 후일 『여자계』의 발간에 깊이 관여하게 되는 황신덕이 숭의여중을 졸업한 것은 1915년이다. 그러나 황신덕은 졸업 직후 국내에서 3년간 교회 관련 일을 하다가 1918년 12월에야 처음으로 일본 유학을 시작하게 된

24 이혜진, 앞의 글, 17쪽 참조.
25 위의 글, 16쪽 참조.

다.[26] 따라서 그 역시 등사판 창간호 작업에 관여할 수 없었다. 숭의여중에서 교사를 지냈던 황신덕의 언니 황애시덕이 『여자계』의 발행에 깊이 관여한 것은 분명하다. 하지만, 황애시덕이 일본에 유학해 동경여자의학전문학교에 입학한 시기 또한 1917년이므로, 그녀 역시 1915년의 창간호 발간에는 참여할 수 없었다. 정황으로 미루어 보면 황애시덕의 경우는 1917년 6월 『여자계』 제1호의 발행에 관여했을 가능성이 매우 크다. 아울러 평양숭의여중 동창회 잡지부의 역할도 1917년 이후부터로 보는 것이 타당하다.

다시 인쇄한 활자본 창간호의 발행 시기는 언제일까? 『학지광』 제13호에서는, 활판으로 새롭게 인쇄한 『여자계』 제1호가 '六月末日'에 발간되었다고 적고 있다. 이때 '六月末日'이 정확히 6월 30일을 의미하는 것인지 혹은 6월말 무렵을 의미하는 것인지에 대해서도 다시 생각해 볼 필요가 있다. 전영택이 쓴 일기체 수필 「동경東京에서 부산釜山까지」에는 그가 7월 11일에 『여자계』 제1호를 나혜석에게 전달했다는 기록이 나온다.[27] 그러니까 『여자계』 제1호는 늦어도 7월 11일 이전에는 출간된 것이 분명하다. 하지만, 일본 보안국保安局 보안과保安課가 작성한 「조선인朝鮮人 개황槪況」에는 『여자계』가 1917년 7월 12일에 첫 호를 발간했다고 기록되어 있다. 이 자료 중 『여자계』 관련 부분을 직접 인용하면 다음과 같다.

---

26 노영희, 「황신덕黃信德의 일본체험과 일본선각자들과의 지적교류」, 『인문과학연구』 8, 동덕여대 인문과학연구소, 2002, 177~189쪽 참조.

27 추호秋湖, 「동경東京에서 부산釜山까지」, 『여자계』 2, 1918.3, 57쪽 참조.

여자계女子界

본지本誌는 동경재류조선여학생東京在留朝鮮女學生 등等이 조직組織한 여자친목회女子親睦會의 기관잡지機關雜誌로 대정육년大正六年 칠월七月 십이일十二日 초호初號를 발행發行했다 일년一年 사회四回의 소잡지小雜誌로 그 목적目的은 조선여자朝鮮女子의 지식知識을 개발開發하고 품성品性의 향상向上을 꾀하는 데 있다고는 하나 그 발기인發起人인 김덕성金德性, 나훈석羅薰錫, 홍기원洪基瑗 등等은 여자학생女子學生 중中 배일적排日的 색채色彩가 있고 또한 일찍이 찬조원贊助員이었던 이광수李光洙(갑호甲號 와세다학생), 전영택田榮澤(갑호甲號) 두 명은 요시찰인要視察人 중中 쟁쟁錚錚한 자이다 그런데 자금資金 부족으로 정기定期로 발행發行하지 못하는 일이 많아 대정칠년大正七年 구월九月 제삼호第三號 발행發行 이래以來 휴간休刊과 같은 상태였는데 대정구년大正九年 삼월三月 이십오일二十五日 제사호第四號를 낸 이후 계속해서 간행刊行했다.[28]

이 기록에 등장하는 『여자계』 제3호 및 제4호의 발행일은 현존하는 『여자계』의 발행일과 오차 없이 일치한다. 그 점에서 보면 『여자계』 제1호의 공식적인 발행일이 7월 12일이었을 가능성을 배제하기 어렵다. 이런 점들을 종합하면, 『여자계』 제1호의 실제 제작은 6월 말에서 7월 초에 걸쳐 완료되었고 공식적인 간기刊記는 7월 12일로 되어 있을 것이라는 새로운 추정이 가능하다.

여자친목회 편집부가 『여자계』의 편집과 발행을 맡게 된 것은 제2호

---

28 박경식朴慶植, 『在日 朝鮮人關係 資料集成』 第1卷, 三一書房, 1975, p.97. 원문은 일본어로 되어 있으나 여기에는 우리말로 옮겨 적는다. 한자는 원문 그대로이다. 이 자료 속 인물 나훈석羅薰錫은 나혜석羅蕙錫의 오류이다.

부터였다. 여자친목회는 1917년 10월 17일 임시총회를 열고 다음과 같이 새로운 임원을 선임한다. 회장 김마리아, 총무 나혜석, 서기 정자영, 부서기 김충의, 회계 현덕신. 이날 회의에서는 그동안 미루었던 제반 사무를 처리한 후, '겸하여 여자계의 편집사무를 본회에서 주간하기로 만장일치로' 결의한다. 그 결과 편집부장으로는 김덕성을, 편집 부원으로는 허영숙, 황애시덕, 나혜석 등을 선임하게 된다. 특기할 만한 점은 편집 찬조에 전영택과 이광수의 이름이 올라있다는 사실이다.

『여자계』는 매년 네 권씩 발행될 예정이었다. 독자에게 알리는 글에서 "本誌는 年四回發刊으로 改正하엿사오니 購覽하실이는 前金을 보니시오"[29]라고 공고한 것을 보면 이를 알 수 있다. 이는 중도에 "年三回發行"[30]으로 수정되지만 실제로는 이조차 제대로 지키지 못한다. 1917년 6월 말 제1호를 간행한 후 제2호의 편집이 진행된 것은 그해 가을이었다. 『여자계』 제2호의 발행은, 여자친목회 임시총회와 편집부 창설 등의 과정을 거치면서 이듬해인 1918년 3월로 미루어지게 된다.

> 第二號를 본래 지는 해, 창밧긔 碧梧桐이 우스스 써러질 째에 編輯한거슬, 써러젓든 자리에 다시 새엄이 나오고 몇츨 아니어서 百花가 爛漫하게 된 이 째에 비로소 져빗져빗 나아가게 되엇스니 참 렴테 업습니다. 第一號는 변변치 못한거시 뜻밧긔 內外의 만흔 同情과 歡迎을 밧은거슨 깁히 감사하는 바이외다. 그러누 니어 發刊하지 못하야 諸位의 厚意를 져바리게 된거슨 매우

29 「독자주의讀者注意」, 『여자계』 2, 1918.3, 77쪽.

30 『학지광』 제19호(1920.1) 속표지 『여자계』 제4호 광고 문안 참조. 『여자계』 제4호에도 "우리는 春期, 夏期, 冬期의 放學 時期를 利用하야, 年三回發刊하오며"(70쪽)라는 구절이 있다.

죄송하오며 유감으로 생각하옵내다.[31]

여러 가지 형편으로 인해 제2호의 발행이 늦어지게 되자 새로 구성된 편집진들은 '사세事勢로 인하여 여자계 제2호 발행이 늦게 된 이유를 내지內地 및 해외의 각 단체와 교회 등에 통지'한다. 여자친목회 임시 총회와 편집부 창설 등의 소식을 접한 평양숭의여중학교 동창회 잡지부에서는 편집 사무 및 회계 일체를 '동경여자유학생친목회'에 넘기게 된다.

우리 「女子界」의 어머니 되시는 平壤崇義女中學校 同窓會 雜誌部에셔는 이 通寄에 依ᄒᆞ야 各會員에게 그 理由를 印刷ᄒᆞ야 돌녓다ᄒᆞ며 그 中에만 如下한 말이 써 잇더라,

「認可는 우리가 得ᄒᆞ엿는ᄃᆡ 名譽난 東京居女子留學生親睦會의게 讓ᄒᆞ고 우리난 只今 女子界에 對ᄒᆞ야 論文 等을 付ᄒᆞ고 冊子賣與에 熱心ᄒᆞ기로 作定이오며 萬一 東京에 居留諸氏가 住宅ᄒᆞ고 發行ᄒᆞ는 時에는 本會에서는 積立金五拾圓을 寄付ᄒᆞ고…… 云」ᄒᆞ엿더라[32]

평양숭의여중학교 동창회 잡지부는 적립금도 모두 여자친목회에 기부하고, 자신들은 잡지 판매 등의 역할만을 맡아하기로 한다. 『여자계』 제2호에 수록된 글 「제이호第二號 발행發行에 제際하야」를 보면, 원고의 교정을 담당했던 기자의 필명이 추인秋人으로 표기되어 있다. 추인은 곧 편집 찬조원으로 이름이 올라 있던 전영택으로 보인다. 그런데, 전영택

31 「제이호第二號 발행發行에 제際하야」, 『여자계』 2, 1918.3, 76쪽.
32 「소식」, 『여자계』 2, 1918.3, 75쪽.

은 제2호의 편집뿐만 아니라 평양숭의여중학교 동창회 잡지부가 주관하던 제1호의 편집 실무 또한 담당했다. 전영택은『여자계』제2호에 모두 네 편의 글을 수록했다. 그 가운데 추호秋湖라는 필명으로 집필한「동경東京에서 부산釜山까지」와 일기자一記者라는 필명으로 집필한「가정방문기家庭訪問記」에는 그가『여자계』제1호의 편집 및 발행 업무에 깊이 관여했다는 사실이 쓰여 있다.「동경에서 부산까지」는 전영택이 일본을 떠나 부산을 거쳐 경성으로 가는 과정에 대한 기록이다.「가정방문기」는 반대로 그가 경성을 떠나 부산을 거쳐 일본으로 가는 과정에서 있었던 일을 기록한 것이다.

> 가지고 나왓든 雜誌를 晶月 氏에게 들엿드니 그들이 그 자리에서「이거슨 요신하마 갈게-지」「이거슨 ○○學校 갈게이지」 ᄒᆞ며 貴ᄒᆞᆫ 듯이 논아가지는 거슬 보고 나는 속으로 感謝ᄒᆞ엿다. (…중략…) 비로소, 女子界 一號의「女子의 本務」의 執筆人되시는 金德性 氏를 알고 女子學院에서 工夫ᄒᆞ시는 金貞子 氏를 알앗다. 金德性 氏에게, 죠흔 原稿를 보내쥬셔서 고맙다는 말을 ᄒᆞ니까 얼골을 좀 붉겨서 겸ᄉᆞ의 말을 ᄒᆞ시며 져이는 아모것도 하지 못ᄒᆞᄂᆞᆫᄃᆡ 도로혀 男子되신 이가 女子界을 爲하야 그럿케 힘써 일ᄒᆡ 쥬시니 엇지 붓그러운지요 그러고 감ᄉᆞᄒᆞᆫ 말슴을 이로 다 할 수 업습니다」 이런 쯧의 稱頌을 들엇다.[33]

> 나는 夫人을 向ᄒᆞ야「지금 紹介하신 말슴과 갓치 져는 東京서 女子界른 雜誌의 일을 맛하보앗ᄂᆞᆫᄃᆡ」 (…중략…)「實狀 제가 오늘 온거슨 우리 雜誌에

33 추호秋湖,「동경東京에서 부산釜山까지」,『여자계』2, 1918.3, 57쪽.

原稿를 보닉줍시사고 付託ᄒᆞ야 두자고 온 거시외다 그러ᄂᆞ 졔 所願은 두 가지를 다 해 쥬시면 좃깃습니다. 女子界는 말ᄒᆞ면 朝鮮의 한 婦人雜誌인ᄃᆡ 이번에ᄂᆞᆫ 男子들이 쓴 것도 만코 女子가 썻다고 하여도 아직 世上에 經驗이 업ᄂᆞᆫ 工夫하ᄂᆞᆫ 이들이 썻으니 무엇이 변변하깃습닛가」[34]

전영택은 원고의 기획 및 청탁에서부터 제작에 이르기까지 잡지 발행의 모든 주요 업무를 도맡아했다. 『여자계』 제3호의 표지에는 헬렌켈러의 사진이 실려 있는데, 같은 호에 전영택은 「헬렌켈러」라는 글을 실어 그의 전기를 소개하고 있다. 다음의 내용을 보면 『여자계』 제1호의 표지는 헬렌켈러의 명언들로 채워져 있었음을 알 수 있는데, 이 또한 전영택의 기획에 따른 것으로 보인다.

本誌 第一號에 임의 켈너 女史의 말노 表紙를 ᄭᅮ미고 몃다매[몃마대]로 그를 紹介한 바 잇거니와 이제 記者는 다시, 女史를 깁히 崇敬하는 쓰거운 마음으로 그를 우리 姉妹에게 仔細히 紹介하려 하나이다. 나는 만흔 생각을 가지고 만흔 바람을 가지고 이 글을 쓰는 거시오니 姉妹들은 몬져 옷깃을 正히 하고 眞實한 態度로 닑의시기를 바랍니다.[35]

第一號의 表紙에 잇는 몃마대만 보아도 짐작은 하겟습니다 「三坪의 뜰이 비록 좁으나 나아가서 能히 千萬辰星을 바라볼 수 잇다」는 말노 自己身世를

---

34 「부산釜山에서—경남은행慶南銀行 지배인支配人 문상우 씨文尙宇 氏 가정방문기家庭訪問記」, 『여자계』 2, 1918.3, 49쪽. 이 글은 표지 목차에는 일기자一記者의 「가정방문기家庭訪問記」로 소개되어 있다.

35 추호秋湖, 「헬렌켈러」, 『여자계』 3, 1918.9, 53쪽.

比한 거슬 보십시오. 果然 그 精神生活이 얼마나 高尙해진 거슬 알 수 잇습니다. 精神이 한번 그럿케 되면 世上에 落心할 일이 무어시고 悲觀할 거시 무어시겟습닛가.[36]

『여자계』의 편집 과정에서 전영택의 역할은 절대적이었다. 전영택이 『여자계』 편집에 관여했던 것은 단순히 『여자계』와 『학지광』의 관계 때문만은 아니었던 것으로 보인다.[37] 그보다는 전영택의 출생지가 평양이었고, 평양에서 대성중학을 다니다 일본으로 유학을 오게 된 이력이 평양숭의여중 동창회 잡지부와 인연을 맺는 계기로 작용했을 개연성이 크다. 그동안 일본 유학생 사회의 상호 교류와 조직의 구성에서 가장 중요한 변수로 작용한 것이 지연地緣이었다는 점을 생각하면, 이는 충분히 가능한 일이다. 편집 찬조원에 이광수의 이름이 올라 있는 것도 마찬가지 이유 때문이었던 것으로 보인다. 여자친목회 편집부는 경험의 부족을 자신들의 적지 않은 약점으로 생각하고 있었다.

아모 經驗도 업고 能力도 업시 女子界 第二號붓허 女子親睦會에셔 主幹케 되온거슨 너머 無責任흔 일이 아닐가 ᄒᆞ야 저의들도 未嘗不 여러번 躊躇ᄒᆞ엿습니다마는 幸福한 時期인지 不幸한 時期인지 우리 어머니들 이런 일을 해주셧스면 우리들은 冊床압헤 안져 工夫만 ᄒᆞᄂᆞᆫ 거시 當然한 일이렷마난 철업는 兒孩들이 무어슬ᄒᆞ겟다 하난 거슨 졔가 ᄉᆡᆼ각ᄒᆞ야도 한심한 일이올

36 위의 글, 58쪽.

37 『여자계』는 『학지광』을 "東京의 우리 오래비 雜誌"라고 표현한 바 있다. 「신간소개新刊紹介」, 『여자계』 2, 1918.3, 74쪽.

시다 그러나 어리다고 못ᄒᆞ고 일는다고 고만두면 또 未久에 우리 ᄯᆞᆯ들의게 「어머니들 왜 어[이]런 일들을 아니ᄒᆞ여노아 주셔소」ᄒᆞᄂᆞᆫ 원망을 드를 ᄉᆡᆼ각을 한즉 밤에 잠을 들자고라도 져의들이 할 수 잇ᄂᆞᆫ ᄃᆡᄭᆞ지 ᄇᆡ화가며 힘써 보랴 함이로소이다 아모려나 음나온 女子界가 如何튼 잘되기만 바람이은즉 次次니 튼튼한 編輯部가 ᄉᆡᆼ길는지 모로겟삽ᄂᆞ이다. 할 수 잇ᄂᆞᆫ ᄃᆡ로 그런 조흔 길이 잇기를 바라ᄂᆞᆫ 바로소이다.[38]

전영택의 술회에 따르면, 『여자계』 제1호의 편집 및 발간 작업에서 평양숭의여중학교 동창회 잡지부가 수행한 일은 발행 허가를 얻는 일 외에는 달리 없었다. 전영택이 편집의 방향과 발행 시기, 재정 계획 수립 및 문체 선정 등 모든 주요 사항의 결정에 깊이 관여했던 것이다.[39] 전영택의 『여자계』 편집 참여는 제3호까지 지속되었다. 제4호부터는 여자친목회 회원들이 독자적으로 잡지의 편집 및 간행 작업을 진행한다. 『여자계』 제4호에 수록된 글 「여러분씌」에는 이러한 사정이 구체적으로 기록되어 있다.

우리 女子界를 爲하야 東西南北에 輿論을 求하며 멀니 祖國을 向하야 우리를 찾는 同胞들의게 손을 치고 부르지지면서 晝夜를 헤아리지 안코 無限한 애를 쓰신 洪基瑗, 田榮澤 其他 諸氏의게는 무어라고 감샤할넌지 말할 바

38 「편집실編輯室에셔」, 『여자계』 2, 1918.3, 75~76쪽.

39 『여자계』 제2호의 편집 및 발행 과정 전반에 관한 후기를 적은 「편집실에셔」의 내용들을 보면 이를 알 수 있다. 「편집실에셔」의 필자는 '일기자一記者'로 표기가 되어 있다. 이 글에서 기자는 자신이 「가정제도를 개혁하라」는 논문을 썼다고 밝히고 있는데, 「가정제도를 개혁하라」에는 필자가 전영택으로 명기되어 있다.

를 깨닷지 못하나이다. 더욱 한거름 나가서 本誌 三號까지 始終이 如一하게 全心竭力하여주신 田榮澤 氏의게는 다시금 허리를 굽혀 賀禮하나이다. 氏는 우리 女子界의 經濟를 생각하야 氷水 한 잔도 사양하셧고 더구나 夏日炎天에 그 쓰거운 볏츨 쏘이며 땀을 흘니신 結果에 八拾餘 圓이나 되는 巨額의 寄附金을 모와서 慈母를 부르짓는 어린아희와 갓튼 우리 女子界 三號의 生命에 량식을 주어 거의 絶命하게 되엇든 中에서 救援하여 주셧스니 氏는 아마 꿈에라도 우리나라의 불상한 女子社會 = 그들의 指導者가 되려는 우리 『女子界』을 爲하야 근심하셔슬 줄 암니다. (…중략…) 우리는 이러한 自覺과 自任을 가지고 우리의 남자 社會에서 負擔할 우리의 重荷를 萬分之一이라도 난호야 되겟다는 決心으로 次序의 善不善과 作法의 好不好를 혜아릴 智力이 없는 우리 女子들이지만은 힘없는 두 손을 붓그러운 맘으로 들고 一九一九年으로 紀元을 삼아 우리 「女子界」가 獨立的 生活을 始作하려 하엿싸오나 그도 쏘한 우리 周圍의 急迫한 事情이 우리를 理想鄕으로 부르는 바람에 사랑하는 여러분도 우리의 사경을 짐작사실 줄 밋는 고로 不得已 停刊하엿섯다가 지금이야 겨우 發刊하게 되엿나이다.[40]

『여자계』 제3호 발간 이후 전영택 등으로부터 잡지 발간 업무를 넘겨받은 여자친목회 편집부는 제4호의 편집 작업에 들어간다. 편집 주체의 변화는 김환의 글 「부활復活하는 여자계女子界의게」를 통해서도 확인할 수 있다.

40 「여러분 씌」, 『여자계』 4, 1920.3, 69쪽.

여러분도 다 갓치 아시는 바와 갓치 「女子界」 自體로 보면 좀 붓그러운 말이지만은 創刊號부터 三號까지는 남자의게 直接 관활을 밧으며 或은 保護를 依賴하여 왓섯고 自立自營하지 못하엿습니다. 그러나 그들은 언제까지던지 남자의게 保護만 밧겟습니까? 於是乎 「女子界」는 昨年 겨울에 斷然히 남자의 기반을 버서나서 그 經營을 自手로 하게 되엿습니다. (…중략…) 女子界가 맨 처음 엇써케 始作되엿는지 아심니까? 멧사람 남자의 娛樂半分의 經營으로 된 것이외다. 무론 그이들이 우리나라의 어두운 女子社會를 爲하야 獻身하려는 公益心으로 하엿겟지요만은, 第三者의 冷靜한 頭腦로 公正하게 判斷하게 되면 直接關係가 잇는 女子自己가 自己의 일을 하지 못하고 直接으로는, 無關한 남자들이 始作하엿스니 말이외다. 自己의 할 일을 남이 하도록 맛겨둔 女子들노 말하면 다시 말할 수 없는 羞恥지만은 엇재스나 몬져 始作하여주신 그들의게는 감샤할 수밧게 없나이다. 女子가 언제까지던지 잠만 자고 잇서서야 되겟습니까.[41]

이 글에서는 『여자계』의 창간과 제작이 몇몇 남자들의 공익심公益心과 더불어 '오락반분娛樂半分'으로 시작되었다고 서술한다. 『여자계』 제4호의 편집 독립에 대해서는 다음의 「편집여언編輯餘言」도 참고가 된다.

△이번 四號부터는 우리가 獨立하여서 自力으로 經營하게 된 結果 內容에 對하야 不充分한 것은 勿論임니다만은 이러케 된 것이 우리 當局者의 하고져 하는 바는 아니오나 경험도 없고 短促한 時間에 急急히 하노라고, 말에

41 김환, 「부활復活하는 여자계女子界의게」, 『여자계』 4, 1920.3, 2~3쪽.

順序도 가리지 못하리만콤 이 쏠이 되엿싸오며 有志諸氏의 原稿도 많이 녓치 못함은 우리의 허물이오니 讀者여러분은 넓으신 사랑으로 情地를 살펴주시기외다.[42]

『여자계』 제4호는 원래 1919년 봄에 발간될 예정이었다. 그러나 '우리 주위의 급박한 사정'에 의해 잡지는 부득이 정간停刊을 맞게 된다. 이에 대해서도 「편집여언」은 다음과 같이 언급하고 있다.

△우리 周圍의 急迫한 事情으로 因하야 우리 「女子界」도 지나간 三月에 發行하려든 第四號를 지금이야 發行하게 되엿나이다.

△지나간 二月에 四號를 編輯하여서 印刷所에 보내여 初校正까지 하엿스나 여러분이 다 아시는 바 갓치 그 일노 因하야 不得已 停刊하엿삽더니 그때에 記事를 지금 그냥 그대로 發行하게 되면 「時代遲」의 感이 잇는 고로 削除할 것은 削除하고 다시 좀더 增補 編輯하여서 지금 發行합니다 弱한 우리 女子들 손으로 되는 것인고로 不完全한 것이 많을 줄 自認하오나 넓으신 사랑으로 용서하여 주시기를 바라나이다.[43]

『여자계』 제4호는 1919년 2월에 편집은 물론 초교의 인쇄 및 교정까지 마친 상태였다. 그러나 갑작스럽게 마주하게 된 '주위의 급박한 사정' 및 '그 일'로 인하여 정간에 들어갔고, 예정보다 일 년 정도가 늦어진 1920년 3월에야 제4호를 간행하게 되었다는 것이다.[44] '주위의

42 「편집여언編輯餘言」, 『여자계』 4, 1920.3, 65쪽.
43 위의 글.

급박한 사정' 및 '그 일'이란 1919년의 3·1운동을 지칭하는 것이다. 『여자계』의 발행 주체인 여자친목회가 조선의 독립운동에 자금을 지원하는 등 적극 참여했다는 사실에 대해서는 경무국보안과가 작성한 자료 「조선인개황」에 다음과 같이 기록되어 있다.

단체명團體名—여자친목회女子親睦會

설립연월일設立年月日—대정팔년大正八年 사월삼일四月三日

설립목적設立目的—재경在京 여자女子의 친목親睦을 도모하고 품성品性의 향상向上을 목적目的으로 한다.

주요 조종자操縱者—회장會長 손정규孫貞圭

총무總務 유영준劉英俊

서기書記 황신덕黃信德

동同 현덕신玄德信

〈개황槪況〉

유명有名한 배일부인排日婦人 나훈석羅薰錫(나혜석羅蕙錫), 허영란許英蘭 등等의 발기發起하下에 조직組織하여 기관잡지機關雜誌로 『여자계女子界』를 발행發行한다 본회本會의 이면裏面에는 전영택田榮澤 이광수李光洙 등等의 배일자排日

---

44 『창조』에 실린 다음의 광고를 보면 『여자계』 제4호는 1920년 1월 발행을 목표로 제작되고 있었다는 사실을 알 수 있다. "女子界 / 年中三回發行 / 第四號 新年 一月 出刊 豫定 / 定價 每冊 參拾錢(郵稅二錢) / 우리 女子界도 여러분이 아시는 바와 갓치 우리 周圍의 事情으로 因하야 지난 三月에 發行하려다가 停止하엿든 第四號를 그냥 그대로 發刊하려하온즉 時代에 遲한 感이 잇삽기 다시 增補編輯하여 新年 一月에 새로운 面目으로 出現하려하나이다. / 社의 位置를 자조 變更하오면 여러가지 不便함이 만은 고로 社員들도 유감으로 생각하오나 우리는 學生의 身分임으로 一定한 住所에 오래 잇슬 수 없는 사세올시다 本社를 橫濱서 다시 左記番地로 옴기게 됨도 이러한 理由오니 情地를 살펴 주시기외다." 『창조』 3, 1919.12, 79쪽.

者가 원조援助하고 있다 본회원本會員의 대부분은 남자男子 못지않은 배일부인排日婦人이 많아 작년昨年 독립운동獨立運動에는 본회本會에서 운동비運動費로 백엔百円을 지출支出하고 응원應援에 힘써서 당시當時 본회원本會員이었던 황애시덕黃愛施德, 김마리아金瑪利亞 같은 자는 선내지鮮內地에서 소요騷擾에 가맹加盟하고 또한 본년本年 삼월일일三月一日 히비야공원日比谷公園의 독립일주년기념일獨立一周年記念日에도 칠명七名의 여자회원女子會員이 가담하였다 그리고 매월每月 수회數回 회합會合을 갖고 불온不穩한 언론言論에 내는 일이 적지 않다 또한 본회本會는 최근最近 학흥회學興會, 여자청년회女子青年會라는 단체團體를 조직組織하여 더욱더 활동活動을 개시開始하려고 기획企劃하고 있으므로 주밀周密한 주의注意를 요要한다.[45]

여자친목회는 고국의 3·1운동을 지원하고, 1920년에는 히비야공원日比谷公園에서 독립만세 1주년 기념식을 치르는 등 조선의 독립에 대한 의지를 적극적으로 표명했다. 여자친목회는 산하에 학흥회學興會와 여자청년회女子青年會를 두었다. 학흥회는 잡지의 발간을 지원하려는 목적 아래 조직된 모임이었다. 학흥회가 『여자계』의 발간을 주관한 것은 제4호부터이다. 이는 다음의 기사를 통해 확인할 수 있다.

우리 女子留學生親睦會에서 經營하던 雜誌 『女子界』는 獻身的精神으로 永久히 維持하겟다는 意味下에서 特別히 組織된 「女子學興會」의 直營으로 되는 同時에 오래동안 難產 中이던 『女子界』 第四號가 雜誌 編輯部員 劉英

45 박경식, 앞의 책, 90쪽.

> 俊, 金淑卿, 玄德信 以下 諸孃의 苦心中에서 近刊된다는데 體裁가 一新하고 內容이 前보다 豊富하리라더라[46]

학흥회의 회장은 유영준劉英俊, 부회장은 현덕신玄德信, 총무는 김숙경金淑卿 등이 맡았다.[47] 여자친목회는 유학생들 사이의 친목 도모뿐만 아니라, 고국에서 온 노동자들을 위한 사경회査經會를 여는 등 대외적인 봉사활동을 하기도 했다.[48] 『여자계』는 국내의 교육기관에도 적극적으로 배포되어 읽혔던 것으로 보인다. 『여자계』 제4호에 수록된 서한문 「재동경在東京 여학생女學生 제씨諸氏의게」에는 "開城 홀스튼女學校 校長씌셔 如左한 書簡을 本女子界에 記付하셧더라"[49]는 편집자 주가 달려 있다. 이 서한에서 교장은 '잡지 제1호를 잘 받았고, 될 수 있는 대로 본교 학생들에게 이를 애독하도록 장려하겠다'는 구절이 들어 있다.

『여자계』는 여성들을 위한 잡지이기도 했지만 다른 유학생 잡지와 마찬가지로 본질적으로는 지식인 잡지였다. 따라서 『여자계』는 '여성'

---

46 「잡지계雜誌界의 소식消息」, 『창조』 4, 1920.2, 58쪽.

47 「소식消息」, 『여자계』 4, 1920.3, 68쪽 참조. 참고로 소식란에는 학흥회 회장을 유영전劉英傳으로 표기하고 있으나 이는 유영준劉英俊의 오식이다. 『여자계』 제6호 소식란에는 1920년 5월 학흥회 임원 개선에 대한 기사가 실려 있다. 임원 개선의 결과 회장에 유영준劉英俊, 총무에 황신덕黃信德, 편집부원에 현덕신玄德信 등이 선임되었다. 『여자계』 6, 1921.1, 52쪽 참조.

48 「소식」, 『여자계』 4, 1920.3, 68쪽 참조. 다음과 같은 기사도 참고가 된다. "六月初七日에 학흥회에서 각각임원들이 東京안에잇는 이들에게 차자가서 심방ᄒᆞ고 其日曜日에 『이도가시라』고 하난ᄃᆡ가서 ᄌᆡ미나게 노랏난대 사람수난 二十九人되엿나이다 其日은 기렴으로 우리 청년회관에서 사진올 하엿난ᄃᆡ 모도 너무도 됴와서 입을 반만치 버리고 웃난 모양으로 쪽바르게 션 거슬 보니 엇지 아름다온지요 이곳에 류학을 보ᄂᆡ시고 보지 못하여 그리워하시난 부모 동ᄉᆡᆼ님들은 이 다음 호에 사진을 ᄂᆡ일터이오니 반가히 보시옵소셔." 「학흥회 주최로 시외산보市外散步」, 『여자계』 5, 1920.6, 54쪽.

49 왝널엘늬슨, 「재동경在東京 여학생女學生 제씨諸氏의게」, 『여자계』 4, 1920.3, 41쪽.

의 문자인 '한글' 보다는 '지식인'의 문자인 '한자'를 주로 사용했다. 하지만 『여자계』는 국한문체 기사뿐만 아니라 한글체 기사들을 함께 수록한다. 이는 1910년대에 발간된 지식인 매체 가운데서는 흔히 볼 수 있는 현상이 아니었다. 『여자계』는 출범 초기부터 잡지를 한글로 발간하는 것에 대해 심각하게 고민을 했던 것으로 보인다. 제2호에 수록된 다음의 기사를 보면 이를 알 수 있다.

> 여러분께 이러한 말솜을 드럿삽니다. 이 女子界를 순언문으로 ᄒᆞ엿스면 엇더하냐고 말솜하읍더이다. 事實 우리들도 그런 의론이 만핫섯습니다. 그러나 아직 實行치 못ᄒᆞ엿ᄉᆞ으며 將次는 그러케ᄒᆞ읍던지 或은 순언문 附錄을 닉도록 經營히볼가 ᄒᆞ읍니다. 그러고 次號븟허라도 할 수 잇ᄂᆞᆫ ᄃᆡ로 原稿를 쉬웁게 써주셧스면 돗켓습니다.[50]

여러 사람들이 『여자계』를 '순언문'으로 발간할 것을 권유했고, 편집진 역시 그런 의견을 놓고 고심한 적이 있다는 것이다. 하지만 아직은 그것을 실행하지 못하였고 장차는 그렇게 하거나 혹은 순언문 부록이라도 만들어 보겠다는 것이 편집진의 생각이다. 『여자계』의 편집진은 필자들을 향해 될 수 있는 대로 원고를 쉽게 써줄 것을 당부한다. 아울러, 가정주부의 투고를 적극 권유한다.

> 本誌ᄂᆞᆫ 特히 家庭改良, 兒童敎育에 本旨를 삼고저ᄒᆞ오니 이에난 冊床압

50 「편집실編輯室에서」, 『여자계』 2, 1918.3, 76쪽.

헤져 空想ᄒᆞᄂᆞᆫ 學生으르셔난 實地에 눈이 어두을거슨 推測ᄒᆞ실 것이며 아모죠록 家庭을 가지신 여러 主婦씌셔 만히만히 그 實地 經驗을 써주시면 大端히 歡迎ᄒᆞ겟슴니다. 부ᄃᆡ 닛지들 마시고 그리하여주옵소셔.[51]

『여자계』 제3호에는 '이 다음부터는 각 학교에서 공부하는 친목회 회원들이 순국문으로 부인네들 보실만하게 가정에 유익한 것을 많이 내기로 하였으니 부인네들도 잡지를 많이 구람購覽하여 주기 바란다'[52]는 글 또한 실려 있다. 한글체의 쉬운 원고를 지향하는 편집진들의 의사는, 될 수 있는 대로 '언문'과 '조선말'을 쓰자는 내용으로 집약되어 투고 규정에도 구체적으로 반영된다. 다음은 『여자계』의 투고 규정이다.

一, 本誌의 編輯上 關係로 本社에서 부탁드린 이의게 限하야 寄稿를 밧기로 합니다. (讀者欄은 此限에 不在홈)

一, 文體는, 할 수 잇ᄂᆞᆫ ᄃᆡ로 漢文과 漢語를 쓰지 말고 諺文으로 조선말을 쓰도록 합니다.

一, 字體는, 결단코 草書ᄂᆞ 亂書로 쓰지 말고 正字로 分明히 써쥬시오 (諺文은 더욱 分明히.)

一, 用紙는, 반다시 原稿用紙 十二行廿四字, (原稿用紙에 아니 쓴 거는 밧지 아니함)

一, 새로 一節을 始作할 ᄯᅢ마다 一字式 내려쓰고 말마대와 句節이 ᄶᅥ러질 ᄶᅢ마다 ,○을 너으시고 ,○『「(! 이것도 一字로 會計하야 써 주시오.

---

51 위의 글.

52 「편집여언編輯餘言」, 『여자계』 3, 1918.9, 64쪽 참조.

一, 誌上에는 匿名 變名으로 하실지라도 原稿에는 本氏名을 써주시오.

一, 原稿材料는 言論, 修養, 學藝(가령, 理化學 動植物 農工學에서 日常生活에 必要한 것, 其他 音樂 美術 等 科學上 常識) 家庭(衛生 育兒 敎育 經濟 家政) 文藝(詩, 小說, 感想) 傳記, (치우婦人의)[53]

한문과 한어漢語 대신에 언문과 조선말을 쓰자는 권고의 성과라 할 수 있는 한글체 기사의 예로는 「신구츙돌의 비극」(제2호), 「가뎡고문家庭顧問」(제3호), 「촉불이 써지려는 녀즈계의 고통」(제4호), 「부인금구婦人金句」(제5호), 「아가 우지마라」(제5호), 「부인금구夫人金句」(제6호) 등이 있

〈표 3〉 『여자계』의 기본 서지

호수	편집 겸 발행인	발행일	정가	비고
창간호		1915.4 또는 1917.4		등사판, 미발굴
1		1917.6.30 또는 1917.7.12	15전	활판, 미발굴
2	김덕성	1918.3.22	18전	
3	황애시덕	1918.9.10	23전	
4	유영준	1920.3.25	30전	1919년 2월 인쇄 및 초교 교정 완료. 일시 정간 후 일부 원고 교체 발행
5	유영준	1920.6.25	30전	
6	유영준	1921.1.11	35전	
7		1921.7 중순(?)		『학지광』 제22호에 목차가 수록된 광고 게재 미발굴
속간호	이숙종	1927.1.17	40전	표지에 "在日本東京女子留學生學興會發行雜誌"로 표기 되어 있음 호수는 제4호로 표기 되어 있음

53 「투고投稿에 대對하야」, 『여자계』 2, 1918.3, 77쪽. 제3호부터는 "原稿用紙에 아니 쓴 거슨 밧지 아니함"이라는 구절이 중간에 추가된다.

다. 『여자계』에 실린 한글 소설의 예로는 유영준劉英俊의 「즁국녀ᄌ中國女子의 굿은 경절」(제4호~제5호)과 MK生의 「Pollyanna 팔늬의나」(제4호) 등이 있다.

2. 『여자계』의 논설 연구

1) 가정제도의 개혁과 풍속의 개량

『여자계』 제2호의 권두 사설 「각성覺醒하라 신춘新春이로다」는 새로운 시대에 여성들이 해야 할 일에 대해 제안한 글이다. 이 글의 필자는 전영택이다. 전영택은 '조선의 여자들이 아직 잠자고 있다'는 사실을 전제로, 그들이 생명이 있다면 이제 깨어나야 하고 깨어나서는 움직여야 한다고 주장한다. 전영택은 조선 여자계를 위해 해야 할 일을 다음과 같이 제시한다. 첫째는 교육문제 해결이다. 교육은 아동교육, 학교교육, 사회(부인)교육 등으로 나눌 수 있다. 교육의 방법은 유치원·학교의 설립과 서적 잡지 출판과 연설 강연회 개설 등이 있다. 둘째는 사회개량이다. 퇴폐한 윤리를 진흥시키고, 고루한 사상을 개혁하며, 비위생적이며 비경제적인 의복식음가옥衣服食飮家屋을 개량하고, 기타 모든 비문명적인 관습과 풍속을 개량하는 일이 여기에 해당한다. 셋째는 사회구제이다. 돌보는 이가 없어 노상에서 방황하는 노인과 어린이를 구제하고, 흉악한 병마에 걸렸으나 고칠 길이 없어 신음하는 동포를 구제하기 위해 양로원·고아원·자혜병원 등을 세우는 일이 필요하다. 특히 위생보급은 사회구제 중 가장 크고 시급한 일이 된다. 이밖에도 시대의 희생자가 되어 버린 조선의 부인들을 구하는 일, 사회사업에 참여하는 일, 여자의 직업문제와 생활문제를 해결하는 일 등이 과제로 남겨져 있다는 것이다.[54]

전영택은 같은 호에 다시 「가정제도家庭制度를 개혁改革하라」를 써서, 조선의 가정제도를 개혁하기 위한 과제들을 구체적으로 제시한다. 가정은 안식과 쾌락의 장소이어야 하지만, 현금 조선의 가정은 오히려 불평과 고통을 낳는 장소라고 해도 과언이 아니다. 조선의 가정이 이러한 모습을 취하게 된 데에는 "勿論 家庭을 지은이들이 教育이 업는 것이 한가지 原因이깃지만은 그밧긔 第一 큰 原因이 이스니 곳 우리나라 古來의 家庭制度라"[55]는 것이 전영택의 판단이다.

> 朝鮮家庭은 말하면 父親은 專制王이오 其他 家族은 다아 臣民이오, 夫는 一家의 主人이오 夫人 其他 家族은 모도 奴隷이니, 이러한 가운딕 무슨 和平이 이스며 엇지 快樂을 바라리오. 그럼으로 좃차서 우리네 家庭에는 여-러가지 不自然하고 無理한 慣習이 잇고 甚至於 怪狀하고 無道한 習慣이 이서 우리에게 不平과 苦痛을 쥬며, 文明흔 眼目으로 보면 野蠻이라고 눈살을 집프리고 同情흐는 마음으로 보면 눈물을 흘니게 되는 거시로다.[56]

54 사설社說, 「각성覺醒하라 신춘新春이로다」, 『여자계』 2, 1918.3, 3~5쪽 참조.
55 추호秋湖, 「가정제도家庭制度를 개혁改革하라」, 『여자계』 2, 1918.3, 8쪽.
56 위의 글.

유교에 바탕을 둔 조선의 가족제도는 본래 아름다운 도덕으로 생겨난 것이지만, 후세에 와서 그 정신은 몰각되고 오직 형식만 남아 차차 부패하였고, 이제는 악풍惡風이 되어 우리에게 몹쓸 고통을 주고 있다. 부부유별夫婦有別과 장유유서長幼有序 그리고 부창부수夫唱婦隨 등의 문구의 지배를 받는 것이 오늘날 조선의 가정인 것이다. 조선의 가정제도 개혁을 위해 가장 먼저 할 일은 '의식주衣食住의 층절層節을 전폐하는 것'이다. 한 집안의 구성원들 사이에서 의복·거처·음식에 대한 차등이 조선처럼 심한 나라는 찾아보기 힘들다. 의복·거처·음식에 차등이 있음은 곧 지위와 권리에 차등이 있다는 사실을 의미한다. 이러한 상황에서는 가정의 화락和樂이 실현되기 어렵다. 가정제도 개혁을 위한 두 번째 과제는 '가정의 주인은 부인夫人이 되며 한 집안의 중심은 어린익가 되게 하는 것'이다. 지금 조선에서는 남편이 집안에서 이른바 왕 노릇을 하며 중심이 되고 있다. 그러나, 이제부터 가정 안의 권세는 부인에게 주어져야 할 것이며, 집안에서 가장 귀하고 중한 것은 아이들이 되어야 할 것이다. 특히 '가정은 부인의 유일의 영토'이니 가정의 통치권은 부인이 지니는 것이 당연하다. 세 번째 과제는 '시부모와 며느리가 동거하는 제도를 개혁하는 것'이다. 삼사대의 가족이 동거하는 조선의 가족제도처럼 무리하고 부자연스럽고 불의不義한 것은 없다. 조선에서는 이러한 제도로 인해 어느 가정에나 풍파가 그칠 날이 없고, 불평이 없는 가정이 없다. 반드시 동거하여야 친자간親子間의 도리를 다할 수 있다는 생각은 잘못된 것이다. 생존경쟁이 날로 격해지는 현시대에서 생활을 부지扶持하고 민족의 장래의 발전과 번영을 도모하기 위하여, 또는 현세의 낙을 넉넉히 누리기 위하여 이제 우리는 옛날의 인습적 도덕과 습관을 무리하게 지킬 필요가 없다. 일부다처주의一夫多妻主義를 배격하는 일, 가옥제도와 의복제도를 개혁하는 일 등도 조선의 가정제도 개혁을 위해 필수적이다. 전영택은 의식주의 차별을 없애고, 가정의 경영을 부인에게 맡기며, 대가족제도를 폐지하는 일을 조선 가정제도 개혁의 주요 과제로 제안한다. 아울러 편집 후기를 통해서도 "「家庭制度를 改革ㅎ라」의 論文을 讀者諸氏는 注意ㅎ야 읽어주십소 果然現今 朝鮮家庭을 改良ㅎㄴ디ㄴ 쏙 그러케 히야 할 거시외다"[57]라고 부언한다. 전영택의 「가정제도家庭制度를 개혁改革하라」는 '정신精神의 각성覺醒, 풍기개량風氣改良'[58]이라는 『여자계』 제2호의 편집 방향과 긴밀하게 연결되어 있는 글이다.

ML生의 「우리의 번민煩悶」 역시 가족제도의 개량과 혁신을 제안한 글이다. 이 글은 "古今以來로 連續하는 우리 家族制度는 比較컨대 君國制度와 갓흔 家族制度이엿쇼이다"[59]라는 인식에서 출발한다. 부친父親은 군주君主와 같고, 그 이하 자손은 모두 신하와 같은 관계라는 것이다. 우리나라의 가족제도는 자연의 상태를 거스르는 것이므로 개량되고 변혁되어야 마땅하다. 이러한 제도 아래서는 인재를 길러낼 수도 없고, 사회의 진보를 바랄 수도 없기 때문이다. 따라서 우리의 제도는 신가족제도, 이른바 입헌적立憲的 가족제도로 바뀌어야 한다. 새로운 가족제도 아래서는 장자長子와 차자次子의 구별 없이 인권의 평등을 추구하고, 가족 구성원들 개인의 의사를 존중하는 것이 중요하다. 재산 상속의 풍속도 달라져야 한다.

57 일기자一記者, 「편집실에서」, 『여자계』 2, 1918.3, 76쪽.
58 「제이호第二號 발행發行에 제際하야」, 『여자계』 2, 1918.3, 77쪽 참조.
59 ML生, 「우리의 번민煩悶」, 『여자계』 6, 1921.1, 23쪽.

> 故로 長子이나 次子이나 何子를 勿論하고 其父母가 財産을 分與함에는 必히 同額을 要하고 父母된 者도 相當한 財産을 가지고 自己의 몸은 自己의 財産으로써 保養하는 것이 極可한 줄 生覺합니다.[60]

재산을 상속할 시에 장자와 차자 사이에 구별을 두는 일이 없어져야 하지만, 부모된 자도 스스로 상당한 재산을 소유한 채 자기의 몸은 자기가 보양할 필요가 있다. 이를 통해 재산분배 문제로 인한 가족 간의 갈등을 줄이고, 불효不孝와 불초不肖로 인한 반목反目의 상태를 미연에 방지할 수 있기 때문이다.

극웅極熊 최승만이 쓴 「조선朝鮮 사람 의식儀式에 대한 의견意見」은 조선의 풍속 개량을 건의한 글이다. 이 글에서 다루는 내용은 상견례相見禮와 여자미발女子美髮, 남녀의복男女衣服, 제식祭式, 혼식婚式, 장식葬式 등이다. 이 글은 서두에서 조선의 풍속 개량의 방향을 다음과 같이 제시한다.

> 儀式이라 하는 것이 사람을 爲하야의 儀式이요 儀式을 爲하야의 儀式이 아니라 하면 儀式은 여러 方面을 보아서 사람의계 簡單을 주고 便利를 준다 하면 그만이 아니겟슴닛가 우리의 지금까지의 경과된 생활을 溯考하면 全혀 無智한 의식에 盲從이 되엿섯스며 無識한 儀式에 奴隷가 되엿섯습니다 (…중략…) 우리는 幼兒가 아니오 長成한 사람이며 몃 千年 前 사람이 아니요 二十世紀의 사람이니 우리의 儀式도 成人의 儀式을 取할 것이오 二十世紀的 儀式을 採用할 것이외다.[61]

---

60 위의 글, 26쪽.

61 극웅極熊, 「조선朝鮮 사람 의식儀式에 대한 의견意見」, 『여자계』 3, 1918.9, 20쪽.

이 글의 전제는 '의식儀式이 사람을 위하여 존재한다'는 사실이다. 이 전제를 만족시키는 방향은 '편리하고 간단한' 것이다. 복잡한 상견례는 간단한 서양식 악수로 대체가 가능하다. 꽁꽁 올려 땋거나 쪽을 짓는 머리는 위생상으로도 좋지 않다. 남녀의 의복 또한 편리성을 높이고 위생을 생각하는 방식으로 개선될 필요가 있다. 제사는 지내더라도, 막대한 비용을 들이거나 근본보다 형식을 더 중시하는 방식은 피해야 한다. 혼례의 방식은 단순히 구식 혹은 기독교식 가운데 하나를 선택하는 것보다는, 지금 우리의 형편에 어울리는 새로운 방식을 찾아 정착시킬 필요가 있다. 장례 또한 그러하다. 이 글의 결론은 다음과 같다.

> 眞實하게 諸氏의게 渴望하는 것은 如何한 事物을 勿論하고 無意味하게 看做하지 마시라는 것이올시다 사람으로 낫스면 사람스럽운 「일」이 잇서야 하겟다는 말슴이외다 그럼으로 몃 百年 前 몃 千年 前부터 이러이러한 것이 잇섯스닛가 하겟다는 勇斷업는 소리를 말고 몃 千年 몃 萬年을 이러이러하게 하엿다 하드래도 可히 破壞할 것은 破壞하고 建設할 것은 建設하는 것이 快男兒의 할 바이요 女丈夫의 할 일이외다 여러분은 自己가 完全히 主張하는 바를 主張하고 主張하는 그 무엇에 對하야도 徹尾하게 徹尾하게 奮鬪하시기 바라는 것이올시다.[62]

최승만이 강조하는 것은 관습의 반복과 그에 대한 무조건적 추종에서 벗어나는 일이다. 그렇게 하는 것이 사람으로서 사람답게 사는 일이

62 위의 글, 25쪽.

되기 때문이다.

이광수의 「소아小兒를 엇지 대접待接할가」 역시 넓은 의미에서 풍속 개조론과 연관된 글이다. 이광수는 다음과 같은 구절로 이 글을 시작한다. "어른 待接하는 禮儀는 窮究하면서도 小兒 待接하는 禮儀는 窮究하지 아니하는 것이 우리 通弊외다. 우리는 小兒를 사람으로 아니녀기고 고양이나 물건으로 녀깁니다."[63] 조선 사회가 어른 대접하는 예의는 중시하면서도 소아의 인격을 존중하는 일에는 전혀 관심이 없다는 것이다. 심지어는 소아를 때리고 욕하며 음식에 차별을 둘 뿐만 아니라, 장례 등에서까지 소아를 무시하는 것이 조선의 풍습이다. 이광수는 이러한 풍속을 고칠 것을 제안하면서 '아이들의 머리는 사진건판寫眞乾板과 같아 보고 듣는 바가 곧 인상이 되어 일생을 가는 것'이라고 주장한다. 따라서 아이들을 대할 때에 더욱 경건하고 조심하는 자세를 가져야 한다는 것이다. 이 글은 "要는 아희들의 人格을 認定하고 尊敬하야 그네 對하기를 어른갓치 함이외다"[64]라는 구절로 마무리 된다. 이광수의 「소아小兒를 엇지 대접待接할가」는 그가 『청춘』에 발표한 「자녀중심론子女中心論」과 연장선상에 있는 글이다. 다음은 「자녀중심론」 중 일부이다.

> 朝鮮서는 孝가 最上의 道德이엇섯고 孝의 內容은 子女된 者가 父母의 志를 承順함이엇섯다. 父母가 生存하는 동안에는 子女에게는 아모 自由가 업고 마치 專制君主下의 臣民과 갓히 父母의 任意대로 處理할 奴隷나 家畜과 다름이 업섯다.[65]

---

63 고주孤舟, 「소아小兒를 엇지 대접待接할가」, 『여자계』 3, 1918.9, 25~26쪽.
64 위의 글, 28쪽.

> 爲先 子女에게 獨立한 自由로운 個性을 주어라. 그네로 하여곰 自己네는 父祖의 所有다하는 觀念을 바리고 自己네는 自己네의 所有다하는 觀念을 가지게 하여라. 다음에는 子女된 者의 最大한 義務는 自己네 自身과 自己네의 또 子女에게 잇고 決코 父祖에게 잇는 것이 아니라도[아니라는] 觀念을 가지게 하여라.[66]

자녀는 부모의 노예가 아니며, 그들의 자유로운 개성을 인정받을 권리가 있다. 「소아를 엇지 대접할가」와 「자녀중심론」의 발표 시기는 1918년 9월로 동일하다. 「자녀중심론」의 주장은 사회적 인습에 저항하는 이광수의 소설 「개척자」의 창작 의도와도 연관되어 있다.[67]

---

65 춘원, 「자녀중심론子女中心論」, 『청춘』 15, 1918.9, 9쪽. 이광수의 「자녀중심론」은 「혼인婚姻에 대對한 관견管見」(『학지광』 12. 1917.4) 및 「혼인론婚姻論」(『매일신보』, 1917.11, 21~30)과 맥을 같이하는 글이다. 「자녀중심론」의 실제 집필 일자는 1918년 5월 8일이다.

66 위의 글, 12쪽.

67 다음은 「자녀중심론」과 연계성을 지니고 있는 「개척자」의 한 구절이다. "子女를 父母所有로 아는 道德은 決코 新時代에 기칠 것이 못된다. 閔의 말과 ᄀᆞᆺ치 우리는 父母 中心, 過去 中心이던 舊時代의 代身에 子女 中心 將來 中心의 新時代를 세워야 ᄒᆞᆫ다. 그리ᄒᆞ랴면 우리는 爲先 舊時代를 ᄭᅵ트려야 ᄒᆞ고 ᄭᅵ트리랴면 ᄭᅵ트리는 사ᄅᆞᆷ들이 잇여야 ᄒᆞ고 ᄭᅵ트리는 사ᄅᆞᆷ들이 잇스랴면 ᄆᆡᆫ 쳐음 ᄭᅵ트리는 사ᄅᆞᆷ이 잇셔야 ᄒᆞᆫ다. 閔의 말과 ᄀᆞᆺ치 우리가 그 쳣 사ᄅᆞᆷ이 되어야 ᄒᆞᆯ 것이다. 大戰爭의 쳣 彈丸이 되고 쳣 犧牲이 되어야 ᄒᆞᆯ 것이다." 춘원, 「개척자」, 『매일신보』, 1918.1.29. 「자녀중심론」과 「개척자」의 관계에 대한 상세한 논의는 김영민, 「「개척자開拓者」 다시 읽기」, 『사이』 18, 국제한국문학문화학회, 2015, 83~115쪽 참조.

2) 여자교육의 필요

「여자교육론女子教育論」은 '여자교육', '여자교육의 정신', '여자교육의 방법' 등으로 구성된 글이다. 이 글에는 필자 표기가 없다. 하지만, 『여자계』 제2호에 수록된 다음의 광고 문안을 보면 이 글의 필자는 전영택임이 분명하다. "朝鮮의 女子教育論 ……秋湖 / 헬넨 켈너……同 / 以上 두 가지는 本號에 記載하려 하엿싸오나 事情으로 因하야 來號로 밀엇습니다."[68] 편집의 사정상 전영택의 두 편의 원고 게재를 다음 호로 미룬다는 것이다. 여기서 말하는 '사정'이란, 그가 『여자계』 제2호에 이미 「각성하라 신춘이로다!」를 비롯한 네 편의 글을 추호秋湖 등의 필명을 사용해 게재한 상태를 가리키고 있는 것으로 보인다. 이미 네 편 이상의 글을 잡지 한 호에 게재한 상태에서 더 이상의 원고를 수록하기 어려웠던 것이다.[69] 글의 내용 중에 "記者가 本誌 第一號에 女子의 人格을 論하야 朝鮮女子는 맛당히 몬져 人格을 가져야겟다고 한 거시 이러훈 뜻 이외다"[70]라는 구절이 들어 있는 것을 보면, 전영택은 이와 연관된 주제로 이미 창간호부터 원고를 수록했다는 것을 알 수 있다. 「여자교육론」의 서두는 조선에서 여자교육의 필요성을 절실히 느끼는 사람의 수가 매우 적다는 사실에 대한 비판으로부터 시작된다.

朝鮮에 女子教育을 참으로 하야 되겟다고 생각하는 사람이 어대 잇스며,

68 「내호예고來號豫告」, 『여자계』 2, 1918.3, 5쪽.

69 필자가 밝혀져 있지 않은 「권두卷頭의 사辭」 역시 전영택의 글일 가능성이 있다. 이 경우 『여자계』 제2호에 수록된 전영택의 글은 모두 다섯 편이 된다.

70 「여자교육론女子教育論」, 『여자계』 3, 1918.9, 10쪽.

女子를 敎育하여야 할 것을 참으로 깨다른 사람이 몃치나 잇슬는지오. 차라리 女子를 敎育하야 쓸대업다, 가라쳐 노으면 이러이러훈 害가 잇다고 女子敎育不必要論을 主唱하고 女子敎育을 排斥하는 寒心훈 頑固뎡어리가 朝鮮안에 그드륵하엿습니다.[71]

조선에는 여자교육을 배척하는 완고한 사람들이 다수라는 것이다. 그러나 전영택은 현대문명의 특징이 '해방'에 있고, 이를 위해서는 여자교육이 필수적이라는 점을 강조한다.

現代文明의 特徵은 「解放」이라 합니다. 政權解放, 職業解放, 奴隷解放, 學問解放, 女子解放－이거시 오늘날 文明의 精神이라 할 수 잇습니다. 그러면 朝鮮에서도 女子를 解放할나면 몬저 敎育을 하여야 될거시오, 朝鮮에서도 敎育을 解放할나면 女子의게 敎育의 門을 열어노아 주어야 하지 안켓습닛가.[72]

전영택은 사람이 다른 동물과 다른 점은 도덕성과 지력智力의 무한함에 있다고 주장한다. 덕은 닦을수록 높아지고 지력은 가르칠수록 무한히 발전한다는 것이다. 이로 인해 교육의 필요성과 가치가 존재하게 된다. 「여자교육론」에서 가장 주목을 끄는 부분은 여자의 인격을 존중하고 양성해야 한다는 다음 구절이다.

71 위의 글, 6쪽.
72 위의 글, 7~8쪽.

이에 몬져 사람을 만들나 함은, 世上에 아모 所用업는 그냥 사람을 養成하라는 거시 아니라 無意味하고 徹底치 못흔 所謂 賢母良妻라는 器械를 만들랴고 하지 말고 獨立흔 一箇 사람이 되도록 人格을 養成하야 주고, 그 다음에 一家를 爲하야 社會를 爲하야 或은 民族을 爲하야 人道를 爲하야 有用한 사람이 되게 할 거시라 함이외다.

만일 그럿치 못하야 完全흔 한 사람이 되지 못하고 아모리 살님을 잘하고 남편을 잘 順從하고 잘 섬기는 훌늉흔 안해가 된다하여도 子女를 잘 기르고 잘 가라치는 賢慈흔 어머니가 된다하여도 아모리 針繕 料理에 能하고 或은 音樂에 熟達하고 或은 學識이 깁고 或은 交際를 잘 한다하여도 그는 맛춤내 독립흔 한 사람이 되지 못하고 언제든지 男子의 걱정써리—妨害物을 免치 못할 거시오 男子의 죵, 위로써리 밧긔 못될 거시외다.[73]

사람은 사회를 떠나 살 수 없고, 따라서 '조선 여자는 조선 사회에 적합하게' 교육해야 한다는 주장이나, '개성의 계발啓發'을 중시해야 한다는 주장도 나름 설득력이 있다. 사람은 누구나 그 개인의 고유한 성격을 지니고 있는 바, 그 성격을 바로 발달케 하는 것이 개성의 계발이다. 사람은 누구나 천품의 능력을 지니고 있는 바, 그 능력을 발휘케 하는 것이 자발적교육이다. 따라서 교육자는 그 생도의 개성을 정밀히 살피고 단단히 주의하여 그를 계발하고 지도해야 한다는 것이다. 하지만 전영택의 「여자교육론」은 의외의 방식으로 마무리가 된다.

73 위의 글, 9~10쪽.

女子의 가쟝 큰 義務는 子女生産하는 거시오 家庭을 가지고 子女를 敎育하는 거시니 敎育者는 여긔에 始終一貫한 注意와 努力을 하여야 할 거슨 여러 말할 것도 업습니다. 그러나 維新時代, 草創時代에는 이거슬 等閒이 녁이기가 매우 쉽습니다. 그러나 이거슬 니져버리면 女子敎育은 전혀 실패이외다. 그뿐 아니라 도로혀 社會에 害를 줄 거시외다. 적어도 普通敎育에 이서서는 그리하외다. 우리나라 女學校에 家事 敎育 料理 裁縫科程을 힘쓰지 아니함은 큰 잘못이오 큰 問題이외다. 엇든 學校에는 이런 科程이 거의 업는 일도 잇스니 그런 學校는 급히 곳쳐야 하겟습니다.

女子를, 사람을 만든 다음의 가쟝 큰일은, 女子를 만드는 일이외다.[74]

여자의 가장 큰 의무가 '자녀생산'에 있다는 결론적 주장은 이 글의 집필 목적에 대해 의문을 갖게 한다. 여자의 의무가 '자녀교육'에 있다는 주장 또한 그러하다. 우리나라 여학교 교육에서 가사 · 요리 · 재봉에 힘쓰지 않는 것이 큰 잘못이라는 주장도 그동안의 논지 전개 방향과는 어울리지 않는다. 이로 인해 그동안 전영택이 줄곧 주장하던 '사람을 만드는 일, 여자를 만드는 일'의 의미 또한 지극히 모호해지고 만다.

김덕성金德成의 「식로 어머니가 되신 H형님씌」는 서간의 형식을 빌어 여자 교육의 중요성을 강조한 글이다. 이 글의 서두는 H형님의 출산을 축하하는 내용으로 시작된다. 그러나, 실제 이어지는 내용은 줄곧 어머니 된 자의 책임과 교육의 필요성을 강조하는 것이다. 김덕성은 스펜서를 인용해 '유아의 생사와 도덕의 안부는 부모의 교육 여하에 기인한

74 위의 글, 15쪽.

다'는 전제를 내세운다. 이어서 "어머니를 敎育하는 거슨 全民族을 敎育함이라 ᄒᆞ겟소 왜 女子敎育의 必要를 ᄭᆡ닷지 못ᄒᆞ게 幼稚한가요, 우리 民族은"[75]이라는 질문을 던진다. 그가 하고 싶은 말은, 어머니가 교육을 받아야 자녀를 잘 키울 수 있다는 점이다. 따라서 이 글에서 강조하는 여자교육은 곧 어머니에 대한 교육인 셈이다. 다음의 언급에 이 서간의 요지가 들어 있다. "아해를 나흔거시 最高의 意義의 어머니라고는 할 수 업지오 肉體의 어머니에 滿足ᄒᆞ시지 말고 盲目的 愛에 溺沈ᄒᆞ시지 말고 知能과 聰明한 人格으로 精神的 어머니 되기를 期待할 거시외다."[76] 「ᄉᆡ로 어머니가 되신 H형님ᄭᅴ」는 이상理想을 실현하려고 노력하는 데 사람의 가치가 있으며, H형님이 이상적 어머니가 되기를 바란다는 구절로 마무리된다.

「여자교육사상女子敎育思想」은 기서寄書란에 수록된 글로, 투고자는 공주영명학교公州永明學校 교사 이일나이다. 이 글은 '우리 반도 안에 고등高等 내지 전문교육專門敎育을 받는 청년이 얼마나 되며, 그 가운데 우리 여자청년은 몇 사람이나 되는가'라는 질문으로 시작된다. 한 나라의 문명의 척도는 곧 여자교육을 통해 살펴볼 수 있는 바, 조선의 여자교육 정도는 개탄을 금하기 어려운 지경에 이르렀다는 것이 글쓴이의 판단이다. 「여자교육사상」에서 가장 분개하는 것은, 외국 문명의 혜택도 받고 신과학도 맛보았다는 자들이 겉으로만 여자교육의 필요성을 역설하면서 실제로는 이를 위한 아무런 노력이나 행동을 하지 않는 세태풍속이다.

75 김덕성金德成, 「ᄉᆡ로 어머니가 되신 H형님ᄭᅴ」, 『여자계』 2, 1918.3, 20쪽.
76 위의 글.

此習慣으로 因하야 現今 外國 文明을 밧고 新科學도 맛보앗다는 者 卽, 女子敎育이 必要하며 有益한 거슬 說明하고 女子敎育을 勉力하라고 力說하는, 表面으로 보면 多聞多識하고 文明의 先導者 갓치 보이는 紳士들의 家庭을 보아도 맛당히 敎育을 밧을만한 靑年女子가 헛도히 집안에 이서 男子의 奴隷 노릇을 하며 歲月을 보니는 이가 不如其數로다. 自己의 家庭도 改革하디 못하고 外樣으로 女子敎育을 맛당히 힘쓸 거시라 하니 이 무숨 일이뇨. 싱각건딕 幾千百年 遺傳해 닉리온 頑固한 性質이라.[77]

이제 우리는 거짓 신사들을 의지하고 그들에게 여자교육을 위탁하는 일을 그만두어야 한다. 자신의 일을 남에게 위탁하지 말고, 자신 스스로 해결할 때가 온 것이다. 이 글에서는 남자와 동등한 여자의 권리 및 의무에 대한 인식을 바탕으로, 여자교육을 여자들 스스로 주도해야 한다는 주장이 특히 주목을 끈다. 『여자계』가 독자들의 투고를 사절하고 청탁 원고만을 중심으로 편집한다는 원칙을 밝히고 있음에도 불구하고 기서란에 「여자교육사상」을 게재한 것은 이례적이다. 이는 「여자교육사상」이 그만큼 여자교육에 대한 선명한 의견을 제시하고 있기 때문으로 보인다.

77 이일나, 「여자교육사상女子敎育思想」, 『여자계』 2, 1918.3, 55쪽.

3) 부인의 각성 촉구

『여자계』에는 여자들의 각성을 촉구하는 글이 적지 않게 실려 있다. 그런데 이러한 유형의 글들은 여성필자와 남성필자 사이에 접근 시각의 차이가 크다. 여성필자의 글들은 여자의 각성을 통한 미래사회 개척에 초점을 맞추고 있다. 남성필자의 글들은 계몽적 논조를 유지하면서 여자의 가치관의 반성을 요구하고 있다는 공통점이 있다.[78]

박순애朴淳愛의 「대문大門을 나신 형제兄弟들의게」는 신교육을 받은 여자들이 취해야 할 태도와 그들이 감당해야 할 사회적 책무에 대해 언급한 글이다. 이제 세계는 변하고 있고 문명의 빛은 어두운 세상을 바꾸고 있다. 그럼에도 불구하고 조선 반도의 여자들은 아직 야중생활夜中生

78 『여자계』의 논리적 균열을 이해하는 데는 다음의 지적이 참고가 된다. "『여자계』에 실린 글에는 여성해방에 대한 논리적 균열이 존재할 수밖에 없다. 교육받은 여성상에 대한 오해가 내재하기 때문이다. (…중략…) 여성해방에 대한 당대 유학생들의 독서는 해석의 과정으로 열린 상태를 지향한다. 그러나 남성필자들은 같은 공론장에서 벌어지는 논리상의 괴리를 은폐하기 위해 자신의 사상이 오독된 것이 아님을 강조한다. 또한, 여성필자 역시 자신이 여성으로서의 책임을 회피하는 것이 아님을 강조한다. 이는 독자를 의식한 글쓰기로, 자신이 여성해방 사상이라는 시대적 분위기 혹은 범주로부터 일탈한 사람이 아님을 보여주려는 욕망을 드러낸다." 조윤정, 「유학생의 글쓰기, 사상의 오독과 감정의 발현－잡지 『여자계』를 중심으로」, 『대동문화연구』 73, 성균관대 대동문화연구원, 2011, 406~407쪽. 『여자계』 논자들 사이의 서로 다른 목소리에 대해서는 다음의 견해 참조. "그러나 여성의 (정신적) 각성이 요청된다는 논의에 동의한다고 해도, 『여자계』의 논지들이 각성된 여성상에 대한 입장에서 합의점을 제시해 주었던 것은 아니다. 오히려 『여자계』에서는 여자교육의 지향점 즉 여성의 각성의 목적이 무엇인가에 대한 각기 다른 입장이 공존해 있었으며, 여기서 각 논자들의 서로 다른 남녀관이 갈등하고 충돌하는 장면들이 연출되었다. 여성의 정체 구성과 관련해서 이 장면들을 주의 깊게 고찰해야 할 필요가 있다. 이 장면들을 통해 확인할 수 있는 바, 계몽/각성의 대상과 교육의 목적에 대한 입장 차이가 '근대/여성'에 대한 각기 다른 상을 제시하면서 여성 정체 구성을 불가능하게 하는 난국의 지점에 이르게 하는 것으로 보이기 때문이다." 소영현, 「젠더 정체성의 정치학과 '근대/여성' 담론의 기원－『여자계』지를 중심으로」, 『여성문학연구』 16, 한국여성문학학회, 2006, 133~134쪽.

活을 하며, 깊고 깊은 규방 안에서 하등동물과 같이 지낸다. 글쓴이는, 먼저 대문을 나서게 된 여자들에게 이를 헤쳐 나갈 책임이 있다는 사실을 강조한다. "近日 朝鮮 女子界에도 이 文明의 光線을 보고 눈을 쓰고 자리에셔 닐어나 大門을 나서게 된 ᄉᆞ람도 잇게 되엿소. 自由가 무엇이니 理想이 엇더니ᄒᆞ야 이제부터는 女子도 ᄉᆞᄅᆞᆷ의 待遇를 밧으야 될 줄 아는 ᄉᆞ람도 間或 잇게 되엿습니다. 그려면 져 長夢을 覺醒식힐 이는 그나마 몬져 ᄭᆡ여 大門을 나셔게 된 우리의 重責인줄 압니다."[79] 여기서 '먼저 대문을 나서게 된 우리'는 곧 '먼저 깨우친 우리'이다. 이 글에서 적시하는 조선 여자의 과거는 참담하다. 그들은 수천 년 동안 노예생활을 하며 남자의 심한 압박과 구속을 받았고, 찡그리고 웃는 일조차 마음대로 못하고 분골쇄신하여도 축출이나 당하지 않으면 행복이라 생각했으며, 조금만 마음에 차지 않는 일을 하게 되면 부도婦道의 위반違反이니 칠거지악七去之惡이니 하는 말로 버림을 받고 일평생 독수공방에서 탄식하며 비참한 세월을 보내게 된다. 금수만도 못한 대우를 받으며 살아온 것이다. 여자가 이러한 대우를 받으며 살아온 이유는 지식도 없고 이상도 없고 각오도 없었기 때문이다. 앞으로 여자들이 취해야 할 태도는 각성하고 지식을 수양하며 이상을 진흥시키고 의지를 확립하는 것이다. 그렇게 한 후에야 여자들의 권위를 발현하고 본위本位를 찾는 일이 가능해지리라는 것이다. 그러나, 이 일 또한 쉬운 것은 아니다. 근래 세상 사람들이 신교육을 받은 조선 여자에 대해 내리는 평판이 결코 호의적이지 않기 때문이다.

79 박순애朴淳愛, 「대문大門을 나신 형제兄弟들의게」, 『여자계』 2, 1918.3, 25쪽.

近者에 女子들은 學校大門 안에 발믈 드러노으면 虛榮의 惡魔가 其腦 속 第一位를 占領홈으로 現代 우리 處地라든지 將來 우리 義務 곳흔 것은 生覺홀 餘地도 업시, 分外에 奢侈를 崇尙ᄒᆞ며 우리에게는 아직 當치도 안은 文明人의 華麗ᄒᆞᆫ 家庭에 安逸ᄒᆞᆫ 生活을 히브[보]랴는 空想ᄲᅮᆫ이요, 女子의 職務 實行홈을 도로여 冷笑ᄒᆞ며, ᄯᅩ 겨우 어ᄂᆞ 學校 卒業證書ᄂᆞ 하나 밧으면, 眼下無人으로 父母에게ᄭᅡ지 驕慢ᄒᆞ기 無雙ᄒᆞ야, 父母의 訓戒나 言論은 無識ᄒᆞ다고 唾罵ᄒᆞ기 例事며, 老母는 廚房에셔 활등 곳흔 허리를 굽으리고 朝夕準備ᄒᆞ기에 汨沒ᄒᆞᄂᆞ 自己는 安席에 기ᄃᆡ여 冊만 보고 잇스며, 或 出嫁ᄒᆞ면 自慢自傲ᄒᆞ야 舅姑를 蔑視ᄒᆞ며, 夫言不從 等에 悖惡ᄒᆞᆫ 行動이 太甚ᄒᆞ다 합니다.[80]

이러한 평판에도 불구하고, 이 글의 필자는 교육 받은 여자들에게 아직 몽중夢中에 있는 여자들을 각성시킬 책임이 있음을 거듭 강조한다. 개인의 안일을 추구할 것이 아니라 '우리 집 좌우에서 들려오는 동류여자同類女子들의 오장이 스러지는 울음소리와 한숨소리'에 귀를 기울이고, 어둠 속에서 고통받는 그들을 구출하기 위해 온 힘을 다해야 하는 것이다. 이 글은 다음과 같은 권유로 마무리된다.

우리가 朝鮮女子를 爲히셔는 밧을 슈 잇는 힘ᄭᅡ지는 苦生을 사양치 안어야 ᄒᆞ지 안을가요. 그러니ᄭᅡ 博學多聞ᄒᆞ야 文學 音樂 美術 敎育家 等이 繼踵而出함도 必要ᄒᆞᄂᆞ, 몬져 우리 몸은 耶蘇의 眞正ᄒᆞᆫ 熱愛와 同化되야 이 秋月

80 위의 글.

> 夜ᄀᆞᆺ치 靜寂ᄒᆞ고 冷淡ᄒᆞᆫ 社會와, 南北氷洋ᄀᆞᆺ치 寒氣가 凜凜ᄒᆞᆫ 家庭의 光明ᄒᆞ고 溫和ᄒᆞᆫ 사랑의 太陽이 되어, 우리 社會와 우리 家庭에도, 熱烈ᄒᆞᆫ 사랑이 셕긴 우슴의 和風이 ᄭᅳᆫ이지 안토록 ᄒᆞ야 되지 안캣슴니ᄭᅡ. ᄒᆞᆫ즉 우리는 各 自身이 朝鮮女子됨을 아는 同時에 우리 使命을 自覺ᄒᆞ야 一身의 苦樂을 不係ᄒᆞ고 後進들이 밟고 건너 生命樂園으로 드러갈 石橋가 되엿스면 엇덜ᄭᅡ요?[81]

박순애의 「대문을 나신 형제들의게」는 남성필자들의 글에 비해 상대적으로 현실성이 돋보인다. 조선의 여자들이 과거에 겪어야 했던 부당한 대우에 대한 구체적 서술이나, 신여성에게 가해지는 왜곡된 사회적 비판에 대한 의견 진술 등에서 그러하다. 어둠 속에서 고통 받고 있는 동시대의 여자들에 대한 구원의 책무를 강조하는 구절들도 상투적이지 않다. 조선 여자들이 처해 있는 현실에 대해 상투적 · 이론적 접근을 벗어나 개성적 · 실천적 접근을 시도하고 있는 것이다. 그럼에도 불구하고, 교육받은 여자들에 대한 세간의 비판에 대응하는 방식이 다소 모호하다는 한계가 없지는 않다. 사람다운 이상과 책임에 대한 자각에 이어지는 "敎育을 밧으면 밧기 前보다 父母에게 對ᄒᆞᆫ 孝誠도 더 極盡ᄒᆞ야겟고, 女子에게 當ᄒᆞᆫ 職務도 더 잘 堪當ᄒᆞ야겟습네다"[82]라는 구절에서는 특히 '여자의 직무'가 무엇을 의미하는지 불분명하다. 이 구절이 '부모에 대한 효성'과 이어지면서 그것이 전통 사회가 강조하던 여자의 직무로 해석될 가능성도 없지 않은 것이다.

---

81 위의 글, 26쪽.
82 위의 글.

현덕신玄德信의 「졸업생卒業生 제형諸兄의게 들이는 말슴」에는 졸업한 형님들에게 거는 기대가 담겨 있다. 이 글에서는 유학생들의 졸업이 곧 '우리 반도半島에 유사이래有史以來로 초유初有한 귀한 사실이며 캄캄한 우리 여자계의 번쩍이는 귀한 광명'을 의미한다고 전제한다. 따라서 졸업생들에게는 '불완전한 사회를 완전하게 하고 유치한 사상을 계발'하며 '저들로 하여금 사람된 자각을 가지게 하고, 그 직분과 책임을 알게 할' 의무가 부여된다.

> 여러분은 무엇보다도 몬져 뎌들의 鈍훈 鼓膜을 두다려 精神을 차리게 하시고 그려고 뎌들의 압길을 몸소 指導하야 無意味하고 無價値훈 그 生活에서 意味잇고 價値잇는 生活노 함이 업는 절문이들을 함이 잇는 절문이로 變케 하시고 暗黑天地에 여러 가지 慘酷훈 壓迫과 困窮으로 갈 길을 못 가리고 할 바를 모르고 彷徨하는 우리 兄弟들의게 鮮明한 아참해갓치 발근 빗츨 빗치시고 다정한 安慰者 든든한 保護者가 되셔셔 뎌들의 손목을 잇글고 나아가십시오. 이것이 형님들의 맛당이 할 義務요 하지 아느면 아니될 責任이외다.[83]

졸업생들이 이러한 의무를 다하기 위해 해야 하는 일은 '나'보다 먼저 '저들'을 생각하는 것이다. '나'보다 먼저 '저들'을 위해 행동할 때에 우리의 앞길이 밝게 열릴 것이기 때문이다.

추국秋菊의 「여자女子의 자각自覺」에서는 여자의 해방을 위해 가장 필요한 것이 여자 스스로의 자각自覺이라는 사실을 강조한다.

---

83 현덕신玄德信, 「졸업생卒業生 제형諸兄의게 들이는 말슴」, 『여자계』 3, 1918.9, 4쪽.

> 第三者의 覺醒과 輿論뿐으로는 到底히 女子解放을 實行할 수가 업습니다. 그러면 이것을 實行하리는 누구입니까? 만일 우리가 女子解放이 必要하다고 生覺만 하고 말만 할 것 갓으면 第三者의 覺醒이 무엇이 所用되겟스며 女子의 解放이 엇더케 實行되겟습니 까 女子解放을 實行하리도 우리요 婦人問題를 解決하리도 우리밧게 업습니다.[84]

이 글에서는 제삼자의 각성이나 여론의 환기만으로는 여자해방이 실현될 수 없다고 주장한다. 여자의 해방과 부인문제의 해결은 여자 스스로의 행동에 의해서만 가능한 것이기 때문이다.

춘강春江 전유덕의 「신여자新女子의 자각自覺」은 신구新舊 조화의 필요성을 강조한 글이다. 이 글은 신교육을 받은 여자들이 사회의 기대를 충족시키지 못하고 있음을 반성하는 내용으로 시작된다. 그들이 가정과 사회 그리고 국가의 기대에 부응하지 못했다는 것이다. 가장 크게 반성해야 할 일은 여자의 천직 즉 의무를 이행하지 않는 것이다. 이기적인 독신생활은 그 사례 가운데 하나이다. 결혼하여 가정을 이룬 뒤에 신식 며느리가 시부모를 구식과 완고로 치부하는 것도 문제가 된다. 근일의 학생들은 양식洋式이나 일본식에는 쉽게 융화가 되지만, 신구사상의 융화는 이루지 못한다. 이 글의 필자는 '일가一家의 주부가 되실 여러분이 모든 수단과 지식을 응용하고 실행하여 완고한 부모를 섬기며 지성으로 보양保養하여 집안을 융화시켜 신용을 얻을 것'을 주문한다. 이 글은 다음과 같은 구절로 마무리된다. "아 — 우리의 責任이 이럿틋 크외다.

---

84 추국秋菊, 「여자女子의 자각自覺」, 『여자계』 6, 1921.1, 8쪽.

國民의 健全한 精神과 身體를 養成할 이도 우리오, 만흔 男女老少의 落心하고 墮落한 마음을 慰安하며 새로온 힘을 쥬어 福地樂園을 指導할 이도 우리가 아니오니까. 萬一 우리가 우리의 天職과 責任을 다하면, 家庭이 安樂하고 社會國家가 泰平하야 幸福을 누릴 것이나, 그러치 못하면 우리의 손으로 家國을 참살할 것이외다."[85] 신구가 조화를 이루는 화목한 가정이, 태평한 사회와 행복한 국가의 바탕이 된다는 의견을 제시하고 있는 것이다. 전유덕의 「신여자의 자각」은 여성필자의 글 가운데서는 보수적인 입장의 글이다. 전통적 윤리관에 대한 옹호와 신여자의 생활 태도에 대한 계몽적 접근 등에서 그러한 모습을 볼 수 있다. 이에 대해서는 전유덕이 자신의 오빠 전영택의 영향 아래 신여자의 각성과 신구 도덕의 조화를 추구했기 때문이라는 추정이 가능하다.

남성필자로 추정되는 무명은인無名隱人의 「여자女子의 주는 력力」에서는 여자가 남자에게 주는 힘이 결코 사소하거나 무가치한 것이 아님을 강조한다. 글의 전반부 논지는 여자의 힘이 남자를 움직이는 원동력이 될 수 있음을 설명하는 데 있다. 그러나, 이 글은 결국 여자가 자신의 역할을 깨닫고 자중함으로써 사회가 발전할 수 있다는 주장을 펼치게 된다. 다음과 같은 주장을 통해 여자들의 반성과 각성을 촉구하는 것이다. "여러분이 이제 精神을 차려서 스사로 살피고 스사로 곳치고, 힘써 그러한 思想과 風紀를 곳치도록 하면 腐敗흔 社會는 一新할 거시오 그리하야 能히 新社會를 지을 수 잇고 싸라서 우리 압헤 榮光스러운 將來가 도라올 거시외다"[86]

---

85 춘강春江, 「신여자新女子의 자각自覺」, 『여자계』 4, 1920.3, 33쪽. 이 글의 필자 전유덕은 전영택의 여동생이다. 후일 잡지 『조선문단』을 발행한 방인근의 아내이기도 하다.

김녑金燁의 「신구충돌의 비극」은 신구세대의 가치관의 충돌과 생활 풍습이라는 문제를 다룬 글이다. 여기서 중점을 두고 거론하는 것은, 부모의 의사에 따른 강제 결혼과 그로 인해 생겨나는 다양한 형태의 충돌이다. 우리나라의 가정은 남존여비의 관념을 숭상하여 여자는 남자에게 예속된 노예생활을 해왔다. '이 사회는 남녀의 공동 소유가 아니라 남자의 단독 소유물이었고, 여자에게는 국가에 대한 의무와 책임이 없으며 심지어 가정에 대한 권리조차 남자에게 빼앗겨 한갓 부속물 같은 생활'을 해온 것이다. 그러나 이제 시대가 변함에 따라 신문명의 교화가 조선 사람에게도 미치게 된다. 시대적 변화 속에서 결혼 제도가 바뀌어야 하고 여자 교육이 바뀌어야 하며 여자들의 의무 또한 바뀌어야 한다. 그러나, 다음의 인용에서 확인할 수 있듯이 김녑이 원하는 변화는 새로운 가치 실현과는 전혀 무관한 변화이다. 이 글이 요구하는 변화의 핵심은 시부모 중심적 사고에서 남편 중심적 사고로의 이동이다.

> 만쳡 녀ᄌᆞ라ᄂᆞᆫ 것은 남ᄌᆞ보다 아ᄂᆞᆫ 것이 만으야 ᄒᆞ겟습니다 엇지ᄒᆞ야 그러냐 ᄒᆞ면 후일 그가 ᄌᆞ녀를 나으면 그 ᄌᆞ녀의 열다슷 살 나기ᄭᅡ지ᄂᆞᆫ 그 어머니 되ᄂᆞᆫ 이가 본보기가 되야 성질도 담게 되고 가라치ᄂᆞᆫ ᄃᆡ로 알기도 ᄒᆞᄂᆞᆫ 것이니 국가에 되ᄒᆞᆫ ᄉᆞ상과 민족에 ᄃᆡᄒᆞᆫ 관렴이 이로조차 나게 되고 위인렬ᄉᆞ가 그 어머니의 가라침에 잇다 ᄒᆞ여도 과언이 아닌 즁ᄃᆡᄒᆞᆫ ᄎᆡᆨ임을 가진 ᄭᅡ닥이외다 ᄯᅩ한 우리 녀ᄌᆞᄂᆞᆫ 그져 남의 종노릇만 ᄒᆞ겟슴닛가 이것을 면ᄒᆞ랴면 그들과 갓치 알을야닛가 뵈와야 ᄒᆞᆫ다ᄂᆞᆫ 말슴이올시다 일 잘 ᄒᆞ고 심

86 무명은인無名隱人, 「여자女子의 주ᄂᆞᆫ 력力」, 『여자계』 2, 1918.3, 24쪽.

부림 잘 ᄒᆞᄂᆞᆫ 것보다 량쳐현모가 되야 국가에 동량을 만들어 ᄉᆞ회에 공헌ᄒᆞ고 민족을 살녀 가뎡에 영광을 ᄉᆞᄂᆞᆫ 것이 녀ᄌᆞ에 췩임이겟고 (…중략…) 시부모를 잘 공경ᄒᆞ미 당연ᄒᆞ나 만쳡 그 남편의 비위를 맛초고 그 인격을 리히ᄒᆞᄂᆞᆫ 것이 그 부인된 직췩일가 홉니다.[87]

시부모를 공경하기보다 남편을 공경하는 방식으로 신구세대의 충돌을 극복해 가려는 시도는, 신지식인 남성필자의 여성주의 논설의 한계가 어디에 있는가를 명백히 드러낸다. 이 글은 마무리에서 '조선 여학생 제군'과 '우리 반도 여자계'가 허영심을 버리고 현실을 직시할 것을 요구한다. 「신구충돌의 비극」이 남성필자가 집필한 논설임에도 불구하고 순한글로 쓰였다는 점은 특기할 만하다.

「부인婦人의 각성覺醒이 남자男子보다 긴급緊急한 소이所以」는 염상섭의 첫 원고라는 점에서 주목을 끈다.[88] 「부인의 각성이 남자보다 긴급한 소이」에서 염상섭이 지향하는 삶의 목표는 '자유의 획득과 해방의 실현'이라는 구절로 요약된다. 주권에 대한 불평과 반항, 전제에 대한 민

---

87 김녑, 「신구충돌의 비극」, 『여자계』 2, 1918.3, 31쪽.

88 「부인婦人의 각성覺醒이 남자男子보다 긴급緊急한 소이所以」는 『여자계』 편집진의 요청에 의해 작성된 글이다. 염상섭에게 원고를 청탁한 인물은 나혜석이었을 가능성이 크다. 다음 구절을 보면 『여자계』 수록 원고가 대부분 청탁에 의해 쓰인 것임을 알 수 있다. "本誌의 編輯上 關係로 本社에서 부탁드린이의게 限하야 寄稿를 밧기로 합니다." 「투고投稿에 대하야」, 『여자계』 2, 1918.3, 77쪽. 염상섭은 1918년 4월 이전에 「산문화散文化의 사회」를 발표한 것으로 추정된다. 염상섭의 글 「현상윤玄相允 씨에게 여與하여 '현시現時 조선청년과 가인불가인可人不可人을 표준'을 갱론更論함」(『기독청년』, 1918.4)에는, 그가 이러한 제목으로 이미 원고를 발표한 바 있다는 사실이 쓰여 있다. 1910년대 당시의 원고 수합 과정과 이후 인쇄에 소요되는 일자 등을 감안하면 「산문화의 사회」가 염상섭의 첫 글일 가능성이 매우 높다. 그러나, 이 자료는 아직 발굴되지 않았으므로 논외로 할 수밖에 없다. 이와 관련된 자세한 논의는 김영민, 「염상섭 초기 산문 연구」, 『대동문화연구』 85, 성균관대 대동문화연구원, 2014, 461~497쪽 참조.

주, 계급에 대한 평등, 구속과 압박에 대한 해방 등은 인류의 정신 활동의 요체가 된다.

> 人類의 間斷업는 努力은 畢竟 人生의 無限한 向上과 生命의 進展 又는 幸福의 增殖을 圖함에 不過하다 하나 나의 觀察하는 바로 論하면 우리-生物의 一部인 人類의 努力은 生物의 本能的 要求되는 自由의 獲得 卽 모든 것에 대한 解放을 遂行 實現하랴 함에 잇고, 向上 發展은 그 結果라 하고자 하나이다.[89]

염상섭이 '부인의 각성'에 대해 관심을 가지게 된 이유 또한 이와 관련이 있다. 그는 오늘날의 구舊 가정은 자유와 평등을 몰각한 전제주의 아래 성립이 되었고, 가장家長과 처자의 관계가 마치 위인偉人이라는 악마와 무지몽매한 민중의 관계처럼 되어버렸다고 진단한다. 이에 부인이 각성하고 자식이 자각하여 우선 자유평등의 평주적平主的 가정을 건설한 후에야 민족적 · 세계적 해방을 얻을 수 있다는 것이다. 염상섭은 조선의 여성이 낡은 습관을 벗어나야 할 것임을 역설한다. 이는 '선악을 불문하고 습관이 천성을 마비시키고 중독시키기' 때문이다. 부인의 각성이 시급한 이유는 다음과 같다. 첫째, 우리의 미래를 개척할 다음 세대의 교육을 위하여 건실한 현모양처가 필요하다. 둘째, 물질만능의 시대에서 정신계의 가치를 지키는 것이 여자의 공로이다. 조선과 같이 생활난으로 인한 물욕이 팽배한 사회에서는 정신적 방향 설정을 위한

89 제월霽月, 「부인의 각성이 남자보다 긴급한 소이」, 『여자계』 2, 1918.3, 36쪽.

부인의 활동이 중요하다. 셋째, 시대의 추이를 따라 남자의 지식 정도가 높아짐에 따라, 재래의 구식 여자로는 상호 결혼이 불가능하다. 넷째, 자각 있고 새로운 기혼 남자 간에 요구되는 이혼문제 해결을 위해서도 필요하다. 여자 자신이 각성하여 남자에게 버려지지 않게 하거나, 혹 부득이 이혼을 당하더라도 철저한 태도로 나서서 재혼을 할 만하게 되어야 한다. 다섯째, 연소年少 과부의 개가改嫁 등과 관련하여 낡은 관습을 버리고 새 시대에 맞는 새 옷을 입으려는 노력이 필요하다. 이는 여자 자신의 지위가 정신적 물질적으로 남자와 대등하게 된 후에야 실현될 수 있는 것이다. 따라서 여자의 교육과 각성 및 수양 등 실력양성이 중요하다. 여섯째, 여러 가지 요인으로 인해 소략疏略하게 되기 쉬운 남자의 정신적 생활을 완전하게 하는 것이 여자의 힘이다. 이는 여자가 남자에게 경외를 받을 만한 인격과 지식이 있은 연후에야 온전히 가능한 것이다. 일곱째, 조선의 일부 신여자들의 행동과 가치관에 대한 교정이 필요하다. 여덟째, 여자가 깨어 크게 활동하면 아직 꿈꾸고 있는 남자에게 자극이 되어 남자끼리 지도하고 계발함보다 크게 효과가 있기 때문이다. 염상섭은 이러한 것들을 실현하기 위하여 여자가 우선 결혼 문제 등에 대한 관심을 미루고 일본에 유학을 하는 등 신교육을 받을 것을 권면한다. 신교육을 통해 여성 자신이 구식부인과 같이 비참한 가정생활을 하지 않을 수 있고, 또 지금 그런 생활을 계속하고 있는 자매를 구원할 수 있기 때문이다.

염상섭은 부인의 자각과 구도덕의 철폐 및 새로운 가치관의 도입이 곧 인류의 자유와 해방을 실현하는 길이 될 수 있다는 점을 지적한다. 풍속의 개량과 가치관의 변화가 단순히 삶의 소소한 행복을 추구하기 위한 수단이 아니라, 인류가 지향하는 궁극적 가치인 해방의 실현으로 이어진다는 주장도 주목할 만하다. 더불어 '각성의 긴급이나 해방의 요구가 부인에게만 급한 것이 아니라, 남자에게도 시급한 문제'라는 인식이나 '다만 부인에 관하여는 남녀가 공동으로 함께 요구할 해방 이외에, 여자만 구할 양 방면의 요구가 중첩된다'는 인식도 그러하다. 이러한 인식이 「부인婦人의 각성覺醒이 남자男子보다 긴급緊急한 소이所以」 이후에도 염상섭이 계속해서 여성문제와 관련된 산문을 집필하게 되는 원동력이 되었을 것으로 판단된다. 하지만, 그럼에도 불구하고 이 글에는 여타 남성필자들의 글과 마찬가지로 이상적 여성상에 대한 상투적·계몽적 표현이 없지 않다. '건실한 현모양처'에 대한 요구 및 '건실한 제2국민을 양성할 책임'에 대한 언급이 그러한 예이다. 남자의 지식 정도가 높아짐에 따라 그 배우자로서의 역할을 다하기 위해 여자의 지식 또한 높아져야 한다는 주장도 마찬가지이다. 신교육을 받은 일부 조선의 신여자들이 재래의 인습과 도덕에 대한 반동으로 구부덕舊婦德을 혐오하고 신부덕新婦德을 생각하지 않는다고 비판하는 일 또한 그러하다.

김안식金安植의 「자기自己를 지知하라」는 여자 교육과 신여성의 자기 각성의 필요성을 거론한 글이다. 이 글은 다음의 세 부분으로 구성되어 있다. 첫째, 자기가 사람인 줄을 지知할 것. 둘째, 아我와 타他의 관계關係를 지知할 것. 셋째, 자기가 조선 여자인 줄을 지知할 것. 이 가운데 주목을 끄는 것은 세 번째 부분이다. 여기서는 먼저 '조선의 여자가 지난 수백 년 동안 동물원의 원숭이처럼 비참한 생활을 해 오다가 금일에야 해방이 되려 하며, 수백 년 동안 물건 취급을 받아오다가 금일에야 비로소 인격자로 대우를 받게 되었다'는 점을 거론한다. 조선 반도가 여자들을 해방시키려 하는 것은 세계의 대세에 따른 것이다. 세계의 대세란 곧 지식경쟁智識競爭 시대의 도래를 의미한다. 무지식無智識한 자가 유지식有智識한 자에게 패배할 수밖에 없는 현실 속 생존경쟁에서 살아남기 위해 조선이 취해야 할 길 가운데 하나는 여자교육에 힘쓰는 것이다. "우리 半島女子敎育의 振興與否는 眞實노 여러분의게 잇다함이외다 여러분은 半島女子界의 先進이 아닌가 先進者의 責任이 그―엇더케 重한가 自覺하라"[90]는 권고가 나오는 것은 이 때문이다. 그러나 정작 이 글이 결론적으로 강조하는 것은 여자교육의 내용이나 방법에 관한 것이 아니다. 그보다는 교육받은 여자들이 왜 처신에 주의해야 하는지 이유를 열거하는 것이다. 결국 이 글은 "告하노니 先進의 女子 여러분 義拳을 大擧하야 彼 不正한 女徒를 驅逐하라 이것이 先進者의 壯志가 아닌가 芳香을 謝하야 惡臭를 除去하라 이것이 先進者의 責任이 아닌가?"[91]라는 주문으로 마무리된다. 방정치 못한 행위와 무책임한 행동을 하는 일부 신여성을 찾아내 그들을 구축驅逐하는 일이 지금 필요하다는 것이다.

염봉苒峰 박석훈의 「청년여자靑年女子의 자조自助」에서는 스스로 돕는 자를 하늘이 돕는다는 사실을 강조한다. 성공은 성실함과 진실함을 바탕으로 노력한 결과이고, 실패는 거짓된 외식外飾과 사악한 육욕肉慾에 따라 행동한 결과이다. 작은 일에 진실하고 큰일에 성실하면 만인萬人의 신용信用을 얻게 되고, 세상의 환영을 받아 월계관을 쓰게 된다. 그러나, 근래 일부 청년여자의 행동을 보면 가히 염려되지 않을 수 없다는 것이 글쓴이의 생각이다.

---

90 김안식金安植, 「자기自己를 지知하라」, 『여자계』 4, 1920.3, 8쪽.

91 위의 글, 8쪽.

近者에 新風潮가 人의 腦首를 運動식히믹 或 黃金力의 노예가 되야 學生의 身分으로도 人의 小室을 甘作ᄒᆞ야 耻羞업시 身에 綾羅를 두르고 指에는 金指環이ᄂᆞ 씨고 단니면셔 搖頭轉目ᄒᆞ며 傷風敗俗을 不顧ᄒᆞᄂᆞᆫ 이도 或 有ᄒᆞ며 또ᄂᆞᆫ 虛榮心에 醉ᄒᆞ야 自己身分을 守치 안코 벌셔 參政權을 圖謀ᄒᆞᄂᆞᆫ 西洋女子를 學ᄒᆞ야 家庭과 村里와 市町에 對ᄒᆞᆫ 事ᄂᆞᆫ 度外에 置ᄒᆞ고 父母와 男便을 雇工으로 看做ᄒᆞᄂᆞᆫ 이도 或 有ᄒᆞ다 ᄒᆞ니 如此ᄒᆞᆫ 事가 實노 잇ᄂᆞᆫ가 無ᄒᆞᆫ 줄 信ᄒᆞ노라 假令 如此ᄒᆞᆫ 心이 有ᄒᆞ면 悔改ᄒᆞ야 될지라[92]

근래의 신풍조는 사람들을 돈의 노예로 만든다. 학생의 신분으로 신중하지 못한 행동을 하는 이도 있다. 허영심에 들떠 자기 분수를 지키지 않으며, 서양여자를 배워 가정과 사회에 대한 일을 도외시하고, 부모와 남편을 머슴으로 간주하는 이도 있다. 그런데, 이 글의 필자가 청년여자들에게 권고하는 것은 변화가 아니라 인내이다.

自助ᄂᆞᆫ 忍耐니 自己의 長技 又ᄂᆞᆫ 自己의 式을 함브로 바리지 말고 忍耐ᄒᆞ야 擴張ᄒᆞ면 他人이 吾의게 伏從ᄒᆞᆯ 日이 有ᄒᆞ리라 우리는 三層洋屋의 피아노를 치고 사ᄂᆞᆫ 것보다 一間草屋을 淸潔히 ᄒᆞ고 사ᄂᆞᆫ 것을 忍耐ᄒᆞ게 되겟고 珍羞盛饌을 飽饜ᄒᆞᄂᆞᆫ 것보다 깍두기 ᄒᆞᆫ 가지라도 ᄭᆡᆺ긋ᄒᆞ게 ᄒᆡ먹어야 ᄒᆞ며, 엇지ᄒᆞ면 經濟되고도 飮食이 人生에게 適當ᄒᆞᆫ 것을 發見ᄒᆞ나 엇지ᄒᆞ면 經濟되고도 衣服이 衛生에 合當ᄒᆞᆫ 것을 發見하나 엇지하면 家庭을 잘 發達식히며 敎育을 잘 進步ᄒᆞ나 엇지ᄒᆞ면 우리의 創立ᄒᆞᆫ 機關들을 잘 保護ᄒᆞ나 ᄒᆞ

92 염봉苒峰, 「청년여자靑年女子의 자조自助」, 『여자계』 4, 1920.3, 27쪽.

며 水를 집어먹고 忍耐ᄒᆞ며 前進홈이 우리의 本志이오며 東洋人은 東洋式 朝鮮人은 朝鮮式 이를 發達식히야 되겟소, 自動과 信用과 忍耐는 우리의 自助요.[93]

「청년여자의 자조」에서는 인내하고 살다 보면 언젠가 타인이 우리에게 복종할 날이 올 것이라고 가르친다. 이는 『여자계』의 논설 가운데 가장 보수적인 주장을 펼치고 있는 글 가운데 하나이다. 적지 않은 한자를 섞어 표현한 국한문체의 보수적 문장도 곳곳에서 어색하게 읽힌다.

서춘徐椿의 「남녀男女 상호보단相互補短에 취就하야」에서는 남자와 여자의 타고난 품성과 능력이 서로 다르므로, 상호간 단점 보완이 필요하다는 사실을 언급한다. 사회의 발전과 진보를 위하여 남자의 부족한 점은 여자가 보충하고, 여자의 부족한 점은 남자가 보충해 나가야 한다는 것이다. 남자는 호방하고 활발하며 강건하다는 장점이 있고, 여자는 침착하고 세밀하며 온화하다는 점에서 우월하다. 남자와 여자 사이의 가장 주목할 만한 차이는 "男子는 理性이 發達하고 女子는 感情이 發達된 것"[94]이다. 그런데 문제는 "理性이 指示하는 行動은 判斷的이며 意志的이요 感情이 命令하는 行動은 盲目的이며 衝動的"[95]이라는 점에 있다. 여자는 범사에 감정의 지배를 많이 받기 때문에, 여자의 행동에는 경거망동이 있기 쉽고 여자의 성질에는 편증편애偏憎偏愛의 벽성癖性이 있기 쉽다. 이로 인해 여자들이 하는 일에는 계속성과 장구성長久性이 결여되는 경

93 위의 글, 28쪽.
94 서춘徐椿, 「남녀男女 상호보단相互補短에 취就하야」, 『여자계』 6, 1921.1, 15쪽.
95 위의 글.

우가 많다. 계속성과 장구성이 결여되면 처세處世에서 실패를 면하기가 어렵다. 결국, 이 글은 다음과 같은 조언으로 마무리된다.

> 女子는 特히 感情의 支配를 만히 밧는 故로 그것이 原因이 되어 여러 가지 失敗가 繼起하니 女性을 쐰 여러분은 特히 이 點에 注意하야 感情의 短處를 理性으로 補하라는 말이다 그러자면 女子는 理性 修養에 힘을 써야 할 것이다 理性 修養은 知識을 넓힘에 在하다[96]

'여자는 이성적 수양에 힘을 써야 한다'거나 '이성적 수양은 지식을 넓히는 일에 있다'는 주장은 근대초기 국내 논설에서도 어렵지 않게 발견할 수 있는 것들이다.

범範의 글 「조선청년여자朝鮮青年女子의 희망希望」은 조선의 청년 여자들이 희망을 갖고 분발하며 가정과 사회를 개량해 나갈 것을 권유하고 있는 글이다. 하지만, 역설적이게도 이 글의 바탕을 이루는 태도는 교육받은 청년 여자들에 대한 불안감이다. 이 글에서는 세간 혹자或者의 언급에 기대어 교육받은 여자의 폐해를 다음과 같이 나열한다. 첫째, 부모의 명령을 순종치 아니하고 자기 스스로 행동하는 것. 둘째, 시부모를 공경치 아니하고 멸시하는 것. 셋째, 안일을 추구하고 부귀를 취하는 것. 넷째, 사치가 넘쳐 외양을 화려하게 꾸미는 것. 이 글의 필자는 '우리 청년 여자들의 희망이 부모에 대한 불순종이 아니라 순종이며, 가정을 불화케 함이 아니라 화락하고 신선한 가정을 만드는 것이며, 사회에

---

96 위의 글, 16쪽.

박덕薄德한 인물이 되는 것이 아니라 유덕有德한 인물이 되는 것이며, 사치 대신 검박儉薄으로 여자계에 모범이 되는 것'이라고 주장한다. 이 글은 '희망이 절망이 되는 비운'을 겪으며 현재와 같은 상태에 도달하게 된 조선의 청년 여자들의 각성을 촉구함과 동시에, 그들을 건방진 하이칼라라고 비난하고 조소하는 세태에 대해서도 꾸짖는다. 글의 마무리에서는 조선의 청년 여자들의 결점을 다음과 같이 지적한다.

> 新風俗과 舊風俗이 調化하면 新鮮한 女子社會 될지며 趣味잇고 理想的 家庭이 될더인대 此를 調化하지 못하고 反히 心中에 不平이 生하여 希望을 絶望으로 變하며 虛榮에 入하는 것이 吾靑年女子의 欠이며 病根이로다[97]

신풍속과 구풍속의 조화를 이루지 못하고, 마음속에 불평을 키우면서 허영으로 들어가는 것이 우리 청년 여자의 흠이며 병이라는 것이다. 이 글에서 궁극적으로 염려하는 것은 조선의 청년 여자들이 희망을 버리고 절망에 빠져 타락한 삶을 살게 되는 것이다. 따라서 글쓴이는 청년 여자들이 희망을 키우고 분발하여 사회적 비판이 칭찬으로 변할 수 있도록 노력할 것을 주문한다. 가정에는 개량의 책임이, 사회에는 교풍矯風의 책임이, 국가문명에는 주모主母의 책임이 여자들 앞에 있다는 사실을 깊이 깨달아야 한다는 것이다. 「조선청년여자의 희망」의 문체는 이 글이 쓰인 1920년 초반과는 어울리지 않는 철저한 국한문 혼용의 문어체이다. 한자어의 사용 빈도 또한 『여자계』 수록 원고로서는 이례적으

97 범範, 「조선청년여자朝鮮靑年女子의 희망希望」, 『여자계』 6, 1921.1, 30쪽.

로 높다. 특기할 만한 사실은, 「조선청년여자의 희망」이 1908년에 발표된 단재 신채호의 글 「대한大韓의 희망希望」과 부분적으로 유사하다는 점이다. 다음은 「대한의 희망」과 「조선청년여자의 희망」의 비교를 위해 두 글의 일부를 각각 인용한 것이다.

> 嗚呼 今日 我 大韓에 何가 有한가 國家난 有하건마난 國權이 無ᄒᆞᆫ 國이며 人民은 有하건마난 自由가 無한 民이며 貨幣는 有하건마난 鑄造權이 無有하며 法律은 有하건마난 司法權이 無有며 森林이 有하건마난 我의 有가 아니며 鑛山이 有하건마난 我의 有가 아니며 郵電이 有하건마난 我의 有가 아니며 鐵道가 有하건마난 我의 有가 아니니 然則 教育에 熱心하야 未來人物을 製造할 大教育家가 有한가 此도 無有며 然則 識見이 優越하여 全國 民智를 啓發할 大新聞家가 有한가 此도 無有며 大哲學家 大文學家도 無有며 大理想家 大冒險家도 無有라 **空空無存의 國에 倀倀無適의 人이 되야 其 慘淡의 光景은 小兒飢啼에 瓶粟이 已整한 貧戶의 窮冬이며 其 悽惻의 情狀은 征夫遠戍에 孤枕獨處한 思婦의 長夜오 其 生活은 塗炭水火가 方深한** 日이며 其 産業은 支離破碎가 已極한 後니 今日 我 韓國民의 所有가 何라 云할고 嗚呼라 我膺을 捫하고 徘徊三思컨대 一長物이 尙有하니 長物維何오 曰 希望이 是已로다[98]

> 二十世紀文明의 風이 一吹하니 前鎖閉의 習이 一變하야 男女의 同等을 唱하며 國家文明엔 女子教育이 急先務라하야 女子를 教育하나 女子를 教育하

98 신채호, 「대한大韓의 희망希望」, 『대한협회회보大韓協會會報』 1, 1908.4, 11~12쪽. 강조는 인용자.

는 者 幾人乎아 或은 財産이 有하나 頑祖頑親의 壓制로 工夫 못하는 者도 有하며 或은 黃金世界에 黃金이 無하여 晝宵에 寢不安席으로 空想에 浸沒되야 少年易老하고學難成만 詠하고 工夫 못하는 者도 有하여 吾朝鮮靑年女子의 形便은 空々無存의 國에 悵悵無敵의 人이 되야 其慘淡한 光景은 小兒飢啼의 餠粟이 己한 貧戶의 窮冬이며 其 悽惻의 情狀은 征夫遠戍에 孤寢獨處한 思婦의 長夜오 其 生活은 塗炭水火가 方深하야 奢侈虛榮에 入하는 者 有하니.[99]

「대한의 희망」과 「조선청년여자의 희망」은 논지 전개의 방식이 유사할 뿐만 아니라, 일부 문장에서 내용이 서로 겹치기도 한다. '倀倀無適'이 '悵悵無敵'으로, '小兒飢啼'가 '小兒飢唏'로, '瓶粟이 已磬한 貧戶'가 '餠粟이 己한 貧戶'로 잘못 인쇄가 되어 있기는 해도, 「조선청년여자의 희망」의 일부가 「대한의 희망」에 바탕을 두고 작성된 것만은 분명하다.[100]

4) 남녀평등과 여자해방

춘성春城 노자영의 「부인문제婦人問題」는 '부인문제婦人問題 개관槪觀', '부인문제의 내용內容', '문예상文藝上에 현現한 부인문제', '인형人形의

99 범, 「조선청년여자의 희망」, 28쪽. 강조는 인용자.

100 그러나, 이렇게 일부 문장이 겹친다는 사실만을 근거로 「조선청년여자의 희망」이 곧 신채호의 글이라고 단정할 수는 없다. '범範'이라는 필명을 사용한 인물이 신채호의 글 「대한의 희망」을 부분적으로 모방해 「조선청년여자의 희망」을 썼을 가능성이 존재하기 때문이다.

가家', '신여자新女子' 등 총 다섯 항목으로 구성된 글이다. 이 글에서 궁극적으로 말하고자 하는 바는 우리 사회가 '부인해방'이라는 문제에 어떻게 대처할까 하는 점이다. '부인문제 개관'에서는 여자도 남자와 동일한 인간이므로 부인에게만 특별한 도덕을 강요하는 것이 잘못이라는 점을 먼저 지적한다. 도덕, 직업, 교육 등 기타 모든 방면에서 남녀에게는 동일한 기준의 적용이 필요하다는 것이다. 특히 부인 도덕에서 복종을 중히 여기며 현모양처를 목적으로 교육하는 것은 잘못이다. 이러한 생각이 부인들 사이에서뿐만 아니라 남자 사이에서도 확산되고 있으며, 그로 인해 독립을 꿈꾸며 결혼을 부정하고 정치적으로 부인의 권리를 수립하려는 운동이 증가하고 있다는 것이다. '부인문제의 내용'은 결혼문제, 직업문제, 교육문제, 권리문제 등으로 집약된다. 결혼문제는 결혼의 자유 및 남편에게 복종해야 하는 종래의 경우에 대한 반발이 주를 이룬다. 직업문제는 직업선택에 대한 남녀의 동등한 자유와 여성의 경제적 활동으로 인한 지위 향상이 핵심이다. 교육문제에서는 여자도 남자와 같은 교육의 기회를 부여받는 일이 중요하다. 권리문제에서는 남녀의 동등한 참정권 보장 등 사회활동 참여 여건 확대가 중요하다. '문예상에 현現한 부인문제'에서는 부인문제를 다룬 외국 작가 및 작품의 사례가 다루어진다. '인형人形의 가家'에서는 입센의 작품 「인형人形의 가家」에 대해 상세히 거론한다. 이는 문예 작품 중 각성한 부인의 문제를 다룬 전범典範에 속한다. 「인형의 가」의 여주인공 노라를 통해서 깨닫게 되는 것은 "안히와 어머니보다 몬저 一個人의 人間이 되지 안이하면 안이다"[101]는 사실이다. 마지막으로 '신여자'에서는 조선의 부인해방 문제에 대처하는 자세에 대한 언급이 이루어진다. 그러나, 앞의 항목들의 논지 전개 방향에 비하면 '신여자'의 서술 태도는 다소 모호하다. 여기에서는 먼저 '부인해방은 소위 정치상 혁명이라기보다는 파괴적 정신혁명이며, 이 운동이 실제로 넓게 파급되면 종래 가정 조직은 무너질 것'이라는 우려를 나타낸다. 노춘성은 조선의 부인들에게 다음과 같이 권고한다. "나는 우리 朝鮮 婦人解放 問題와 갓치 自發的으로 衷心에서 現在狀態에서 改善을 行하고 아모 自覺도 업시 模倣的 忘動을 擧치 마시오 함이라."[102] 노춘성이 권유하는 '자발적 충심의 개선의 행行'과 그가 비판하는 '모방적 망동의 거擧' 사이를 실제로 구별하기는 쉽지 않아 보인다.

유영준의 「반도청년여자半島青年女子에게」는 조선의 여성들이 현실의 제약을 벗어나 자유로운 활동을 하며 살아갈 것을 제안한 글이다. 조선에는 여자들에게는 일분一分의 교육도 아까워하던 시절이 있었다. 남자의 희비는 여자에게 있다 하면서 여자의 천재天才를 무시하는 일도 있었다. 그러나 이제 이러한 과거를 떨쳐버리고 새로운 일을 행할 시대가 왔다는 것이 글쓴이의 주장이다.

> 旋風 黑雲이 廣野에 외로온 行客의 모음을 놀닐지라도 조곰도 두려워말고 오날 우리에게 준 무딕에 올나 自由스러온 종을 치며 크고 큰 世上 마루우에서 활발이 활동합세다 지금은 히방시딕가 지닉가고 활동할 시딕가 도라왓소[103]

101 춘성春城, 「부인문제婦人問題」, 『여자계』 5, 1920.6, 7쪽.
102 위의 글.
103 유영준劉英俊, 「반도청년여자半島青年女子에게」, 『여자계』 5, 1920.6, 9쪽.

이 글에서는 놀라거나 두려워 말고 무대에 올라 자유스러운 종을 치고 큰 세상 마루 위에서 활발히 활동할 것을 제안한다. 이제 해방의 시대가 지나가고 활동할 시대가 돌아왔다는 것이다. 오늘날 조선의 청년여자들이 할 일은 청년회, 구락부, 양로원, 고아원, 자선부인회 등을 설립해 세상 고해苦海에 빠진 창생을 구원하는 일이다. 일천만 여자의 아름다운 생명이 선진자先進者 여성들에게 달려있다. 조선의 청년여자들은 자신에게 대장大將의 직분이 있다는 사실을 자각해야 하는 것이다. 그리하여 이 글은 다음과 같은 구절로 마무리가 된다.

> 아! 반도 女子에 大將이 된 青年 女子요 하날이 너희에게 명ᄒᆞᆫ거시 무엇인지 아ᄂᆞᆫ냐 모르나냐 아ᄂᆞᆫ 그ᄃᆡ들의 活動ᄒᆞᄂᆞᆫ거슬 보고 뛰고 깁버하고져 너히에 아름다온 ᄭᅩᆺ은 어나 가지에 숨어잇스며 너희의 아름다온 香氣ᄂᆞᆫ 어나 봉이에 져축하엿ᄂᆞᆫ고 불근ᄭᅩᆺ 푸들닙을 무미하게 자랑마라 너이에 基礎가 든든치 못하면 만일 피더라도 모진 바람이 부러오면 하로 앗참에 낙화되리라 반도숙녀의 부르지즈ᄂᆞᆫ 저―슬픈 소ᄅᆡ 드렷ᄂᆞᆫ냐 못 드럿ᄂᆞᆫ냐.[104]

젊음의 아름다운 꽃과 향기는 하늘이 맡긴 사명을 수행할 때 그 가치가 더욱 빛난다. 붉은꽃과 푸른잎을 무의미하게 자랑만 하는 것은 오래가지 못한다. 기초가 튼튼하지 못한 꽃은 모진 바람이 불어오면 하루아침에 낙화 신세를 면하기 어렵다. 반도숙녀들의 부르짖는 슬픈 소리를 마음에 새기고 행동에 나서는 것이 이제 반도 청년여자들이 감당해야

---

104 위의 글, 11쪽.

하는 의무가 되는 것이다. 참고로, 청년여자들의 적극적인 행동을 촉구하는 이 글의 논지를 생각할 때, 유영준이 『여자계』 제4호와 제5호에 걸쳐 여필종부의 재래적 가치관에 토대를 둔 소설 「중국녀즈의 굿은 정절」을 연재했다는 사실은 쉽게 이해가 되지 않는다. 그 집필의 의도를 알기 어려운 것이다.

옥로玉露의 「우리의 온 길 갈 길」은 '여자해방'의 필요성에 대한 강조와 함께 조선 여성이 걸어온 길과 앞으로 가야 할 길에 대해 의견을 개진한 글이다. 이 글은 제1차 세계대전의 처리 문제를 둘러싸고 열린 파리 강화회의講和會議 이후의 국제 정세에 대한 언급으로부터 시작된다. 이제 인류 앞에는 평민의 시대와 민중의 무대가 열리기 시작했고, 평등과 해방의 기운이 넘쳐흐르기 시작했다. 민주주의와 노동문제의 부르짖음이 하루라도 우리의 고막을 울리지 않는 날이 없고, 정의・인도・평등의 말을 하루라도 안 해본 날이 없다. 이러한 세계정세의 흐름에 힘입어 우리 여자계도 비로소 생기를 얻은 듯싶고 사람의 활동을 시작한 것처럼 보인다.

> 우리를 解放하시오 우리도 사람이웨다 브르지지난 少數 女子의 가-는 소래가 數千年 壓迫의 空氣를 通하야 겨우 들닛니다. 우리도 女子를 解放하여야 되겟다 아난 少數男子의 힘업난 소래가 數千年 굿은 썩어건 因襲을 通하야 겨우 들님니다. 아-남은 벌서 女子 解放의 價值判斷時代를 오래젼에 지내보내고 政策時代에 드러갓습니다. 東西를 勿論하고 女子의 브르지짐이 무엇보다도 힘잇고 놉습니다. 만은 우리난 이자야 女子解放이 죠흐니 납브니 올호니 그르니 하난 價值判斷時代에 잇습니다. 아니 아직 此時代에도 채

> 드러가지 못하엿습니다. 多數의 우리 父母네들은 이런 일을 生覺하여볼 餘地도 업거니와 生覺코져도 아니합니다. 우리의 브리지짐은 너머나 弱합니다. 活力이 업습니다. 이와 갓튼 우리의 社會 우리의 女子界를 볼 격에 난 참으로 戰慄치 아닐 수 업고 우리의 將來를 바라볼 격엔 참으로 望洋之嘆이 업슬 수 업습니다.[105]

조선에서는 이제 '우리도 사람이다. 우리 여자를 해방시켜 달라'는 목소리가 조금씩 들리기 시작한다. 다른 나라들이 여자해방의 가치를 판단하던 시대를 거쳐 이미 정책의 시대로 진입한 것에 비하면, 우리의 단계는 매우 늦다. 우리는 아직 가치판단의 시대에조차 진입하지 못했다는 것이 글쓴이의 생각인 것이다. 이러한 우리 사회와 우리 여자계를 바라볼 때에 참으로 전율하지 않을 수 없고, 탄식이 나오지 않을 수 없다. 우리 여자계의 지나온 과거를 돌이켜 보면 '노예생활, 기생충생활'의 일종에 불과하다. 노예생활이란 곧 사람의 성질은 전혀 없고 소와 말과 같이 되는 것을 의미한다. "우리의 家庭 혹 結婚은 人生의 大事라는 假面을 쓴 公認된 奴隷賣買業"[106]에 불과했던 것이다. 기생충생활이란 '타인의 손으로 지은 아름다운 의복을 입고, 타인의 손으로 만든 맛있는 요리를 먹으며 가만히 집에 앉아 남자의 정욕을 만족케 할 고안 외에는 아무 것도 없는 생활'이다. '부자집 며느리와 양반의 딸 그리고 창기' 등의 생활이 여기에 속한다. 이제 조선의 여자들은 이러한 생활을 벗어나 해방의 길을 가야 한다.

---

105 옥로玉露, 「우리의 온 길 갈 길」, 『여자계』 5, 1920.6, 12쪽.
106 위의 글, 14쪽.

우리의 갈길, 우리의 主張하난 바난 簡單히 말하면 近年의 勞働者의 主張과 맛츰가지로 우리 女子들도 人格者되겟다 함에 잇습니다. 女子단[란] 것시 單純한 兒孩낫난 機具가 아니요 男子의 玩弄物이 아니요 곳 男子와 對等의 人格者로 男子와 갓치 力을 合하야 社會을 開拓하고 人類의 幸福을 增進케 하난 것인 줄을 우리난 깁히 꺼다랏습니다. 그럼으로 우리의 主張 부르지짐은 決코 져 蓄音機와 앵무새의 입에서 나오난 소래가 아닙니다. 남이 써든다고 나도 써드난 衝動的動作이 아닙니다.[107]

이 글이 거듭 강조하는 것은 여자도 인격자가 되어 존중받는 삶을 살아야 한다는 것이다. 여자는 단순히 아이를 낳는 도구가 아니며 남자의 완롱물이 아니다. 여자는 남자와 대등한 인격자로서 남자와 힘을 합하여 사회를 개척하고 인류의 행복을 증진시킬 의무 또한 지니고 있다. 오늘날 우리 여자들의 주장은 깊은 동기와 굳은 근거를 바탕으로 한 것이다. 그러나, 여자해방이라는 새로운 길을 향해 나가려 할 때 앞을 막는 방해물들이 적지 않은 것이 현실이다. 우리에게는 수천 년 굳은 타성 곧 인습을 깨뜨리기 위한 행동이 필요하다.

여러분 우리 社會를 위하야 民族을 爲하야 人類를 爲하야 우리 힘껏 解放을 부르지집시다. 우리 오든 길을 바리고 우리 압헤 보이난 식 길노 나아갑시다. 外界의 모든 誤解를 풀고 社會의 모든 因襲을 쌔트립시다. 百折不屈하난 精神으로 間斷업난 努力을 하옵시다.[108]

107 위의 글, 16쪽.
108 위의 글, 17쪽.

이제 우리가 해야 할 일은 오던 길을 버리고 새 길로 나아가는 것이다. 그것이 우리 사회와 민족과 인류를 위하는 길이기 때문이다. 이 글은 "우리의 갈길이 멀고 험하지마난 落膽치안코 가기만하면 나죵에난 석 우리의 바라든 곳에 니를 줄을 밋습니다"[109]라는 구절로 끝을 맺는다. 옥로의 「우리의 온 길 갈 길」은 이 시기 유학생 잡지에 수록된 여성 담론 가운데 가장 체계적인 구성을 갖추고 있으며 논지 또한 선명한 글이다. 조선 여자계의 변화의 당위성을 국제 정세와 연관시켜 제시하는 서론이나, 인습의 타파가 곧 여자해방을 실현시키는 구체적 방법이라는 결론적 제안은 모두 설득력이 있다. 이 글의 필자인 옥로에 대해서는 전혀 알려진 바가 없다. 그가 누구였건, 새로운 세계에 대한 신념과 확신으로 가득 차 있는 인물인 것만은 분명하다.

옥로는 『여자계』에 「남녀교제男女交際에 對하야」와 「결혼結婚과 연애戀愛」 등의 글을 계속해서 집필했다. 성星이라는 또 다른 필명으로 발표한 「남녀교제에 대하야」에서는 '여러 가지 점을 고려할 때, 남녀교제를 절대로 금지하는 도덕은 최선의 도덕이라 할 수 없다'는 견해를 제시한다. "男女交際를 絶對로 自由롭게 하라는 것은 아직 遠慮하나 男女 사이에 사람다온 交際까지 禁制할 必要는 업다"[110]는 것이다. 여기서 글쓴이가 말하는 '사람다운 교제'란 '우정으로 사귀는 교제이자 성적관념性的觀念을 초월한 교제'를 말한다. 「결혼과 연애」에서는 당사자들의 의사

---

109 위의 글.

110 성星, 「남녀교제男女交際에 對하야」, 『여자계』 6, 1921.1, 20쪽. 이 글의 필자 성은, 「결혼結婚과 연애戀愛」를 쓴 옥로玉露와 같은 인물이다. 「남녀교제男女交際에 對하야」에는 자신이 「결혼과 연애」의 집필자라는 사실이 밝혀져 있다. 이에 대해서는 위의 글, 21쪽 참조.

를 존중하는 혼인의 중요성을 강조한다. 남편을 선택하는 일에 어머니의 절대의사가 관여할 바 아니요, 아내를 선택하는 일에 아버지의 절대의사가 관여할 바 아니라는 것이다. 부모의 의사에 따라 진행되던 구식 결혼제도가 지금의 우리 사회에 적합할 리가 없다. "各人의 個性이 힘잇게 覺醒하야 結婚은 自己 爲하여서의 結婚이요 自己 理想을 出現식힐 새 家政의 創造라고 生覺하는 새 社會에 適合지 아늘 것은 明白한 事實일 것"[111]이기 때문이다. 결론에서는 "結婚은 반드시 戀愛로 由하야"[112] 할 것임을 주장한다. 그런데, 여기서 중요한 것은 결혼의 전제가 되는 연애가 욕애慾愛와 철저히 구별된다는 사실이다. 상당수 사람들은 욕애를 연애라고 착각한다. 그러나 욕애는 "動物과 人間의 公有한 性慾의 發作"[113]에 지나지 않는다. 욕애를 버리고 연애를 취해야 하는 이유는 "動物의 兩性結合은 性的이요 一時的이며 사람의 結合은 人格的이요 永久的"[114]이기 때문이다. 「남녀교제에 대하야」에서와 마찬가지로, 여기서도 우정의 가치가 중시된다. '이성간에 발생하는 우정이 곧 연애'이기 때문이다. 우정은 영구적이며 열렬적이다. 인격과 인격을 결합시키는 것도 우정이다. 남녀 결합의 목적은 '원만한 사회생활'에 있다. 결혼을 생각하는 남자와 여자는 우정을 기본으로 한 연애로 결합되어야 한다. 「결혼과 연애」에서 또 하나 주목해 볼 부분은, 연애뿐만 아니라 이혼 또한 결혼과 연관된 중요한 논제라는 점을 부각시킨 것이다.

---

111 옥로玉露, 「결혼과 연애」, 『여자계』 6, 1921.1, 33쪽.
112 위의 글, 37쪽.
113 위의 글, 35쪽.
114 위의 글.

戀愛 離婚이야말로 今日 우리 社會에셔 第一노 流行하는 물건이요 第一노 싱크러운 大問題이외다 前者난 性을 愛로써 結合하야 男女의 愛의 光輝로 아름답고 妙한 家庭을 創造하랴난 靑年男女의 主張하는 쟈이오 後者는 前者와 갓흔 理想을 達코져하야 着手의 第一步로 旣性된 無愛의 結合을 끈혀 바리려 하는 旣婚靑年의 專用物이외다[115]

「결혼과 연애」에서는 이혼을 '연애와 같은 이상을 달성하고자 하여 무애無愛의 결합을 끊어버리려 하는 제일보'로 해석한다. 우리 사회는 연애와 마찬가지로 이혼에 대해서도 혹독한 비난을 멈추지 않는다. 옥로가 「결혼과 연애」를 쓴 이유는, 조선의 청년들이 그렇게 혹독한 사회적 비난을 무릅쓰고 연애와 이혼을 감행하면서도 실은 '자기이상의 반분半分을 실현하지 못하는 것이 명백한 사실'이기 때문이다.[116] 「결혼과 연애」는 유학생 사회에서 적지 않은 반향을 불러일으켰던 것으로 보인다. 윤심덕尹心德은 『여자계』 제7호에, 「여자계女子界 육호六號에 기재記載한 결혼結婚과 연애戀愛를 보고」를 투고한다.[117] 그러나, 윤심덕의 투

115 위의 글, 32쪽.

116 『여자계』의 여성해방 논의가 지니는 의미에 대해서는 다음과 같은 견해도 있다. "남성중심의 여성 계몽이라는 담론으로부터 『여자계』도 본질적으로 자유롭지는 못했지만, '여자도 사람'이라는 자각을 좀 더 분명히 드러냈으며, 이는 이상적 가정을 꿈꾸는 결혼관으로까지 이어진다. 『여자계』에 실린 글에서 '여성해방'이라는 용어가 종종 발견되는 것도 이런 맥락에서 이해할 수 있다." 이경수, 「1910~20년대 재일본 조선유학생 친목회지에 나타난 신여성 담론—『학지광』과 『여자계』를 중심으로」, 『한국학연구』 31, 고려대 한국학연구소, 2009, 203쪽.

117 『여자계』에서 점차 남녀교제와 연애에 관한 담론이 증가하는 현상에 대해서는 다음과 같은 견해를 참고할 수 있다. "연애에 대한 담론의 증가는 단순히 당대의 유행에 편승한 것으로 볼 수 없다. 연애야말로 당대 여성들에게 결혼과 개인성의 연관에서 가장 중요한 논제였고, 그러한 문제의식에 대한 고민이 여실히 반영되고 있는 것이었다." 이태숙, 「여자 유학생의 근대인식과 공유장—『여자계』를 중심으로」, 『국어국문학』 159, 국어

고 내용을 확인할 수는 없다. 『여자계』 제7호가 현재 미발굴 상태이기 때문이다. 『여자계』 제7호는 목차만 확인 가능하다. 이 목차는 『학지광』 제22호 뒷표지 광고란에 수록되어 있다. 『여자계』 제7호는 '7월 중순 발행'으로 예고가 되어 있다.

정파靜波의 「여자계사女子界社의 자매제위姉妹諸位의게」 역시 여성해방을 논의하고 있는 글이다. 이 글에서는 파리강화조약 이후 세계정세의 변화에 주목한다. 강화조약 이후 각종의 해방문제가 도처에서 제기되고 있지만, 유독 조선의 경우 이를 따라가지 못하고 있다는 것이 글쓴이의 진단이다. 혹자或者는 천天은 양陽이요 지地는 음陰이며, 양陽은 동動하고 음陰은 정靜하니 천존지비天尊地卑라 생각한다. 그러나 이성異性인 음과 양이 하는 일은 서로 다르지만, 이들 사이에 존비尊卑를 가를 수는 없다.

> 又曰 天은 陽이오 地는 陰이며 陽은 動ᄒᆞ고 陰은 靜ᄒᆞ니 天尊地卑라 ᄒᆞ옵니다 그러면 動은 엇지ᄒᆞ야 尊ᄒᆞ며 靜은 엇지ᄒᆞ야 卑ᄒᆞ옵닛가 勿論 陰陽은 異性이외다 이 異姓[性]인 陰과 陽이 各各 ᄒᆞᄂᆞᆫ 일은 다를지연뎡 尊卑를 말ᄒᆞᆯ 것은 안이외다 換言ᄒᆞ면 하날은 하날 ᄉᆞ실ᄒᆞ고 ᄯᅡᄂᆞᆫ ᄯᅡ ᄉᆞ실ᄒᆞᆷ니다 (…중략…) 다만 陰과 陽이 各各 責任만 다를 ᄲᅮᆫ이외다.[118]

음과 양은 위상의 차이가 있는 것이 아니라 역할과 책임이 다를 뿐이다. 결국 "男女ᄂᆞᆫ 能力으로 보든지 技倆으로 보든지 人格으로 보든지 社會人類로 보든지 모다 平等ᄒᆞᆫ 것이며 平等ᄒᆞ여야 될 것"[119]이다. 이 글의

국문학회, 2011, 362쪽.

118 정파靜波, 「여자계사女子界社의 자매제위姉妹諸位의게」, 『여자계』 5, 1920.6, 20쪽.

필자는 조선이 세계정세의 흐름 속에서 뒤처지게 되는 주요 요인 가운데 하나를 여성의 능력에 대한 비하로 생각한다. "우리 朝鮮이 現世에 落伍者됨을 免치 못홈은 여러 가지 原因도 잇거니와 筆者는 女子의 拘束主義를 固執ᄒᆞᆫ ᄭᆞ닭이라 斷言홈니다"[120]라는 구절을 통해 이를 확인할 수 있다. 여자는 스스로를 존중함으로써 자신의 가치를 높일 수 있다. 이 글의 결론은 다음과 같다. "이 世上은 尊을 崇尙ᄒᆞ고 卑를 排斥ᄒᆞ나니 엇지 굿ᄐᆡ여 男尊女卑의 標語를 用ᄒᆞ야 先進ᄒᆞ야 女子로 ᄒᆞ여금 卑에 處케ᄒᆞ며 自身이 卑劣에 居ᄒᆞ릿가 아—여러 姉妹여 女子는 恒常 尊에 處ᄒᆞ야 홈니다 高尙ᄒᆞᆫ 心志를 가져야홈니다."[121] 여자가 고상한 심지心志를 품고 자신을 존중할 때, 남존여비의 낡은 표어는 사라지게 된다. 이제부터 자매들이 해야 하는 일은, 일반 여자계를 위하여 심혈을 기울임은 물론 암흑暗黑한 남자들 또한 각성토록 하는 것이다. 이를 성취하기 위해서 중단하지 않고 분투하는 노력이 필요한 것이다. 「여자계사의 자매제위의게」는 남녀평등의 논리적 근거를 천지음양론에 기대어 전개하고 있다는 점에서 주목을 끈다.

현덕신의 「싀세게가 다시왓네」는 낡은 관습으로부터의 탈피와 자유로운 생활의 영위를 제안한 글이다. 이 글은 '내적으로 물질적 욕망의 노예가 되고, 외적으로 사회적 · 관습적 권위의 굴복자가 되어 버린 조선 여자청년'의 분발을 촉구하는 것으로부터 시작된다. 의지를 확립하고, 사상을 고상히 하는 것이 사람이 취할 도리이다. 과거는 흘려보내고,

---

119 위의 글, 21쪽.
120 위의 글.
121 위의 글, 23쪽.

새로운 시대를 맞아 자신에게 부여된 책임을 다하는 것이 청년여자들이 취할 태도라는 것이다. 다음 구절에 이러한 생각이 잘 드러나 있다. "過去는 죽엇쓰니 죽은 者는 파뭇고 다시 살은 現在에셔 元氣잇개 活動하세 우리 마음에 至誠이 잇쓰면 泰山이 動하고 北海가 솟을지라 다시 용긔을 닉여 우리의 직무을 다하셰 우리의 칙임을 他人이 담당할 理 만무하다 칙임 重한 우리들은 全力닉고 쌈 흘니셰."[122] 이 글에서는 '삶의 광명을 얻어 암흑을 탈출하고, 자유생활의 즐거움을 받아들일 것'을 제안한다.

극웅極熊 최승만의 「여자해방문제女子解放問題」는 여성해방론의 역사와 당위성에 대해 비교적 객관적 시선으로 서술한 글이다. 이 글은, 동서고금을 막론하고 여성은 남성에게 핍박을 받는 존재였다는 사실에 대한 확인으로부터 시작된다. 희랍이나 로마시대에도 여자는 인간으로서의 대우를 받지 못했고, 처妻는 부夫의 노예이자 일종의 재산에 불과했으며 욕정의 만족과 자손의 번식을 위한 도구이기도 했다. 플라톤은 '부인은 남자에게 굴복해야 한다'고 주장했고, 아리스토텔레스는 '여자는 남자보다 열등하다'는 사실을 가르쳤다. 동양의 유교 또한 여자를 차별했다. 여자는 사람으로 알지 않아 비천한 소인과 여자를 동일시했다. 결국 "婦人의 歷史는 男子의 暴虐 가운데 慘憺한 生活을 하엿다는 記錄"[123]에 지나지 않았던 것이다. 그러나, 신神이 인간을 창조할 때에 남녀 구별 없이 모두 평등하게 창조했다는 인식이 확산되면서 여성에 대한 생각도 조금씩 변화하기 시작한다. 불란서혁명은 남자의 권리를 확장하는 일에 그쳤고 여자의 권리 확보에는 미치지 못했지만, 이를 계기로 자유사상

122 현덕신玄德信, 「식세계가 다시왓네」, 『여자계』 5, 1920.6, 34쪽.
123 극웅極熊, 「여자해방문제女子解放問題」, 『여자계』 4, 1920.3, 9~10쪽.

에 자극받은 부인들의 여권 운동이 시작되었던 것이다. 미국에서는 독립전쟁의 시기부터 '부인의 자유'라는 구절이 회자된다. 미국의 헌법에는 개인의 자유와 독립 및 평등의 사상이 반영되고, 점차 여성의 선거권 획득을 위한 노력도 진행된다. 이후 여성의 권리 확산을 위한 모임의 성립과 함께 전 미국의 여자들이 일어나 부인의 경제, 법률, 문학, 철학, 종교 등 각 방면의 자유해방을 선언하게 되었다는 것이다. 그렇다면 조선 여자계의 현실은 어떠한가? 최승만이 파악한 조선 여자계의 현실은 '한심하고 답답한' 상태이다. '자유가 무엇인지, 평등이 무엇인지, 해방이 무엇인지' 거의 알지 못한다는 것이다. 최승만은 이러한 상태의 책임이 조선 남자계에 있다고 생각한다. 이때를 당하여 조선의 여자들이 해야 할 일은 '결심과 용기를 가지고 노력하는 일'이며, 조선의 남자들이 해야 할 일은 '여자를 더욱 애호하는 일'이다. 최승만은 오늘날의 조선 여자 같이 몸가짐이 어려운 경우는 다시없을 것이라고 단언한다. 이는 가정에서나 사회에서나 마찬가지이다. 조선 사회가 여성들을 바라보는 시각은 '모든 것이 조선 여자에게는 전제專制이고 압박壓迫이고 멸시蔑視'이다. 이는 여자를 '육욕을 만족시키는 한 기구이자 오락을 제공하는 인형'으로 아는 까닭이다. 이 글의 결구는 다음과 같다.

> 나는 女子의 解放을 絶叫합니다. 여러 가지 모양으로 束縛밧는 女子를 一切로 同情하지 안이하면 안이되겟습니다. 나는 女子의 解放을 다만 女子를 爲하야 불으지즈는 것이 안이요 男子를 爲해서나 人類를 爲해서나 엇더한 意味로써 보든지 女子를 解放하디 안이하면 안이되겟습니다. 社會의 發展을 妨害하고 社會의 向上을 抵抗하는 모든 腐敗한 思想을 打破하고 意味잇

고 充實하고 健全한 새로운 思想을 심우지 안이하면 안이되겟습니다. 여러 가지 形式的이오 迷信的이오 偶像的이고 機械的인 虛僞의 道德을 破壞하고 果然 人道的이오 內面的이오 眞實的인 새 道德을 建議하야 男女公同一致로써 社會의 前進을 期하고 社會의 興隆을 圖하지 안이하면 안이 되리라고 하는 同時에 女子의 解放을 더욱 먼저 말하게 되는 바올시다.[124]

최승만은 조선 여자의 해방이 단지 여자들만을 위한 것이 아니라 조선의 남자들과 조선 사회를 위해서도 필요하다는 사실을 강조한다. 이 글은 조선 여자의 해방이 어떻게 가능한가에 대한 실천적 논의가 결여되어 있다는 한계를 안고 있다. 그럼에도 불구하고 객관성을 잃지 않으려는 이 글의 서술 태도는 『여자계』에 수록된 남성필자들의 글 가운데서는 흔하지 않은 사례에 속한다.

최원순의 「양성兩性의 지위地位와 정조貞操의 도덕적道德的 가치價値」는 남녀평등이라는 논제를 '기회의 균등'이라는 문제와 연관 지어 서술한 글이다. 아울러, '정조의 가치'를 표제어로 제시하고 있다는 점도 특기할 만하다. 이 글은 '사람 생활의 목적은 그의 인격적 가치를 발휘하는 데 있다'는 전제로부터 시작된다. 인격적 가치의 발현은 곧 개성의 실현으로 이어진다. 따라서 모든 구성원들이 각자의 개성을 발휘할 수 있는 사회가 가치 있는 사회이다. 우리의 생활은 남녀 양성의 상합相合이 바탕이 된다. 남성과 여성의 상련상조相聯相助가 필요한 것이다.

---

124 위의 글, 12쪽.

그럼으로 生活發展을 圖謀하고자 하면 男性의 發展과 女性의 發展을 均一하게 圖謀하야야 할 것이요 社會의 進化라 하면 男性과 女性의 均一한 進化라야 할 것이다. 故로 男子의게 그 人格的價値를 잘 發揮할 수 잇는 自由와 機會均等의 必要가 잇는 것과 갓치 女子의게도 그 人格的價値를 잘 發揮할 수 잇는 自由와 機會均等의 필요가 잇슬 것이다[125]

사회의 진화는 남성과 여성의 균일한 진화를 의미한다. 남자들에게 자신의 개성 실현을 위한 자유와 논거가 존재한다면, 여자 또한 이를 주장할 권리가 있다. "公平한 機會와 地位를 要求하는 權利"[126]를 보장받아야 하는 것이다. 공동생활을 영위하는 남녀는 가정에서나 사회에서나 서로 공평한 기회와 지위를 획득하고 각자의 개성을 자유롭게 발휘할 수 있어야 한다. 가정은 부부를 중심으로 이루어진 조직체이다. 이 조직체의 질서의 바탕을 이루는 도덕은 정조이다. 질서와 도덕이 없는 인류사회에서는 인생의 가치를 실현하기 어렵다. 따라서 정조를 무시하는 사회는 인생의 가치를 무시하는 사회와 다르지 않다. 남녀평등의 가치를 강조하면서 동시에 정조의 절대적 가치를 강조하는 이 글의 논지는 『학지광』에 수록된 고금여사의 논설 「여자계女子界의 달관達觀이라」와 유사하다.

MC생의 「여자女子의 자각自覺과 남자男子의 반성反省을 규叫함」은 이른바 여자해방의 시대를 맞아 여자와 남자가 각각 취해야 할 태도에 대해 서술한 글이다. 이 글은 "現今社會에서 解放이니, 改造이니, 破壞이니, 建

125 최원순崔元淳, 「양성兩性의 지위地位와 정조貞操의 도덕적道德的 가치價値」, 『여자계』 6, 1921.1, 4~5쪽.
126 위의 글, 5쪽.

設이니 하는 許多한 思潮 中에는 女子의 解放 卽 人權擴張이라는 것이 한 問題이다"[127]라는 문제의식에서 출발한다. 보수적 태도를 유지하고 싶어도 이제는 여자해방의 문제를 피해가기 어려운 시대가 되었다는 것이다. 그러나, 이 글의 필자는 현금의 여자해방론이 올바른 방향으로 전개되고 있지 못하다고 생각한다. 오늘날의 여자해방 논의는 분쟁을 불러올 가능성이 큰 바, 그 이유는 '해방을 오해한 해독' 때문이다. 해방은 자유를 의미하지만, 자유에 대한 남용은 많은 문제들의 원인이 된다. 여자가 깨달아야 할 것은 무조건 남자를 흉내 내려 해서는 안 된다는 점이다.

> 解放을 한다 하면 勿論 局限되엿든 女子로 하여금 男子와 同等한 位置에 處케 함을 意味할 것이다 그러나 女子는 男子의 强暴無理한 行動의 非함을 覺悟하여야 할 것인대 덥허놋코 男子와 갓치 하겟다 함은 自己의 理性을 後覺한 愚見이 안인가?
>
> 自覺하는 女子여! 男子의 行爲의 是非를 擇하라[128]

여자가 무조건 남자들의 행동을 선망하는 것은 옳지 않다. 자각하는 여자들은 남자들의 행동의 시비를 구별할 줄 알아야 한다. 여자뿐만 아니라 남자들 또한 반성이 필요하다. "從來 女子로 하여금 愚物이 되게 함은 男子"[129]라는 사실을 알아야만 하는 것이다. 반성하는 남자들은 전날의 행위를 회고하여 잘못된 것을 바르게 고쳐나갈 필요가 있다. 이 글의

127 MC생生, 「여자女子의 자각自覺과 남자男子의 반성反省을 규叫함」, 『여자계』 6, 1921.1, 37쪽.
128 위의 글, 38쪽.
129 위의 글, 38~39쪽.

논지에 따르면 남자가 반성하여 바르게 행동하면, 그를 본받아 여자들 역시 바르게 행동하게 된다. 이로 인해 가정과 사회의 질서가 바로 설 수 있다는 것이 MC생의 판단이다. 「여자의 자각과 남자의 반성을 규함」은 「청년여자의 자조」에 못지않게 보수적인 성향을 드러내는 글이다. 이는 철저히 남성 우월주의적 사고에 기반을 두고 논지를 전개한 글이기도 하다. 1910년대 말에서 1920년대 초에 걸쳐 전개된 유학생 잡지 소재 여성담론의 지향점은 그 편차가 매우 컸다. 여성담론이 진보적 성향을 지닌 필자들만의 글쓰기 영역에 속하는 것이 아니었다는 사실을 새삼 확인할 수 있는 것이다.[130]

3. 『여자계』의 기타 산문

『여자계』에 수록된 산문들 가운데는 논설 이외에도 주목을 끄는 글들이 몇 편 더 있다. 그 가운데 하나는 제2호에 수록된 춘정생春汀生의 글

130 이와 관련해서는 『여자계』의 글쓰기가 지닌 한계에 대한 다음의 지적을 주목할 필요가 있다. "그러나 여자 유학생과 교육받지 못한 하층 여성 사이의 괴리감, 현모양처 교육에 대한 여자 유학생과 남자 유학생의 의식 차이에서 알 수 있듯, '여자계'를 둘러싼 '해방'의 목소리는 쉽사리 그 접점을 찾지 못한다. '우정'과 '열정'이라는 관념어의 체계 속에서 '민족의 근대화'를 향해 나아갈 뿐이다. 이것은 자유, 평등, 인간의 존엄성 등과 같은 보편적인 가치를 통해 '차이'의 인정을 호소했던 당대 필자들의 글쓰기에 기인한다. 동일성이나 보편성에 입각한 이러한 호소는 오히려 당대 담론의 중심을 점하고 있는 제국과 국가, 남성이라는 억압자들이 그들의 논리를 정당화하는 데 적극적으로 사용되는 경우가 많기 때문이다." 조윤정, 앞의 글, 437~438쪽.

「처녀妻女의 번민煩悶」이다. 이 글에는 '吉岡彌生先生談'이라는 표기가 있다. 「처녀의 번민」은 일본의 교육자 겸 의사였던 요시오카 야요이吉岡彌生의 강연 내용을 번역 게재한 것으로 생각된다. 요시오카 야요이는 동경여의학교東京女医学校・동경여자의학전문학교東京女子医学専門学校・동경여자의과대학東京女子医科大学의 창립자이기도 하다. 따라서 이 글을 번역한 춘정생은 그 무렵 동경여자의학전문학교를 졸업한 허영숙許英肅으로 추정되기도 한다. 『여자계』 제2호에는 「근축졸업謹祝卒業」이라는 제하에 "許英肅 氏 東京女子醫學專門學校 羅蕙錫 氏 東京女子美術學校(洋畵科) 金德成 氏 東京女子師範高等學校(家政科) 諸氏가 多年間 海外에서 許多한 風霜을 격그시면서 刻苦勤勉한 結果의 榮光스러운 卒業을 本誌는 誠心 祝賀하나이다"[131]라는 기사가 실려 있다. 그러나, 이 글을 번역한 춘정생은 허영숙이 아니라 나혜석이다. 그 증거로는 『학지광』 제15호(1918.3)에 게재된 『여자계』 광고를 제시할 수 있다. 광고 지면에 수록된 『여자계』 제2호 목차에는 「처녀處女의 번민煩悶」의 필자가 나혜석羅蕙錫으로 명기되어 있다. 『여자계』와 『학지광』에 수록된 기사 제목의 한자 표기가 '妻女'와 '處女'로 차이가 있기는 하지만, 이 둘이 같은 기사임은 분명하다. 나혜석이 『여자계』에 「처녀의 번민」을 번역 수록하면서 춘정생이라는 생소한 필명을 쓴 이유는, 그가 동일한 잡지에 이미 다른 원고를 투고했기 때문으로 보인다. 나혜석은 『여자계』 제2호에 자신이 주로 사용하던 정월晶月이라는 필명으로 단편소설 「경희」를 게재한다. 나혜석은 허영숙과 함께 동경여자의학전문학교의 설립자였던 요시오카 야요이의 강연에 참석한 후

131 「근축졸업謹祝卒業」, 『여자계』 2, 1918.3, 7쪽.

이 원고를 번역 집필했을 가능성이 크다.

「처녀의 번민」은 여자들이 정신적 육체적으로 건강한 삶을 살기 위해 취해야 할 것이 무엇인가에 대해 논의한 글이다. 이 글은 몇 개의 소주제를 정하고 그것을 간략히 설명하는 방식으로 전개된다. 여기서 제시된 소주제들은 다음과 같다. '두뇌頭腦만 쓰는 원인原因', '안일安逸한 생활生活을 하지 말 일', '쓸데없는 걱정을 하지 말 일', '마음을 적당適當히 쓸 일', '도량度量을 크게 먹을 일', '근본적根本的 건강법健康法', '처녀處女의 심신변혁心身變革 시대時代', '유전병遺傳病과 감정感情', '전前보다 밥을 만히 먹음', '소설小說은 엄금嚴禁할 일', '반분半分어치 가치價値도 없는 번민煩悶', '모친母親된 이는 정신精神을 차리소서'. 「처녀의 번민」에서 강조하는 것은 건강한 삶을 위해서는 두뇌와 육체를 함께 사용해야 한다는 것, 부인의 일생이 처녀 시절의 교육에 달려있다는 것, 처녀 시절에는 정신 상태를 단순히 하고 번민을 멀리해야 한다는 것, 그러기 위해서는 자신의 근본사상을 굳게 해야 한다는 것 등이다. 나혜석의 번역임을 염두에 둘 때, '소설 보는 일을 금해야 한다'는 주장이 여기에 포함되어 있다는 사실은 다소 의문을 자아낸다. 나혜석 자신이 동일한 잡지에 단편소설을 창작 게재하고 있다는 점을 떠올리면 더욱 그러하다. 나혜석이 이러한 주장을 그대로 수용해 번역한 이유는 어디에 있을까? 이는 강연의 내용이 모든 소설에 대한 배격이 아니라, 신문연재 통속소설에 대한 배격에 초점이 맞추어져 있기 때문이다.

> 그런딕 이 時代에는 別로히 모-든 것을 알냐고 ᄒᆞᄂᆞᆫ ᄆᆞ음이 잇습니다. 그 中에도 더욱이 男女間에 關한 事情입니다. 그럼으로 누구든지 이 時代에는

別로히 小說보기를 조와ᄒᆞ야 新聞上에 記載되ᄂᆞᆫ 小說을 날마다 큰 滋味로 기다리게 됩니다. 이러한 時期에 小說을 보게 함은 ᄆᆡ오 좃치 못한 結果를 生게 합니다. 일노붓허 次次 連想을 이르켜 가지고 空想을 ᄒᆞ며 煩悶을 ᄒᆞ게 됩니다. 그런故로 이 時代에ᄂᆞᆫ 小說을 嚴禁하난 것이 됴흘 줄 生覺합니다. 이 外의 男女情事의 關한 小說의 니야기를 하여 들닌다든지, 不潔한 니야기며 不潔한 곳을 갓가히 하ᄂᆞᆫ 거슨 處女의 情을 發動식혀 어느틈에 健全치 못한 方向으로 가기 쉬우니 處女 自身이든지 保護者든지 더욱이 注意할 일이 외다.[132]

이 글에서 공격과 비판의 대상이 되는 것은 남녀 간의 사정 및 남녀정사男女情事를 다루는 신문소설들이다. 그런 소설들을 배격해야 하는 이유는 이들이 여러 가지 연상을 일으켜 공상과 번민이라는 결과를 초래하기 때문이다.

『여자계』 제2호에 수록된 「태서현부전泰西賢婦傳」은 '쌕으스부인'과 '짜-윈부인' 두 사람에 관한 간략한 전기물이다. 첫 번째 글 '쌕으스부인'은 감리교 목사이던 윌리엄 부스를 도와 구세군을 창설한 캐서린 부스에 관한 일화를 담고 있다. 두 번째 글 '짜-윈부인'은 진화론의 정립자인 찰스 다윈의 부인 엠마에 관한 이야기이다. 두 글은 모두 남편의 뜻을 따라 세상에서 보람된 일을 성취한 여인들에 관한 이야기라는 점에서 공통된다. 이 글의 논지는 여인의 역할에 대한 강조로 읽힐 수 있다. 하지만 이 글들은 여필종부의 세계관에 대한 답습을 전파하는 글로

132 춘정생春汀生, 「처녀妻女의 번민煩悶」, 『여자계』 2, 1918.3, 18쪽.

읽힐 가능성 또한 적지 않다. 특히 '싸-윈부인'에 관한 다음의 구절은 그러한 개연성을 높인다.

> 夫人은 一家의 家政은 말할 것도 업고 良人의 深遠한 學問上에 至ᄒᆞ기ᄭᅡ지 相議者가 되어 그 硏究를 도앗더라. 그 近親者의 말에 依하매 夫人은 마음이 溫柔아고 綿密하고 堅固한 婦人이며 良人의 健康을 爲하야 一日의 時間表를 正確히 規定하고 絶對的으로 거긔에 違反키를 許치 아니 하엿더라. 이와갓치 誠心으로 夫君을 섬기고 一片으로는 子女에게 無限히 仁慈하야 그들에게 몹시 愛慕를 바닷더라.[133]

여기에는 다윈의 부인이 남편의 연구를 헌신적으로 도왔다는 사실과 함께, 그녀가 온유하고 면밀했으며 남편의 건강을 살피는 등 성심으로 부군을 섬겼고 자녀에게 인자했다는 점이 서술되어 있다. 김환은 「부활復活하는 여자계女子界의게」라는 글을 써서, 『여자계』 제2호에 수록된 글 가운데 '우리 사회에 해독을 끼친 글'이 있음을 비판하고, '되는대로 아무 글이나 모아서 주간週刊이나 월간月刊으로 하는 것보다 오히려 일년에 한 번을 발간할지라도 내용을 충실하게 할 것'을 주문한 바 있다.[134] 이는 「태서현부전」을 염두에 둔 발언이었을 가능성이 크다.

전영택의 「헬렌켈러」는 미국의 여성인권 운동가였던 헬렌 켈러Helen

---

133 갈물, 「태서현부전泰西賢婦傳」, 『여자계』 2, 1918.3, 48쪽. 속표지에는 이 글의 제목이 「태서현부소전泰西賢婦小傳」으로 표기되어 있다. 첫 번째 일화인 'ᄊᆡ으스부인'에 '(二)'라는 숫자가 표시된 것으로 미루어 보면 「태서현부전」이 『여자계』 제1호에도 실려 있을 가능성이 있다.

134 김환, 「부활復活하는 여자계女子界의게」, 『여자계』 4, 1920.3, 4쪽 참조.

Keller(1880~1968)의 전기를 다룬 글이다. 전영택이 이 전기를 통해 강조한 것은 '노력과 수양修養'의 중요성이다. 노력과 수양을 통해 조선의 여성이 장애를 극복하고 다시 태어나야 한다는 것이다. 그런 점에서 다음의 결구는 전기적 사실 이상으로 중요하다. "不幸한 處地에 잇다고 悲觀하는 자매여 나는 할 수 업다고 너머지는 자매여 니러나서 이 켈러 孃을 배호시기를 바랍니다. 그리하면 자매의 압헤는 光明하고 幸福스러운 運命이 도라오리다. 運命은 사람의 손에 잇는 노리게이외다."[135] 전영택에게 있어서 헬렌 켈러는 조선의 여성이 사표師表로 삼고 나아가야 할 이상적 인물이었던 셈이다.[136]

H생의 서간체 수필 「여자계女子界에 바람」에서는 그동안 조선 여자의 삶이 '실로 한 푼의 가치도 없는 반생半生'이었다고 전제한다. 남들은 깨달았을 때 우리는 잠을 잤고, 남들은 일할 때 우리는 병들어 누워있었다는 것이다. 그러던 중 근래에 다행히 광명을 얻어 잠도 깨도 병도 멀리하게 되었는데, 이 모두가 잡지 『여자계』를 계기로 일어난 일들이다.

> 그러다가 近來에야 요행이 멧줄기에 光明을 엇어 자던 잠도 쌔게 되고 알던 病도 次次 멀니게 되엿습니다 남들이 오래젼에 브르지즌 여러 문데를 느졋지만 近來에야 불느게 되엿습니다 爲先 女子解放問題도 우리의 입으로

135 추호秋湖, 「헬렌켈러」, 『여자계』 3, 1918.9, 58쪽.

136 이와 관련해서는 다음의 지적 참조. "자신의 신체적 결함을 극복하고 사회사업을 하며 살아가는 헬렌 켈러의 정신은 『여자계』 전체의 주지로 기능한다. '잘 살려고 하기보다 바로 살기에 힘 쓸 것'을 주장하는 사회윤리의 문제는 헬렌 켈러 정신을 거쳐 굴절될 때, "사회사업은 여성의 천직"이라는 주장으로 이어지기도 한다. 우리는 조선 여성에게 수치심이 전이되는 과정에서 '시대적 윤리'의 문제와 '여성적 범주의 사명'이 교차하는 지점을 발견할 수 있다." 조윤정, 앞의 글, 427쪽.

부르짓난 바요 女子教育問題도 한–참 高唱하난 中이웨다 그런데 『女子界』가 우리 社會에 出現되여 의미 四號에 至한 것도 以上 諸問題의 産物이라 하나이다. 나난 이 『女子界』에 對하여 期待하난 바가 젹지 안슴니다 몬저 婦人思想의 鼓吹라던지 家庭制度의 改造를 主唱함이라던지 婚姻制度의 改革을 論함이라던지 其他 무엇무엇이 다 吾人이 『女子界』에 對한 期待이웨다[137]

『여자계』에 대한 글쓴이의 기대는 다양하다. 부인사상의 고취와 가정제도의 개조 및 혼인제도의 개혁 등이 거기에 포함된다. 그러나 이 모든 것에 우선하는 가장 큰 기대는 여자교육의 보급이다. "그러나 筆者는 무엇보다도 女子教育의 普及으로써 貴誌의 最大目的을 삼어 그것을 一般女子社會에 力說하소셔함이 나의 가쟝 큰 期待이웨다"[138]라는 구절에서 이를 확인할 수 있다.

무경武卿의 글 「촉불이 써지려는 녀즛계의 고통」에도 『여자계』에 대한 적지 않은 기대감이 담겨 있다. 여기에서는 『여자계』를 통해 소식과 학식의 교환이 가능하다는 사실을 강조한다. 아울러 다음과 같은 말로 우리말로 쓴 잡지의 필요성에 대해 이야기한다. "우리 됴션은 아라비아에 모릐와 갓고, 몽고들에 쓱쓸과 갓흔 스회를 차지ㅎ고 잇셔 일본인민이 문명을 빅에다 실어오고 륙디로 써을지라도 우리가 듯고 보지 못ㅎ면 그 됴흔 문명이 우리의게 무슴 샹관 잇쓰리오, 그런 고로 일본 가나로써 쓴 잡지는 아모리 됴코 우월흔 문학가 사람의 뇌수을 놀닐지라도,

137 H생生, 「여자계女子界에 바람」, 『여자계』 5, 1920.6, 3쪽.
138 위의 글.

우리의게는 뵈이지도 안코 들니지도 아니ᄒᆞ니 눈먼 ᄌᆞ의게 오ᄉᆡᆨ을 보라ᄒᆞᄂᆞᆫ 데셔 다를 것이 무엇이리오."[139] 우리에게는 우리말로 된 우리의 잡지가 필요하다. 그러나, 주변 여건이 제대로 갖추어지지 않은 상태에서 경험도 없는 사람들이 잡지를 내는 일은 결코 쉽지가 않다. 무경은 독자들을 향해 문체가 재미없다고 비판하거나 외면하지 말 것을 당부한다. 조선 여자 사회를 구원하는 명약은 학교 교육과 잡지를 통한 견식의 확산이다. "심리가 부픽ᄒᆞ면 죵교로 곳치나 오직 우리 됴션 녀ᄌᆞᄉᆞ회가 부픽ᄒᆞᆫ 거슨 뉘가 구원ᄒᆞ며 무엇이 약이 되리오 여긔 급션무는 학교교육과 잡지의 견식이 뎨일되ᄂᆞᆫ 명약인 줄을 셰상이 인증ᄒᆞᆫ 바라"[140]는 구절은 이러한 생각을 명확히 드러낸다. 「촉불이 써지려는 녀ᄌᆞ계의 고통」은 거듭 잡지의 발행이 어려움에 처해있다는 사실을 전하고 독자들의 관심을 당부하는 것으로 마무리된다.

4. 『여자계』의 소설 연구

『여자계』에 수록된 소설은 모두 여덟 편으로 그 목록은 다음과 같다. 「경희」(제2호), 「회생回生ᄒᆞᆫ 손녀孫女에게」(제3호), 「조모祖母의 묘전墓前에」(제4호), 「소년少年의 죽음」(제4호), 「즁국녀ᄌᆞ의 굿은 졍졀」(제4호~제5호),

139 무경武卿, 「촉불이 써지려는 녀ᄌᆞ계의 고통」, 『여자계』 4, 1920.3, 48쪽.
140 위의 글, 49쪽.

「Pollyanna 팔늬의나」(제4호), 「영희英姬의 일생一生」(제5호), 「어린 영순英淳에게」(제6호). 이 가운데 우선 주목을 끄는 것은 나혜석의 「경희」와 「회생ᄒᆞᆫ 손녀에게」이다.

『여자계』 제2호에 수록된 단편소설 「경희」는 나혜석의 대표작으로 꼽힌다. 나혜석은 「경희」를 통해 신여성에 대한 세간의 편견에 대응하고, 여자교육의 효용성 논란에 대해 답하고자 했다. 신여성이 지향해 나갈 방향을 찾는 일 또한 이 작품의 창작 동기를 이룬다. 「경희」의 창작 배경에는, 여학교를 졸업한 신여성을 철없고 게으르고 건방진 인물로 치부하는 세간의 선입견과 이를 묘사한 백대진의 작품 「노처녀」가 자리 잡고 있다.[141] 박순애朴淳愛의 글 등에서 확인할 수 있었던 신여성에 대한 세상의 편견도 그 배경이 된다. 악마, 사치의 숭상, 안하무인, 교만무쌍, 자만자오自慢自傲 등이 그러한 편견을 대표하는 언어들이다.

나혜석이 「경희」에서 유학생 경희를 부지런하고 겸손한 인물로 설정한 것은 이러한 세간의 편견을 부정하기 위한 것이다. 사돈마님의 방문 시 경희가 하고 있던 행동은, 뒷마루에 오라버니댁과 앉아서 '오라버니댁은 버선을 깁고 경희는 재봉틀에 오라버니 양복 속적삼을 하는' 것이다.

> 엽헤 안져셔 쌕늬에 풀을 먹이며 熱心으로 듯고 안졋든 시월이도 혀를 툭툭 찬다.

141 백대진의 「노처녀」에 등장하는 신여성의 이름 또한 경희이다. 「노처녀」와 「경희」의 관련성에 관한 상세한 논의는 양문규, 「1910년대 나혜석 문학의 또 다른 근대성」, 『근대계몽기 문학의 재인식』, 소명출판, 2007, 246~268쪽 참조.

「암으렴 네 얼는 다녀오리다」

경희는 이러케 對答을 ᄒᆞ고 제 이야기에 자미잇셧셔 ᄒᆞ는 것이 깃버셔 우스며 압마루로 간ᄃᆞ.

경희는 사돈마님 압헤 절을 謙遜히 ᄒᆞ며 인ᄉᆞ를 엿주엇다. 一年 동안이나 이져버렷든 절을 일전에 집에 到着할 ᄯᅢ에 아버지 어머니에게 ᄒᆞ엿다 흠으로 이번에ᄒᆞᆫ 절은 익슉ᄒᆞ엿다 경희는 속으로 일본셔 날마다 세루가로 ᄯᅱ며 작난ᄒᆞ든 ᄉᆡᆼ각을 ᄒᆞ고 지금은 이러케 얌젼ᄒᆞ다 ᄒᆞ며 우셧ᄃᆞ.

「아이고 그 좃튼 얼골이 엇지면 져러케 못되엿니 으작 고ᄉᆡᆼ이 되엿셧실나고」

사돈마님은 자비스러운 音聲으로 말을 ᄒᆞᆫ다 일부러 경희의 손목을 잡아 만졋다.

「ᄯᅩᆨ 심ᄒᆞᆫ 시집살이 ᄒᆞᆫ 손 갓고나. 女學生들 손은 비단결 갓ᄒᆞ다는ᄃᆡ 네 손은 웨 이러냐」

「살性이 곱지 못ᄒᆡ셔 그ᄅᆡ요」

경희는 고ᄀᆡ를 칙으린다.

「졔 손으로 ᄲᆞᆯᄂᆡᄒᆡ 입고 밥ᄭᆞ지 ᄒᆡ 먹엇다니ᄭᆞ 그럿치요」

경희의 어머니는 담ᄇᆡ를 다시 붓치며 말을 한다.[142]

사돈마님 앞에 나타난 경희는 '절을 겸손히 하며 인사를 여쭙는' 예의 바른 처녀로 그려진다. 경희의 손을 잡은 사돈마님은, 여학생들 손은 비단결 같다는데 네 손은 왜 이리 거치냐고 묻는다. 경희의 어머니는 사돈마님에게 '제 손으로 빨래도 해 입고 밥까지 해 먹어서 그렇다'고 대

142 정월晶月, 「경희」, 『여자계』 2, 1918.3, 60쪽.

신 답한다. 어머니는 자신의 딸이 돈이 없어서도 아니고, 누가 시킨 것도 아니라는 사실까지 부연 설명한다. 경희의 어머니 김 부인은 '여학생은 바느질을 못한다거나, 빨래를 아니 한다든가, 살림살이를 할 줄 모른다'는 말이 모두 일부러 흉을 잡기 위해 지어낸 말이라고 생각한다. 하지만 공부는 해서 무엇에 쓰는지, 왜 경희가 일본에까지 가서 공부를 하는지, 졸업을 하면 무엇에 쓰는지에 대해서는 알지 못했다. 그러던 중, 재봉틀회사 감독이 경희에게 하는 말을 듣고는 '공부를 많이 할수록 존대를 받고 월급도 많이 받는다'는 사실을 알게 된다. '지금 세상에는 여자도 남자와 같이 많이 가르쳐야 한다'는 사실을 알게 된 것이다. 경희와 김 부인을 만난 사돈마님은 처음에는 반신반의했으나 결국 생각을 바꾸게 된다. "닉가 녀학싱을 잘못 알아왓다. 정말 이 집 쌀과 갓히 게집ᄋᆡ도 공부를 식혀야겟다 어셔 우리집에 가겨(셔) 닉우식히든 孫女 쌀들을 닉일붓허 學校에 보닉야겟다"[143]고 결심하게 되는 것이다.

경희는 주변 여인들의 불행한 삶을 바라보며 '내가 가질 가정은 결코 그런 가정이 아니다. 나뿐 아니라 내 자손, 내 친구, 내 문인門人들이 만들 가정도 결코 이렇게 불행하게 해서는 안 된다'는 생각을 품게 된다. 경희는 '먹고 입고만 하는 것이 사람이 아니라, 배우고 알아야 사람'이라는 생각도 하게 된다. 경희는 일본에 가기 전보다 더 부지런해지고, 일동일정一動一靜에 자각이 생기고, 의식적이 되며 활동할 일도 많아졌음을 스스로 느낀다. 하지만 그녀에게 고민이 없는 것은 아니다. 자신을 시집보내려는 아버지의 결정을 그대로 따를 것인지, 그에 저항하고 자

143 위의 글, 64쪽.

신의 길을 갈 것인지를 선택해야 한다. '경희도 여자다. 더구나 조선 사회에서 살아온 여자다. 조선 가정의 인습에 파묻힌 여자다. 여자란 온량유순溫良柔順해야만 쓴다는 사회의 면목이고 여자의 생명은 삼종지도三從之道라는 가정의 교육이다'라는 서술은 경희의 갈등이 어디에서 오는지를 잘 보여준다. 아버지가 '계집애라는 것은 시집가서 아들딸 낳고 시부모 섬기고 남편을 공경하면 그만'이라고 주장할 때, 그녀는 그것은 이제 옛말이라고 저항한다. 지금은 여자도 사내와 같이 돈을 벌 수 있고, 사내와 같이 벼슬도 할 수 있으며, 사내가 하는 것은 무엇이든 할 수 있는 세상이라고 대응한다. 경희는 생각한다. "그러면 내 名稱은 무어신가? 사름이지! ᄭᅩᆨ 사름일다."[144] 자신의 존재가 만물의 영장인 사람이라는 사실을 새삼 떠올리면서 경희는 생각한다. 먹고만 살다 죽으면 그것은 사람이 아니라 금수에 지나지 않는다는 것을.

> 경희도 사름일다. 그 다음에는 女子다. 그러면 女子라는 것보다 먼저 사름일다. ᄯᅩ 朝鮮社會의 女子보다 먼저 宇宙 안 全人類의 女性이다. 李鐵原 金夫人의 ᄯᆞᆯ보다 먼저 하나님의 ᄯᆞᆯ일다. 如何튼 두 말할 것 업시 사름의 形態일다. 그 形狀은 暫間 들씨운 가족ᄲᅮᆫ 아니라 內腸의 構造도 確實히 禽獸가 아니라 사름일다.[145]

경희는 편한 길을 찾아 안주하지 않고, 보이지 않는 험한 길을 찾아 나서는 것이 사람의 임무라 생각한다. 산정山頂에 올라 내려다보는 것도

144 위의 글, 73쪽.
145 위의 글, 74쪽.

사람이 해야 할 일이다.[146] 그녀는 두 팔을 번쩍 들고, 두 다리로 껑충 뛴다. 그리고, 일하기를 결심하는 자신에게 무한한 광영光榮과 힘을 내려주기를 하늘에 기도하는 것으로 작품은 마무리된다.

> 하ᄂᆞ님! 하ᄂᆞ님의 ᄯᆞᆯ이 여긔 잇슴니다. 아바지! 내 生命은 만흔 祝福을 가졋슴니다.
>
> 보십소! 내 눈과 내 귀는 이러케 活動ᄒᆞ지 안슴니가?
>
> 하ᄂᆞ님! 내게 無限ᄒᆞᆫ 光榮과 힘을 ᄂᆡ려 쥬십소.
>
> 내게 잇ᄂᆞᆫ 힘을 다ᄒᆞ야 일ᄒᆞ오리다.
>
> 賞을 주시든지 罰을 ᄂᆡ리시든지 ᄆᆞᄋᆞᆷᄃᆡ로 부리시옵소셔.[147]

나혜석의 「경희」는 "실질적인 최초의 여성소설"[148] 및 "한국 최초의 여성해방문학"[149]으로 거론된다. "나혜석이야말로 20세기 초 한국의 진보적 여성운동가였으며, 운동을 몸소 실천하고 작품으로 형상화한 살아있는 마니페스토였다"[150]라고도 정리된다. 그밖에도 작품 「경희」에 대해서는 다음과 같은 견해가 제시된 바 있다.

---

146 「경희」에 나오는 '여자도 사람이다'라는 주장을 『여자계』 제2호에 수록된 김우영의 축사 「여자계女子界를 축祝하야」에 나오는 "우리 女子界에도 무슨 運動이 必要하다 하면 몬져 女子도 사ᄅᆞᆷ이란 根本觀念을 가져야 하겟다 함ᄂᆡ라"(56쪽)라는 구절과 연관지어 다룬 경우도 있다. 서정자, 「선각자 나혜석의 도전과 인문정신-여성비평의 형성과 전개를 중심으로」, 『나혜석연구』 3, 나혜석학회, 2013, 49쪽 참조.

147 「경희」, 『여자계』 2, 1918.3, 74쪽.

148 이호숙, 「위악적 자기 방어기제로서의 에로티즘」, 『페미니즘과 소설비평-근대편』, 한길사, 1995, 92쪽.

149 위의 글, 243쪽.

150 김복순, 「「경희」에 나타난 신여성 기획과 타자성의 주체」, 『나혜석, 한국 근대사를 거닐다』, 푸른사상, 2011, 242쪽.

특히 일본 유학생 신여성을 주인공으로 하여 신여성의 이상을 조선적 현실에 구현하는 구체적 방법을 모색한 「경희瓊姬」는 부르주아 계몽문학으로서 동시대 남성들의 소설보다도 사실성이나 구성력, 인물의 성격화에서 뛰어난 작품이다. 1910년대 소설 중 교육받은 지식인 여성이 현실에 고뇌하면서 주인공 급으로 등장하는 경우는 거의 없다. 그리고 조역으로라도 등장할 경우는 대개 허영에 젖어 있어 근대적 교육을 받은 신여성이지만 성적 방종, 허위의식, 사이비 근대의식 같은 부정적 측면만 부각되어 있을 뿐 그 여성들의 내면으로 들어가 그들의 갈등 좌절, 그리고 진지한 자아 실현의 모색 과정을 묘사한 것은 찾아볼 수가 없다. 그런데 나혜석은 일찌감치 신여성에 대한 이런 비난을 충분히 염두에 두고, 자각한 신여성은 어떻게 행동해야 할 것인가를 「경희瓊姬」에서 진지하게 모색했다. 남성의 시각과 여성의 시각이 극명하게 대비되어 드러나는 지점이다.[151]

「경희」가 신여성의 이상을 구체적으로 실현하기 위한 방법을 모색한 작품이며, 여성의 시각을 극명하게 드러낸 작품이라는 것이다. 신구 가치관의 갈등 속에서 새로운 가치의 승리를 보여준 작품이라거나, 「경희」가 근대 계몽소설에 속하는 작품 가운데 하나이며 "이광수의 「무정」이 작가의 상상력이 빚어낸 계몽소설인 반면 나혜석의 「경희」는 작가의 전기적 사실이 거의 그대로 투영되어 있는 작품으로, 자기도취와 허황성은 거의 드러나지 않는다는 점에서 비교 우위적 위치를 점할 수 있는 작품"[152]이라는 평가도 이와 맥을 같이 한다. 그런가 하면 다음과 같

151 이상경, 「나혜석－인간으로 살고 싶었던 여성」, 『나혜석전집』, 태학사, 2000, 42～43쪽.
152 이호숙, 앞의 글, 101쪽.

이 이 작품이 내포한 한계를 지적한 경우도 있다.

1910년대에 나혜석이 서사화한 '신여성'의 기표는 채 완성되지 않은, 형성 중에 있는 것이었다. 「경희」는 '여학생'이 '유학'을 통하여 근대화의 과제를 부여받고, 근대화라는 기치에 알맞은 '신여성'의 상을 찾아가는 도정이라 할 수 있다. 이 소설에서 활용된 소문과 험담의 수사는 '신여성' 담론의 형성을 가능케 하는 것이었다. 이것은 '신여성' 담론의 형성이 '소문'을 한 축으로 하고 있었다는 점과도 무관하지 않다. 그러나 「경희」의 '신여성' 담론은 바로 그렇기 때문에 스스로를 규정할 수 없는 한계를 노정한 것이었다. 작품 내부에서 끊임없이 타인에 의하여 '말하여지는' 대상으로서 존재했던 경희의 내적 번민은 결국 이중으로 타자화된 '피식민' '여성'의 굴레를 벗어나지 못하고, 갈등은 신앙으로 봉합되어 버린다. 「경희」가 계몽의 구체적인 내적 원리를 제시하지 않은 채 내적 다짐으로 끝맺는 것 또한 동일한 맥락에서 설명될 수 있을 것이다. 「경희」의 서사에서 '소문'의 수사가 암시하고 있는 바, '신여성' 담론을 추동한 것은 '신여성'을 둘러싼 남성주체들의 욕망이었다. '신여성'에 대한 지배담론을 넘어서고자 했던 「경희」의 시도는 그러므로 예정된 실패로 귀결될 수밖에 없었다. 남성-여성의 구도는 물론이고 식민-피식민의 구도조차 삭제된 「경희」의 계몽의 논리는 이를 방증한다. 이는 「경희」가 내장한 한계인 동시에, 이 시기 남성주체들에 의해 '보여지는' 존재였던 '신여성' 담론이 지닌 문제이기도 했다.[153]

153 손혜민 「'소문'에 대응하여 형성되는 '신여성'의 기표-나혜석의 단편 「경희」(1918)를 중심으로」, 『사이』 7, 국제한국문학문화학회, 2009, 161쪽.

「경희」에서 '신여성'의 자기규정은 끊임없는 타자의 부정을 통하여 형성되는 '과정'에 있다. 이는 '경희'가 계몽의 언술과 일정한 거리를 유지하며, 타자에 의해 이야기되어질 뿐 스스로를 대변하지 못하는 것과 무관하지 않다는 것이다.

『여자계』 제3호에 수록된 나혜석의 또 다른 작품 「회생ᄒᆞᆫ 손녀에게」는 병을 앓던 손녀가 회생하는 과정과 이를 지켜보는 할머니의 기쁨을 표현한 작품이다. 다음은 이 작품의 서두이다.

> 아 孫女야 귓득ᄒᆞ다. 그러케 몹시 알튼 病이 다 낫고나 인졔ᄂᆞᆫ 바로 머리도 곱게 빗고 옷도 얌전히 입고 冊床압헤 안졋고나 할멈은 견딜 수 업시 됴핫셧다. 그ᄅᆡ셔 네 등을 ᄯᅩᆨᄯᅩᆨ ᄯᅮ듸리며 그러케 깃버힛다. 오냐 어셔 커라 네 그 호리호리ᄒᆞᆫ 허리로 피아노 압헤 안져셔, 오냐 어셔 ᄯᅳᆺ어라 네 그 ᄭᅩᆺ칭이 ᄀᆞᆺ흔 손으로 쌔이오링을, 아아 내 몸이 仙女가 된 것 ᄀᆞᆺ다. 내 압헤 天使가 侍從 드ᄂᆞᆫ 것 ᄀᆞᆺ다. 가진 燦爛ᄒᆞᆫ 胡蝶이 나러드ᄂᆞᆫ 것 갓다. 各色 香氣러은 ᄭᅩᆺ이 피어으르ᄂᆞᆫ 것 ᄀᆞᆺ다. 나ᄂᆞᆫ 참아 ᄋᆡ차라와 볼 수 업ᄂᆞᆫ 네 그 바르르 ᄯᅥᆯ고 힘에 겨워 ᄋᆡ써셔 치난 거시 왜그리 깃부고 됴흔지 모로겟다. 孫女야 귓득ᄒᆞ다. 네가 발 ᄒᆞᆫᄌᆞ곡 음겨논난 것만 보아도 할멈의 ᄆᆞᄋᆞᆷ 속에 깃븜이 ᄉᆞ러나온다. 네가 以前과 ᄀᆞᆺ히 힘들지 안케 말 한마ᄃᆡ ᄒᆞᄂᆞᆫ 것만 보아도 할멈은 더 할 수 업ᄂᆞᆫ 깃붐을 ᄭᆡ닷ᄂᆞᆫ다. 손녀야 ᄉᆞ위스러은 말이다마ᄂᆞᆫ 萬一 네가 그ᄃᆡ로 죽엇더러면 엇지 할 번 힛슬가 只今 生覺만해도 몸이 웃슥히지고 ᄆᆞᄋᆞᆷ이 간질간질히 온다. (…중략…) 할멈은 무룹을 쑬고 안져셔 오작 하ᄂᆞ님 압헤 感謝를 드린다.[154]

이 글에는 병을 떨치고 일어난 손녀를 대견하게 바라보는 할머니의 심정이 매우 섬세하게 표현되어 있다. 하지만, 작품의 서술자로 등장하는 할머니가 느끼는 기쁨의 이면에는 과거 사랑하던 친구의 죽음에 대한 아픈 기억이 자리 잡고 있다.

> 그거슨 내가 前에 極히 사랑ᄒᆞ든 親舊 하나이 肺病으로 피를 빗고 기침을 한 번 시작ᄒᆞ면 왼몸이 불덩이 ᄀᆞᆺ히 열이 니러나 숨이 차셔 ᄋᆡ를 쓰는 거슬 目睹ᄒᆞᆫ 적이 잇셧슴으로 그날 네가 애쓰는 形狀에 偶然ᄒᆞᆫ 刺戟을 밧아 一年前 일을 回思ᄒᆞᄂᆞᆫ 同時에 그러케 눈물이 흘넛셧다. 그 사람은 그 病으로 인ᄒᆞ야 죽엇다. 그릐셔 追悼會도 ᄒᆞ고 一年祭ᄭᆞ지 지낫다. 내가 晝夜로 ᄆᆞ음이 압하셔 ᄋᆡ를 쓰고 가삼을 치며 後悔ᄒᆞᆫ 거슨 내가 왜 그 親舊를 爲ᄒᆞ야 내 工夫를 廢止ᄒᆞ고 徹夜ᄒᆞ야 看護를 못ᄒᆞ엿던구 ᄒᆞᆷ이엿셧다. 내 精誠을 다ᄒᆞ야 그 親舊에게 慰安을 주엇더러면 그는 決코 죽지 안앗스리라 ᄒᆞᆷ이엿다. (…중략…) 아아 幸運일다 네 病이 全快되고 내가 다시 살아는다. 나는 입이 씨져지도록 우숨이 나오고 억기가 ᄡᅥ러지도록 춤이 나온다. 나는 ᄯᅩ다시 무릅을 ᄭᅮᆯ어 하ᄂᆞ님ᄭᅴ 感謝를 올니련다.[155]

작품 속 '사랑하던 친구의 죽음'에 관한 일화가 소월 최승구의 실제 죽음과 관련된 것임은 잘 알려진 사실이다. 이는 나혜석이 최승구의 죽음과 관련하여 적지 않은 부채감을 느끼며 살아가고 있음을 보여주는 대목이기도 하다. "아아 幸運일다 네 病이 全快되고 내가 다시 살아는다"

---

154 정월晶月, 「회생回生ᄒᆞᆫ 손녀孫女에게」, 『여자계』 3, 1918.9, 59쪽.
155 위의 글, 60쪽.

는 구절에서는 '손녀의 회생'이 곧 '내가 다시 살아나는 일'과 동일한 의미로 치환된다. 나혜석이 죽음의 어두운 그림자를 벗어날 수 있었던 것은, 그가 '나이팅게일'의 꿈을 꿀 수 있었기 때문이다.

> 크리미아 戰役에 나이팅겔ᄀᆞᆺ흔 天使가 突現ᄒᆞ야 數萬名惡疫에 苦病을 救히주엇단다. 寢臺上에서 呻吟ᄒᆞ든 聯合軍들은 나이팅겔을 부르지져 「天使여 天使여 당신의 지나가는 발소릐만 드러도 내 몸의 압흠이 스러지오 당신의 한번 웃는 우숨에는 내 압흠이 닛쳐지나이다」힛단다. 오냐 나는 네게셔 밧은 할머니로 滿足ᄒᆞ란다. 그러나 애 孫女야 나도 天使가 되고 십다. 그릐셔 數萬名의 할머니가 되고 십다.[156]

그녀는 나이팅게일과 같은 천사가 되는 길, 그리하여 수만 명의 할머니로 사는 길에 대한 꿈을 버리지 않는다. 나혜석이 「회생ᄒᆞᆫ 손녀에게」를 쓴 근본적 동기가 이 지점에 있었던 것으로 보인다. 그런 점에서 "「회생한 손녀에게」는 약혼자를 제대로 간호하지 않아 죽음에 이르게 한 개인적인 회한을 나이팅게일처럼 수만 명을 보살펴주는 천사가 되는 것으로 승화시키고 싶다는 자기다짐을 보여주는 소설로 역시 계몽주의적 열정을 담고 있다"[157]는 지적은 설득력이 있다. 「회생ᄒᆞᆫ 손녀에게」에서 '나이팅게일의 삶' 못지않게 중요한 것이 '깍두기의 딸'로 사는 일이다.

---

156 위의 글, 61쪽.
157 이상경, 「나혜석—인간으로 살고 싶었던 여성」, 『나혜석전집』, 태학사, 2000, 45쪽.

짝독이 ᄭᅩ초장을 먹고셔야 너는 정신이 반짝나며 甘口味를 붓쳣다고 힛지? (…중략…) 달콤ᄒᆞ고 ᄂᆡᆯᄉᆡ도 조흔 오무렛쓰나 가기후라이의 맛보다도 그 짜듸짜고 ᄆᆡᆸ듸ᄆᆡ은 짝둑이 맛이 그닥지 좃탄말이지? (…중략…) 오냐 할멈은 安心ᄒᆞᆫ다 너는 할수업시 짝둑이의 ᄯᆞᆯ일다 너도 인져 ᄊᆞᆨ 그런 줄을 알앗슬줄 밋ᄂᆞᆫ다. 짝둑이로 永生ᄒᆞᄂᆞᆫ 내귓득ᄒᆞᆫ 孫女여![158]

할머니는 손녀가 깍두기 고추장을 먹고 회생했고, 또 앞으로 깍두기의 딸로 살게 될 것이라는 점에 자부심을 느낀다. 이는 조선의 나이팅게일로 살고 싶은 나혜석의 욕망이 투영된 구절들이기도 하다.[159]

「회생ᄒᆞᆫ 손녀에게」는 공동체적 집단의식의 자각을 보여준 작품이며, 서술자가 자각한 공동체 의식이란 곧 민족의식을 의미한다고 해석되기도 한다. 외국 유학과 그로 인한 고통의 시간들은 곧 '조선적인 것의 회복을 통한 민족 주체성의 발견과 조선의 발전이라는 집단적이고 민족주의적인 목표'와 관련되는 것으로도 해석된다.[160] 그런가하면, 이 작품이 전체적으로 알레고리 구조에 기반을 둔 소설이라는 주장도 있다. 이러한 주장에 따르면 '손녀로 지칭되는 어린 소녀는 국권을 상실한 조국 또는 민족의 상징'으로 해석되기도 한다.

158 「회생回生ᄒᆞᆫ 손녀孫女에게」, 『여자계』 3, 1918.9, 62쪽.

159 이 작품의 결말이 지닌 의미를 이해하는 데는 다음의 해석이 참고가 된다. "「回生한 孫女에게」에서처럼 타자의 '결여성'에서 자신의 존재 가치를 찾는 모습은 『여자계』 전반을 관통한다. 『여자계』 창간호가 '헬렌 켈러' 여사의 사진을 싣고 시작되는 것도 같은 맥락에서 이해할 수 있다. 『여자계』의 독자는 헬렌 켈러나 나이팅게일이라는 모범을 통해 '되어야 할 당위'를 체험했던 것이다." 조윤정, 앞의 글, 425쪽.

160 송명희, 「나혜석 문학의 공간과 젠더지리학」, 『인문사회과학연구』 16-3, 부경대 인문사회과학연구소, 2015, 58쪽; 조미숙, 「'여성의 상태'와 나혜석의 글쓰기」, 『한국문예비평연구』 42, 한국현대문예비평학회, 2013, 378쪽 참조.

나혜석의 「경희」와 「회생ᄒᆞᆫ 손녀에게」는 한국 근대 지식인 소설에서 언문일치의 한글체 문장이 정립되어 가는 모습을 보여준다. 근대 이후 전개된 '언문일치 운동'이란 한마디로 언言과 문文, 다시 말해 말과 글을 일치시키려는 노력이라고 할 수 있다. 말과 글을 일치시켜야 한다는 생각은 전통 사회에서는 유래를 찾아보기 힘든 근대적인 의식이다.[161] 말과 글의 일치를 가장 손쉽게 확인할 수 있는 것은 우선 대화체 문장들을 통해서이다. 다음은 「경희」에서 볼 수 있는 대화체 문장의 한 예이다. 이러한 문장들에는 구어적 생동감이 살아 있다.

「먼 ᄃᆡ다가 보ᄂᆡ고 늘 ᄆᆞᄋᆞᆷ이 노이지 안타가 그ᄅᆡ도 일년에 한 번식이라도 오니ᄶᅡ 집안이 든々ᄒᆡ요」

主人마님 김부인은 담ᄇᆡᄃᆡ를 짓터리에다 탁々친다.

「그럿타말다요. 아들이라도 ᄆᆞᄋᆞᆷ이 아니 노일터인ᄃᆡ 처녀를 그러ᄒᆞᆫ 먼ᄃᆡ다 보ᄂᆡ시고 그럿치 안켓습니가 그런ᄃᆡ 몸이나 츙실힛섯는지요」

네 별 병은 아니 낫나보아요. 제 말은 아모 고ᄉᆡᆼ도 아니 된다 ᄒᆞ나 어미 걱정식힐가 보아 ᄒᆞᄂᆞᆫ 말이지 그 좀 주리고 고ᄉᆡᆼ이 되엇겟서요. 그ᄅᆡ셔 얼골이 써칠히요」ᄒᆞ며 뒤겻을 향ᄒᆞ야 「아가 々々 셔문안 사돈마님이 너 보러 오셧다」한다.[162]

「경희」의 문장 특색 가운데 또 하나 두드러지게 눈에 뜨이는 것은 묘

161 김병문, 「발화기원 소거로서의 언문일치체의 의미에 대하여」, 『사회언어학』 16-2, 한국사회언어학회, 2008, 83쪽 참조.

162 「경희」, 『여자계』 2, 1918.3, 59~60쪽.

사와 서사가 유기적으로 결합된다는 점이다. 다음의 인용문에서는 여러 개의 묘사 구문들이 모여 하나의 서사문을 이룬다.

> 경희는 지금 시원한 뒷마루에서 오릭간만에 맛난 오라버니딕과 안저서 오라버니딕은 버선을 깁고 경희는 안진 지봉틀에 즈긔 오라버니 양복 속젹삼을 ᄒᆞ며 일본셔 지닐 씩에 어느날 어딕를 가다가 함밋티러면 전차에 치울번ᄒᆞ엿드란 말 그릭셔 지금이라도 싱각만 ᄒᆞ면 몸이 아슬아슬ᄒᆞ다는 말이며 겨울기 오면 도모지 다리를 펴고 자본 젹이 업고 그릭셔 아츰에 이러나면 다리가 솟솟힛다는 말, 일본에는 하로 걸너 비가 오는딕 한번은 비가 심하게 퍼붓고 學校 上學時間은 느져셔 그 굽놉흔 나막신을 신고 부즈런히 가다가 너머져셔 다리에 가죽이 버셔지고 우산이 다 찌저지고 옷에 흙이 뭇어 엇지 붓그러웟셧는지 몰낫셧드란 말, 學校에셔 工夫ᄒᆞ든 이야기 길에 다니며 보든 이야기 솟헤 마침 어느때 活動寫眞에셔 보앗든 어느 兒孩가 아바지가 작난을 못ᄒᆞ게 ᄒᆞ니까 아버지를 팔아버릴냐고 광고를 써다가 제집 門밧큰 나무에다가 붓쳣더니 그때 마참 그 兒孩만한 六七歲 된 남믹가 父母를 이러버리고 彷徨ᄒᆞ다가 쏙 두푼 남은 돈을 쓰너들고 이 廣告딕로 아바지를 살냐고 門을 두다리든 樣을 半쯤 이야기ᄒᆞ는 中이엿다.[163]

「경희」의 회화적繪畫的 특징이 담긴 문장들을 보면 '자연주의 문학의 토대를 이루는 사생문寫生文의 발달이 근대 구어문체口語文體의 발달에 기여했다는 점과, 그 사생문의 토대를 이루는 것이 서양회화의 영향'[164]

---

163 위의 글, 60쪽.

164 三好行雄, 竹盛天雄 編, 「口語文體の確立」, 『文學的近代の成立』, 有斐閣, 1977, pp.132

이었다는 지적이 의미 있게 다가온다. 나혜석의 회화적 문장과 근대 자연주의 문학의 토대를 이루는 사생문의 성격이 완전히 일치하는 것은 아니다. 그럼에도 불구하고, 나혜석이 서양화가였고 그의 유학생활이 일본 도쿄 사립여자미술학교 서양화부 입학에서부터 시작되었다는 점은 그의 문장 특색을 이해하는 데 도움이 된다.

「회생훈 손녀에게」는 발화자로서의 작가의 흔적내지 발화기원의 소거를 통해 언문일치를 실현하고 있는 대표적 작품이다. 근대문학사의 전개 과정에서 말과 글은 서로 거리를 좁히며 가까워진다. 그러나 근본적으로 말과 글은 그 기능이 다른 것이므로 완벽하게 동일한 모습으로 만나지는 못한다. 이런 점들로 인해 실제 언문일치는 불가능에 가까운 것이며 관념적으로만 존재하는 것이라는 비판적 견해가 제시되기도 한다.[165] 근대적 언문일치체가 궁극적인 목표로 삼는 것 가운데 하나는 발화기원의 흔적을 최대한 지워내는 것이다. 발화자의 흔적을 말끔히 지워냄으로써 텍스트가 그 자체만으로 의미를 지닐 수 있게 하는 것이 언문일치의 문체가 지향하는 바라 할 수 있다. 교훈적이고 설교적인 전근대적 언설은 이때 비로소 의미 있는 예술 작품의 문장으로 태어난다. 이광수의 초기 소설이나 논설은 이러한 과정, 즉 발화기원의 소거를 지향한 언문일치 운동의 끝자락에 위치하는 것으로 평가받기도 한다.[166] 근대문학사 초기의 이른바 신소설류 작품들에서 빈번히 발생하던 작가 개입의 문장

~141 참조. 이와 연관지어서는 '사생문이 일본 근대소설 리얼리즘의 원류'(이효덕, 박성관 역, 『표상 공간의 근대』, 소명출판, 2002, 123쪽)라는 기술 또한 참고할 수 있다.

165 예를 들면, 김미형은 다음과 같은 견해를 보인다. "구어체는 구어체 다운 면모가 있어야 하고 문어체는 문어체 다운 면모가 있어야 한다. 따라서 언문일치체를 구어체로 보는 것은 타당하지 않다." 김미형, 앞의 글, 194~195쪽.

166 김병문, 앞의 글, 101쪽 참조.

들이 사라지는 것은 한국문학사가 성취한 언문일치의 구체적 증거 가운데 하나가 된다. 「회생ᄒᆞᆫ 손녀에게」에서 작가 나혜석은 자신의 모습을 숨기고 문장 하나하나를 객관적으로 서술해 나간다. 작품의 줄거리 곳곳에는 작가 나혜석 자신의 실제 과거사가 숨어있다. 자신이 겪은 일화를 회상하는 방식의 작품에서는 자칫 실제 발화자의 흔적이 과도하게 노출되기 십상이다. 이 점을 생각하면 나혜석이 추호의 흔들림도 없이 작가 자신과 작품 사이에 일정한 객관적 거리를 유지하며 「회생ᄒᆞᆫ 손녀에게」를 서술해 가고 있다는 점은 경탄할 만하다. 「회생ᄒᆞᆫ 손녀에게」가 성공할 수 있었던 요인 가운데 하나는 나혜석이 서술자의 나이를 실제 자신의 나이와는 상당한 거리가 있는 할머니로 설정했다는 점에 있다. 이렇게 함으로써 그는 자신이 겪었던 사건을 일정한 거리를 두고 객관적으로 바라볼 수 있는 토대를 마련했다. 더불어 서술자가 자신을 '나'가 아닌 '할멈'으로 지칭하며 이야기를 풀어가기 시작했다는 점도 중요하다. 이를 통해 자신을 타자화시키는 일이 가능했던 것이다.[167]

『여자계』에 수록된 소설 「경희」의 문장을, 나혜석이 『학지광』에 썼던 수필 「이상적 부인」과 「잡감雜感」 등의 문장과 비교해 보는 것도 여러 가지 점에서 의미가 있다. 「이상적 부인」이나 「잡감」 그리고 「경희」가 다루는 주제는 서로 통한다. 이 세 편의 글은, 여성에 대해 차별적인 조선 사회의 통념을 극복하고 조선의 여자가 자신의 길을 헤쳐 나가야

167 발화기원이 소거된 발화문은 그 어떤 외적 요인도 참고할 필요가 없는 자립적 문장이 된다. 이때 문장은 그 발화 조건과 상황이 무엇이건 간에 그와 무관하게 자체적 의미를 갖는 자립물로 설 수 있게 되는 것이다. 김병문은 근대적 언문일치의 한글체 문장을 개척해나갔던 일부 작가들이 이러한 근대적 발화문을 의식적으로 실험하지는 않았을 것으로 본다. 이를 그저 보다 구어에 가까운 새롭고 세련된 문체 정도로 인식했을 가능성이 크다는 것이다. 김병문, 앞의 글, 92쪽 참조.

한다는 명제를 다룬다는 점에서 공통적이다. 그러나 이 세 편의 글은 문체에서는 적지 않은 차이를 보인다. 다음은 세 편의 글의 서두를 각각 인용한 것이다.

(가) 먼저 理想이라 험은 何를 云험인고, 所謂理想이라. 卽理想의 欲望의 思想이라. 以上을 感情的 理想이라 허면, 此所謂 理想은 靈智的 理想이라. 然허면 理想的 婦人이라헐 婦人은 그 누구인고. 過去及 現在를 通하야, 理想的 婦人이라헐 婦人은 읍다고 生覺허는 바요. 나는 아즉 婦人의 個性에 對헌 充分헌 硏究가 읍는 故이며, 또 自身의 理想은 非常헌 高位에 在험이요.[168]

(나) 昨年 歲末 學友會忘年會에 會席이 滿員인 中 感歎되ᄂᆞᆫ 말에ᄂᆞᆫ 크게 拍手도 ᄒᆞ며 否認ᄒᆞᄂᆞᆫ 點에ᄂᆞᆫ 악을 써서 큰 소ᄅᆡ로 「아니라」고도 ᄒᆞᄂᆞᆫ 狀況을 우리 女學生들은 한구석에서 구경ᄒᆞ엿소. 그 ᄯᆡ에 언니가 나를 쑥 씨르며 이마를 씨푸리고 「아이구 무슨 싸흠터 ᄀᆞᆺ소구려. 學識이 잇고 知覺낫다ᄂᆞᆫ 者의 態度가 이러케 점잔치 못ᄒᆞ오 그ᄅᆡ」ᄒᆞ엿소, 나ᄂᆞᆫ 우스며 이러케 對答ᄒᆞᆫ듯 ᄒᆞ오—[169]

(다) 「아이구 무슨 장마가 그러케 심ᄒᆡ요」

ᄒᆞ며 담ᄇᆡ를 붓치ᄂᆞᆫ ᄯᆞᆼ々ᄒᆞᆫ 마님은 오ᄅᆡ간만에 오신 사돈마님일다.

「그러게 말이지요 심한 장마에 아희들이 病이나 아니 낫습니가 그동안 하인도 한번도 못보ᄂᆡ셔요」

---

168 나혜석, 「이상적 부인理想的 婦人」, 『학지광』 3, 1914.12, 13쪽.
169 정월晶月, 「잡감雜感」, 『학지광』 12, 1917.3, 53~54쪽.

ᄒᆞ며 마조 안저 담ᄇᆡ를 붓치ᄂᆞᆫ 머리가 희긋々々ᄒᆞ고 이마에 주룸살이 두어 줄 보이ᄂᆞᆫ 마님은 이 李鉄原宅 主人마님일다.

「아이구 별 말슴을 다 하십니다 나 역 그릿셔요, 아희들은 츙실하나 어멈이 엇지 슈일 젼붓터 ᄇᆡ가 압흐다고 ᄒᆞ더니 오날은 이러나 다니ᄂᆞᆫ 거슬 보고 왓셔요」

「어지간이 날이 더워야지요, 조곰 잘못ᄒᆞ면 병나기가 쉬워요 그ᄅᆡ셔 좀 걱정이 되셧겟습니ᄭᅡ」

「인저 낫스니ᄭᅡ요 ᄆᆞᄋᆞᆷ이 노여요 그런ᄃᆡ ᄋᆡ기가 일본셔 와셔 얼마나 반가우셔요」

ᄒᆞ며 ᄉᆞ돈마님은 이졋든 거슬 ᄶᅡᆷ작 놀나 ᄉᆡᆼ각ᄒᆞᄂᆞᆫ 듯시 말을 ᄒᆞᆫ다.[170]

「이상적 부인」의 문체는 한 눈에 보아도 낡은 국한문 혼용체이다. "먼저 理想이라 험은 何를 云험인고, 所謂 理想이라"는 첫 문장만으로도 이 글이 한문의 구조를 활용하고 있음을 알 수 있다. 「잡감」에 이르면 이러한 한문식 구문은 사라지고 거의 한글체 문장으로 완성이 된다. 만 삼 년이 안 되는 기간이지만, 그동안 나혜석의 문장은 상당한 변화를 보이게 되는 것이다. 다만, 「잡감」은 한문에서는 벗어났지만 적지 않은 분량의 한자 표기를 사용한다. 어미도 '-하였소', '-하오' 등으로 대체로 문어적 형태를 유지한다.[171] 그에 비하면 「경희」의 문장은 여러 가지

170 「경희」, 『여자계』 2, 1918.3, 59쪽.

171 '이 시기 나혜석의 수필들이 다른 이들의 것보다 돋보이는 이유는 수필 안에서 가장 잘 묘사되고 있는 것이 다름 아닌 나혜석 자신의 열정 때문'이며 나혜석의 수필들은 당시의 글쓰기 관행으로 미루어 보면 상대적으로 '구어적 수사법이 많이 사용된 편'이라는 지적도 있다. 의태어, 부사어, 동사어의 현저한 쓰임 역시 나혜석 수필 문장의 특색이 된다. 양문규, 「1910년대 나혜석 문학의 또다른 근대성」, 『근대계몽기 문학의 재인식』,

점에서 변화된 모습을 보인다. 우선 「경희」의 "아이구, 무슨 장마가 그러케 심히요"하는 첫 문장부터 현실감 있는 구어체 표현이다. 소설 「경희」의 한글 문장은, 나혜석 자신이 쓴 이전의 수필들과 비교해 보더라도 선구적 면모를 보인다.

나혜석 문장의 선도성은 김명순의 경우와 비교해 보아도 금세 드러난다. 다음은 김명순이 『여자계』 제4호에 발표했던 소설 「조모의 묘전에」의 서두 부분이다.

> 春菜는 有名흔 故雲溪女史의 어엽분 孫女이엇다. 雲溪女史라면 半島의 唯一人인 女子墨畵家이섯다. 그 生前에 어엽분 春菜를 老來에 명예로 希望으로 光明으로 慰安의 的으로 다만 女王갓치 貴히々々養育흐엿다 그 臨終에는 다만 보드렵고 섬약흔 뎌를 心機사오나온 長子夫妻에게 咐托흐여 自己의 財産을, 相續케 흐라고 遺言흐고 半瞑흐엿더라.
>
> 雲溪女史는 일즉이 已出안인 長子와 次子를 分家흐고 長子의 庶子 春菜를 膝下에 寵愛흐며 그 붓쯧으로 快足한 生活을 더욱이 불렷더라.[172]

김명순이 여기서 빈번히 사용하는 어미는 '-더라'이다. '-더라'는 직설과는 구분되는 회상의 화법이며 초월적 어투이다. '-더라'체에서는 서술자가 '모든 일을 이미 알고 있는' 존재이다. 여기서 서술자는 일종의 집합적 화자 즉 집단적 경험의 축적을 기반으로 하고 있는 설화적 세계의 존재이다. 모든 가능성을 통찰하고 있는 서술자에게 미래는 이

소명출판, 2007, 250~251쪽 참조.

172 망양초望洋草, 「조모祖母의 묘전墓前에」, 『여자계』 4, 1920.3, 42쪽.

미 예정되어 있으며, 서사는 정해진 결말을 향해 차근차근 진행될 뿐이다.[173] 근대 초기 이인직 등이 이러한 문장을 주로 사용한 것 역시 그들이 머물렀던 세계가 진정한 근대소설의 세계이기보다는 설화의 세계였기 때문이었다고도 볼 수 있다.[174]

나혜석이 「경희」에서 사용한 어미는 단일하지 않다. 작품의 앞부분에 주로 등장하는 '－해요', '－어요'는 이 부분 등장인물들이 여성이기 때문이다. 제3장에서는 대화체의 주된 어미가 '－시오', '－이오' 등으로 변화하는데 이는 아버지 이철원과 경희 어머니 김부인 사이의 대화가 주를 이루기 때문이다. 여기서 사용한 '－시오', '－이오' 등의 어미는 문어이면서 실생활에서 사용한 것으로 보이는 구어이기도 하다. 나혜석이 활용한 어미들은 등장인물들이 그 시대에 그 상황에서 실제로 사용하던 어미였다. 「경희」에는 대화문뿐만 아니라 물론 서술문도 적지 않다. 「경희」의 서술문에서 사용되는 종결어미의 주종을 이루는 것은 일관되게 '－이다', '－하다' 등이다. 객관적 서술로 일관하고 있는 것이다. '－다' 종결어미는 화자와 청자 간에 어떠한 실제적인 상황 맥

---

173 권보드래, 『한국 근대소설의 기원』, 소명출판, 2000, 236~237쪽 참조.

174 신소설에서 가장 많이 사용된 어미 가운데 하나가 '－더라'이다. 참고로, 신소설에서 사용된 어미 '－더라'는 다음과 같은 특징이 있다. "신소설에서의 '더라'는 작가가 마치 그 장면을 지각한 것으로 독자에게 표현하는 방식이 되며, 또한 마치 청자가 듣고 있는 듯한 효과를 준다. 한편으로 그러한 서술은 화자가 지각한 사실을 전달할 뿐 그 사실을 단정하는 것이 아니라는 인상을 주어, 현대 소설의 단정 표현 '었다'에서 느껴지는 믿음과는 달리 청자도 역시 화자가 하는 얘기를 듣는 입장에 설 뿐이다. 또한 '었다'가 일상적인 진술인 반면 '더라'는 관심거리로 제시해 보려는 의도가 있는 표현이므로 작가가 청자를 의식하여 뭔가 감동을 주고자 하는 점이 느껴진다. 이러한 요소가 바로 신소설이 구연조이며 객관적인 시점을 유지하는 듯한 인상을 지니게 하는 언어학적인 요인이라고 할 수 있다." 김미형, 「'신소설' 문체의 언어학적 분석」, 『어문학연구』 3, 상명대 어문학연구소, 1995, 146쪽.

락 정보도 제시하지 않는 객관적 시점을 반영한다. 근대 이후 투명한 주체가 감각적으로 얻은 정보를 전달하는 것이 보편적 인식의 틀로 되고, 화자와 청자가 실제 만남보다는 활자를 통한 비대면적 의사소통 상황에 놓이게 되면서 보편화된 어미가 '－다'라는 해석도 존재한다.[175]

근대 이전의 소설을 읽으며 시대적 거리감을 느끼게 되는 가장 큰 이유는 거기에 사용된 구문과 문자 때문이며 다음으로는 문장에 사용된 어미 때문이고, 그 다음으로는 낯선 낱말들 때문이라 할 수 있다. 한글체 소설을 만나게 되면 구문과 문자로 인한 괴리감은 점차 사라지지만 그래도 어미와 낱말의 문제는 계속 남는다. 나혜석의 「경희」는 구문과 문자 그리고 어미로 인한 시대적 거리감을 거의 느낄 수 없을 만큼 새롭게 쓰여진 한글체 소설임이 분명하다. 다만, 한글체 소설로서의 「경희」에서 한계로 지적할 수 있는 것은 다음과 같은 한자어漢字語 표현이 아직 남아있다는 점이다.

> 殆히 禽獸와 區別을 할 수도 업는 일이 만타.[176]

> 경희의 키는 瞥眼間 餄느러지드시 붓썩 느러진 것 갓다. 그러고 目은 全얼골을 가리우는 것 갓다.[177]

---

175 배수찬, 『근대적 글쓰기의 형성 과정 연구』, 소명출판, 2008, 106쪽 참조. 배수찬은 종결어미 '－다'에 대해 다음과 같이 부연 설명한다. "지배적 종결어미가 '－라'에서 '－다'로 바뀌는 것은 한문체가 해체된 뒤에도 상당히 오랜 후의 일이며, 그러한 변화는 소설문체와 기사문체에서 먼저 일어나 논설문 등의 추상어 글쓰기까지 확산되는 것이다. 이것이 의미하는 바는, '－다' 종결어미로 변화한 근대의 문체가 단순한 구어체가 아니라 구어를 바탕으로 새롭게 형성된 문어체라는 사실이다." 위의 책, 107쪽.

176 「경희」, 『여자계』 2, 1918.3, 74쪽.

177 위의 글.

「경희」가 언문일치 지향의 새로운 한글체 소설이 되기 위해서는 이 문장들에 사용된 구절들인 '殆히'는 '거의'로, '瞥眼間 飴느러지드시'는 '별안간 엿늘어지듯이'로 '目은'은 '눈은'으로 바뀌어야 한다.[178] 이러한 낯선 표현은 「경희」의 마무리 부분에서만 주로 발견된다. 이러한 표현들은 한글체 소설 「경희」가 아니라 국한문체 수필 「이상적 부인」의 일부처럼 보인다. 이러한 표현이 나오는 이유는 나혜석이 「경희」를 마무리 하면서 주인공과 작가 자신 사이의 객관적 거리를 유지하지 못했기 때문이다. 이는 「회생ᄒᆞᆫ 손녀에게」의 경우도 마찬가지이다. 「회생ᄒᆞᆫ 손녀에게」에서는 후반부로 가면서 서술자가 '할멈'에서 '나'로 변하게 되고, 문장의 긴장도와 객관성이 전반부에 비해 점차 떨어지게 된다. 「경희」와 「회생ᄒᆞᆫ 손녀에게」의 문제점은 서로 다른 것이기는 하나 그 원인은 동일했던 것으로 보인다. 두 작품 모두 전반부에서는 작가가 등장인물들과 일정한 거리를 유지하며 객관적 서술을 하고 있지만, 후반부로 가면서 나혜석의 소설가로서의 정체성이 흔들렸던 것이다. 근대 초기 소설가들의 정체성이 흔들리게 되는 가장 큰 이유는 그가 지닌 계몽적 욕구 때문이다. 계몽적 욕구는 한글체 소설 문장을 국한문체 수필 문장으로 환원시킨다. 나혜석 역시 이들 작품을 써나가면서 후반부로 갈수록 계몽적 욕구를 제어하지 못하고 주인공의 목소리가 아닌 작가의 목소리로 이야기하게 된다. 이는 근대 초기 작가들이 내면적 고백체의 문장을 사용할 때 한자어를 많이 사용하게 되는 현상과 같은 맥락 속

---

178 '언문일치'의 개념을 "우리말을 한문 문장이 아닌 국문체 문장으로 적고자 하는 개념"(김미형, 「한국어 언문일치의 정체는 무엇인가?」, 『한글』 265, 한글학회, 2004, 194쪽)으로 본다면 이는 더욱 그러하다.

에서 이해할 수 있다. 한국 근대소설사는 서사와 논설이 외형상 분리되면서 점차 변화한다.[179] 작가의 목소리가 작중 인물의 목소리로 체화되면서 새로운 단계로 나아가게 되는 것이다. 진정한 언문일치 소설은 작가의 목소리가 아니라 작중 인물의 목소리로 완성되어야 한다. 그런 점에서 나혜석의 소설들인 「경희」와 「회생한 손녀에게」는 근대 유학생 잡지에 수록된 한글체 소설들이 무엇을 성취했고 무엇을 과제로 남겼나 하는 것을 구체적으로 보여주는 의미 있는 사례가 된다.

김명순은 '한국근대 최초의 여성 작가로 문단에 등단하여 시, 소설, 희곡 등 170여 편의 방대한 작품을 남긴 디아스포라 작가이자 대항문학의 작가'로 일컬어진다.[180] 김명순은 『여자계』에 수필 「초몽初夢」(제2호)과 「××언니에게」(제3호)를 발표한 바도 있다. 이 중 「××언니에게」에 대해서는 "벼락 맞은 나무에 자신의 처지를 빗대 고통을 호소하는 글쓰기를 통해 자신을 직시, 생존의 길을 모색하는 글쓰기 양상을 나타낸 명문"[181]이라는 평가가 내려지기도 했다. 하지만, 그가 『여자계』에 발표한 두 편의 작품 「조모의 묘전에」(제4호)와 「영희의 일생」(제5호)은 발표 당시뿐만 아니라, 이후의 연구자들로부터도 별다른 주목을 받지 못했다. 「조모의 묘전에」는 할머니의 귀여움을 받고 자라던 손녀 춘채春菜가, 할머니가 세상을 떠나자 강제 결혼에 내몰리게 되고 결국 심신의 병을 이기지 못한 채 죽음을 맞는 이야기를 다룬 작품이다. 김명순은 이 작품에서 '서자庶子'인 춘채를 할머니가 총애했다거나, 춘채가 '예수교인'이었

179 이와 관련된 상세한 서술은 김영민, 『한국근대소설사』, 솔, 1997, 481~496쪽 참조.
180 서정자, 「디아스포라 김명순의 삶과 문학」, 『김명순 문학전집』, 푸른사상, 2010, 31쪽 참조.
181 위의 글, 64쪽.

다는 점을 드러낸다. 이러한 소재를 활용해 독자에게 강조해 전달하고 싶었던 내용이 있었던 것으로 보인다. 이 작품이 "春은 ᄉᆡ예수교人이엿더라"[182]라는 문장으로 마무리되는 것을 보면 더욱 그러하다. 하지만, 결과적으로 이 작품은 작가의 의도를 효과적으로 형상화하지는 못했다. 이 작품에서 주목할 만한 부분으로는 '약혼의 선고를 받은 지 14일'이라거나, '결혼식 바로 전날을 당하였다'는 표현 등을 통해 혼인의 강제성을 부각시키는 구절 정도를 들 수 있다.

> 春菜ᄂᆞᆫ 그 祖母의 別世한 설음에 ᄋᆡ닯은 눈물이 마를 ᄉᆡ 업시 昨今의 일갓치 즐거웟든 幼時의 追憶과 엇의ᄭᅡ지든지 幸福이엇든 그 祖母 生前ᄭᅡ지의 生活을 抑制ᄒᆞ여 한엣적에 미루고 約婚의 宣告를 밧은 지 十四日, 썩치ᄂᆞᆫ 소ᄅᆡ 기름ᄂᆡ음ᄉᆡ 사람들의 우슴소ᄅᆡ 談話소ᄅᆡ 擾亂히 人의 도覺을 迷惑케 ᄒᆞᄂᆞᆫ 오날 結婚式 바로 前날을 당ᄒᆞ엿다 신랑은 金容達의 獨子 金壽永이란다.[183]

여기에서는 춘채의 혼인이 당사자들의 의사와는 전혀 관계없이 제삼자들 사이에서 결정되고 시행되는 행사라는 사실을 알려준다. 신랑의 이름을 '-이란다'라는 전언의 방식으로 표현한 것도 이러한 작가의 의도를 드러낸 것이다. 할머니의 묘 앞에 엎드려 절규하는 춘채의 대사를 통해서도 혼인의 강제성은 반복해서 지적된다.

---

182 「조모祖母의 묘전墓前에」, 『여자계』 4, 1920.3, 46쪽.
183 위의 글, 42쪽.

『이날이 다하면 할머님과 갓치 幸福을 누리든 朴氏宅을 써나 恥辱의 婚姻輿를 金氏宅門內에 멈을을 孫女의 悲運을 할머님이시여-아심닛가? 모르심닛가? (…중략…) 別世하신 후 二個月 차지못흔 養育의 恩義로 孤獨흔 孫女의 懇切흔 所願을 拒絶흐고 어버이의 命令을 不服헌담으로 할머님의 사랑의 손낄이 時時로 어루만저주든 孫女의 등에 嫡母의 치쏙이 빗발나리듯흐엿섯나이다 할머님께서 金枝玉葉갓치 길러주신 十七의 生命이 仇讐되여 金錢에 밧괴여 物品갓치 遊蕩子의 犧牲이 되여가는 孫女의 運命을 엇지흐오릿가 할머님이시여 굽어살피시옵소서』[184]

특히 혼인을 '치욕이자 비운'으로 표현하는 구절을 통해서는, 이 시기에 행해지던 강제 결혼의 압박감이 얼마나 큰 것인가 하는 점을 잘 드러내고 있다. 여주인공 춘채는 주변에서 가해오는 폭력에 대해 아무런 저항도 하지 못하고 결국은 죽음을 맞이하게 된다.

『여자계』 제5호에 수록된 소설 「영희의 일생」은 미완의 작품이다. 주인공 영희는 병을 앓고 있는 처녀이면서 지식열智識熱이 넘치는 인물이다. 영희가 공부를 시작하기 이전에 언제나 아침기도를 한다는 구절로 미루어 보면, 그녀는 「조모의 묘전에」의 여주인공 춘채와 같이 '예수교인'임을 알 수 있다. 「영희의 일생」에는 어려서 아버지를 잃은 영희, 상처喪妻하고 다시 장가를 들기 위해 영희 근처를 맴도는 사내, 아버지를 닮은 청년 등이 등장한다. 이러한 인물 배치로 미루어 보면, 김명순은 이 작품에서도 혼인의 문제를 다루려 했던 것으로 짐작된다. 하지

184 위의 글, 44쪽.

만 「영희의 일생」은 주인공 영희가 아버지를 닮은 청년을 우연히 만나게 되는 장면에서 중단된다.

『여자계』 제6호에 수록된 「어린 영순에게」는 필자가 유향惟香으로 표기되어 있으나, 이 또한 김명순의 작품일 가능성이 있다.[185] 이 작품 역시 완결된 것이 아니므로, 전체적인 구성이나 주제에 대해서는 단정해 말하기 어렵다.[186] 다만, 작품 곳곳에서 제시되는 일화들을 통해 조선에서의 남녀관계의 어려움, 부모의 혼인 강요로 인한 지식인 여성의 절망감 등이 표현되고 있는 것만은 분명하다. 작가의 의도를 비교적 선명히 반영하고 있는 문장들을 찾아 제시하면 다음과 같다.

> 적어도 한 少女가 異性을 사랑하기까지는 心身의 修養을 싸어서 感情과 理性이 洗練되여 自己自身을 支配할만한 溫雅한 힘을 가져야 할 것이다.[187]

> 英淳아 洗練이라면 무슨 經驗을 이름이 안이고 사람의 野暴한 感情을 洗練하여 混濁한 理性을 透明하게 하는 精神의 修養말이다. 經驗도 勿論 重한 것이나 한 女子가 여러 사람을 사랑하여본 經驗은 眞正이 안이며(博愛와는 다르다) 世上에서도 貴하게 녁이지 안는다 우리 半島에는 그 眞理를 가리키지 안코 넘우 사랑의 經驗 가진 者를 蔑視한 故로 모든 媚婦들은 가장 處女

185 이혜진은 이 작품의 저자 유향惟香을 김명순으로 추정한 바 있다. 그 근거는 다음과 같다. "첫째, 아버지가 저자를 'MS'라고 부른 부분이다. 둘째, '京城×明女學校寄宿舍'에 머물렀다는 부분인데, 김명순 역시 1911년 進明여학교를 졸업했다. 셋째, 집근처에 대동강이 흐른다는 부분은 평안남도 평양 출생인 김명순의 고향과 일치한다. 마지막으로 김명순의 셋째 여동생 이름이 실제로 '金英淳'이라는 점이다." 이혜진, 앞의 글, 34쪽.

186 『여자계』 제7호 목차 광고에 이 작품의 속편續篇이 들어 있는 것으로 미루어 보면, 적어도 제2회까지는 집필된 것으로 보인다.

187 유향惟香, 「어린 영순英淳에게」, 『여자계』 6, 1921.1, 49쪽.

인 체하고 自身의 過去를 숨기고 連하여서 새 男子를 사랑하는 체하게 보엿다 그런 故로 그들은 男子들을 속이는대 能難하엿고 過去를 숨김에도 巧妙하엿다 그러나 너갓흔 淑女가 섦엔들 본밧을 일은 아니다.[188]

오오 참이야. 眞正한 忠告야. C씨와 나는 主의 뜻으로도 사람의 正義로도 저는 내게 憐愍을 사랑으로 표현한 것이 過失이엇고 나는 저의 압헤서 感激한 눈물을 흘닌 것이 잘못이엇다 참 저는 나에게 憐愍을 사랑으로 變하여서는 안 되엿슬 것이다[189]

이러한 구절들에는 사랑을 위해 갖추어야 할 심신의 수양이나 진정성의 문제 및 연민과 사랑의 관계 등에 대한 작가의 관심이 드러나 있다.

천원天園 오천석의 작품 「소년少年의 죽음」은 젊은 청년의 갑작스러운 죽음을 소재로 한 작품이다. 이 작품에서는 남성 또한 조선의 낡은 혼인 제도의 희생물이라는 사실을 부각시킨다. 「소년의 죽음」은 서술자가 십 년 만에 고향을 찾아 친구들과 과거를 회상하는 형식으로 전개된다. 작품의 주된 스토리는 서술자의 친구인 박성옥의 죽음에 관한 것이다. 박성옥은 삶의 의미에 대해 고뇌하는 인물이다. 그는 평양에 가서 공부하기를 원했지만, 완고한 아버지는 불덩이 같이 화를 내면서 또다시 그런 요구를 하면 부자 간에 다시는 볼 수 없을 것이라는 말로 거절한다. 자신의 앞날에 대해 고민하고 있는 박성옥에게 아버지는 갑자기 혼인을 권유한다. 근처에서 처녀를 구해놓았으니 불문곡직 장가를 들

---

188 위의 글.
189 위의 글, 50쪽.

라고 강권하는 것이다.

> 그때 그날밤 자네 집을 나서셔 허둥지둥 집이라고 챠져들어와셔 자리에 누엇스나 平生 잠이 와야지 그래셔 니러나 안져서 나의 暗暗한 前途를 이리져리 豫想하엿스나 滿足한 解決이 나올니가 잇겟나. 그리하는 中에 날이 새여 훠-ㄴ하게 발것데. 그래 아츰밥을 먹고 안졋드러니 아부지가 들어오시더니 龍岡 사는 새악시를 求하여 노핫스니 不問曲直하고 장가들나하데. 그래 하도 력무하야 무어라고 對答할 슈가 잇든가 그래셔 아부지께는 오날 生覺해보고 來日 對答하겟다 하고 그 危險한 자리에셔 버셔낫네. 자네도 알거니와, 엇덕케 생겻는지 彼此 셔로 보지도 못하고, 셔로 말도 못하여본 둘이 萬若 結婚을 한다 하면 그 家庭이 圓滿하게 될니가 잇겟나! 그 新婦되는 이는 무슨 高尙한 理想을 가지고 圓滿과 幸福을 엇어보려 할는지는 모르나 나 決코 그를 理解하지 못하는 同時에 우리 둘 사이에는 아모 圓滿이 업겟고 幸福이 업슬 쥴 아네. 그래 그 虎口에셔 겨우 버셔나셔 이리져리 生角도 하여보고 煩悶도 하여보앗스나 滿足한 解決이 올 代身에 苦痛과 煩惱와 悲哀가 쳐들어올 샌이데.[190]

부모의 강제에 못 이겨 행한 결혼이 원만과 행복을 가져오지 못할 것이라 생각하는 박성옥은 번민한다. 그는 마침내 도망을 결심하고 아버지의 돈을 훔쳐 기차역으로 향한다. 하지만, 평양역 객주집에서 하룻밤을 머문 후 경성 가는 기차를 타려던 그는 아버지에게 붙잡혀 집으로 돌

190 천원天園, 「소년少年의 죽음」, 『여자계』 4, 1920.3, 24쪽.

아온다. 집으로 돌아와 시름시름 앓던 그는 결국 세상을 떠나고 만다. 「소년의 죽음」을 통해서는 교육 받고 싶은 열망과 미래에 대한 불안감, 가부장적 억압에서 벗어나려는 시도가 당시대 여성뿐만 아니라 남성들에게도 공통적으로 부여된 과제였다는 사실을 확인할 수 있다.

MK생의 소설 「Pollyanna 팔늬의나」는 번역물이면서 미완의 작품이다. 이 작품은 서두에 다음과 같은 구절이 있어, 원작이 별도로 존재한다는 사실을 알 수 있다.[191]

> 팔늬의나라고 ᄒᆞᄂᆞᆫ 소셜의 ᄉᆡᆼ일은 一千九百十三년 二月인고로 그의 나흔 겨우 륙셰이나 슈만인의 사랑을 밧는 모양인즉 이 소셜의 쥬인공 팔늬의나의 아름다은 셩격性格이 독쟈의게 큰 감화를 줌은 사실인 쥴노 밋ᄂᆞ이다. 연고로 혹시 우리 어린 아오들도 이거ᄉᆞᆯ ᄌᆞ미잇게 볼짜하여 감히 졸필拙筆노나마 극히 간단히 다만 소셜의 졍신만 소ᄀᆡ하오니 여러분은 긔회 잇는대로 원문原文을 구람하시기 바라옵ᄂᆞ이다.[192]

「Pollyanna 팔늬의나」는 일찍 아버지를 잃은 처녀 난세가 부자인 팔늬 양의 집에 하녀로 들어가 일을 하며 겪게 되는 이야기를 다룬 작품이다. 까다로운 성격의 주인 팔늬의 시중을 들던 중, 그의 조카딸인 팔늬의나가 도착하게 된다는 사실을 알리는 장면에서 작품은 중단된다.

「중국녀ᄌᆞ의 굿은 졍졀」은 제4호와 제5호에 걸쳐 연재된 미완성 작

191 이는 미국 작가 앨리노 H. 포터Eleanor. H. Porter가 1913년 2월 발표한 소설을 요약, 번역한 것이다. 이와 관련된 자세한 논의는 조윤정, 앞의 글, 420쪽 참조.

192 MK生, 「Pollyanna 팔늬의나」, 『여자계』 4, 1920.3, 61쪽.

품이다. 제5호에는 제목이 「즁국녀자의 굿은 절개」로 표기가 되어 있다. 이 작품은 작가가 류영준으로 되어있으나, 내용으로 미루어 짐작하면 창작소설이라기보다는 번역물로 보인다. 『학지광』 제19호 및 『현대』 제2호에 수록된 『여자계』 내용요목內容要目 광고에는 이 작품의 필자가 '류확실'로 표기가 되어 있다. 작품의 서두는 다음과 같이 시작된다. "당나라 시ᄃᆡ에 한 녀ᄌᆞ가 낫는ᄃᆡ 그 일홈은 ᄎᆡ봉이요 셩은 진가라 곳 당시 시인 진덕방에 녕양이라 일즉히 부친의 슬하에셔 고명ᄒᆞᆫ 교휸과 덕잇는 힝실을 ᄇᆡ와 나히 十세에 밋치 못ᄒᆞ여 반 ᄉᆡᆼ에 션ᄇᆡ와 비등ᄒᆞᆫ 지라."[193] 이 작품의 표제어에 나오는 '중국여자'는 당나라 시대의 채봉이라는 인물이다. 이 작품은 순한글로 표기되어 있다. 「즁국녀ᄌᆞ의 굿은 졍졀」은 총명한 처녀 채봉이 부모들의 의사에 따라 녕민이라는 청년과 혼인을 한 후, 남편이 모함을 당해 귀양을 가게 되자 삼십 년의 세월을 눈물로 보내게 된다는 줄거리로 이루어져 있다. 한글 표기와 작품 내용 등으로 미루어볼 때, 이는 대중 독자를 위한 연재물이다. 그런데, 『여자계』가 구시대의 혼인 방식과 가족관계 등을 미화해 보여주는 이러한 작품을 연재한 이유는 쉽게 납득이 되지 않는다. 「중국녀ᄌᆞ의 굿은 졍졀」은 여필종부의 세계관을 미화하고 있다는 점에서, 『여자계』 제2호에 수록되어 논란이 되었던 전기물 「태서현부전」과 유사성이 있다. 『여자계』 제2호는 전영택 등 남성필자들이 중심이 되어 편집한 잡지이다. 그러나, 「중국녀ᄌᆞ의 굿은 졍졀」은 여성 편집진들이 독자적으로 발간하기 시작한 『여자계』 제4호 이후의 연재물이라는 점에서 더욱 의외

193 류영쥰, 「즁국녀ᄌᆞ의 굿은 졍졀」, 『여자계』 4, 1920.3, 58쪽.

로 생각된다. 이 점으로 미루어 보면, 당시 『여자계』의 편집진들이 일정한 세계관을 공유하며 잡지 편집에 임했던 것은 아니라는 사실을 알 수 있다. 『여자계』의 편집을 장기적으로 일관되게 주관한 인물이 없었다는 점도 이러한 현상의 원인이 될 수 있다. 이는 『여자계』가 '여자유학생친목회'의 기관지 형태로 발간되었고, 친목회의 회기에 따라 임원들이 수시로 교체되었던 때문이기도 하다.

/ 제3장 /
『기독청년』·『현대』 연구

1. 『기독청년』·『현대』의 발간 배경 및 서지 연구

1) 『기독청년』·『현대』의 발간 배경

『기독청년基督青年』·『현대現代』는 '동경조선기독교청년회東京朝鮮基督教青年會'의 기관지이다. '동경조선기독교청년회'는 한국 YMCA의 지원 아래 도쿄에서 창립된 유학생 중심의 기독교 단체였다. 한국 YMCA는 황성기독교청년회皇城基督教青年會라는 명칭으로 1903년 10월 28일에 서울에서 창설되었다. 창립총회 당시의 의장은 선교사 헐버트H. B. Hulbert였다. 따라서 그를 초대 회장으로 보기도 하지만, 1904년에 게일J. S. gale이 회장으로 헐버트가 부회장으로 선임되었다는 것이 공식적인 기록이다. 한국인 가운데는 총무로 김정식이 활동을 했고 김규식이 이

사로, 윤치호가 이사를 거쳐 1906년 이후 부회장으로 활동을 하게 된다. 창립 목적은 '교육, 계몽, 선교'의 세 가지로 집약된다.[1] 황성기독교청년회는 1906년 이후 활동 범위를 일본으로 넓혀가게 된다. 김정식의 도쿄 파견과 함께 재동경조선기독청년회가 탄생하게 되는 것이다.[2]

'동경조선기독교청년회'는 '조선유학생학우회'를 비롯한 다양한 유학생 단체들과도 밀접한 관계를 유지하며 활동했다. '동경조선기독교청년회'의 간사를 맡았던 백남훈白南薰은 도쿄에 있는 기독교청년회가 형언하기 어려울 만큼의 다양한 역할을 했다고 회고한다. 다음은 '동경조선기독교청년회'의 창립 과정 및 회관 건립과 제반 활동에 대한 언급이다.

> 在日本東京朝鮮基督教青年會는 一九O六年 8月에 창립되었는데 總務는 金貞植 氏이고 幹事는 張惠淳 氏였다. 會館은 神田區 美土代町에 있는 日本基督教青年會館의 一室을 차용하다가 翌年 8월에 神田區 西小川町 2丁目 7番地에 있는 日本人 家屋을 貰 얻어 이전하였다. 留學生은 날로 증가할뿐더러 사업방면으로 보나 또 그 체제로 보아 회관의 필요를 절실하게 느껴 노력한 결

1 전택부, 『한국 기독교청년회 운동사』, 범우사, 1994, 66~71쪽 참조.

2 이와 관련해서는 다음의 서술 참조. "1906년 봄에 질레트P. L. Gillet 총무가 도쿄를 방문했을 때에는 244명의 한국 유학생들이 모여와서 환영회를 열어주었으며(P. L. Gillet's Report Year Ending September 30, 1906), 이 사실을 즉시 중국·한국 및 홍콩 YMCA 전체위원회에 보고하여 그 협조를 약속받고 돌아오게 되었다." 위의 책, 128쪽. "때마침 한인 총무 김정식金貞植이 터무니없는 낭설로 그 자리를 떠날 수밖에 없었기 때문에 즉시 도쿄로 파송되었다.(P. L. Gillet's Letter on August, 1907) 김정식이 도쿄에 도착한 것은 1906년 8월, 우선 고지마치구麴町區에 있는 우리 한국 공사관에서 준비를 하고, 간다 미도시로초神田美土代町에 있는 일본인 도쿄 YMCA의 방 하나를 빌려 쓰다가 1906년에는 니쇼가와초西小川町 니초메二丁目 8번지에 회관을 정하고 사업을 시작한다.(蔡弼近 편, 『韓國基督教開拓者 韓錫晋 牧師와 그 時代』, 大韓基督教書會, 1971, 158쪽)" 위의 책, 128쪽.

과 一九一四년 9월 神田區 西小川町 2丁目 5番地에 2層 洋屋의 新會館을 건축하니 青年會 당국자는 말할 것도 없고 일반 학생들의 기쁨은 대단하였다. 異國인 日本 東京에서이매 더욱 그러하였다. 총공사비 3만圓 중 우리 학생의 義捐金이 7백圓, 스코트란드 基督敎青年會의 寄贈金이 一千圓이 있었을 뿐 其他 金額은 미국 뉴욕에 있는 世界基督敎青年會가 담당하였던 것이다.[3]

會館은 총공사비 3만원의 建物이매, 應接室, 食堂, 娛樂室 이상 3室을 통하여 홀로 사용하였는데, 약 1백여 명 收用되었고 그밖에 事務室, 浴室, 炊婦室, 下人室이며, 2層은 寄宿舍로서 7室, 침대를 사용하게 되어 있었다. 사업은 年 1회의 豫算總會, 월 1회의 月例會를 개최하여 這間의 경과를 보고하는 동시에 전원의 친목을 도모하여 1學期에 數次 宗敎, 學術講演會를 열어 傳道와 수양에 이바지하며, 春季에는 졸업생 축하회, 秋季에는 新渡學生歡迎會 春季 或은 秋季에 大運動會, 春令會 或은 夏令會(이는 東京 근처의 名勝地에 가서 약 1주간 聖經硏究와 名士의 講演으로 修養과 친목에 힘쓰는 기회) 英語聖經班, 週刊 8面의 〈基督青年〉(기왕에 없었던 것인데 會員과 일반학생의 희망에 의하여 一九一九년 9월에 創刊) 發刊, 聖誕祝賀會 其他 小會合 등이 일정한 年中行事이었다.[4]

백남훈의 회고 속에는, '동경조선기독교청년회'가 학생청년회에 불과한 것이었지만 그 위상과 역할은 '본국의 축소도'라는 느낌을 줄만한 것이었다는 구절이 있다. 그만큼 이 단체의 사업의 범위가 광범위했고

---

3 백남훈, 『나의 일생』, 해온백남훈선생기념사업회解慍白南薰先生紀念事業會, 1968, 78쪽.
4 위의 책, 81쪽.

역할이 중요했다는 것이다. '동경조선기독교청년회'의 회관은 단지 기독교인만을 위한 장소가 아니었다. 기독교 신앙의 유무와 관계없이 조선의 청년들은 누구나 이곳을 회합의 장소로 활용할 수 있었다.[5] 1919년 2월 8일 '조선유학생학우회' 총회가 열린 장소도 바로 '동경조선기독교청년회'의 회관이었다. 이 총회는 2·8독립선언으로 이어졌다.

『기독청년』 제6호에 수록된 정노식鄭魯湜의 글 「기독교청년회基督敎青年會의 기원起源과 및 사업事業」에서는 기독교청년회가 '복음주의 하에서 종파 이외에 존립하는 청년단체'라는 점을 강조하고, 그 설립의 목적이 '덕육德育, 지육智育, 체육體育을 발달케 하여 사회의 복음을 증진케 함'에 있다고 정리한다. 더불어 청년들에게 심령상 안녕을 주고 도덕적 각성을 일으켜 고결한 생활을 하도록 노력하는 것이 최대의 사명이라는 것이다. 구체적 사업으로는 도서관, 신문종람소, 체조장, 유희오락소, 야학교, 강연회, 기도회, 성경연구회 등을 위하여 시설을 경영하며, 청년을 위하여 기숙사와 직업주선소를 설립하고 종교상 집회를 열어 기독의 복음을 선전하는 것 등을 제시한다.[6] 백남훈이 집필한 것으로 추정되는 『기독청년』 창간 1주년 기념 권두 논설에도 '동경조선기독교청년회'의

5 이와 관련해서는 다음의 회고 참조. "東京 YMCA는 우리 사람의 오직 하나밖에 없는 회관이었다. 기독교인이건 기독교인이 아니건 관계없이 모일 수 있는 회관이었다. 동창회, 환영회, 송별회 등등 자유로 모이는 곳이었다. 주일마다 모이는 교회예배당으로도 쓰게 되었다. 2층에 기숙사도 있었고 아래층에 '당구' 치는 시설도 있었으며 바둑판, 장기판도 있었다. 신문, 잡지도 비치해 놓았기 때문에 이것을 보려고 가는 사람, 특히 본국의 신문 또는 '하와이'와 '샌프란시스코'에 있는 우리 교포가 발행하는 한글신문이 오기 때문에 많은 사람들의 흥미를 끌었던 것이다." 최승만, 『나의 회고록』, 인하대 출판부, 1985, 188쪽.

6 정노식鄭魯湜, 「기독교청년회基督敎青年會의 기원起源과 및 사업事業」, 『기독청년』 6, 1918.4, 2쪽 참조.

창립 목적과 기관의 성격이 다음과 같이 구체적으로 드러나 있다.

> 青年會의 目的이 그리스도의 宗旨下에 一般 青年으로 하여곰 德育 智育 體育을 發達케 하며 親誼를 敦睦케 하야 完全한 人格을 養成함에 在하다 함은 임의 本誌에 論述하엿스매 更論할 必要가 無하거니와 其 理想과 目的이 아직까지 一般의게 理解되지 못함은 實로 遺憾으로 生覺하난 바-로다 이는 基督敎思想의 朝鮮에 傳播됨이 年久歲深치 못한 섇더러 青年會의 創設이 其後의 事에 屬함과 또 青年會 自體의 事業이 微微不進하야 一般人事로 하여곰 此를 理解코져 하난 刺戟과 動機를 與치 못함이니 青年會 當局者의 覺性을 要하난 點이로다. 一般社會의 青年會에 對한 態度를 考察하건대 歡迎치 아니하난 點은 同然하나 其 理由에 至하야난 自然 二者에 分岐되니 基督敎 信者의 觀察과 不信者의 觀察이 卽 是也라 詳言하면 信者를 其 名稱에 青年 二字가 有함으로 純全한 敎會가 아니라 하야 歡迎치 아니하며 不信者는 基督敎 三字가 加冠됨으로 敎會와 同然하다 하야 心迎치 아니하난도다 換言하면 信者는 敎會 以外 他會에 叅入하면 異端에나 關係하난드시 生覺하고 不信者는 基督敎 云云하면 聖經을 研究하난 外에 他가 無한 줄로 生覺함이니 그런 故로 基督敎青年會라 하면 不信者는 基督敎 信者나 參與할 것으로 一思考하고 信者는 贊成치 아니할 섇더러 甚한 이는 敎會의 妨害物로 思考하니 엇지 其 正鵠을 得한 觀察이라 하리오 基督敎青年會는 元來 純全한 敎會가 아니오 또 聖經 研究가 無한 바-아니나 或彼或此로 偏僻되이 觀察함은 吾人의 取치 아니하난 바-로다.
>
> 此에 대한 吾人의 生覺을 一言으로 表示할진대 青年會는 傳道機關이며 修養機關인 同時에 社交機關이오 一步 進하야 社會改良을 理想하난 것이니 此

가 靑年會 存在의 要件이오 其 長所라 할지라 然則 其 信與不信을 막론하고 誰가 此에 異論을 唱導하리오 願컨대 諸彦은 虛心坦懷로 深思熟慮하야 現在의 靑年會를 圓滿이 運轉하도록 且 各地에 此를 設立하도록 援助하며 盡力하기를 祈望하노라.[7]

이 글에서는 기독교청년회의 성격에 대해서 '전도기관傳道機關이며 수양기관修養機關인 동시에 사교기관社交機關이며 한 걸음 더 나아가 사회개량을 이상理想하는 기관'이라고 밝힌다. 더불어 기독교청년회가 신자와 비신자 모두에게 오해를 받고 있다는 점을 지적하면서, 재일본조선기독교청년회가 기독교인에게는 물론이고 비기독교인에게도 열려 있는 기관이라는 점을 강조한다. 기독교청년회가 원래 순전한 교회로 창립된 것이 아니며, 청년회가 성경 연구를 하지 않는 것은 아니나 거기에만 편벽된 기관 또한 아니라는 것이다.

일본의 경보국보안과警保局保安課과 작성한 「조선인개황朝鮮人槪況」에도 '동경조선기독교청년회'는 수차례 등장한다. 1916년의 보고서에서는 재동경조선기독교청년회在東京朝鮮基督靑年會가 1906년 11월경에 중한기독교청년회中韓基督敎靑年會의 지회조직되었다고 기록되어 있다. 만국기독교청년회萬國基督敎靑年會 및 황성기독교청년회皇城基督敎靑年會와 밀접한 관계를 맺고 있으며, 본회 소요 경비의 대부분을 매년 만국기독교청년회로부터 지원받고 기타 신도들의 기부금과 회비 등으로 운영된다는 내용도 있다.

---

7 「창간 일주년創刊 一週年」, 『기독청년』 11, 1918.11, 1쪽.

명치明治39년 11월경 중한기독교청년회中韓基督教青年會의 지회支會로 조직組織되어 만국기독교청년회萬國基督教青年會 및 황성기독교청년회皇城基督教青年會와 밀접密接한 맥락관계脈絡關係가 있다. 게다가 본회本會 소요所要 경비經費의 대부분大部分은 매년 만국기독교청년회萬國基督教青年會로부터 보급補給을 받으며, 뿐만 아니라 유지 신도有志信徒의 기부금寄付金이 있다. 회원會員의 회비會費가 있기 때문에 그 기초基礎가 지극히 안고安固하다.

본회本會의 주재자主宰者인 총무總務 김정식金貞植, 목사牧師 오기선吳基善및 부총무副總務 최상호崔相浩는 세위勢威가 발군拔群인 유력자有力者인데, 김정식金貞植은 일찍이 한국韓國경무관警務官에 임명되어 승진한 결과 경무국장警務局長 직織을 봉직하였다. 명치明治39년 11월에 도래渡來하여 오늘에 이른다. 오기선吳基善은 20세 경 이미 야소교耶蘇教 신자信者가 되고 명치明治 30년 8월에는 조선朝鮮의 평양平壤에 거류居留하는 미국인 선교사宣教師 '히케'의 선어鮮語교사教師가 된다. 명치明治32년 6월 야소교회당耶蘇教會堂 권사勸士가 되고 동同 44년에는 목사牧師가 되어 대정大正 3년 8월 21일 내지 유학생 포교사內地留學生布教師로 도래渡來 입경入京한 이래以來 포교布教하는 한편으로 조선인朝鮮人 신도간信徒間에 배일사상排日思想을 선전宣傳하고 있다. 최상호崔相浩는 명치明治39년에 조선朝鮮 경성부京城府 황성기독교청년회皇城基督教青年會로부터 특파特派된 자인데, 일찍이 동회同會의 학감學監을 역임했다. 특히 이 사람은 왕년往年에 총독암살사건總督暗殺事件에 관여해서 윤치호尹致昊 등과 함께 모의謀議에 참여參與한 불령不逞한 자이다.[8]

8 박경식, 『在日朝鮮人關係資料集成』 1, 三一書房, 1975, 48쪽.

경보국보안과의 「조선인개황」에서는 '동경조선기독청년회'의 회원 수가 점차 늘고 있다는 사실에 대해 주목하고, 이들이 강연회와 운동회 등에서 배일排日의 기세를 선동하고 있다고 지적한다.

> 이와 같이 점차 그 회원수會員數가 증가增加한 결과結果 융성隆盛하여 대정大正 7년 6월말六月末 현재現在 약約 180명을 헤아린다. 이에 앞서 대정大正7년 2월 초순初旬 미국米國 뉴욕紐育의 만국기독교청년회본부萬國基督敎青年會本部에 사업확장비事業擴張費로 돈 2천 엔을 요구要求했는데 6월경 유망有望하다는 취지의 회보回報를 접했다. (…중략…) 본회本會가 대정大正7년 1월 19일부터 같은 해 5월 11일 사이에 학자學者, 종교가宗敎家등 지명知名한 인사를 초빙招聘하여 개최開催한 강연회講演會는 6회에 달하는데, 이와 같은 모임은 학술學術 또는 종교宗敎에 관한 강연講演이어서 비교적 진지한 회합會合이지만, 대정大正 6년 10월 31일 본회本會가 주최主催가 되어 도야마가하라戶山原에서 개최한 재동경조선학생추계운동회在東京朝鮮學生秋季運動會에 참가參加한 학생學生은 약約 3백 명을 헤아리는데, 당일當日 행한 경기競技 중 고국故國의 각 대신大臣, 학자學者, 사상가思想家, 실업가實業家 등으로 분장한 가장행렬假裝行列과 같은 것, 또는 처음에 조선내지朝鮮內地에서 금지禁止한 구한국시대舊韓國時代의 애국가愛國歌를 합창合唱한 것과 같은 것은 자국自國이 독립국獨立國임을 풍시諷示하여 암암리에 배일排日의 기세氣勢를 선동한 감이 있다.[9]

> 목하目下 회원會員 270명이 있다. 잡지雜誌『現代』를 발간發刊하고 전도傳道

9 위의 책, 65~66쪽. 이는 1918년 5월에 작성한 보고서의 일부이다.

> 에 힘쓴다. 그리고 동회同會의 주요主要인물人物은 모두 요시찰인要視察人인데 종교宗敎를 구실로 끊임없이 집회集會를 열어 일반一般 조선인朝鮮人에 대해서 불온사상不穩思想을 고취鼓吹하는 데 힘써서, 작년昨年 3월 이후 이 회관會館은 불온不穩 학생學生의 집합소集合所로 쓰거나 인쇄기구印刷器具를 대여貸與하여 불온문서不穩文書를 인쇄印刷하게 한다. 혹은 동 회관會館 앞으로 해외海外 및 선내지鮮內地의 동지同志들로부터 끊임없이 불온문서不穩文書를 우송郵送해 오는 등 재경조선인在京朝鮮人 집단集團 중 가장 주의注意가 필요하다.[10]

특기할 만한 사항은, 1918년 5월의 「조선인개황」에 '동경조선기독교청년회'의 임원 중 회장은 피셔, 부회장은 이광수로 기록되어 있다는 사실이다.[11] 이듬해에는 회장은 변함이 없지만 부회장은 김준연으로 바뀌게 된다. '동경조선기독교청년회'가 주최하는 행사에는 대략 50여

---

10 위의 책, 90쪽. 이는 1920년 6월에 작성한 보고서의 일부이다.

11 「조선인개황」에 기재된 임원명단은 다음과 같다. "회장 피셔, 부회장 이광수李光洙(와세다대학생, 甲號), 서기 송계백宋繼白(와세다대학생, 甲號), 간사 백남훈白南薰(와세다졸업생, 甲號), 부간사 장덕준張德俊(정측예비학교正則豫備學校학생, 甲號) 사사부위원장司事部委員長 피셔, 사사부위원司事部委員 니토베 이나조新渡戶稻造 외 네 명, 의사부위원장議事部委員長 이광수李光洙, 의사부위원議事部委員 정로식鄭魯湜(메이지대학생明治大學生, 甲號), 이상윤李相允(와세다대학생, 甲號) 외 두 명, 서기 한 명, 종교부위원장宗敎部委員長 임종순林鍾純(乙號), 종교부위원宗敎部委員 세 명, 서기 전영택田榮澤(아오야마학원青山學院 학생, 甲號), 교육부위원장敎育部委員長 이춘숙李春熟(중앙대학생中央大學生, 甲號), 교육부위원敎育部委員 고지영高志英(와세다대학생, 甲號) 서기 한 명, 체육부위원장體育部委員長 이종근李琮根(정측영어학교正則英語學校학생, 乙號), 체육부위원體育部委員 강종섭姜宗燮(乙號) 외 두 명, 서기 한 명, 홍제부위원장弘濟部委員長 노익근盧翼根(게이오대학생慶應大學生, 乙號), 홍제부위원弘濟部委員 세 명, 서기 김철수金喆壽(게이오대학생慶應大學生, 乙號), 사천부위원장司薦部委員長 정로식鄭魯湜, 사천부위원司薦部委員 최두선崔斗善(와세다대학 졸업생, 甲號), 사천부위원 이정순(일본대학日本大學학생, 甲號) 외 한 명, 서기 한 명, 친접부위원장親接部委員長 김영주金泳柱(고등상업학교생高等商業學校生, 乙號), 친접부위원親接部委員 민병세閔丙世(와세다대학생, 乙號), 동 위원 서춘徐椿(고등사범학교高等師範學校생도生徒, 甲號) 외 한 명, 서기 한 명." 위의 책, 65~66쪽.

명에서 400여 명 사이의 인원이 참석했던 것으로 보인다. 다음의 기사들을 통해 이를 확인할 수 있다.

> 十二月 六日. 下午 七時에 月例會를 開하엿는데 五十五人이 出席하엿고 幹事의 十一月中 經過와 會計의 報告가 잇슨 後 司薦部員이 新入會員 十一人을 紹介하다. (…중략…) 同二十六日. 敎會와 靑年會가 聯合하야 本日 下午 六時부터 聖誕祝賀會를 中國靑年會에 開催하엿는데 出席員이 四百餘人이엿고…[12]

> 一月一日부터 三日까지 新年相賀會가 잇섯는데 사흘 동안에 約 二百人이 出席하엿고 親接部委員은 番次例로 出席하야 오시는 이를 迎接하다. (…중략…) 七日 下午 七時에는 宗敎部 主催로 講演會를 열엇는데 (…중략…) 約 一百五十人이 出席하엿더라.[13]

> 二十九日 下午 七時에 本會와 女子靑年會의 聯合 主催하는 萬國學生祈禱會를 열고 朴定根 氏의 「協同과 努力」, 劉英俊 孃의 「學生과 그리스도의 事業」, 李昌根 氏의 「新天新地」 등 題目의 特別講演이 잇서 매우 盛況이 되엿는데 當日 會衆이 二百餘名에 達하엿드라.[14]

> 四月二十四日. 午後에 美國紐育 萬國基督敎靑年會 總務 쌔락만 氏를 延聘

12 「경과상황經過狀況」, 『현대』 1, 1920.1, 47쪽~48쪽.
13 「경과상황」, 『현대』 2, 1920.3, 44쪽~45쪽.
14 「경과상황」, 『현대』 3, 1920.3, 50쪽.

하여 講演會를 開하엿는데 聽衆이 近四百名에 達하엿고 開會 後 別室에서 懇談會를 開하엿더라.[15]

이 기사들에 따르면 월례 모임에는 50여 명의 회원이 참석을 했고, 성탄축하회와 특별강연회에는 400여 명이 그리고 신년하례회와 만국학생기도회에는 200여 명의 회원이 참석을 했다. 일반강연회의 경우에는 150여 명이 참석을 한 것으로 기록되어 있다. 다만, '동경조선기독교청년회'의 회관은 공간이 협소해 대중 집회는 외부 장소를 빌려 개최해야만 했다. 성탄축하회 장소가 중국청년회였다는 구절이 나오는 것은 그러한 이유 때문이다. 다음의 서술을 통해 청년회관이 처했던 상황을 더욱 상세히 파악할 수 있다.

日本 東京 잇는 우리 靑年會館의 設備가 엇더한지는 諸君이 詳細히 몰으시겟는 故로 諸君의게 紹介하려 합니다. 우리 靑年會館은 神田區 西小川町 2丁目 5番地 巡査合宿所 前便에 잇는 2層洋屋이외다. 2層洋屋이란 말은 듯게 좃습니다. 듯게 조흔 2層洋屋이란 代名詞를 가진 우리 靑年會館의 門을 열고 드러가 四面을 살펴 보시오! 下層은 幹事事務所, 玉突場, 食堂, 應接室뿐이오, 二層은 寄宿舍生室 五個處와 圖書室뿐이외다. 이러케 말하면 諸君의 머리 가운데는 疑問이 생길 줄노 밋습니다. 그 疑問은 다른 것이 아니라 靑年會館 치고 講堂 업는 靑年會館이 잇는가 하는 하는 것일 것 갓습니다. 감춤 업시 말할 것 가트면 우리 靑年會館에는 講堂이 업습니다. 講堂이 업는

15 「경과상황」, 『현대』 5, 1920.5, 52쪽.

것은 事實이외다. 講堂이 업슴으로 每年 歲末에 聖誕祝賀式을 擧行할 때마다 中國靑年會館을 빌어씀니다. 講堂이 업슴으로 每年 歲末에 忘年會를 開催할 때마다 우리는 日本 사람들의 集會所 가튼 것을 빌엇씀니다. 講演會나 雄辯會를 開催할 때에는 食堂門을 띠여잿킨다 應接室門을 뜨더낸다 이러케 야단을 치는 일이 한달을 두고도 맨번이나 되는지 알 수 업습니다.[16]

이 글에서는 '동경조선기독교청년회' 회관 건물의 가장 큰 문제점으로 강당이 없다는 점을 지적하고 있다. '동경조선기독교청년회'가 창립 단계부터 중국기독교청년회와 긴밀한 관계를 맺고 활동을 한 데에는 이러한 공간 문제 또한 매개가 되었을 가능성이 크다.[17]

『기독청년』의 창간 배경으로는 '동경조선기독교청년회'의 역할 외에도, 『학지광』 등 기존 유학생 잡지를 통한 기독교 담론의 전파를 들기도 한다. "동경 유학생 사회에서 기독교 담론이 표면화됨에 따라 종합지인 『학지광』만으로는 이를 모두 수용하기가 곤란해졌고, 기독교 담론이 전유될 수 있는 매체의 필요성이 대두되었"[18]다는 주장은 충분한 설득력이 있다. 유학생 잡지에서 기독교에 대한 적극적 관심 표명은 『학지광』뿐만 아니라 그 전신인 『학계보』에서부터 이미 발견되는 현상이었다. 『학계보』의 발행 주체인 '조선유학생친목회'와 『학지광』의 발행 주체인 '조선유학생학우회'에서 기독교의 위상은 절대적이라고까지 말할

16 변희용卞熙瑢, 「신인新人의 성聲」, 『현대』 3, 1920.3, 26~27쪽.

17 한국과 일본 그리고 중국 YMCA의 교류 관계에 대해서는 정한나, 「재동경조선 YMCA의 토포스와 『기독청년』의 기독교 담론」, 『인문사회과학연구』 17-2, 부경대 인문사회과학연구소, 2016, 62~68쪽 참조.

18 김민섭, 「1910년대 후반 기독교 담론의 형성과 '기독청년'의 탄생－동경조선기독교청년회를 중심으로」, 『한국기독교와 역사』 38, 한국기독교역사연구소, 2013, 182쪽.

수 있다. '조선유학생친목회'의 회장인 조용은이 기독교에 입교한 상태였다거나, 이 잡지에 「인싱의 한」과 같이 기독교를 적극 권유하는 작품이 수록되는 현상 등도 그 증거의 일부이다. '조선유학생학우회'와 '조선기독교청년회'가 이명동체異名同體였다는 주장이 나오는 것, 심지어 일본 내무성 경보국보안과의 자료에서 『학지광』을 '조선기독교청년회'의 잡지로 잘못 기재하고 있는 것 등도 모두 유학생 사회에서 기독교가 차지하던 위상을 알려주는 증거들이 된다.[19] 하지만 『기독청년』이 단순히 민족주의 혹은 기독교사상만을 공통분모로 탄생한 것은 아니다. "이 시기의 민족문화운동이 다양한 이념적 분기를 형성했던 것처럼, 이미 기독청년회 내부에도 민족주의, 사회주의, 아나키즘 등 다종의 서구사상이 혼재해 있었다"[20]는 사실 또한 중요하다. 다양한 사상적 기반을 지닌 인물들의 참여를 통해 『기독청년』은 탄생하고 성장해간 것이다.

2) 『기독청년』·『현대』의 서지와 편집의 특징

『기독청년』은 1917년 11월에 창간되어 1919년 11월에 제15호를

19 이와 관련된 내용은 이 책의 제2부 제1장에서 다룬 바 있다.

20 이철호, 「1910년대 후반 도쿄 유학생의 문화 인식과 실천—『기독청년』을 중심으로」, 『한국문학연구』 35, 동국대 한국문학연구소, 2008, 323~324쪽. 『기독청년』 필자의 다양한 사상적 배경에 대한 더 구체적인 진술은 다음과 같다. "장덕준이나 이광수를 비롯하여 요시노 사쿠조吉野作造의 여명회에 가담했던 백남훈白南薰과 최승만은 기독청년회의 핵심간부로 활약한 대표적인 민족주의 계열의 인사였고, 그 당시 사회주의 사상을 선진적으로 흡수한 김영만金榮萬이나 정노식鄭魯湜은 기독청년회의 기관지 『기독청년』의 주요 기고자였으며, 아나키즘에 경도되었던 염상섭廉想涉도 바로 이 지면에서 현상윤玄相允과 수차례 논쟁을 벌였다." 위의 글, 324쪽.

발행하였다.[21] 『기독청년』은 이후 제호를 『현대』로 바꾸어 1920년 1월에 제1호를 발행하고,[22] 1921년 2월 제9호를 발행하는 것으로 마무리가 된다. 『현대』가 1920년 6월에 통권 6호로 종간되었다는 견해도 있으나[23] 이는 잘못된 것이다. 『기독청년』은 현재 제5호부터 제13호까지만 발굴된 상태이다. 『현대』는 제1호~제3호, 제5호~제6호, 제8호~제9호가 전해진다.

여기서 우선 검토할 점은 『기독청년』의 편집 겸 발행인이었던 백남훈이 회고록 『나의 일생』에서 "週刊 8面의 〈基督青年〉(기왕에 없었던 것인데 會員과 일반학생의 희망에 의하여 一九一九년 9월에 創刊)"[24]이라는 서술을 하고 있다는 점이다. 그런데 백남훈의 서술 내용은 『기독청년』의 창간 시기를 1919년으로 잘못 제시하고 있을 뿐만 아니라, 월간月刊 잡지를 주간週刊으로 소개하고 있다는 점, 20쪽 내외의 분량을 '8면'으로 기억하

---

21 『기독청년』의 창간 및 종간 서지는 윤춘병, 『한국기독교 신문·잡지 백년사』, 대한기독교출판사, 1984, 126쪽 참조. 단, 윤춘병의 정리에는 『기독청년』 마지막 호인 제15호가 1919년 12월에 발행된 것으로 기록되어 있으나 이는 오류로 보인다. 현재 제15호는 미발굴 상태이나, 『창조』 제3호(1919.12) 광고란에는 이 책의 발행일이 1919년 11월 16일로 기재되어 있다. 『기독청년』의 발행일이 매월 16일이었고, 『창조』 제3호의 발행일이 1919년 12월 10일이라는 점을 생각하면 『기독청년』 제15호가 12월호일 가능성은 거의 없다.

22 『창조』 제3호에 게재된 『기독청년』 제15호 광고 문안에는 다음의 문구가 들어 있다. "새해부터 現代라고 일음을 고침" 『창조』 3, 1919.12, 80쪽. 『창조』 제4호의 「신간소개新刊紹介」에는 다음과 같은 설명이 있다. "現代(第一號) 定價 三十二錢(東京神田區西小川町朝鮮基督青年會) 우리 基督青年會에서 發行하던 基督青年의 後身으로 가장 새로운 일홈을 가지고 지난 一月三十一에 새로 나온 現代 第一號의 內容은 金俊淵 君의 「現代의 使命」과 崔承萬 君의 「現代青年」과 朴勝喆 君의 「世界文明의 移動」은 果然 現代青年으로서는 一讀의 價位가 잇고 其他 論, 評, 詩, 小說 等 十餘 文士의 글이 실니엿더라" 「신간소개新刊紹介」, 『창조』 4, 1920.2, 60쪽.

23 "『현대』는 1920년 1월 31일자로 창간된 일본 유학생 중심의 조선기독교청년회의 기관지 성격인데, 그해 6월 통권 6호로 종간되었다." 최덕교 편, 『한국잡지백년』 1, 현암사, 2004, 222쪽. 윤춘병, 앞의 책, 126쪽 도표에도 같은 내용이 들어 있다.

24 백남훈, 앞의 책, 81쪽.

고 있다는 점 등 모든 면에서 현존하는 『기독청년』의 서지와는 차이가 난다. 백남훈을 도와 『현대』의 편집을 함께 했던 최승만의 회고에는 이 부분이 다음과 같이 서술되어 있다.

> 1920년대의 일이다. 내가 학교에 다닐 때 白南薰 총무가 지금까지 발간하던 8페이지의 『基督靑年』이 너무 빈약하여 7, 80페이지의 잡지를 편집하고자 하는데 이 일을 좀 도와줄 수 없느냐고 하는 것이다. 『基督靑年』은 1917년에 발간되었던 것으로 몇 개의 글밖에 실리지 못하였었다. 좀 바쁘기도 하지만 즉시 승낙하였다. 좋은 일이요 나 역시 취미가 있었기 때문이다.
>
> 잡지 이름은 그때 젊은 사람들의 심리를 참작하여 『現代』라는 이름으로 정했다. 東京에서는 學之光과 現代 두 잡지가 있을 뿐이었다. 月刊으로 약 1년 동안 계속되었는데 역시 발행 부수가 그리 많지 못하니 수지가 맞지를 않는다. 무리하게 할 수도 없어서 그만두고 말았다.[25]

최승만은 『기독청년』의 발간 시기를 1917년으로 정정 서술하지만 그 역시 이 잡지의 분량이 "8페이지"였다고 기록한다. 잡지 분량에 관한 이러한 회고들에 대해서는 다음과 같은 몇 가지 해석이 가능하다. 하나는 백남훈과 최승만이 기억에 의존해 회고록을 작성하면서 우연히 동일한 오류를 범하고 있다는 것이다. 다른 하나는 이 기억이 오류가 아니라 실제일 가능성 즉 월간 『기독청년』이 현존하는 20쪽 내외의 판본들과 달리 8쪽으로 간행된 바가 있다는 것이다. 또 하나의 가능성은 당

25 최승만, 앞의 책, 108쪽.

시 '동경조선기독교청년회'가 월간 20쪽짜리 『기독청년』과는 별도로 주간지 형태의 8쪽짜리 소식지를 간행했다는 것이다. 그러나, 여러 정황을 감안하면 세 번째 경우는 개연성이 크지 않다. 즉 『기독청년』이라는 제호의 잡지가 월간과 주간 모두 존재했을 가능성은 별반 없는 것이다. 종합해 결론을 내리자면, 월간 『기독청년』은 창간 당시에는 8쪽짜리의 빈약한 간행물이었다가 점차 20쪽 내외로 분량이 확대되어갔던 것으로 보인다. 윤춘병의 『한국기독교 신문 · 잡지 백년사』에서 「기독청년」에 대해 "체재 / 4×6배판 8면에 국한문 혼용하여 1~3단으로 내리 편집한 동경 Y 기관지"[26]라고 정리한 것을 그 근거로 제시할 수 있다. 지금은 유실된 상태이기는 하나, 윤춘병은 『한국기독교 신문 · 잡지 백년사』를 저술할 당시에 『기독청년』 창간호의 원본을 확인했던 것으로 보인다. 창간사와 목차 등을 소개한 것을 보면 이를 알 수 있다. 앞뒤가 파본인 상태로 전하는 제5호의 경우 14쪽까지 확인이 가능하다는 점을 참고로 하면, 적어도 제5호 이후부터는 8쪽짜리 체재를 벗어나 20쪽 내외로 간행되었다는 점 또한 분명하다.

『기독청년』이 창간 당시 8쪽 내외로 간행되었다는 사실은 다음의 글을 통해서도 확인이 가능하다. 다음은 『기독청년』 제11호에 수록된 창간 1주년 기념 논설의 일부이다.

> 本誌의 創刊이 昨日과 如하나 於焉間 一年의 星霜을 經過하엿스니 古人의 닐은 바 歲月이 如流라 함은 果然 萬古不變의 眞理라 하리로다 本誌의 過去

26 윤춘병, 앞의 책, 125쪽.

를 回顧하건대 內容이 充實치 못하고 雜駁에 流한 歎이 不無하나 亦 不可避의 事實이니 此 所謂 無可奈何일가 然而 創刊한 지 僅僅 一個星霜에 頁數가 倍 以上에 增加되고 — 元來 滿足하다 함은 아니어니와 — 大過가 無히 今日에 至하야 所期에 庶幾하엿슴은 讀者諸彦의 愛顧로 知하야 感謝하며 特別이 篤志 諸君의 寄稿를 感謝하난 바어니와 從今以後로난 倍前의 援助와 寄稿를 乞望하야 마지아니하노라.[27]

이 글에는 "創刊한 지 僅僅 一個星霜에 頁數가 倍 以上에 增加되고"라는 구절이 들어 있다. 이는 창간 이후 1년 사이에 책의 쪽수가 배 이상으로 늘어났다는 뜻이다. 이 글이 수록된 『기독청년』 제11호는 총 18쪽으로 간행되었다. 따라서 『기독청년』 창간호는 쪽수가 9쪽 이내였다는 사실을 알 수 있는 것이다.

다음은 『기독청년』 창간사의 일부이다.

…基督의 宗旨下에 靑年의 德智體 三育의 完全흔 發達을 企劃흔다 흠은, 우리 靑年會의 目的으로 主張흐는 바라. 此를 成就흠에는 諸般 方法이 有흐거니와 雜誌를 發刊흠이 有力흔 方法의 一이라 흐리로다. 緣故로 本會當局과 會員 ᄉᆞ이에 此論이 임의 數年 前에 發生흐엿스나 1911年頃에 僅히 本會創立紀念會報를 發行흠에 止흐고 續刊치 못흔 것은, 비록 事勢에 因然흠이라 하나 實로 慨歎이 녁이는 바-로다. 今에 비록 微微흐나 本誌를 發刊흐야 우리 靑年會의 目的을 實現흐고, 主張을 貫徹코져흐노니 有志諸君의 熱心

27 「창간 일주년創刊 一週年」, 『기독청년』 11, 1918.11, 1쪽.

贊助와 無私鞭撻을 企望ᄒᆞᄂᆞᆫ 바ㅡ요. 아울너 無所不在ᄒᆞ신 上帝ᄭᅴ 本誌의 將來를 祝禱ᄒᆞᄂᆞᆫ 바ㅡ로다.[28]

창간사의 집필자는 편집인으로 표기가 된 백남훈이다. 백남훈은 『기독청년』의 발간 취지를 '청년의 지덕체 삼육의 완전한 발달 기획'에 있다고 정리한다. '동경조선기독교청년회'의 설립 목적 구현을 위해 잡지 『기독청년』을 발간하게 되었다는 것이다. 『기독청년』 창간호에는 창간사인 「창간創刊에 대對하야」 외에도 유만겸兪萬兼의 「목적目的의 관철貫徹」과 탁오생濯悟生의 「우리의 장래將來」 등의 논설, 추호생秋湖生의 시 「기독청년基督靑年아」 그리고 「19세기世紀의 이위인二偉人」 등의 기사가 실렸다. 이 밖의 기사로는 회원 소식과 편집 후기 등이 수록되었다.

『기독청년』의 창간 동기는 다음의 글을 통해서도 살펴볼 수가 있다.

稟告

敬啓者 本會에서난 漸漸 腐滅되여가난 精神界와 날로 衰退되여가난 思想界를 振興코져 하난 微衷과 本會의 目的을 完全히 達코져 하난 精神으로써 本誌를 發行하엿싸옵난대 無料로 諸君께 進呈함이 本會의 精神이오며 理想이오나 經濟上 事情이 許치 아니함으로 本意가 아니오나 別表와 갓치 代金을 밧게 되엿싸오니 寬恕하시고 某條록 愛讀하여 주옵시며, 또난 創刊 初인 故로 請求有無에 不拘하고 進呈하엿싸오니 失禮된 것은 寬容하시고 繼續하야 愛讀하심을 懇望하옵나이다.

28 윤춘병, 앞의 책, 125쪽.

萬若陽, 四月 末日 內로 拒絶의 通知가 업싸오면 繼續 購覽하심으로 認定하겟싸오니 以此下諒하시옵소서 本會告白[29]

『기독청년』의 창간 목적은 '부멸되어 가는 정신계와 날로 쇠퇴하여 가는 사상계의 진흥 및 기독교청년회의 창립 정신 구현'이다. 이러한 목적을 위해 발행하는 잡지 『기독청년』을 무료로 배포하는 것이 타당하나, 경제적 이유로 인해 대금을 받게 되었으니 양해를 바란다는 것이 이 글의 요지이다. 『기독청년』은 책에는 직접 정가 표시를 하지 않았다. 따라서 『기독청년』의 판매 가격은 타 잡지에 수록된 광고 등을 통해서만 확인이 가능하다. 『학지광』 제15호(1918.3.25)와 『여자계』 제3호(1918.9.10) 등에 수록된 광고 문안에서는 『기독청년』의 가격을 8전으로 표기하고 있다. 『기독청년』은 발행 도중 다음과 같은 「품고」를 게재하고 잡지 가격을 인상한다.

稟告

近來의 物價는 高貴될 쑨이오 低落의 傾向이 無한 中 紙價, 印刷費의 騰貴는 果然 놀날만 하올시다 그러나 愛讀僉彦의 厚意를 報答키 위하야 至于今 一厘의 增價를 請求치 아니하엿사오나 諸般 材料의 價格은 依然高騰할 쑨임으로 事勢不得已 明年一月부터 增價를 決行하겟사오니 以此恕諒하심을 懇望합니다.[30]

---

29 「품고稟告」, 『기독청년』 5, 1918.3, 8쪽.
30 「품고」, 『기독청년』 11, 1918.11, 6쪽.

계속되는 물가 상승으로 인해 잡지의 가격을 올리지 않을 수 없다는 것이 이 「품고」의 요지이다. 『기독청년』은 1919년 신년을 맞아 제13호부터 다음과 같이 가격을 올리게 된다.

> 告
>
> 希望이 만흔 새해에 여러분의 健康과 成功을 心祝하옵나이다. 임의 仰告함과 如히 이 新年 一月號부터 紙數도 增加하고 定價를 改正하야 左와 갓치 하오니 恕諒하심을 懇望하옵나이다.
>
> 改正 定價票
>
> 一冊代金 十五錢 郵稅 一錢
>
> 六冊代金 九十錢 郵稅 六錢
>
> 十二冊代金 一圓七十五錢 郵稅 十二錢
>
> 朝鮮基督教青年會 白[31]

『기독청년』은 사고社告를 통해 신년호부터 지면수의 증가가 이루어졌다고 밝히고 있다. 그러나, 이는 18쪽 내지 20쪽으로 간행되던 잡지를 22쪽으로 증면한 것이므로 특별한 의미를 지닌다고 보기는 어렵다.

『기독청년』은 '매월 1회 16일 발행'이라는 사실을 표지 상단에 기재했다. 하지만 "第五號난 事情으로 因하야 大端이 느져젓사오니 愛讀僉彦의 恕諒을 請하옵나이다",[32] "今番 新年號는 여러 가지 事情으로 因하야 너무 늣게 되엿사오매 愛讀僉彦의게 對하야 實로 未安하올사다 今後부터

31 「고告」, 『기독청년』 13, 1919.1, 13쪽.
32 『기독청년』 6, 1918.4, 10쪽.

速히 되도록 努力하겟사오니 千萬恕諒하시기를 바라옵나이다"[33] 등의 공고가 실려 있는 점으로 미루어 보면 약속된 발행일을 정확히 지키지는 못했음을 알 수 있다.

『재일조선인관계자료집성』 속 「조선인개황」에는 창간일이 대정大正 6년 즉 1917년 11월 17일로 기재가 되어 있다. 다음은 「조선인개황」에 기록된 『기독청년』 관련 항목들이다.

基督青年

재동경조선기독교청년회在東京朝鮮基督教青年會는 대정大正 6년 추계총회秋季總會에서 기관잡지機關雜誌를 발행發行하기로 한 결의決議에 근거하여 백남훈白南薰(甲號, 와세다대학 졸업생)이 편집編輯 겸 발행인發行人이 되어 같은 해 11월 17일 창간호創刊號를 발간發刊했는데, 그 총 부수部數는 칠백부로 인쇄비印刷費 14엔을 필요로 했다. 그리고 그 소재所在 기사記事 중 특히 불온不穩해 보이는 것은 없지만 「19세기世紀의 두 위인偉人이라는 제목을 붙인 다음의 기사記事와 같은 것은 일반一般 유학생留學生의 주의注意를 환기喚起시켰다. 더구나 동지同誌는 창간創刊 이래以來 시간이 경과經過함에 따라 점차漸次 애독자愛讀者를 늘리고 매월每月 계속繼續 발행發行해서 대정大正7년1918 2월말 이광수李光洙(甲號)에게 월 수당手當 20엔을 지급하고 편집부원編輯部員으로 넣은 한편 동지同誌의 내용內容을 충실充實하게 하려고 했을 뿐만 아니라, 본장本章 제2(1)에서 기술記述한 기독교청년회확장비基督教青年會擴張費를 받아내는데 성공成功했을 때에는 주로 본지本誌의 확장비擴張費에 충당하려는 계획計

33 『기독청년』 13, 1919.1, 22쪽.

劃이 있다. 그리고 본지本誌는 대정大正7년 5월 16일 제7호를 발간發刊했는데 칠팔월 두 달은 하기 휴업休業으로 인해 발행發行을 쉬기로 했다.[34]

基督靑年(現代)

본지本誌는 재동경조선기독교청년회在東京朝鮮基督敎靑年會의 기관잡지機關雜誌로서 대정大正6년(1917) 추계총회秋季總會의 결의決議에 따라 이 모임의 간사幹事인 백남훈白南薰(甲號)이 편집編輯 발행인發行人이 되어 같은 해 11월 17일 창간호創刊號를 발행發行하였는데, 그 총 부수部數가 칠백七百 부部이고 아직 발매반포금지처분發賣頒布禁止處分을 받은 적은 없어도 근래近來 약간 그 주장에 불온不穩한 문사文辭를 사용하는 경우가 있다. 대정大正8년(1919) 12월말까지 호수를 거듭하여 제16호를 냈고, 창간創刊 이래以來 시일時日이 경과經過함에 따라 점차漸次 독자讀者를 늘리고 있다. 주요 집필자執筆者는 이광수李光洙甲號, 현상윤玄相允(甲號), 장덕준張德俊(甲號), 이덕규李德奎(甲號), 노익근盧翼根(甲號), 박승철朴勝喆(甲號), 김도연金度演(甲號) 등이다. 그런데 본지本誌는 대정大正9년 1월 26일 『현대現代』라고 개칭改稱하여 종교적宗敎的 색채色彩를 벗고 교격矯激한 배일排日 기사記事를 게재揭載하기에 이르러 끝내 대정大正9년 4월 23일에 발행發行한 제4호는 치안治安을 해친다는 이유理由로 발매반포금지처분發賣頒布禁止處分에 붙여졌다.[35]

이 기록에 따르면 『기독청년』은 창간 당시에 칠백 부를 발행했다. 1918년 7월과 8월에는 하기 휴가로 인해 휴간을 했고, 1920년 4월에

34 박경식, 『在日朝鮮人關係資料集成』 1, 三一書房, 1975, p.69.
35 위의 책, 97쪽.

발행된『현대』제4호는 치안을 해친다는 이유로 발매반포금지처분을 받았음을 알 수 있다.『기독청년』의 휴간은 다음의 기사를 통해서도 확인할 수 있다.

> 特告
>
> 本誌난 豫定과 如히 來 七, 八 兩朔 間 臨時 休刊하오니
>
> 愛讀 僉彦은 以此
>
> 恕諒하심을 伏望하옵나이다.
>
> 朝鮮基督教青年會 白[36]

『기독청년』제11호와 제12호 표지에는 발행 월이 모두 11월(Nov.)로 표기가 되어 있다. 이것이 표기 오류인지, 혹은 같은 달에 두 번을 발행했는지는 정확히 알기 어렵다.『기독청년』은 다소 예외가 있기는 했어도 창간호부터 제14호까지는 대체로 월간 1회 발행의 원칙을 준수했다. 그러나, 제14호 발간 이후 제15호가 발간될 때까지는 약 9개월이라는 공백이 있다. 제14호의 발간일은 1919년 2월 16일이고 제15호의 발간일은 1919년 11월 16일이다. 제14호 발간 이후 일종의 휴간休刊의 시기를 거친 셈이다.『기독청년』휴간의 가장 큰 이유는, 1919년 동경에서 일어난 2·8독립선언 및 국내에서 일어난 3·1운동의 여파였다. 이는『학지광』이 1919년 1월 제18호를 발간한 이후 1년간의 휴지기를 거쳐 1920년 1월에 제19호를 발행한 이유와 동일한 것이다.

---

36 「특고特告」,『기독청년』8, 1918.6, 11쪽.

『여자계』의 경우에는 제4호를 1919년 2월에 인쇄 및 교정을 완료한 상태에서 1년 여 동안 발행을 하지 못하다가, 1920년 3월에야 출판을 할 수 있었다. 참고로, 『기독청년』의 편집 및 발행인은 백남훈이었지만 다음 기사에 의하면 복간호인 제15호의 발간 작업은 '주간 극웅 최승만'이 주도했음을 알 수 있다.

> 東京잇는 우리 基督青年會 機關雜誌『基督青年』은 三月 以後에 오래동안 休刊 中에 잇섯으나 該會 教育部 決議로 主幹 極熊 崔承萬君의 苦心 中에서 第十五號가 發行되엇는데 內容이 前보다 豐富하다더라[37]

『기독청년』은 앞에서 정리한 것처럼 제15호까지만 발간되었다는 것이 지금까지의 정설이다. 그러나, 이러한 기존의 정리와는 달리, 이 잡지는 제16호까지 발간되던 것으로 보인다. 그렇게 보는 첫 번째 이유는 『현대』 제1호에 추봉秋峯의 논설 「식자識者의 연구研究를 요要하는 실제문제實際問題」 제4회 연재분과, 변희용의 논설 「노동문제勞動問題에 대對한 여余의 관견管見」 제2회 연재분이 실려 있다는 사실에 있다. 「식자의 연구를 요하는 실제문제」는 『기독청년』 제14호부터 연재를 시작했다. 따라서 『현대』 제1호 게재분은 4회차가 아니라 3회차로 표기가 되어야

37 「잡지계雜誌界의 소식消息」, 『창조』 3, 1919.12, 78쪽. 참고로, 최승만이 언제부터 『기독청년』의 주간을 맡았는가에 관한 상세한 기록은 없다. 최승만의 『나의 회고록』에 수록된 연보에도 그가 『학지광』의 편집위원이었고 『현대』의 주간을 맡았다는 서술만 있다. 최승만, 『나의 회고록』, 641~643쪽 참조. 최승만이 『현대』의 주간이라는 언급은 다음의 기사에서도 발견한 수 있다. "우리 青年會 機關雜誌 『基督青年』은 豫定하엿든 바와 갓치 今年 一月부터 『現代』라는 새 일홈으로 出發하는 同時에 主幹 極熊 崔承萬君의 苦心의 結果로 体裁도 새롭고 內容도 새롭게 되엿더라." 「잡지계雜誌界의 소식消息」, 『창조』 4, 1920.2, 58쪽.

한다. 「노동문제에 대한 여의 관견」은 『기독청년』 제15호에는 실려 있지 않은 원고이다. 따라서 『현대』 제1호 게재분은 2회차가 아니라 1회차로 표기가 되어야 한다. 그럼에도 불구하고 이들 원고의 차수 표기가 각각 4회와 2회로 되어 있다는 것은, 『현대』 제1호 앞에 『기독청년』 한 호가 더 존재한다는 사실을 의미한다. 『기독청년』 제15호는 1919년 11월에 발행되었고, 『현대』 창간호는 1920년 1월에 간행되었다. 그러므로 이 두 호의 중간인 1919년 12월에 『기독청년』 제16호가 발행되었을 가능성이 크다. 『기독청년』 제16호가 실제로 발행되었다고 볼 수 있는 두 번째 증거는 다음의 기사이다.

基督青年 第十六號(十二月十六日 發行) 廣告文 中에 本社의 位置는 그들의 不注意로 因하야 誤植된 것임니다.[38]

『창조』의 편집 후기에 해당하는 「남은말」 중 이 구절은 『기독청년』 제16호가 1919년 12월 16일에 발행되었음을 명시적으로 밝히고 있다.

『기독청년』의 투고 관련 규정은 다음과 같다.

一. 投稿의 範圍난 言論, 宗教, 學術, 文藝, 傳記 及 其他 (政治時事의 評論은 不受)

一. 用紙난 十行 二十字의 原稿用紙

38 동인同人, 「남은말」, 『창조』 4, 1920.2, 62쪽.

一. 寫字난 楷正書 諺文正音

一. 期限은 每月 二十五日[39]

이 규정에 따르면 『기독청년』에 투고할 수 있는 원고의 범주는 언론, 종교, 학술, 문예, 전기 등이었으며 정치와 관련된 시사평론은 접수하지 않았다. 글자는 '언문정음'이라 적어 놓고 국한문혼용 표기를 사용했다. 이 규정은 뒤에 "字數制限 原稿紙로 十張以內 / 期限, 定期가 無 / 編輯權限, 停載 添削"[40] 등의 항목을 추가하게 된다. 원고 분량에 대해 제한을 두고 편집자가 원고 게재의 시기 결정 및 첨삭을 할 수 있는 권한을 지닌다는 사실을 명기한 것이다.

『현대』의 편집 겸 발행인은 백남훈으로 『기독청년』의 경우와 차이가 없다. 다만, 최승만이 실질적인 주간의 직책을 맡아 편집과 발행 업무를 상당 부분 책임졌던 것으로 보인다. 『여자계』에 수록된 다음의 기사에는 문예부를 최승만이 담당했다는 기록이 있다.

우리 基督青年會에서 發行하는 「基督青年」은 새해부터 새로운 精神과 새로은[운] 氣像으로 『現代』라는 새로운 일홈을 가지고 새롭게 되엇는데 文藝部는 創造同人 極熊 崔承萬 氏가 擔任한다더라. (東京神田區西小川町二ノ五, 朝鮮基督青年會)[41]

39 「투고주의投稿注意」, 『기독청년』 6, 1918.4, 10쪽.
40 「투고환영投稿歡迎」, 『기독청년』 13, 1919.1, 20쪽.
41 「잡지계雜誌界의 소식消息」, 『여자계』 4, 1920.3, 53쪽.

최승만의 회고록에는 'YMCA 기관지 『現代』에 내가 卷頭言을 쓴 일이 있었는데……'라는 구절이 있다. 그가 『현대』의 권두언을 썼다는 것이다. 『현대』에는 '편집인'의 이름으로 「머리말」 등의 권두언이 실리기도 했고, 편집인의 서언 없이 최승만의 이름이 표기된 권두 논문이 실리기도 했다. 최근의 연구들은 '편집인'이라는 필자명과는 관계없이 권두언을 모두 최승만이 쓴 것으로 받아들이고 있다. 이러한 주장의 바탕이 되는 근거는 '최승만이 자신의 문집 『극웅필경極熊筆耕』에 『현대』 각호의 머리말들을 수록하고 있다는 사실'이다. 이러한 주장이 일리가 없는 것은 아니다. 그런데, 이 글들이 발표될 당시에는 독자들이 '편집인'의 글을 주간 최승만이 아니라 백남훈의 글로 받아들였을 가능성이 더 크다. 외형상 편집인은 계속 백남훈이었기 때문이다. 주목할 점은 『극웅필경』에 『현대』의 권두언 모두가 실려 있는 것이 아니라는 사실이다. 예를 들면, 『현대』 제6호 권두에 수록된 편집인의 글 「애매曖昧에서 철저徹底에」는 『극웅필경』에 수록되어 있지 않다. 이는 최승만의 글이 아니라 백남훈의 글이라는 의미로 해석될 수 있다.

『현대』의 지면은 대략 50쪽 내외였고, 마지막 호인 제9호만이 예외적으로 70쪽 분량으로 발행되었다. 『현대』의 투고 관련 규정은 다음과 같다.

> 原稿用紙, 橫十行, 縱二十四字.
>
> 寫字注意, 正楷書 우리글 正音.
>
> 期限, 每月 晦日 以內.
>
> 編輯權限, 停載, 添削.
>
> 投稿處所, 朝鮮基督教青年會.[42]

이 규정은 가로 10행 세로 24행의 원고용지를 사용한다는 점과, 우리글로 바르게 써서 투고해야 한다는 점 외에는 특별한 지시 사항을 담고 있지 않다. 『기독청년』의 투고주의에 명기된 '언문諺文'을 『현대』에서는 '우리글'로 바꾸어 표현했으나, 『현대』 역시 주된 문체는 국한문혼용체였다. 원고의 마감은 매월 그믐으로 정해져 있었고, 『기독청년』의 경우와 마찬가지로 편집부는 첨삭의 권한 등을 갖는다는 사실을 명기했다.

『현대』는 『기독청년』과 마찬가지로 발행일을 매월 16일로 예정하고 있었다. 그러나, 인쇄소의 사정 등으로 인해 실제로는 이 날짜를 지킨 경우가 한 번도 없다. 이로 인해 『현대』의 편집진은 "本誌의 發行이 每月 十六日 이온대 第一號부터 本號까지 늘―印刷所의 事情으로 因하야 느저 젓사오니 비록 事情이라하오나 大端 未安합니다. 爾後부터 어둑 定期日에 發行하도록 힘쓰겟사오니 容恕하시기 바라나니다"[43]라는 공고를 내기도 했다.

『현대』의 정가는 제1호부터 제8호까지는 한 부에 30전이었다. 그러나, 제9호부터는 이를 40전으로 인상하고 다음과 같은 사고社告를 수록한다. "本誌 代金 三十錢에 對하야 좀 비싸다는 말이 잇는 줄 암니다 또 우리도 그런 줄로 암니다 그러나 여긔서 지내는 우리의 事情―特別이 印刷 갓은 것―이 本國에서 지내는 우리의 그것과는 判異한 것을 생각하야 주시기 바라나이다. 그런데 이번 號부터 本誌 代金 三十錢을 四十錢으로 하게 되엿슴니다 大端 未安하올시다 그러나 여러 가지 事情으로 말미암아 事勢不得已아야 그 갓치 되엿사오니 千萬 恕諒하시기 바라나이

42 「투고주의投稿注意」, 『현대』 1, 1920.1, 48쪽.
43 「애독첨위愛讀僉位의게」, 『현대』 3, 1920.3, 50쪽.

다. 在日本東京 朝鮮基督教青年會 白."[44] 『현대』 제9호가 가격을 인상한 이유는 이전 호의 경우보다 약 20쪽이 많은 70쪽으로 발행되었던 때문이기도 하다. 그러나, 『현대』는 가격을 인상한 후 바로 종간을 맞게 된다. 『현대』의 종간은 갑작스럽게 이루어졌다. 『현대』 제9호에 수록된 다음의 공고를 보면 이를 알 수 있다.

> 昨年엔느 本誌를 月刊으로 聲言하엿습니다 無論 이대로 實行할 豫定이엿습니다 豫定과 事實이 大概는 符合합니다 그러나 우리의게는 그러치못하엿습니다 實로 事實이 許諾지 안엇습니다 무슨 辨明을 하려는 것이 아니고 讀者 僉位쎄 豫定대로 實行치 못한 것을 陳謝할 섇이오니 寬恕하시면 大幸이올시다.
>
> 今年에는 頁數를 增加하고 內容을 一層 豊富하야 隔月刊行—一年 六冊—하기로 作定하엿습니다 이번 이 作定은 어긔지 안으랴 합니다 또 여러분쎄서 만이 힘써 주시기를 바라나이다.
>
> 在日本東京 朝鮮基督教青年會 白[45]

『현대』는 종간이 아니라 '페이지 수를 늘이고 내용을 풍부하게 한 격월간 잡지로의 전환'을 계획하고 있었다. 『현대』의 발행진들은 '이 작정을 어기지 않으려 한다'는 의지를 드러냈지만, 결과적으로 이 약속을 지키지는 못했다.

---

44 「고告」, 『현대』 9, 1921.2, 66쪽.
45 위의 글, 4쪽.

〈표 4〉『기독청년』·『현대』의 기본 서지

잡지명	호수	편집 겸 발행인	발행일	정가	비고
『기독청년』	1	백남훈	1917.11.17	8전	미발굴 / 정가는 『학지광』·『여자계』 수록 광고를 통해 추정 가능
	2	백남훈	1917.12.16	8전	미발굴
	3	백남훈	1918.1.16	8전	미발굴
	4	백남훈	1918.2.16	8전	미발굴
	5	백남훈	1918.3.16	8전	부분 낙장
	6	백남훈	1918.4.16	8전	
	7	백남훈	1918.5.16	8전	
	8	백남훈	1918.6.16	8전	부분 낙장
	9	백남훈	1918.9.16	8전	
	10	백남훈	1918.10.16	8전	
	11	백남훈	1918.11.16	8전	
	12	백남훈	1918.12.16	8전	표지에는 발행월이 11월(Nov.)로 표기됨
	13	백남훈	1919.1.16	15전	
	14	백남훈	1919.2.16	15전	미발굴 / 『창조』 제2호 광고란을 통해 목차 확인 및 발행일 추정 가능
	15	백남훈	1919.11.16	15전	미발굴 / 『창조』 제3호 광고란을 통해 목차 및 발행일 확인 가능
	16		1919.12.16(?)		발행 가능성 추정
『현대』	1	백남훈	1920.1.31	30전	
	2	백남훈	1920.3.2	30전	
	3	백남훈	1920.3.20	30전	
	4	백남훈	1920.4.23	30전	미발굴 / 발매 반포 금지 처분
	5	백남훈	1920.5.10	30전	
	6	백남훈	1920.6.18	30전	
	7	백남훈	?	30전	미발굴 / 권두언과 기사 1편이 『극웅필경』에 수록되어 있음
	8	백남훈	1920.10.30	30전	
	9	백남훈	1921.2.5	40전	

2.『기독청년』의 논설 연구

1) 조선 교회의 나아갈 길

(1) 조선 교회와 기독교인의 각성

『기독청년』에서 가장 먼저 시선을 끄는 논제는 조선의 기독교와 교역자에 대한 신랄한 비판이다.[46]『기독청년』 제5호 서두에 수록된 논설은 이를 대표적으로 보여준다.『기독청년』 제5호는 1~2쪽이 낙장인 채 3쪽부터 확인이 가능하다. 따라서 이 논설의 필자가 누구인지는 알 수 없지만 일단 이광수로 추정할 수 있다. 그렇게 보는 가장 큰 이유는 전영택이, 이광수와 더불어『기독청년』 제5호에 논설을 집필했다는 사실을 거론한 바 있기 때문이다.[47] "朝鮮人의 宗教解釋은 迷信에 잇고 우리의 그리스도 信仰心은 死後天堂에 獨樂孤享에만 잇슴"[48]을 지적하는 이 글의 논조는 매우 도전적이다. 더구나 이 잡지가 '동경조선기독교청년회'의 기관지라는 점을 생각하면, 기독교 비판의 강도는 상대적으로 더욱 강하게 느껴진다. 이 글의 필자는 계속해서 기독교의 세속화와 기독교 교역자들의 무능함에 대해 비판한다. 조선의 기독교가 지닌 문제

---

46 다음의 지적 참조. "이 글들은 공통적으로 조선의 기독교가 지닌 보수성과 폐쇄성, 무지함을 맹렬히 비난한다. 바로 이 점에서『기독청년』의 종교 담론은 필진과 주제의 다양함에도 불구하고 일관성을 확보한다." 정한나,「재동경조선 YMCA의 토포스와『기독청년』의 기독교 담론」,『인문사회과학연구』 17-2, 부경대 인문사회과학연구소, 2016, 72쪽.

47 전영택,「사상통일思想統一의 종교宗教로 기독교基督教를 논論하야 교회教會의 각성覺醒에 대對한 청년青年의 사명使命에 급及함」,『기독청년』 7, 1918.5, 5~8쪽 참조.

48 필자 및 제목 미상,『기독청년』 5, 1918.3, 3쪽.

점의 내면에는 교역자의 무지함이 자리를 잡고 있다. 특히 과학에 대한 무시는 그 정점을 이룬다는 것이 글쓴이의 판단이다. 그는 조선의 교역자가 더 많은 책을 읽고 정진해야 교회의 쇠패衰敗를 막을 수 있다고 주장한다. 조선의 교역자가 조선 사람을 위하여, 그리스도를 위하여 헌신적으로 일을 하고 교회를 부흥시켜 세계에 공헌하려거든 그리스도를 옳게 해석해야 할 것이며, 이를 위해서는 "그 責任이 重大함을 自覺하야 博學은 못할망정 現代를 理解할만한 教養은 잇슨 뒤에 自信을 가지고 教壇에 서서 徹底한 材料로 그리스도를 證據"[49] 해야 한다는 것이다. 교역자에 대한 마지막 당부는, "後進青年이 教會에 들어오면 그 學識을 嫉妬하야 暗中排斥을 말으시고 아모됴록 잘 利用하고 協力相議"[50]를 해달라는 것이다.

전영택의 글 「조선기독교회朝鮮基督教會의 각성覺醒」은 "이제 朝鮮教會난, 世界의 大勢로 보든지 社會의 現狀으로 보든지 教會의 內情으로 보든지 不可不 急히 覺醒하여야 되겟습니다"[51]라는 구절로 시작된다. 기독교계가 당면한 각성은 정신적 각성과 물질적 각성이다. 정신적 각성은 영적靈的 각성과 지적智的 각성을 이른다. 조선의 신교新教는 선교를 시작한 지 삼십이 년 만에 양적으로는 엄청난 팽창을 이루었다. 그러나, 조선교회의 내용과 교인의 신앙 상태에 대해서는 의심을 품지 않을 수 없다. 배교背教하는 자가 많은 것, 청년신자의 신앙이 동요하는 것, 교회가 예전보다 무력침체해지는 것, 교역자가 시대에 적응하여 인민을 지도하지

49 위의 글, 4쪽.
50 위의 글.
51 추호秋湖, 「조선기독교회朝鮮基督教會의 각성覺醒」, 『기독청년』 5, 1918.3, 4쪽.

못하는 것 등은 아무리 해도 부인할 수 없는 현상이다. 전영택은 먼저 교회의 정신적 각성을 요구한다. 넓이보다 깊이가 있는 기독교를 만들기 위해서는 신앙에 대한 철저한 자각과 충분한 교양을 가진 교역자가 필요하기 때문이다. 그리하여 "教役者 養成에 主意하며 外國에 留學生을 보낼 생각이 니러나고 數三種 雜誌의 刊行을 보게 된 거슨 吾人의 中心 慶賀하난 바오 이로 因하야 朝鮮教會의 將來에 對한 曙光을 보려고 하난 바"[52]가 된다는 것이다. 물질적 각성이란 생활과 경제에 대한 각성을 이른다. 교회가 진보하며 발전할수록 재정 문제 또한 중요해진다. 경제력과 권력은 서로 떠나지 못할 밀접한 관계에 있다. 조선기독교의 경제난을 조선 사람의 손으로 지당支當하는 날에야 비로소 조선 교회는 조선 사람의 교회가 될 수 있다. 그렇지 못하면 아무리 조선 사람이 모여서 조선말로 예배를 볼지라도 그것은 조선 사람의 교회가 아니다. 그런 이유로, 조선 교회는 속히 경제력을 충실히 배양해야 한다. 조선에서는 교회뿐만 아니라 교인 개개인의 경제력을 증진시키는 일도 중요하다. 이를 위해서는 교역자가 교인에게 직업의 신성함을 가르치고 실업을 장려하며, 실업의 근본이 되는 과학적 지식 배우기에 힘써야 한다. 과학이라면 곧 신앙을 파괴하는 원수로 알고 배척하는 일을 멈추어야만 하는 것이다. 전영택이 조선 교회의 내실화를 기하기 위한 선결 조건으로 충분한 교양을 가진 교역자의 필요성을 강조한 것은 앞에서 정리한 이광수의 주장과 맥락이 유사하다. 과학의 중요성을 강조한 것 또한 그러하다.

교역자의 각성과 자격에 대한 논의는 이동식李東植의 「기독교회基督教

52 위의 글, 5쪽.

會의 현대적現代的 사명使命」에서도 발견된다. 이동식은 이 글에서 교회의 현대적 사명을 논하는 가운데, '시대적 사명을 받은 자도 교역자 제군이요, 교회의 관리자도 교역자 제군이요, 사회의 의범儀範될 만한 이도 교역자 제군이라 하노라'는 말로 교역자의 위상을 정리한다. 교역자는 이러한 위상을 감당하기 위해의 지적知的 자격, 능력적能力的 자격, 영적靈的 자격을 모두 갖추어야만 한다. 지적 자격은 '정확한 지식과 진진津津한 취미로 교도자敎導者 되는 자격의 자신력이 유有하며 영단英斷한 비평과 풍부한 상상력으로 모호한 학설과 이취泥醉한 의식을 타파하는 결단성이 민속敏速'한 경우를 이른다. 능력적 자격은 '지리, 역사, 연대표, 고고학, 정치법률, 자연과학, 성서언어학, 비교언어학, 일반의 문학, 철학, 심리학 등의 지식'을 갖추는 것이다. 영적 자격은 '일체의 도덕적, 윤리적, 종교적 향상심向上心'을 말하는 것으로 애신愛神, 애인愛人, 애기愛己의 향상력과 동일하다. 결국 수많은 경험과 광범한 지식, 그리고 부동不動의 신념으로 불편불파不偏不頗의 애愛와 충실정의忠實正義의 용기로 연속 분투하는 것이 자격 있는 교역자가 감당해야 하는 일이라는 것이다.[53]

이일李一의 「조선청년朝鮮青年 등等의 신앙상信仰上 이동移動은 개방開放? 타락墮落?」은 변화하는 유학생 사회에서의 기독교 신앙 문제를 다룬 글이다. 이 글의 기본 논지는, 사회가 변화하면 종교도 변화한다는 생각에 바탕을 두고 있다. 이 글에서는 '동경으로 유학을 가면 신앙이 타락한다'는 기성세대의 지적에 대해 반론을 제기한다. 기독교가 인류에게 생명을 주고 세계 역사의 중심이 되고 사상계의 중추가 될 수 있었던 원

---

53 이동식李東植, 「기독교회基督敎會의 현대적現代的 사명使命」, 『기독청년』 6, 1918.4, 3~4쪽 참조.

인은 신시대 신사상과 융합하며 변화해 왔기 때문이다. 그로 인해 기독교가 '과거 시대의 유물로 남지 않고 암담한 세상에 광명이 될 수 있었다'는 것이다. 청년은 세계의 변화에 민감하고 변화는 청년의 미덕이 될 수 있다. 시대를 따라 신사상계의 선구자가 되어 변화하는 데 청년의 비할 바 없는 가치가 있는 것이다. 청년이 마치 노인과 같이 변화가 없다 하면 세계에는 진보가 있을 수 없다. 따라서 외국에 유학하며 철학을 하는 청년남녀에게 사상의 변천이 많음은 지극히 당연한 일이 아닐 수 없다. 그리하여 '오인吾人의 소견으로는 청년들이 옳은 길로 가는 것 같으니 다시 한번 더 노인에게 양보를 권한다'는 것이 이 글의 주장이다.[54]

서상현徐相賢의 글 「종교교육宗教教育과 가정家庭」에서는 아동에게도 철저한 종교교육이 필요하다는 사실을 역설한다. 이 글의 집필 의도는 "吾人은 兒童教育의 責任과 義務을 自覺케 하기 爲하야 예수教를 信하고 信할 샏만 아니라 宣傳하여야 하겟다 하노라"[55]는 구절에서 명확히 드러난다. 글쓴이는 "嬰兒時代브터 宗教教育이 如何히 緊切함을 確知하리라"[56]는 생각을 드러낸다. 기독교 신자의 가정에서부터 아동에게 종교교육을 철저히 시킬 필요가 있다는 것이 주된 논지가 된다.

봉황산인鳳凰山人 이종린李鍾麟의 글 「금후今後 교회教會에 대對한 여余의 우견愚見」은 교회학교와 신학생의 양성 및 교역자의 대우 등에 이르기까지 조선 교회가 해결해야 할 다양한 문제들에 대해 의견을 제시한

54 설오당하인雪汚堂下人 이일李一, 「조선청년 등朝鮮青年等의 신앙상信仰上 이동移動은 개방開放? 타락墮落?」, 『기독청년』 5, 1918.3, 8~10쪽 참조.

55 명치신학부明治神學部 서상현徐相賢, 「종교교육宗教教育과 가정家庭」, 『기독청년』 9, 1918.9, 7쪽.

56 서상현徐相賢, 「종교교육宗教教育과 가정家庭 속續」, 『기독청년』 10, 1918.10, 5쪽.

글이다. 여기에서는 교회 내의 신구사상新舊思想의 충돌을 해소하는 일이 우선 긴요하다고 제안한다.

> 近來 信者靑年 間에 此 新舊思想의 衝突을 云云하게 되면 반다시 西洋宣教師를 排斥하여야되겟다 하며 現在 教役者와 우리 父兄들이 無識하다하야 不平을 말할 뿐이요 如何히 하자든지 如何히 하겟다든지의 說明과 決心이 無함은 과연 慨歎할 바—로다[57]

더불어 조선 교회의 문제점 가운데 또 하나는 교회학교에 있다. 교회학교야말로 '교장 이하 교사의 부족으로 인해 그들의 인격이 비열하거나 학식이 천박하지 않으면 구식 인물이 되어 청년학생의 기망期望에 부합하지 못하는' 현실에 처해 있다는 것이다. 이 글에서 마지막으로 진단하고 제안하는 것은 '조선 예수교 사회를 관찰하건대 정신방면을 중시하고 물질방면 즉 생활방면을 경시할 뿐만 아니라 심할 때는 전연 무시하는 경향이 있으니 실로 개탄할 일'이라는 것이다. "精神修養을 힘쓰는 同時에 物質的 方面을 輕視치 말나함"[58]이 그가 제시하는 대안이 된다.

(2) 조선 교회의 사회적 사명

『기독청년』에 수록된 글 가운데 조선 교회의 사회적 사명에 대해 언

57 봉황산인鳳凰山人, 「금후今後 교회教會에 대對한 여余의 우견愚見 일一」, 『기독청년』 10, 1918.10, 4쪽.

58 봉황산인, 「금후 교회에 대한 여의 우견 사四」, 『기독청년』 13, 1919.1, 3쪽.

급한 첫 번째 글은 전영택의 「조선기독교회朝鮮基督教會의 각성覺醒」이다. 이 글에서 전영택은 정신적 각성과 물질적 각성 외에도 사회적 각성의 필요성을 강조한다. 지금까지 조선의 기독교가 야매무지野昧無知한 사회를 개화시키는 데 일조한 것은 사실이나, 그것이 곧 참된 의미의 사회 구제는 아니라는 것이 전영택의 판단이다. 지금까지 교회는 개인의 영혼에만 관심을 보였고, 사회의 구제에 대해서는 자신의 일이 아니라고 생각했지만, 이제부터라도 조선 교회는 사회 구제에 관심을 보여야 한다는 것이다.

> 이제 朝鮮教會도 社會를 救하기에 盡力하여야 될 때가 니르럿습니다. 文明이 幼稚한 時代에난 個人個人이 個人個人의 幸福과 利益을 圖謀하며 個人이 分立하야 其 計利를 享受하였스나 文化가 進步하고 社會의 組織이 複雜한 時代에난 個人은 社會를 써나셔난 生活할 수도 업고 社會를 써나셔난 福利를 누릴 수 업난 故로 個人을 救하랴면 몬저 社會를 救하여야 되난 것이외다.[59]

문명이 유치한 시대에는 각 개인이 자신의 행복과 이익을 추구하며 개별적으로 그것을 도모하는 일이 가능하다. 그러나 문화가 진보하고 사회의 조직이 복잡해지면 개인은 사회를 떠나서 생활하기 어렵고 사회를 떠난 복리 추구 역시 불가능하게 된다. 따라서 개인을 구하려면 먼저 사회를 구해야만 한다는 것이 이 글의 주장이다. 조선 사회의 장래에

59 추호, 「조선기독교회의 각성」, 『기독청년』 5, 1918.3, 7쪽.

대한 교회와 기독청년의 책임 문제는 전영택의 글 「사상통일思想統一의 종교宗教로 기독교基督教를 논論하야 교회教會의 각성覺醒에 대對한 청년青年의 사명使命에 급及함」으로 이어진다. 전영택은 이 글에서, 민족이 망하고 흥하는 근본적 원인은 정치나 경제에 있는 것이 아니라 그 민족을 지배하는 종교사상에 있다고 전제한다. 한 나라가 바로 서기 위해서는 그 나라 문화의 중심이 될 완전한 종교가 필요하다는 것이다. 그렇다면 어떠한 종교가 조선에 적합한가? 이에 대한 전영택의 대답은 물론 기독교이다. 기독교를 주목해야 하는 이유는 다음과 같다. 첫째, 기독교가 세계적으로 가장 완전한 종교라는 점이 이미 학자들 사이에서 인증이 되었다는 사실. 둘째, 현대 생활에 가장 적합한 종교라는 사실. 셋째, 조선인을 현하의 상태에서 가장 구하기에 편의한 종교라는 사실. 넷째, 조선에 있는 종교 중에서 가장 세력이 크고 실상 그 효과가 현저顯著하다는 사실. "要컨대 基督教난 가장 現世的 宗教요 實際的이오 文明的인 故로 現在의 朝鮮 사람을 救하기에 第一 適合한 宗教"[60]라는 것이 전영택의 주장이다. 하지만, 민족이 하나의 종교를 받아들이는 것이 결코 용이한 일이 아닌 만큼 종교가 한 민족을 구하는 것 또한 그리 쉬운 일은 아니다. 그러므로 종교가는 명석한 두뇌로 민족을 구하는 사업에 착수해야 하고, 각성하며 희생하는 태도로 인민구제에 헌신해야만 한다. 정신적·물질적·사회적 각성이 요구되는 조선 사회에서 기독교의 목적을 달성하고 천년대계를 확립할 자는 기독청년 외에는 없다. 조선 교회를 각성케 하고 전도와 교육 및 사회의 모든 활동을 책임져야 하는 것이 기독청

60 추호, 「사상통일思想統一의 종교宗教로 기독교基督教를 논論하야 교회教會의 각성覺醒에 대對한 청년青年의 사명使命에 급及함」, 『기독청년』 7, 1918.5, 7쪽.

년들이라는 것이다.

부조양負朝陽의 「구제회救濟會에 대對한 감상感想을 논論하야 유학생 제군留學生諸君의게 고告함」은 조선 사회가 빈궁에서 벗어나기 위해 취해야 할 방향과 유학생이 해야 할 역할에 대해 논의한 글이다. 이 글에서는 조선 빈민을 구제하기 위한 방책으로 '그들에게 각각 업業을 주는 일'을 제안한다.

> 그러면 엇더케 하여야 될고? 우리는 죽어가는 그들을 永久히 救出할 方策을 案出하여야 될 것이다. 그러면 그 方策이 무엇일고? 다른 것 아니다. 곳 그들의게 各各 業을 줌에 잇다. 卽 우리가 그들을 陶冶敎育하야 그들의 心中에 潛伏한 自來의 懶惰性을 깨어바리고 게다가 産業上 必要한 知識을 너어주는 것이 卽 그들의게 業을 주는 것이다. 이것이 그들을 永久히 救濟하는 方策이다. 이것이 그들을 救濟하는 唯一한 方策이다.[61]

조선 빈민을 구제하기 위해 임시로 금전을 모으는 것은 영국 선교사도 할 수 있고 미국 선교사도 할 수 있는 일이다. 그러나, 그들의 나태함을 근절시키고 산업에 필요한 지식을 가르쳐 영구히 구출하는 일은 청년 유학생 외에는 할 수가 없다. 조선 빈민 영구 구제책에 대한 책임이 유학생들에게 맡겨져 있는 것이다. 이 글은 부조양이 『학지광』에 발표한 논설 「선후취사先後取捨」와 연결 지어 읽을 때 그 의미가 더욱 선명하게 드러난다. 부조양은 「선후취사」에서 다음과 같은 질문을 던진다. "然則 今

61 부조양負朝陽, 「구제회救濟會에 대對한 감상感想을 논論하야 유학생留學生 제군諸君의게 고告함」, 『기독청년』 6, 1918.4, 15~16쪽.

日 朝鮮人의게는 宗教 哲學 文學 藝術를[을] 硏究하야 思想界를 革新함이 先이냐? 農業 工業 商業을 硏究하야 生活에 餘裕가 잇도록 함이 先이냐?"[62] 이 질문에 대한 그의 대답은 '성경聖經 해석과 기도도 배부르고야 할 일 같으며, 불경佛經도 밥먹고야 외울 것 같으며, 문학적 철학적 작물作物도 생활이 여유가 있어야 볼 여가가 있다'는 것이다. 이 글은 결론에서 다음과 같이 제안한다.

> 敎人의게 生理衛生學을 가르치여 身體에 注意하게 하며 또 各各 地方을 싸라 農業을 主業으로 삼는 地方이면 農業에 關한 知識, 工業을 主業으로 삼는 地方이면 工業에 關한 知識, 又는 漁業을 主業으로 삼는 地方이면 漁業에 關한 知識을 다만 조곰식이라도 敎人의게 가르치어 그들의 肉身生活上에 裨益을 與함이 조흘 뜻하다[63]

교인에게 자신의 신체를 돌볼 수 있는 지식을 가르치고, 농업·공업·어업 등 각자에게 맞는 실용 지식을 가르칠 필요가 있다는 것이다. 부조양은 이 글에 이어 다시 「조선朝鮮의 야소교耶蘇教」라는 글을 집필해 『학지광』 제16호에 투고한 바 있다. 그러나, 『학지광』 제16호는 당국의 검열로 인해 압수를 당하게 된다.[64]

---

62 부조양, 「선후취사先後取捨」, 『학지광』 14, 1917.12, 57쪽.

63 위의 글, 63쪽.

64 부조양의 「조선朝鮮의 야소교耶蘇教」를 포함한 『학지광』 제16호 게재 기사의 제목은 『학지광』 제17호에 수록된 「사고社告—압수押收를 당當한 본지本誌 제16호第十六號의 내용內容」을 통해 확인할 수 있다. 참고로 부조양은 이후 『학지광』 제18호에 「사회社會의 진상眞相」을, 『학지광』 제21호에 「가이위지지선야何以謂之至善也(지선론至善論)」 등의 논설을 발표한 바 있다.

『기독청년』 제7호부터 제10호까지 연재된 정노식鄭魯湜의 「조선인朝鮮人의 생활生活과 예수교教와의 관계關係」는 기독교 신앙에서 물적 기반의 중요성을 강조하고 있다는 점에서 부조양의 글과 논지가 서로 통한다. 정노식은 유학 후 귀국하여 3·1운동에 가담한 후 복역하고 상해에서 고려공산당에 가입해 이후 사회주의 운동에 본격 가담하게 된다. 부조양은 「선후취사」에서 "卽 「사람이 팡으로만 살 수 업다」 하신 예수의 말슴의 裏面에는 「勿論 하ᄂ님의 말슴만 가지고도 이 世上에서는 살 수 업지마는」 하는 뜻이 包含한 것"[65]이라고 기술한 바 있다. 정노식은 이를 「조선인의 생활과 예수교와의 관계」에서 "예수 말슴하시기를 「사람은 떡으로만 살 것이 아니요 하나님의 말슴으로 사나니라」 하신 것이 卽 밧구어 말하면 사람은 하나님 말슴으로만 살 것이 아니라 떡도 먹어야만 산다는 것을 認定한 것이 아니냐"[66]라는 방식으로 변형시켜 표현한다. 정노식이 자신의 생각을 본격적으로 드러내기 시작한 것은 제2회 연재분부터이다. 제2회의 요지는 기독교가 조선 사회에 공헌한 것들에 대한 정리이다.[67] 여기서 제시하는 기독교의 기여는 여자 개방, 미신 타파, 혼장제도婚葬制度 개량改良, 단체적 생활의 모범, 국문 보급, 근대문명의 접촉 등이다. 제3회의 요지는 현 예수교회의 잘못된 사상으로 인하여 교회 자체가 해독을 받을 뿐만 아니라 사회에 악영향을 끼치고 있다는 사실을 지적한 것이다. 교회가 반성해야 할 첫 번째 사항은, 너무 영적인 것에 편중하여 육체적 생활 즉 현대문명 생활과 몰교섭하려는 경향이

65 부조양, 「선후취사」, 『학지광』 14, 1917.12, 62쪽.

66 정노식鄭魯植, 「조선인朝鮮人의 생활生活과 예수교教와의 관계關係 삼三」, 『기독청년』 9, 1918.9, 2쪽.

67 『기독청년』 제8호의 앞부분이 유실된 관계로 이 글은 중간부터 확인이 가능하다.

다. 두 번째는, 교회지상주의이다. 조선의 신도들은 그 신앙은 견고하고 두터우나 아무 근거 없는 몰지각과 비상식적 맹종미신이 많다. 이들은 현대 문명생활에 대해 아무런 단련이 없기 때문에 개인 자체의 신앙 상 착오점 또한 적지 않다. 제4회에서는 조선예수교의 개선 방향을 다음과 같이 제시한다. 첫째, 예수교문학을 일으킬 것. 둘째, 신앙의 내용을 충실히 할 것. 이를 위해서는 전도사와 목사가 고등상식이 있는 인물이 되어야 할 것이며 이것을 성취하려면 제일 먼저 신학교의 조직을 개선하여야 한다. 이 글은 마무리에서 '조선의 장래와 기독교'라는 항목을 따로 두어 "一國民의 宗敎는 그 國民의 人生觀이라 故로 宗敎의 如何에 依하야 社會制度도 殊異하며 그 氣質과 希望과 信念에도 一大 變化를 주나니라"[68]고 주장한다. 위대한 종교와 위대한 국민은 서로 분리된 것이 아니라 하나로 연결되어 있다는 것이 이 글이 제시하는 결론이다.

2) 조선 사회의 나아갈 길

『기독청년』은 종교 관련 논설들뿐만 아니라, 다양한 사회문제에 대해 관심을 표명하는 논설들을 함께 수록했다. 이러한 글들은 대체로 조선 사회의 발전 방안에 대해 관심을 표명한다는 공통점이 있다. 그 사례로는 먼저, 후일 사회주의 운동가로 활동하게 되는 추봉秋峯 김영만金榮萬의 글 「도서관圖書館 설립設立 필요必要를 경성京城 인사人士에게 정呈함」

68 정노식, 「조선인의 생활과 예수교와의 관계 사四」, 『기독청년』 10, 1918.10, 3쪽.

을 들 수 있다. 김영만은 '경성은 학자를 몰라주는 도회'라는 언급으로 글을 시작한다. 그가 이렇게 주장하는 근거는 '경성 인구가 이십사만이나 된다고 하면서, 학자를 알아주는 표징인 도서관이 하나도 없다'는 사실에 있다. 정신을 부활시키는 데는 도서관만큼 중요한 것이 없다. 도서관이 있어야 문예뿐만 아니라 그 외의 모든 방면에 관한 학리學理가 우러나올 수 있는 것이다. 도서관의 설립은 일반사회의 독서력 파급을 위해서도 필요한 일이다.

> 諸君이 學者를 알아주지 안는 都會에 사는 것이, 얼마나 羞恥랴. 半島의 文化는 現代의 우리가 東西 兩文化와 調和하지 안이하면 안 될 것이다. 空然히 金錢을 裝飾品으로 알지 말 것이다. 그대의 金錢이 社會에 對하야 半分의 利益이 업스면, 그것은 恰然히 南洋食人種의 코鼻와 귀耳에 끼인 거리라는 것에 무엇이 다르랴. 이제 半島의 文化는 復活하겟는냐, 衰滅하겟는냐 하는 大差點에 걸쳐 잇다, 卽 死活問題라 할 것이다. 참으로 意味잇게 金錢을 쓰려면 圖書館 事業을 째여놋고 무엇에 차즈랴.[69]

이제 반도의 문화는 부활과 쇠멸의 갈림길에 서 있다. 그만큼 경성에 도서관을 건립하는 것은 시급한 일이다. 도서관 착수를 통해 경성 인사간에 독서열이 왕성하게 되면 조선에도 희망이 더해질 것이다. 이렇게 시작된 일이 경성뿐만 아니라 각 도시에까지 파급되어 나갈 것 또한 명약관화하다는 것이 이 글의 결론적 주장이다. 김영만은 「조선청년朝鮮青

69 추봉秋峯, 「도서관圖書館 설립設立 필요必要를 경성京城 인사人士에게 정呈함」, 『기독청년』 6, 1918.4, 10쪽.

年의 소래」를 써서 조선 기독교의 개혁과 조선 사회의 개혁을 동시에 주장하기도 했다. 이 글은 '물物은 동動함이 있으면 정靜함이 있고, 정함이 있으면 동함이 있다'는 전제로부터 시작된다. 조선은 갑오년 이후로는 지금까지 정靜이 지속되는 사회이다. 청년이 잠잠하고 부르짖음이 없으며 주장도 없고 선전도 없는 사회가 지속되고 있는 것이다.

> 熱이 식기 前에 第二次 鍾을 못친 것은 엇지 遺憾이 안이랴. 第二次 鍾을 繼續하야 못치기 때문에 半島는 暗黑에 들어가고 光明의 길이 막히엿다. 다시 夜三更이 돌아왔다. 이로브터, 우리 민족은 熱이 식고 피가 굿어 아모 氣力 업시 天運에 맥기게 된 것은 우리 엇지 한 줄기의 눈물을 앳기랴. 바야흐로 이때가 第二次 鍾을 울닐 때요 모름직이 우리는 第二次 鍾을 마암 놋코, 기운잇게 쌩쌩 쳐야 할 것이다. 이때로부터 半島는 光明의 빗을 볼 것이며 우리 民族은 熱이 나고 피가 끌을 것이다.[70]

이제 우리 사회에는 제2차 종이 울릴 징조가 보인다. 우리 사회에는 사상통일과 함께 종교통일도 필요하다. 더불어 주목할 문제는 양반박멸론이다. 오늘날 우리가 제2차 종을 기운차고 보람 있게 치기 위해서는 상하 일치와 협력이 필요하다. 이런 의미에서 양반박멸론은 우리 사회의 긴급하고 절박한 문제가 아닐 수 없다. 김영만은 다음과 같은 질문으로 글을 맺는다. "우리는 우리 손으로 鍾을 쳐야 하겟다. 남의 손을 빌어서 치는 鍾은 우리가 要求하난 그 鍾이 안이다. 우리 鍾은 쌩쌩 우리가

70 추봉, 「조선청년朝鮮靑年의 소래」, 『기독청년』 8, 1918.6, 10쪽.

쳐보자. 우리는 朦朧한 가운데셔 버서나셔 이때가 正히 鍾칠 때다. 半島 靑年아 第二次 鍾을 치려난 大理想이 잇는가, 업는가?"[71] 조선 사회의 개혁을 위한 큰 이상을 품고 있는지 청년들에게 묻고 있는 것이다. 김영만은 「청년靑年의 타락墮落에 대對한 교정책矯正策을 강구講究하라」에서는 '도덕의 표준이 없는 조선 사회'에 대한 우려를 표현한다. 그는 우리 사회에 드문드문 보이기 시작한 자유연애, 자유결혼, 자유이혼을 모두 배척해야 한다는 견해를 제시한다. 자유연애는 사회를 난혼亂婚의 상태로 만들 우려가 있고, 자유이혼은 사회에 적지 않은 해독을 끼친다. 현대 문명사회가 개인의 자유를 존중하는 특색이 있는 것 같으나, 실은 문명의 정도가 발달된 구미 각국의 사회학자들도 이를 반대한다는 것이 그의 주장이다.[72] 조선청년의 정신적 타락을 염려하는 김영만의 생각은 「물질계物質界를 논論하야 정신계精神界에 급及함」으로 이어진다. 이 글은 서두에서 물질의 중요성에 대해 언급한다. '물질이야말로 인류생활상 없지 못할, 없어서는 안 될 필수품'이라는 것이다. '이것이 없고는 개인은 물론이거니와 국가 또한 국가답지 못할 것'이다. 그러나 사람은 물질만으로는 살지 못한다. 물질을 본위로 하고 정신을 소중히 여기지 않음으로 일어나는 모든 부도덕을 막으려면 정신계가 아니고는 불가능하다. 정신계가 침체하면 이기주의利己主義라는 무서운 결과를 초래하게 된다. 따라서 "무릇 文明이란 單純히 物質的 文明만으로난 完全히 못되고 비로소 精神的 文明과 握手를 한 후에야 참된 文明을 形成할 것이다"[73]라

71 위의 글, 12쪽.

72 추봉, 「청년靑年의 타락墮落에 대對한 교정책矯正策을 강구講究하라」, 『기독청년』 10, 1918.10, 6~8쪽 참조.

73 추봉, 「물질계物質界를 논論하야 정신계精神界에 급及함」, 『기독청년』 11, 1918.11, 8쪽.

는 주장을 하게 되는 것이다. 김영만은 「편견偏見을 버려요!」를 통해 조선 사회의 나아갈 길에 대한 견해를 지속적으로 밝힌다. 우리가 취해야 할 첫 번째 태도는 편견을 버리는 것이다. 인류의 행위는 시대와 처소에 따라 도덕적으로 다른 평가를 받게 된다. 이 점을 생각하면 자신만이 옳다고 생각하는 것이야말로 역사의 흐름에 반하는 편견이 아닐 수 없다. 오늘날 예수교도들이 지닌 편견 또한 심각하다. 신학문을 배운 청년이나 신시대의 진보한 과학을 안다는 사람들을 이방인 취급을 하는 것은 옳지 않다. 교리에 대한 자신의 해석만이 옳다고 주장하는 사람들은 실은 예수교의 발전과 희망을 가로막는 사람들이다. 타인의 성공과 발전을 시기하거나 저주하는 일도 삼가야 한다. 타인의 성공을 도우며 자신도 성공을 위해 노력하는 것이 우리의 할 일인 것이다. 동서양문명에 대한 그릇된 생각도 버려야 한다. 동양문명이라고 다 묵고 썩은 것이 아니며 서양문명이라고 모두 새롭고 빛나는 것이 아니다. 서양은 선하고 동양은 악하다거나 혹은 그 반대의 선입견을 버리고 이들을 조화시키려는 노력이 필요하다. 이 글이 마지막으로 강조하는 것은 그동안 조선 사회가 장려해 온 피동적이며 무의식적인 효제孝悌를 벗어나야 한다는 점이다. 강요된 효제가 아니라 자발적 효제의 사회를 만들어야만 하는 것이다. 이를 위해서는 부형父兄된 이가 먼저 자신의 의무를 다해야 한다. 이후 자신들의 권리를 주장하는 것이 순서라는 것이다.[74]

조선 사회에 도서관이 필요하다는 주장은 도레미생 홍난파洪蘭坡의 「조선청년朝鮮青年의 독서력讀書力을 증진增進하라」에서도 반복된다. 조

74 추봉, 「편견偏見을 버려요!」, 『기독청년』 12, 1918.12, 5~8쪽 참조.

선 사회에 있어야 할 것이 많고 조선청년들이 해야 할 것이 많지만, 그 중에 제일 급한 것이 도서관을 설치해 독서력을 함양하는 일이라는 것이다.

> 나는 現代文明을 追及함에는 무엇보다도 먼져 讀書力을 增進하여야 하겟다고 한다. 進化論이나 文明史이나 偉人傑士의 傳記 等은 말할 것도 업거니와 그 外에 社會學도 잇슬 것이고 經濟學도 잇슬 것이다. 宗敎書類도 잇고 文學書類도 잇다 무엇무엇할 것 업시 特히 靑年에게 害毒을 주는 것 以外에는 總히 讀書는 偉大한 힘을 주는 것이다. 進化論家도 讀書하난 중에셔 나올 것이며 偉人傑士도 또한 讀書力으로부터 나올 것이다. 그 外에 宗敎家며 政治家며 文學家며 藝術家가 다 이 中에셔 出生할 것이다. 다시 말하면 온갖 有用한 人才가 다 讀書하는 중에셔 나오난 것이다. 이러한 中에셔 나온 이러한 人物노 組織된 社會라야 可히 完全한 社會며 이러한 나라이라야 可히 文明한 나라이라 할 것이다.[75]

도서관의 필요성과 독서력 증대에 관한 홍난파의 논의는 이것이 곧 사회개량과 민지民智 개발에 막대한 효과와 이익을 가져올 것이라는 주장으로 이어진다. 홍난파의 글에서 특기할 만한 점은, 그가 진화론에 관해 수차례 언급하며 거듭 관심을 표명하고 있다는 사실이다. 이를 통해 1910년대 유학생 사회에서 사회진화론에 대한 관심이 어떠했는가를 새삼 확인할 수 있게 된다.

---

75 도레미생生, 「조선청년朝鮮青年의 독서력讀書力을 증진增進하라」, 『기독청년』 12, 1918.12, 9쪽.

『기독청년』에서 주목해 보아야 할 것으로 염상섭의 평문들이 있다. 염상섭은 『기독청년』에 「현상윤玄相允 씨氏의게 여與하야 '현시現時 조선청년朝鮮青年과 가인불가인可人不可人의 표준標準'을 갱론更論함」과 「비평批評, 애愛, 증오憎惡」를 발표한 바 있다. 염상섭의 이 글들은 모두 『학지광』의 주요 필자였던 현상윤의 논문들에 대한 반론의 성격을 지니고 있다. 염상섭은 1910년대 유학생 가운데서는 보기 드물게 『학지광』의 논단과 거리를 유지했던 인물이다. 염상섭은 1910년대 『학지광』의 주도세력과는 일정한 거리를 두고 문필 활동을 했다. 이는 자의에 의한 것이건 타의에 의한 것이건, 결과적으로 그가 이 시기 부르주아 민족주의 우파 그룹과 어느 정도 거리를 두고 문필 활동을 했다는 사실로도 해석될 수 있다. 그러나, 염상섭이 원래부터 『학지광』에 대해 무관심했던 것은 아니다. 그가 1919년 봄 무렵에 『학지광』에 원고를 투고했지만 반려된 사실이 있다는 회고를 보면 이를 알 수 있다.[76] 염상섭이 현상윤과 『기독청년』에서 논쟁을 이어가고, 김동인과 『현대』에서 논쟁을 벌인다는 사실은 그의 문학세계를 이해하는 데 매우 중요하다. 수사修辭가 거세된 소박한 표현, 우회보다는 직설적 표현을 선호했던 그에게 논쟁은 피해갈 수 없는 결과물이었다.[77] 염상섭이 「현상윤 씨에게 여하여 '현시 조선청년과 가인불가인을 표준'을 갱론함」을 써서 현상윤과 논전을 벌인 이유도 이와 직접 관련이 있다. 염상섭으로서는 현상윤이 제시한 '좋은 사람可人'과 '좋지 못한 사람不可人' 또는 '선악'의 표준을 세우는 논리를

76 염상섭, 「부득이하여」, 『개벽』 16, 1921.10, 127~128쪽 참조.

77 이와 관련된 상세한 논의는 김영민, 「염상섭 초기 산문 연구」, 『대동문화연구』 85, 성균관대 대동문화연구원, 2014, 461~497쪽 참조.

결코 그냥 보고 지나칠 수가 없었던 것이다.

현상윤의 글 「현시現時 조선청년과 가인불가인可人不可人을 표준」은 『기독청년』 제3호에 수록되었을 것으로 추정된다. 염상섭이 『기독청년』의 존재를 모르던 자신이 비로소 그 신년호를 얻어 보게 되었고 거기서 현상윤의 「가인불가인론」을 읽었다는 진술을 하고 있기 때문이다. 『기독청년』 제3호는 1918년 1월 중순에 발간되었으나 현재는 미발굴 상태이다. 염상섭은 「현상윤 씨에게 여하여 '현시 조선청년과 가인불가인을 표준'을 갱론함」의 서두에서부터 현상윤의 논리에 전혀 찬성할 수 없다는 말로 비판을 시작한다.

> 함으로 氏가 사람의 人格을 社會的과 個人的 卽 公人的과 私人的으로 二分하야 氏의 擧한 標準에만 적합하면 個人的 生活의 不合理라든지 私人的 行爲의 不道德 등 모든 弱點을 容恕하고 「可人」 卽 「조흔 사람」이라 하며 此에 反한 자는 아모리 個人－私人的으론 優越한 美點이 잇드래도 「不可人」 卽 「좃치 못한 사람」이라 이름은 設令 「지금 우리 朝鮮 사람의게는 私人的 要求보다 公人的 要求가 더욱 必要하고 個人的 利害보다 社會的 利害가 더욱 緊急하다」는 前提가 잇드래도 合理한 意見이라 할 수 업쓸 쌘만 안이라 잘못하면 도로혀 民衆의게 害를 주지 안을가 한다. 果然 過去時代에는 民衆이 暗愚하야－그 實은 自己들의 行動을 絶對的으로 自由스럽게 하기 爲하야 暗昧하게 만든 것이나—少數人만 政權을 壟斷하든 專制時代에는 여러 가지 原因과 理由로 英雄豪傑은 好酒好色이라 하야 倫理上 보기 조흔 破壞者라도 다만 豪大하기만 하면 稱頌과 崇拜를 밧앗스나 現代와 갓치 民衆의 啓蒙이 이갓치 普及되고 個人과 社會와의 關係가 이갓치 密接하게 된 오늘

날 와서는 到底히 不可能한 일이다.[78]

염상섭은 '나의 경솔함을 자시自示함일 듯하여 실로 주저하는 바이나, 나의 열정은 묵묵히 간과하도록 냉담치 못하기에 드디어 펜을 든 것이다. 이것이 결코 태변가駄辯家의 논리를 위한 논리가 아니며, 발표를 위한 발표가 아니요, 나 역亦 우리 조선을 사랑하고 우리 청년을 위하여 다소의 참고가 될까 하는 비망非望을 가진 까닭임은 물론이다'라는 진술로 이 글을 시작한다. 이는 췌언이나 허사로 보이지 않는다. 염상섭은, 사람의 인격을 '사회적 인격'과 '개인적 인격'으로 나누고 현상윤 스스로가 정한 표준에 의거 선인과 악인을 나누려는 시도에 동의하기 어려웠다. 이는 '합리적 의견이 아닐 뿐만 아니라 잘못하면 민중에게 해를 줄 수 있는 것'이라는 판단 때문이다. 염상섭은 모든 사인私人은 곧 공인公人이 아닌 자가 없으며, 따라서 개인의 도덕적 행위가 곧 사회적 도덕적 행위가 된다고 주장한다. 염상섭이 표준으로 삼는 '가인可人'은 특정한 논리적 기준을 충족시키는 사람이 아니라 '악착 모지게' '살려고 하는 사람'이다. 낙심하지 않고 '강하게 살려고' 부등부등 발버둥질 칠 만한 '힘'있는 사람이 제일 좋은 사람인 것이다. 개인주의도 국가주의도 세계주의도 크게 중요한 것이 아니다. 왜냐하면 이들은 모두가 '어떠한 목적의 일점一點에 집중'될 것이기 때문이다.

염상섭의 글에 대해 현상윤은 「제월霽月 씨의 비평을 독讀함」을 통해 반론을 편다. 「제월 씨의 비평을 독함」의 첫 구절은 "霽月氏와 나와는,

78 제월霽月, 「현상윤 씨玄相允氏의게 여與하야 '현시現時 조선청년朝鮮青年과 가인불가인可人不可人의 표준標準'을 갱론更論함」, 『기독청년』 6, 1918.4, 11쪽.

氏가 임의 宣言한 것과 갓치, 아직것 面識도 업고, 또한 서로 사이에 思想上의 理解도 업다"[79]는 점이다. 현상윤으로서는 일면식도 없는 교토 출신 유학생 염상섭의 갑작스러운 출현이 당황스러웠을 수도 있다. 현상윤의 대응은 염상섭의 '비평적 무지'와 '비평의 형식적 착오'에 대한 지적으로부터 시작된다.

> 第一, 氏는 批評의 形式的 錯誤를 가젓으니, 그 形式을 가지고는 氏가 내의 思想을 올케 理解할 수는 萬無하얏을 일인가 함이다. 왜 그러냐하면 爲先 批評이란 相對의 思想 또는 言論을 充實되게 理解하고 또는 그것을 善意로 解釋하는 것이 原則이어늘, 氏는 이것을 毋視한 일이요, 그 다음 批評이란 相對者의 思想을 임의 言語나 惑은 文字로 發表된 者의 限하야 行하는 者요 決斷코 아직것 말이나 惑은 文字에 發表도 되지 안은 자까지에 대하야 행하는 자는 아니어늘—卽 다시 말하면 批評이란 그 對象이 「그러하다」의 思想이요 決코 「그럴 터이지」의 思想은 아님이 明瞭하거늘 氏는 이것을 살피지 안은 일이오, 또 그 다음 批評이란 性質上 Transcendental criticism(超越的 批評 - 一定한 글이나 言論을 떠나서 相對者의 思想을 批評하랴는 論法)과 Immanent criticism(內在的批評 - 相對者의 思想을 一定한 글이나 言論에 專屬하야 批評하랴는 論法)의 二論法이 區別되야 잇거늘, 氏는 이것을 또한 混同하얏으니, 아모리 完全한 批評을 하랴하나—卽 相對者의 思想을 充分히 理解하고 그 우에 다시 是非를 論하는 所謂 批評다운 批評을 하야보려하나, 到底히 그러케는 되지 못하얏을 것임으로로다.[80]

79 현상윤玄相允, 「제월霽月씨의 비평을 독讀함」, 『기독청년』 7, 1918.5, 11쪽.
80 위의 글, 11~12쪽.

비평의 본질과 형식에 대해 전혀 알지 못하는 염상섭이 자신의 글을 옳게 이해하기는 어려웠을 것이라는 이러한 지적에서는 염상섭을 한 계단 아래로 내려다보려는 현상윤의 대응 태도가 읽힌다. 계속해서 현상윤은 염상섭의 논리 혹은 주의는 실질적으로 볼 때 모순, 당착, 불철저, 사이비, 불합리, 부적당의 실경적失敬的 문자文字의 나열에 해당한다고 비판한다. 계통적으로 또는 시대적으로 볼 때, 염상섭이 지도자적 입장에서 사회를 향하여 의견을 내세우고 주의를 선전하기에는 아직 부족하다는 것이다. 그렇게 보는 이유는 다음과 같다. 첫째, 염상섭은 사회를 유기체적으로 보았다. 하지만, 그가 모처럼 주장하는 평민주의는 결국에는 논리적論理的 어세語勢로 인하여 귀족주의 혹은 관료주의의 데스포티즘을 의미하게 될 것이다. 이보다 자가당착이 심한 것은 없다. 둘째, 염상섭은 인격을 이분하여 생각할 수 없다 하였다. 그러나, 이 역시 하나만 알고 둘은 모르는 편벽된 말이다. 셋째, 염상섭은 가인불가인可人不可人의 표준을 거의 불가능적 프로포지션으로 말하였다. 그러나, 과연 그 물건이 절대적으로 혹은 영구불변적으로 존재하기는 불가능하지만, 상대적으로 또는 시대적으로는 넉넉히 존재할 수 있다는 것을 생각하면, 어찌 우리가 가인불가인의 표준을 세우는 것이 그렇게 불가사의한 일이라 할 수 있겠는가? 넷째, 세계주의와 국가주의에 관한 토론이다. 이로 말하면 원래 나의 논문과는 아무 상관이 없는 것이다. 다섯째, 소위 악착같이 모지게 살려고 하는 사람에 대한 말이다. 이 역시 나의 논문과는 아무 상관이 없는 말이므로 더불어 쟁론할 필요는 없다. 현상윤은 이 다섯 가지 항목들에 대해 각각 부연 설명을 이어간다. 글을 맺으며 그가 염상섭에게 전하는 말은 '그렇게 무슨 일이나 가볍게 생각하지 말라'는 충고이다.

그러나 처음부터 염상섭의 관심은 본질이나 형식적 논리에 있는 것이 아니라, 현실에 있었다. 현상윤의 생각과는 달리, 상대적 기준이건 절대적 기준이건 현실에서는 선인과 악인을 가르는 기준은 존재하기 어렵다는 인식을 염상섭은 지니고 있었던 것이다. 현상윤의 반론 직후에 발표된 것이 염상섭의 평문 「비평, 애愛, 증오憎惡」이다. 염상섭은 이 글에서 "知識이란 것이 무엇인야는 高尙한 根本問題는, 나의 無學으론 말할 수 업으나, 何如間 사람에게 知識慾이 잇고, 쏘 엇은 바 知識을 確實히 理解·調査코져 함은 本能이다. 함으로 엇더한 물건을 對할 제 細密히 觀察한 후, 自己의 過去에 엇은 經驗 知識으로 判斷하랴함도 自然한 일이다. 그러고 判斷코자 함은 批評 意志다"[81]라고 발언한다. 그에게 중요한 것은 지식의 본질이 아니라, 지식을 습득해 사용하는 일이다. 그는 비평의 본질보다는 비평의 역할에 대해 더 많은 관심을 기울이고 있었다. 그가 '비평의 의의에 관하여는, 지금의 나론 전문적 논평을 할 만한 책임을 질 수가 없고, 또 차此 문제를 논함에는 그리 필요치 않기로 다만 보통 쓰는 의미의 '비평'이란 뜻으로 한정하고' 논의를 펼치는 이유도 이 때문이다. 염상섭은 이 글에서 비평의 목적을 세 가지로 제시한다. 첫째는 '지식의 확실성'을 얻으려 함이요, 둘째는 '대상의 가치를 평정評定하려 함이고, 셋째는 '민중'을 '교양'하려는 것이다. 이러한 목적을 달성하기 위한 비평의 근본정신이 바로 '애愛'이다. 비평은 상대를 비난하는 경우에나 찬양하는 경우에나 '애'가 근본을 이룬다. 상대의 결점에 대한 지

81 제월霽月, 「비평批評, 애愛, 증오憎惡」, 『기독청년』 9, 1918.9, 10쪽.

적 또한 그에게 향상의 계기를 만들어준다는 점에서 긍정적일 수 있다. 인류를 사랑하고, 자기를 사랑하는 열애자熱愛者만 능히 비평의 권리를 가질 수 있음은 비평의 제일 요건이 바로 '애'이기 때문이다. 염상섭은 이 글의 부기附記에서, 현상윤에 대한 자신의 논박이 조금도 악의가 없었다고 자신한다. 염상섭으로서는 현상윤의 반박이 의외로 생각되었던 것이다. 염상섭은, 이는 자신의 표현 방법이 졸렬했거나 혹은 상대의 오해로 인한 것이라고 생각한다. 그는 자신이 '애'의 정신을 바탕으로 글을 쓰고 있다는 사실에 대해 한 점 부끄러움을 느끼지 않는다. 그가 현상윤에게 '사의'를 표하고 '관용'을 바랄 뿐만 아니라, 겸하여 상대에게 '반성'을 권하는 것은 그 자신이 스스로 당당하기 때문이다. 전체적으로 보면 이 글은 염상섭의 문학관을 독자적으로 정리해 드러내면서도 현상윤의 생각과는 대치되는 측면을 보여준다. 비평의 본질론 등 철저하게 이론적으로 사안을 접근하는 현상윤의 태도와, 언제나 배후에 현실을 염두에 두고 글을 쓰는 염상섭의 태도는 분명히 차이가 있다. 그러나, 염상섭은 「비평, 애, 증오」의 부기附記를 통해 이 글이 현상윤의 글에 대한 반론이 아니라는 사실을 거론한 바 있다. 이 글은 현상윤과의 논전과는 관련이 없는 '독립된 소논문'이라는 것이다. 현상윤의 논지에 대한 반론은 별도로 준비가 되어 있고, 발표 지면을 찾고 있는 중이라는 것이 염상섭의 부연 설명이다. 하지만, 「비평, 애, 증오」 이후 발표된 염상섭의 산문들 가운데 현상윤의 논의를 비판하는 글은 더 이상 보이지 않는다. 이로 미루어 보면 현상윤의 논의에 대한 본격적인 반론을 위해 '본지本誌 내지 기타 모지某誌와 교섭하였으나 다소 어려움이 있어 아직 발표를 중지하고 있다'는 염상섭의 말은 그대로 사실일 가능성이 크다.

더 이상 발표 지면을 얻지 못했고 본격적인 반론의 기회 또한 얻을 수 없었던 것이다. 하지만, 현상윤과의 논전을 통해 염상섭이 얻은 성과는 적지 않아 보인다. 그동안 문필가로서의 염상섭은 『여자계』를 통해 「부인婦人의 각성覺醒이 남자男子보다 긴급緊急한 소이所以」를 발표했을 뿐, 아직 소설가로도 등단하지 않은 상태였다. 『기독청년』을 통해 발표된 두 편의 글은 염상섭의 존재를 문단에 알리는 중요한 계기가 된다. 이후 염상섭이 『현대』를 통해 김동인과 본격적인 문학 논쟁을 전개할 수 있었던 것 또한 『기독청년』을 통한 그의 문필 활동 경험이 뒷받침되었던 때문으로 볼 수 있다.

흑안자黑眼子의 「교육만능론敎育萬能論」은 조선 사회의 진보와 발전을 위해 가장 필요한 것이 교육敎育임을 강조한 글이다. 이 글은 서두에서 교육의 의의가 '인류의 암흑한 상태를 광명한 상태로 인도하며 인지人智를 계발케 하는 동시에 사회와 인류의 행복을 증진시키고 인류의 향상 발전을 촉진시키는 데 있다'고 정리한다. 조선 사회에는 무엇보다 교육이 필요하다. 종교적 운동이든지 사회적 운동이든지 교육이상敎育理想과 교섭이 없으면 도리어 잘못된 결과에 이를 수밖에 없기 때문이다.

> 大凡 敎育의 根本主義精神은 創造的 進步的 積極的일 뿐 아니라 其 敎育事業은 如何한 境遇에 在하던지 濶達한 採長捨短主義 곳 改善的에 잇슬 것이로다.[82]

82 흑안자黑眼子, 「교육만능론敎育萬能論」, 『기독청년』 9, 1918.9, 8쪽.

교육의 근본정신은 창조적·진보적·적극적이며 장점을 취하고 단점을 버리는 개선적 특징을 지닌다. 한 나라를 쇠망케 하는 것도 융성케 하는 것도 교육에 달려 있다. 악교육惡敎育을 멀리하고 선교육善敎育을 펼쳐 사회를 구할 것을 제안하는 것으로 이 글은 마무리가 된다.

춘몽春夢 서춘은 「자립자존自立自尊하라!」를 통해 현시대를 살아가기 위해 자립과 자존의 정신이 필요하다는 사실을 역설한다. 무릇 사람이 세상을 살아가기 위해서는 처세의 중심이 될 만한 철저한 정신이 필요하다. 자기의 근본이라 할 수 있는 철저한 정신이 없는 사람은 주의主義가 없는 사람이며 목적 또한 없는 사람이다. 정신은 행동과 사고思考의 발원지이다. 청년으로서 자기를 일신하며 사회를 살아가는 데는 정신 수양이 필요하며, 정신 수양 가운데 근본을 이루는 것은 바로 자립자존이다.

> 이 精神修養에난 여러가지 잇다 하갯스나 其中 第一 根本的이고 就中 우리에게 急先務될 것은 自立自尊이라 한다. 自立自尊은 참으로 處世에 必修할 美德이다. 朝鮮青年된 우리난 自立自尊치 아니하면 아니 되갯다.[83]

자존이란 자기의 인격을 보존하기 위하여 자신을 존중하는 것이다. 자립자존하는 사람은 타인 또한 경애敬愛하고 신의信義를 지키며 자치자제自治自制하고 자노자활自勞自活한다. 이 글은 신시대에서 생활하기 위해서는 먼저 신시대에 대한 자각이 필요하다는 사실과, 신시대의 자각

83 춘몽, 「자립자존自立自尊하라!」, 『기독청년』 11, 1918.11, 9쪽.

을 얻으려면 신시대의 사조를 알아야 한다는 주장으로 마무리된다.

삼전산인三田散人의 「빈한만화貧寒漫話」는 『기독청년』 제5호부터 제12호까지 총 8회에 걸쳐 연재된 글이다.[84] 「빈한만화」가 의도한 것은 조선 사회에서 빈곤 문제의 중요성에 대한 인식과 빈곤 탈피를 위한 대안의 모색이다. 이 글에서는 세계의 역사를 좌우하는 최대 세력이 종교와 경제라고 전제한다. 종교상의 동기가 경제상의 동기보다 더욱 강하다는 것이 상식에 근거한 판단이다. 그러나, 그 직접적인 동력만을 생각하면 경제상의 동기 또한 결코 무시할 수가 없다.

> 보시오. 宗教의 미듬의 힘이라던지, 家族의 愛情이라던지, 朋友의 交情이라던지, 이것이 吾人 人類로 하여금 난 날부터 죽는 날까지, 無上한 快樂과 莫大한 幸福을 준다 하지마는, 그러나 이것을 보전함에는, 무엇보다 必要한 物質이 잇스야만 할 것인 同時에 만일 物質이 不足하면 뎌와 갓치 吾人 人類에 대한 無上한 快樂이라 하야도 可히 엇어 享치 못할 색만 아니라 여러 가지로 人生社會를 腐敗케 할 것이올시다. 都會鄕村을 물론하고 貧寒生活을 하는 最下級人의 生活은 人生의 高尙한 性格, 高尙한 行爲, 超越한 目的을 破傷하며 打棄케 함이 가장 甚한 것이올시다[85]

물질의 지배는 예의 도덕의 천연성을 이지러지게 하며, 종교의 믿음도 박약하게 만든다. 그런 점에서 빈민의 생리상·지능상·도덕상의

84 이 글은 『기독청년』 제6호에 수록된 2회분부터 확인이 가능하다. 그러나, 여러 정황으로 미루어보면 제5호 낙장 부분에 이 글의 제1회분이 수록되었을 것으로 추정된다.
85 삼전산인三田散人, 「빈한만화貧寒漫話」, 『기독청년』 11, 1918.11, 13쪽.

불건전 상태의 최대 원인은 그들의 빈한한 생활에 있다고 할 수 있다. 우리가 사회적으로 가장 공외恐畏해야 할 일은 빈자의 타락이다. 빈한의 폐해는 미치지 않는 곳이 없다. '빈한의 독악毒惡한 힘은 친자간親子間 은정恩情을 끊는 동시에 사회를 암흑 속에 빠지게 한다'는 점을 깨달아야 하는 것이다. 이는 유학생 사회도 예외가 되지 않는다. 학비 문제와 생활 문제는 천재天才를 압살하기도 한다. 빈한 앞에는 예의나 수치심도 존재할 여지가 없다. 다른 여러 나라의 경우와 마찬가지로 조선 사회 역시 이 문제에서 결코 벗어날 수 없다. 빈곤에서 벗어나기 위한 대안의 제시가 절실한 것이다. 「빈한만화」는 제8회에서 연재가 중단된다. 대안의 제시를 앞에 놓고 연재가 중단된 것이다. 「빈한만화」가 더 이상 연재되지 않은 이유는 원고의 검열 때문이었을 가능성이 크다. 「빈한만화」의 제8회가 노동조합과 빈한구제 정책의 입안 문제 등을 제안하면서 마무리 되었다는 점이 그러한 추정을 가능하게 한다.

3. 『현대』의 논설 연구

1) 종교에 대한 이해

『현대』에서는 『기독청년』에 비해 종교 분야 논설의 숫자가 급격히 감소한다. 『기독청년』과 『현대』의 종교 분야 논설들은 소재에서도 분명한 차이를 보인다. 『기독청년』의 논설들이 교회와 교역자 등 조선의 선교 현실 및 현장에 대한 관심을 표명한 것에 반해, 『현대』의 논설들은 종교의 정의와 역할 및 기독교의 역사 등 원론적인 문제에 대해 더 큰 관심을 표명한다.[86]

서상현徐相賢의 「문화文化와 종교宗教」는 문화와 종교 및 생활의 관계에 대해 논의한 글이다. 이 글에서는 문화와 종교의 관계를 '모순의 관계'로 해석한다. 문화와 종교 사이의 밀접성은 외양外樣에 불과한 것이며 실제로 '종교는 문화생활의 발달과 모순矛盾' 관계에 놓이게 된다는 것이다. 진보된 사회에서는 실제 생활에서 종교에 크게 집중하지 않는다. 이러한 현상이 일어나는 이유는 문화와 종교가 서로 지향하는 바가 다르기 때문이다. 문화는 현세적現世的 생활生活을 풍성하게 하는 것을 목적으로 삼지만, 종교는 초연적超然的 세계世界에 대해 관심을 집중한다. 문화가 세력이 강할 때는 종교를 무시하거나 그로부터 벗어나려는 시도를 한다. 반면, 종교가 세력이 강할 때는 문화적 교양을 무시한다. 현세적 생활의 개선과 진보에 열중하는 현대 문화와, 초세계적이고 순수한 본질을 고집하는 종교 사이의 근본적 화합은 불가능하다. 이 글이 결론적으로 주장하는 것은 종교의 본질을 오해하지 않는 삶이다.

86 다음의 연구 참조. "『현대』 전반의 종교평론을 볼 때 『현대』가 취한 '기독교'는 『기독청년』의 그것과는 차이가 있다. 『기독청년』이 '기독교' 청년회 산하 '기관지'로서 종교로서의 '기독교'를 알리고 조선기독교의 방향을 제시하고자 하는 목적이 강했다면, 『현대』는 '기독교'를 근본정신으로 하되 당대 세계정세를 읽고 그 속에서 조선이 나아가야 할 바를 모색했다는 점에서 종합 사상지를 지향한 잡지라고 보아야 한다." 서은경, 「1920년대 유학생 잡지 『현대』 연구—『기독청년』에서 『현대』로 재발간되는 과정과 매체 성격의 변모를 중심으로」, 『우리어문연구』 54, 우리어문학회, 2016, 132쪽.

그러면 宗敎의 本質이 무엇이뇨 大槪 宗敎는 아지 못할 卽 神秘的 內心의 要求에셔 發生하야 各種 經驗으로 말매야마 超然的 世界와 最高의 實在者를 發見하고 其로 더브러 神聖한 交際를 하난 同時에 비로소 其 滿足을 得하나니라[87]

종교적 경험은 자기 혼자 성립되는 것이 아니라 교리의 지도와 사회의 억제 속에서 성장한다. 우리가 해야 할 일은 문화와 종교의 본질을 분명히 이해하고 이를 학술적으로 접근하는 것과, 동시에 종교의 독립성을 선언하고 그 순수한 본질과 원래의 신비성에 귀착하는 것이다.

김낙영金洛泳의 「사회社會와 예수교敎」[88]는 사회문제와 기독교가 어떠한 관계에 있는가를 살펴본 글이다. '태극학회'의 부회장을 지냈던 김낙영은 여기서 기독교와 사회의 관계뿐만 아니라, 사회주의와의 관계에 대해서도 거론한다. 그는 먼저 그리스도주의가 현세現世에 부적합하다는 일부의 비판에 대해 반박하며, 그리스도교가 과거 로마시대부터 '당시의 사회를 향상케 하는 큰 세력'이었음을 주장한다. 그리스도의 입각지는 칼과 창으로 정치적 왕국을 건설함에 있지 않고, 진리로써 정신적 왕국을 건설하려는 데 있다. 그리스도는 미래 신천지에 영적靈的 왕국을 건설할 뿐만 아니라 '세계만민을 평등으로 사랑하여 이 세상에서도 일대영국一大靈國을 지으려 했다'는 것이다. 김낙영이 그리스도교의 평등주의를 상세히 거론하는 이유는 사회주의가 제안하는 평등론의 한계를 지적하기 위한 것이다. 점진적 변화를 통한 사회 발전의 필요성

87 서상현徐相賢, 「문화文化와 종교宗敎」, 『현대』 1, 1920.1, 32쪽.
88 표지에 수록된 목차에는 제목이 「예수교敎와 사회社會」로 되어 있다.

을 제안하는 이 글은 사회주의에 대한 기독교의 입장을 다음과 같이 정리한다.

> 이때에 基督敎도 果然 어느 階級에던지 關與하엿서야 할 것이올시다 貴族에게나 貧民에게나 或은 私有制度를 贊成하거나 或은 社會主義를 올케 녁이거나 하엿슬 것닙니다 그러나 基督敎는 어대던지 關與치 안코 다만 社會制度의 變遷을 時勢의 進化에 맛처두고 그 外에 더욱 高尙한 理想의 域으로 社會를 引導함이 最適한 것으로 녁엿습니다.[89]

기독교는 특정한 계급이나 제도에 관여하는 종교가 아니다. 사회제도의 변천은 시세時勢의 진화에 맡겨두고 이상의 영역으로 사회를 인도하는 것이 기독교의 역할이다. 역사를 거슬러 올라가 보면 어느 시대에나 완고보수의 세력이 있어 현상유지를 극력 주장하는가 하면, 그 반동으로 과격급진의 당파가 있어 무리한 진보를 주장하기도 한다. 사회는 활물活物이므로 변화한다. 우리가 희망하는 바는 사회가 진화의 법칙에 따라 변천해 나가는 것이다. 미래의 사회 문제에 원만하게 대처하려면 학술의 보급과 동시에 인류박애의 사상을 보급해야 한다. 자본가와 노동자가 서로 분쟁을 그치지 아니하는 때에는 사회가 혁명을 피하기 어렵다. 세계 각국의 현황을 접하고 보면 장래 위기가 심히 절박하게 다가오고 있음을 알 수 있는 바, 우리 사회에도 머지않아 사회계급적 분쟁이 일어날 가능성이 있다. 이러한 상황 속에서 장래에 올 위기를 대

89 김낙영金洛泳, 「사회社會와 예수교敎」, 『현대』 3, 1920.3, 12쪽.

처하는 데 필요한 것이 '예수교의 정신'이라는 것이 이 글의 주장이다. 사회주의는 미래의 행복 추구를 위한 대안이 되기 어렵다. 어떠한 사회 조직 아래에서도 만인이 똑같이 동일한 행복을 누리는 것은 불가능하기 때문이다. 사회주의 아래에서도 평등한 행복은 얻을 수 없다. 인구의 번식은 한정이 없고 세계의 지적地積은 한계가 있기 때문이다. 생활 환경이 다르고 지적 성취도가 서로 다른 인류에게 행복을 평등하게 분배하려는 것은 실현 불가능한 생각이다. 어떤 제도로도 문제를 해결하기 어렵다면, 결국 미래의 사회 문제는 종교적 접근을 통해 해법을 모색할 수밖에 없다.

> 單只 社會主義의 實行만으로써는 自由, 平等, 博愛의 큰 理想을 實現할 수 업습니다 그런즉 現世에서 滿足함을 얻을 길은 우리의 天分을 自覺하고 우리의 힘을 다하야 平安함을 엇는 것밧게 업슬 것이올시다 이리하려면 宗敎에 歸依하여야 할 것이올시다 예수敎의 博愛的 信念이 完全히 普及되면 나의 所有는 곳 하나님의 恩賜物이니 이것으로 社會公共을 爲하야 善用하리라는 思想이 절노나서 社會問題는 圓滿하게 終了되리다 누구던지 서로 사랑함에 니르면 土地와 資本을 반다시 共有할 것이 아니라 公平한 賃金을 報酬하게 되어 人民이 均一하게 幸福을 엇을 것이외다[90]

이 글이 주장하는 바는 명백하다. 오늘날의 사회문제를 해결하기 위하여 자본가를 공격하거나 상류사회를 공격하고 급격한 사회 개혁을

90 위의 글, 13쪽.

논하는 것은 해법이 될 수 없다는 것이다. 평등의 실현이 중요하기는 하나, 유독 그것만이 최상의 사회적 가치라는 생각에 대해서도 이 글은 동의하지 않는다. 이 글이 강조하는 것은 '사회공동의 큰 정신을 발달시키는 일이 우리의 급무라는 점'과 이를 이루는 방법이 학문에 있지 않고 종교에 있으며, 종교 가운데도 그리스도교에 있다는 사실이다. 김낙영의 이러한 주장에는 유학생 사회에 점차 확산되어 가던 사회주의 사상[91]에 대한 경계심이 내포되어 있다.

박승철朴勝喆의 「기독교基督教의 전래傳來와 인심人心의 동요動搖」는 조선에 기독교가 전래되는 과정에 대해 정리한 글이다. 이 글에서는 기독교가 조선에서 뿌리를 내리고 정착할 수 있었던 요인에 대해 천착한다. 기독교가 조선에서 정착할 수 있었던 가장 큰 요인은 지식인들이 유교적 학설의 번쇄繁鎖함에서 벗어나려고 했던 데 있다. 우리나라에서는 유불도삼교儒佛道三教의 사상이 고구려부터 시작되어 정립되어 온 역사가 있다고는 하나 실제로 세 종교가 같이 일성일쇠一盛一衰했던 것은 아니다. 그중 도교는 일찍 관심에서 멀어지고, 다만 유교와 불교가 정치적으로나 학문적으로 모든 방면에서 경쟁해 왔다고 할 수 있다. 고려 때 전성기를 맞았던 불교는 조선시대에 들어 정치적으로 압박을 당하고 몰락하게 된다. 대신 유교가 진흥의 시기를 맞게 되지만, 조선 말엽에 이

---

91 『현대』에 수용된 사회주의 사상에 대해서는 다음의 지적 참조. "『현대』는 1920년대 초 다이쇼 데모크라시의 수용자들이, 특히 여명회의 핵심 멤버였던 최승만과 변희용 두 인물이 민본주의를 근간으로 해 어떠한 방식으로 '사회'를 상상하고 '사회주의'를 구성하는지 가장 명확하게 보여주는 잡지라고 할 수 있다." 김민섭, 「1920년대 초 동경 유학생의 '사회', 사회주의 담론 수용—동경조선기독교청년회 기관지 『현대』를 중심으로」, 『한민족문화연구』 47, 한민족문화학회, 2014, 66쪽. "무엇보다 세계로 시선을 확장한 『현대』가 바라본 당대의 중심 키워드는 사회주의와 데모크라시이다." 서은경, 앞의 글, 118쪽.

르러 유교는 노쇠하고 유림은 허문번례虛文繁禮에만 집착하게 된다. 이는 결국 유교 쇠망의 중대 원인이 된다. 당시 식견이 있는 사람들이 정주학程朱學의 번쇄함을 벗어나려 하던 중, 수입된 천주교의 서적을 읽은 후 이를 신기하게 여겨 애독하게 되었고 그것이 일부 학계에 퍼져나가 정착하게 되었다는 것이 이 글의 주장이다. 여기서 주목할 것은 일반 백성들뿐만 아니라 소위 조선 양반의 사색四色 중 하나인 남인들이 천주교 신자가 되었다는 사실이다.[92] 기독교가 전래된 이후 조정에서는 이를 막으려고 여러 가지 수단을 동원했다. 하지만 교세가 점점 퍼져나가는 것을 막을 수는 없었다. 「기독교의 전래와 인심의 동요」에서 결론적으로 주장하는 것은 기독교가 조선에 전파되어 온 후 여러 방면에 적지 않은 영향을 미쳤다는 사실이다. 아울러, 기독교가 인심에 동요를 일으킬 수 있었던 가장 큰 요인은 조선의 삼교가 모두 부패하여 종교의 권위를 상실했던 때문이다.

김항복金恒福의 「종교宗教에 대對한 여余의 관견管見」은 기독교에만 한정되지 않은 종교 일반에 관한 논의이다. 이 글에서 다루는 것은 종교의 기원과 정의 및 원리 그리고 종교와 인생의 관계 등이다. 종교의 기원은 인간의 유한한 육체 활동을 지도하고 행동을 감독하는 정령精靈의 활동과 연관이 있다. 인간의 육체에 내재한 양심 즉 정신을 무한히 확대하고 무한히 연장시키려는 노력과 육체 속에 잠복한 정령의 살아있는 요구로 인해 종교는 생겨나고 권위를 지니게 된다. 종교는 이성을 초월한다. 이는 이성의 모든 경로를 밟아 그 최고점에서 한층 더 나아간 것 즉 이

---

92 박승철朴勝喆, 「기독교基督教의 전래傳來와 인심人心의 동요動搖」, 『현대』 5, 1920.5, 9쪽 참조.

성의 극치와 지식의 궁경窮境을 의미한다. 종교의 원리는 우주의 근원되는 신의 존재를 인정하고 그에 대해 감사의 마음을 품으며 그 신성한 근원에서 흘러나오는 화화火花 혹은 정령精靈을 사람의 마음속에 두는 데 있다. 종교에 내재된 원리는 천하의 모든 종교 즉 유교, 도교, 불교, 기독교, 회회교 등 모두가 동일하다. 다만, 신조信條와 의식儀式에 관한 지엽적 쟁점이 있을 뿐이다. 「종교에 대한 여의 관견」에서는 종교와 철학과의 관계, 신앙의 의의, 종교의 가치를 비롯해 세계 종교개혁 운동 및 조선의 종교개혁 운동에 대한 다양한 관심이 표출된다.

김진목金鎭穆의 「종교宗教와 인생人生」은 종교의 효용성에 대한 견해를 피력한 글이다. 사람들은 종교와 인생을 몰교섭의 관계로 이해하거나 심지어는 이를 기피하기도 한다. 그러나 종교가 없이 인류는 생활하기 어렵고, 생활을 한다 해도 무의미할 것이라는 것이 「종교와 인생」에 담긴 생각이다. 이 글에서는 종교 형성의 동기를 '자가自家의 보존과 종족의 계승이란 이대 본능에 기인한 것'으로 정리한다.

> 우리 人生이 人生問題를 解決치 못함으로 因하야 受 損害와 苦痛은 直接 우리 生活에 至大한 關係가 잇또다 於是乎 우리는 意味잇고 價値잇는 生活를 하겟다는 絶對的 觀念을 가져야 하겟다 그럼으로 以上에 말한 科學, 哲學, 政治 等 여러 가지로써 難問에 對한 解決이 不可能임을 吾人의 眼前에 露出될 때에도 오히려 우리에게 一路의 光明을 쥬난 걷은 곳 宗教로다.
>
> 宗教는 人生에 生起하는 諸般問題에 最終 解決을 주난 機能을 가젓나니 人生의 最終 手段이며 最捷經濟로다 이것이 自家保存과 種族의 繼續이 안이고 무엇인가?[93]

빈한貧寒은 재정으로 구제할 수 있으며 역병疫病은 의약으로 치료할 수 있지만, 경우에 따라서는 어떠한 방법과 수단으로도 구하기 어려울 때가 있다. 그러할 때에 비상한 세력의 힘에 의존하여 구제를 환호하게 되고, 여기에서 신앙심이 생기며 신과 인간의 교섭이 일어나게 되는데 이것이 곧 종교가 된다는 것이다. 김진목은 이 글에서 종교 형성의 계기를 자가의 보존과 종족의 계승으로 설명하는데, 이는 일면 기복신앙祈福信仰과도 연결된다. 종교의 효용성을 과학이나 정치 등으로는 풀 수 없는 난제의 해결이라고 보는 것은 다분히 신비주의적이다.[94]

『기독청년』 소재 논설과 『현대』 소재 논설의 성격이 차이가 나는 이유를 단순히 필자 개인들의 성향 차이로만 돌릴 수는 없다. 『현대』는 일제 당국으로부터 지속적인 주목과 검열을 받았다. 이는 논설의 현장성을 약화시키는 요인으로 작용했다. 이러한 변화는 3·1운동 이후 급격히 보수화되어 갔던 국내 기독교의 성격 변화와도 연관된다. 일제하 기독교와 관련하여 "교회에 대한 신망은 3·1운동 이후 교회가 보수화되고 내향화되면서 더욱 급속히 떨어졌다. 그러한 결과로 많은 젊은이들이 교회를 떠나게 되었다"[95]는 지적은 유학생 사회에도 그대로 적용된다. 종교적 논설의 신비화와 보수화는 유학생 사회에서 기독교의 영향력 약화로 이어지게 되었던 것이다.

---

93 김진목金鎭穆, 「종교宗教와 인생人生」, 『현대』 8, 1920.10, 19쪽.

94 김진목의 「종교와 인생」은 종교에 대해 신비주의적이며 보수적 접근을 하고 있다는 점에서 종교의 초자연성을 강조하는 서상현徐相賢의 「문화文化와 종교宗教」와 유사한 면이 있다.

95 권진관, 「1920~30년대 급진주의 시대에 있어서의 민중과 교회」, 『일제하 한국 기독교와 사회주의』, 한국기독교역사연구소, 1992, 13쪽.

2) 구철학 · 구도덕의 탈피와 세계의 개조

『현대』의 권두언들은 잡지 편집의 방향과 편집진의 관심사를 보여준다는 점에서 중요하다. 이 권두언들은 성격상 논설에 가깝다. 『현대』 창간호의 「머리말」에서는 현시대의 가장 주목할 만한 특징을 "人文이 發達되고 科學이 進步된 文明時代"[96]라고 정리한다. 현시대를 '과학'과 '문명'의 시대로 정의하는 것이다. 현시대가 지향하는 사상은 세계주의와 국가주의이다. 세계대전을 치르면서 인류는 세계주의 사상을 표방하게 되지만, 한편으로는 국가주의를 더욱 공고히 하려는 인식을 지니게 되었다는 것이다. 민족자결주의의 주장 아래 자기민족이라는 관념이 더욱 깊어지게 된 것 또한 현시대의 특징 가운데 하나이다. 그러나 '협의의 국가주의를 벗어나 전인류를 위한 인도주의 아래서 세계를 표준으로 삼고 노력하지 않으면 안 된다'는 것이 이 글의 주장이다. 우리 사회가 지향해 나아가야 할 방향은 분명하다. '인습적 · 배타적 · 보수적이며 낡고 썩어 냄새나는 구사상을 벗어나는 일, 미신적 · 우상적 · 인형적人形的이며 형식적인 사색에 얽매인 낡은 생활을 벗어나는 일'이 그것이다. 제3호의 「머리말」의 핵심은 허위를 버리고 진실된 생활을 추구하는 것이다. 이는 "剎那의 生活일망정 우리는 眞實된 生活을 하지 안으면 안이 되겟다. 우리는 모든 虛僞的 生活을 打破하고 참말 사람다운 生活을 하지 안으면 안이 되겟다"[97]는 구절에서 잘 드러난다. 이러한 주장은 제5호에 이르러서는 본능적 생존욕의 탈피와 가치 있는 삶에 대

96 편집인編輯人, 「머리말」, 『현대』 1, 1920.1, 1쪽.
97 편집인, 「머리말」, 『현대』 3, 1920.3, 1쪽.

한 지향으로 이어진다.

> 그러나 人類는 本能的 生存欲이 잇슬 ㅅ뿐 아니라 自家의 意識으로 生存의 目的을 自覺하고 生存의 目的을 自覺하면 價値意識이 생기며 判斷의 能力을 얻어서 比較意識이 니러납니다 그럼으로 人類는 참으로 살랴는 잘—살랴는 더욱 잘—살랴는 意識的 生活을 要求합니다 이러한 意味에 잇서서 살랴는 意志를 人生의 本質이라 할 것임니다[98]

인도주의를 주창하고 사회문제를 논란하며 개조를 운운하는 것 또한 인류의 생활을 참되게 하기 위함이다. 제6호에서는 '애매'를 버리고 '철저'를 취할 것을 강조한다. 사회가 복잡해질수록 인류는 철저함을 피해 오히려 애매함을 추구하는 경향을 보이게 된다. 우리 사회의 상태를 보더라도 철저가 사라지고 애매가 충만해지는 것이 현실이다. 그러나 이는 잘못된 것이다. 현대문명의 이상理想이 "우리 人類로 하여금 徹底한 思想을 가지고 徹底한 生活을 하게 함"[99]에 있기 때문이다.

이러한 권두언의 논지들은 바로 최승만의 논설로 이어진다. 이는 최승만이 권두언의 주요 필자로 활동했기 때문이다. 최승만은 「현대청년現代青年」을 써서 우리 사회에는 건전한 사상과 권위 있는 사상가가 없다는 사실을 지적한다. 이 글에서 제안하는 것은 '사회'를 우선시하는 삶이다.[100] 새로운 사회를 건설하기 위한 첫걸음은 과거와 결별하고 현재

---

98 편집인, 「참살음」, 『현대』 5, 1920.5, 1쪽.
99 편집인, 「애매曖昧에서 철저徹底에」, 『현대』 6, 1920.6, 1쪽.
100 최승만崔承萬, 「현대청년現代青年」, 『현대』 1, 1920.1, 16쪽 참조.

를 생각하는 것이다. 현시대에 적합한 것을 취하고 그렇지 않은 것은 주저 없이 버려야 한다. 그렇게 함으로써만 우리 사회는 하루라도 빨리 암흑에서 벗어날 수가 있다. 이 글이 결론적으로 제안하는 것은 낡은 사상, 구철학의 우상, 구전설의 우상, 구도덕의 우상을 타파하고 새롭고 신선하며 힘과 생명이 있는 현대를 건설하자는 것이다. 최승만은 「진리眞理를 위爲하야」에서는 자신이 살고 있는 현대를 '혼돈의 상태'라는 말로 표현한다. 이러한 혼돈의 상태를 정돈하고 세상을 행복하게 만드는 것이 신이 인간에게 내린 명령이라는 것이다. 전 인류를 위한 새로운 사명을 받은 우리가 할 일은 참되고 충실하게 진리를 위해 노력하는 것이다.[101] 이러한 제안은 '인생의 행로'라는 부제가 달려 있는 글 「신년新年을 당當하야」에서는 과거 오랜 기간 지속되어 온 불선不善의 생활을 타파해야 한다는 주장으로 이어진다. 이상향과 신神의 천국을 건설하기 위해 분투해야만 하고, 그렇게 하는 것이 곧 인생의 목적이며 행로가 된다는 것이다.

최승만의 주장에 대해 고영환高永煥은 「최승만崔承萬 군君의 「현대청년現代青年」을 독讀함」을 써서 반론을 펼친 바 있다. '부모하게 불효하는 것은 곧 사회에도 불충하는 것'이라는 논리를 내세워, '부모에게 불효가 될지언정 사회에 불충을 할 수 없다'는 최승만의 주장을 반박한 것이다. 여기에서는 "「父母」라 하는 그 사람도 亦是 社會의 한 分子"[102]라는 논리가 반박의 근거로 활용이 된다. 최승만은 「고군高君의 비평批評을

101 최승만, 「진리眞理를 위爲하야」, 『현대』 2, 1920.3, 2~4쪽 참조.

102 고영환高永煥, 「최승만崔承萬 군君의 「현대청년現代青年」을 독讀함」, 『현대』 3, 1920.3, 30쪽.

읽음」이라는 재반론에서 '큰 줄기를 이루는 현대청년現代青年에 대해 탈을 잡지 않고 지엽적인 충효문제에 대해 이야기한 것이 의외'[103] 라는 견해를 피력한다.

최원순崔元淳의 「생존生存의 의의意義와 요구要求에 대對하야」는 '세상 모든 존재는 존재의 이유가 있다'는 전제로부터 시작된다. 이것이 고금의 변하지 않는 진리라는 것이다. 존재의 이유는 곧 하늘이 준 사명과 서로 통한다. 따라서 천명을 받은 존재는 그 천명을 실현하기 위하여 사역使役하며 천명을 달達하기 위하여 활동한다. 인간의 활동력은 요구를 만들어낸다. 요구는 생리적 요구와 사회적 요구의 두 가지로 나눌 수 있다.

> 前者(生理的 要求)는 生活에 온갖 直接 關係되는 衣食住 등의 要求라—卽 우리 生活에 對한 第一次的 要求가 그것이다. 그럼으로 이는 傳統的이오 有限的의 性質이 잇다. 後者는 個人이나 社會에 對한 地位及 待遇 等의 要求가 그것이라. 이는 生理的 要求에 比하면 便宜的이오 無限的이다. 多多益善의 性質이 잇다.[104]

인류 사회는 이러한 요구를 통하여 변화하고 발전한다. 요구가 없으면 노력이 없고, 노력이 없으면 발전이 없다는 것은 자명한 이치이다. 이제 세계는 개조되어야 한다. 사회와 세계에 대한 요구 행위는 곧 천명에 의한 요구 행위가 된다는 것이 이 글의 주장이다. 최원순의 이러한

103 최승만, 「고군高君의 비평批評을 읽음」, 『현대』 5, 1920.5, 26쪽 참조.
104 최원순崔元淳, 「생존生存의 의의意義와 요구要求에 대對하야」, 『현대』 2, 1920.3, 12쪽.

주장은 다시 「개조改造의 근거根據」로 이어진다. 두 글이 약간의 시차를 두고 발표되기는 했지만, 내용상 「개조의 근거」는 「생존의 의의와 요구에 대하야」의 속편에 해당한다. 「개조의 근거」에서는 최근의 세계대전이 인류생활에 가장 큰 자극과 충동이었음을 지적한다. 세계대전을 거치며 인류는 각성에 각성을 거듭했다. 그 결과 도달하게 된 것이 '개조의 의욕이며 개조의 운동'이라는 것이다. 근대 문명사회에서 인류가 지향해야 할 가치는 자유와 평등에 있다. 자유와 평등의 실현을 위해서는 민주주의의 성장이 필요하다.

> 이 不合理한 制度組織과 人生의 悲慘을 匡正하고 救濟하랴고 함이 現代를 支配하는 思想이다. 現代 人類生活의 方式과 手段을 더욱 合理的이오 實利的인 곳으로 向上식히며 進步식히랴고 하는 것이 大戰 後 世界에 흐르는 思潮요 支配하는 運動이며 勢力이다 이것이 槪括的으로 말하는 떼모크라시―의 思想이다 現代的 生活을 하는 우리는 現代를 支配하는 思想에 對하야 熟考할 必要가 있다.[105]

각 민족 간의 상호 협력에 의해서만 전인류의 행복이 성취될 수 있다는 의미에서 현대 세계는 개조되어야 한다. 합리적인 자유와 평등하에서 세계는 개조되어야 할 필요가 있는 것이다. 최원순의 「생존의 의의와 요구에 대하야」 및 「개조의 근거」에서는 세계 개조의 필요성을 거듭 강조하고 있지만, 세계를 어떻게 개조할 것인가에 대한 구체적 논의가

105 최원순, 「개조改造의 근거根據」, 『현대』 5, 1920.5, 5쪽.

빠져 있다. 이른바 천명에 따른 개조 요구의 구체적 목표가 무엇인지 알 수 없는 것이다. 자유와 평등에 기반한 세계 개조라는 주장도 원론적 범주에만 머무는 한계를 드러낸다. 「개조의 근거」는 다음과 같은 구절로 마무리가 된다. "讀者諸君이여 이 論文은 當局의 注意에 因하야 다시 改造를 하엿는듸 改造라도 잘 되지 못한 改造임으로 처음에 마암 먹었던 本旨가 어대로 가고 희미하여진 듯하오 매우 不滿足하고 滋味가 적지만은 하는 수가 업소!"[106] 당국의 주의로 인해 최원순이 원고를 수정했고 결국 처음에 마음먹었던 대로 쓰기 어려웠다는 것이다. 최원순의 논의는 다시 「향상向上의 의욕意慾과 생활生活의 변천變遷」으로 이어진다. 세계 개조에 대한 의지는 여기서 '향상의 의욕'이라는 구절로 표현된다. 인간은 누구나 향상의 의욕을 지니고 있다. 보다 나은 진과 선과 미의 생활을 위한 욕구를 지니고 있는 것이다. 인류의 지식이 전개되면 전개될수록 향상의 의욕도 그 기운이 왕성해지고 내용이 풍부해진다.

> 因襲的이고 拘束的인 道德과 制度에서 버서나서 進步的이고 自由的인 內部的 生活을 하랴고 奮鬪한다 不公平한 階級的이며 詐欺的인 經濟生活에서 버서나서 人格을 尊重하고 平和를 愛慕하는 보다 사람다운 生活을 하랴고 하는 것이 現代 人類社會를 支配하는 思潮오 運動이다.[107]

현대 인류의 생활은 종교적·경제적·정치적 방면 모두에서 변화를 필요로 한다. 내부적으로나 외부적으로 이제 생활은 변할 수밖에 없고

106 위의 글, 6쪽.
107 최원순, 「향상向上의 의욕意慾과 생활生活의 변천變遷」, 『현대』 8, 1920.10, 4쪽.

변해야만 한다. 우리에게 '향상의 의욕'이 있다면, 인습적이고 구속적인 낡은 도덕적 생활에서 벗어나 변천을 이루어야만 하는 것이다. 최원순이 발표한 일련의 글들은, 구철학과 구도덕의 탈피를 주장하던 최승만의 글들과도 논지가 서로 통한다.

서춘徐椿은 「신도학생제군新渡學生諸君의게」를 써서 유학생들이 새로운 세계를 위해 해야 할 일이 무엇인가에 대한 의견을 개진한다. 그가 유학생들에게 요구하는 것은 크게 두 가지이다. 하나는 앞으로 조선에 생겨날 더 많은 신문과 잡지에 기록할 사상 및 지식과 문장을 연마하는 일이다. 다른 하나는 소학교 교원을 양성하는 사범학교와 중등교원을 양성하는 고등사범학교에 많이 입학해 달라는 것이다.[108] 이는 조선에서 언론과 교육의 중요성이 갈수록 부각될 것이라는 글쓴이의 판단을 드러내는 제안이다. 더불어, 1920년대 초반 조선총독부의 이른바 문화정치 표방의 결과로 인한 국내의 언론과 교육 여건에 대한 변화를 반영하는 제안이기도 하다.

3) 노동과 경제 그리고 사회주의

김준연金俊淵의 「현대現代의 사명使命」은 우리 사회가 앞으로 지향해 나아갈 방향에 대해 제안한 글이다. 이 글에서는 자본주의의 한계를 비판하고 사회주의의 가능성을 제시한다. 프랑스혁명이 우리에게 자유·

108 서춘徐椿, 「신도학생제군新渡學生諸君의게」, 위의 책, 7쪽 참조.

평등·우애의 정신을 가르쳐 주었지만, 산업혁명과 함께 경제생활의 변화가 시작되면서 인류의 실질적 자유와 평등은 점차 사라지기 시작했다는 것이 이 글의 주장이다. 독점적 시장의 필요성은 군국주의를 강화시키고 군비를 확장하게 하며 약육강식의 논리를 바탕으로 한 국가지상주의적 사고를 가능하게 한다. 국내의 사정 또한 다르지 않다. 산업혁명의 결과 빈부의 격차는 더욱 커지고 빈자貧者라는 고정계급이 생겨나게 된다. "資本主義의 今日에 와서는 生命은 形式上으로는 保障을 언엇다 할 수 잇고 財産은 形式上으로는 保障을 언엇다 할 수 잇다 卽 法律 압헤는 四民平等이라 하는 소래를 우리는 日常 듯게 되얏다 하지만은 우리의 經濟生活은 未曾有의 大危機를 當하엿다"[109]는 것이 이 글에서 파악한 현실이다. 자본주의가 형식적으로는 생명과 재산을 보장한다고 하지만, 실질적으로는 경제생활의 대위기를 초래하고 있다는 것이다.

김영만은 『기독청년』에 「물질계物質界를 논論하야 정신계精神界에 급及함」을 써서 물질의 필요성과 함께 정신계의 중요성을 강조한다. 정신계의 중요성을 역설하는 그의 논의는 문화운동의 부활이라는 제안으로 나타난다. 「식자의 연구를 요하는 실제문제」에서 김영만은 먼저 유학생 사회에 퍼져 있던 사회진화론적 사고에 대해 비판한다. '힘'으로 만사를 해결하려 하는 '힘 제일주의'의 관념에서 벗어날 것을 촉구하는 것이다. 그는 이에 대한 대안으로 문화운동을 제시한다.

우리는 모든 사람과 갓치 또는 먼져라도 文化運動을 하는 것이 우리의 責

109 김준연金俊淵, 「현대現代의 사명使命」, 『현대』 1, 1920.1, 4쪽.

任이며 文化를 가졋든 사람의 本分이 안이고 무엇입닛가 우리의 祖先은 쟈랑할 만한 文化를 가져셧습니다 누구가 업다고 否定하겟습닛가. (…중략…) 우리는 新年도 當하고 新決心도 잇슬 것이니 이 運動을 일으키는 것이 必要치 안은가 生覺됩니다. 이 後로는 國際間 强弱이라는 野戰性을 가진 標語는 업셔지고 人生性을 文野라는 것이 新標語로 生기리라고 합니다.[110]

김영만이 유학생 사회에 만연한 진화론적 사고에 대해 비판하는 것은 충분히 이해가 가는 일이다. 사회진화론적 사고가 제국주의의 주변국가에 대한 침략을 정당화시킬 수도 있다는 측면에서 보면 더욱 그러하다. 요시노 사쿠조의 여명회黎明會의 역할에 대한 긍정적 평가 또한 같은 맥락에서 이해가 가능하다. 하지만, 그가 대안으로 제시하는 문화운동의 실제 내용에 대한 논의는 구체성이 부족하다. 사회진화론에 대한 비판과 정신계에 대한 논의는 사상의 중요성에 대한 강조로 이어진다. 김영만은 자신이 '생물학을 직접 응용하는 무력의 숭배자가 아니라, 인격관념으로 개성 존중을 주장하는 사상의 신자'임을 고백한다. 인류의 장래가 힘에 의해 지배당하는 것이 아니라 사상에 의해 통어通御될 것임을 믿는다는 것이다. 무력武力과 금력金力은 비열천추卑劣賤醜하나 사상은 숭고장엄崇高莊嚴하다는 것이 그의 생각이다.

假令 物質的으로 生活 安定의 保障이 된다하고라도 思想의 安定이 업시, 늘 不安이 襲來한다 하면 人心의 動搖는 말할 수 업시 慘憺하게 될 것입니다

110 추봉, 「식자識者의 연구研究를 요要하는 실제문제實際問題 (4)」, 위의 책, 10~11쪽.

物質上 安定보다 基礎 條件인 思想의 安定을 計劃할 것입니다. 物質的으로 生活의 安定을 保障하는 것은 大洋을 航行하게 船舶을 주는 것이며 思想의 安定을 保障하는 것은 指南針을 주는 것 같습니다. (…중략…) 또 한 가지는 生活의 安定을 얻은 사람이라도 思想의 安定을 엇지 못하엿스면 맛치 豉혼 長劍은 가졋스나 劍法을 몰으는 것 갓하야 危險하기 짝이 업슬 것입니다.[111]

물질적 생활 안정이 보장된다 할지라도 사상의 안정이 없으면 인심의 동요가 참담한 지경에 이르게 된다. 사상의 안정이 없이는 인생의 항해도 인간에게 유익한 도구의 사용도 결국은 불가능해질 것이기 때문이다. 「식자의 연구를 요하는 실제문제」에서는 '전 인류가 서로 미움 없이 구별 없이 화목하게 지내는 것'을 최종적인 이상으로 삼는다. 인류 최고의 이상을 실현하기 위해서 우리가 해야 할 일은 황금만능주의를 응징하는 일이다. 인류의 삶을 극단으로 흐르지 않도록 방비하는 일은 교육기관의 몫이다. 실업가의 주머니에서 내어놓은 자금으로 먼저 교육사업을 일으켜야 하는 이유가 여기에 있다. 특기할 만한 사실 하나는, 정치와 경제 등 다방면에 걸쳐 진보적 성향의 의견을 제시하던 김영만이 유학생 사회의 주요 관심사 가운데 하나인 '남녀동등문제'에 대해서는 상대적으로 보수적인 입장을 보였다는 것이다. 김영만은 이 문제에 대한 세간의 생각을 크게 두 가지로 정리한다. 하나는 큰 결단을 내려 오늘이라도 당장 남녀 간에 막혀 있는 벽을 터버리자는 것이다. 다른 하나는 시기상조라는 이유를 내세워 이 문제를 도외시하는 것이다. 그

111 위의 글, 15~16쪽.

러나, 이 두 생각은 모두가 정곡에 맞지 않는다는 것이 그의 판단이다. 그는 남녀 간에 놓여 있는 방죽은 서서히 조금씩 열어야 한다고 주장한다. 한꺼번에 방죽을 열 경우 그 폐해를 감당하기 어렵기 때문이다.

> 이러한 때에는 방축의 門을 죠곰식 열어야 할 것입니다. 그와 맛찬가지로 至今 별안間에 男女의 壁을 문허버리고 交涉이 잇게 하여 보시오 반다시 不少한 犧牲를 우리 社會에셔 내여야 하겟습니다. 不少한 犧牲를 내고라고[도] 죠흔 効果를 엇으면 그 우에 더 죠흔 것은 업스나 犧牲만 낼 뿐이요 아모 効果도 업슬 것은 우헤 말삼한 방축과 갓흠니다. 그와 反對로 時機尙早를 말삼하는 이처럼 無謀한 이는 업슬 것입니다.[112]

남녀동등이라는 문제에 대해 이 글이 내리는 처방은 '여자 자신이 해방의 필요를 깨닫고 실력을 가지고 일어설 때를 기다리는 것'이다. '남녀동등은 남자의 주장만으로 될 것이 아니라 반드시 여자계에 자각 있는 운동이 있은 후 실현될 것'이기 때문이다. 이 글에서는 '금일과 같이 남자가 여자해방론을 언제든지 주장하게 되면 이것은 남자가 여자를 모욕하는 것이며, 여자가 남자와 같이 동등하게 될 만한 실력이 없다는 것을 입증하는 것'이라는 주장을 펼치기도 한다. 김영만은 『기독청년』에 기고한 글 「청년靑年의 타락墮落에 대對한 교정책矯正策을 강구講究

112 「식자識者의 연구研究를 요要하는 실제문제實際問題 (5)」, 『현대』 2, 1920.3, 21쪽. 참고로, 『현대』 제2호 표지에는 이 글의 필자가 김영만이 아니라 박승철朴勝喆로 표기되어 있다. 이는 오류로 보인다. 박승철은 『현대』 제1호에 「세계문명世界文明의 이동移動」이라는 번역 논문을 게재한 바 있다. 그는 최승만이 묘사한 기독교청년회의 성탄 축하 예배 장면 중 성경 낭독자로도 등장한다. 극웅極熊, 「「크리스맛스」 스켓취」, 『현대』 1, 1920.1, 40쪽 참조.

하라」에서 사회를 혼란스럽게 할 수 있다는 이유를 들어 자유연애와 자유결혼 등에 반대한 바 있다.

변희용卞熙瑢의 「노동문제勞動問題에 대對한 여余의 견문見聞」은 사회주의에 기반을 둔 노동운동의 필요성을 역설한 글이다. "勞動問題란 것은 엇더케 하엿스면 社會의 大多數를 占領하고 잇는 無產者를 解放할가 하는 方法을 研究하는 것"[113]이 이 글이 내리는 노동문제의 정의이다. 노동문제의 본질은 계급의식을 자각한 노동자가 현재의 산업적 조직 내에서 경험한 노예적 생활을 타파하고 속박으로부터 벗어나 자유로운 삶을 살게 하는 데 있다. 노동운동은 노동자의 사회적 평등과 정의를 요구하는 인도적 목소리이다. "現在의 不合理한 經濟的 生活을 社會的 正義와 平等의 原則에 調和식히고 不完全한 生產組織을 不平等한 富의 分配를 公正한 基礎上에서 完全히 平均히 히려는 努力"[114]을 통해 자유 평등의 세계를 건설하기를 원하는 시도라는 것이다. 변희용은 노동운동에 대한 이해를 위해서는 사회주의에 대한 이해가 우선되어야 한다고 주장한다. 사회주의는 오늘날의 경쟁제도를 폐지하고 사회를 공력주의共力主義 상에서 개조하려는 것이다. 노동운동의 구체적 방침은 '경제적 단체가 진보하여 정치적 단체로 변화하고, 정치적 단체가 갱진更進하여 사회주의의 목적을 달성하는 것'이다. 즉 노동자로 하여금 노동조합과 경제단체를 조직하게 하고, 노동조합과 경제단체가 연합하여 정치운동을 하며, 정치운동으로 얻은 세력을 바탕으로 사회주의를 실현하는 것이 궁극적 목표가 된다는 것이다. 이 목표를 달성하기 위해 필요한 것이 '노

113 변희용卞熙瑢, 「노동문제勞動問題에 대對한 여余의 견문見聞」, 『현대』 1, 1920.1, 18쪽.
114 위의 글.

동자교육과 희생의 정신 그리고 노동자들 사이의 동정同情의 념念'이 된다. 노동운동과 사회주의 실현에 관한 이러한 주장은 당시 유학생 잡지 소재 논설 가운데서는 보기 드물게 직설적이며 구체적이다. 「노동문제에 대한 여의 견문」은 1910년대 후반부터 유학생 사회에서 일정한 영향력을 발휘하던 사회주의 사상이 『현대』에 이르러 더욱 본격화되고 있음을 보여준다. 사회주의 사상에 대한 변희용의 관심은 「카―ㄹ・마륵쓰 약전略傳」에 대한 연재로 이어진다.[115] 변희용은 「사회社會와 경제經濟」에서는 인류사회에서 발생하는 모든 투쟁의 근원이 경제문제에 있음을 주장한다. '모든 사회투쟁의 근본 원인이 경제적 부족에 있다'는 것이다. 인류는 기한飢寒과 질고疾苦에서 벗어나기 위해 노동을 한다. 모든 경제적 투쟁이란 자연적으로 존재하지 않는 조화를 획득하려는 노력이다. 이러한 노력의 유무가 비경제적 동물과 경제적 인류 사이의 본질적 차이라 할 수 있다. 경제적 투쟁은 결국 세 가지 형태로 나타난다. 자연과 인류 사이의 투쟁, 인류와 인류 사이의 투쟁, 그리고 인류 내부의 투쟁이 그것이다. 인류가 풍부한 자연 속에서 생활하게 되고, 욕망의 전부를 자유롭게 충족시킬 수 있다면 경제적 부족 현상은 일어나지 않는다. 자연과 인류 간에 조화가 있다면 인류와 인류 간에도 이익의 충돌이 없을 것이며, 개인의 내부에도 아무 투쟁이 생기지 않을 것이다. 그러나, 욕망의 정도가 높아지고 욕망의 종류가 증가함에 따라 이익의 충돌이 생기고 도덕문제가 생겨나는 것이 현실이다. 경제적 부족으로 인해 발행한 이익 충돌의 결과 인류 간에는 국가・법률・재산권과 같은

---

115 변희용, 「카―ㄹ・마륵쓰 약전略傳」, 『현대』 8, 1920.10, 28~32쪽・59~62쪽 참조.

제도가 생겨난다. 결국 모든 사회적 문제의 근원은 "經濟的 不足이란 事實에 發源하야 發生한 利益衝突의 基礎에 關聯되는 것"[116]이다. 이 글이 결론에서 강조하는 것은 경제학이 사회과학 중 수위를 점유할 학문이라는 것이며, 경제문제가 모든 사회적·도덕적 문제의 기초가 된다는 사실이다. 변희용은 「신인新人의 성聲」에서는 러시아의 무정부주의자 겸 사회주의 운동가였던 크로포트킨의 상호부조론에 근거해 자본가의 의무가 어디에 있는가를 논의한다. 이 글의 서두는 '금전의 세력은 제왕의 권위보다 위대하다'는 구절로 시작된다. 금전의 세력이 제왕의 권위보다 위대한 것은 금전이 지닌 가치 때문이다. 금전의 가치는 집적한 금전을 적절한 곳에 사용하는 데 있다. 그러나, 우리나라의 자본가들은 이를 집적할 줄만 알고 바르게 사용할 줄 모른다는 데서 사회적 문제가 발생한다. 우리나라의 자본가들은 집적한 금전의 상속을 중히 여긴다. 그러나, 상속보다 더 중요한 것은 자녀에게 교육을 베푸는 일이다. 자녀에게 교육을 베풀기 위해서는 무엇보다 적합한 교육기관이 있어야 한다. 우리 사회의 자본가가 해야 할 첫 번째 일은 바로 이러한 교육기관을 설립하는 것이다. 이러한 사업에 금전을 선용善用하는 것이 가치 없이 금전을 사용하는 것보다 몇 백배 더 좋은 일이다. 이렇게 금전을 사용하고도 여유가 있으면 하층계급을 위해 이를 베풀어야 한다는 것이다.

그이들의게 밥을 주시오! 그이들의 智識欲을 滿足시키시오! 智識欲을 滿

116 변희용, 「사회社會와 경제經濟」, 『현대』 2, 1920.3, 27쪽.

足시키는 데 第一步로 着手할 것은 그이들의게 가갸와 거겨를 가르칠 일이 외다. 그이들의게 가갸와 거겨를 敎授할 學校와 敎師를 設置하고 雇聘할 것과 그이들의게 보기 쉬운 通俗圖書와 雜誌와 新聞을 供給하여 주는 것이 資本家의 着手할 社會的 公共事業이 아니오닛가.[117]

우리 사회가 또 하나 노력할 것은 새로운 언론 발표의 기관을 많이 만드는 일이다. 사회를 건전하고 광명하게 만들려면 무엇보다 언론의 범위를 확장하고 시대에 적합한 사상으로 쓴 글을 사회에 보급시켜야 한다. 언론의 범위를 확장시키기 위해서는 각종 잡지에 금전을 공급하는 일이 필요하다. 이러한 방면에 금전을 사용하는 것은 자본가의 사회에 대한 의무가 된다. 아직까지 시작도 못한 경제적 방면에 관한 잡지, 정치적 방면에 관한 잡지, 법률 방면에 관한 잡지, 사회문제 중 특별히 노동문제와 부인문제에 관한 잡지 같은 것을 경영하는 일에 금전을 공급할 의무를 가진 이가 바로 자본가인 것이다. 자기의 의무를 이행할 줄 모르는 사람은 책임의 관념이 없는 사람이다. 책임의 관념이 없는 사람은 자신의 인격을 스스로 모욕하는 사람이다. 이는 금수禽獸와 다를 바가 없다. 만물의 영장인 인간이 그 사회에 대한 의무를 이행하는 것은 지극히 당연한 일이 아닐 수 없다. 이러한 논리를 근거 삼아 「신인의 성」에서는 조선의 자본가들의 사회적 의무 이행을 거듭 촉구한다. 변희용은 「민본주의民本主義의 정신적精神的 의의意義」를 통해서는 민주주의에 대한 관심을 표명한다. 이 글은 서두를 "民本主義란 것은 말할 것 업

117 변희용, 「신인新人의 성聲」, 『현대』 3, 1920.3, 24쪽.

시 Democracy란 英語의 譯語올시다"[118]라는 구절로 시작한다. 그가 말하는 민본주의가 곧 민주주의의 다른 표현인 셈이다. 그는 오늘날 민본주의가 크게 유행할 뿐만 아니라 여러 사람에게 환영받고 있으며, 민본주의의 근저에 인생에 적합한 어떠한 선善이 내재해 있다는 견해를 제시한다. 그가 이 글에서 소개하는 민본주의는 종교상의 민본주의, 산업상의 민본주의, 교육상의 민본주의, 정치상의 민본주의 등이다.

김종필金鍾弼의 「신시대新時代의 요구要求에 응應하라」에서는 이 시대의 새로운 요구가 '단체주의'임을 주장한다. 이 글에서 주장하는 단체주의가 곧 사회주의를 의미하는 것은 아니다. 그러나, 자본주의 세력과 개인주의 경제이론이 빈곤을 심화시키고 계급의 장벽을 높여왔다는 주장과, 그에 대한 대안으로 단체주의를 주창한다는 점에서 보면 단체주의는 사회주의와 서로 통한다. 개인주의는 개인에서 행복을 찾고 이상을 구하고 자유를 구하며 개인의 완성을 추구한다. 단체주의는 단체에서 이상을 구하고 자유를 구하며 단체의 행복과 완성을 추구한다. 개인주의는 개인과 개인의 경쟁에서 진보를 구하나 단체주의는 단체 가운데에서 힘을 발견하고 개인의 협력을 구한다. 개인주의를 대표하는 정신이 자유경쟁이라면 단체주의의 정신은 협력일치이다. 개인주의는 이론상으로나 실제상으로 이제 몰락하고 있고, 그 자리를 새로운 단체주의가 채우게 된다. "今日의 世界는 個人主義가 가장 悲慘한 時代 되난 同時에 團體主義가 가장 榮光된 時代일다"[119]라는 것이 이 글의 주장이다. 단체주의는 자유에 반대하지 않는다. 다만, 개인적 자유보다 사회적 자

118 변희용, 「민본주의民本主義의 정신적精神的 의의意義」, 『현대』 5, 1920.5, 11쪽.
119 김종필金鍾弼, 「신시대新時代의 요구要求에 응應하라」, 『현대』 6, 1920.6, 13쪽.

유를 더 크게 요구할 뿐이다. 개인주의는 개인의 해방으로 만족하나 단체주의는 사회적 해방과 민족적 해방을 요구한다. 「신시대의 요구에 응하라」에서 단체주의를 통한 사회적·민족적 해방에 대해 관심을 표명하는 이유는 자명하다. 이는 단체주의가 일제日帝로부터의 해방을 가능하게 하리라는 기대와도 연결되어 있기 때문이다.

김항복金恒福의 「자각自覺하라」는 노동운동과 사회문제의 유래 및 원인을 살핀 후 자각의 의의가 어디에 있는가를 논의한 글이다. 인류의 문명이 생산규모를 점차 확대해감에 따라 자본가의 이익 또한 가속적으로 확대되어 가고 있는 것이 오늘날의 현실이다. 이로 인해 자본가는 경제력이 점차 커지고 반면 노동자는 더욱 어려운 지경에 처해지게 된다. 이러한 현상에 대해 깨닫고 노동자가 새로운 자각을 얻게 된 것은 현대사상의 근저를 이루는 데모크라시 즉 민주주의로 인한 것이다.

> 自古로 勞動者는 이 現狀中에서 比較的 安樂을 엇으려 하엿고 또 無意識的으로 資本家의게 服從하야 勞動者된 磁氣는 本來 天賦에 因하야 勞動者로 慘憺한 生活을 할 運命을 밧앗다 自信하고 아모 不平不滿이 업시 千載를 經過하엿지만 現代文化의 基調가 되고 現代思想의 根柢인 데모크라시는 勞動者의 自覺을 換起하야 所謂 勞動運動을 促進한 것이라 換言하면 勞動者라 하야 決코 天賦的 勞動運命을 가진 것이 아니라 資本家와 同一한 宇宙의 使命과 同一한 自由 幸福을 享할 權利와 資格이 잇음을 알앗나니 卽 自己存在와 地位를 自覺한 것이다.[120]

120 김항복金恒福, 「자각自覺하라」, 『현대』 6, 1920.6, 26~27쪽

자각의 힘은 과거의 낡은 것을 파괴하고 미래의 새로운 것을 건설하는 신기운을 만들어 낸다. "自覺은 自己의 存在와 地位를 알아 進行할 道程을 案出하는 것"[121]이다. 자각의 생활에서 특히 중요한 것은 자아에 대한 자각이다. 자아에 대한 자각에 이어 해야 할 일은 우리 사회에 자각을 환기하는 일이다. 노동자의 자각이 근세 데모크라시에서부터 시작된 것 같이, 우리민족의 자각은 서양문화를 수입 보급하는 일에서 시작될 수 있다는 것이 김항복의 주장이다. 「자각하라」는 '서양문화를 수입 보급하여 조선의 문명을 촉진시킬 사명이 누구에게 있는가?'라는 물음으로 마무리된다. 이 물음 속에는, 서양의 데모크라시 이론이 개인의 자각을 불러왔듯이, 서양문화의 수입과 보급이 조선에 새로운 문명을 가져오게 될 것이라는 확신이 자리 잡고 있다. 김항복의 논의는 「자유自由와 타유他由」로 이어진다. 그는 이 글에서 '역사란 곧 인류가 자유를 추구하고 유지하고자 하는 분투와 노력의 기록'이라고 정리한다. 자신의 절대 이상은 완전한 자유이고, 자신의 활동은 이상적 자유를 얻기 위한 노력이라는 것이다. 자유는 소극적 자유와 적극적 자유 두 가지로 나눌 수 있다. 첫째, 소극적 자유 즉 외적 자유는 구속과 속박으로부터 벗어나 해방되는 것을 의미한다. 노동자가 자본가의 경제적 지배에서 벗어나 독립자영의 생활을 하거나, 여자가 남자의 구속에서 해방되어 남녀평등의 인격적 대우를 받게 되는 것이 그러한 사례이다. 피정복 상태의 민족이 정복자의 압제를 벗어나 독립자유의 민족적 생활을 하게 되는 것도 마찬가지이다. 둘째, 적극적 자유 즉 내적 자유는 인격적 자

121 위의 글, 27쪽.

유를 일컫는다. 인격적 자유란 사람이 사람된 사명을 다 하는 것이다. 이는 곧 본무本務 즉 의무를 다 함을 말한다. 자유는 책임의 관념을 떠나서는 구할 수 없다. 따라서 "우리가 責任과 本務를 다하고 天賦의 使命을 다 하는 것이 完全한 內的 自由를 엇는 秘訣"[122]이라는 것이 이 글의 주장이다.

박정식朴正植의 「'쏘시알니즘'에 대對하야」는 사회주의의 정의와 그 분파를 소개한 후 조선의 미래에 관해 의견을 제시한 글이다. 이 글은 서두에서, 현대에 이르러 어느 국가 어느 민족을 막론하고 '쏘시알니즘'에 관심을 보이지 않는 곳이 없다고 주장한다. 최근에는 이 '쏘시알니즘'이 국가사회주의, 공산주의, 무정부주의, 볼세비즘 등으로 다양한 분파를 형성하게 되었다는 것이다. 「'쏘시알니즘'에 대하야」에서는 프랑스혁명의 원동력이었던 자유·평등·박애의 사상이 일반 사회주의의 공통적 목적이며 이상이라고 소개한다. 이러한 이상과 목적의 실현을 방해하는 자본가·권력가로 인해 특권계급을 타파하려는 운동이 발생하게 되었다는 것이다. '쏘시알니즘'이 다양한 분파를 형성하며 온 세계를 지배하려는 이때에 우리는 어떠한 용기와 각오로 새로운 시대를 맞이할 것인가? 아직까지 이렇다 할 농촌조합 하나 없는 우리가 해야 할 일은 무엇인가? "우리가 우리의 손으로 生産의 機關을 세우고 産業團을 組織할 만한 充分한 準備가 잇어야 할 줄 안다"[123]는 것이 이 글이 제시하는 해결의 방향이다. 우리의 사회와 민족은 아직 자각 없는 노예의 상태를 벗어나지 못한 노동자처럼 되어 있다. 그러므로 우리가 보다

122 김항복金恒福, 「자유自由와 타유他由」, 『현대』 9, 1921.2, 14쪽.
123 박정식朴正植, 「'쏘시알니즘'에 대對하야」, 『현대』 9, 1921.2, 29쪽.

더 인격화하고 노동화하고 자주자립하는 민족이 되려면 우리의 내부생활을 충실하게 할 생산기관의 근본의 되는 공업과학을 배우는 이가 많아져야 한다. 아울러, 자유와 평등에 이상을 두고 우리의 본능적 애愛를 발휘하는 정의의 용사가 되어야 한다는 것이다. 「'쏘시알니즘'에 대하야」에는 사회주의가 물질세계뿐만 아니라 정신세계까지도 지배할 수 있는 이상적 사상이라는 믿음이 담겨 있다. 당시 유학생 사회에 퍼져 있던 사회주의에 대한 태도의 일단을 엿볼 수 있는 것이다.

윤상철尹相喆은 「현대사조現代思潮와 우리의 할 일」에서 지금과 같이 불합리하고 불공평한 시대에는 많은 사람들이 사회주의를 생각하게 된다는 견해를 표명한다.[124] 하지만, 윤상철의 논의의 주된 관심사는 앞의 박정식의 경우와는 명확히 구분된다. 「현대사조와 우리의 할 일」에서는 불합리하고 불공평한 세계의 개조를 위해 필요한 것이 기독교적 사랑과 희생의 정신임을 강조한다. 이 글에서는 '우리가 절실히 요구하는 자유와 평등도 자기각성과 공동책임 등의 사상이 없으면 아무 가치도 없다'고 주장한다. 이 글에서는 '계급투쟁'보다는 '희생적 분투노력'에 더 큰 관심을 표명한다. 희생적 정신이 중요한 것은 이를 통해 인간이 하나님에게 가까이 다가갈 수 있기 때문이다. 희생이란 말에는 공헌과 신성의 두 가지 의미가 포함되어 있다. 희생은 곧 "하나님께와 社會에 自己를 貢獻하는 것이고 自己를 神聖하게 하는 方法"[125]이다. 이 시대에 필요한 덕목은 자신을 버리는 희생과 사랑의 정신이다. 이 글은 사회주의에 대한 관심을 보이면서도, 결국 세계 개조의 바탕이 되는 근본정신

124 윤상철尹相喆, 「현대사조現代思潮와 우리의 할 일」, 『현대』 9, 1921.2, 31쪽 참조.
125 위의 글, 32쪽.

은 기독교적 사랑과 희생의 정신임을 거듭 주장한다.

1910년대 후반으로 접어들면서 유학생 사회에서 기독교의 영향력은 점차 약화되어 간다. 이는 1919년 이후 『학지광』에서 기독교 관련 기사의 비중이 급격히 줄어들었다는 사실을 통해서도 확인된 바 있다. 1920년대 유학생 사회는 사상과 조직의 급격한 변화를 경험하게 된다. 변화의 방향 가운데 하나는 무정부주의와 사회주의에 대한 경도였다.[126] 하지만, 1920년대 초반은 유학생 사회에서 아직은 기독교와 사회주의가 크게 마찰하지 않던 시기였다. 이는 국내의 상황과 크게 다르지 않다. 『현대』의 지면에서는, 기독교와 사회주의가 대립보다는 공존의 가능성을 타진하고 있었다.[127] 1920년대 초반까지 『현대』 등에서 기독교와 사회주의가 공존할 수 있었던 것은 세계 개조라는 공동의 목표가 존재했기 때문이다. 기독교와 사회주의는 비록 실행방법에서 차이가 있기는 하나, 국제성을 바탕으로 자유·평등·박애의 이상을 실현하고자 한다는 점에서 동일한 목적을 공유할 수 있었던 것이다.[128]

---

126 당시 문단과 사상계의 흐름을 개관한 글에는 다음과 같은 구절도 있다. "最近 朝鮮 思想界의 主潮가 現代人類의 最高의 人生哲學이라 할 만한 社會主義 우에 立하야" 황석우黃錫禹, 「최근문단最近文壇 급及 사상계思想界의 개평槪評」, 『현대』 9, 1921.2, 47쪽.

127 다만, 김낙영의 「사회와 예수교」 등과 같이 기독교의 입장에서 사회주의 사상의 대두를 비판하는 글이 전혀 없었던 것은 아니다.

128 이와 관련해서는 다음의 지적도 참고할 수 있다. "마르크스주의가 비서구 사회에서 호소력을 가지는 이유에 대해서 P. L. 버거P. L. Berger는 그것이 합리적 통제와 계획·자유·평등·박애 등과 같은 계몽주의의 이념, 진보사상 등을 포함하는 근대화의 테제와 소외라는 근대성의 결함으로부터 구원을 약속하는 반근대의 테제가 교묘하게 종합되어 있기 때문이라 하였다." 노치준, 「일제하 한국 YMCA의 기독교 사회주의 사상 연구」, 김흥수 편, 『일제하 한국 기독교와 사회주의』, 한국기독교역사연구소, 1992, 651쪽. 오늘날에도 기독교와 사회주의의 관계에 대한 정리는 쉽지 않다. 다음의 지적은 이를 잘 보여준다. "기독교와 맑스주의의 갈등문제는 정치체제와 사회경제제도의 문제를 넘어 신이나 인간, 역사의 본질에 관한 철학과 세계관의 문제를 내포하기 때문에 자본주의와 공산주의의 대립문제보다는 훨씬 더 복잡하고 어려운 모순을 내포하고 있다. 이 점에서

하지만, 기독교와 사회주의의 공존은 그리 오래 가지 않았다. 1923년 3월 이후 국내의 사회주의자들은 공식적인 반종교운동을 시작한다. 기독교와 사회주의의 결별이 본격화되는 것이다.[129] 『학지광』 등 1920년대의 유학생 잡지 속 기독교와 사회주의 또한 점차 거리를 넓혀가게 된다.[130]

4. 『현대』의 소설 연구

『기독청년』에는 창작소설은 단 1편도 실려 있지 않다. 다만 톨이토이의 작품 「하나님은 진리眞理를 보신다마는 기다리신다」와 세익스피어의 작품 「템페스트 폭풍우暴風雨」 등의 번역물이 실려 있을 뿐이다. 이들 작품의 번역자는 구리병句離瓶이라는 필명을 사용한 주요한朱耀翰

기독교와 맑스주의가 가진 사상적 대립과 가치관의 갈등을 해결하지 않고는 좀처럼 화해의 길이나 대화의 길이 열리지 않게 된다." 이삼열, 「맑스주의와 기독교의 비판적 관계」, 『기독교와 한국사회』 1, 숭실대 한국기독교문화연구소, 1991, 8~9쪽.

129 서울청년회 주동으로 1923년 3월 24일부터 30일까지 진행된 '전조선청년당대회全朝鮮青年黨大會'에서부터 공식적인 반종교운동이 나타나게 된다. 이 대회는 종래의 청년운동을 계급투쟁노선으로 전환시키려는 의도를 갖고 있었다. 이와 관련된 논의는 강원돈, 「일제하 사회주의 운동과 한국 기독교」, 『일제하 한국 기독교와 사회주의』, 한국기독교역사연구소, 1992, 31쪽 참조.

130 참고로, 국내의 경우는 기독청년회가 발행한 『청년』 등의 잡지를 통해 기독교사회주의에 관한 구현 시도가 간헐적으로 있었던 것으로 알려져 있다. 이와 관련된 상세한 논의는 장규식, 「1920년대 개조론의 확산과 기독교사회주의의 수용・정착」, 『역사문제연구』 21, 역사문제연구소, 2009.4, 111~136쪽 참조.

이었다. 주요한은 『기독청년』에 기고한 「허튼소리」에서 '요새 조선 사람은 연구나 평론이라면 중히 여기고 창작이라면 한인閑人의 한담閑談으로 아는 이가 많다'는 말로 소설을 대하는 세간의 태도에 대해 불만을 표출한 바 있다. 그의 불만은 다음과 같은 구절들로 이어진다. "아마 自稱 硏究評論家들은 小說家 가튼 거슨 自己 밋구멍에도 밋지 못할 것인 줄 생각하는지오. 나여야 할 거슨 藝術家요, 생기여야 할 거슨 創作家외다. 藝術은 時代가 要求하지 안를 때에야 말로 가장 存在할 必要가 잇다하오."[131] 예술은 시대를 앞서가지만, 오히려 그로 인해 이해받지 못하고 핍박받는다. 주요한은 '어떤 시대 어떤 나라를 막론하고 예술을 큰 죄악같이 여기는 도학선생道學先生들이 많지만, 소설로 인해 도덕적으로 타락했다는 청년을 아직 만나본 적이 없다'고 항변한다.

『현대』에는 모두 네 편의 창작 소설이 실려 있다. 백악白岳의 「자연自然의 자각自覺」, 늘봄의 「피」, 달천達泉의 「십오일」, 난파蘭坡 홍영후洪永厚의 「회개悔改」가 그것이다. 이 중 홍영후의 「회개」는 『현대』 제9호부터 연재물로 기획이 되었지만 잡지의 폐간으로 인해 미완으로 끝난 작품이다. 『현대』에 몇몇 창작소설들이 수록되었다고 해서 이 잡지의 필진들이 문학 혹은 예술에 대해 호의적인 태도를 보였던 것은 아니다. 『현대』 소재 논설들에서는 간혹 문학 혹은 예술에 대한 언급을 찾아볼 수 있는데, 이들은 거의 예외 없이 비판적 태도를 보인다. 김영만은 「식자의 연구를 요하는 실제문제」에서 우리 사회에 잡지의 종류가 늘어나는 것은 좋은 일이지만 소설의 폐해는 경계해야 한다는 견해를 표

131 구리병句離瓶, 「허튼소리」, 『기독청년』 9, 1918.9, 12쪽.

명한다.

> 나는 우리 社會에서 多數의 雜誌가 創刊되는 것을 깃버합니다 그러나 無條件으로 반기는 것도 안이야요. 엇더한 雜誌를 보면 小說이라든가 評論의 內容은 무슨 主義下에서 쓴 것이 안이라 다만 小說과 評論을 쓰려는 目的에셔 나온 것 갓치 보히는 것임니다 假令 우리 社會의 惡風을 矯正하려는 意味에셔 쓴 것이 안이요 그 材料로 쓰려는 生覺에셔 나온 것 갓치 보힘니다. 卽 三文의 價値도 업는 文章을 써가지고 立志가 堅固치 못한 靑年男女들의 歡心을 사려는 것 갓슴니다. 靑年男女들은 下卑한 軟文學에 心醉하야 往往 一生을 그릇하는 實例를 꼽을 수 잇지 안슴닛가.[132]

소설은 사회의 악풍을 교정하는 데 기여해야 하지만, 우리나라의 소설은 그러한 역할을 하고 있지 못하다는 것이 김영만의 생각이다. 소설은 천박하고 가치 없는 문장으로 청년남녀의 환심을 사고, 더 나아가 그들의 일생을 망치기도 한다. 주요한의 항변에도 불구하고, 소설이 청년남녀의 도덕적 타락을 부추긴다는 주장이 지속되는 것이다. 김영만은 같은 글에서 '몇 방면의 논객들의 시대착오'를 지적하면서 다시 소설가에 대한 비판을 이어간다. 이 비판의 핵심은 문단의 주류를 이루는 자연주의에 대한 것이다. 김영만은 최근 소설가를 포함한 가장 많은 논객들이 주장하는 것이 '문학상의 자연주의'라고 지적한다. 자연주의란 무엇인가? 그것은 '우리가 듣고 본 것을 감추지 않고 그대로 발표하는 것 즉

132 「식자識者의 연구研究를 요要하는 실제문제實際問題 (5)」, 『현대』 2, 1920.3, 16쪽.

인생의 본능에 의하여 사람인 이상에는 누구든지 다 있을 그것을 껍질을 씌우지 않고 제 본질대로 외계에 내어놓는 것'이다. 그는 '자연주의를 반대하는 것은 아니지만 그 주의가 우리 사회에는 아직 이르다'고 주장한다. 김영만의 주장의 바탕에는 소설가에 대한 불신이 깔려 있다. 그들이 조선의 젊은이들에게 바른 길을 보여주고 있지 못하다는 생각이 내재되어 있는 것이다.

고영환高永煥의 「천재天才와 시험試驗」에서는 조선의 연애소설과 이를 창작하는 소설가가 비판의 대상이 된다. 그는 먼저 '문란한 연애소설이나 자꾸 써서 화락하게 잘 사는 부부 사이에 이간이나 시키고 이혼사건이나 늘어나게 하는 것이 소위 자칭 문호인 체하는 천재의 고상한 사업이며 갈망하던 사명인가?' 하는 질문을 던진다. 이어서 그는 조선의 톨스토이를 자처하는 문예계의 사람들이 쓰는 작품이란 것이 온통 연애소설뿐이라고 비판한다.

> 하지마는 그 所謂 조선 톨스토이先生들이 雄文이란 것을 보면 쓰는 것이 밤낫 戀愛問題뿐이다. 戀愛問題도 神聖하게만 主張하면 이것도 勿論 우리 社會의 緊急問題 中 하나라 안이할 수 없겟지마는 웬걸 — 그 內容을 읽어보면 듣기에도 無價値한 卑醜聲뿐이다. 한번 더 — 露骨的으로 말하면 輕薄少年으로 하야곰 胸中에 動搖나 일이키게 하며 아즉 心志가 堅固치 못한 所謂 新式女子의게 歡心이나 사랴고 애쓰는 表徵이 隱然히 들어나는 것뿐이다. 或은 무슨 그럴듯한 말을 巧妙하게 排列하야 婦女의 神聖한 貞操에 失節의 汚點이나 寄附하랴는 獸的野心에서 勢不得已 끌어나온 소리뿐이다. 이런 것들이 우리 社會의 新文壇을 開拓하랴는 大文豪인 天才이냐.[133]

무가치하고 추한 글들로 경박한 소년들의 가슴에 동요나 일으키고, 심지가 견고하지 못한 신식 여자에게 환심이나 사려는 것이 소설이라는 비판은 앞의 김영만의 주장과 논지가 흡사하다. '그럴듯한 말을 교묘하게 배열하여 부녀자들의 정조에 오점이나 남기려 하는 것이 최근 대세를 이루는 연애소설들이고, 이런 것들이 우리 사회의 신문단을 개척하려는 대문호라는 사람들이 하는 일'이라는 언급에는 조선의 소설과 소설가에 대한 불신이 담겨 있다. 고영환은 조선에서 소설가들이 조선의 천재로 숭배 받는 현실에 대서도 커다란 불만을 드러낸다.

김진목金鎭穆의 「오류誤謬된 사회교육社會教育의 일이삼一二三」에서도 연애소설을 중심으로 한 연문학軟文學이 비난의 대상이 된다. 현대 조선에서 유행하는 연문학이 사회교육에 좋지 못한 영향을 주고 있다는 것이다. 현대 조선에는 그릇된 연문학을 사모하는 청년학생들이 넘쳐난다.

> 그럼으로 現今 우리 青年界에 自稱 藝術家가 數多하며 또한 藝術家가 되고저 하난 傾向이 만히 뵈인다. 그럼으로 青年學生 中에는 將來 目的을 무르면 나는 文學을 좀 뵈오고저 함네다고 對答함네다 이건은 十人이면 八九의 答案이올시다 其 文學을 뵈오갯다난 裡面에난 얻어한 心理狀態가 有한고 한즉 나도 某氏와 如히 小說을 맨드러 或은 詩나 散文을 지어서 雜誌에나나 或은 新聞紙에 記載를 하여스면 하는 名譽心에 憧憬하는 데 있음네다 내가 其 名譽心 其 自體를 不可하다고 하는 건은 아니다 其 軟文學을 渴望하난 其

---

133 고영환高永煥, 「천재天才와 시험試驗」, 『현대』 5, 1920.5, 18쪽.

精神이 藝術이란 自體에 目的이 存在치 아니하고 一虛榮心 비슷한 名譽心에 存在한 걷이 眞正한 藝術家를 爲하야 不可하다 함이라.[134]

조선의 청년계에는 예술가 지망생이 넘쳐나지만, 그들이 갈망하는 연문학은 예술을 목적으로 한 것이 아니라 허영심에 바탕을 두고 있다. 더구나 작품의 내용을 살펴보면 대부분 '연애실패론'이 주를 이룬다는 것이다. 이런 소설을 쓰는 사람들은 인생문제를 연애로만 해결하려고 한다. 인생의 목적이 연애에만 있는 것처럼 기술하는 것이다. 연애에 실패하면 세상을 저주하며 염세주의로 돌아간다. 예술이 할 일은 인생에 활기를 주고 분투와 노력으로 앞길을 열어가도록 하는 것이다. 그럼에도 불구하고 연애실패론만 이야기함으로써 사회로 하여금 연화軟化케 하며 청년으로 하여금 기력을 쇠침衰沈케 하는 것은 사회교육에 방해가 된다. 진정한 소설과 시는 그 시대의 풍조를 미화하며 묘사하며 반영하는 것이다. 진정한 예술은 시대의 인심을 감동케 하며 은연한 가운데 사회문제를 해결하고 교도敎導한다. 글을 쓰는 자는 상당한 백과학적百科學的 상식과 시대를 바르게 이해할 수 있는 기초적 지식을 갖추어야 한다. 그러나, 우리나라에서 소설과 시를 쓰는 사람들은 하등의 상식도 갖추지 못한 채 자기의 감정만을 기초로 하여 되지못한 연애론을 말하는 경우가 많다. 불완전한 기초를 토대로 연애실패론을 말함으로써 사회교육에 오류를 범하는 경우가 많은 것이다. 이렇듯 김진목의 「오류된 사회교육의 일이삼」에서는 문학이 사회에 끼치는 영향에 대해 조목조목

134 김진목金鎭穆, 「오류誤謬된 사회교육社會敎育의 일이삼一二三」, 『현대』 9, 1921.2, 40쪽.

비판을 나열한다. 특히 소설이 사회교육에 미치는 잘못된 영향에 대해 반복적으로 비난을 가하고 있는 것이다.

『현대』에 발표된 첫 번째 창작 소설은 백악 김환의 작품 「자연의 자각」이다. 「자연의 자각」에는 김진목이 비난한 '연애실패론'이 소재로 등장한다. 이는 우연의 일치일 수도 있지만, 김진목이 「오류된 사회교육의 일이삼」을 쓰면서 이 작품을 염두에 두었을 가능성도 배제할 수 없다. 「자연의 자각」은 P와 그가 사모하는 인물 K에 관한 이야기이다. P는 일찍이 큰 뜻을 품고 태평양을 건너기 위해 상해까지 갔다가 주변 사람들로 인한 '이상의 자유의 속박'을 겪고 고국으로 다시 돌아온 인물이다. 그는 '우리 사회를 위하여 스스로 십자가를 지고 용왕맹진勇往猛進하는 장래가 유망한 청년'이다. 그는 빵을 얻기 위하여 어느 서양부인의 서기 노릇을 한다. 그러면서도 한편으로는 우리 사회의 공익을 위하여 자기의 몸을 희생해야겠다고 생각하고, 여학교에서 매일 몇 시간씩 명예로 가르칠 것을 자원한다. P가 K를 안 것은 그리 오래된 일이 아니다. 일본에 유학 중이던 K가 여름휴가를 맞이해 귀국하는 길에 친구 O를 만나러 인천에 갔다가 알게 되어 서로 친해지게 된 것이다. P는 부재중인 O를 대신해 K를 친절히 대했고 둘은 마음이 통하여 삼사일 함께 지내면서 친해지게 된 것이다. 그런데, 이 이야기는 김환의 수필 「동도東渡의 길」에도 수록되어 있다.[135] 「자연의 자각」 속 K와 P의 관계는

135 "내가 仁川을 가게 됨은 別다른 일은 없으나 다만 사랑하는 아우 O君을 맛나려 함이다. 지난 暑中 休暇에 歸國할 째에도 O君을 맛나려고 釜山서 젼보를 노코 永登浦서 乘換하여 仁川을 갓섯더니 不幸히 君은 뜻밧게 일노 因하야 집에 없엇으나 君의 親友 P君이 君의 代身나왓다 하면서 나를 반갑게 마자주엇섯다." 흰뫼, 「동도東渡의 길」, 『창조』 3, 1919.12, 16쪽.

결국 김환(K) 자신이 경험한 실제 에피소드를 바탕으로 한 셈이다. 작품 속 P는 아직 양성兩性의 관계를 모르고 지내는 인물이다. K는 어떤 여성을 사랑하다가 실패하고 번민하던 이야기를 그에게 들려주기도 한다. 「자연의 자각」에서는 P가 K를 안 지 오래되지 않았지만 '그는 K를 몹시 사랑하였고 K도 역시 P를 사랑하였다'고 서술한다. K가 두 번째 인천을 다녀서 동경으로 건너온 지 두 달 후에 P는 K에게 한 통의 편지를 부친다. '사랑하는 K형이여!'라는 구절로 시작하는 이 편지에는 P의 K에 대한 사모의 심정이 담겨 있다. 특히 다음의 구절에서는 K의 필력에 대한 P의 칭찬이 이어진다.

> 지난 十一月 十七일 每日文壇에 실니여 잇는 「鄕村의 누이로부터」한 題下에 긴 글은 쓰거운 늣김과 오슥오슥하는 억개로 빙글빙글 우스면서 자미잇게 맛잇게 닑엇나이다. 엇져면 그러케 잘 그려내셧엇요? 누이가 붓친 그 글에다가 兄이 살을 부치고 약념을 치셧겟지만 아모럿턴지 참말 잘 하엿습듸다. 그래서 兄의게 글월을 올녀서 讚意를 表하려는 맘은 잇섯지만 그간 여러 가지로 맘에 苦痛과 煩悶이 생겨서 이렁저렁 쓰없이 날을 보내기 쌔문에 지금이야 붓을 들게 되엿나이다.[136]

K가 '매일문단每日文壇'에 투고한 글을 재미있게 읽고 일찍 찬의讚意를 표하고 싶었지만 이런저런 사정으로 늦어졌다는 내용이 서신의 서두이다. 「자연의 자각」에 등장하는 K의 글 「향촌鄕村의 누이로부터」는 허구

136 백악白岳, 「자연自然의 자각自覺」, 『현대』 1, 1920.1, 45쪽.

가 아니라 실제로 존재하는 작품이다.[137] 백악 김환이 쓴 서간체 산문 「향촌鄕村의 누이로부터」가 『매일신보』 제4면의 「매신문단」에 실제로 실려 있는 것이다. 이 글이 『매일신보』에 게재된 날짜는 1919년 11월 17일이며, 작품 명 옆에는 '선외選外'라는 표기가 되어 있다.[138] 그러니까 김환은 P라고 하는 소설 속 인물의 편지를 통해 자신의 실제 작품 「향촌의 누이로부터」가 재미있고 감동적인 작품이라는 이야기를 전하고 있는 셈이다.[139] K에게 가르침을 바라는 P의 호소는 계속해서 이어지고, 특히 P로 인해 '자연'에 대해 깨달음을 얻게 되었다는 내용은 이 편지의 핵심을 이루게 된다. '자연'이라는 말을 K가 쓴 글에서 많이 보았고,[140] 지난 여름에는 직접 듣기도 했지만 그 깨달음을 이제야 얻게 되었다는 것이다. P는 K가 '경험도 많고 이상이 높은' 인물이라는 점을 부각시킨다. 이후 지난 여름 K가 전해준 "사람이 누구나 失戀한 그때와 갓치 精神上 큰 傷處를 밧는 때는 업다. 世上 사람들은 이런 사람을 비웃지만은 이는 自己가 實험을 못해서 그 心理를 모르는 까닭이라"[141]는 말의 뜻도 이제야 공감하게 되었음을 토로한다. 사랑의 실패로 인한 고통과 번민에 대한 공감을 거쳐 P가 이르게 된 것이 바로 자연에 대한 자각

137 「향촌鄕村의 누이로부터」에 등장하는 '향촌의 누이'는 김환의 친누이가 아니라 오천석의 누이이다. 이와 관련된 상세한 논의는 이경훈, 「『창조』와 실연」, 『현대문학의 연구』 61, 한국문학연구학회, 2017, 124~134쪽 참조.

138 참고로, 같은 날 같은 지면에는 춘성春城 노자영盧子泳의 시가 2등 작품으로 실려 있기도 하다.

139 작품 속에 등장하는 또 하나의 인물 P는 백야白野 박영섭이다. 이와 관련된 논의는 이사유, 「『창조』의 실무자 김환金煥에 대한 고찰」, 『한국학연구』 34, 인하대 한국학연구소, 2014, 40쪽 참조.

140 참고로, '자연'이라는 단어는 실제 『매일신보』에 실려 있는 백악의 글 「향촌의 누이로부터」에서도 여러 번 반복된다.

141 백악白岳, 「자연自然의 자각自覺」, 『현대』 1, 1920.1, 45~46쪽.

인 것이다.

> 無數한 별들이 반작반작 나려다 볼 샏이요 희미한 아둠의 幕이 나를 둘너 싸더이다. 이때에 나는 비로소 늣김에 감초여셔 自然을 自然히 쌔다랏나이다. 내가 밧은 이 苦痛도 自然 속에서 自然히 밧는 것이요 나를 이 지경에 니르게 함도 自然 속에서 自然이 된 것임을 아랏나이다. 져-멀니 보이는 푸른하늘에 반작이는 별들도 自然 속에 잇고 어둠에 幕도 自然 속에 열엿고 貧富貴賤도 自然 속에 잇고 喜怒哀樂도 自然 속에서 늣기게 되는 것인 줄을 비로소 쌔다랏나이다.[142]

그리하여 P는 자연 속에서 자연의 뜻에 따라 사는 것이 삶이라는 사실을 깨달았음을 K에게 고백하는 것으로 편지를 맺는다. 서신이 끝나면서 소설 「자연의 자각」도 마무리가 된다.[143]

염상섭은 백악의 「자연의 자각」이 발표된 직후 「백악白岳 씨氏의 자연自然의 자각自覺을 보고서」를 써서 이 작품에 대해 다음과 같이 혹평한다.

> 대패질 안 한 文章으로 거린 小說의 中心 生命이라고 할 만한 個性 — 個性이란 말은 人物에만 限한 것이 안이다 — 의 暗示 업는 平凡한 P와 「K」, O와의 交際史 더 甚하게 말하면 小說 中 一人物인 K의 露骨的 自我廣告-라고 하는 것이 氏 의 「自然의 自覺」을 平價하는 나의 부르는 最高額이다. 勿驚하

142 위의 글, 46쪽.
143 소설 「자연의 자각」에 등장하는 인물들인 K, P, O 사이의 에피소드는 김환이 『창조』 제2호(1919.3)에 발표한 기행수필 「고향故鄕의 길」에도 수록되어 있다.

라 그리고 小說을 通貫한 모든 美文은 K의게 對한 讚辭는 專혀 白岳 氏 自身이 白岳 氏 自身의게 드리는 頌歌이니 이에서 더 徹底한 自我廣告가 어대 잇을가.[144]

백악의 작품 「자연의 자각」이 문장을 제대로 갖추지 못했음은 물론, 인물의 개성 또한 제대로 그려내지 못했다는 것이 염상섭의 판단이다. 염상섭은 여기서 한걸음 더 나아가 이 작품이 결국 백악이 자신을 광고하기 위해 쓴 작품에 지나지 않는다는 비판을 덧붙인다. 아울러, 소설을 쓰는 목적이 자기광고에 있을 때 그의 예술은 타락의 심연으로 빠져드는 운명을 맞게 될 것임을 경고한다. 이 글에 대해 김동인이 『창조』에 「제월霽月 씨의 평자적評者的 가치價値」를 써서 반론을 펴고, 염상섭은 다시 『동아일보』에 「여余의 평자적評者的 가치價値를 논論함에 답答함」을 써서 대응한다. 이로 인해 한국 근대문학사 최초의 본격적 문학 논쟁인 '비평의 공정성과 범주 · 역할 논쟁'이 시작되었던 것이다.[145]

『현대』에 수록된 두 번째 창작 소설은 늘봄 전영택의 작품 「피」이다. 참고로, 이 작품은 『전영택 전집』에 수록되어 있지 않다.[146] 「피」는 문화운동에 헌신하다 병을 얻어 입원하게 된 환자 중호에 관한 이야기이다. 이틀 전에 세브란스 병원에 입원한 중호는 청년계에서는 모르는 사람이 없는 인물이다. "安重浩라는 일홈이 곳 熱心, 犠牲을 聯想케 한다.

---

144 제월霽月, 「백악白岳 씨氏의 자연自然의 자각自覺을 보고서」, 『현대』 2, 1920.3, 42쪽.

145 이 논쟁의 진행 과정에 관한 상세한 정리는 김영민, 『한국근대문학비평사』, 소명출판, 1999, 13~38쪽 참조.

146 연보에는 작품의 제목만 기재되어 있다. 전집에서는 이를 1922년 작품으로 추정한다. 표언복 편, 『늘봄 전영택 전집』 5, 목원대 출판부, 1994, 29쪽 참조.

그의 얼골은 사람의 마음을 慇懃이 쓰으는 힘을 가젓다. 同時에 「眞實」이라는 빗치 갓득찻다. 그는 누구를 만나던지 손을 덥석잡고 얼골은 왼통 우슴비치 된다."[147] 그러나 이렇게 사람 좋아 보이는 중호에게도 그늘이 없지 않다. 그는 수년간 풍상을 겪고 세상의 쓴맛을 보며 자라난 사람이었던 것이다. 하지만 그는 비관적이거나 염세적이지 않다. 이는 그가 '예수를 진실히 믿으며 종교적 경험에서 오는 정신적 위안을 받는 사람'이기 때문이다. 그는 어려서 부모를 잃고 삼촌의 집에서 자랐으며 평양과 서울에서 생활하는 동안 안 해본 일이 없다. 그는 '당시 청년들의 이상향'이라는 일본 도쿄에도 얼마간 가 있었고, 만주와 노령지방露領地方에도 돌아다녔다. 그가 처음 병을 얻어 입원한 곳은 일본 도쿄였다. 그러나 그는 병이 낫기도 전에 병원을 뛰쳐나와 고향으로 향했다. 그가 고향으로 돌아간 목적은 '농촌개발' 때문이었다. 그러다 갑자기 '만세 부르는 변'[148]이 일어난 후 그는 다시 고향을 떠나 서울, 원산, 함흥, 대구, 부산, 제주, 도쿄, 북해도 등 수많은 곳을 돌아다니게 된다. 그가 동분서주하는 이유는 문화운동 때문이었다. "그의 活動하며 經營하는 일은 政治的 運動이 아니오 文化運動이엇다. 그와 그 外 몃 친구의 애쓴 結果로 「東洋公報」라는 新聞을 봄부터 發行하게 되엿다"[149]는 것이다. 그러나 신문 창간을 위해 내내 잠을 설치던 그는 결국 피를 토하며 쓰러지고 병원에 입원을 하게 되었던 것이다. 중호는 일본에서 알고 지내던 친구 정학수의 여동생인 간호사 은실의 정성어린 간호를 받게 된다. 다

---

147 늘봄, 「피」, 『현대』 6, 1920.6, 41쪽.
148 문맥상 1919년의 3·1운동을 지칭한다.
149 늘봄, 「피」, 『현대』 6, 1920.6, 43쪽.

음은 중호가 꿈이라는 장치를 빌어 자신의 소망을 은실에게 이야기하는 장면이다.

「恩實 氏」

「네」

「이자 쑴을 수엇는데, 내 니야기하리다. 네, 니야기하리다. 우리 「東洋公報」의 創刊號가 참 굉장하게 난거슬 보앗서요. 나는 그 創刊號를 바다가지고, 너머 깃버서 그 듬석한 新聞을 손에 쥐고 한참 춤을 추엇지요, 그리고 나는 깃븜의 썰린으로 손을 썰면서 第一面을 보앗구려. 쑉땍이에는 左右에 鳳凰 한쌍이 날개를 벌니고 잇는데 그 가운데 「東洋公報」 創刊號라는 글자가 잇고, 그 밋헤는 主旨宣明이라는 論說이 잇고 그 밋헤는 월손씨의 큰 사진이 잇고 그리고는 英文으로 그의 祝辭가 잇습듸다. 그 담에는 第二面을 보앗지요. 初號活字로 「國際聯盟의 新決意」라는 큰 題目이 얼는 눈에 씌어요. 무슨 말인가 하고 보닛가. 米國 와싱톤에 열닌 이번 國際聯盟에서는 世界의 永遠의 平和를 保障하기 爲하야 世界各國의 武裝과 軍備를 無條件으로 解除하기로 決議하엿다더라 한 거시 잇서요.」

重浩는 이 말을 채 마치기 前에 갑자기 精神이 앗득해져서 업드러젓다.[150]

이 장면에는 중호가 공들여 만든 '동양공보 창간호'와 민족자결주의로 상징되는 '윌슨의 사진', 그리고 세계 평화 보장을 위한 '국제연맹의 신결의'가 함께 등장한다. 중호는 이들이 조선의 미래를 보장해 줄 것

150 위의 글, 45~46쪽. 참고로 『동아일보』 창간호에는 「주지主旨를 선명宣明하노라」라는 제목의 논설이 실려 있다.

이라고 기대하는 것이다. 특히 윌슨이 중호의 신문 동양공보 창간호에 축사를 보냈다는 기술을 통해서는, 작가 전영택이 민족자결주의론에 거는 기대가 적지 않았음을 유추할 수 있다. 이 작품의 마무리에는 다음과 같은 부기附記가 실려 있다. "主人公 重浩가 肺病으로 入院한 거슨 事實노 材料를 삼아섯지만 看護婦의 니애기는 全然히 지은 거심을 말해둡니다-作者-"[151] 단편 「피」가 일부 실화를 소재로 삼은 작품이라는 것이다. 「피」는 전영택의 기독교 사상과 인도주의의 정신을 담아낸 초기 작품이라는 점에서 중요하다. 주인공 중호는 기독교 신앙을 바탕으로 농촌개발 등의 사회사업에 헌신하는 인물로 그려진다. 간호부 은실 역시 '어려서부터 괴로워하는 이들을 조금이라도 도와드리고 위로해 드리는 것이 소원'인 인물이다. 중호가 정치운동 대신 문화운동을 택해 신문 창간을 준비하고 있다는 내용도 의미하는 바가 적지 않다. 문화운동의 중요성에 대한 강조는 『현대』에 수록된 논설들에서 이미 수차 확인할 수 있는 것이었다.[152] 주인공 중호의 신문 창간은 이러한 문화운동의 맥락에서 이루어지는 실천 행위이다. 변희용의 「신인新人의 성聲」을 비롯한 일부 논설에서 신문과 잡지의 창간을 우리 사회의 주요 과제로 제시했다는 사실 또한 이 작품의 창작 배경을 이해하는 데 도움이 된다. 「피」는 전영택 개인의 관심사와 당시의 사회적 관심사가 적절히 융합되어 탄생한 단편소설인 셈이다.

『현대』 제8호에는 달천의 작품 「십오일」이 실려 있다. 이 작품은 고

151 위의 글, 46쪽.

152 예를 들면, 김영만도 「식자의 연구를 요하는 실제문제」에서 유학생 사회에 널리 퍼져 있던 사회진화론적 사고에 대한 대안으로 문화운동을 제시한 바 있다.

등과 통학생 K와 동네 젊은 부인 사이의 일화를 소재로 한 것이다. 「십오일」에는 다음과 같은 추기追記가 달려 있다. "此一編은 記載의 便宜上 三分一이나 短縮한 까닭에 不徹底한 感이 不無하오니 恕諒하여 주시옵"[153] 더 길게 써야 할 이야기를 축약했기에 불철저한 감이 있더라도 양해해 줄 것을 독자에게 당부하는 것이다. 근대 초기의 일화형 단편소설들에서는 대체로 일화가 작가의 주제의식을 담아내는 매개물이 된다. 하지만, 이 작품에서는 작가의 주제의식을 확인하기가 쉽지 않다. 그럼에도 불구하고 '여성 역시 남성 못지않은 성적인 욕망을 지닌 존재라는 점을 적극 인정했다는 점에서 여성에 대한 진보적 시각을 드러낸 작품'[154]이라는 평가는 타당해 보인다. 작가의 의도를 조금 더 적극적으로 읽어낸다면, "芳年이 二九, 男便은 아즉 十三歲의 少年, 말성 만코 성가신 無味한 家庭生活에 厭症이 난 彼女"[155]라는 구절에도 주목할 필요가 있다. 젊은 부인의 방황을 그녀 개인의 탓이라기보다는 조혼제도의 탓으로 돌리고 싶은 작가의 의도를 엿볼 수 있는 것이다.

153 달천達泉, 「십오일十五日」, 『현대』 8, 1920.10, 28쪽.
154 서은경, 앞의 글, 127쪽 참조.
155 달천, 앞의 글, 25쪽.

/ 제4장 /

『창조』 연구

1. 『창조』의 발간 배경 및 서지 연구

1) 『창조』의 발간 배경

『창조創造』는 한국 근대문학사 최초의 문학 전문 동인지로, 1910년대 후반 도쿄에 체류 중이던 김동인 · 주요한 · 전영택 등이 주축이 되어 창간했다. 『창조』가 창간되던 1919년 2월 일본 도쿄에서는 '조선유학생학우회' 기관지 『학지광』과 '조선기독교청년회'의 기관지 『기독청년』 등이 발간되고 있었다. 『학지광』에는 언제나 원고가 넘쳤다. 『학지광』은 발간 초기부터 "本誌 發行에 對ᄒᆞ야 投書하신 諸彦의 厚意를 感謝ᄒᆞ오며 紙面의 不許함을 因ᄒᆞ야 餘稿가 尙在ᄒᆞ오니 追後 揭載ᄒᆞ깃슴"[1]라는 말로 투고자들의 양해를 구했다. 『기독청년』의 경우도 사정은 크게

1 「투서주의投書注意」, 『학지광』 2, 1914.4, 24쪽.

다르지 않았다. 『학지광』이나 『기독청년』은 논설을 우선적으로 수록하는 것을 편집의 원칙으로 삼았다. 그렇기 때문에 문예文藝 관련 원고가 지면을 얻는 일은 쉽지 않았다. 김동인과 주요한, 그리고 전영택 등 잡지 창간에 관여한 인물들의 회고를 살펴보면, 『창조』 창간의 동기는 크게 두 가지로 요약된다. 하나는 도쿄에 유학 중이던 문학 지망생들의 작품 발표 지면을 확보하기 위한 것이었고, 다른 하나는 조선에서 신문학 운동을 일으키고자 한 것이었다. '문예잡지를 하나 해 보라'는 주요한의 권고로 인해 『창조』가 탄생했다는 김동인의 술회에는, 당시의 심정이 다음과 같이 기록되어 있다.

> 당시 川幡畵學校에 적을 두고, 藤島 씨의 문하에 미학에 대한 상식을 구하러 다니던 여는
>
> 남에게 지지 않는 예술욕과 소설에 대한 웬만한 자신까지는 가졌었지만 1918년 가을에 당시 유일의 조선 안의 언론기관이던 〈매일신보〉에 소설 한 편을 투고하였다가 무참히 沒書를 당하고 東京 유학생의 기관 잡지이던 〈學之光〉에도 무슨 글을 기고를 했다가 몰서를 당한—두 개의 쓴 경험을 가졌는지라 속으로 분하고 울울하기가 짝이 없던 때였다.
>
> 〈學之光〉이라 하는 잡지는, 문예를 학대하기로 유명한 잡지로서 소설이라든가 문예에 관한 논설이면 반드시 말미에 6호 활자로 — 그것도 절반 이상은 삭감을 하여 게재하여 주던 잡지라 거기서 몰서를 당하였다고 그다지 창피한 일도 아니며 〈매일신보〉 역시 유일의 언론기관이더니만치 투고가 산적하는지라, 웬만한 무명인의 글은 보지도 않고(보아야 알아 보지도 못할 테지만) 쓰레기통에 집어넣던 시대라 몰서당한 것이 당연하지만 여의 자존

심은 여간 상하지 않았던 것이었다. 그런 때에, 요한의 입에서 "우리의 손으로 잡지를 하자. 그것도 몇 만 원의 금전이 필요한 것이 아니라 1, 2백 원이면 넉넉하다"하는 말이 나오매 여의 귀가 솔깃하지 않을 수가 없었다.[2]

김동인이 『매일신보』와 『학지광』으로부터 원고 게재를 거절당한 후 분하고 억울한 감정을 억누르고 있을 때 주요한이 잡지 창간을 제안했고, 큰 돈 없이 잡지를 발행할 수 있다는 말에 귀가 솔깃하지 않을 수 없었다는 것이다. 『창조』 창간 동기와 관련된 전영택의 회고 역시 이와 크게 다르지 않다.

당시 매신에 발표되던 춘원의 「개척자」 평이며, 일본의 문예잡지 『신조神潮』의 문예운동, 동인잡지 『백화白樺』의 이야기로 당시에 동경에서(동경에서라기보다 온 조선인 사회에) 하나밖에 없는 『학지광學之光』의 내용이 보잘 것 없는 것이라든지 그 편집하는 꼴이 우스운 것이라든지 그 중에도 편집하는 이들이 문예에 너무 이해가 없어서 문예작품을 여지없이 박대한다는 비평보다도 불평이 대단하였습니다.

사실 그때에는 소설이라면 6호 활자로 맨 끝에 몰아 집어넣는 것이 예사였습니다.

이러한 것이 미상불 이 순문예잡지를 하자고 하게 된 한 가지 동기가 된다면 넉넉히 된다고 하겠지만 그보다도 우리들의 흉중에 벌써부터 쌓이고 쌓이고 눌리고 눌려오던 창작열이 견딜 수 없이 터져 나온 것이였습니다.[3]

2 김동인, 「문단文壇 십오년十五年 이면사裏面史」(『조선일보』, 1934.3.31 · 4.1, 4.3~6), 『김동인전집』 16, 조선일보사, 1988, 373쪽.

동아일보도 만세이후에 난 것이요, 『개벽』도 그렇고 모두 그 후의 일이지 우리가 창조를 시작할 때는 일반 문화운동은 말할 것도 없고 더욱이 문예운동이라고는 아주 보잘 것이 없었다고 해도 가할 것입니다. 물론 최남선 개인이 집필 경영하던 『소년』 『청춘』 잡지와 춘원이 이러한 간행물과 매일신보를 통하여 내놓은 몇몇 작품이 조선에서 신문학운동이 일어나고 우리네가 새로운 문체로 글을 쓰게 된 그 준비와 기초가 된 것은 누구나 다 인식하는 일이지마는, 처음에도 말했거니와 순문예의 부문에 들어가서 시면 시, 소설이면 소설(특히 단편)을 철저한 의미에 있어서 문예작품으로 내놓은 것은 『창조』가 처음이라고 할 수 있으니, 『창조』는 실로 조선문예의 개척자로 조선문단에서 거의 독보의 길을 걸었다고해도 결코 과장의 말은 아니겠습니다.[4]

당시는 우리 학생계 사상이 팽창하였던 때요, 또 학우지를 편집하던 이가 현상윤 씨 같은 이도 그 중 한 사람이었지만은 문예에 대한 이해가 적었던 것도 숨길 수 없는 일이었다. 나도 시 몇 편을 보냈다가 박대를 받은 한 사람이라 거기에 동감인데다가, 본국의 문예운동이 너무 빈약한 것을 개탄하면서 우리 손으로 한 번 해보자는 그들의 열에 움직여서 마침내 대답을 하였다.[5]

이들 회고문에서 공통적으로 확인할 수 있는 『창조』 창간의 직접적인 동기는 동인들의 발표 지면 확보이다.[6] 전영택 역시 김동인과 마찬

---

3 전영택, 「문단의 그 시절을 회고함」(『조선일보』 1933.9.20~22), 『전영택전집』 3, 목원대 출판부, 1994, 483쪽.

4 위의 글, 486쪽.

5 전영택, 「창조시대 회고」(『문예』, 1949.12), 『전영택전집』 3, 목원대 출판부, 1994, 489쪽.

6 이와 관련해서는 다음의 지적 참조. "김동인이 『창조』를 내고자 마음먹은 것은 주요한을 통해 그가 문학을 알고 그것에다 자기의 목표를 세웠던 탓이다. (…중략…) 그를 알

가지로 '시 몇 편을 보냈다가 박대를 받은' 경험을 토로하고 있는 것이다. 상황을 종합하면, 조선의 신문화운동에 대한 기여는 후일 회고 과정에서 추가된 명분상의 이유로 해석된다. 김동인의 회고는 전영택에 비해 명분을 더욱 강조하는 방식으로 정리가 된다.

> 막연한 '문학담' '문학토론'보다도 구체적으로 신문학운동을 일으켜보자는 것이 요한과 내가 대할 적마다 나오는 이야기였다.
>
> 이 밤도 우리의 이야기는 그리로 뻗었다. 그리고 문학운동을 일으키기 위하여 同人制로 문학잡지를 하나 시작하자는 데까지 우리의 이야기는 진전되었다.
>
> 200원이면 창간호를 낼 수 있다. 그리고 매호 100원씩만 추가하면 계속 발간할 수 있다는 요한의 말에, 그러면 그 자금은 내가 부담하기로 하고 자금도 자금이려니와 손 맞잡고 일해 나갈 동인을 고르고자 하여 늘봄(長春 田榮澤), 흰뫼(白岳 金煥), 崔承萬 등을 우선 내일이라도 찾아가서 동인 되기를 권유하고 장차 孤舟 李光洙를 끌어넣고 그때는 이 땅에 어찌도 엉성한지 이 이상 동인될 만한 인물을 찾아내기조차 힘들었다.
>
> 잡지의 이름은 〈創造〉라 하기로(처음에는 요한이, 〈창조〉는 종교 내음새가 있다고 약간 반대하였지만) 하고……[7]

아주는 곳은 아무 데도 없었다. 그가 글을 지어 여러 신문이나 잡지에 투고했지만 한 번도 실리지 못하였다. 이러한 사건은 그의 자존심을 상하게 하기에 부족함이 없었다. 잡지를 스스로 내야겠다고 마음먹은 것은 주요한의 권유보다도, 조선문학 건설보다도 이 굴욕감이 제일 큰 진인이다." 김윤식, 『김동인연구』 개정증보판, 민음사, 2000, 113쪽. 그런데, 『창조』 창간 직전인 1919년 1월 『학지광』에 김동인의 평론 「소설小說에 대對한 조선朝鮮 사람의 사상思想을」이 발표된 바 있다. 이 글이 김동인의 등단작이다. 김동인은 『학지광』에 원고를 투고한 후 게재를 기다리면서 『창조』 창간 작업 진행한 셈이다.

7 김동인, 「문단文壇 30년의 자취」(『신천지』, 1948.3~1949.8), 『김동인전집』 15, 조선

여기서 김동인이 특별히 강조하고 있는 것은 신문학운동에 대한 의지이다. 『창조』 창간의 동기가 신문학운동에 있다는 것이다. 일부 반대에도 불구하고 잡지의 이름을 『창조』로 결정한 것은 "예술은 즉 창조라는 의미"[8] 때문이었다. 그런데, 다른 잡지들의 경우와 달리 『창조』 창간호에는 권두언이나 창간사가 실려 있지 않다. 공식적으로는 창간의 배경이나 의도를 밝힌 지면이 존재하지 않는 것이다. 『창조』의 경우는 창간의 동기와 관련된 유일한 언급이 「남은말」에 실려 있다. 「남은말」은 형식상 편집후기에 해당한다. 창간호 「남은말」의 서두는 이렇게 시작이 된다.

◎ 우리의 속에서 니러나는 막을 수 없는 要求로 因하여 이 雜誌가 생겨낫슴니다. 各가지 曲解와 誤解는 처음부터 줄닛고 잇슴니다. 그러나 우리는 다만 참으로 우리 뜨슬 알아주시는 적은 部分의 손을 잡고 나아가려 함니다. 우리의 가는 길이 곳을 동안은 우리는 아모런 暗礁도 두려워하지 안씀니다. 우리는 모든 逼迫과 侮辱의 길로라도 더욱 勇敢하게 나아가겟슴니다. 우리 길을 막을 者가 누구닙닛가! 우리는 우리가 참되다고 생각하는 바를, 우리가 올타고 밋는 죵소래를, 여러분이 안 드르실려고 쏵, 두 손으로 막으신 그

일보사, 1988, 315쪽. 참고로 전영택은 『창조』 제5호에서 주요한에게 보내는 서신 형식의 글을 통해 이와 관련된 내용을 회고한 바 있다. "우리 社會에 文藝에 對하야 너무 理解가 업서 참 답답함니다. 거긔 對하야 君이 무엇 좀 쓰시오. 그들을 敎導하야지오. / 봄철이라 새로 도다나는 푸른 풀이 香그러운 이때에, 푸른 풀 도다나는 形勢로, 우리 社會에 新文化運動이 燦爛하게 니러나는 이때에 비록 過去의 成績이 보잘 것 업시 貧弱하지만 엇잿든 이제 一週年記念號를 發行하게 되엇스니 참 깃븜니다. 再昨年 十二月 어느 날인가 君과 東仁 君이 내게 차자와서 純文藝雜誌를 하나 해보쟈고 議論하든 생각남닛가. 그거시 어제갓흔데 아 — 벌서…….” 늘봄, 「벌쏫 君의게」, 『창조』 5, 1920.3, 88쪽.

8 김동인, 「조선문학朝鮮文學의 여명黎明 — 〈창조創造〉 회고回顧」(『조광』, 1938.6), 『김동인전집』 16, 조선일보사, 1988, 417쪽.

귓미테다가 더 한층 노픈 곡됴로 울리우게 하겟슴니다. 그때에야말로! 마츰 내 여러분씌서도 우리의 말에 귀를 기우리시게 되리이다.

◎ 또, 처음부터 우리의 말을 드르시려는 여러분, 여러분은 우리의게서 무어슬 어드시려 하심닛가. 한낫 재미잇는 니야기써림닛가? 저 通俗小說의 平凡한 道德임닛가? 또 或은 「바람에 움지기는 갈대」ㅣㅁ닛가?

◎ 여러분 中에 엇던 분이 생각하시는 것가치, 우리는 決코 道德을 破壞하고 멸시하는 거슨 아니올시다, 마는, 우리는 貴한 藝術의 쟝긔를 가지고저 언제던 얼굴을 찌푸리고 게신 道學先生의 代言者가 될 수는 업슴니다. 그러나 또 우리의 努力을 할 일 업슨 者의 消日써리라고 보시는 데도 不服이라 함니다. 우리는 다만 忠實히 우리의 생각하고, 苦心하고 煩悶한 記錄을 여러분씌 보이는 쌘이올시다.[9]

창간의 경위와 세간의 반응에 대해 거론하고 있는 「남은말」 서두의 내용은 다소 모호하다. '우리의 속에서 일어나는 막을 수 없는 요구'로 인해 시작된 잡지 『창조』의 창간에 대해 세상이 보인 반응은 '갖가지 곡해와 오해' 그리고 '핍박과 모욕'이다. 『창조』가 세간에 어떠한 곡해와 오해를 불러일으켰고, 또 어떠한 핍박과 모욕을 받았는가에 대한 구체적 서술은 없다. 그러나, "여러분 中에 엇던 분이 생각하시는 것가치, 우리는 決코 道德을 破壞하고 멸시하는 거슨 아니올시다"라는 구절은 이 '곡해와 오해'를 푸는 실마리가 될 수 있다. 유추하면, 『창조』가 '도덕을 파괴하고 멸시하려는 의도 아래 창간되었다'는 오해를 불러일으켰을 가

9　동인同人, 「남은말」, 『창조』 1, 1919.2, 81쪽. 인용 부분의 집필자는 주요한이다.

능성이 있는 것이다. 그런데 중요한 것은 『창조』 동인들이, 비록 그러한 오해의 여지가 있다고 할지라도 자신들이 도학선생의 대변자가 될 수는 없다는 점을 강조하고 있다는 사실이다. "마는, 우리는 貴한 藝術의 쟝긔를 가지고 저 언제던 얼굴을 찌푸리고 계신 道學先生의 代言者가 될 수는 업습니다"라는 구절은 『창조』 창간의 의도를 집약시켜 보여준다. 『창조』가 추구하는 것은 '한날 재미있는 이야기꺼리'도 아니고 '평범한 통속소설의 도덕'도 아니며 '바람에 움직이는 갈대'도 아니다.

『창조』의 창간은 그동안 '계몽' 중심으로 전개되어 오던 한국 문학사가 '문학' 중심으로 전환되는 상징적 시도로 평가받는다. 이는 문학 작품이 특정한 주장이나 사고를 담기 위한 수단이 아니라는 점, 그리고 문학 작품의 창작이 문학 활동의 궁극적 목표가 되어야 한다는 새로운 인식을 바탕으로 성취된 결과이기도 했다. 주요한의 다음과 같은 회고에서도 이는 확인된다. "『창조』의 시기는 종래의 계몽적, 애국가적愛國歌的 문예운동 시기(육당의 시대)에서 일보 나아가 문예적 내지 문화적으로 좀 더 폭이 넓은 무대를 모색하는 데 특색이 있을 것이다."[10]

당시 국내 문단에서 대중들에게 커다란 인기를 얻고 있던 이광수 문학에 대한 반발 또한 『창조』 창간의 중요한 배경과 계기로 작용했다. 창간호의 「남은말」에서 비판의 대상이 되고 있는 '도학선생'과 '통속소설'은 모두 이광수와 그의 작품들을 염두에 둔 것이다. 김동인과 전영택은 당시 이광수의 문학에 대해, '철저한 계몽적 문학으로 특정한 사상과 주의를 전파하는 문학이며, 남녀간에 연애문제를 다루어 독자의

10 주요한, 「『창조』 시대의 문단」, 『자유문학』 1, 1956.6, 135쪽.

흥미를 부추기는 문학'이라는 비판적인 생각을 지니고 있었다. 그리하여 문학을 "무엇을 선전하는 수단이나 방편으로 여기는 데 반감을 품고 재래의 계몽문학이나 애정소설에 대하여 불만을 가지고, 자연과 인생을 그대로 표현하여 재창조에 있는 문학의 가치성을 인식하는 새로운 문학관을 가지고 그때 말로 '예술을 위한 예술'을 주장하는 소장파 몇 사람이 한국의 새로운 문학을 개척해 보려는 엉뚱한 야심을 가지고 출발한 것이 순문예잡지 『창조』"[11]였다는 것이다.

하지만, 『창조』와 관련된 다양한 술회들 가운데는 상호 모순되는 내용이 없지 않다. 특히 이광수 관련 내용이 그러하다. 『창조』 동인들이 이광수 문학에 대해 적지 않은 반감을 지니고 있었음에도 불구하고, 앞에서 인용한 김동인의 술회에는 "내일이라도 찾아가서 同人 되기를 권유하고 장차 孤舟 李光洙를 끌어넣고……"하는 구절이 들어 있다. 그가 잡지 창간 단계부터 이광수를 동인으로 받아들일 생각을 하고 있었다는 것이다. 실제로 『창조』는 제2호에 이광수가 동인으로 참여하게 되었다는 사실을 알리고,[12] 제6호 이후부터 이광수의 글을 수록하게 된다. 이광수의 문학적 성향에 대해 반감을 지니고 있던 『창조』의 동인들이 이광수를 필자로 받아들이고, 잡지에 이광수의 작품을 싣기 위해 안간힘을 쏟았다는 사실[13]은 커다란 아이러니가 아닐 수 없다. 이는 단순

11 전영택, 「『창조』」(『사상계』, 1960.1), 『전영택전집』 3, 목원대 출판부, 1994, 512쪽.

12 "지금 編輯人은 이번에 새로히 春園 李光洙 君이 우리 同人이 된 것을 報告하는 榮光을 가졋습니다. 구[우]리가 同人이라는 일홈을 쓰는 것은, 이 雜誌에 對하야 各各 平等的 責任을 가진 우리 멧멧 中에서 所謂 主幹이니 主筆이니 하는 일홈을 부치기를 全然히 실혀하는 까닭이올시다. 하닛가 여러분씌서도 그리 아라주시기를 바람니다." 동인, 「나믄 말」, 『창조』 2, 1919.3, 59쪽.

13 『창조』 제3, 4, 5호에는 다음과 같이 이광수 관련 기사가 계속 수록되었다. "前號에 發表한 우리 同人 中에 春園 李君의 글을 이번 號에도 올니지 못함은 매우 遺憾임니다만은

히 아이러니를 넘어, 동인지 『창조』의 한계가 어디에 있었는가 하는 점을 극명하게 보여준다.

『창조』가 이렇게 이광수에게 집착해야만 했던 원인은 어디에 있는가? 김동인은 이에 대해 문단 인력의 부족 때문이라고 해명한다. 물론, 그러한 측면이 전혀 없었던 것은 아니다. 그러나 이를 근본적 원인이라고 보기는 어렵다. 그보다는 『창조』가 순수 동인지를 표방하면서도, 상업적 성취를 염두에 두고 출발한 잡지였다는 데 더 큰 원인이 있었다. 그 시기 이광수는 누구보다 대중적 인지도가 높은 작가였고, 따라서 상품성이 높았던 필자였음에 틀림이 없다.[14] 새로운 문학운동의 지향과

엇재스나, 李君은 우리를 爲하야 달니 큰 努力을 하는 줄 아라주시기외다." 동인, 「나믄말」, 『창조』 3, 1919.12, 77쪽. "우리 同人 中에 春園 李君은 前號에 말슴들인 그 理由下에서 이번 號에도 글을 닉지 못하오니 한편으로는 좀 서어하기도 하지만은 그가 우리의 큰일을 爲하야 苦心努力하심을 생각하면 우리는 깃버하여야 될 줄 암니다." 동인, 「남은말」, 『창조』 4, 1920.2, 62쪽. "그러나 春園 君의 글이 미쳐 안 와서 이번에도 못 낸 거슨 매우 섭섭하외다." 동인, 「남은말」, 『창조』 5, 1920.3, 100쪽.
『창조』 제6호는 편집 마감일을 넘겨 도착한 이광수의 시 「밋븜」을 "특별부록"으로 편집해 수록하면서 다음과 같은 기사를 함께 게재한다. "朝鮮新文學界의 巨星이요 奇蹟인 春園 李君이 오랫동안 우리 文壇에서 자최를 숨어 우리가 몹시 寂寞를 늣기든 바이오, 더구나 우리 創造 同人으로서 一週年 記念號를 發行한 今日까지에 아직 한번도 그 作品을 실어서 우리와 밋 讀者 여러분이 가치 同君의 驚異的 傑作을 닑는 즐거움을 가지지 못한 것은 크게 遺憾으로 생각하엿더니, 이번에 멀니서 多事한 中에서도 우리 創造에 玉稿를 보내 주셧기 우리는 깃븜을 이기지 못하야 비록 印刷가 거의 마치게 되엿지만은, 보는 일에 밧븜으로 이번 號에는 原稿가 밋지 못할 줄 아랏든 요한 君의 詩와 合하야 特別附錄를 만드러 여러분의게 提供하는 바이올시다. 兩君의 글이 비록 간단하지만은 이로 말믜암아 오래 숨어젓든 兩君과의 情誼를 새롭게 하고, 멧 마듸 쩔은 詩에서 無限한 인상과 감격을 가질 줄 밋습니다." 『창조』 6, 1920.5, 특별부록 속표지. 제7호에는 다음과 같은 기사가 게재된다. "이번 七號에 春園 李君의 간단한 詩로써 頭卷를 裝式[飾]하게 됨을 無限히 깃버하는 同時에 오래 시드럿든, 우리 文壇 나무에 無窮花가 다시 피기를 始作한다고 생각합니다." 동인, 「나믄말」, 『창조』 7, 1920.7, 69쪽.

14 이경훈은 『창조』 동인들이 이광수에 대해 집착한 이유를 다음과 같이 설명한다. "최승구와 더불어 동경의 조선 유학생계를 주도했던 이십대 말의 춘원은 이미 「무정」을 발표한 '조선 신문학계의 거성이요 기적'인 반면, 1900년생으로서 1919년 당시 겨우 열아홉에 불과했던 김동인 등의 『창조』 동인들은 대부분 문학청년적인 수준이었기 때문이

상업적 성공을 동시에 노리는 『창조』로서는 이광수를 필요로 하지 않을 수 없었고, 그것이 결국은 『창조』 동인의 색깔을 불분명하게 만드는 가장 큰 요인으로 작용했던 것이다.

『창조』 창간의 동기와 배경이 『학지광』의 편집 태도에 대한 거부감과도 연관된다는 회고는 일면 공감이 되면서도 이 역시 아이러니가 아닐 수 없다. 김동인과 주요한이 『창조』의 창간을 논의한 후 곧바로 찾아가 협조를 구하게 되는 인물들이 『학지광』의 편집에 관여하던 전영택과 최승만, 김환 등이기 때문이다. 이광수의 경우는 『학지광』의 편집 겸 발행인을 역임하기도 했다. 그 점에서, 이광수가 『창조』 동인으로 가담하게 되는 이유가 『학지광』과 관련이 있다는 해석은 타당하다.[15] 『창조』 창간호에 전영택이 「신간소개」라는 기사를 통해 『학지광』 특별호의 내용에 대해 소개하고 그에 대한 반가움을 표시하고 있는 것[16] 또한 참고가 된다.

2) 『창조』의 서지와 편집의 특징

『창조』 창간호는 1919년 1월 28일 인쇄 납본을 마친 후 2월 1일 발행되었다. 편집 겸 발행인은 주요한朱耀翰, 인쇄소는 요꼬하마橫濱 소재

다." 이경훈, 「춘원과 『창조』」, 『현대소설연구』 14, 한국현대소설학회, 2001, 186쪽.

15 다음의 서술 참조. "결국 이는 전영택－최승만－이광수로 이어지는 『학지광』 편집부 계열(김환도 포함된다)이 『창조』 구성의 중요한 한 계기였음을 의미하는 것이다" 이경훈, 앞의 글, 188~189쪽.

16 전영택, 「신간소개新刊紹介」, 『창조』 1, 1919.2, 19쪽 참조.

복음인쇄합자회사福音印刷合資會社, 발행소는 창조사創造社이다. 발매소는 경성京城의 동양서원東洋書院과 평양平壤의 기독서원基督書院・광명서원光明書院 등이다. 잡지의 발행소인 창조사의 주소는 "東京市靑山北 町六丁目四十六番地"로 되어 있는데, 이는 판권란에 기재되어 있는[17] 주요한의 주소와 일치한다. 주요한의 거처가 곧 창조사의 주소로 등록되어 있었던 것이다. 정가는 한 권에 30전, 일 년 구독 3원 30전이며 특별호는 가격을 따로 정한다고 공고했다, 제3호부터는 편집겸 발행인이 김환으로 바뀌게 되고,[18] 정가 또한 40전으로 인상된다.[19] 제8호부터는 편집겸 발행인이 고경상으로 다시 바뀌면서[20] 인쇄 장소가 일본이 아니라 경성

---

17 창간호에는 없지만, 제2호의 판권란에 기재되어 있다.

18 이는 주요한이 일본을 떠나 중국에 머물고 있었기 때문이다. "이번號부터 編輯 兼 發行人名義上이 變更됨은 朱君이 지금 여긔 잇지 안코 우리를 爲하야 어듸로 갓슴이외다. 그러나 朱君이 原告는 每號 보내기로 하엿사오며 이번 號에도 君의 번역詩가 記載되엇슴니다." 동인同人, 「나믄말」, 『창조』 3, 1919.12, 77쪽.

19 『창조』는 정가를 인상하면서 다음과 같은 사고社告를 게재한다. "目下 物價가 날노 高騰하옵난 中에 印刷料는 지나간 봄보다도 七割이나 增加되엿나이다. (…중략…) 우리는 本誌를 可及的 歇價로 提供하고 십지만은 經營 維持上 不得已 定價를 改正하엿싸오나 印刷料가 下落되오면 다시 訂正할 터이오니 여러분은 本誌가 營利的이 안임을 諒解하야 주시기를-바라나이다." 「사고社告」, 『창조』 3, 1919.12, 26쪽. 제5호 「남은말」에서는 이번 호가 특별호이므로 임시 정가가 50전이라고 기록되어 있다. "이번 號는 頁數가 通常號보다 만음을 따라서 經費도 만을 것을[은] 사실입니다. 營利를 目的으로 하는 우리는 안이지만은 經營 維持上 不得已 冊價를 五十錢으로 하엿스나 이는 이 特別號에만 限한 것이요 다음 號부터는 如前히 四十錢으로 하려나이다." 동인, 「남은말」, 『창조』 5, 1920.3, 99쪽. 그러나, 이러한 언급과 달리 제5호 판권란에 표기된 실제 가격은 그대로 40전이었다. 『창조』의 판매 가격에 대해서는 비싸다는 반응이 많았던 것으로 보인다. 이에 대해서는 다음의 기사 참조. "우리 創造에 對하야 갑이 빗싸다는 말이 만슴니다만은, 이는 印刷費가 눅은 서울에서 하지를 못하고 남이 경영하는 外地 印刷所에 依賴을 하는 때문이오, 우리가 決코 利益을 取하려는 目的은 안이오나 維持는 하여야 되겟스니 엇지함니까? 서울서 印刷를 하지 못하는 理由는 說明을 안이하여도 짐작하실 줄 암니다." 동인, 「남은말」, 『창조』 6, 1920.5, 74쪽.

20 고경상은 『창조』 제2호 이후 제9호까지 발매 담당 대리부代理部의 역할을 맡았던 광익서관의 대표이다. 『창조』 제3호에는 고경상과 관련한 다음과 같은 언급이 실려 있다. "이번 三號 發行에 對하야 셔울 高敬相 君이 自己의 名利를 不顧하고 우리의 新文壇 建

소재 조선박문관인쇄소朝鮮博文館印刷所로 변경된다. 이때부터는 발행소가 창조사가 아니라, '창조사 임시 창조 발행소'로 표기가 된다.『창조』 창간호와 제2호는 1,000부를 인쇄했고, 이후 제3호부터는 1,500부로 증쇄했다.[21]

『창조』 창간호 표지에는 "二月號'라는 표기가 있으며, 하단에는 "一九一九 · 東京"이라고 적혀있다. 제호 아래에 월을 표기한 것으로 미루어 보면 창간 당시에는 월간 발행을 목표로 했음을 알 수 있다. 창간호와 제2호의 판권란에는 "매달 한 번 一日發行"이라는 구절이 인쇄되어 있고, 실제로 창간호는 2월에 그리고 제2호는 3월에 발행이 되었다.[22] 『창조』 창간호는 주변으로부터 적지 않은 관심과 호응을 받았다. 다음 글을 통해 창간호에 대한 반응을 엿볼 수 있다.

> △ 첫號는 처음 일이라 內容도 그리 充實치 못하거니와 發行日字도 豫定보다 五六日이나 느젓고 體裁 等도 不備한 點이 만흐면서도, 여러분의 기픈 同情으로 뜻밧게 歡迎을 밧게 된 것은 眞情으로 感謝하는 바올시다. (…중략…) 한 中에도 特別히 泰西文藝新報社에서 만흔 好意를 表해주실 쌘더러

設에 同情하는 맘과 우리의 文藝界에 獻身하는 精神下에서 實地上 多大한 援助를 주셧슴은 우리 同人이 衷心으로 감사하는 뜻을 表하는 同時에 援兵을 엇은 우리는 더욱 분발하여 勇往猛進하려 하나이다." 동인, 「나믄말」, 『창조』 3, 1919.12, 78쪽.

21 창간호와 제2호는 1,000부가 모두 매진되었다. 김동인, 앞의 글, 418~419쪽 참조.

22 1919년 1월에 발간된 『기독청년』 제13호에 수록된 『창조』 창간호 광고에도 "매월 1회 1일 발행"이라는 문구가 들어 있다. 참고로, 이 광고 속에는 다음과 같은 구절이 포함되어 있다. "마를내야 말 수 업시 속에서 우러나는 우리의 要求로 말믜아마 이 『創造』가 생겨낫슴니다. / 우리는 언제던지 純一한 態度로 우리 힘이 자라는 데까지 새로운 生命을 高潮시켜 永遠한 藝術의 길을 여러나아가고저 합니다. / 우리는 기다립니다 — 참으로 人生에 對하야 쓰거운 사랑을 가지신 이를……. 참으로 우리와 함씌 煩悶하시고 우리와 함씌 이긔실 이를……."

實地上으로 여러 가지 援助를 주신 것은 무어라고 고맙다 하여야 할지 모르겟습니다.[23]

『창조』는 제2호부터 태서문예신보사泰西文藝新報社를 대리부代理部로 삼고 영업과 광고 등을 위탁하게 된다.[24] 한편, 『창조』는 제2호를 발간하면서 「여러분씌 고告함」을 통해 자신들의 미래에 대한 불안감을 다음과 같이 토로한다.

> 여러분씌서 다아 아시는 바와 가치, 날로날로 急迫하여 오는 우리 事情은 到底히 이 둘재호가 탈 업시 여러분의 손에 드러갈 運命을 주지 안는 것 갓소이다. 그러나 더욱 重하고 더욱 緊한 事勢가 우리 아페 이슬 째에, 이만 일을 무어슬 그리 근심하겟슴닛가. 언제나, 혹 한 쥬일 후에, 혹 한 달 후에, 혹 한 해, 혹 십 년 후에, 우리가 서로 다시 맛나뵈올지 지금은 아모도 想像할 수 없겟슴니다.
>
> 그러나! 우리의 「榮光의 날」은 긔어히 올 줄로 밋슴니다. 可憐한 運命을 가진 이 「創造」가 새로운 아츰을 향하야 여러분 아페 소리 노픈 활개를 칠 날이 머지 아는 줄 압니다.[25]

이 공고문에는 제3호 발간 계획의 불투명성에 대한 우려뿐만 아니라, 이미 발간된 제2호가 독자들에게 제대로 전달될 수 있을 것인가에

---

23 동인同人, 「나믄말」, 『창조』 2, 1919.3, 59쪽.

24 "廣告 및 廣告料에 對하야는 本社 或은 代理部로 무러보와주시옵." 「廣告」, 『창조』 2, 1919.3, 78쪽.

25 「여러분씌 고告함」, 『창조』 2, 1919.3, 60쪽.

대한 깊은 우려 또한 담겨 있다. 실제로 『창조』 제2호는 인쇄를 마친 이후에도 얼마 동안은 배포할 수 없었다.[26] 공고문 속의 "날로날로 急迫하여 오는 우리 事情"이란 도쿄에서의 2·8독립선언 및 국내에서의 3·1운동 이후 경험하게 되는 정치적·사회적 상황을 의미한다. 잡지 제2호의 발간일이 1919년 3월 20일이라는 점을 염두에 두면 당시 『창조』 동인들이 느꼈을 불안감에 대해서 충분히 공감이 간다. 『창조』뿐만 아니라 모든 유학생 잡지가 같은 고민을 할 수밖에 없었던 시기이기 때문이다. 하지만 "우리가 서로 다시 맛나뵈올지 지금은 아모도 想像할 수 없겟슴니다"라는 우려와는 달리, 제3호는 그해 12월에 발간이 되었다.[27] 다만 태서문예신보사가 갑자기 문을 닫게 됨에 따라 대리부를 광익서관廣益書館으로 옮기게 된다.[28] 이후 『창조』는 부정기적으로 간행을

26 이와 관련해서는 다음의 서술 참조. "그러나 2호를 인쇄에 부친 뒤에 만세 사건이 일어났다. 여는 집의 전보로 급거히 귀국하였다. 우편으로 부친 2호를 집에서 보았다. 요한도 귀국하였다. 조선의 사정이 이렇게 된지라 2호는 인쇄는 끝이 났어도 그냥 본사에 가려 두기로 하였다." 김동인, 「문단회고文壇懷古」(『매일신보』, 1931.8.23~9.2), 『김동인전집』 16, 조선일보사, 1988, 311쪽.

27 제3호를 1919년 12월 안에 간행하기 위해 사원들이 스스로 인쇄 공정에까지 참여했다. "더구나 우리글 活字가 完全한 곳은 日本內에 다만 한 곳뿐인데 本誌 第三號를 벌서 一朔前에 原稿를 보내고 印刷를 依賴하엿스나 職工不足으로 因하야 到底히 今年內로는 着手하지 못하겟다 하는고로 本社에서는 아모리 생각하여도 束手無策이엿슴니다. 그러나 本誌를 愛讀하시는 여러분씌서 넘어 굼금하게 생각하시겟삽기 最後平段으로 社員들이 二週日 동안이나 出張을 하여 臨時로 職工의 任務를 代行한 結果로 第三號가 僅僅이 出刊되엿나이다." 「사고社告」, 『창조』 3, 1919.12, 26쪽.

28 "우리의게 同情과 好意를 表할 섇 안이라 實地上으로 우리를 援助하든 泰西文藝新報가 아조 잠을 자게 됨은 말할 수 업는 遺憾이외다. 우리는 그래서 不得已 泰西文藝新報社에 委託하엿든 代理部를 廣益書館으로 옴기게 되엿사오니 여러분은 本社와 갓치 아라주시고 廣告에 關한 件은 代理部로 무르심이 便宜하실 뜻함니다." 동인同人, 「나믄말」, 『창조』 3, 1919.12, 77쪽. 김환은 제3호 소재 수필에서, 자신이 광익서관을 찾아가 대리부를 맡아 줄 것을 부탁했다는 사실에 대해 다음과 같이 서술한 바 있다. "午後 三時에 나는 創造 同人의 資格으로 分賣所 廣益書館을 訪問하엿섯다. 館主 K君의 親切하고 叮寧하며 高尙한 人格은 처음 對하는 나로하여금 敬慕하는 뜻을 自然 表하게 하엿다. 나는

이어간다. 『창조』는 경성의 광익서관을 대리부로 삼고 국내외 여러 곳에 분매소分賣所를 운영했다. 『창조』 제5호에 따르면 당시 국내에는 평양, 진남포, 인천, 진주, 대전, 전주 등지에 분매소가 있었다. 국외의 경우는 간도間島의 용정시龍井市와 러시아의 블라디보스톡에 분매소를 두었다. 『창조』는 1920년 3월 제5호를 창간 1주년 기념 특별호로 발행하면서, 그간의 발간 지연 사정에 대해 다음과 같이 다소 긴 설명을 덧붙인다. 국내외의 급박한 사정뿐만 아니라, 타인이 경영하는 인쇄소에 의탁해야만 하는 사정 등으로 인해[29] 발간이 계속 늦어질 수밖에 없었다는 것이다.

▲ 우리 創造가 우리 社會에 對하야 으아 소리를 지르고 나온 지가 滿一年이 되엿나이다. 여러분 中에는 創造는 月刊인대 겨우 五號를 하여가지고 一週年이라니? 하고 疑訝하실 이도 게시겟지만은 이는 여러분이 다 아시는 바

몬져 本社 代理部 主任을 囑託하엿든 G君이 없음으로 쌀아서 君이 主幹하던 泰西文藝新報社(本社代理部)가 없어져스니 不可不 代理部 位置와 主任을 變更하여야 되겟스나 適合한 곳이 없으니 未安하지만은 代理部를 맛타달나고 請하엿다." 흰뫼, 「동도東渡의 길」, 『창조』 3, 1919.12, 21쪽.

29 일본의 요꼬하마 소재 인쇄소에서 한글을 해독하지 못하는 인쇄공들의 손을 빌어 잡지를 발간하는 일은 여러 가지 면에서 어려움이 따랐다. 이와 관련해서는 다음의 기사 참조. "요전 四號에 活字의 誤植이 넘어나 만아서 닑으실 째에 不快하셔슬 이도 게셧슬 줄 암니다. 이에 對하야는 編輯人이 責任을 回避하려고 들이는 말슴이 안이라, 우리 글을 모르는 印刷職工들 손에서 되는 것인고로 校正을 세 번이나 하엿지만은 그 모양이 되엿섯나이다.(編輯人)" 동인, 「남은말」, 『창조』 5, 1920.3, 99쪽. "이번 七號는 六月 二十五日이 定期 發行日이엿슴니다만은 우리글 印刷所가 (그 中 完全한 곳) 한 곳밧게 없는 줄은 여러분이 기억하실 쥴 암니다. 그러고보니 남의 經營하는 印刷所에 依賴를 하지 안을 수 없는 우리는 벌서 原稿는 一朔이나 前에 갓다주엇스나 우리 創造보다 몬져 갓다 준, 學之光, 現代, 女子界를 해주고야 하겟다는 고로 헐 수 없이 압흔 가슴을 두다리면서 七月로 넘겻싸오니 여러분은 우리의 情地를 헤아려주시기외다." 동인, 「나믄말」, 『창조』 7, 1920.7, 69쪽.

와 갓치 昨年 二月에 우리 創造가 創刊號를 發行하고 第二號는 印刷 中에 잇슬 째에 우리 周圍에 急迫한 일이 생겨서 不得已 印刷를 中止하고 아울너 發行을 中止하엿든 것이올시다. (…중략…) 우리 創造는 이러한 理由로 昨年 十二月에 第三號를 發行하고 新年 正月에 第四號를 니여서 發行하려고 無限한 努力을 하여스나 남의 經營하는 印刷會社에 依托을 하게 되는 우리 創造는 遺憾千萬이지만은 우리의 理想을 實現하지 못하고 一月에 내려든 것을 二月下旬에야 發行하엿섯나이다.

▲그래서 二月에 發行하려든 記念號를 三月 즉 이번 五號로 하게 되엿나이다. 이번 號는 紀念號인고로 特別히 紀念하기 爲하야 우리 同人 以外에 여러분의 글도 만이 올니엿나이다만은 頁數의 制裁로 보내주신 原稿를 一一히 다 記載햣지 못함은 다시 말할 수 업는 遺憾이올시다.[30]

『창조』 제5호의 「남은말」에서 특별히 주목할 내용 가운데 하나는 이 잡지가 순문예잡지이므로 시국時局과 관련된 원고는 게재하기 어렵다는 사실을 밝히고 있다는 점이다.

▲여러분 中에서 或 時局에 關한 말을 써서 보내시는 이가 게시지만은 우리 創造는 純文藝雜誌인고로 作者의 誠意는 감사하오나 記載할 수는 업싸오니 여러분은 注意하여주시기를 바라나이다.[31]

그러나 이는 제3호 편집 후기에서 밝혔던, 다음과 같은 사상 방면 원

30 동인, 「남은말」, 『창조』 5, 1920.3, 99쪽.
31 위의 글.

고 게재 계획과는 상치되는 서술이다.

> ▲ 本誌는 언제던지 물론 文藝를 主眼으로 삼지만은 우리 現社會의 要求에 應키 爲하야 이번 三號부터는 思想 方面(論, 評 等)의 글도 若干 記載하려고 합니다.[32]

제5호 「남은말」의 태도 변화는 1919년의 3・1운동을 거치면서, 그만큼 주변 상황이 어려워졌다는 이야기로 받아들여야 할 것이다. 『창조』는 이렇듯 순문예잡지라는 사실을 강조하며 시국 관련 원고를 배제했음에도 불구하고 당국의 검열에서 자유롭지는 못했다.[33] 사회적 여건과 재정적 여건 모두에서 어려움을 겪던 『창조』는 제6호부터, 경성에 새로 설립된 한성도서주식회사漢城圖書株式會社의 도움을 받기 시작한다. 『창조』 동인들과 마찬가지로, 1920년에 설립된 한성도서주식회사의 주요 구성원들은 주로 서북지방 출신이라는 공통점이 있다. 『창조』 제6호에는 경영상 기초를 든든히 하기 위하여 한성도서주식회사의 재정적 지원을 받기 시작했다는 사실과, 그럼에도 불구하고 잡지가 과거와 같이 동인제를 유지하며 편집의 자유를 보장받기로 했다는 기사가 실려 있다.

> ▲ 우리 創造는 우리 半島의 文藝를 가장 놉흔 水平線 우에까지 向上식히

---

32 동인同人, 「나믄말」, 『창조』 3, 1919.12, 77쪽.

33 예를 들면 김찬영의 산문 「누구를 위爲하야?」에는 마무리 단락이 없으며, '당국의 검열로 인하여 삭제되었다'는 설명이 부가되어 있다. 『창조』 9, 1921.5, 38쪽 참조.

려는 精神을 가지고 나아갑니다. 따라서 그 經營上 基礎를 든든히 하며 이를 永久히 維持하기 爲하야 財政上 援助는 今番 서울에서 우리의 文化을 內面으로부터 革新하겟다는 主旨를 가지고 새로 니러난 漢城圖書株式會社에 依賴하게 되엿습니다.

▲그러나 編輯에 關하야는 그냥 前과 갓치 同人制로 우리 同人 몟 사람의 絶對 自由오니 그리 아라주소서 (…중략…)

▲흰뫼 君의 말과 가치 六號브터 永遠히 圖書株式會社에서 우리 뒤를 담당해 주시기로 한 거슨 참 多幸한 일이외다. 저는 同人 一同을 代表하야 同會社 幹部諸氏와 이 일을 위하야 盡力하신 同人 흰뫼 君의게 感謝를 드립니다.[34]

『창조』는 한성도서주식회사를 새롭게 총발매소로 표기하고, 그동안 대리부 역할을 맡았던 광익서관을 경성분매소로 바꾸어 표기한다. 주요한에 이어 제3호부터 편집 실무를 책임졌던 김환은 제6호 발간 무렵 귀국하여 한성도서주식회사 출판부에서 근무를 하게 된다. 이 시기 도쿄에서의 원고 수합과 잡지 편집은 전영택이 담당했다.[35] 그러나, 『창조』와 한성도서주식회사 사이의 협력 관계는 오래 가지 못한다. 바로 다음호인 제7호에는 『창조』가 한성도서주식회사와 관계를 청산한다는 공고가 실리게 된다.

우리 「創造」가 五號부터[36] 編輯과 發行에 對하야는 우리 同人 몟 사람이

34 동인, 「남은말」, 『창조』 6, 1920.5, 74쪽.

35 "이제부터 얼마 동안 저는 서울 잇게 되는고로 創造 編輯에 關한 일은 늘봄 君에게 一切 委任하엿싸오니 그리 아시고 제게 通信을 하시랴는 이가 게시거든 京城府 光化門通 一三二 漢城圖書株式會社 出版部內로 하여 주시기외다(흰뫼)." 위의 글, 74쪽.

絶對의 自由와 責任을 가진다는 條件 아래서 漢城圖書株式會社에 營業에 關한 一切 財政을 依托하게 되엿습니다만은 該會社 出版部長은 우리 「創造」의게 財政上 援助를 한다는 主義인지? 自己네 會社에서 直營하는 다른 雜誌와 갓치 認定하야 創造 發行所를 漢城圖書株式會社 出版部 東京支部(法律上 登記도 하지 안코 다만 名義뿐)로 하라고 强請할 뿐 안이라, 雜誌에 內容과 發行權을 干涉하려 하며 쏘는 創造는 會社에서 經營하는 雜誌인즉 創造同人은 勿論 會社 出版部員이 된다는 理由로(創造社라는 同人 組織의 團體와 營業을 目的으로 하는 漢城圖書株式會社는 兩個 別種團體임을 區別치 못하고) 本人의 承諾도 없이 新聞紙에 發表를 하는 等 우리 同人을 侮辱하는 일이 非一非再하니 도뎌이 그냥 看過할 수 없음으로써 이에 우리는 몟 가지 條件을 該會社에 要求하는 同時에 그 無理한 擧錯를 抗議하엿더니 頑固한 該部長은 우리의 正當한 要求를 拒絶하는고로 우리는 憤然 該會社와 關係를 斷絶하고 自今以後로는 如前히 우리 同人의 손으로 獨立 經營하려는 同時에 將來 基礎를 安全케 하기 爲하야 創造社를 株式會社로 組織하야 創造 以外에 다른 雜誌와 圖書도 發行하렴니다. 그러나 創造 編輯과 發行은 同人制를 그냥 두고 株式會社 創造社(新設되는)에서는 「創造」 營業만 하게 됨니다.[37]

이 공고문에 따르면 『창조』와 한성도서주식회사 사의의 관계 청산은 편집권 침해 논란에 따른 결과로 보인다. 원래의 약속과 달리 한성도

36 여기에서는 『창조』가 한성도서주식회사의 지원을 받기 시작한 것이 제5호부터라고 밝히고 있으나, 여타 관련 자료들을 참고할 때 이는 오류로 보인다. 『창조』가 한성도서주식회사의 지원을 받아 발간한 것은 제6호부터이다.

37 「급고急告」, 『창조』 7, 1920.7, 속표지.

서주식회사가 재정적 지원을 이유로 『창조』의 편집 및 발행에 관여하려 했다는 것이다.[38] 『창조』는 한성도서주식회사와 결별하면서 창조사를 주식회사로 개편하고, 거기서 여타 잡지와 함께 단행본 도서도 출간할 계획임을 밝힌다. 이후 광익서관은 다시 판매 대리부의 역할을 맡게 되고,[39] 『창조』 동인들은 주식회사 창조사의 설립을 위해 동분서주하게 된다. 『창조』는 동인들이 새로 조직되는 주식회사 창조사의 일이 분주하여 부득이 8월호를 임시로 휴간하고 9월호를 발행하겠다는 사고社告를 게재한다.[40] 『창조』 제7호에는 「주식회사株式會社 창조사創造社 발기취지서發起趣旨書」와 「주식회사株式會社 창조사創造社 정관定款」, 「주식회사株式會社 창조사創造社 사업목론서事業目論書」 등도 게시된다. 다음은 「주식회사 창조사 발기취지서」의 전문이다.

東方에 赫赫하든 우리 半萬年의 文化가 오늘날 當하야 이럿틋 衰退하고

38 『창조』와 한성도서주식회사 사이의 갈등에 대해 김환은 별도의 기사를 통해 다음과 같이 조금 더 구체적으로 밝히고 있다. "우리 創造가 營業에 關한 一切 事業를 漢城圖書株式會社에 依托하게 되는 同時에 저는 該會社 出版部에 가서 視務를 하게 되엿습니다만은 물과 불이 서로 용납하지 못함과 갓치 아직 十七八世紀式인 該會社 出版部長과, 적어도 二十世紀 現代式으로 무엇이든 하려고 하는 저와 사이에는 意見이 根本부터 다른고로(이런 말슴을 드리면 저다려 自慢自大한다고 하실 이가 잇을넌지 모르겟습니다만은 該氏가 創造社에 對한 態度를 보면 頭腦가 얼마나 頑固한 專制主義式인지는 自然히 아시리다.) 한 二朔 갓치 지나는 同안에 서로 主義가 달나서 도뎌이 同心協力하야 事業을 갓치 할 수 없음을 미리 自覺하고 모든 일에 大讓步를 하면셔 여지껏 지나왓습니다만은 오늘날 創造社와 該會社의 關係가 끈어지는 現在에 잇서서는 저 亦 그런 사람과는 일을 갓치 하고 십흔 생각이 없음로써 該會社 相談役과 出版部編輯員을 一体 辭免하는 同時에 다시 前과 갓치 東京 本社에 와서 잇게 되엿습니다." 백악白岳, 「여러분씌」, 『창조』 7, 1920.7, 77쪽.

39 동인, 「나믄말」, 『창조』 7, 1920.7, 69쪽 참조.

40 "우리 同人들이 이번 새로 組織되는 株式會社 創造社 일이 분주해서 不得 八月號를 臨時로 休刊하오니 여러분은 우리의 情地를 혜아려 주시기를 바라오며, 九月부터 面目이 一新하려고 努力하옵니다. 創造同人 白" 「사고社告」, 『창조』 7, 1920.7, 70쪽.

暗憺함이 어이한 일이냐? 退溪, 栗谷, 率居, 李寧 等 先輩들이 幽遠한 哲學과 不朽의 藝術을 깃쳐스나 後人이 이를 알지 못하고 또 배호지 안이하야 그들의 名著는 헛도이 틔끌에 무쳐 좀이 먹고 그들의 傑作은 쌍속에 썩어져 그 자최를 차즐 수 없도다. 도라보건대 近代의 文人才士들이 한갓 戱弄과 遊興으로 그림을 그리고 글을 지엇고, 그 中에 特出한 天才가 잇스면 官人이 壓迫하고 隣人이 猜忌하야, 마츰내 말나주어버렷도다. 그리하야 마츰내 世界文明史에 한 줄의 記錄을 볼 수 없게 되엿도다.

이제 世界는 一轉하야 過去의 物質的 科學時代를 써나서 아름다온 文化의 曙光이 바야으로 비취는 新天地로 드러가려 하는도다. 이에 世界人類는 다토아 理想鄕을 찻고 文化的 新生活을 憧憬하는도다.

뎌들의 燦然한 文化의 쏫이 피는 것을 바라보는 吾人은 內部 生命에서 니러나는 衝動과 要求를 참지 못하야 힘없는 주먹을 부르쥐고 소래를 노펴 부르짓노니

몬져 半島의 衰殘한 藝術를 復興케 하야 우흐로 先人의 面目을 빗내고 압흐로 우리도 理想的 新文化를 創造하야, 그리하야 世界의 大運動에 步調를 마초아, 多少의 貢獻이 잇게 하고 우리 人類 本然의 참生活을 맛보며 아울너 人生天禀의 幸福을 누리자 하노라.

이에 우리는 文藝의 發達를 爲하야 雜誌, 書籍의 出版과 印刷 其他 附帶事業을 目的으로 하는 株式會社 創造社를 發起하노니 우리와 갓튼 뜻, 갓튼 熱을 가지고 共鳴하는 諸氏는 贊同하여 주심을 希望하노라.[41]

41 「주식회사株式會社 창조사創造社 발기취지서發起趣旨書」, 『창조』 7, 1920.7, 71쪽.

이 취지서에는 발기인들의 명단이 따로 밝혀져 있지는 않으나, 『창조』 동인이 곧 주식회사 창조사의 발기인이라고 추정할 수 있다. 창조사 발기취지서에서는 근대의 문인과 재사들이 그동안 합당한 대우를 받지 못해왔다고 하는 사실에 대해 개탄한다. 세계가 문화적 신생활을 동경하며 이상향을 찾아나서는 이 시기에 우리가 새롭게 변화해야 하는 이유가 여기에 있는 것이다. 세계의 찬란한 문화적 개화에 동참하기 위해 먼저 해야 할 일은, 반도의 쇠잔한 예술을 부흥케 하며 이상적 신문화를 창조해 나가는 일이다. 이러한 일을 성취하기 위해 주식회사 창조사를 세우고, 문예의 발달을 위하여 잡지와 서적을 출판하려 한다는 것이다. 「주식회사 창조사 정관」에서는 창조사 설립의 목적에 대해 '문예잡지 『창조』와 기타 도서 및 잡지를 인쇄 또는 발행하고 이와 관련된 일체의 사무를 경영'한다고 밝히고 있다. 정관에는 '창조사의 본점은 도쿄에 두고 총지사를 조선 경성에 두며, 주주는 조선인에 한함'이라는 구절도 포함되어 있다.[42] 「주식회사株式會社 창조사創造社 사업목론서事業目論書」에는 잡지 및 도서의 간행 판매 외에 일문日文 교과서 취급 판매와 일반 인쇄업도 겸하는 것으로 명시되어 있다.[43] 이로 미루어 보면, 『창조』 동인들은 동인지의 지속적 발간이라는 차원을 넘어 본격적으로 서적 출판 및 인쇄업에 뛰어들기 위한 계획을 세우고 있었음을 알 수 있다.

『창조』 제8호는 원래 약속과는 달리 1921년 1월에 가서야 발간이 된다. 『창조』 제8호는 도쿄가 아니라 평양에서 원고 편집을 마치고 경

---

42 「주식회사株式會社 창조사創造社 정관定款」, 『창조』 7, 1920.7, 72쪽 참조.
43 「주식회사株式會社 창조사創造社 사업목론서事業目論書」, 『창조』 7, 1920.7, 75쪽 참조.

성에서 인쇄 및 발행 업무를 수행했다. 동인의 상당수가 조선에 머물고 있었기 때문이다.[44] 『창조』 제8호는 판권란에 편집 겸 발행인으로 고경상을 내세운다. 고경상은 이 잡지의 영업 대리부 역할을 맡았던 광익서관의 대표였다. 따라서 제8호의 편집 겸 발행인 변경은 동인지 체제를 강조하던 『창조』로서는 매우 의외의 일이라 할 수 있다. 『창조』 제8호에는 이러한 갑작스러운 변화의 이유에 대한 구체적 설명이 없다.[45] 다만 다음과 같은 언급을 통해 고경상이 많은 원조를 해주고 있다는 사실을 적시하고 있을 뿐이다. "그리고 이번 八號 發行에 對ᄒᆞ야 우리 創造 京城 代理部 總務 高敬相 氏이 만은 援助를 해주섯습니다. 우리 글벗은 該氏의 誠意를 감사ᄒᆞ는 同時에 우리 社會에 高氏과 갓치 公益을 爲ᄒᆞ여 努力ᄒᆞ시는 분이 만이 나기를 비는 바이외다."[46] 『창조』가 수개월 동안 발행을 멈추었던 이유는 주식회사 창조사의 설립 준비 때문이었다. 주식회사 창조사의 설립은 그 자체로 '사무事務가 다망多忙'한 일일 뿐만 아니라, '동인 가운데 영업상 경험자가 전혀 없다는 사실' 또한 모든 업무를 지연시키는 원인으로 작용했다.[47] 『창조』는 1921년 5월 제9호를 발간하면서 다시 다음과 같은 공고를 내보낸다.

■ 우리 글벗들과 여러분이, 만날, 함께 기다리던 株式會社 創造社는, 느

---

44 "우리 글벗들 中에 여긔 잇는 사람이 만은고로 便宜上 이번 八號는 平壤서 편즙ᄒᆞ여 京城에서 發行ᄒᆞ게 되엿스나 (…하략…)" 동인, 「창조잡기」, 『창조』 8, 1921.1, 115쪽.

45 김동인은 자신이 지불한 주식회사 창조사의 제1회 불입금을 사적인 용도로 써버린 김환이 광익서관에 발행비 책임을 떠넘겨 거기서 제8호와 제9호를 발행했다고 회고한 바 있다. 김동인, 「문단文壇 30년의 자취」(『신천지』, 1948.3~1949.8), 『김동인전집』 15, 조선일보사, 1988, 334쪽 참조.

46 동인, 「창조잡기創造雜記」, 『창조』 8, 1921.1, 115쪽.

47 위의 글, 115~116쪽 참조.

저도 七月에는 사업을 시작하겟습니다. 재경이 이와 갓치 곤란한 째에, 그래도 한 株式會社가 成立되는 것은, 우리 글벗들이 그새 잡지의 일을 내여던지고, 여지것 힘쓴, 그 힘에서 나온 바이니까, 여러분께서는 그새 「창조」의 발힝이 제째에 되지 못한 허물을, 얼마간 생각하여 주실 줄 밋습니다.

■ 株式會社 創造社의 사업이 시작되기 젼에, 한 號 더 내일지 못 내일지 그것은 미뎡이나, 이 다음 號는 이 號보담 몃 배 더 낫-게 할 것은, 우리가 밋는 바임니다. 우리의 개쳑하여 나아가는 거름을, 눈 크게 쓰고 보아주시기외다. 創造 글벗 一同 알욈[48]

이 공고문에서는 주식회사 창조사의 설립이 거의 마무리되어 곧 영업을 시작하게 될 것이라는 사실과, 그 이전에 『창조』를 한 호 더 발간할 수도 있다는 의사를 표명한다. 그러나, 이러한 공고와는 달리 『창조』는 제9호를 마지막으로 폐간된다. 주식회사 창조사의 설립과 운영 역시 더 이상 진전을 보지 못한 채 막을 내리게 되는 것이다.[49]

『창조』는 호수가 거듭되면서 필자들 사이의 결속력이 약화되고 잡지의 성격도 점차 희석되어갔다. 『창조』가 호를 거듭하면서 그 성격이 희석되어 간 데에는, 출범 당시부터 이 잡지에 대한 성격 규정이 모호했다

48 『창조』 9, 1921.5, 91쪽.

49 김동인은 『창조』 폐간의 이유를 다음 세 가지로 정리한다. 첫째, 이만했으면 조선신문학의 주춧돌이 놓여졌다고 생각한 것. 둘째, 『창조』가 아닐지라도 신문과 잡지 등 동인들의 발표 지면이 많이 생겨 더 이상 동인지가 필요하지 않게 된 것. 셋째, 매번 새로운 제작비를 입금해야 하는 김동인 자신의 부담감으로 인한 것. 이 가운데 김동인은 세 번째 이유가 가장 컸다고 술회한다. 『창조』의 무제한 입비入費에 정이 떨어졌고, 이를 타개하기 위해 창조사를 주식회사로 전환하려 했으나, 자신이 맡긴 제1회 불입금을 김환이 사적으로 사용한 일을 계기로 거기서 손을 떼게 되었다는 것이다. 김동인, 「문단文壇 30년의 자취」(『신천지』, 1948.3~1949.8), 『김동인전집』 15, 332쪽 참조.

는 점을 가장 큰 원인으로 꼽을 수 있다. 김동인은 『창조』를 동인제에 바탕을 둔 잡지로 회고하고 있지만, 동인제가 무엇인지 분명히 알지 못했다. 다음의 회고를 통해 이를 확인할 수 있다.

> "동인제로 하세"
>
> 요한의 주장이었다. 그러나 잡지며 그런 것에 아주 무지하던 여는, 동인제가 무엇인지도 알지 못하였다. 요한은 동인제라는 데 대하여 설명하였다. 그러나 지금 생각하면 그때 요한의 동인제 해설도 정확한 해석이 아니었다. 요한도 동인제라 하는 것을 분명히 알지 못했던 모양이었다. 몇 사람이 힘을 아울러서 하는 것이 동인제라 이러한 막연한 해석을 내리었다. 여는, 그것이 또한 그럴 듯해서, 머리를 끄덕이었다.[50]

김동인뿐만 아니라, 동인제의 도입을 제안한 주요한조차도 동인제가 무엇을 의미하는지 실은 잘 알지 못했다. 따라서 새로운 동인의 확산과 영입은 문학관의 공유와는 전혀 관계없이 그때그때 편의에 따라 이루어질 수밖에 없었던 것이다.

『창조』 창간호에 글을 실은 인물들은 김동인・전영택・주요한・최승만・김환 등 모두 다섯 사람이다. 『창조』는 문학적 지향점과는 관계없이 필요에 의해 동인의 수를 점차 늘려갔다. 경우에 따라서는 발간비를 대는 조건으로 새로운 필자를 맞아들이기도 했다. 이에 대해서는 김동인의 다음과 같은 술회를 참고할 필요가 있다.

---

50 김동인, 「문단십오년 이면사」(『조선일보』, 1934.3.31・4.1, 4.3~6), 『김동인 전집』 16, 조선일보사, 1988, 374쪽.

> 그때 〈창조〉는 과연 문학청년들의 애모하는 푯대였다. 〈창조〉 지상에 글 한 번 실어보는 것을 큰 영예로 알았다. 朴×胤이 자기의 소설을 한 번 〈창조〉에 싣게 해달라고 그 교환 조건으로 〈창조〉 한 호의 발간 비용을 부담하겠다는 소청을 한다고 김환이 누차 조르므로 제5호인가 6호인가의 한 호 발간비를 부담시키고 박×윤의 글을 한 번 실은 일이 있다. 또 方×根도 그런 사정으로 한 번 싣기로 하였는데 그다지 신통치도 않은 소설을 두 회분을 써왔으므로 하반부는 몰서하여 버렸다.[51]

여기서 '박×윤'이란 '박석윤'을 가리킨다. '방×근'은 '방인근'이다. 박석윤은 새별이라는 필명으로 제5호에 「생生의 비애悲哀」를 발표했다. 박석윤은 원래 제3호 「나믄말」에 동인으로 소개가 된다.[52] 방인근은 제6호에 벽파생碧波生이라는 필명을 사용해 소설 「눈오는 밤」을 게재한 바 있다. 김동인의 회고대로 「눈오는 밤」은 전반부만 잡지에 게재되었다.[53]

『창조』에 원고를 게재한 필자가 모두 이 잡지의 동인은 아니었다. 김엽金燁은 제3호부터 제4호에 걸쳐 「강호江湖에서 동정호洞庭湖까지」 등의 기행문을 연재한다. 하지만 『창조』 제3호에는 그가 동인이 아니라는 사실이 밝혀져 있다.[54] 『창조』 제5호에는 김동인 · 전영택 · 주요한 · 이일 ·

51 김동인, 「문단文壇 30년의 자취」(『신천지』, 1948.3~1949.8), 『김동인전집』 15, 321쪽.

52 "이번號부터 새로이 東園(或 南星) 李一 君과 「새별」 朴錫胤 君을 우리 同人으로 報告하는 榮光을 엇게 되엿사오니 여러분은 우리와 一體로 사랑하여 주시기외다." 동인, 「나믄말」, 『창조』 3, 1919.12, 77쪽.

53 이와 관련해서는 다음의 기사 참조. "碧波 君의 눈오는 밤(小說)(2)는 編輯의 事情으로 因하야 校正까지 해스나 不得已 八號로 넘기게 되엿습니다. 몬저는 作者와 아울너 讀者의게 용셔해 주시기를 바람니다." 동인, 「나믄말」, 『창조』 7, 1920.7, 70쪽.

54 "金君은 비록 우리 同人이 안이지만은 特別히 우리 創造를 사랑하셔서 珍貴한 作品을 보내주신고로 우리는 金君의 好意를 감사하는 同時에 큰 榮光으로 생각하여 그 作品을 本誌에 發表하나이다." 동인, 「나믄말」, 『창조』 3, 1919.12, 77쪽.

김환 · 오천석 · 김소월 · 송당생松堂生 · 오산인五山人 등의 시 · 소설 · 산문이 실려 있다. 하지만, 같은 호의 동인 주소록에는 김환 · 김동인 · 전영택 · 이일 · 이광수 · 박석윤 · 주요한 · 최승만 등 여덟 사람의 주소만이 수록되어 있다. 이광수와 주요한의 경우는 '여행 중 주소 미상'으로 기재가 되어 있다. 따라서 오천석, 김소월 등의 이름이 주소록에서 제외된 이유가 연락처 미상이기 때문이 아님은 분명하다. 오천석은 『창조』 제4호에 에덴生이라는 필명으로 「운명運命을 낡고서」라는 글을 처음 발표했는데, 이 글은 독자란에 실려 있다. 문예소식란에는 그가 인천에서 발간되던 잡지 『개척開拓』의 주간主幹으로 소개가 되어 있다.[55] 오천석은 이후 제6호와 제7호에도 계속 작품을 발표하는데, 제7호에 가서야 그가 동인이 되었다는 기사가 실린다.[56] 황석우와 김억은 제6호에 창작시와 번역시를 각각 발표하는데, 이들 역시 동인이 아니라는 사실이 따로 명기되어 있다.[57] 김억은 제7호와 제8호에 원고를 게재한 후 동인 명단에 포함이 된다. 김동인의 회고문 속에서, 발간비를 부담하는 조건으로 원고를 게재했다는 사실이 거론된 방인근의 경우는 잡지 폐간 시까지 동인으로 받아들여지지 않았다.[58] 그런가 하면 오천석과 함께 제7호에서 동인 명단에 포함되었던 김명순의[59] 경우는 제8호에서 그 이름이 삭제된다.[60] 그가

55 「문예소식文藝消息」, 『창조』 4, 1920.2, 62쪽 참조.

56 "學生雜誌 『學生界』 主幹 에델[덴] 吳天錫 君은 文藝雜誌 創造 同人으로 新入하엿다더라." 「문예소식文藝消息」, 『창조』 7, 1920.7, 70쪽.

57 "우리 創造에 同人은 안이지만은 우리의 創造를 사랑하셔서 貴하신 作品을 보내주신 여러분 中에 特히 岸曙, 象牙塔 兩君의게는 더욱 고맙게 생각합니다." 동인, 「남은말」, 『창조』 6, 1920.5, 74쪽.

58 "우리는 벌서 同人 以外에 天園, 金素月, 松堂生 여러 친구와, 본국 게신 우리 新詩壇의 明星이신 象牙塔, 岸曙 兩君과 京都 게시든 碧波 方仁根 君이 새로 우리 創造의 寄稿家로 되신 거슬 저는 몹시 깁버합니다." 동인, 「남은말」, 『창조』 6, 1920.5, 75쪽. 이 글에서는 방인근을 동인이 아니라 기고가로 칭하고 있다.

동인이 아니라는 사실을 굳이 기사로 밝혔다는 점으로 미루어보면, 작품 발표 직후 김명순은 『창조』 동인들과 갈등을 빚었던 것으로 보인다. 『창조』는 문인뿐만 아니라 김관호金觀鎬·김찬영 등 화가도 동인으로 받아들였다. 김관호와 김찬영은 모두 동경미술학교 서양화과 졸업생이면서 출신지역이 평안남도라는 공통점이 있다.[61] 『창조』 제8호에는 동인 명단이 김관호, 김동인, 김억, 김찬영, 김환, 전영택, 이광수, 이일, 박석윤, 오천석, 주요한, 최승만 등 총 열두 명으로 기록되어 있다. 마지막 호인 제9호에는 여기에 임장화가 추가되어 총 열세 명의 명단이 기재된다.[62] 김찬영은 제8호와 제9호의 표지화를 그리고 일부 평론을 집필했다. 김관호를 동인으로 받아들인 이유 또한 표지화 등 삽화를 위한 것으로 보이지만, 그의 그림을 싣지는 못했다.[63]

---

59 "이번에 에덴天園 吳天錫 君과 望洋草 金明淳 孃을 우리 同人으로 紹介하는 光榮을 가지게 된고로 同人을 代表하야 歡迎의 뜻을 表하며 여러분씌 向하야는 우리와 一體로, 사랑하여 주시기를 希望함니다." 동인, 「나믄말」, 『창조』 7, 1920.7, 69쪽. "望洋草 金明淳 孃은 今番 文藝雜誌 創造에 同人으로 新入하엿다더라." 「문예소식文藝消息」, 『창조』 7, 1920.7, 70쪽. 김명순이 동인으로 참여하게 된 과정에 대해서는 다음의 회고 참조. "더구나 당시 일본 문단의 자연주의 문학과 한편으로 데가당파의 작품이 유행할 때라 그런 감화도 받았었을 것이 분명하다. 그러나 또 한편으로 아직 연소한 시기에 있었던 그녀는 소녀다운 순진성이 있고 문학에 남달은 재주가 반짝이는 것이 보였다. 이런 것을 본 우리 동인 중에 한 사람이 — 지금은 그가 누구였다는 것을 기억할 수 없다 — 동인에 넣자고 역설했기 때문에 단순한 모임이요 친밀한 우정을 가지고 지내던 동인들이라, 곧 합의를 보아서 결국 동인의 한 사람으로 들였다고 기억된다." 전영택, 「내가 아는 김명순」(『현대문학』, 1963.2), 『전영택전집』 3, 목원대 출판부, 1994, 677쪽.

60 "望洋草 金明淳孃은 八號부터는 우리 글벗이 아닙니다." 동인, 「창조잡기創造雜記」, 『창조』 8, 1921.1, 115쪽.

61 홍성미, 「동경미술학교 조선인 유학생 연구－1909~1945년 서양화과 졸업생을 중심으로」, 명지대 대학원 박사논문, 2014, 65쪽 참조. 김관호와 김찬영은 동경미술학교를 각각 1916년과 1917년에 졸업했다.

62 임장화는 1921년 3월부터 동인으로 가담했다. "三月부터 盧月 林長和 君이 새로 우리의 글벗同人이 되엿습니다. 君은 오스카와일드 硏究者임으로 來十號부터는 우리의게 와일드가 紹介될 줄 암니다." 「남은말」, 『창조』 9, 96쪽.

『창조』는 일반 독자의 투고를 받아 지면에 수록하려는 계획 또한 지니고 있었다. 다음의 기사들이 이를 보여 준다.

◎ 또, 讀者諸君의 投稿는 아직까지는 紙面이 넉넉지 못하야 낫나치 바들 수 업스나, 만일 返送郵稅를 同封하여 보내시면 우리 同人이 보아드리고 그 感想을 添附하여 도로 보내드리겟사오며 或 其中 特出한 作品은 同人의 推薦으로 紙上에 올닐가 하나이다.(編輯人)[64]

▲ 讀者 여러분의 作品 중에 우리 同人이 보와서 佳作이라고 認定할 째에는 紙面이 許하는 範圍 안에서 만이 記載코저 하오니 原稿을 써서 보내주시외다.[65]

▲ 여태까지는 同人의 글에 限하다십히 하엿지만 이제부터는 좀 範圍를 넓히겟습니다. 널니 우리 조선 가운데, 우리 마음줄의 울님에 共鳴하는 이들, 우리의 부르지짐에 應하는 男女 친구들은 사양치 말고 대-구 投稿해주십쇼. 紙數의 制限으로 다는 못 내이나 할 수 있는 대로 내이겟습니다.[66]

하지만, 이러한 계획은 거의 실현되지 않았다. 그 가장 큰 이유는 지면에 여유가 없었기 때문이다. 『창조』는 창간호와 일주년 기념호 등에

---

63 이와 관련해 김동인은 다음과 같은 언급을 한 바 있다. "金觀鎬 君의 그림은 이번 號에도 나오지 못햇습니다. 요다음부터는, 每號 君의 得意의 그림이 하나식 나올 터이니 늘 사랑하여 주옵소서.-시어짐-" 「남은말」, 『창조』 9, 96쪽.

64 동인, 「남은말」, 『창조』 1, 1920.2, 81쪽.

65 동인, 「나믄말」, 『창조』 3, 1919.12, 78쪽.

66 동인, 「남은말」, 『창조』 6, 1920.5, 75쪽.

서 수합된 원고를 모두 게재할 수 없음에 대해 유감을 표명하기도 했다.[67] 독자 투고의 형식으로 수록된 글은 앞에서 언급한 「운명을 낡고서」와 제9호의 「창조創造 팔호八號를 낡음」 단 두 편에 머물렀다. 『창조』 제9호는 독자들에게 잡지를 읽은 독후감을 계속 보내줄 것을 공지했지만,[68] 이후 발행을 중단하며 그 수명을 다하고 만다. 제9호에 독자 투고를 독려하는 편집부 기사가 실려 있는 것으로 미루어보면, 『창조』의 폐간은 다소 갑작스럽게 이루어진 것으로 보인다.

〈표 5〉 『창조』의 기본 서지

호수	편집 겸 발행인	발행일	정가	비고
1	주요한	1919.2.1	30전	발행소 : 「창조사」, 인쇄 장소 : 요코하마 (이하 7호까지 동일)
2	주요한	1919.3.20	30전	
3	김환	1919.12.10	40전	
4	김환	1920.2.23	40전	
5	김환	1920.3.1	40전	
6	김환	1920.5.25	40전	
7	김환	1920.7.28	40전	
8	고경상	1921.1.27	특가 50전	발행소 : 「창조사 임시 창조 발행소」, 인쇄 장소 : 경성 (이하 9호까지 동일)
9	고경상	1921.5.30	40전	

67 동인, 「남은말」, 『창조』 1, 1919.2, 81쪽 및 동인, 「남은말」, 『창조』 5, 1920.3, 100쪽 참조.

68 「창조創造 팔호八號를 낡음」의 필자는 "東京 丁榮泰"로 표기가 되어 있다. 이 원고의 말미에는 다음과 같은 편집부의 공고문이 첨부되어 있다. "讀者諸氏의게－讀後感을 작고 보내여주옵소서. 用紙는 아모것이라도 좃습니다. 보내시려면 京城府鐘路八十七番地 創造 臨時 發行所로 보내주시옵(編輯部)" 『창조』 9, 1921.5, 95쪽.

2. 『창조』의 비평 연구

1) 예술을 위한 예술

『창조』에 수록된 산문들은 크게 수필과 평론으로 나눌 수 있다. 수필은 백악의 「고향故鄕의 길」(제2호), 흰뫼의 「동도東渡의 길」(제3호), 김엽金燁의 「강호江戶에서 동정호洞庭湖까지)」(제3호~제4호), 벌곳의 「장강長江 어구에서」(제4호~제5호), 동원東園의 「흑연일총黑煙一叢」(제7호), 흰뫼의 「나의 묵은 일기日記에서」(제9호) 등이다. 『창조』 소재 수필은 기행산문紀行散文의 형식을 취한 경우가 많다. 이는 필자들이 고향을 떠나 타국에서 공부하는 유학생들이었다는 사실과도 관계가 있다. 이들 수필은 여행 중에 느끼는 감회를 통해 식민지 조선의 현실을 환기시키기도 한다. 그러나, 기행산문들은 대부분 개인의 특수한 경험에 바탕을 둔 사적인 감정 표현이 주를 이룬다. 그런 점에서 『창조』 소재 산문에서 주목해 보아야 할 것들은 수필보다는 평론 형식의 글들이다. 이들 평론을 통해서 『창조』의 동인들이 문학과 예술에 대해 어떠한 인식을 지니고 있었는가를 확인할 수 있다.

『창조』에 수록된 평론 가운데 가장 먼저 유미주의적 예술관을 드러낸 글은 김환의 「미술론美術論」이다. 「미술론」은 미술의 개념과 기원으로부터 시작해 그 종류와 유파 등에 대해 정리한 글이다. 김환은 「미술론」의 서두에서, '미술도 학술과 같이 모든 진리를 연구하는 술術'이라는 전제를 내세운다. '학술은 학적學的 형식形式에서 진리를 연구하고 미술은 미적美的 형식形式에서 진리를 연구하는 것'이며, 둘 사이의 차이는 이것뿐이라는 것이다. 김환의 이 글에서 특히 주목해 보아야 할 부분은 '진리가 미美 안에 있다'는 주장이다.

> 宇宙 사이에 森羅한 萬象에는 自然의 美가 가득하엿고 眞理는 美 안에 숨어 잇습니다. (…중략…) 만일 自然의 美가 없으면 우리 人生은 沒趣味하고 不愉快하여서 하로! 아니! 한 時 한 分 동안이라도 사라갈 수가 없음니다. 美는 우리 人生으로 하야금 眞을 求하고 善을 行케 함으로 美의 價値를 論하면 美 自體가 善인고로 美는 善과 眞을 떠나서 저혼자 獨立自存할 資格이 없음니다.[69]

진리가 미 안에 숨어 있을 뿐만 아니라, 미가 곧 선이라는 주장은 유미주의 예술관의 핵심을 이루는 주장 가운데 하나이다. 김환의 이러한 주장은 다시 "眞理는 美 안에 있고, 美는 自然 속에 잇다"[70]는 구절로 이어진다. 우리 인생은 진리를 찾기 위하여 미를 깨달아야 하고, 미를 깨닫기 위해서는 자연을 연구해야만 한다는 것이다. 미美는 추醜의 반대 개념이다. 우주 사이에 미가 없고 추만 있다 하면 우리는 몰취미한 삶을 이어갈 수밖에 없다. 따라서 추가 아닌 미를 찾는 일이 인생의 중요한 과제로 부각되는 것이다. 김환은 "美에도 여러 가지 種類가 많켓지만은 내가 말하려는 美는 人生으로 하여금 眞理를 찻게 하는 自然의 美를 니름이니, 自然의 美을 硏究하는 術이 즉 美術"[71]임을 거듭 강조한다. 그가

69 김환金煥, 「미술론美術論 (1)」, 『창조』 4, 1920.2, 1~2쪽.
70 「미술론美術論 (2)」, 『창조』 5, 1920.3, 66쪽.

「미술론」의 서두에서, 어느 나라 어느 시대를 막론하고 그 나라 그 시대의 문명은 미술의 성쇠에 달렸으며 미술이 성하면 문명이 성하고 미술이 쇠하면 문명이 쇠한다는 주장을 펼친 이유도 결국은 여기에 있다.[72]

김동인의 「제월霽月 씨氏의 평자적評者的 가치價値」는 염상섭과의 논쟁 과정에서 발표된 글이다. 이 논쟁은 김환이 『현대』 제1호에 발표한 소설 「자연의 자각」을 둘러싸고 시작되었다. 김환이 「자연의 자각」을 발표한 직후 김동인은 『창조』 제5호에 수록된 작품 평 「글동산의 거둠」을 통해 다음과 같이 비판한 바 있다.

> 白岳 君의 「自然의 自覺」(現代一月) 君 自己도 언제 말한 바와 가치 だめ다. 統一이 업고 描寫까지 허투루 되엿다. 主人公의 性格도 모르겟고, 또, 主人公 P의 心理를 直接으로 描寫하여 나려오던 君은 「P는 如斯如斯하엿다 한다」「P는 무엇하는 듯하다」로 어느덧 第三者도 되고, 편지의 「自然을 自覺하엿다」하는 그 自然까지 쪽쪽지 안코, 또 內容의 調和는커녕 主旨까지 엇던 哲理를 表現함이랸지 엇던 人生觀을 表現함이랸지 알 수 업다. 人道主義와 利己主義의 범벅이다.[73]

「자연의 자각」에 대한 김동인의 평가는 이 작품의 가치에 대한 전면

---

71 위의 글.

72 김환이 『창조』에서 미술을 통해 미에 관한 견해를 피력한 이유는 그가 도쿄에 체류할 당시 사립미술학교에 적을 두고 있었기 때문으로 보인다. 단, 그가 다닌 미술학교가 어디인가는 확인된 바 없다. 김환의 도쿄 시절과 관련된 상세한 논의는 이사유, 「『창조』의 실무자 김환에 대한 고찰」, 『한국학연구』 34, 인하대 한국학연구소, 2014, 33~62쪽 참조.

73 금동인琴童人, 「글동산의 거둠」, 『창조』 5, 1920.3, 97쪽.

적 부정이라고 말할 수 있다. 이 작품이 구조적으로 통일되어 있지 않고, 묘사가 서투르며, 주인공의 성격이 제대로 드러나 있지 않고, 서술의 시점이 불분명하며, 주제 또한 알 수 없다는 것이다. 김환이 자주 사용하는 '자연'이라는 용어의 의미가 불분명하다는 점과, 인도주의와 이기주의의 범벅이라는 지적도 주목을 끈다. 결국 김동인은 모든 언사를 동원하여 김환의 작품 「자연의 자각」을 비난하고 있는 셈이다. 특히 '그 자연까지 똑똑치 않다'는 지적은, 김환이 앞의 「미술론」에서 '우리 인생은 진리를 찾기 위하여 미를 깨달아야 하고, 미를 깨닫기 위해서는 자연을 연구해야만 한다'는 주장에 대한 비판으로까지 해석될 수 있다. 김환의 소설과 비평 모두에 대한 비난으로 읽힐 여지가 있는 것이다. 김동인은 후일, 김환이 「자연의 자각」을 『창조』에 수록하지 못하고 『현대』에 발표한 이유가 자신의 반대 때문이라는 취지의 술회를 한 바도 있다.[74]

그런데 문제는 김환의 「자연의 자각」에 대해 염상섭이 「백악 씨의 자연의 자각을 보고서」를 써서 작품을 비판하면서 발생한다. 이 글로 인해 김동인과 염상섭 사이에 비평의 범주와 역할에 대한 논쟁이 시작되는 것이다. 『창조』 제6호에 발표한 「제월 씨의 평자적 가치」는 염상섭의 혹평에 대한 반론으로 쓴 것이다. 김동인이 이 글에서 특히 문제를 삼은 것은 '「자연의 자각」이 백악 자신을 광고하기 위해 쓴 작품에 지나

74 "그때 백악이 『현대』지에 「자연의 자각」이라는 소설을 썼다. 여의 기억에도 아직 남아 있는 그 소설은 빈약의 極이었다. 백악의 빈약한 소설이 『창조』에 게재되는 것이 역하여 여는 늘봄을 督하여 주의시키고 있었다. 그런지라 백악은 자기가 쓴 소설을 자기네의 기관지 『창조』에 발표치 못하고 『현대』로 보낸 것이었다." 김동인, 「문단회고」, (『매일신보』, 1931.8.23~9.2), 『김동인전집』 16, 조선일보사, 1988, 313쪽.

지 않는다'는 염상섭의 지적이다. 김동인은 「제월 씨의 평자적 가치」에서 먼저 다음의 두 가지 전제를 제시한다.

> 첫재는, 作品을 批評하려는 눈은, 絶對로 作者의 人格을 批評하려는 눈으로 삼지 말 것이다. 人格이 完全한 作家의게도, 련습이 업스면 不完全한 作品을—비우슴을 바들 만한 作品을 만드는 수가 잇다. 만약 作者의 人格을 볼 境遇가 잇다 하면, 그거슨, 그 作者가 엇던 私怨이 이서서 그 사람을 侮辱하려고 作品을 쓴—그와 가튼 데나 할 것이다.
>
> 둘재는, 한 個 作品을 批評하는 作品 批評家의 자격으로는, 그 作品의 作者인 人物批評家는 될 權利가 없다. 만약 잇다 하면, 亦是 첫 條目에 쓴 그런 경우에나 할 바이다.[75]

이러한 전제는 '작품 비평가는 다만 그 작품의 비평에만 진실해야 한다'는 주장으로 요약된다. 그 작품이 자아에 대한 광고이건 무엇인건 그것을 볼 필요도, 볼 권리도 없다는 것이다. 김동인은 이 글의 본론에서, 염상섭의 비평을 관통하고 있는 핵심이 '작가 백악에 대한 인신공격'이라고 주장한다. 아울러 염상섭이 비평가로서의 자격을 갖추고 있지 못하다는 사실을 거론한다. 이는 염상섭이 소설을 써본 경험이 없고, 소설작법에 대해 알지 못하기 때문이다. 결국 소설작법에 대해 전혀 알지 못할 뿐만 아니라, 인신공격을 목적으로 비평을 집필한 염상섭은 평자로서의 자격이 없다는 것이 이 글의 주된 논지가 된다. 「제월 씨의 평

75 김동인, 「제월霽月 씨氏의 평자적評者的 가치價値」, 『창조』 6, 1920.5, 72쪽.

자적 가치」는 비평가 염상섭에 대한 감정적 대응과 인신공격으로 가득 차 있는 글이다. 그럼에도 불구하고 이 글을 주목해 볼 필요가 있는 이유는, '작품의 조화된 정도'를 논하는 것이 비평이라는 주장을 담고 있기 때문이다. 이는 김동인의 형식주의적 비평관의 핵심을 보여준다.

김동인은 이어서 「자긔의 창조創造한 세계世界」를 통해 자신의 예술관을 더욱 분명히 드러낸다. 이 글의 서두는 '예술이란 무엇인가'하는 질문으로부터 시작된다.

> 藝術이란 무어시냐, 여긔 對한 解答은 헤일 수 없이 만치만, 그 가운데 그中 正當한 대답은, 「사람이, 自己 기름자의게 生命을 부어너어서 活動케 하는 世界 — 다시 말하자면, 사람 自己가 지어노흔, 사랑의 世界, 그것을 니름이라」 하는 것이다.
>
> 엇더한 要求로 말믜암아 藝術이 생겨낫느냐, 한마듸로 대답하려면, 이거시다. 하누님의 지은 世界에 滿足지 아니하고, 엇던 不完全한 世界던 自己의 精力과 힘으로써 지어노흔 뒤에야 처음으로 滿足하는, 人生의 偉大한 創造性에서 말믜암아 생겨낫다.
>
> 藝術의 참뜻이 여긔 잇고, 藝術의 貴함이 여긔 잇다. 엇더케 自然이 훌륭하고 아름다우되, 사람은 마츰내 自然에 만족치 아니하고 自己의 머리로써 「自己가 支配할 自己의 世界」를 創造하엿다. 사람이 사람다운 價値도 여긔 잇거니와 사람다운 사람의 藝術에 대하여 막지 못할 執着을 깨닷는 點도 여긔 잇다.[76]

76 김동인, 「자긔의 창조創造한 세계世界」, 『창조』 7, 1920.7, 49쪽.

예술이란 곧 '자기가 창조한 자신의 세계'를 이른다. 하느님이 세계를 창조하듯, 예술가는 자신의 창조성을 발휘하여 자신만의 세계인 예술을 창조한다. 예술은 달리 말하면 '자기가 지배할 자기의 세계'이기도 하다. 김동인은 계속해서, 예술은 극도의 에고이즘 즉 자아주의를 바탕으로 생겨나는 것이라고 주장한다. 에고이즘이 예술의 바탕이 되는 이유는, 자기를 대상으로 한 참사랑이 없으면 자기를 위하여 자기의 세계인 예술을 창조할 수 없기 때문이다. 참된 예술가는 인생을 자기 손바닥 위에 올려놓고 이리저리 굴릴 수 있는 사람을 말한다. 그것이 오해한 인생이건 어떠하건 관계없이 '자기가 창조한 인생, 자기가 지배권을 가진 인생'을 지어놓고 자기 손바닥 위에서 놀릴 수 있어야 하는 것이다. 김동인은 그런 점에서 톨스토이가 도스토예프스키보다 위대한 예술가였다고 결론짓는다.

> 톨스토이의 偉大한 點은 여긔 잇다. 그의 創造한 人生은, 假짜던 眞짜던 그것은 상관없다. 藝術에서는 이런 것의 區別을 許諾지를 안는다. 쑨만 아니라 自己의 要求로 말믜암아 創造한 그 世界가 假짜던 眞짜던 무슨 상관이 이슬가, 自己의 要求로 말믜암아 생겨나스니ᄭᅡ……. 톨스토이의 主義가 암만 暴惡하고, ᄯᅥ스터예ᄧᅳ스키-의 主義가 암만 尊敬할 만하더라도, 그들을 藝術家로써 評할 ᄯᅢ는 ᄯᅥ스터예ᄧᅳ스키-보담 톨스토이가 아무래도 眞짜이다. 톨스토이는 自己가 創造한 自己의 世界를 自己 손바닥 우에 올려노코, 自己가 操縱하며, 그것이 假짜던 眞짜던 거긔 滿足하엿다. 이것이 톨스토이의 藝術家的 偉大한 價値일 수밧게 없다.[77]

물론, 여기서 예술가로서의 도스토예프스키와 톨스토이의 가치에 대한 김동인의 평가를 그대로 받아들이기는 어렵다. 러시아의 두 작가에 대한 우열 비교를 소설 속 인물과 세계에 대한 조종 성사 여부로만 판단할 수는 없기 때문이다. 다만 이러한 논의의 과정을 통해 분명히 확인할 수 있는 것은, 김동인이 현실적 가치보다 예술적 가치를 중시하는 유미주의적 예술관을 보여주고 있다는 점이다. 그는 예술 속에 그려진 인생은 그것이 가짜인지 진짜인지 상관이 없다고 주장한다. 작품이 참된 인생을 그려야 하는 이유는 없다. 가짜 인생을 그리더라도 작품 속 인생은 작가가 창조한 세계이므로 그 자체로서 가치가 있다는 것이다. 작품 속 인생은 작가의 요구에 의해 탄생하고, 작가에 의해 지배된다. 실제 인생이 예술 평가의 표준이 아니라, 예술 속 인생이 그 자체로 중요한 것이라는 김동인의 이러한 주장은 예술의 자율성을 강조하는 예술지상주의와 서로 통한다.

김동인은 「사람의 사른 참 모양模樣」에서는 예술이 자연보다 위대하다는 주장을 펼친다. 이 글에서는 먼저 예술과 과학의 경계가 모호한 것이라는 견해를 피력한다.

> 모든 科學品(이라 ᄒᆞ는 것)도 그 實노는 藝術이다. 엇던 작은 科學品이던 그것은 사ᄅᆞᆷ의 煇然ᄒᆞᆫ 사라잇는 모양의 象徵이다. 藝術의 目的이 이것 — 사ᄅᆞᆷ의 사라잇는 모양의 表現 — 이면 엇던 科學品이라도 不知不覺 中에 藝術이 되여버린 것은 定ᄒᆞᆫ 일이다. (…중략…) 여긔 — 藝術를 그리 蛇蝎視ᄒᆞ는

77 위의 글, 52쪽.

科學者들도 그 實로는 藝術을 爲ᄒᆞ여 일ᄒᆞᆫ다고 ᄒᆞᆯ 수밧게 업다.

사ᄅᆞᆷ 그 물건이 藝術의 덩어리라 ᄒᆞᆫ다. 그것이 나은 물건이 엇지 藝術의 反對야 되리오.

모든 科學品(이라는 것)이 그 技術에 依ᄒᆞ여 藝術인 同時에 그 物件 自身도 ᄯᅩᄒᆞᆫ 藝術이다.

藝術의 偉大가 自然의 偉大보담 生命이 잇고 더 큰 것은 定ᄒᆞᆫ 일이 아니냐.[78]

예술과 과학은 모두 인간이 만들어낸 결과물이다. 이들은 자연과 구별된다. 자연은 위대하나 생명이 없다. 하지만, 예술과 과학은 생명이 있고 따라서 자연보다 위대하다는 것이 김동인의 주장이다. 사람이 곧 예술의 덩어리이고, 그가 지어낸 물건이 곧 예술이 될 수밖에 없다는 주장은 다소 궤변처럼 들린다. 모든 과학적 발명품이 곧 예술품이며, 예술을 사갈시蛇蝎視하는 과학자들도 실은 예술을 위하여 일하는 것이라는 주장 역시 그러하다. 참고로, 이 글의 마무리에 다음과 같은 구절이 덧붙어 있다. "젼에 엇던 新聞이나 雜誌에 이 글과 反對되는 말을 내가 써본 일이 이스면 이 글 發表와 ᄒᆞᆷᄭᅦ 그 글은 지워버린다. 그ᄯᅢ는 몰낫던 거슬……"[79] 과거 자신의 발언과 상치되는 내용이 있으면 그것을 지워달라는 부탁인 셈이다.

김동인의 「비평批評에 대하여」는 앞의 글 「제월 씨의 평자적 가치」와 직접 관련이 있다. 「제월 씨의 평자적 가치」에 대해 염상섭이 「여余의 평자적 가치를 논함에 답함」(『동아일보』, 1920.5.31~6.2)으로 응수하자

78 시어딤, 「사람의 사른 참 모양模樣」, 『창조』 8, 1921.1, 26~27쪽.
79 위의 글, 27쪽.

김동인은 다시 「제월霽月 씨에게 대답함」(『동아일보』, 1920.6.12~13)을 발표한다. 이에 대해 염상섭이 「김군께 한 말」(『동아일보』, 1920.6.14)과 「월평」(『폐허』 제2호, 1921.1) 등을 통해 반론과 해명을 전개하자 거기에 대응하는 방식으로 발표한 글이 「비평에 대하여」이다. 이 글에서는 문예비평의 목적이 작가를 지도하는 것이 아니라 민중을 지도하는 데 있다고 전제한다.

> 대뎌, 批評의 存在홀 필요는 무엇일가요? 批評은, 그 批評을 밧는 作者를 지도ᄒᆞ는 것일가요?
>
> 결코 그러치 안슴니다. 만약, 여긔, 批評으로 말믜암아 左右ᄒᆞ는 作家가 잇다 ᄒᆞ면, 그 作家는, 自己의 표쥰이 없는 作家이니까 存在홀 필요가 없는 作家임니다. 確乎不變의 표ㅅ대가 잇는 作家는, 千萬 사람이 부르짓더라도 음직도 안이홈니다. 그러니까 「批評」은, 作家를 指導ᄒᆞ는 것은 아닙니다.
>
> 批評은 民衆을 지도홈니다. 鑑賞力이 不足ᄒᆞᆫ 民衆의게 鑑賞法을 가르치는 것—이것이 批評의 직칙이오, 비평의 存在홀 必要입니다. 그러면, 批評家는, 가장 沈重ᄒᆞᆫ 態度로 作品에 接ᄒᆞ여 모든 缺点善点을 가르치지 아느면 안 됩니다.[80]

비평은 감상력이 부족한 민중에게 감상법을 가르치는 것을 의미한다. 이것이 비평이 존재하는 이유이다. 감상력이 부족한 민중을 지도하기 위해서 비평가는 긴장된 마음을 놓아서는 안 된다. '창작보다 비평

80 금동琴童, 「비평批評에 대하여」, 『창조』 9, 1921.5, 54쪽.

이 어려운 이유'가 여기에 있다. 공정한 비평을 위해서는 선입견이 없어야 한다. 여기서 선입견이란 특히 작가에 대한 선입견 혹은 사적 감정의 개입을 의미한다. 김동인은 선입견의 배제를 다시 '변사론'과 연결짓는다. 비평가는 작가에 대해 아무런 권리와 의무가 없으며, 따라서 재판관과 같은 태도로 작가를 꾸짖거나 할 수 없다. 그보다는 다만 활동사진을 대하는 변사와 같이, 진실하고 경건한 마음으로 관객과 같은 민중에게 작품의 조화된 정도를 설명해야 한다는 것이다.

> 다시 쓰거니와, 批評家는 先入主見을 가져서는 안 됩니다. 다만, 作品의 調和된 뎡도—다시 말ᄒᆞ자면, 그 作品에, 作者가 나타내련 氣分이 나타낫나 안 나타낫나—또다시 말ᄒᆞ자면, 그 作品이 藝術的 價値가 잇느냐 없느냐, 이것ᄲᅮᆫ을 볼 것이지, 거긔 나타난 思想이 自己의 마음에 들던 안 들던, 그것은 평하지 못ᄒᆞᆸ니다. ᄒᆞ물며, 그 作品을 쓰게 된 動긔며, 심지어, 人身攻擊은 용서치 못ᄒᆞᆯ 죄라 ᄒᆞᆸ니다.[81]

김동인의 주장에서 '작품의 조화된 정도'는 곧 그 작품의 '예술적 가치'로 직결된다. 작가에 대한 선입견을 배제한 상태에서, 작품이 지닌 예술적 가치를 발견해 내는 일이 비평의 역할이자 지향점이 되는 것이다. 작품에 나타난 사상에 대한 평가 혹은 작품 창작의 동기에 대한 조사는 비평의 영역에 속하지 않는다. 작가에 대한 인신공격이 비평이 아님을 거듭 주장하는 김동인의 이 글에는 근본적으로 염상섭의 문제 제

81 위의 글, 55쪽.

기에 대한 불신이 깔려 있다. 염상섭이 사적 감정을 토대로 김환의 소설을 비난했다는 선입견이 들어 있는 것이다.[82] 선입견의 배제를 공정한 비평의 핵심이라 강조하는 김동인이 자신의 선입견을 바탕으로 염상섭을 비난하고 있다는 사실은 커다란 아이러니가 아닐 수 없다.[83]

김찬영은 「작품作品에 대對ᄒᆞᆫ 평자적評者的 가치價値」를 써서 비평의 본질에 대한 논의를 시작한다. 김찬영은 먼저 자신이 이 글을 쓴 동기가 김동인과 염상섭 사이의 논쟁, 즉 '비평가는 작품에 대한 선고권을 가진 판사의 지위에 있는 것인가, 아니면 안내자의 지위를 가진 활동사진 변사의 지위에 있는 것인가'에 대한 견해 표명에 있음을 밝힌다. 그는 이를 위해 비평의 종류를 의고비평擬古批評·과학비평科學批評·인상비평印象批評·감상비평鑑賞批評·설리비평說理批評의 다섯 가지로 제시한 후, 염상섭의 비평관은 의고비평에 토대를 둔 것이고 김동인의 비평관은 과학비평에 토대를 둔 것이라고 정리한다. 의고비평은 의고주의 시

82 김환의 소설 「자연의 자각」을 혹평한 이유가 염상섭이 느꼈던 서운한 감정 때문이라고 김동인은 확신한다. 「비평에 대하여」 중 다음의 에피소드는 그 근거가 된다. 'A라는 사람이 『학지광』을 편집하던 때에 B라는 사람이 투고를 했다. A는 그 글을 가치 없는 것으로 보고 잡지에 내지 않았다. 그 몇 달 뒤 A가 『현대』에 소설을 게재했다. 이것을 본 B는 그 소설에 대한 비평문을 써서 『현대』사에 보냈다. 그 비평문의 서두는 A에 대한 나쁜 감정을 직접 표현한 것이었다. 그 서두는 편집진에서 삭제했으므로 세상에 공개되지는 않았다.' 이 에피소드에서 A는 김환이고, B는 염상섭이다.

83 『창조』와 관련된 이 논쟁의 한계와 성과에 대해서는 다음의 견해를 참고할 수 있다. "그들은 논쟁을 통해서 비평이 성숙한 문학 장의 형성에서 빠질 수 없는 글쓰기 형식임을 암묵적으로 인정한다. 비평의 범주와 역할에 대한 입장은 달랐지만, 비평의 작품의 공적 판단과 가치 설정, 그리고 원활한 소통은 물론 작가의 존재 형식에 의미는 역할을 한다는 인식에 거의 도달하고 있다. 이 논쟁은 그러나 비평의 범주와 역할에 대한 자기주장에 매달림으로써, 작품과 비평 현실의 개선이 요구되는 의제의 제출로까지는 연결되지 못했다. 하지만 이런 한계는 오히려 위대한 국민문학에 대한 절실한 요구와 직업으로서의 비평에 대한 진지한 고민을 유인하는 계기가 된다." 최현식, 「유학생 문예잡지에서 비평 담론의 형성과 분화」, 『현대문학의 연구』 33, 한국문학연구학회, 2007, 401~435쪽.

대에 나온 작품을 평가하기에 적합한 방식이다. 이 방식은 운韻의 적합과 부적합이라든가 율律 등에 관한 형식적 표준을 가지고 작품의 운명을 재단한다. 마치 육법전서六法全書를 표준으로 삼아 죄과罪科를 판단하는 판사의 지위와 다름이 없는 비평인 것이다. 과학비평은 자연주의 작품을 비평하면서 생겨난 객관비평을 일컫는다. 이때 비평가는 주관을 철저히 몰각沒覺한 채 다만 그 작품을 해부한다. 이는 마치 활동사진의 변사가 객관을 위하여 그 사진의 내용을 설명하는 것과 같다. 의고비평과 과학비평은 서로 입각지가 다르다. 따라서 김찬영은, 김동인과 염상섭의 논쟁이 해결될 이치를 발견하기는 어렵다는 견해를 피력한다. 여기서 김찬영은 '비평가라는 그 특종의 예술가가 존재하는 근본문제에 대한 고구考究'를 시작한다. '비평가의 존재 가치는 어디에 있는가' 라는 물음에 대한 탐구를 시작하는 것이다. 논의의 과정을 거쳐 그가 내린 결론은 다음과 같다.

> 一, 批評家는 반드시 創作家의 素質을 가지지 안을 수 업다. (創作家로써 批評家의 地位를 兼有ᄒᆞ여도 無妨타)
>
> 二, 作品에 對ᄒᆞᆫ 批評은 決코 그 作品의 召介 或은 解說이 안이요 作品에 對ᄒᆞᆫ 批評家 自身의 感情의 告白이다.
>
> 三, 作品에 對ᄒᆞᆫ 批評은 반드시 藝術的 價値가 잇는 엇더ᄒᆞᆫ 手段이 안이면 안이된다.—그럼으로 批評家가 取ᄒᆞ는 批評의 手段은 ᄒᆞᆫ갓 論文體에 不限ᄒᆞᆫ다. 散文, 韻文, 繪畵, 彫刻, 音樂, 等 엇더ᄒᆞᆫ 形式이든지 藝術的 價値가 잇는 또ᄒᆞᆫ 評者의 能力이 許ᄒᆞ 는 手段으로써 엇더ᄒᆞᆫ 作品에 對ᄒᆞᆫ 批評家 自身의 感情을 가쟝 適切히 表現ᄒᆞᆯ 수 잇는 그것을 取ᄒᆞᆯ 것이다.[84]

김찬영은 이러한 비평의 실제 사례가 고금을 통하여 적지 않다고 주장한다. 즉 시를 취재取材로 한 회화繪畵, 조각을 취재로 한 운문, 소설을 취재로 한 음악 등이 존재하며 이는 엄정한 의미의 비평의 가치를 가졌다는 것이다. 이러한 조건들을 바탕으로 김찬영이 추천하는 비평의 방식은 감상비평鑑賞批評이다. 감상비평에서는 '예술적 작품은 한갓 그 위에 표현된 무―드가 스스로 작품의 운명을 좌우하며, 결코 비평가가 어떠한 이론으로써 작품의 가치를 논단할 수는 없다'고 생각한다. '비평가는 다만 예술적 가치가 있는 수단으로써 어떠한 작품에서 감득感得한 자기의 감정을 다른 양식으로 표백한다'고 믿는 것이다. 김찬영은 자신의 비평이 감상비평에 토대를 두고 있기는 하나, 감상비평이 자신의 비평 방식과 완전히 일치하는 것은 아니라는 점에 대해서도 설명한다. 감상비평이 오직 산문체로 비평의 수단을 삼는 것에 반해 자신은 예술적 가치가 있는 모든 것이 비평의 수단이 될 수 있다고 생각한다는 것이다. 감상비평에서는 비평가와 창작가를 구별하지만, 자신은 창작가가 아니고는 예술비평가의 지위를 점유치 못하며 그 목적을 달성할 수 없다고 믿는 것도 서로 다른 점이다. 그리하여 비평의 본질과 비평가의 가치에 대해 김찬영이 내리는 결론은 다음과 같다.

> 그럼으로 批評家는 創作家며 批評은 獨立ᄒᆞᆫ 藝術的 作品이겟다. (…중략…) 그럼으로 나는 作品에 對ᄒᆞᆫ 眞實ᄒᆞᆫ 評者의 態度는 ᄒᆞᆫ갓 그 作品에 對ᄒᆞᆫ 感情의 告白者이며 그 告白은 반드시 藝術的 價値를 가진 創作的 作品이

---

84 김유방金惟邦, 「작품作品에 대對ᄒᆞᆫ 평자적評者的 가치價値」, 『창조』 9, 1921.5, 68~69쪽.

아니면 아니 되겟다고 生覺ᄒᆞᆫ다.[85]

비평은 독립된 예술적 작품이고 비평가는 창작가이며 예술적 가치를 지닌 다양한 수단을 통해 작품에 대한 감정을 고백하는 일이 비평이 된다는 것이다.[86] 그런데 여기서 문제가 되는 것은, 비평이 예술적 가치가 있는 모든 수단들을 동원해 비평가의 감정을 전달하는 일이라고 정의하고 있다는 점이다. 이때 구체적 비평의 수단이 될 수 있는 것이 산문뿐만 아니라 회화, 조각, 음악 등이다. 김찬영은 앞에서 이러한 비평의 사례가 고금을 통하여 적지 않다고 주장하고 있지만, 그가 든 사례들을 통상적으로는 비평의 영역에 속하는 것이라고 말하기 어렵다. 그가 이러한 사례들을 동원해 비평의 범주와 비평가의 역할에 대해 설명하고 있는 이유는 '비평은 예술이고, 비평가는 곧 예술가'라는 전제를 증명해보이기 위해서이다. 김찬영의 이러한 주장에는 예술적 가치가 다른 모든 가치에 앞선다는 생각이 내포되어 있다.

85 위의 글, 70쪽.

86 예술藝術과 미美와 감정感情의 관계에 대한 김찬영의 생각에 접근하기 위해서는 다음의 언급을 참고할 필요가 있다. "「藝術은 美의 住家라」 쏘ᄒᆞᆫ 「眞理의 表現이라」 나는 무엇보다도 美에 對ᄒᆞᆫ 感情과 表現에 對ᄒᆞᆫ 感覺을 暫間 베불고져 ᄒᆞᆫ다. 「美는 무엇이냐?」 이 물음에 簡單히 對答ᄒᆞ자면 우리 感情에 적게라도 快感을 니르키우는 것이 卽 美라 ᄒᆞ겟다 (…중략…) 感情은 무엇이냐? 感情은 活動이다. 卽 線을 意味ᄒᆞ는 活動이겟다 엇더ᄒᆞᆫ 起點이 잇고 엇더ᄒᆞᆫ 終點이 잇는 그 사이를 活動ᄒᆞ는 것이 卽 感情이다. 곳쳐 말ᄒᆞ자면 原因과 結果 사이를 活動ᄒᆞ는 것이 卽 感情이겟다." 김유방, 「현대現代 예술藝術의 대안對岸에서」, 『창조』 8, 1921.1, 19~20쪽. 김찬영의 예술론에 대한 전반적 정리는 송민호, 「1920년대 초기 김찬영의 예술론과 그 의미」, 『대동문화연구』 71, 성균관대 대동문화연구원, 2010, 295~327쪽 참조.

2) 인생을 위한 예술

최승만의 「르네싼스」는 서양에서 일어났던 르네상스 운동의 기원과 특징 등에 관해 정리한 글이다. 이 글에서는 먼저 르네상스 이전의 서양 중세가 '인민에 대한 속박'을 일삼던 시대였다고 비판한다. 서양의 중세는 금욕적 생활을 이상으로 삼고, 자연의 미상美相이나 인생의 약동을 무의미하고 무가치한 것으로 몰아가는 잘못을 범했다는 것이다. 그렇다면 르네상스 운동의 특색은 무엇인가? 최승만의 정리는 다음과 같다. 첫째, 개인의 해방. 둘째, 증전존중證典尊重에 반항하는 비평적 정신의 발달. 셋째, 탐미적 경향. 넷째, 휴머니스트Humanist라고 부르는 세계적 기운의 일어남.

> 統히 한번 다시, 簡單히 말하면 (가) 새로운 自由의 生活을 하는 것. (나) 自定의 意識과 力이 잇는 人類의 精神을 回復하는 것. (다) 外界의 美를 認定하는 것. (라) 藝術上 人體美를 表現하는 것. (마) 科學上 理性을 自由로 하는 것. (바) 宗敎上 良心을 自由로 하는 것. (사) 知識의 文化를 回復하는 것. (아) 政治上 自由를 堅固히 하는 것. 이러한 意味를 가즌 것이외다. 個人解放, 自我解放, 現世肯定, 自由活動이란 큰 看板을 붓치고 나온 것이라 해도 조흘 것이외다.[87]

최승만이 여기서 르네상스 운동에 대한 자세한 소개를 시도한 이유

---

87 극웅極熊, 「르네싼스」, 『창조』 2, 1919.3, 35쪽.

는 단순히 역사적 사건에 대한 이해를 통한 지식의 증진에만 있지 않다. 그보다는 '우리에게도 이제 르네상스가 필요하다'는 판단이 바탕에 깔려 있는 것이다. 최승만은 르네상스 운동이 '탐미적 경향'을 중시할 뿐만 아니라, 새로운 '미적판단'에 기초해 '예술상 우수한 작품'을 발전시켜 갔음을 강조한다. 최승만이 「르네싼스」를 통해 중요하게 제시한 개념들은 미, 인성, 육체, 희열 등이다. 이들에 대한 관심이 죄악으로 치부되던 시대를 벗어나 새로운 단계로 들어가는 계기가 바로 르네상스 운동이라는 것이다. 「르네싼스」에서 최승만이 가장 강조한 것은 예술을 통한 '인간의 해방'과 '탐미적 경향'이다. 탐미적 경향에 대한 강조는 사회 혹은 윤리에 대한 무관심으로 이해될 여지가 없지 않다. 그 점에서, 이러한 두 가지 요소를 고루 중시하며 르네상스 정신의 부활을 주장하는 최승만의 예술관 내지 문학관은 다소 모호해 보일 수밖에 없다.

최승만이 자신의 예술관을 분명히 드러낸 글은 「문예文藝에 대對한 잡감雜感」이다. 이 글에서 최승만은 먼저, 자연주의 문예에 대한 호감을 표현한다. 자연주의 문예가 중요한 것은, 그것이 문예를 인간의 '노름거리'로 삼지 않았기 때문이다. 르네상스 이후에 일어난 낭만주의는 상고주의尙古主義 즉 고전주의의 규범과 인습을 타파하고, 개성과 자유 그리고 독창성을 중시한다. 낭만주의는 인간의 자연스러운 정서를 중시한다는 특징이 있다. 낭만주의에 반하여 일어난 자연주의는 기교・습관・인습을 모두 배척하고, 현실을 중히 여기며 '진眞'을 추구한다. 자연주의는 현실적・이지적理智的・객관적・무기교적・산문적・평범적이라는 특징이 있다. 이 가운데 가장 중요한 것이 현실적인 바, 이는 현실의 인생과 현실의 생활에 주의를 기울이는 것을 의미한다. 자연주의로 말미암아 예술은 실제 인생 생활과 밀접한 관계를 맺게 되었다. 따라서 "自然主義文藝는 娛樂인 藝術이 안이오 人生에 對하야 生活에 對하야 깁히 생각하게 하는 藝術"[88]이라 할 수 있는 것이다. 자연주의 문예는 사회문제에 대해서 직접적인 관심을 표명한다. 졸라는 소설 작품에서 냉정하고 과학적인 태도로 사회개량에 대한 의지를 드러낸 바 있다. 입센은 희곡에서 사회의 결함과 악덕을 묘사하여 개인해방, 부인해방 문제를 제기한 바 있다. 러시아의 투르게네프가 노예해방 운동에 적지 않은 원동력을 제공한 것도 모두가 아는 일이다. 그러나, 자연주의에 문제가 없는 것은 아니다. '있는 대로' '본 대로' 묘사하는 것이 자연주의의 본질이라고는 하나 이를 행하는 것이 쉽지 않기 때문이다. 여기서 최승만은, 인간이 아무리 객관적 묘사를 의도할 경우라도 주관성을 벗어나기 쉽지 않다는 우려를 표명한다. 동시에 그는 문예가 사회와 인생을 떠나 존재할 수는 없다는 생각을 드러낸다.

> 그러나 남은 듯든 안 듯든 나는 이러한 말을 하고 십다. 藝術도 社會를 떠나서는 안이 되겟고 人生을 떠나서는 안이 되겟다고. 이 問題는 昨年인지 日本서도 文學者間에 大端히 떠들든 問題이지마는 何如間 나는 엇던 文藝나 社會나 人生 以外에 잇서서는 안이 되겟다고 한다. 또 社會와 人生을 떠난 藝術이 잇스리라고는 생각지 안는 바다. 이 意味에 잇서서 — 人類의 生活을 엇더케 하면 더 조케 더 잘 만드러볼가 하는 改造의 意志와 理想을 根底로 한 藝術 곳 「人生을 爲한 藝術」을 말하며 「人生을 爲한 藝術」을 爲하야 努力

88 극웅, 「문예文藝에 대對한 잡감雜感」, 『창조』 4, 1920.2, 50쪽.

하기를 바란다 하는 것이다.[89]

최승만이 「문예文藝에 대對한 잡감雜感」에서 제시한 결론적 주장은 '인생을 위한 예술'이다. 그가 비록 자연주의 문예가 지닌 한계에 대해 일정한 우려를 표명하고 있기는 하나, 이 우려는 다분히 수사적修辭的이라는 인상을 준다. 최승만이 동조하고 추구하는 문예는 자연주의 정신에 바탕을 둔 현실개조와 사회개량의 문예, 즉 인간과 사회를 위해 존재하는 문예였던 것이다.

노자영은 「문예文藝에서 무엇을 구求하는가」에서 문예의 목적이 인간의 생명을 진실되게 표현하는 일에 있다고 주장한다. 그는 먼저 문예에서는 사상과 기교의 결합이 중요하다고 전제한다. 예술에서는 이 양자의 혼연일체가 필수적이라는 것이다. 이 둘이 결합하는 지점이 '생명'이다. "人의 生命이 가장 眞實이 가장 詳如이 또는 가장 氣運 잇게 表現된 者라야 우리가 찻고 求하는 文藝"[90]가 되는 것이다. 예술이 생명의 표현인 이상, 예술은 인생 생활의 모든 방면을 있는 그대로 표현할 임무가 있다. 노자영은 이러한 전제를 바탕으로, 생명이 무한한 변화를 보임과 같이 예술 또한 무한한 변이를 보일 수 있다고 생각한다. 물론, 예술의 가치는 고정되어 있지 않다. 진실하게 인생의 일면을 그려내는 투르게네프의 작품이나, 기교를 중시하는 오스카와일드의 작품은 각각 그 자신들만이 지닌 가치가 있다. 이 가운데 어느 한 작가의 작품만이 절대적 만족감을 주기 어렵고, 따라서 모범적 예술은 존재하기 어렵다. 그럼에

89 위의 글, 51쪽.
90 춘성생春城生, 「문예文藝에서 무엇을 구求하는가」, 『창조』 6, 1920.5, 70쪽.

도 불구하고 예술이 지향할 바가 어디에 있는가 하는 점만은 분명하다.

> 훌늉한 藝術은 그의 出現한 時代 그것을 그리는 者도 잇고 또는 先驅者가 되야 그 時代에 압선 理想을 揭하는 者도 이서셔 그 點은 다르나 人間 生命의 現在 流波라든지 그 流波의 將次 나갈 方面을 表現한 者라든지 가장 훌융한 藝術家일다.[91]

훌륭한 예술이란 결국 인간 생명의 현재 흐름 혹은 장래 그것이 나아갈 방향을 표현하는 예술이다. 훌륭한 예술가는 "自己 個性에 依하야 그 生命의 싹을 잘 培養한 者"[92]이며, 독자가 작품에서 구하는 것은 작가의 개성의 충실한 표현이다. 이 글은 결론적으로 우리 자신의 개성과 작가의 개성, 즉 자기 생명과 작가의 생명의 접촉 교착의 필요성을 강조한다. 우리 자신의 생명을 가장 완전하게 길러가는 일이 곧 우리가 예술에서 구하는 궁극적 목적이 된다는 것이다. 노자영은 「문예에서 무엇을 구하는가」에서 문예의 목적이 인간의 삶을 진실하게 표현하는 데 있으며, 작가가 작품에서 개성을 드러내는 일이 가장 중요하다는 사실을 거듭 강조한다. '개성'에 대한 중시는 한국 근대 초기 문예이론에서 핵심을 이루는 사안 가운데 하나이기도 하다.[93]

---

91 위의 글, 71쪽.

92 위의 글.

93 참고로, 노자영의 이 글과 관련해서는 다음과 같은 해석도 있다. "말하자면 예술은 예술가가 사람의 내적 생명을 외적 형식을 통해 '표현한' 것이기도 하면서 표현에의 요구를 '반영'한 것이기도 하다. 따라서 예술가의 '표현'은 예술가의 자율적 선택에 의한 것이기보다는 숭고한 명령에 복종한 결과인 것이다. 이 지점에서 생명은 주관의 영역을 벗어나 절대적이고 객관적인 미에 도달한다." 박슬기, 「1920년대 초 동인지 문인들의 예술론에 나타난 예술과 자아의 관계－예술의 미적 절대성의 획득과 상실의 과정」, 『개념

이광수의 「문사文士와 수양修養」은 '인생을 위한 예술'의 필요성을 명시적으로 제안한 글이다. 「문사와 수양」은 그동안 유미론과 효용론에 대해 두루 관심을 표명하던 이광수가 본격적으로 효용론을 주장하게 된 계기를 이루는 글로 평가할 수 있다. 「문사와 수양」은 '문예가 한 나라 문화의 꽃이며, 신문화의 선구가 되고 모母가 된다'는 주장으로 시작된다. 문예가 신문화의 선구이자 모체가 된다는 사실은 서구의 문예부흥과 프랑스혁명의 과정을 통해서도 증명된 바 있다. 문예는 사람의 마음을 자격刺激하여 활발한 정신적 활동을 격발시키는 동시에, 문예 자신이 신사상・신이상의 선전자가 되기도 한다. 문예작자는 사람의 정서를 감동시키는 문예의 특수한 힘을 이용하여, 자기의 이상과 사상을 세인의 정신에 주사注射하는 마력을 지닌다. 그의 이상과 사상을 선전하는 능력은 실로 냉랭한 이지理智의 판단에만 의존하는 과학이나 철학에 견줄 바가 아니며, 오직 종교만이 비교 가능하다. 만일 문예를 전파하는 사상 중에 독소가 있다하면 그것은 전 민족에게 무서운 해를 끼치는 결과를 가져올 수 있다. '사상가의 직職과 교육가의 직을 겸하는' 문학가에게 수양과 근신이 필요한 이유가 여기에 있다. 문학가가 취해야 할 궁극적 태도는 '예술을 위한 예술Arts for art's sake'이 아니라 '인생을 위한 예술Arts for life's sake'이다. 인생에 유익한 예술이 필요한 것이다.

> Arts for art's sake라는 藝術上의 格言은 藝術을 他部門의 文化(政治나 敎育이나 宗敎나)의 奴隷狀態에셔 獨立식히는 意味에 잇셔셔는 대단히 훌

과 소통』 12, 한림대 한림과학원, 2013, 57쪽. 노자영의 글에서 예술은 "생명의 구체적 표현"으로 전환된다는 것이다.

> 륭흔 格言이지마는 그 範圍을 지나가셔 使用ᄒᆞ면 이는 「個人은 自由라」ᄒᆞ는 格言을 無制限으로 使用홈과 갓흔 害惡에 ᄈᆞ지는 것이외다. 生에 對ᄒᆞ야 貢獻이 업는 것 더구나 害를 주는 것은 그것이 무엇이든지 다 惡이니 文藝도 만일 個人의 特히 우리 民族의 生에 害를 주는 者면 맛당이 두두려부실 것이외다. Arts for life's sake야말로 우리의 取훌 바라 홈니다.[94]

'예술을 위한 예술'은 정치나 종교 등 타 부문의 문화에 대한 종속 상태로부터 예술을 독립시킬 수 있다는 점에서는 의미가 있다. 그러나, 이는 그 범위를 지나고 나면 궁극적으로는 삶에 해악이 된다. 생에 도움이 되지 않은 예술, 해를 끼치는 예술, 더구나 우리 민족에게 해가 되는 예술은 당연히 배척해야 한다. 그리하여 우리가 취해야 할 예술은 '인생을 위한 예술'이 될 수밖에 없는 것이다. 「문사와 수양」에서는 문사가 민족의 장래와 화복禍福에 영향을 미치는 중요한 존재임을 거듭 강조한다. 이렇듯 중요한 직무를 지닌 문사에게는 어떠한 준비와 태도가 필요한가? 그에 대한 답은 '문사에게는 의사醫師와 같은 준비와 태도가 필요하다'는 것이다. 수양이 없는 문사는 수양이 없는 의사보다 더욱 사회에 끼치는 해악이 크다. 의사의 활동 범위는 개인적·국부적局部的이지만, 문사의 활동 범위는 전 민족적·세계적이기 때문이다. 의사의 영향이 일시적·육체적인 것에 반해, 문사의 영향이 정신적·영구적이라는 점도 비교가 된다. 그러므로 사회에 불량한 문사를 두는 것은 불량한 의사를 두는 것보다 그 해악이 더 크다. '문사가 동시에 사상가요 사회의

94 춘원春園, 「문사文士와 수양修養」, 『창조』 8, 1921.1, 11쪽.

지도자요 사회개량가이며 청년의 모범이 되어야 할 여러 가지 중임을 지닌 현대 우리나라의 문사'에게는 더 많은 수양이 필요하다. 우리나라의 문사되는 자는 '진실로 각고에 각고를 더하고 면려에 면려를 더하여 공부하고 공부하며 수양하고 수양해야' 한다. 문사의 인격 수양은 민족을 위해서뿐만 아니라 문사 개인의 창작활동을 위해서도 꼭 필요하다.

> 그럼으로 나는 斷言ᄒᆞ기를 偉大ᄒᆞᆫ 文士는 반다시 健全ᄒᆞᆫ 人格의 所有者이기를 要ᄒᆞᆫ다. 그럼으로 德性의 修養은 文士의 根本要件이다. 그런데 文學이란 民族의 生活을 爲ᄒᆞ여셔만 價値가 잇는 것임으로 文士의 修養ᄒᆞᆯ 德性은 民族的 生存厚榮을 助長ᄒᆞ는 性質의 것이라야 ᄒᆞᆯ 것이외다.[95]

덕성의 수양은 문사가 되기 위한 근본 조건이다. 문학은 민족의 생활을 위할 때만 가치가 있다. 따라서 문사가 수양으로 갖추게 될 덕성은 곧 민족의 생활에 도움이 되는 덕성이어야만 한다. 「문사와 수양」에서 이광수는 "文士라는 職業은 적게는 一民族을 크게는 全人類를 導率하는 牧民의 聖職"[96]이라고 거듭 주장한다. 그만큼 문학가의 사회적 역할과 의무가 지대하다는 것이다. 이러한 역할을 감당하기 위해 필요한 것이 책임에 대한 자각과 덕성의 수양이 되는 것이다.

「문사와 수양」에 대해 정영태는 「창조創造 팔호八號를 닑음」을 써서 반론을 제기한다. 이광수가 문사들에게 '자아를 표현하라, 본능적으로 발표하라' 하지 않고, '도덕율에 맞는 것을 써라, 지식을 사람들에게 가

95 위의 글, 17쪽.
96 위의 글, 18쪽.

르쳐라'고 주장했다는 것이다.[97] 정영태의 비판의 요지는 이광수가 진화하는 현대 예술을 이해하지 못한다는 사실에 있다. 정영태는 김동인과 김찬영의 예술관에 더욱 공감했던 것으로 보인다. 이광수의 「문사와 수양」은 김동인이 「자긔의 창조한 세계」에서 제시한 인형조종술에 대응하는 비판과 훈계로도 읽힌다. 작가의 무한한 권리를 주장하는 인형조종술의 제안자인 김동인에게 수양과 공부의 부족을 비판한 것으로도 읽힐 수 있는 것이다.[98] 더 나아가, 3·1운동 이후 문단의 침체된 분위기 속에서 데카당스 문학을 표방하던 일부 문인들에게 경고를 보내는 글로도 읽힐 여지가 충분하다. 「문사와 수양」이 지닌 한계가 진화하는 현대 예술에 대한 이해 부족 때문이라는 정영태의 주장은 그리 설득력이 있어 보이지 않는다. 「문사와 수양」의 근본적 한계는 다른 곳에 있다. 이광수는 '인생을 위한 예술'을 제안하며, 문학의 효용성은 그것이 민족의 생활에 도움이 될 때만 가치를 지닌다고 주장한다. 그러나, 이 글은 정작 민족의 미래를 위해 문학이 해야 할 일 혹은 할 수 있는 일에 대해서는 전혀 언급하지 않는다. 문학이 나아가야 할 방향에 대한 제시 또한 전혀 없다. 가장 문제가 되는 것은, 작가 개인의 도덕적 수양이 오늘날 문단과 민족이 처한 모든 문제를 해결할 수 있다고 하는 생각이다. 이광수는 개인의 도덕적 수양 부족이 오늘날의 불행한 현실을 가져왔고, 반대로 개인의 도덕성 회복이 미래의 행복을 가져올 것이라고 주장한다. 그러나 이러한 주장은 식민지 조선이 당면한 심각한 현실적 문제

97 정영태丁榮泰, 「창조創造 팔호八號를 닑음」, 『창조』 9, 1921.5, 94~95쪽 참조.
98 이와 관련된 논의는 이경훈, 「춘원과 『창조』」, 『현대소설연구』 14, 한국현대소설학회, 2001, 199쪽 참조.

들의 핵심을 흐리게 만든다. 이는 이광수가 1922년 5월 『개벽』에 「민족개조론民族改造論」을 써서 우리 민족의 황폐화된 현실의 원인을 민족성의 열악함 때문이라고 주장하게 되는 것과 서로 통한다. 민족성의 개조를 통해 미래를 바꿀 수 있다는 생각과 서로 이어지는 것이다.

3. 『창조』의 소설 연구

1) 계몽의 답습과 자가당착의 오류

김동인은 『창조』 제1호와 제2호에 「약한 자者의 슬픔」을, 제3호부터 제6호에 걸쳐서는 「마음이 여튼 자者여」를 연재 발표한다. 그는 「약한 자의 슬픔」에 대해 다음과 같이 언급한다.

> ◎ 약한者의 슬픔 쓱 됴흔 새 쓱 됴흔 「우리의 雜誌」의 제가 定한 자리에 실니우는 제 약한 者의 슬픔이 中媒者가 되어 讀者인 여러분과 作者인 「저」를 「藝術」의 線으로 맛매엿습니다. 저는 이 연분에 對하여 禮를 하옵니다. — 다만 한 가지 유감인 거슨 雜誌의 졔희 數로 말믜아마 졀반밧게는 싯지 못하게 된 거십니다. 그 理由는 첫 번은 짧게 하랴든 거시 뜻밧개 길—게 된 故로, 두 달에야 긋나게 된 거십니다.
>
> ◎ 姜엘니자벳트 自己로써 살지를 못하고 누리에 비최인 自己기름자로써

살고, 강하여 보이고도 약한 姜엘니자벳트. 그의 슬픔. 그거시……

◎ 여러분은 이 약한者의슬픔이 아직까지 世界上에 이슨 모든 투 니야기(作品) — 폐알리즘, 로—만터씨즘, 씸볼니즘, 들의 니야기 — 와는 描寫法과 作法에 다른 點이 잇는 거슬 알니이다. 여러분이 이 點을 바로만 發見하여 주시면 作者는 滿足의 우슴을 웃겟습니다.[99]

△ 前號부터 내인 약한者의슬픔은 이번 號로 쯧낫습니다. 處女作의 서트른 點은 잇겟지마는 여러분씌서 보아주셋겟다 생각할 째에, 作者는 적지 안케 滿足히 녀깁니다.

△ 여러분은 약한者의슬픔에서 — 아니, 엇던 作品에서던지, 紙上에 흐르는 글자를 보시지 말고, 한층 더 기픠 조희 아레 감초여 잇는 글자, 作者가 쓰려하면서도 쓰지 못한 말을 차져 보서야 합니다.

△ 여러분은 머리를 좀 기우려주십시오. 그러고 엘니자벳트로써 代表된 現代 사람의 弱點 — 周圍의 反動을 안 밧고 스서로는 아모 일도 못하는 點, 삶을 모르고 사—는 點 — 에 머리를 한 번 써 주십시오. 강한 者가 되십시오.

△ 부대 페이쥐 뒤에 감초여 잇는 글자를 보아 주십시오.(東仁)[100]

「약한 자의 슬픔」이 '자기로 살지를 못하고 누리에 비친 자기로 살았으며, 강해보이지만 약한 인물 강엘니자벳트의 슬픔'을 다룬 작품이라는 것이다. 김동인은 이 작품이 '아직까지 세상에 나온 모든 투의 작품

99 동인, 「남은말」, 『창조』 1, 1919.2, 81쪽.
100 동인, 「나믄말」, 『창조』 2, 1919.3, 59쪽.

즉 리얼리즘, 로만티시즘, 심볼리즘 등의 이야기와 구별되는 묘사법과 작법'에 토대를 두고 있다고 설명한다. 이어서 독자들에게 '엘니자벳트로 대표되는 현대인의 약점, 스스로는 아무 일도 못하는 점, 삶을 모르고 사는 점'에 대해 주목해 줄 것과 '강한 자가 되어 줄 것'을 권유한다. 독자에게 강한 자가 되어달라고 발언하는 김동인의 목소리에는 명백한 계몽의 의지가 담겨있다. 「약한 자의 슬픔」은 작가의 창작 의도와는 관계없이, 이광수로 대표되는 1910년 후반의 계몽주의 계열의 작품들과 연장선상에 놓인다. 김동인이 새로운 작법에 토대를 두었다고 자찬하는 「약한 자의 슬픔」은 우리 문단에서 그동안 익숙하게 보아본 여타 계몽주의 계열의 작품들과 별반 다르지 않다. 그런 점에서, 『창조』 동인들이 보여준 이광수에 대한 외면적 배척과 실질적 동경이라는 이율배반적 태도는 소설 창작에서도 예외가 되지 않는다.

「약한 자의 슬픔」은 가정교사로 일하던 신여성 강엘니자벳트가 겪은 비극적 사건과 그로 인한 고통을 소재로 삼은 작품이다. K남작의 집에 거주하면서 아이들을 가르치던 엘니자벳트는 남작에게 강간을 당하고 임신을 한 채 그 집을 나오게 된다. 교외에 사는 오촌모의 집으로 거처를 옮긴 엘니자벳트는 고민 끝에 남작을 상대로 소송을 제기한다. 하지만, 재판부는 그녀의 주장에 증거가 없다는 이유를 들어 청구를 기각한다. 재판에서 패한 엘니자벳트는 병을 앓다가 유산을 하게 된다. 자신의 삶을 돌아보던 엘니자벳트는 약한 자의 슬픔에 대해 깨닫게 되고 이후 강한 자가 되어야 한다는 생각을 품게 된다. 「약한 자의 슬픔」에서 시종일관 표현되고 있는 것은 주인공 엘니자벳트의 우유부단함이다. 엘니자벳트는 김동인의 작품에서는 그리 예외적인 인물이 아니다.[101] 김동인은 자신의 작품에 신여성들을 자주 등장시키지만, 그들을 통해 말하고 싶은 것이 무엇인지는 명확하지 않다. 그의 작품에 등장하는 신여성의 우유부단함은 결국 신여성을 바라보는 김동인 자신의 시각의 흔들림에서 유래한 것이기도 하다.[102] 「약한 자의 슬픔」에는 신여성에 대한 작가의 불신이 드러나 있다. 이 불신으로 인해 여주인공 엘니자벳트가 겪는 고통은 더욱 증대된다. 신여성 엘니자벳트의 나약함과 우유부단함은 친구 혜숙의 집을 방문하는 장면에서 잘 드러난다.

> 「아모래도 가 보여야겟다」 그는 중얼거리고 外出衣를 가라니벗다. 「갈까? 그만둘까?」 그는 생각이 定키 前에 門밧게 나섯다. 女學生 間에 流行하는 步法으로 팔과 궁둥이를 前後左右로 저으면서 엘니자벳트는 길노 나섯다.[103]

망설이던 엘니자벳트는 미처 생각을 정리하지 못한 채 집을 나선다. '여학생 간에 유행하는 보법으로 팔과 궁둥이를 전후좌우로 저으면서'

---

101 이와 관련해서는 다음의 지적 참조. "김동인의 작품에서 신여성은 신식 교육을 받았지만 스스로의 내면을 확보하지 못하고 근대적인 자각을 갖추지 못한 인물로 그려진다." 엄미옥, 「김동인 소설에 나타난 '연애'의 의미 연구-「약한자의 슬픔」, 「마음이 옅은 者여」, 「김연실전」을 중심으로」, 『시학과 언어학』 10, 시학과언어학회, 2005, 229쪽.

102 「약한 자者의 슬픔」의 서사구조의 한계와 관련해서는 다음의 지적 참조. "전형을 창조하여 당대 사회가 안고 있는 구조적 모순의 본질적 파악 및 해결에의 의지를 통한 낙관적 전망은 물론 그 구조적 모순의 현상적 제시마저도 보여주지 못하는 이 작품은, 또한 루카치적 의미에서의 자연주의적 디테일의 충실성도 제시하지 못하고 있다. 다만 헛된 망상과 공상 속에서 방황하고 갈등하는 엘리자베드의 심리적 편린들만이 산결될 뿐이다." 공종구, 「충동적 자아의 파멸화-「약한者의 슬픔」의 서사구조 분석」, 『국어국문학』 104, 국어국문학회, 1990, 260쪽.

103 김동인, 「약한 자의 슬픔」, 『창조』 1, 1919.2, 53쪽.

길을 가는 엘니자벳트의 모습에는 신여성을 희화화의 대상으로 바라보는 김동인의 비판적 시각이 투영되어 있다. 엘니자벳트는 우유부단할 뿐만 아니라, 우스꽝스럽기까지 하다. 엘니자벳트라는 인물의 성격을 이렇게 설정한 배경에는 그녀가 겪게 되는 비극과 고통의 원인을 그녀의 결함 탓으로 돌리려는 작가의 계산이 깔려 있다. 엘니자벳트의 우유부단함은 그녀가 재판정에서 남작을 바라보며 갑자기 '죄송스러운 생각'을 하게 되는 부분에서 극치에 달한다. 그녀의 죄송스러운 생각은 결국 '짐짓 자기가 남작에게 져주고 싶은' 정도로까지 진전된다. 엘니자벳트의 비극은 남작이 그녀의 의사를 무시한 채 강제로 자신의 욕망을 채우려 함으로써 시작된 것이다. 하지만 김동인은 엘리자벳트가 남작의 요구를 단호히 뿌리치지 못한 데에 그녀의 비극의 원인이 있는 것으로 서술한다. 욕망을 채운 남작이 돌아간 후, 엘니자벳트는 뜻밖에도 자신이 남작에 대해서 애정을 가지고 있음을 깨닫는다. 엘니자벳트가 남작에게 애정을 가지고 있음을 토로하는 장면은, 작가 김동인이 K남작에게 면죄부를 주기 위해 마련한 것으로 보인다. 엘리자벳트는 자신을 진찰하는 의사의 손길에서 쾌락을 느끼기도 한다. 이 장면에서는 비극적 파멸의 원인을 그녀 자신의 육체적 욕망의 탓으로 돌리고자 하는 김동인의 가학적 태도를 볼 수 있다.[104] 「약한 자의 슬픔」에는 그녀의 삶이 파괴되어가는 원인에 대한 다음과 같은 진술이 있다.

---

104 다음의 해석 참조. "이렇게 엘리자베트나 김연실을 성도덕과 윤리에 대한 의식이나 자각이 전혀 없으며 맹목적으로 성욕을 추구하는 것으로 묘사하는 것은 신여성의 섹슈얼리티를 왜곡하면서 동시에 단속하려는 의도로 보인다. 심지어 그들의 섹슈얼리티는 권위적인 서술태도에 의해 희화화되면서 조롱받는 듯한 느낌을 준다." 엄미옥, 앞의 글, 232~233쪽.

> 그의 차차 혼돈되여가는 머리에도, 한 가짓 생각은 쏙 드러부터서 써나지를 아낫다. — 그는 利煥이를 사랑하엿다. 利煥이도 그를 사랑하엿다. (엘니자벳트는 이거슬 의심치 안케 되엇다) 그러치만, 그들의게는, 서로 사랑을 告白할 만한 勇氣가 업섯다. 그거스로 인하여, 그들은, 各各 自己 사랑은 짝사랑片戀이라 생각하엿다 그거슬 짝사랑이라 생각한 엘니자벳트는, 그러케 쉽게 몸을 男爵의게 허락하엿다. 그리하여, 그의 사랑 — 그 반 成立되여가든 그의 사랑 — 神聖한 童愛 — 귀한 첫사랑,은 破壞되엿다. 肉으로 인하여 사랑은 破壞되엿다. 사랑치 안튼 사람으로 인하여 참 愛人을 일헛다. — 엘니자벳트의 우름에는 當然한 리유가 이섯다.[105]

이 진술의 핵심은 그녀가 '육肉으로 인하여 사랑이 파괴되었다'고 생각한다는 것이다. 엘니자벳트가 남작에게 몸을 허락한 이유가 이환과의 관계를 짝사랑이라 생각한 때문이라는 진술은 다소 궤변에 가깝다. 이러한 궤변적 진술이 등장하는 이유는 비극과 고통의 원인이 그녀의 욕망 때문이라는 사실을 더욱 명확히 하려는 작가의 의도 때문이다. 남작을 상대로 한 재판에서 패한 엘니자벳트는 자신의 설움이 곧 '약한 자의 슬픔'이라는 생각을 하게 된다. 자신의 나약함에 한숨짓던 엘니자벳트는 어느날 갑자기 '아주머니는 강한 자이고 나는 약한 자이며, 그 사이에 아무런 차이가 없다'는 깨달음을 얻게 된다. 깨달음의 결과 이제부터 자신도 강한 자라는 생각을 하게 되는 것이다.

---

105 김동인, 「약한 자의 슬픔」, 『창조』 1, 1919.2, 66~67쪽.

그러타! 나도 시방은 강한 者이다! 자긔의 약한 거슬 自覺할 그때에는 나도 한 강한 者이다. 강한 者가 아니고야 엇지 자긔의 弱點을 볼 수가 이스리오?! 엇지 알 수가 이스리오?! ((그의 입에는 이김의 우슴이 써올낫다)) 강한 者라야만 자긔의 약한 곳을 차즐 수가 잇다!

「약한 者의 슬픔! ((그는 생간난 드시 중얼거렷다)) 젼의 나의 서름은 내가 약한 者인고로 생긴 것 밧게는 더 업섯다. 나쑨 아니라 이 누리의 서름— 아니! 서름쑨 아니라 모—든 不滿足, 不平들이 모도 어듸서 나왓는가? 약한데서! 世上이 낫븐 것도 아니다! 人類가 낫븐 것도 아니다! 우리가 다만 약한 연고인 밧게 또 무어시 이스리오! 지금 세상을 罪惡世上이라 하는 거슨 이 세상이 — 아니! 우리 사람이 약한 연고이다! 거긔는 죄악도 업고 속임도 업다! 다만 약한 것!

「약함이 이 世上에 이슬 동안, 人류의게는 싸홈이 안 그치고 죄악이 안 업서진다. 모—든 죄악을 업시 하랴면은 몬저 약함을 업시 하야 하고, 地上樂園을 세우랴면은 몬저 약함을 업시 하야 한다.[106]

엘니자벳트가 갑작스럽게 약한 자에서 강한 자로 모습을 바꾸면서 「약한 자의 슬픔」은 마무리된다. 특히 "그의 입에는 이김의 우슴이 써올낫다"는 구절은 엘니자벳트가 승리자라도 된 것 같은 착각을 불러일으킨다. 「약한 자의 슬픔」의 결말은 개연성이 전혀 없다. 엘니자벳트는 '약한자의 슬픔'이라는 문제를 두고 '논문 비슷이, 소설 비슷이 하나 지어보고 싶은 생각'을 떠올린다. 하지만, 엘니자벳트는 결국 논문의 주

106 김동인, 「약한 자의 슬픔」, 『창조』 2, 1919.3, 20쪽.

인공도 소설의 주인공도 아닌 인물이 되고 말았다. 이는 작가 김동인이 논문도 소설도 아닌 글을 쓰고 말았다는 사실로 귀결된다. 「약한 자의 슬픔」은 다음과 같은 계몽적 논설로 마무리가 된다.

> 「내가 너희의게 새 계명을 주노니 사랑하라!」((그는 깃븜으로 눈에 빗츨 내엿다)) 그러타! 강함을 배는 胎는 사랑! 강함을 낫-는 者는 사랑! 사랑은 강함을 나흐고, 강함은 모-든 아름다움을 낫-는다. 여긔, 강하여지고 시픈 者는 — 아름다움을 보고 시픈 者는 — 삶의 眞理를 알고 시픈 者는 — 人生을 맛보고 시픈 者는 다-참사랑을 아러얀다.
>
> 「萬若 참 강한 者가 되랴면은? 사랑 안에서 사라야 한다. 宇宙에 널녀 잇는 사랑, 自然에 퍼저 잇는 사랑, 텬진란만한 어린아해의 사랑![107]

엘니자벳트의 목소리로 포장된 이 발화들은 주체가 불분명하다. '강한 자가 되려면 사랑 안에서 살아야 한다'는 뜬금없는 주장은 갑작스럽게 끼어든 작가 김동인의 목소리로 해석되어야 한다. 「약한 자의 슬픔」의 결말은 계몽을 넘어 오히려 설교에 가깝다. 『창조』 동인들이 그토록 혐오한다던 '도학선생道學先生의 대언자代言者'의 목소리가 생생하게 재현되고 있는 것이다. 「약한 자의 슬픔」은 제도의 문제를 외면하고 개인의 심성 문제에만 주로 집착한 기형적 계몽소설이다.[108] 「약한 자의 슬

107 위의 글, 21쪽.

108 김동인 스스로는 이 작품의 주제에 대해 다음과 같이 술회한 바 있다. "필자의 처녀작은 「약한 자의 슬픔」이다. 표제와 같이 약자의 비애를 취급한 것으로서, 약한 성격의 주인인 엘리자베트라는 여성의 반생을 그린 것이었다. 세상의 온갖 죄악은 약함에서 생기나니 사람의 성격이 강하기만 하면 세상에서는 저절로 온갖 죄악이 없어진다. '강함'은 즉 '사랑'이다. 이것이 대개의 주지이다." 김동인, 「조선근대소설고朝鮮近代小說考」(『조선일

픔」은 여주인공 엘니자벳트의 반성과 깨달음으로 마무리가 된다. 비극의 원인 제공자인 K남작은 재판을 통해 사회적 비난으로부터 오히려 자유로워진다. 개연성 없는 해피엔딩이 결국 불공평한 사회적 제도에 대한 비난마저 차단하는 역할을 하는 셈이다. 이광수의 계몽소설이 그동안 낡은 풍속에 대한 비판을 통해 그 나름 사회제도의 불합리성에 대해 문제를 제기하던 것과 비교할 때, 김동인의 계몽소설은 오히려 여기서 한걸음 후퇴한 것으로 볼 수 있다.

계몽의 의도를 표출하면서도 개인의 심성 문제에 집착하는 또 하나의 작품으로 김동인의 「마음이 여튼 자여」가 있다. 김동인은 이 작품이 실존 인물의 일화를 소재로 삼은 것이기는 하나, 작품의 후반부는 온전히 자신의 창작이라는 점을 밝힌 바 있다. 이른바 모델 문제가 일어나지 않도록 하기 위하여 미리 해명을 하고 있는 것이다.

> ▲마음이 여튼 者여 — 는 지난 녀름 제가 옥 안에 잇을 때에 엇던 사람 — 이 니야기의 主人公의 벗 — 이 小說노 쓰면 엇써냐? 하는 니야기를 듯고 제가 執行猶豫로 옥에서 나온 뒤에 그를 차자가서 許諾을 마트려가[다] 미쳐 틈이 업셔서 뜻을 일우지 못하엿나이다. 그러고 보니 모델 問題가 니러남을 막기 爲하야 두어 마듸 쓰겟습니다.
>
> ▲第一 이 니야기의 男女 主人公의 性格은 다른 사람의게서 엇어 쓴 것이니깐 원 主人公과는 性格이 온전이 다릅니다. 섇만 안이라. 이 뒤에 發表할 이 니야기의 맨 슷은 온전이 事實이 업는 것이오며 잠간만 나오고도 이 니야

보』, 1929.7.28~8.16), 『김동인전집』 16, 조선일보사, 1988, 31쪽.

기의 큰 役使를 츠는 C라 하는 人物은 온전한 架空의 人物이올시다.

▲ 이만하엿으면 모델 問題는 안이 니러날 뜻하니 여러분의 健康을 빌면서 作者는 물너안씀니다.[109]

「마음이 여튼 자여」의 주인공 K는 아내와 애인 등 자신과 관련이 있는 상대방을 모두 '마음이 옅은 자'라고 비난하던 인물이다. 그러던 그가 가족의 죽음 등 여러 사건을 겪게 되면서 스스로 마음이 옅은 자였음을 깨닫고 고백하게 되는 과정이 이 작품의 큰 줄기를 이룬다. K는 서울에서 학교를 졸업하고 고향인 평양으로 내려와 교편을 잡는다. 그가 아내를 '마음이 옅은 자'라고 비난하게 되는 것은 자신이 공부하는 동안 아내가 집안일에 소홀했다는 사실을 알았기 때문이다.

二三日 뒤에 나의 안해는 내가 왓다는 말을 듯고 나의 집으로 왓다. 색감앗케 타진 얼골, 살진 허리는, 그가 그새 本집의 農事는 도와주면서도 마음은 걱정없이 지난 것을 나타내엿다.

마음이 여튼 者여!

나의 헛튼 規則 업는 生活은 이쌔부터 시작되엿다.[110]

아내와 거리감을 느끼게 된 K는 가족과의 별거를 선택한다. 구주 전쟁으로 인한 물가 급등을 핑계로 어머니와 아내와 아들을 함종으로 보낸 뒤 자신은 셋집살이를 시작한다. 이후 K는 이웃학교 여교사인 Y를

109 동인, 「나믄말」, 『창조』 3, 1919.12, 77~78쪽.
110 김동인, 「마음이 여튼 자여」, 『창조』 3, 1919.12, 28쪽.

사귀게 된다. 하지만, Y는 어렸을 적 이미 약혼을 한 상태이다. 그녀의 집안에서는 이제 더 미루지 말고 혼인을 할 것을 강요한다. 혼인을 받아들이려 하는 Y를 향해 K는 또다시 '마음이 옅은 자'라는 비난을 하게 된다.

「Y는 나를 속엿다!」

Y는 어려슬 쌔 엇던 섬무지렁이의게 五十圓엔가 팔녀서, 맛당이 거긔 가여야 될 몸이란다.

그럼 아직것 왜 그 니야기를 내게는 안 하엿느냐! 奸女! 淫女! 色魔!

相當한 學問이라도 잇는 계집이 웨 이졔라도 五十圓을 무러주고 그만둘 마음을 안 내!

마음이 여튼 년이여!

그러타 — 前者에는 나의 안해를 「마음이 여튼 者」라고 불넛지만, 實로는 네가 더 하다. 나의 안해는 참 貞女이다. 너 거튼 淫女와는 다르다. 마음이 여튼 계집이여……[111]

Y에 대한 K의 반복되는 비난은 "Y는 淫女요 마음이 여튼 계집"[112]이다. 결국 K는 Y와 이별하고 아내와 아들을 잃은 후 아내의 무덤을 찾아 자신의 잘못을 고백한다. "그대를 이러케 한 거슨, 지금 利己的 男子들이 發明한, 그, 女子의 人權을 蔑視한 惡思潮에 취하엿던, 이 나 그대의 남편이다!"[113]라는 말로 아내에게 용서를 비는 것이다. 잘못을 뉘우친 K는

111 김동인, 「마음이 여튼 자여」, 『창조』 4, 1920.2, 22쪽.
112 위의 글, 24쪽.

앞으로 참된 삶을 살겠다는 결심을 하게 된다. 그리하여 이 작품은 "「마음이 여튼 者」는, 나의 안해도 勿論 아니고, 쏘는 Y도 아니고, 그 實로는 이 나 — K이다"[114]라는 구절로 마무리가 된다. 상대방에 대한 비난과 공격을 위한 무기로 활용하던 '마음이 옅은 자'라는 화살을 자신 스스로에게 돌리고, 참된 삶에 대한 의지를 표현하는 것으로 작품이 마무리되는 것이다. 이 작품은 단편소설로는 다소 길이가 긴 편이며, 서사 전개의 집약도 또한 높지 않다. 김동인 자신이 직접 편집에 관여하던 잡지 『창조』가 아니었다면, 「마음이 여튼 자여」는 발표조차 쉽지 않았을 것으로 판단된다. 이 작품의 전개가 산만해진 이유 가운데 하나는 중심 서사와 관계없는 작가의 의견 제시가 이곳저곳에 들어있기 때문이다. 이광수에 대한 비판을 목적으로 삽입된 것으로 보이는 다음의 장면도 그러한 예에 속한다.

> C는 現代 우리 文壇에 對하여 내게 說明하여 주엇다 —. 文壇이라는 것이 勿論 업지만 지금 이것을 文壇이라 稱하면 지금 잇는 創作界라는 것은 참 허튼 것이다. 왜 小說이라는 小說은 모도 戀愛結婚 主唱의 武器에만 쓰느냐! 대바테 竹筍과 갓치 나오는 小說은 모도 戀愛結婚 主唱의 論說쌘이니 아마 우리나라에서는 文學小說이라는 것을 그것으로 아나보다. 그 原因은 맨첫번에 文學小說이라는 일홈으로 發表한 사람 — 實노는 通俗小說이지만 — 創作 멧 가지를 모도 婚姻問題로만 함으로 그 中毒을 밧앗습이다. 間或 싼 問題로 쓰는 사람이 잇서도 그 構想의 더러움, 그 背景 — 內容의 問題 — 의

113 김동인, 「마음이 여튼 자여」, 『창조』 6, 1920.5, 20쪽.
114 위의 글, 20쪽.

> 範圍를 좁게 잡음, 描寫의 幼稚는 참 구역난다.
>
> 이 말을 듯고 나도 그럿타고 대답하엿다. 별노 痛快하다. 내가 하고십던 말을 그가 다 한 것 갓다. 나도, 前부터 小說들에서 缺點업는 것은 못 보엇지만 엇썬 缺點인지 몰나서 모른 체하고 잇섯다.[115]

김동인은 C라는 인물의 시각을 빌어 우리 문단의 현실에 대해 비판한다. C는 먼저 '우리 문단에서는 너무 문예를 낮게 여긴다'는 문제를 제기한 후, 이어서 특정 인물에 대한 비판을 이어간다. 비판의 대상이 되는 것은 문학이라는 이름으로 통속소설을 발표하고, 연애결혼을 주창하며 혼인문제에 대해 지나치게 관심을 집중시키고 있는 인물이다. 작품 속에서 비판의 대상이 되는 창작계의 실제 인물 모델은 이광수일 개연성이 크다. 그러나, 「마음이 여튼 자여」 역시 통속적 연애를 소재로 삼아 혼인 제도에 대한 관심을 드러낸 작품 가운데 하나이다. 이 점에서 보면, 여기서 김동인이 이광수를 향해 문제를 제기하는 것은 전혀 설득력이 없다.

『창조』 동인 가운데 한 사람이었던 주요한은 김동인의 이 작품에 대해 '예술적 비평안으로 보아 우리 문단을 대표할 만한 가장 가치 있는 작품'이라고 칭송을 아끼지 않는다. 「마음이 여튼 자여」가 '통속소설적 취미를 벗어나 그 구상과 표현이 가장 예술적'인 작품이라는 것이다.[116] 하지만 이는 객관적 평가와는 분명히 거리가 있다. 전영택은 『창조』가

---

115 김동인, 「마음이 여튼 자여」, 『창조』 3, 1919.12, 42쪽.

116 벌옷, 「성격파산性格破産 — 동인군東仁君의 「마음이 여튼 자者여」를 봄」, 『창조』 8, 1921.1, 2~8쪽 참조.

거둔 문학적 성과에 대해 다음과 같이 회고한 바 있다.

> 이런 일은 이보다도 조금 앞서서 춘원이 매일신보(서울신문 전신前身)에 연재 발표하여 그 지가紙價를 올린 「무정」 「개척자」를 읽은 일부 독자는 소설이란 남녀의 애욕관계를 그린 것으로 알게 되었고 또 일부 소위 식자 간에는 남녀청년을 타락하게 하는 음담패설淫談悖說로 알아서 작자는 밤낮 그런 생각만 하고 있는 사람으로 알아서 비난이 자자하던 한심한 일과 좋은 대조가 될 것이다.[117]

전영택의 이 회고 또한 객관성을 지니고 있다고 보기 어렵다. 「약한 자의 슬픔」이 '외설'로 문제가 되기도 했다는 점[118]을 참고로 하면 전영택의 이러한 주장은 사실과 더욱 거리가 있어 보인다. 특히 김동인의 초기 작품들은 『창조』 동인들이 비난하던 '통속소설'과 '평범한 도덕적 주장'에서 그리 멀리 가 있지 않았다. 그런 점에서 김동인을 비롯한 『창조』 동인들의 이광수의 계몽소설에 대한 비판은 자가당착과 이율배반의 오류를 범하고 있는 것이다.

---

117 전영택, 「창조시대 회고」(『문예』, 1949.12), 『전영택전집』 3, 목원대 출판부, 1994, 491쪽.

118 "동인東仁이 쓴 단편이 검열에 걸려 말썽이 있었다. 톨스토이의 「부활」에 나오는 한 장면을 번안한 것이 「표절」 아닌 「외설」로 말썽이 된 것이었다. 네프류도프가 하녀를 겁탈하는 장면인데 "안 된다, 안 된다"면서 다리는 사내를 맞아들이는 대목을 조선사람 등장인물이 재현하자 검열에 걸린 것이다. 결국 그렇게 많이 찍는 책도 아니고 조선에 가져다 파는 문학작품이라고 해서 검열은 통과했다." 주요한, 『주요한 문집 새벽』 1, 주요한기념사업회, 1982, 22쪽.

2) 세태의 서술과 묘사

『창조』에 수록된 소설들에는 세태에 대한 다양한 관심이 표명되어 있다. 이와 관련하여 주목해 볼만한 것은 전영택의 작품이다. 전영택의 소설에서는 비극적 상황에 놓인 인물들의 삶이 자주 소재로 활용된다. 전영택은 창간호에 「혜선惠善의 사死」를 발표한 이래 모두 6편의 작품을 발표했다. 「혜선의 사」는 전영택의 첫 작품으로 신여성의 이혼과 죽음을 소재로 한 것이다. 이 작품은 곳곳에서 이혼 문제를 둘러싼 인물들 사이의 견해 차이와 갈등을 보여준다. 여주인공 혜선은 서울 S여학교 기숙사에 머물고 있는 학생이다. 그녀의 남편은 일찍 동경으로 유학을 떠났고, 이제 그녀에 대해 별 관심을 보이지 않는다. 그녀의 사촌오빠 동욱은 혜선에게 이혼을 권유한다.

> 「너도 그만한 마음을 가졋스면 正式으로 離婚을 하지!」 東旭은 嚴正한 목소래로 이 말을 하고 惠善을 보앗다.
>
> 「실혀요 離婚이 다 무어시야요?」 이러케 말하는 惠善의 얼골에는 別노 不快히 녁이거나 놀래는 빗츤 업다. 그러나 東旭을 만나 반가워서 잠시 밝아졋든 얼골빗츤 슬어지고 차자 컴컴해진다.
>
> 「실키는 왜 실여, 긋까짓 아니꺼운 民籍은 그집에다 왜 두어, 空然히 아모개 안해라는 일홈만 가지고 이스면 무얼 하니?」
>
> 「離婚을 하면 무얼 해요?」
>
> 「하면 좀 조와, 너는 아조 자유의 몸이 되고 맘대로 할 수가 잇지 안니? 그러면 그 사람도 마음대로 할 수가 잇고。」

(…중략…)

「내가 편지로도 그 말을 늘 한 듯십다마는 自己의 運命은 自己 손에 달녓너니라. 너는 아직도 나이도 過히 만치 아는대 이제라도……」

「그럼 엇더커란 말이야요. 改嫁한다는 말이야요?」

「할 수만 이스면.」

「그게 무슨 말이야요. 그런 法이 어대 잇서요? 짐생도 아니고! 그려고 나 갓흔 거세게 이제 무슨 樂이 도라올나구요. 사람의 八字란 그림자갓치 압서 간다는 말이 올아요.」

「아니다. 그거슨 녯날 말이지 지금은 그럿치 안타. 어듸 지금 세상에 긋다위 생각만 하다가는 살아보겟니. 예수教에서도 그거슬 許諾하고, 그러구 사람의 運命은 勿論 제손으로 開拓하기에 달닌 거시다.」[119]

동욱은 '자기의 운명은 자기 자신의 손에 달린 것'이라 말하며 이혼과 개가를 권유하지만, 혜선은 이를 받아들이지 않는다. 그러던 중 혜선은 남편이 그녀의 부친에게 이혼을 청구했고, 일본 유학 중 만난 여자와 다시 결혼을 했다는 사실을 전해 듣게 된다. 소식을 접한 혜선은 한강에 투신한다. 전영택은 『창조』 동인으로 참여하기 전 『여자계』의 편집에 관여한 바 있다. 그는 「가정제도를 개혁하라」 등의 논설을 통해 조선의 여성문제에 대한 관심을 적극적으로 표명하기도 했다. 그가 신여성의 이혼과 자살이라는 문제를 첫 작품의 소재로 삼은 것은 이러한 활동과도 연관이 있어 보인다. 하지만, 이 작품에서 작가가 궁극적으로 표현하

119 장춘長春, 「혜선惠善의 사死」, 『창조』 1, 1919.2, 46~47쪽.

고 싶었던 것이 무엇인지는 알기 어렵다. 혜선이 죽음에 이르러 어머니를 만나게 된다는 결말 또한 의미가 모호하다. 이 작품의 결말에 대해 전영택은 스스로 심리묘사가 부족했고, 그것이 지면 부족으로 인한 것이었음을 토로하며 아쉬움을 표현한 바도 있다.[120] 다음은 『창조』 제2호의 「나믄말」 중 「혜선의 사」와 관련된 부분들이다.

> △ 第一號에 실닌 「惠善의 死」는 참말 제의 處女作이외다. 그런대 한 가지 自白할 거슨 그거슬 쓸 때에 왼갓 精誠과 努力을 다하지 못한 거시외다. 그러고 前에 해보지 못한 첫솜씨로 된 거슬 여러분더러 보아주십사고 發表하기에 주져를 만히 하엿습니다. 붓그러운 거슬 「習作」이라는 핑계로 내엿든 거시외다.
>
> △ 여러분이 寬大한 맘으로 한 가지 보아주실 거슨 時代가 나은 불상한 女性의 可憐한 죽음이외다. 마그막의 描寫(心理의)의 不足함이 셥셥한 늣김이 이스나, 그거슨 紙數의 關係로 마음대로 못 한 거슨 作者도 恨으로 녁이는 바의다. 그래도 「여러히 보다가 눈물을 흘녓습니다」 하는 편지를 볼 째에는 깁브더이다.[121]

「혜선의 사」에 대해 전영택은 후일 "나는 '동인잡지란 문예작품을 처음 쓰는 이들, 연습하는 이들이 발표하는 기관이거니' 속으로 생각하고

120 「혜선의 사」가 '여인의 입장을 채택해 자유연애가 식민지 경성에 미치는 파국적 결말을 제시한 작품'이라는 견해는 작품 해석에 참고할 만하다. 전영택이 '자유연애를 반대하지 않으면서도, 그것이 식민지 조선의 현실에 미칠 파문을 조명함으로써 연애와 윤리의 문제를 조심스럽게 성찰했다'는 것이다. 오창은, 「식민지 지식인의 근대 인식과 윤리의식-전영택 초기 단편소설 연구」, 『한국문학논총』 52, 한국문학회, 2009, 186쪽 및 198쪽 참조.

121 동인, 「나믄말」, 『창조』 2, 1919.3, 59쪽.

얼마큼 위로를 받고 발표하기로 하고 글 끝에다가 '습작'이라는 말을 첨가하였다"[122]거나, "『창조』를 시작할 때에 서둘러서 첫 호를 내느라, 원고를 내라고 독촉하는 바람에 습작으로 써본 것을 마지못해 내놓은 것"[123]이라고 술회한 바 있다.

전영택은 자신의 소설이 거둔 성과에 대해 다음과 같이 자평한다. "동인의 단편은 처음으로 성격과 심리를 묘사한 소설이어서 독자를 놀라게 하였고 내 단편은 소설이라면 의례이 연애를 내용으로 한 것으로 알던 때에 새 경지를 보여준 것이었다."[124] 전영택은 특히 「천치天痴? 천재天才?」가 애정문제를 다루지 않은 전혀 새로운 작품이었다는 사실을 강조한다.[125] 「나른말」에서는 이 작품이 '인생을 그대로 표현해 보려 한 것'이라고 언급한다.

> △ 이번의 「天痴? 天才?」는 좀 싼 생각으로 써보앗습니다. 「너는 엇재 죽음만 쓰너냐」 하실 이가 이슬 듯하나, 무슨 悲觀的 思想을 가진 거슨 아니외다. 다만 人生 그거슬 그대로 表現해 보노라고 하엿습니다. 그러고 내 머리에 백혓든 印象을 써본 거시외다.[126]

122 전영택, 「처녀작 발표 당시의 감상-신통스러운 일이 없소」(『조선문단』, 1925.3), 『전영택전집』 3, 목원대 출판부, 1994, 480쪽.
123 전영택, 「「천치냐 천재냐」와 「소」」(『현대문학』, 1964.8). 『전영택전집』 3, 목원대 출판부, 1994, 521쪽.
124 전영택, 「창조시대 회고」, (『문예』, 1949.12), 『전영택전집』 3, 목원대 출판부, 1994, 490쪽.
125 전영택, 「『창조』와 『조선문단』과 『나』」, 『전영택전집』 3, 목원대 출판부, 1994, 498쪽 참조. 「천치天痴? 천재天才?」가 '인상파적 기분으로 해본 것'이라 술회도 있다. 전영택, 「문단의 그 시절을 회고함」, (『조선일보』 1933.9.20~22), 『전영택전집』 3, 목원대 출판부, 1994, 487쪽 참조.
126 동인, 「나른말」, 『창조』 2, 1919.3, 59쪽.

「천치? 천재?」는 서술자인 주인공이 교사로 있던 시골의 한 학교에서 만난 칠성이라는 아이의 죽음을 다룬다. 칠성이는 남다른 행동 때문에 천치 취급을 받는다. 그는 때때로 색다른 물건을 만들어서 주목을 받기도 하고 야단을 맞기도 한다. 어느 날 칠성이는 학급 친구의 시계를 가져다 해부를 해서 주인공인 교사에게 크게 야단을 맞는다. 다음날 그는 '내 맘대로 깨트려보고, 내 맘대로 만들어 보고, 고운 상자 많이 얻기 위해' 평양으로 간다는 글을 남기고 집을 나간다. 결국 그는 추운 길가에서 얼어 죽는다. 「천치? 천재?」가 갖는 의미는 이 작품에서부터 전영택의 휴머니즘의 정신이 심도 있게 표현된다는 점이다. 이 작품의 결말은, 작가 전영택이 지닌 인간에 대한 넓은 이해의 폭을 보여준다.[127]

전영택이 「천치? 천재?」에 이어 『창조』 제3호에 발표한 작품이 「운명運命」이다. 이 작품의 서두는 "吳東俊은 京城監獄에 드러간 지 벌서 거의 三箇月이 되엿다"[128]라는 구절로 시작된다. 그런데, 「운명」에는 주인공 오동준이 감옥에 가게 된 이유가 전혀 서술되어 있지 않다. 그가 감옥에 간 것이 그의 운명을 바꾸는 중요한 계기가 되었음에도 불구하고 작품 속에서 이를 구체적으로 언급하지 않은 이유는 당국의 검열 때문이다. 이 작품은 3·1운동 당시를 배경으로 한 것이다. 『창조』 제3호의 발간일은 1919년 12월 10일이다.[129] 경성 감옥에 있는 오동준은 동경

---

127 다음의 지적 참조. "더 적극적으로 해석하자면, 근대적 제도가 인간의 본성에 대해 치명적 위협을 가할 수도 있다는 메시지를 담고 있기도 하다. 따라서, 이 소설은 전영택의 윤리 의식이 근대체제 속에서 갈등하며 '칠성'이라는 상징적 인물을 통해 발현된 것으로 해석할 수 있다." 오창은, 앞의 글, 202쪽.

128 장춘長春, 「운명運命」, 『창조』 3, 1919.12, 45쪽.

129 이 작품의 탈고 일시는 1919년 11월 5일 밤 12시로 기록이 되어 있다. 참고로 『전영택전집』에는 1919년 2월 즉 3·1운동 이전으로 표기가 되어 있는데, 이는 오류이다.

에서 사귀던 애인 H의 연락을 기다렸지만 그녀는 전혀 소식을 전하지 않는다. 동준은 오래 전 조혼을 한 인물이다.

> 東俊은 어려서 안해가 이섯다. 그러나 그거슨 참말 안해가 아니라 妻라 하는 奴隷이다. 왜 그러냐 하면 東俊은 아직 兩性을 가릴 만한 智慧도 나기 前에, 勿論 結婚의 最大 目的이오 要素인 — 져거도 지금 東俊이 主張하는 — 「性慾」을 아직 알지 못할 쌔에, 다시 말하면 生殖機能이 아직 發達되지 못하여슬 쌔에, 異性에 對한 愛情이 생기기 前에, 보지도 못하고 듣지도 못하든 處女 아히를 하나 未來의 東俊의 안해라는 일홈으로 돈 三拾圓(?) 주고 사왓든 것이다.[130]

극단적 개인주의자의 모습으로 살아가던 어느 날 그는 우연히 H를 만나게 되고 두 사람은 연인이 된다. 이는 벌써 5년 전의 일이다. H는 동준과의 결혼을 원하지만 그는 이를 거부한다. 그는 결혼과 가정을 곧 속박의 상징으로 이해한다. 사랑은 신성한 것이지만, 결혼은 인공적이며 허위적이라는 것이 그의 생각이다. 감옥에 간 지 백일 만에 세상에 나오게 된 그는 H를 찾아 일본 동경으로 향한다. 동경에서 그는 H가 다른 사람을 만나 동거를 시작했다는 사실을 알게 된다. 동준은 동경에 다녀온 후 일 개월 만에 H의 편지를 받는다. 편지에는 H가 자신의 병을 간호해 주던 인물 A와 함께 살게 되었다는 고백이 담겨 있다. 「혜선의 사」와 「운명」에는 모두 조혼과 이혼이라는 소재가 등장한다. 이혼을 감

---

130 장춘, 「운명」, 『창조』 3, 1919.12, 49~50쪽.

행하는 남성 인물들이 유학생이라는 점도 공통된다. 「운명」에서 동준은 조혼한 아내와 이혼했고, H를 만나 결국 약혼을 한다. 하지만 그는 재혼에 대해서는 확신이 없다. 그런 동준을 떠나 H는 다른 남자와 동거를 시작한다. 「운명」은 『창조』 동인 가운데 한 사람인 동원東園 이일李一의 일화를 모델로 한 작품으로 알려져 있다.[131] 김동인이 『창조』 제3호의 「나믄말」에서 이일의 시 「동경東京아 잘 잇거라」를 '동정하는 마음으로 읽어줄 것'을 권유하는 것은 이 때문이다.

> ▲東京아 잘 잇거라는 東園 李君 이 自己의 過去을 도라보고 未來를 헤아리는 同時에 東京 단녀간 事實을 詩로써 發表한 것이오니 여러분은 不幸한 李君의게 同情하는 맘으로 닑어주시기외다.[132]

「혜선의 사」와 「운명」에서는 유학생 지식인의 연애 및 결혼과 관련된 고민들이 표출된다. 「운명」에서는 여성이 남성 주인공과의 이별을 선택한다. 「운명」에서는 3·1운동을 비롯한 사회적 격변이 연애의 단절 등 개인의 운명을 바꾸는 계기가 된다. 그런 점에서 이 작품이 "식민지 지식인의 자유롭고자 하는 욕망이 현실의 가혹한 식민지 지배로 인

131 이와 관련된 상세한 논의는 이경훈, 「『창조』와 실연」, 『현대문학의 연구』 61, 한국문학연구학회, 2017, 109~116쪽. 참조. 이경훈은 이 작품이 『창조』 제3호에 실린 「동경東京아 잘 있거라」 및 김환의 「동도東渡의 길」, 그리고 이일이 제6호와 7호에 게재한 「신생의 일日」, 「흑연일총黑煙一叢」 등과 연관된 것으로 정리한다.

132 동인, 「나믄말」, 『창조』 3, 1919.12, 77쪽. 참고로, 「나믄말」에는 다음과 같은 김환의 언급도 있다. "運命은 長春 君이 엇던 친구의 일을 모델노 하여 쓴 것이올시다. 主人公 吳東俊의게는 同情의 價値도 잇지만은 背愛者 H는 밉씨가 한량업습듸다. 저는 이 글을 닑다가 H가 누구인지는 모르지만 녑헤 잇스면 싸려주고 십픈 생각도 나더이다." 위의 글, 78쪽.

해 좌절되었음을 드러낸다"[133]라는 지적은 설득력이 있다. 그럼에도 불구하고 「운명」의 서사 전개는 H의 변심의 원인이 마치 그녀의 성적 욕망 때문인 것처럼 해석될 여지를 남긴다. 다음은 H가 동준에게 보낸 편지의 한 구절이다.

> 졔가 지난 봄에 先生님을 H驛에서 奉別하고 드러와서는 꼭 一週日 동안은 每日 잠을 자지 못하엿습니다. 저는 暫時도 당신을 써나서는 살 수가 업섯나이다. 등불에 불나뷔이엇나이다. 前과 달니, 별노히 당신을 써나기 실흔 생각이 이섯나이다. 붓그러운 말이올시다만은 그때에 제 마음에는 性의 欲望이 가쟝 힘잇게 깨여서, 혼자서는 到底히 견딜 수 업는 젹막과 슬픔과 괴롬을 깁히깁히 맛보기 始作하엿습니다. 밤마다 空然히 우럿나이다. 당신이 前에 結婚하지 아니하겟다고 한 말을 오히려 원망하고 의심하엿나이다. 約婚이 되기는 하엿스나 그거슨 당신의 本心이 아닌 거시 아닌가까지 생각하엿나이다. — 대쳐 웬일인지 저도 알 수 업스나 저는 갑잭이 놉흔 벼랑에서 깁흔 골잭이에 써러진 것처럼 마음이 어둡고 나자젓나이다. 처음에는 저도 혼자서 몹시 부그럽고 괴로워하엿나이다.[134]

「운명」의 전개 구도는 당시 유학생 남성들이 지녔던 신여성의 욕망에 대한 편견의 확대 재생산 구도와도 관계가 있다. 특기할 만한 것은 오천석이 에덴생이라는 필명으로 「운명을 닑고서」라는 글을 독자란에 투고했다는 사실이다. 오천석은 주인공 동준의 성격에 관능주의와 유

---

133 오창은, 앞의 글, 198쪽.
134 장춘, 「운명」, 『창조』 3, 1919.12, 58~59쪽.

미주의적 성향이 있음을 지적한다.[135] 김동인은 「글동산의 거둠」에서 이 작품의 묘사 등에 부분적 한계가 있음에도 불구하고 '조선문단 성립 이래의 가작佳作의 하나'라고 치켜세운다.[136] 한편, 「운명」이라는 작품 전체를 실화로 이해하려는 독자들로 인해 작가 전영택은 다음과 같은 해명을 내놓지 않을 수 없었다.

> ▲三號의 「運命」에 對하아서 쇄 말셩이 잇는 거슬 저는 몹시 반가워하는 바외다. 그러한 反響이 업스면 무슨 재미가 잇겟습닛가. 前號의 에덴 君과 本號의 琴童人 君의 評은 반가히 감사히 바닷습니다. 特別히 童人 君의 가라침은 고맙습니다. 늘 (이번에도) 가라쳐 주소서.
>
> (…중략…)
>
> △「運命」 內容에 대하야 한마듸 할 거슨 그 材料가 엇든 事實인 거슨 숨길 것 업스나 吳와 H의 愛史가튼 거슨 全혀 想像이오, 마그막 H의 自白 편지는 作者가 지은 거신 거슬 發表합니다. 讀者 中에 그 편지가 實物인 줄노 생각하는 이가 이스면 誤解외다. 새상 사람 가온데 「運命」 全體가 主人公 吳東俊 本人의 作品이라 생각하는 이가 잇는 거슨 더구나 큰 誤解외다. 마그막 그거슨 全혀 藝術品小說을 爲해 쓴 거시오 다른 意味는 업든 거슬 말하고 그만 둡니다.[137]

「생명生命의 봄」에서도 3・1운동이라는 사회적 사건은 개인의 삶을

135 에덴생生, 「운명運命을 닑고서」, 『창조』 4, 1920.2, 61쪽 참조.
136 금동인琴童人, 「글동산의 거둠」, 『창조』 5, 1920.3, 97쪽 참조.
137 동인, 「남은말」, 『창조』 5, 1920.3, 99~100쪽.

변화시킨다. 사회적 격변과 개인적 삶의 굴곡이 연결되어 나타나는 것이다.[138] 「생명의 봄」은 전도사이자 교회학교 교사인 나영순이 삶의 의미를 찾아 방황하고 고뇌하는 모습을 그린 작품이다. 「생명의 봄」은 P 목사의 장례식 장면으로부터 시작된다. 영순은 장례식에 참석한 후 곧바로 감옥으로 가서 아내를 면회한다. 신혼 직후 감옥에 갔던 아내는 가석방으로 나오게 되지만 이내 유행성독감에 걸려 사경을 헤매게 된다. 영순은 아내가 입원한 병원에서 여러 환자들의 죽음을 목격한다. 아내는 다행히 건강을 회복하고 집으로 돌아온다. 삶과 죽음, 그리고 인생의 의미에 대해 고민하던 영순이 '세상에 나온 보람'을 찾아 정처 없는 여행을 시작하는 것으로 작품은 마무리가 된다.[139] 전영택은 『창조』 제5호의 편집 후기에서 이 작품을 엄숙한 마음으로 읽어줄 것을 독자들에게 당부한 바 있다. 이는 작품 속 P목사의 장례식이 실화라는 사실 때문이다.[140]

> 「生命의 봄」은 좀 嚴肅한 마음으로 닑어주십쇼. 英淳의게는 生命의 봄이 채 오지아녓슴니다. 아직도, 이 압헤도 그의게는 죽음의 그림자가 잇슴니다. 다음 號를 보아주십쇼. 그 中의 P牧師의 葬式은 事實이외다.[141]

---

138 이경훈, 「『창조』와 실연」, 『현대문학의 연구』 61, 한국문학연구학회, 2017, 107쪽 참조.

139 이 작품은 전영택과 그의 아내가 경험했던 실제 사건을 소재로 한 것이다. 이에 대해서는 다음의 서술 참조. "우리는 동경에서 창조를 계속하였다. 나는 그때에 「생명의 봄」이라는 제목으로 어떤 여학교 교사 노릇하던 여선생으로 만세 부르다가 잡혀서 감옥생활을 하는 내 아내의 이야기로 세 번인가 네 번인가 연재해서 쓴 일이 있다." 전영택, 「나의 문단생활 회고」(『신천지』, 1950.4), 『전영택전집』 3, 목원대 출판부, 1994, 493쪽.

140 이와 관련해서는 다음의 서술 참조. "이 「생명의 봄」은 현역 작가 박영준 씨의 선친 박석훈 목사가 만세사건으로 옥사하셨을 때 전교회와 시민이 합세하여 눈물로 장례식을 거행하는 광경으로 첫 장면이 시작된 것인데……" 위의 글, 494쪽 참조.

141 늘봄, 「마금나믄말-교정校正을 마치고」, 『창조』 5, 1920.3, 100쪽.

「생명의 봄」에서 주인공 영순은 종교와 예술 사이에서 갈등한다. 현실 세계에서는 이 둘이 양자택일의 관계라고만 보기 어렵다. 그럼에도 불구하고 작품 속의 영순은 그러한 갈등을 지속한다. 영순의 갈등은 아내인 영선의 시각을 통해 더욱 구체적으로 전달된다.

> 英善은 짐쟉하엿다. 여러 가지를 미루어서 近日에 그 남편의 思想이 만히 變해서 엇든 危險性까지 씌인 것을 짐작하엿다. (…중략…)
>
> 英善은 긔왕에는 文學이라면 찬미를 짓고 죠흔 노래를 짓고 高尙한 思想으로 論說을 짓고, 社會를 感化하야 善導할 만한 小說도 짓고 하는 것인 줄노만 아랏섯다. 그러나, 남편의 感化와, 가라침으로, Life is short, art is long이란 말도 듯고 씸볼니즘이니 로만티시즘이니 自然主義니 寫實主義니 하는 말도 만히 듯고, 그 뜻도 대강은 짐작하엿다. 남편의게 늘 들어서 藝術이라는 거시 무어신지도 희미하게나마 짐작하엿다. 그러나 어려서브터 純全하게 宗敎的으로 자라난 그는 宗敎 外에 다른 세계를 생각할 수 업섯다. 「藝術이라는 거시 재미잇는 거시려니」 이러케는 생각하지만 그것의 高貴한 價値는 생각지 못한다. 그리고 自然主義니 寫實主義니 하는 거시나, Art is for art's sake니 하는 생각은 다 宗敎에 違反되는 危險한 생각인 줄을 아랏다. 엇잿든지 文學에 너머 치우치면 危險한 줄을 分明히 아랏다. 그는 그런 前例를 본 까닭이다.
>
> 英善은 남편이 차차 宗敎의 熱이 식어가고 文學에 치우치는 거슬 알고 몹시 걱정한다.[142]

142 늘봄, 「생명生命의 봄」, 『창조』 7, 1920.7, 16~17쪽.

아내 영선은 원래 문학이란 '고상한 사상으로 논설을 짓는 일, 사회를 감화하여 선도할 만한 소설을 짓는 일'로만 알고 있었다. 그러나, 남편 영순의 가르침으로 인해 자연주의와 사실주의 그리고 '예술을 위한 예술Art is for art's sake'의 존재에 대해서도 알게 된다. 영순의 갈등은 작가 전영택이 실제로 겪었던 갈등으로 보인다. 전영택은 신학공부를 하며 목사가 되려는 사람이 문예잡지 발간에 참여하고 소설을 쓰는 일이 일종의 모험이었다고 술회한 바도 있다.[143] 「생명의 봄」에서 영순은 순문예잡지 『창작創作』의 동인으로 활동하면서 「오동준吳東俊」이라는 단편소설을 투고한 바가 있다. 작품 속에 등장하는 동인지 『창작』은 『창조』를 의미하고, 거기에 투고한 작품 「오동준」이 전영택의 작품 「운명」을 의미한다는 사실에는 의심의 여지가 없다. 영순은 자신의 작품 「오동준」이 적막하던 문단과 일부 사회에서 논란거리가 되고 말썽을 일으켰다고 서술한다. 전영택이 앞서 발표한 작품 「운명」에 얽힌 후일담을 전하고 있는 것이다. 「생명의 봄」의 주인공 영순은 종교와 예술 사이에서 갈등하며 참된 삶의 의미에 대해 천착한다. 하지만, 이 작품에서 전영택은 참된 삶의 의미에 대해 어떠한 결론도 제시하지 않는다. 다만,

143 "이 때는 소설이라면 의례히 연애소설로 알고 정치를 논하고 종교를 설設하는 일류 학생들과 소위 지사로서는 배척을 하고 멸시하는 것이요, 더구나 교회방면에서는 소설을 쓰는 일을 죄악시하고 소설을 쓰는 사람을 타락한 사람으로 여기던 시절이었다. 이것은 특히 이광수가 「무정」 「개척자」 같은 연애소설을 발표하여 청년들의 인기를 끌고 여자 중심론을 써서 유림간儒林間에 문제를 일으키던 때였기 때문에 일부 지도층에서는 소설이나 무릇 문예창작을 일삼은 이상한 눈으로 보았고 심지어 유학생계에서도 그런 경향이 있었던지라, 그때에 청산학원(지금 대학) 신학부에서 신학공부를 하고 장차 목사가 되려는 사람으로 문예잡지를 내는 데 참여한다거나 소설을 쓴다는 것은 일종의 모험冒險이었다." 전영택, 「『창조』와 『조선문단』과 나」(『현대문학』, 1955.2), 『전영택전집』 3, 목원대 출판부, 1994, 498쪽.

'죽음의 겨울이 지나가면 생명의 봄이 돌아오네'라는 구절을 반복함으로써 미래에 대한 희망을 버리지 않고 있음을 보여줄 뿐이다.

『창조』 제8호에 발표된 「독약毒藥을 마시는 여인女人」은 전영택이 체험한 자신의 어린 딸의 죽음을 소재로 한 작품이다. 이 작품에서는 죽음과 모성母性의 문제가 상징과 은유를 통해 전달된다. 「독약을 마시는 여인」은 전영택의 작품 가운데서는 이례적으로 난해한 성향의 작품이다. 이에 대해 전영택은 "未來派와 印象派 뒤석근 거슬 ᄒᆞ나 써보노라고 ᄒᆞᆫ 거시외다. 처음에는 미래파라고 쓰든 거시 인상파가 되고 마랏지오"[144] 라고 발언한 바 있다. 새로운 실험의 결과 탄생한 작품이 「독약을 마시는 여인」이라는 것이다. 『창조』 제9호에 발표된 「K와 그 어머니의 죽음」에서도 전영택은 죽음의 문제에 천착한다. 연재물이었던 「K와 그 어머니의 죽음」은 『창조』의 폐간으로 인해 미완으로 남게 된다.

동원東園 이일의 「몽영夢影의 비애悲哀」는 프랑스 유학을 꿈꾸던 한 여자의 삶이 갑작스럽게 파국을 맞이하게 되는 과정을 그려낸 단편소설이다. 주인공 성희는 양정여학교에서 윤리 과목을 맡고 있는 교사이다. 프랑스 유학을 꿈꾸며 문학가가 되고 싶어 하던 그녀는 이춘식의 후원을 약속받고 직장을 그만둔다. 유학 준비를 하던 중 성희는 호텔에서 이춘식과 하루밤을 보내게 되고 임신을 하게 된다. 성희는 세상 사람들의 눈을 피해 병원에 입원한 후 출산을 하고 아이를 유모에게 맡긴다. 성희의 뒷바라지를 약속했던 이춘식은 아버지의 노여움으로 인해 빈털터리가 된다. 성희는 유학은 물론 아이 양육조차 어려운 처지에 놓여 방황하

144 동인, 「창조잡기創造雜記」, 『창조』 8, 1921.1, 116쪽.

게 된다. "明月에 黑雲이요, 香花에 狂風이라고 하는 것은 人生의 側面을 참말 看破한 말이다"[145]라는 구절은 이 작품의 주제를 압축시켜 보여준다. 다양한 세태와 인생의 변화무쌍함을 적나라하게 그려내고 있는 것이다. 「몽영의 비애」에서 주목해 보아야 할 점은 주인공 성희가 윤리와 문학 사이에서 갈등하고 있다는 사실이다.

> 그러나 誠姬는 敎員으로써 滿足하지 못하고 文學家로 一代傑作을 지어보리라 하는 생각이 그의 頭腦 全部를 占領하엿슴으로 아직 二十二歲밧게 못된 女子이지만 數三年 동안에 短片的 作物도 만히 쓰고 女子文坦에 多少間 名聲이 이쓸 섄 아니라 自己는 朝鮮女子文坦에 世界女子文坦에 獨步해 보리라 雄飛해 보리라 하넌 생각이 一時도 끈침이 업섯다. 그가 擔任한 倫理科目은 다만 機械的이엿스나 그러나 그 中에도 學生의 注意를 끌으리만한 特長과 興味는 充分히 이섯다 그런대 誠姬는 倫理敎師로 滿足하려면 自己의 文學的 渴望을 채울 수 업고 文學的 渴望을 채우려면 現在의 地位를 脫하여야만 될 것이다.[146]

윤리와 문학 사이의 갈등은 다시 정치와 문학·미술 사이의 갈등으로 이어진다. 이 갈등은 "今日은 朝鮮에서 大實業家나 大政治家보다도 大文學家 大美術家가 必要하다고 저는 생각합니다"[147]라는 주장으로 귀결된다. 오늘날 조선에서 필요한 것이 실업가와 정치가가 아니라 문학가

145 동원東園, 「몽영夢影의 비애悲哀」, 『창조』 4, 1920.2, 44쪽.
146 위의 글, 29쪽.
147 위의 글, 31쪽.

와 미술가라는 것이다. 「몽영의 비애」에서 성희가 겪는 갈등은 「생명의 봄」에서 영순이 겪는 갈등과 유사하다. 윤리와 문학을 양자택일의 문제로 접근하는 성희와, 종교와 예술을 선택의 문제로 접근하는 영순의 태도 사이에서 적지 않은 공통점을 발견할 수 있는 것이다. 두 작품 속 등장인물 영순과 성희의 갈등과 고민에는 작가 전영택과 이일의 갈등과 고민이 담겨 있다. 현실과 예술 사이를 오가던 『창조』 동인들의 고민의 일단이 담겨 있는 것이다.

3) 유미론적 예술관의 구현

『창조』 제1호에 발표된 김환의 소설 「신비神秘의 막幕」은 독자들에게 거의 주목을 받지 못한 작품이다. 「신비의 막」은 독자들에게 주목을 받지 못했을 뿐만 아니라, 『창조』 동인들 사이에서도 잊혀진 작품이다. 김환이 『창조』 창간호에 단편소설 「신비의 막」을 발표한 바 있음에도 불구하고, 훗날 김동인과 전영택, 주요한 등은 이 사실을 전혀 기억하지 못한다. 이들은 모두 『창조』 창간 당시를 회상하면서 김환이 잡지에 소설을 발표한 바 없다고 적고 있다. 김동인은 자신이 청교도 같은 결벽증을 지니고 있었기 때문에 김환의 소설을 『창조』에는 싣지 못하게 했다고 술회한다.[148] 전영택은 창간호의 내용을 언급하면서 '김환은 바쁘고 본국에 갔었기 때문에 창작을 못썼다'라고 적고 있다.[149] 주요한도 "김

148 김동인, 「문단 30년의 자취」(『신천지』, 1948.3~1949.8), 『김동인전집』 15, 조선일보사, 1988, 321쪽 참조.

환金煥이라는 부잣집 아들이 글은 안 쓰지만 더 열심히 참여를 했다"[150] 고 회상한다. 『창조』 동인들 사이에서 김환의 소설은 전혀 존재감이 없었던 셈이다. 그럼에도 불구하고 김환의 작품 「신비의 막」을 주목해 보아야 하는 이유가 있다. 「신비의 막」이야말로 『창조』 동인들이 역설하던 유미론적 세계관을 담아낸 첫 작품이기 때문이다. 「신비의 막」은 완고한 부모의 곁을 떠나 고생하며 살아가는 유학생의 모습을 소재로 한 작품이다. 황해도 장연의 부자집에서 태어난 이세민은 어릴 적부터 총명하여 천재적 기질을 드러낸다. 그러나 완고한 아버지는 아들이 받는 신식 교육에 대해 관심이 없다. 이세민은 고등보통학교까지는 졸업할 수 있었지만, 이후 유학에 대해서는 아버지의 허락을 얻지 못한다. 그는 아버지 몰래 집안의 돈을 가지고 동경으로 건너와 미술학교에 입학해 그림을 전공하며 희경이라는 음악 학도를 만나 서로 사랑하게 된다. 「신비의 막」에서 주인공 이세민은 기존의 도덕과 법률에 얽매인 삶 대신 미美와 자연을 따르는 삶을 제안한다.

> 朴君도 宇宙 사이에 美가 잇기에 美에 醉하여 살아갑닌다. 萬一 美가 없다 하면 사람이 沒趣味하여 살 슈가 없읍니다. 異性 사이에 셔로 사랑하는 마음이 생기는 것이 무슨 理由인지 아시오? 彼此 相對者에게 美가 잇음이왼[외]다. 美는 사람으로 하여곰 眞理를 求하며 善을 行하게 합니다. 美의 價値는 美 그 물건에 잇는 것이 아니라 그것이 善인 고로 美는 善과 眞을 써나셔 獨立할 資格이 없읍니다. 쏘는 美를 보면 사람이 恍惚하여 神經이 沈靜하여지

149 전영택, 앞의 글, 497쪽 참조.

150 주요한, 『주요한 문집 새벽』 1, 주요한기념사업회, 1982, 21쪽.

는 고로 그 사이에 活力消費는 가장 적고 많이 蓄積하게 됩니다. 사람이 困難을 當할 때에 慰安을 쥬며 다시 새로운 精神을 가지게 하는 것이 무엇인지 아시오? 이것도 美의 힘이외다. 君은 어데까지든지 道德이니 法律이니 하는 좁은 範圍 안엣 人物이니까 君은 나다러 밋쳣다 하지만은 내가 生覺하기에는 自然의 美를 모르고 沒趣味 不自然하게 지내는 君이야말노 참말 不幸한 쥴 암니다.[151]

이세민은 미美가 곧 선善이며 이는 진眞과도 다르지 않다고 주장한다. 자연의 미를 모르고 인위적인 도덕과 법률에 매여 사는 것이야말로 불행한 삶이 아닐 수 없다는 것이다. 미가 없는 삶은 취미가 없는 삶이며 이는 곧 불행한 삶이라는 주장은 김환이 『창조』 제4호부터 제5호에 걸쳐 발표하게 되는 「미술론美術論」의 내용과 일치한다. 그가 「미술론」에서 펼치게 되는 '진리가 미 안에 숨어 있으며, 미가 곧 선'이라는 주장이 단편소설 「신비의 막」에 이미 그대로 담겨 있는 것이다. 동경미술학교 유학생인 「신비의 막」의 주인공 이세민의 목소리는 「미술론」을 쓴 작가 김환의 목소리와 구별되지 않는다. "萬一 美가 없다 하면 사람이 沒趣味하여 살 슈가 없읍니다"라는 이세민의 목소리는 "만일 自然의 美가 없으면 우리 人生은 沒趣味하고 不愉快하여서 하로! 아니! 한 時 한 分 동안이라도 사라갈 수가 없읍니다"[152]라는 김환의 목소리와 일치한다.

『창조』 제8호에 발표된 김동인의 작품 「목숨」은 의사의 오진으로 인해 죽음을 기다리던 인물 M이 수술을 통해 건강을 되찾는 과정을 그린

151 백악, 「신비의 막」, 『창조』 1, 1919.2, 33쪽.
152 김환, 「미술론美術論 (1)」, 『창조』 4, 1920.2, 2쪽.

작품이다. 서사 구성의 실패에도 불구하고 「목숨」을 주목하게 되는 이유는 이 작품에서 김동인의 유미주의적 예술관의 맹아를 발견할 수 있기 때문이다. 「목숨」에는 현실적 가치보다 예술적 가치를 중시하는 유미주의적 예술관이 표현되어 있다. 이는 김동인이 『창조』 제7호의 평론 「자긔의 창조創造한 세계世界」에서 강조해 보여주었던 것이기도 하다. 작품 속 나의 직업은 곤충학자이고, M은 시인이다.

> 나와 그와의 交際는, 쌔는 없엇다. 그러나 깁헛다. 나는 昆蟲學에 대ᄒᆞ여 硏究를 ᄒᆞ고 잇슬 쌔에, 그는, 詩에 대ᄒᆞᆫ 天才로서, 그의 詩는 쌔쌔로 新聞이나 雜誌上에서 볼 수가 잇섯다. 그러치만, 그와 나 새에는, 共通点이 잇서다. 自然을 씃까지 開拓ᄒᆞ여 우리 人生의 精力쑨으로 된 世界를 만드러 보겟다는 科學者인 나와, 참 自己의 모양을 表現ᄒᆞ고야 말겟다는 藝術家인 그와는, 참 自己를 表現ᄒᆞᆫ다 ᄒᆞ는 데 共通点이 잇섯다.[153]

과학자와 예술가는 개척자이며 창조자라는 공통점이 있다. 과학자가 현실 세계의 창조자라면 예술가는 허구 세계의 창조자이다. 예술가의 창조는 작중인물에 대한 창조에서 빛을 발한다. 참 예술가는 자신이 창조한 인생을 손바닥 위에 올려놓고 마음껏 조종할 수 있는 능력의 소유자이다. 예술의 목적은 '제2의 자기를 만드는 일'에 있다.

> 그러면, 이와 가튼 論理의 眼鏡을 쓰고, 이 世上의 文藝 藝術家를 내여다

153 김동인, 「목숨」, 『창조』 8, 1921.1, 28~29쪽.

보면은, 참 藝術家다운 藝術家는 과연 몃 사람이나 잇느냐, 人生을 自己 손바닥 우에 올려 노코(人生의 지은 世界는 卽 人生 그것이 아니면 안 되니까) 이리 구을리고 뎌리 구을릴 만한 能力을 가진 文學者가 며치나 되는가. 엇던 文學者는 「人生」을 멀리서 바라보고 감히 손을 대이려고도 못하엿다. 엇던 文學者는, 「人生의 門은 열리지 안는다」면서 門만 두다리고 이섯다. 엇던 文學者는 人生이라는 것을 쿡쿡 찌르면서 자세히 觀察은 하엿다. 그러치만, 어린애도 하누님의 世界에 滿足치 안코, 人形이라는 자긔의 世界를 사랑하는 이 人生에서, 이 누리에서, 誤解한 人生이던 엇써턴, 「自己의 創造한 人生, 自己가 支配權을 가진 人生」을 지어노코 自己 손바닥 우에 뒤채여 본 文學者는, 이 世上에 果然 며치나 되는가.[154]

이러한 인식은 김동인이 『창조』 제8호에 발표한 「사람의 사른 참 모양模樣」에서, 예술과 과학의 경계가 모호한 것이라 주장한 사실과도 관련이 있다.

나는 科學과 藝術의 領域 境界線을 珊瑚를 動物이랄지 植物이랄지 區別키 힘드는 그 以上 힘든다 생각혼다.

「어듸까지가 藝術이냐」

「어듸까지가 科學이냐」

누가 알가? 이것을 쏙쏙이 區別ᄒᆞ는 사룸의 머리를 나는 이상히 녁인다…….[155]

154 김동인, 「자긔의 창조한 세계」, 『창조』 7, 1920.7, 50쪽.
155 시어딤, 「사람의 사른 참 모양」, 『창조』 8, 1921.1, 26쪽.

정영태는 『창조』 제9호에서 「목숨」이 김동인의 산문의 주제인 '예술과 과학의 악수'를 다루고 있는 작품이라는 점을 지적한 바 있다.

> 東仁 氏의 「목숨」은 鍛鍊된 作品이다. 氏의 感想文과 갓치 藝術과 科學을 握手시키려는 傾向이 잇다. 偉大한 「사람」을 엇지하면 生長케 하랴 하는 暗示가 보인다. 「生」 그것은 貴한 것이다. 무엇이던 사르려 하니까……[156]

김찬영은 『창조』 제8호를 읽은 독후감 「쏫피려 홀 째」에서, 김동인의 「목숨」에 대한 평가를 계기로 삼아 '소설인 소설'과 '소설 아닌 소설'에 대한 구별을 시도한다. '소설이 아닌 소설'은 일본의 유신문단시대維新文壇時代에 유행하던 통속소설을 가져다가 예술적 창작이나 하는 듯이 잡지와 신문의 문예란을 더럽히는 사이비소설을 말한다. 이러한 소설들은 사람들에게 해독을 끼친다. 반면 예술이 허許하는 조건들 중 하나라도 완비한 작품은 '소설인 소설'이 될 수 있다. 예술이 허하는 조건이란 그 시대의 인생관과 종교관념, 사회의 풍기風氣 등을 제재로 삼아 작가 자신의 감정을 예술이라는 수단을 통하여 충실히 표현함을 말한다. 예술에서 가장 중요한 것은 기공미技工美이다. 예술이 무엇인가를 표현하는 수단이 되는 이상, 최고의 기공미가 필요하다는 것이 김찬영의 생각이다.

> 卽 繪畵는 描畵的 技工美의 極致, 音樂은 演奏的 技工美의 極致. 小說은 亦

---

156 정영태, 「창조創造 팔호八號를 닑음」, 『창조』 9, 1921.5, 95쪽.

> 是 小說的 描寫의 極致가 안이면 作者 自身의 感情을 表現ᄒᆞ는 데 큰 弊害가 잇스리라고 生覺ᄒᆞᆫ다. 마치 滋養分이 아모리 만타 ᄒᆞ는 飮食이라도 料理法이 不足ᄒᆞ면 그것은 飮食이랄 것보다 藥品이라 ᄒᆞ는 것이 可ᄒᆞᆯ 것과 갓히 藝術로써는 技工美의 洗鍊이 업스면 그는 ᄒᆞᆫ 科學에 近似ᄒᆞᆫ 물건이요 藝術의 資格은 消失되엿다 ᄒᆞ여도 可ᄒᆞ겟다.[157]

소설의 기공미는 묘사를 통해 드러나며, 묘사는 소설의 예술적 가치를 결정하는 중요한 요소가 된다. 김동인의 「목숨」이 '소설인 소설'이 될 수 있는 이유는 묘사가 탁월하기 때문이다. 김찬영은 치밀한 묘사를 「목숨」의 가장 큰 미덕으로 간주한다.

> 그러나 나는 第一 그 作品을 들어 말ᄒᆞ고져 ᄒᆞ는 것은 「목숨」의 描寫에 잇다. 卽 「목숨」의 主人公 되는 病者의 描寫는 내가 드물게 보는 致密ᄒᆞᆫ 描寫를 感激ᄒᆞ얏다. 그 致密ᄒᆞᆫ 病者의 描寫가 「목숨」으로서 「小說인 小說」이라고 斷言ᄒᆞᆯ 만ᄒᆞᆫ 生覺을 내가 가졋다 ᄒᆞᆫ다.[158]

『창조』 마지막 호에 발표된 김동인의 단편소설 「배따락이」는 유미주의적 세계관을 더욱 선명하게 드러낸 작품이다. 「배따락이」는 형식적 완결성이라는 측면에서도 『창조』에 수록된 모든 단편소설들 가운데 가장 큰 진전과 변화를 보이고 있는 작품이다. 「배따락이」의 서술자인 나는 열다섯 살부터의 외국 생활로 인해 지금까지 마음껏 고향의 봄을 향

157 포경抱耿, 「쏫피려 ᄒᆞᆯ 때-創造 八號를 닑고」, 『창조』 9, 1921.5, 41쪽.
158 위의 글.

유하지 못했던 인물이다. 서술자 나의 모습에는 도쿄 유학생활을 경험한 작가 김동인 자신의 모습이 투영되어 있다. 「배따락이」의 서두는 인간 존재의 미미함에 대한 인식으로부터 시작된다.

> 됴흔 일긔이다.
>
> 됴흔 일긔라도, 하늘에 구름 흔 뎜 없는 — 우리 「사름」으로서는 감히 졉근치 못홀 위엄을 가지고, 노피서 우리 조고만 「사람」을, 비웃는 듯이 나려다 보는, 그런 교만흔 하늘은 아니고, 가장 우리 「사람」의 리해자인 듯이, 나추 뭉글뭉글 엉긔는 분홍빗 구름으로서 우리와 서로 손목을 잡자는, 그런 하늘이다.[159]

인간 존재의 미미함에 대한 나의 우려는 진시황의 업적을 떠올림으로써 극복된다. 역사 속 진시황의 업적으로 인해 인간의 존재가 미미하지만은 않았다는 생각을 할 수 있기 때문이다.

> 나는, 이러흔 아름다운 봄 경치에, 이러케 마음쩟 봄의 속색임을 드를 째는, 언제던, 유—토피아를 생각치 아늘 수 업다. 우리의 시시각각으로 애를 쓰며 수고흐는 것은 — 그 목뎍은 무엇인가, 역시 유—토피아 건셜에 잇지 아늘가. 유—토피아를 생각홀 째는, 언제던, 그 「위대흔 인격의 소유쟈」며 「사람의 위대흠을 슷짜지 즐긴」 진나라 시황을 생각지 아늘 수 업다.
>
> 우리가 엇지흐면 죽지를 아니홀가 흐여, 동남동녀 三百을 배를 태워 불사

159 김동인, 「배따락이」, 『창조』 9, 1921.5, 2쪽.

> 약을 어드려 써나보내며, 예슐의 샤치를 다ᄒᆞ여, 아방궁을 지으며, 매일 신하 몃 千 명과, 잔채로서 즐기며, 이리ᄒᆞ여 여긔 한 유—토피아를 세우려던 시황은, 몃 萬의 력사가가 엇더타고 욕을 ᄒᆞ던 그는 참말로 참 삶의 향락쟈며, 력사 이후의 뎨일 큰 위인이라고 ᄒᆞᆯ 수가 잇다. 그만ᄒᆞᆫ 슌젼ᄒᆞᆫ 용긔 잇는 사람이 잇고야, 우리 인류의 력사는 긋이 날지라도 한 「사람」을 가젓섯다고, ᄒᆞᆯ 수 잇다.[160]

아름다움에 대한 인식은 유토피아에 대한 상상으로 이어진다. 인간이 시시각각 애쓰고 수고하는 이유는 유토피아를 건설하기 위함이다. 유토피아를 건설하려 했던 진시황은 참으로 위대한 인물이다. 진시황이야말로 인생의 향락자이며 역사 이후의 가장 큰 위인이라는 것이 나의 판단이다. 「배따락이」 속 나의 진술은 뒤에 발표되는 김동인의 또 다른 유미주의 소설 「광염狂炎 쏘나타」[161]에 나오는 음악비평가 K의 진술과 유사하다. 음악비평가 K는 예술적 성취를 위해서는 방화와 살인까지도 정당화될 수 있다고 주장한다. 김동인은 음악비평가 K의 목소리를 통해 예술적 가치가 도덕적 가치보다 우위에 있음을 증명하려 한다. 인간사회의 윤리와 도덕을 파괴하고 오로지 자신의 예술적 열정에만 충실한 「광염 쏘나타」의 작곡가 백성수는 「배따락이」속 진시황과 다를 바가 없다. 「배따라기」의 서술자인 나는 「광염 쏘나타」에서는 또 다른 서술자인 나가 되기도 하고, 음악비평가 K가 되기도 한다. 음악비평가 K는 정신병원에 갇혀 지내게 된 백성수의 삶을 안타깝게 생각한다. 백

160 위의 글, 3쪽.
161 『중외일보中外日報』, 1930.1.1~12.

성수의 예술은 그 하나하나가 모두 우리 문화를 영구히 빛낼 보물이며 우리 문화의 기념탑이 될 것이기 때문이다. 「광염 쏘나타」 속 작곡가 백성수의 일화는 현실에서는 쉽게 만날 수 없는 것임이 분명하다. 음악비평가 K의 생각 또한 현실에서는 수용되기 어렵다. 김동인이 이 작품의 서두에서 자신이 쓰려는 이야기가 유럽의 어떤 곳에서 생긴 일이라 생각해도 좋고, 혹은 사오십 년 뒤 조선에서 생겨날 수 있는 이야기라고 생각해도 좋다고 전제한 것은 이러한 이유 때문이다. 예술과 도덕, 미와 선 사이의 갈등에 대해 언급한 김동인의 다음과 같은 술회는 「배따라기」의 창작 배경을 이해하는 데 적지 않은 도움이 된다. 특히 이광수와 자신의 창작 의식을 비교 서술한 대목도 눈길을 끈다.

> 춘원에게서는 내재적 미 동경과 의식적 선 욕구가 있었다. 그런고로 의식적 욕구(선)만 포기하면은 그는 미의 예술가가 될 만한 소질이 있었다. 그는 (반대로) 선의식을 보존하고 미관념을 버리려 하였다. 가능한 자를 버리고 불가능한 자를 보유하려 하였다. 여기 그의 파탄이 있다.
>
> 그런나 내게 있는 것은 그와 성질이 달랐다. 양자가 같이 내재적이었다. 미를 버리랴? 이는 예술의 멸망을 뜻함이다. 선을 버리랴? 천성의 위에 생장과 교양으로 더욱 굳세이 박힌 이 뿌리를 뽑을 수 없었다. 이때에 나는 번민하였다. (…중략…)
>
> 나는 선과 미, 이 상반된 양자의 사이의 합치점을 발견하려 하였다. 나는 온갖 것을 '미'의 아래 잡아넣으려 하였다. 나의 욕구는 모두 다 미다. 미는 미다. 미의 반대의 것도 미다. 사랑도 미이다. 미움도 또한 미이다. 선도 미인 동시에 악도 또한 미다. 가령 이런 광범한 의미의 미의 법칙에까지 위반

되는 자가 있다 하면 그것은 무가치적 존재다. 이러한 악마적 사상이 움돋기 시작하였다.[162]

김동인은 자신의 행동이 곧 미라고 단정한다. 행동이 자신의 욕구에서 나왔기 때문이다. 미에 대한 그의 욕구는 이제껏 체면과 도덕관념 때문에 주저하던 무수한 광포적 행동을 감행하게 한다. 그러한 행동의 결과가 『창조』를 창간하고 「배따락이」와 같은 작품을 짓는 일이다.

「배따락이」의 중심 서사를 이루는 것은 내가 전해들은 그의 경험담이다. 운명이 제일 힘이 세다는 탄식과 함께 시작된 그의 이야기는, 아내를 죽음으로 몰아간 자신의 행동에 대한 회한을 담고 있다. 아내와 동생에 대한 의심은 파국을 불러오고 그는 마치 대가를 치르듯 떠도는 삶을 살게 된다. 그가 부르는 영유 배따라기가 더욱 슬프게 들리는 이유는 눈부시게 아름다운 날씨 때문이기도 하다. 대동강의 아름다움은 그 슬픔을 더욱 증폭시킨다. 이 작품의 액자소설적 구도는 서술자를 일인칭의 '나'로 설정하였음에도 불구하고, 이른바 객관소설로서의 위상을 굳건히 하는 데 기여한다.[163] 액자소설의 구도는 「광염 쏘나타」에서도 반

162 김동인 「조선근대소설고」(『조선일보』, 1929.7.28~8.16), 『김동인전집』 16, 조선일보사, 1988, 32~33쪽.

163 김동인 소설에서 액자식 구성의 의미에 대해서는 다음의 견해 참조. "액자식 구성은 김동인의 방법론적 모색이 도달한 득의의 대안이다. 액자식 구성의 증언적 기능은 작품에 서술된 내용의 사실성을 보장하는 한편 그 사실성과 관련하여 작품 외부의 현실로부터 제기되는 심문을 차단하는 효과를 발휘한다. 「배따라기」에서 벌어지는 어처구니없는 사건이 비극적 사실성을 획득할 수 있는 것은 액자식 구성의 증언적 기능에 힘입은 바 크다." 강헌국, 「김동인의 창작방법론과 그 실천-1920년대를 중심으로」, 『국어국문학』 177, 국어국문학회, 2016, 276쪽. "액자식 구성에서 외화가 내화의 사실성을 보증할 수 있다는 발견은 난관에 빠진 김동인의 창작방법론에 새로운 돌파구가 된다. 「배따라기」에서 나타난 바와 같이 액자식 구성의 외화는 두 가지 효과를 거둔다. 그 하나는

복적으로 시도된다. 「광염 쏘나타」 속 작곡가 백성수의 일화는 음악비평가 K의 이야기를 통해 전달된다. 음악비평가 K의 일화 또한 서술자인 나를 통해 전달되는 특이한 양상을 보인다. 여러 겹의 액자 속에 중심 서사가 담겨 있는 것이다.[164] 김동인이 유미주의적 경향의 소설들인 「배따락이」와 「광염 쏘나타」에서 액자소설적 구도를 활용한 것은 우연이 아니라 의도적이었던 것으로 보인다. 현실과 허구의 세계를 오가면서 독자들과 소통하기 위해 김동인이 선택한 소설 창작의 기법이 액자소설의 구도를 활용하는 일이었던 셈이다. 「배따락이」는 김동인의 예술관과 창작 활동 사이의 괴리 혹은 불일치를 극복해 가는 모습을 명백히 보여준 작품이다.[165] 김동인의 소설 세계에서 「배따락이」가 중요한 것은 이러한 이유 때문이다.

4) 새로운 문체의 실험

동인지 『창조』가 거둔 문학적 성과 가운데 하나로는 새로운 문체 실

내화의 사실성을 보증하는 효과이며 다른 하나는 내화를 현실로부터 분리시켜 하나의 독립된 세계로 한정하는 효과이다." 위의 글, 290쪽.

164 이와 관련해서는 다음의 견해 참조. "「광염소나타」는 다섯 겹의 서술수준으로 이루어져 있어서 액자보다 양파라는 비유가 그 중층의 서술수준을 표현하는 데에 더 적합할 것 같다." 위의 글, 290쪽.

165 이와 관련해서는 다음의 견해 참조. "이후 김동인 소설은 일정한 변모를 보이는데, 「배따라기」는 변모의 결절이 되는 소설이라 할 수 있다. 곧 「배따라기」를 계기로 하여 김동인 소설은 끊임없이 반복되는 심리적 파행으로부터 벗어나게 된다. 흔히 「배따라기」를 기점으로 습작기적 미숙성에서 벗어나 작가 나름의 성격을 보인다는 평가 역시 이와 연결된다." 박현수, 「김동인 초기 소설 연구」, 『현대소설연구』 13, 한국현대소설학회, 2000, 81쪽.

험과 언문일치의 실현이 꼽힌다. 특히 『창조』 소재 단편소설들을 통해 시도된 김동인의 문체 실험은 한국 근대문체에 일대 변화를 가져온 것으로 논의된다. 김동인의 문체 특성은 철저한 구어체 문장의 확립, 길이가 짧은 단문의 사용, 명사 또는 체언 종지형終止形의 사용 등으로 정리된다.[166] "김동인은 「약한 자의 슬픔」에서 삼인칭과 과거시제의 근대문체를 창출했다. 「마음이 옅은 자여」에서 일인칭과 삼인칭의 현재시제와 과거시제의 혼합을 시도해 자연스러운 문체를 만들고 한국 근대문체를 확립해 간다"[167]는 지적도 있다. 하지만, 이러한 정리는 대부분 김동인 스스로의 주장에 토대를 둔 것이라는 점에서 다시 살펴 볼 필요가 있다. 특히 구어체 문장의 확립에 대한 논의가 그러하다. 김동인은 『창조』 발행을 통한 조선 근대문학의 개척과 성취에 대해 적지 않은 자부심을 지니고 있었다. 그 가운데서도 그가 가장 큰 성과로 꼽는 것이 문체였다. 김동인이 문체에 관해 본격적으로 언급하기 시작한 것은 1925년 『조선문단朝鮮文壇』에 연재한 「소설작법小說作法」에서부터이다. 그는 이 글에서 문체에 관한 항목을 별도로 설정해 상세히 기술한다. 그러나 「소설작법」 속 근대소설의 문체에 관한 김동인의 정리는 문체론이라기보다는 시점론에 더 가깝다. 김동인의 실질적 문체관은 1929년 『조선일보』에 연재한 「조선근대소설고朝鮮近代小說考」에서 드러난다.[168] 김동인은 이 글에서 이인직과 이광수 등의 작품에 대한 논의를 거쳐 자신의

166 이동희, 『한국 소설 문체론고』, 국학자료원, 1997, 144~150쪽 참조.
167 안영희, 『한국 근대소설의 문체 성립』, 소명출판, 2011, 153쪽.
168 김동인의 문체에 관한 언급은 이후 「문단회고」(『매일신보』, 1931.8.23~9.2); 「문단십오년 이면사」(『조선일보』, 1934.3.31~4.4); 「조선문학의 여명」(『조광』, 1938.6) 등으로 계속 이어진다.

소설에 대한 평가를 시도한다. 김동인은 먼저 『창조』 창간 무렵 이광수가 쓴 문장의 예를 들어 '-더라'체에 대해 비판한다. '-더라'가 구어체에서도 사용되는 것이기는 하지만, 이를 넘어서는 더욱 철저한 구어체가 필요했다는 것이다.

> 물론 그 '깨닫겠더라'의 '더라'는 구어에도 사용되는 것이지만, 우리의 양심은 '깨닫겠다'라 하여 철저히 하여 놓지 않으면 용인치를 못하였다. 당시의 춘원의 작품은 구어체라 하여도 아직 많은 문법체의 흔적이 있었다. '이러라', '이라', '하는데', '말삼' 등을 그의 작품 도처에서 볼 수 있었다. 이러한 불철저한 것은 모두 배척하지 않을 수가 없었다. He와 She도 조선말에는 없는 바였다. 춘원의 작에 '그'라고 한 곳이 두세 군데 있기는 하지만 보편적으로 사용되지 못하였다. 춘원은 지금의 '그'라고 쓸 곳을 대개 이름(固有名詞)으로 하여버렸다. He와 She들을 몰아 '그'라고 하여 보편적으로 사용하여 버린 그때의 용기는 지금 생각하여도 장쾌하였다.[169]

여기서 김동인은 자신이 고유명사 대신에 '그'라는 대명사의 사용을 보편화시켰다는 사실을 강조한다. He와 She를 '그'로 보편화시켜 사용한 용기는 지금 생각하여도 장쾌하다는 것이다. 김동인은 형용사와 명사의 부족 또한 곤란한 문제였다고 지적한다. 이러한 문제들을 하나씩 풀어가는 것이 『창조』 동인들의 맡은 바 소임이었고, 거기서 개척자로서의 긍지를 충분히 느낄 수 있었다는 것이다. 그리하여 김동인은 "六

169 김동인, 「조선근대소설고」, (『조선일보』, 1929.7.28~8.16), 『김동인전집』 16, 조선일보사, 1988, 29쪽.

堂이 시작하여 춘원이(불철저하나마) 노력하던 길은 우리의 손으로 마침 내 완성되었다. 아직 많이 남아 있던 문법체 문장은 우리의 손으로 마침 내 전혀 구어체로 변하였다"[170]라고 술회한다. 불완전한 구어체에서 철저한 구어체로, 그리하여 서사문체에 대한 일대 개혁을 자신들이 이루어냈다는 것이다. 김동인이 내세우는 문체상의 또 하나의 업적은 이광수 소설에서 주로 사용되던 현재형 어미를 자신이 과거형 어미로 바꾸어 표현했다는 사실이다. 그는 이광수가 단편소설 「윤광호尹光浩」와 「소년少年의 비애悲哀」 등에서 주로 사용하던 '－한다', '－이라', '－인다' 등의 현재법 서사체가 근대인의 날카로운 심리와 정서를 표현할 수 없다고 주장한다. 따라서, 현재법을 사용하면 주체와 객체의 구별이 명료치 못함을 깨닫고 이를 배척하게 되었다는 것이다. 김동인은 이러한 자신의 업적을 증명해 보이기 위해 단편소설 「약한 자의 슬픔」의 일부를 사례로 제시한다.

> 속에서 나오는 태우는 듯한 더움과, 밖에서 찌르는 무르녹이는 듯한 더위와 사－늘쩍한 부챗 바람이 합하여 엘리자베트의 몸에 쪼르륵 소름이 돋게 하였다.(재래의 표현법으로는 '한다' 하였겠음. 이하 괄호 내는 재래의 문체의 예) 소름 돋을 때와 부채의 시원한 바람의 쾌미는 그에게 조름이 오게 하였다.(한다) 그는 구름을 타고 하늘에 올라가는 맛으로 잠과 깸의 가운데서 떠돌고 있었다.(있다) 몇 시간을 지났는지 몰랐다.(모른다) 무르녹이기만 하던 날은 소낙비로 부어 내린다. 그리 덥던 날은 비가 오면서는 서－늘하

170 위의 글, 29쪽.

> 여졌다.(진다)
>
> 방안은 습기로 찼다. 구팡에 내려져서 튀어나는 물방울들은 안개비와 같이 되면서 방안에 몰려 들어온다. 그는 눈을 번쩍 떴다.(뜬다) 어느덧 역한 냄새 나는 모기장이 그를 덮었고 그의 곁에는 오촌모가 번뜻 누워서 답답한 코를 구르고 있었다.(있다) 위에는 불씨를 잔뜩 앉히고 그 아래서 숨찬 듯이 할닥할닥하는 석유 램프는 모기장 밖에서 반딧불같이 반짝거리며 할닥거리고 있었다.(있다) "가-는 목숨으로라도 살아지는껏 살아라!" 그 램프는 소군거리는 것 같다.[171]

이러한 사례에서 '그'라는 대명사의 철저한 사용을 확인함과 동시에, 재래의 현재사를 쓰던 곳이 완전히 과거사로 변한 것을 발견할 수 있다는 것이다. 김동인은 괄호 안에 적어 둔 재래법과 신법을 비교할 때 '전자에서는 엘리자베트라는 주체와 사위四圍라는 객체의 혼동 무질서를 들 수 있으나 후자에서는 완전한 합치적 구분을 들 수 있다'고도 주장한다.

하지만 김동인의 이러한 주장에는 적지 않은 과장이 섞여 있을 뿐만 아니라 객관적 근거 또한 부족하다. 특히 그가 반복적으로 강조한 이른바 과거사가 현재사보다 더 구어체에 가깝다는 주장은 전혀 근거가 없다.[172] '현재법 서사체가 근대인의 날카로운 심리와 정서를 표현할 수 없다거나, 현재법을 사용하면 주체와 객체의 구별이 명료치 못하다'는 주

---

171 위의 글, 30~31쪽.

172 이와 관련해서는 다음의 견해 참조. "이미 여러 논자들에 의해 지적된 바와 같이 '-더라'보다 '-었다'가 '구어체'에 가깝다는 증거는 어디에도 없다. 오히려 '-었다'의 경우가 대화나 실제 발화에서 사용되기가 더욱 어려운 예외적인 말투이다." 김병문, 『언어적 근대의 기획-주시경과 그의 시대』, 소명출판, 2013, 80쪽.

장도 마찬가지이다. 주인공의 이름인 고유명사보다 '그'라는 대명사를 사용하는 것이 더 구어적 표현에 가깝다는 주장 역시 설득력이 없다. 문맥에 따라서는 대명사보다 고유명사를 직접 사용하는 것이 더욱 구어적 상황을 반영할 수 있기 때문이다. 김동인의 이러한 주장에 타당성이 있다고 할 경우라도, 이광수가 현재사 '－한다'・'－이다'만을 주로 사용하고 과거사 '－하였다'・'－이었다'를 사용하지 않은 것도 아니다. '그'라는 대명사의 사용을 보편화시킨 작가 또한 김동인이 아니라 이광수였다. 김동인은 과거 시제의 사용과 대명사 '그'의 도입을 보이기 위해 자신의 처녀작 「약한 자의 슬픔」과 이광수의 1918년 작 「윤광호尹光浩」의 문장을 비교한 바 있다. 하지만, 김동인의 비판과는 달리 이광수의 작품 「윤광호」에는 과거시제와 대명사의 사용이 이미 안정적으로 정착되어 있었다. 다음은 「윤광호」의 첫 문단을 원문 그대로 인용한 것이다.

> 尹光浩는 東京 K大學 經濟科 二學年級學生이라. 今年九月에 學校에서 주는 特待狀을 바다가지고 춤을추다십히 **깃버하엿다**. 各新聞에 **그**의 寫眞이 나고 **그**의 略歷과 讚辭도 **낫다**. 留學生間에서도 **그**가 留學生의 名譽를 **놉게하엿다하야** 眞情으로 **그**를 稱讚하고 **사랑하엿다**. 本國에 잇는 **그**의 母親도 特待生이 무엇인지는 모르건마는 아마 大科及第가튼것이어니하고 **깃버하엿다**. 尹光浩는 더욱 工夫에 熱心할생각이 나고 學校를 卒業하거든 還國하지아니하고 三四年間 東京에서 硏究하야 朝鮮人으로 最初의 博士의 學位를 取하려고 **한다**. **그**는 冬期放學中에도 暫時도 쉬지아니하고 圖書館에서 **工夫하엿다**.[173]

173 춘원春園, 「윤광호尹光浩」, 『청춘』 13, 1918.4, 68쪽. 강조는 인용자.

이 인용문에서는 '깃버하엿다', '낫다', '놉게하엿다', '사랑하엿다', '工夫하엿다' 등 대부분의 문장이 과거시제로 마무리된다는 사실을 확인할 수 있다. 총 7개의 문장 중 5개의 문장을 선어말어미 '-엿' 등을 사용해 과거시제로 끝맺고 있는 것이다. '그'라는 대명사의 사용도 6회나 확인된다. 「윤광호」에는 현재시제와 과거시제가 필요에 따라 적절히 사용되었고, 명사와 고유명사 또한 선택적으로 배분 사용되었다. 구절은 물론 단어 띄어쓰기까지 시도하는 「윤광호」의 문장은, 규범의 적용이라는 측면에서 볼 때 당시로서는 매우 진화된 모습을 갖춘 것이다.

이광수는 일본어로 집필한 자신의 첫 단편소설 「愛か[사랑인가]」(『白金學報』, 1909.12)에서부터 대명사를 적극적으로 사용한 바 있다. 「愛か」에서 삼인칭대명사 '彼'와 과거형 어미 '-た'를 빈번히 사용하고 있는 것이다.[174] 그는 「愛か」 직후 집필한 최초의 우리말 창작 단편 「무정」(『대한흥학보』, 1910.3)에서는 관습적으로 사용되던 '노라/더라/이라'체를 구사했고, 번안물로 알려진 「어린 희생」(『소년』, 1910.2~5)에서는 '-(이)라', '(이)오' 등과 함께 '-(이)다'체를 일부 사용했으며, 「헌신자」(『소년』, 1910.8)에서는 3인칭 대명사 및 과거시제의 도입을 시도한다.[175] 문필활동 초기부터 이광수는 서술의 시점을 다양하게 바꾸어 보

174 김효진은 음성발화를 전제로 한 언문일치체는 삼인칭대명사나 과거형 종결표현을 통해 발화주체로부터 발화를 대상화하는 방식으로 상정된 것이라 정리한다. 아울러, 「愛か」에서 이광수가 보여주고 있는 문제적 지점은 그가 언문일치체의 문법은 따르고 있으나 그 요체와는 불화하고 있는 것이라 지적한다. 그의 내면고백의 객관적 기술이 위태롭기 때문이다. 김효진, 「근대소설의 형성 과정과 언문일치의 문제 (1)-이광수 초기 단편소설을 중심으로」, 『동방학지』 165, 연세대 국학연구원, 2014, 167~191쪽 참조.

175 최주한, 「『무정』의 근대문체와 서간」, 『서강인문논총』 42, 서강대 인문과학연구소, 2015, 168~169쪽 참조. 권보드래는 '-더라'체가 서술자가 모든 것을 알고 있는 초월적 존재로서 발언하는 형식이라고 본다. '-다'체의 성립을 위해서는 일단 이러한 초월

기도 하고, 어미의 통일 등을 통해 문장을 균질화시키려 노력했으며, 인물에 대해 명사와 대명사 등 여러 유형의 호칭을 적용하는 등 새로운 서사방식을 개발해 나갔다.[176]

김동인뿐만 아니라 전영택도 자신이 『창조』 동인 활동을 통해 근대 문체 발전에 기여했다는 사실에 대해 회고한 바 있다. 전영택은 자신의 처녀작을 『창조』 제1호에 실린 「혜선의 사死」가 아니라 제2호에 수록된 「천치? 천재?」라고 회상한다.

> 내게는 원래 작품이 많지 못하기 때문에 처녀작이라, 더구나 대표작이라고 특별히 내놓을 거이 없다.
>
> 그러나 억지로 이야기하라면 『창조』 제2호에 실렸던 「천치냐 천재냐」하는 것이 처녀작이라고 할 수 있다. (…중략…)
>
> 이 작품은 내용 뿐 아니라 문체도 그때에 새로이 시작되던 '하였다' 'xx이다'하는 식을 따르지 않고 '하였나이다' '하였습니다'하는 서간문체書簡文體나 구어체口語體를 써본 것이다.[177]

적 서술자의 존재가 사라져야 한다. 권보드래, 『한국 근대소설의 기원』, 소명출판, 2000, 235~255쪽 참조.

176 이광수는 인물을 대명사로 호칭할 경우도 단순히 '그'뿐만이 아니라, '이', '저' 등 다양한 방식을 사용했다. '그', '이'가 상대적으로 많이 쓰였고, 단편소설 「무정」에서는 독특하게 주인공을 '저(뎌)'로 호칭한 바 있다. 이와 관련해서는 다음과 같은 평가를 주목할 필요가 있다. "훗날 근대문학에서 3인칭 대명사로 확고하게 자리를 잡은 '그'가 단순히 근대 일본어의 3인칭 대명사 '彼'의 손쉬운 번역어가 아니라 독자적인 언어적 관습 내에서 여러 가능성과의 경합을 거치며 안착되었음을 보여주는 중요한 장면이다." 최주한, 앞의 글, 171쪽.

177 전영택, 「「천치냐 천재냐」와 「소」」(『현대문학』, 1964.8). 『전영택전집』 3, 목원대 출판부, 1994, 521쪽.

전영택이 「천지? 천재?」를 중시하는 이유는 이 작품이 내용뿐만 아니라 문체에서도 일정한 성과를 거두고 있다는 생각 때문이다. 전영택이 여기서 자신의 성과로 특별히 강조하고 있는 것이 서간문체 및 구어체의 활용이다. '-하였다' 혹은 '-이다'가 아니라 '-하였나이다', '-하였습니다' 등의 종결어미를 활용한 서간문체 및 구어체의 활용을 성과로 제시하고 있는 것이다. 「천치? 천재?」를 서간문체 소설의 범주에 넣을 수 있는 것은 작품의 마무리 부분에 일종의 후기처럼 붙어 있는 "山村에 寂寂히 게신 舍兄의게 변변치 못한 作品을 바치나이다"[178]라는 구절 때문이다. 서사 구성 방식만으로는 이 작품이 서간체로 작성되었다는 사실을 인지하기 어렵다. 하지만 전영택의 회고를 바탕으로 하면, 그가 처음부터 이 작품을 서간체 소설로 의식하고 기술했다는 사실을 알 수 있다. 전영택은 「천치? 천재?」에서 일관되게 '-나이다' 형의 종결어미를 사용하고 이따금 '-습니다'와 '-더이다' 등의 어미로 문장을 마무리한다. 「천치? 천재?」의 도입 문단을 통해서도 이를 확인할 수 있다.

나는 成年도 되기 前브터 못 해본 것 업시 별거슬 다 하엿나이다. 어려서는 學校도 댕겻나이다. 그러고는 主事 노릇(官吏)도 하엿나이다. 예수 밋고 傳道도 하엿나이다. 엇든 會社에 가서 月給쟁이 노릇도 하엿나이다. 엇든 親舊와 作伴해서 '외입쟁이 노릇'도 하엿나이다. 쩌러져서 엿장사도 하엿나이다. 밥 客主도 하엿나이다. 教師 노릇도 하엿나이다. 電車 車掌 노릇도 하엿나이다. 쒸여서 日本留學生 노릇도 하엿나이다. 村에 가서 農軍 노릇도 하엿

178 장춘長春, 「천치天痴? 천재天才?」, 『창조』 2, 1919.3, 30쪽.

> 나이다. 네— 한때는 熱烈한 愛國者 노릇도 하엿지오. 엇든때는 鑛客 노릇도 하엿나이다.[179]

『창조』 창간호에 수록된 작품 가운데 서간체 소설은 없다. 따라서 전영택이 제2호에 발표한 「천치? 천재?」를 통해 서간체 문장을 시험적으로 구사했다는 회고는 사실에 부합한다. 하지만, 서간체 문장을 통한 구어체의 실험이 『창조』에서 처음 시도된 것은 아니다. 서간체 문장 역시 이미 이광수의 단편소설을 통해 적지 않은 성과를 거두고 있었던 때문이다.

이광수는 초기 단편소설에서 '－(하)더이다'·'－(하)나이다'와 같은 종결어미의 사용을 의식적으로 실험했다. 이를 실증적으로 보여주는 것이 「크리스마슷밤」[180]과 「어린 벗에게」[181]의 문장들이다. 「크리스마슷밤」은 김경화라는 인물을 주인공으로 삼아 3인칭 시점으로 서술된 작품이다. 「어린 벗에게」는 1인칭 주인공인 '나'가 벗에게 편지를 보내는 형식으로 서술된 작품이다. 이 두 작품에는 동일한 장면을 다른 방식으로 표현한 문장이 들어있다. (가)는 「크리스마슷밤」이고 (나)는 「어린 벗에게」이다.

> (가) 京華는 그쌧 생각이 퍽 情다은드시 빙긋 웃더니 또 생각한다. 「바로 그때에 엇지엇지하야 그를 보앗다. 말할때마다 살작 붉어지는 그의 맑읏맑읏한얼골. 한녑흘 슬적 갈라 츠렁츠렁 싸하늘인 머리, 作別할때에. 「奔走하

179 위의 글, 22쪽.
180 『학지광』 8, 1916.3.
181 『청춘』 9~11, 1917.7~11.

신데……」하던 목소리. 그는나의 가슴에 아직 지나보지못한 火焰을 던졋다. 그째 나의 어린 생각에는 올치 저야말로 내가 求하는 天使라하엿다.[182]

(나) 저의 얼굴이 쌝아케됨을 슬적 볼때에 나의 얼굴도 저러하려니하야 참아 얼굴을 들지못하엿나이다. 그는 겨오 가느나마 快活한 목소리로, 「奔走하신데 수고하셧습니다.」할쌴이러이다. 나는 엇지할줄을 모르고 우둑하니 섯섯나이다. 그도 할말도 업고 수접기만 하야 고개를 수기고 冊싸개만 凝視하더이다.[183]

글 (가)의 문장 종결 형태는 '－보앗다', '－던졋다', '－하엿다' 등이다. 같은 내용을 다른 방식으로 서사화 시킨 글 (나)의 종결 형태는 '－나이다', '－이러이다', '－더이다' 등이다. 글 (나)의 집필 시기는 글 (가)의 집필 시기보다 1년 이상 늦다. 이 시기는 이광수가 이미 장편 「무정」의 연재를 통해 한글을 사용한 언문일치의 실험을 거의 완성한 시기이기도 하다. 그런 점에서 보면 글 (나)에서 사용된 '－(하엿)나이다'는 단순히 '－하엿다'의 고어투가 아니라 작품의 서술 방식에 따라 의도적으로 변화시킨 문체였다고 할 수 있다.[184]

하지만 그렇다고 해서 『창조』와 김동인의 문체 실험에 성과가 전혀 없었던 것은 아니다. 김동인의 문체 실험에서 가장 의미 있는 것 가운데

182 거울, 「크리스마슷밤」, 『학지광』 8, 1916.3, 37~38쪽.
183 외배, 「어린 벗에게」, 『청춘』 9, 1917.7, 112쪽.
184 이광수의 문체에 관한 더 자세한 논의는 김영민, 「한국 근대문체의 형성－이광수 문장의 언문일치와 구어체 소설의 정착」, 『현대소설연구』 65, 한국현대소설학회, 2017, 39~77쪽 참조.

하나는 평안도 방언의 효과적 활용이다.[185] 이광수 작품 속의 등장인물들은 대체로 표준어만을 사용한다. 이는 평양을 공간적 배경으로 할 경우에도 마찬가지이다. 하지만, 김동인 소설의 등장인물들은 그렇지 않다. 「배따락이」는 김동인 특유의 짧은 문장을 매우 효율적으로 활용한 작품이다. 「배따락이」의 짧은 문장들은 서사 전개 과정에 대한 독자들의 몰입도를 높이는 데 기여한다. 간결할 뿐만 아니라 현실감 넘치는 대화문의 활용 역시 「배따락이」에서 주목해야 할 부분이다. 특히 그와 아내 그리고 아우 사이에 일어난 사건을 생동감 넘치는 모습으로 전달하는 데에는 평안도 사투리의 적절한 사용이 중요한 역할을 했다. 「배따락이」의 평안도 사투리는 서술자인 내가 그를 만나는 다음과 같은 장면에서 적극적으로 활용된다.

그는, 어쩐 신사가 자긔를 듸리다 보는 것을 보고, 노래를 그치고 니러나 안는다.

「왜, 그냥 ᄒᆞ지오」ᄒᆞ면서, 나는 그의 겨테 가 안젓다.

「머 ……」한 섄, 그는, 눈을 드러서 터진 하늘을 처다 본다.

조흔 눈이엇섯다. 바다의 넓고 큼이, 유감업시, 그의 눈에 나타나 잇다. 그는 빗사람이다 나는 짐작ᄒᆞ엿다.

「잘ᄒᆞ는구레」

「잘해요?」 그는 나를 잠간 보고 사람 조흔 우슴을 씐다.

「고향이 영유요?」

185 이와 관련한 논의는 안영희, 앞의 책, 156쪽 참조. 이 책에서는 김동인이 방언을 근대문체의 일부로 자각해 사용했다는 사실을 중시한다.

「예, 머, 영유서 나기는 햇디만, 한 二十년 영유 가보디두 아나시요」

「왜, 二十년식 고향엘 안 가요?」

「사람의 일이라니 마음대루 됩데까?」 그는, 왜 그러는지 한숨을 집는다. 「거저, 운명이 뎨일 힘셉데다」

운명의 힘이 뎨일 세이다는 그의 소리에는, 쌕이지 못흔 원한과 뉘우침이 석겨 잇다.

「그래요?」 나는 다만 그를 처다볼 섄이다.

한참 잠잠흐니 잇다가, 나는 다시 말흐엿다 —

「자, 노형의 경험담이나 한번 드러봅시다. 감출 일이 아니면 한번 니야기 해보쇼」

좀 잇다가, 그는

「하디오」 흐면서, 내가 담배를 부치는 것을 보고 자긔도 대에 담배를 부처 물고 니야기를 쓰내인다.[186]

인물들 사이의 대화가 더욱 현실감 있게 전달되는 이유는 두 사람이 모두 평안도 사투리를 구사하고 있기 때문이다.

김동인과 전영택의 문장 모두에서 주목할 만한 것은 탁월한 묘사문의 활용이다. 김동인의 「배싸락이」와 전영택의 「생명의 봄」의 서두에서 공통적으로 볼 수 있는 대동강 풍경 묘사는 그 적절한 예가 된다. 김동인의 「배싸락이」의 서두 풍경 묘사는 사실성과 탐미성이 어우러지는 미묘한 조화를 보여준다.

186 김동인, 「배싸락이」, 『창조』 9, 1921.5, 5~6쪽.

이날은 三月 삼질, 대동강에 첫배노리ᄒᆞ는 날이다. 감—아케 나려다 보이는 물 우에는, 결결히 반작이는 물결을, 푸른 됴리배들이 타고 넘으며, 거긔서는 봄향기에 취한, 형형색색의 션률이, 유단보다도 보드러운 봄 공긔를 흔드르면셔 나라온다. 그러고, 거긔서, 기생들의 노래와 함께 나라오는 됴션 아악雅樂은, 느리게, 길—게, 류탕하게, 부드럽게, 그러고 또 애츠럽게, — 모든 봄의 졍다움과 슷까지 됴화치 안코는 안 두겟다는 듯이, 대동강에 흐르는 식컴은 봄물, 쳥류벽에 도타나는, 푸르른 풀어음, 심지어 사람의 가슴속에 봄에 쒸노는 불붓는 핏줄기까지라도, 습긔 만흔 봄 공긔를 다리 노코, 쩔리지 안코는 두지 안는다.

봄이다. 봄이 왓다.

부드럽게 부는 조고만 바람이, 식컴은 됴션솔을 쌔며 또는 도다나는 풀을 슬치고 지나갈 째의 그 음악은, 다른 데서 듯지 못ᄒᆞᆯ 아름다운 음악이다.

아아 사람을 취케 ᄒᆞ는, 푸르른 봄의 아름다움이어.[187]

전영택의 「생명生命의 봄」 서두의 묘사 또한 주목을 끌기는 마찬가지이다.

유리가치 말근 어름이 大同江의 長靑流를 하로 져녁에 덥허노앗다. 어름 밋헤는 고기들이 기운 업시 잠겨잇고, 어름 우에는 말, 소, 사람들, 빨간 衣籠짝 실은 移舍짐 달구지가 분쥬히 건너오고 건너가고 한다. 練光亭 밋헤는 漁夫들이 대여슷 사람이 쑹쑹한 솜옷을 닙고, 발 달닌 널족 우에 안저서 어

187 위의 글, 2쪽.

름 밋헤 잠겨잇는 주린 고기가 물니기를 기다리고 잇다.

白雪로 素服을 곱게 닙은 건너편 文秀峯 우에는 淡灰色 구름이 쪠를 지어 閒暇이 써 잇더니 龍岳山으로부터 모란봉을 넘어 부러오는 노한 듯 미친 듯 한 무서운 北風에 조각조각이 써러져서 쏜살가치 半空으로 나라간다.

아츰 거리에는 아직 來往하는 사람이 만치 아니하다. 큰구골 국수집 문밧게는 머리 깍근 미친 女人이 바람을 피해 햇볏 비치는 담모퉁이에 서서 덜덜 썰면서도, 빙글빙글 우스면서 무어라고 혼잣소리를 즁얼거리고 잇다. 털노한 防寒帽를 푹 내려 쓴 中老人이 팔쨩을 씨르고 「에－추워」 하면서 국수집으로 쑥 드러간다.[188]

「생명의 봄」에 묘사된 대동강 주변의 풍경은 「배따락이」의 경우에 비해 사실성이 더욱 뛰어나다. 「생명의 봄」은 현실감 넘치는 묘사와 더불어 작품 곳곳에 노래를 삽입하는 등 작가가 문장 표현에 의식적으로 신경을 쓴 흔적이 역력하다. 작품 속 묘사 문장들은 동인지 『창조』가 이루어낸 주목할 만한 문학적 성과 가운데 하나로 전혀 손색이 없다.

188 늘봄, 「생명生命의 봄」, 『창조』 5, 1920.3, 2쪽.

마무리

1.

1910년대 일본 유학생 잡지에는 논설과 소설을 비롯한 다양한 형태의 산문이 수록되었다. 근대의 지식이 이들 산문을 통해 본격적으로 유입되기 시작한 것이다. 1910년대 일본 유학생 잡지는 동서양 지혜의 절충을 명분으로 삼았지만, 실질적으로 이들이 지향하던 세계는 서양이었다. 1910년대 일본 유학생들이 동서양의 비교 서술을 위해 사용하던 어휘는 가치중립적이라기보다는 대체로 서구 편향적이었다. 이 시기 잡지의 필자들은 서양의 물질적 환경을 동경했을 뿐만 아니라 서양의 풍속 및 관습과 윤리 또한 동양에 비해 상대적으로 우월하다고 인식했다. 하지만 그럼에도 불구하고, 유학생 잡지의 논의들이 모두 동일한 방향만을 바라보며 전개되었던 것은 아니다. 큰 틀에서 지향하던 방향과는 달리, 각론으로 들어가 살피면 이 시기 유학생 잡지를 통해 소개되는 견해와 주장들 사이의 편차는 결코 작지 않았다.

근대적 의미의 일본 유학이 시작된 것은 1876년 한일수호조약이 체결된 이후이다. 근대 초기의 유학생 파견은 주로 개화파 인사들에 의해 주도되었다. 유학생 파견의 최종 목표는 그들이 학문을 익힌 후 귀국하여 조선에서 자신의 책무를 다하도록 하는 것이다. 1895년 2월 2일 반포된 「교육에 관한 조서詔書」는 고종의 학교 설립과 인재 양성에 대한 분명한 의지를 담고 있다. 이 조서를 바탕으로 각종 학교가 설립되고 일본 유학생 파견이 본격화된다. 한일병합 이후의 도일 유학은 부실화되어 가는 식민지 조선의 교육제도와도 관련이 있다. 1911년 제정된 조선교육령은 조선인에게 열등한 교육을 시킴으로써 식민지 백성으로서의 자리에서 벗어나지 못하도록 하겠다는 의도를 담고 있었다. 그 결과 조선 내에서는 중등교육조차도 제대로 받기 어려운 열악한 상황이었기 때문에, 조선총독부의 비우호적 방침에도 불구하고 적지 않은 학생들이 외국으로 유학을 떠나고자 했다. 그때 주된 행선지는 일본이 될 수밖에 없었다. 일본 유학이 많았던 이유는 지리적인 근접성과 더불어 상대적으로 높은 근대화 수준, 그리고 일제 식민지 교육 과정을 거친 학생들에게 상대적으로 열려있던 입학의 문 등의 요인이 복합적으로 작용했다.

당시 도일 유학생들에게 가장 광범위하게 퍼져나갔던 사상은 사회진화론과 실력양성론이었다. 이들이 주창하는 실력양성론은 신사상과 신문화를 수용하고 구문화에 대해 비판을 가하는 것과, 산업화를 통해 경제적 환경을 개선하는 것이었다. 문명개화론과 사회진화론은 한말 이후 계몽운동가들의 사상적 기반으로 자리 잡았고, 교육과 실업의 발전만이 근대국가를 이룰 수 있다는 실력양성론으로 구체화된다. 생존경쟁, 약육강식, 우승열패를 골자로 하는 사회진화론은 19세기 후반 열강들의 식민지 지배를 합리화하기 위한 제국주의의 이론적 기반이 된 논리였다. 근대 초기 국내 계몽운동가들이 실력양성을 통하여 부국강병을 이루고 제국주의 국가와 같은 발전을 이루어야 한다고 믿은 것도 바로 이 사회진화론에 영향을 받은 결과였다. 민족과 국가의 현실을 이해하려는 측면에서 사회진화론은 긍정적 기여를 하기도 했지만, 근대화에 지나치게 집착한 결과 민족의 독립이 실력양성을 이룬 뒤에나 이루어질 수 있다는 주장으로 이어지기도 했다. 식민지 시기 일본 유학생들의 활동에 대해서는 여러 가지 부정적 평가의 여지가 없지 않음에도 불구하고, 이들이 일제강점기 동안 근대 지식과 근대 사상을 국내에 소개하고 전파하는 데 주도적인 역할을 했다는 사실만은 분명하다.

유학생 사회에 공식적인 조직이 생기기 시작한 것은 1895년 대규모의 관비유학생이 파견되면서부터이다. 이 시기에 처음으로 조직된 유학생 단체는 '대조선인일본 유학생친목회'였다. '대조선인일본 유학생친목회'는 관비유학생들이 일본에 도착한 직후인 1895년 5월 12일에 출범했다. '대조선인일본 유학생친목회' 결성의 취지는 유학생 상호간의 친목 도모 및 상호 정보 교환, 상호 권면 등에 있었다. '대조선인일본 유학생친목회'는 1896년 2월 15일 『친목회회보』를 창간함으로써 언론 활동을 시작하게 된다. '대조선인일본 유학생친목회'는 약 3년간 지속된 후 해산되었으며, 그 자리를 '제국청년회'가 이어갔다. 이후에도 일본 유학생들은 '태극학회'·'대한흥학회' 등을 만들어 『태극학보』·『대한흥학보』 등의 잡지를 발행했다. 1900년대 일본에서 발행된 이들 유학생 잡지 가운데 일부는 일반 기사뿐만 아니라 문예 작품도 수록했다. 다만, 1900년대 유학생 잡지에 수록된 문예 작품의 숫자는 그리 많지 않으며 작품의 완성도 또한 높지 않다. 이들 가운데 상당수는 습작 수준에 머무르는 것들이었다. 하지만, 1900년대 유학생 잡지에 수록된 문예 작품들은 그 나름의 문학사적 가치를 지닐 뿐만 아니라, 이후 본격화되는

1910년대 유학생 잡지 수록 문예 작품의 위상을 이해하는 데도 도움이 된다. 일본 유학생 잡지에 서사문학 작품이 실리기 시작한 것은 1906년의 『태극학보』에서부터이다. 1906년은 한국 근대소설사에서 특별한 해이다. 1906년 『대한매일신보』는 우리나라 사람들이 발행한 신문 가운데서는 최초로 '소설'란을 두고 작품을 게재하기 시작했다. 『태극학보』를 비롯한 유학생 잡지에서는 서사문학 작품들이 '학원學園', '문예文藝', '문원文苑', '사전史傳', '사담史譚'란 등에 발표된다. 근대계몽기에 발간된 국내 잡지와 일본 유학생 잡지는 상호 교류 관계 속에 있었다.

1900년대를 대표하는 유학생 단체였던 '대한흥학회'는 1910년 8월 일제의 조선에 대한 병합과 함께 소멸된다. 이후 등장한 유학생 단체가 '조선유학생친목회'이다. '조선유학생친목회'는 1911년 5월 21일 도쿄에서 결성되었고, 기관지 『학계보』 창간호는 1912년 4월 1일에 발행되었다. 1910년대 유학생 잡지를 대표하는 『학지광』은 '조선유학생학우회'가 발행한 기관지로 『학계보』의 후신이다. '조선유학생학우회'는 1912년 10월 27일에 결성되었고, 기관지 『학지광』은 1914년 4월 2일에 창간되었다. '조선유학생학우회'의 설립은 각 지역을 기반으로 활동하고 있던 소규모 단체들의 연합을 통해 이루어졌다. '조선유학생친목회'의 경우와 마찬가지로 '조선유학생학우회'의 임원 가운데 상당수는 기독교인이었다. 이들 단체의 활동은 일본 내 기독교 선교 사업과 매우 긴밀한 관계 속에서 이루어졌다. 기독교청년회관을 중심으로 도쿄 지역 유학생들의 모임이 이루어졌으며, '조선유학생학우회'의 회원 중 상당수가 '조선기독교청년회'의 회원이었다는 사실도 주목할 필요가 있다. 1910년대 일본 유학생 사회에서 기독교의 위상과 역할은 매우 중요했다. '조선유학생학우회'와 '조선기독교청년회'가 이명동체였다는 주장이 나오는 것, 심지어 일본 내무성 경보국보안과의 자료에서 『학지광』을 '조선기독교청년회'의 잡지로 잘못 기재하고 있는 것 등은 모두 유학생 사회에서 기독교가 차지하던 위상을 보여준다. 『학지광』의 주요 필자 가운데 한 사람이었던 이광수가 '조선기독교청년회'의 부회장이었다는 사실도 눈길을 끈다. 그러나, '조선유학생학우회'와 기독교 단체와의 긴밀한 관계는 1910년대까지만 유효하다. 1920년대 이후 두 단체는 급격히 멀어진다. 이는 자연스러운 거리 두기가 아니라, 거의 결별 수준에 가까웠던 것으로 보인다. 1920년대 이후 유학생 학우회는 일본 내 사회주의 운동 단체와 연대하여 새로운 방향으로 활동을 전개한다. 1925년 이후 유학생 학우회에서는 사회주의가 가장 중요한 사상적 토대로 자리를 잡게 된다. '조선유학생학우회'는 1930년에 해체를 결정하게 되고, 1931년 2월 1일 해체선언서를 발표함으로써 그 수명을 다하게 된다.

초기의 『학지광』은 주로 도쿄에 거주하는 유학생들을 중심으로 발행되었다. 그러나 시간이 지나면서 점차 교토 등 여타 지역에 거주하는 유학생들도 관심을 갖고 참여하게 된다. 『학지광』은 검열의 문제에 대비해 정치 관련 원고를 취급하지 않는다는 편집 방침을 분명히 했다. 『학지광』은 학술 방면의 원고 게재에 주력하는 것으로 입장을 정리했다. 그럼에도 불구하고 『학지광』은 수시로 검열로 인한 발매금지 처분을 받았다. 『학지광』은 총 30호를 발행하는 가운데 10회 이상 발매금지 처분을 받았던 것이다. 『학지광』은 전문 편집인을 두지 않고 '조선유학생학우회'의 간부들이 편집 겸 발행인을 교대로 맡는 방식으로 제작 발행되었다. 『학지광』의 편집인이 수시로 바뀌고, 또 호별로 편집 방향에 차이가 큰 것은 이러한 이유 때문이다. 편집 겸 발행인은 실제 편집에서 전적으로 권한을 행사했던 것으로 보인다. 자신이 편집한 호에 그 자신의 글이 상대적으로 많이 수록되어 있는 사례들을 통해 이를 알 수 있다.

『학지광』의 논설의 범주는 첫째, 새로운 윤리 도덕의 기준 설정의 필요성 제시 둘째, 여성의 지위 향상을 위한 노력 강조 셋째, 실력 양성을 위한 조선청년의 책임 강조 등으로 나눌 수 있다. 생활 환경의 변화는 윤리관의 변화를 수반한다. 그런 점에서 조선을 떠나 새로운 세계에서 생활하게 된 유학생 사회에서 윤리와 도덕이라는 논제는 매우 현실성이 높은 관심사 가운데 하나였다. 『학지광』에 수록된 논설들이 모두 조선의 관습 혹은 전통적 가치를 일방적으로 부정하거나 비판만 했던 것은 아니다. 이들 가운데 일부는 유학생 사회의 영향으로 인한 조선의 가치관의 변화에 대해 경계하거나 유학생 사회가 지향하는 가치관이 지나치게 서구 편향적임을 경계하기도 한다. '지식인 여성'이라는 어휘의 등장은 곧 유학생 집단의 형성 및 유학생 사회의 탄생 과정과 직결된다. 여성과 그들의 교육에 대한 관심은, 『학지광』을 비롯한 1910년대 유학생 잡지의 논설란에 비교적 자주 등장하는 주요 논제였다. 고금여사의 「여자계의 달관이라」는 남녀동등의 문제에 대해 조선의 남녀가 취할 태도에 대해 입장을 표명한 글이다. 『학계보』 소재 「부인론」의 필자 '무명여사'가 여성이 아니라 남성이었다는 점을 염두에 두면, 「여자계의 달관이라」의 필자 '고금여사' 또한 남성일 가능성을 배제할 수 없다. 『학계보』에 수록된 「부인론」과 조용은의 문집에 들어 있는 「동유략초

東遊略抄」 중 「부인론」을 대조해 보면, 이들이 동일한 필자의 글임에 틀림이 없다. 「부인론」의 경우로 미루어 보면, 근대 초기에 발행된 잡지에서 필자의 이름이나 서술 형식만으로 그것이 남성필자인가 여성필자인가를 추정하는 일은 큰 의미가 없어 보인다. 『학계보』에 수록된 논설 가운데 「부인론」에 대한 이해는 『학지광』의 여성주의 관련 논설을 이해하는 데도 중요한 참고가 된다. 「여자계의 달관이라」에서는 새로운 남녀 관계 정립의 필요성을 제안하면서도, 여성들이 여권을 주장하기 위해 전래적 미풍을 거스르는 경거망동을 해서는 안 된다는 사실을 강조한다. 이 역시 「부인론」의 기조와 일치한다. 반면, 나혜석의 「이상적 부인」은 이와는 전혀 다른 새로운 시각에서 여성의 삶에 대해 접근한 글이다. 나혜석은 관습에 의한 도덕과 세속적 본분의 수행만으로는 이상적 부인이 될 수 없다고 비판한다. 온양유순의 윤리가 여자들을 노예로 만들기 위한 것이라는 나혜석의 주장은 고금여사가 여자들에게 온유수미한 품성을 지킬 것을 강조한 것과 대비된다. 나혜석의 「이상적 부인」은 고금여사의 「여자계의 달관이라」에 대한 반론으로 쓰인 글이다. 『학지광』에 수록된 여성주의 관련 논설 중 실명으로 발표된 나혜석의 글들을 제외하면, 고금여사와 강호 강여사 등 비실명으로 발표된 글들은 자기 분열적 성격이 짙다. 이들은 새로운 시대를 맞이해 과거의 남녀 관계를 반성하고, 새로운 관계 설정의 필요성을 논하면서도 결국은 여성의 도덕적 일탈에 대한 우려를 표명하는 것을 주요 논지로 삼는다는 공통점이 있다. 일본 유학생들은 자신들이 수많은 조선청년 가운데 특혜를 받아 선택된 사람들이라는 의식과 함께, 그렇게 받은 혜택을 조선에 돌려주어야 한다는 책임감 또한 지니고 있었다. 『학지광』에 수록된 논설에서는 '이상적 부인', '이상적 청년', '이상적 인물' 등의 어휘가 자주 사용되었다. 『학지광』에는 유학생들에게 거는 기대감을 표현한 글들이 적지 않게 수록되어 있다. 『학지광』의 실력양성론과 준비론의 사상은 경제 관련 논설들을 통해서도 반복적으로 거론된다. 『학지광』에는 다른 유학생 잡지와는 비교될 수 없을 만큼 많은 경제 관련 논설들이 수록되어 있다. 『학지광』에 수록된 첫 문학론은 최두선의 「문학의 의의에 관하야」이다. 최두선은 문학의 핵심을 이루는 것이 정의情意라고 주장한다. 이는 이광수가 「문학의 가치」에서 정情의 분자分子를 포함한 문장이 문학이라고 주장했던 것과 일맥상통한다. 예술성을 중시하는 김동인의 문학관은 「소설에 대한 조선 사람의 사상을」에서 처음으로 모습을 드러낸다. 『학지광』의 문학론은 논자에 따라 적지 않은 차이를 보인다. 이는 『학지광』이 문학 전문지가 아니라 종합잡지였다는 데에서도 그 원인을 찾을 수 있다. 문학에 대한 지향점을 공유하지 않은 채, 투고자 개인의 취향을 반영하는 방식으로 문학론을 전개시켜 나갔던 데에 원인이 있었던 것이다. 하지만 다양한 편차에도 불구하고, 『학지광』의 문학론에서 주류를 이루는 주장은 문학의 자율성론과 예술성론이다. 『학지광』 소재 소설들의 성격을 염두에 둔다면 이러한 문학론의 전개는 다소 의외로 생각된다.

한일병합 직후 국내 매체에서 여성담론이 급격히 사라져 버리게 되었다는 점을 생각하면, 근대 여성담론 전개사에서 『여자계』가 수행한 역할은 상대적으로 의미가 크다. 1910년대 유학생 잡지 소재 여성담론들은 1900년대를 전후해 국내외에서 발간된 다양한 매체에 수록된 여성담론과 직간접적으로 연관된다. 여성담론을 본격적으로 게재하기 시작한 국내 최초의 근대 매체는 『독립신문』이다. 『독립신문』에서는 한국 근대 여성담론의 핵심을 이루는 논제들인 남녀동등 담론, 축첩폐지 담론, 과부개가 담론, 조혼폐지 담론, 여성교육 담론 등이 새롭게 다루어진다. 국내에서 발간된 근대 잡지에 여성담론이 수록되기 시작한 것은 『가뎡잡지』가 처음이다. 그러나, 『가뎡잡지』는 발간의 목적이 여성의 삶 자체에 대한 관심보다는 가정의 문명화에 있었고 기사의 초점도 여기에 맞추어져 있었다. 근대 초기 매체의 여성담론에서 신문과 잡지가 공통적으로 보이는 현상은 민족담론과의 결합이다. 근대 초기 잡지의 여성담론은 신문의 경우와 마찬가지로 궁극적으로는 애국담론을 지향하고 부국강병론과 결합하게 된다. 이는 국권이 흔들리던 한말이라는 특정한 시기에 여성담론이 거둔 주목할 만한 성과이기도 하다. 그러나, 역설적으로 이는 여성담론의 근대적 진화를 가로막는 원인이 되기도 했다. 1900년대 국내 발간 매체에서 여성담론의 출현 빈도가 한일병합 이후인 1910년대보다 월등히 높은 이유, 1910년 한일병합과 함께 일시적으로 국내 매체에서 여성담론이 소멸되는 현상을 보이는 이유는 이와 연관이 있다. 한일병합 직후 국내 매체에서 여성담론이 급격히 사라져 버리게 된다는 점을 생각하면, 근대 여성담론 전개사에서 유학생 잡지가 수행한 역할은 상대적으로 의미가 크다. 『여자계』는 무엇보다 여성의 삶 자체에 대한 관심을 증폭시키고, 앞 시기에 발간된 매체들과는 구별되는 다양한 형태의 여성담론을 생성해냈다는 점에서도 의미가 있다.

『여자계』 창간호는 1917년 봄 등사판으로 발간되었고, 이후 1917년 6월에 활판으로 다시 발행되었다. 국내외 소장 자료들을 종합하면,

『여자계』 제1호의 실제 제작은 6월 말에서 7월 초에 걸쳐 완료되었고 공식적인 간기는 7월 12일로 되어 있을 것이라는 새로운 추정이 가능하다. 전영택은 평양숭의여중학교 동창회 잡지부가 주관하던 창간호뿐만 아니라, 여자친목회 편집부가 주관하던 제2호 및 제3호의 편집 실무 또한 담당했다. 제4호부터는 여자친목회 회원들이 독자적으로 잡지의 편집 및 간행 작업을 진행했다. 여자친목회는 산하에 학흥회와 여자청년회를 두었는데, 학흥회는 잡지 『여자계』의 발간을 지원하려는 목적 아래 조직된 모임이었다. 『여자계』는 여성들을 위한 잡지이기도 했지만 다른 유학생 잡지와 마찬가지로 본질적으로는 지식인 잡지였다. 따라서 『여자계』는 한글보다는 지식인의 문자인 한자를 주로 사용했다. 하지만 『여자계』는 국한문체 기사뿐만 아니라 한글체 기사들도 함께 수록한다. 이는 1910년대에 발간된 지식인 매체 가운데서는 흔히 볼 수 있는 현상이 아니었다.

『여자계』의 논설 범주는 크게 보면 가정제도의 개혁과 풍속의 개량, 여자교육의 필요, 부인의 각성 촉구, 남녀평등과 여자해방 등으로 나눌 수 있다. 초창기 『여자계』의 편집을 주도했던 전영택은 의식주의 차별을 없애고, 가정의 경영을 부인에게 맡기며, 대가족제도를 폐지하는 일 등을 조선 가정제도 개혁의 주요 과제로 제안했다. 가정제도의 개혁은 초기 『여자계』의 편집의 방향과도 긴밀하게 연결되어 있다. 풍속의 개량 또한 초기 『여자계』 소재 논설에서 중요하게 다루던 주제이다. 이광수가 관심을 가졌던 소아에 대한 대우 개선 논의 역시 풍속의 개량이라는 범주에 포함된다. 이광수의 논의는 그가 국내 잡지 『청춘』에 발표한 「자녀중심론」과 연장선상에 있다. 『여자계』에는 여자들의 각성을 촉구하는 글이 적지 않게 실려 있다. 그런데 이러한 유형의 글들은 여성필자와 남성필자 사이에 접근 시각의 차이가 크다. 여성필자의 글들은 대체로 여자의 각성을 통한 미래사회 개척에 초점을 맞추고 있다. 남성필자의 글들은 계몽적 논조를 유지하면서 여자의 가치관의 반성을 요구하고 있다는 공통점이 있다. 옥로라는 필명으로 발표한 「우리의 온 길 갈 길」은 여자해방의 필요성에 대한 강조와 함께 조선의 여성이 걸어온 길과 앞으로 가야 할 길에 대해 의견을 제시한 글이다. 「우리의 온 길 갈 길」은 이 시기에 발간된 유학생 잡지에 수록된 여성해방 관련 논설 가운데 가장 체계적인 구성을 갖추고 있으며 논지 또한 선명한 글이다. 조선 여자계의 변화의 당위성을 국제 정세와 연관시켜 제시하고 있는 서론이나, 인습의 타파가 곧 여자해방을 실현시키는 구체적 방법이라는 결론적 제안은 모두 주목할 만하다. 반면, MC생의 「여자의 자각과 남자의 반성을 규함」에서는 오늘날 여자해방론이 사회적 갈등을 불러오게 된 가장 큰 요인이 '자유의 남용'에 있다고 주장한다. 이 글은 「청년여자의 자조」 등과 더불어 『여자계』 수록 논설 가운데 가장 보수적인 성향을 보여준다. 1910년대 말에서 1920년대 초에 걸쳐 전개된 유학생 잡지의 여성해방론의 스펙트럼은 매우 넓고 다양했다. 『여자계』에 수록된 산문들 가운데는 논설 이외에도 주목을 끄는 글들이 몇 편 있다. 그 가운데 하나가 제2호에 수록된 춘정생의 글 「처녀의 번민」이다. 이 글을 번역한 춘정생이 누구인가에 대해서는 지금까지 전혀 알려진 바 없었지만 『학지광』 소재 광고 문안을 근거로 할 때 그는 나혜석임이 분명하다. 나혜석이 동경여자의학전문학교의 설립자였던 요시오카 야요이의 강연에 참석한 후 이 원고를 번역 게재했던 것으로 보인다.

『기독청년』은 ‘동경조선기독교청년회’의 기관지였고, ‘동경조선기독교청년회’는 한국 YMCA의 지원 아래 도쿄에서 창립된 유학생 중심의 기독교 단체였다. ‘동경조선기독교청년회’는 기독교 전도기관으로써의 임무뿐만 아니라 유학생들의 수양과 친목을 위한 다양한 역할을 함께 수행했다. 『기독청년』의 창간 배경으로는 ‘동경조선기독교청년회’의 역할 외에도 유학생 사회에 널리 퍼져 있던 기독교 사상과 『학지광』 등을 통해 전개되던 기독교 담론의 전파 등을 들 수 있다. 『기독청년』이 다룬 원고의 범주는 언론, 종교, 학술, 문예, 전기 등이었으며 정치와 관련된 시사평론은 접수하지 않았다. 『기독청년』은 투고용 문자를 언문정음이라 정해 놓고 국한문혼용 표기를 사용했다. 『현대』 역시 주된 문체는 국한문혼용체였다. 『기독청년』 소재 논설에서 가장 먼저 시선을 끄는 주제는 조선의 기독교와 교역자에 대한 신랄한 비판이다. 이광수의 글로 추정되는 논설에서는 기독교의 세속화와 교역자들의 무능함이 비판의 대상이 된다. 이 글에서는 조선의 교역자들에게 더 큰 교양과 학식이 필요하다는 사실을 강조한다. 전영택은 조선 교회의 정신적 각성과 함께 물질적 각성의 중요성에 대해서도 언급한다. 교회가 진보하면 할수록 경제와 재정문제에 대한 관심 또한 중요하다는 것이다. 조선 교회가 교인에게 직업의 신성함에 대해 가르치고 실업을 장려하며, 실업의 근본이 되는 과학의 중요성에 대해서도 가르쳐야 하는 이유가 여기에 있다. 조선의 기독교회가 정신적 각성과 물질적 각성을 거쳐 도달하게 되는 단계는 사회적 각성이다. 개인의 영혼 구제를 넘어 도달하는 과정이 사회 구제에 대한 관심인 것이다. 『기독청년』 소재 종교 관련 논설들은 개인의 신앙과 구원에 관한 문제 못지않게 사회 구원에 대해서도 큰 관심을 보였다. 하지만, 『기독청년』의 논설들이 사회진화론 사상을 직접 강조한 경우는 드물다. 이는 『학지광』의 논설과 분명하게 구별되는 지점 가운데 하나이다.

『기독청년』이 『현대』로 제호가 바뀐 후에는 종교적 논설의 숫자가 급격히 감소하고 사회문제를 다루는 일반 논설이 주를 이루게 된다. 『기독청년』과 『현대』 소재 논설의 가장 큰 차이는 『기독청년』의 논설들이 조선의 교회와 교역자 등 조선의 선교 현실 및 현장에 대한 지대한 관심을 표명한 것에 반해, 『현대』의 논설들은 종교의 정의와 역할 및 기독교의 역사 등 원론적인 문제에 대해 더 큰 관심을 표명한다는 것이다. 아울러, 『기독청년』의 논설들이 대체로 기독교를 전제로 종교적 논의를 수행했던 것에 반해 『현대』에서는 종교 일반에 관한 논의가 주를 이루게 된다. 『기독청년』 소재 논설과 『현대』 소재 논설의 성격 차이는 단순히 필자 개인들의 성향 차이로만 보기 어렵다. 이러한 변화는 근본적으로는 3·1운동 이후 급격히 보수화되어 갔던 국내 기독교의 성격 변화와 연관된 현상으로 보인다. 종교적 논설의 신비화와 보수화는 유학생 사회에서 기독교의 영향력 약화로 이어지게 된다. 3·1운동 이후 국내 기독교 보수화의 대안으로 사회주의가 대두하고, 사회주의가 젊은 지식인들로부터 호응을 받게 되는 현상은 유학생 사회에서도 예외가 아니었다. 그러나, 1920년대 초반은 국내에서와 마찬가지로 유학생 사회에서도 아직은 기독교와 사회주의가 크게 마찰하지 않던 시기였다. 『현대』에서는, 기독교와 사회주의가 대립보다는 공존의 가능성을 타진하고 있었다. 이는 세계 개조라는 공동의 목표가 존재했기 때문이다.

『창조』 창간호는 1919년 2월 1일 발행되었다. 『창조』는 한국문학사 최초의 동인지이면서 순문예잡지로 평가받는다. 『창조』의 창간 동기는 크게 두 가지로 요약된다. 하나는 도쿄에 유학 중이던 문학 지망생들이 안정적인 작품 발표 지면을 확보하기 위한 것이었고, 다른 하나는 조선의 신문학운동을 일으키고자 한 것이었다. 전자가 실질적 동기라면, 후자는 명분상의 이유가 된다. 『창조』는 창간 초기에 이른바 세간의 오해를 불러일으킨다. 『창조』가 도덕을 파괴하고 멸시한다는 이유에서였다. 세간의 반응은 일부 동인들이 표명했던 유미주의 예술관과도 연관이 있다. 『창조』 동인들은 도학선생의 대변자가 될 수는 없다는 사실과 함께 통속소설을 배척한다는 입장을 밝혔다. 『창조』의 창간은 그동안 계몽 중심으로 전개되어 오던 한국문학사가 문학 중심으로 전환되는 상징적 시도로 평가받는다. 국내 문단에서 대중들에게 커다란 인기를 얻고 있던 이광수 문학에 대한 반발 또한 『창조』 창간의 중요한 배경과 계기로 작용했다. 이광수와 『창조』는 논리적으로는 쉽게 이해하기 어려운 관계에 놓인다. 특히 이광수의 문학적 성향에 대해 반감을 지니고 있던 『창조』의 동인들이 이광수를 필자로 받아들이고, 잡지에 이광수의 작품을 싣기 위해 안간힘을 쏟았다는 사실은 아이러니가 아닐 수 없다. 이는 동인지 『창조』의 한계가 어디에 있었는가 하는 점을 극명하게 보여준다. 『창조』가 이광수에게 집착했던 가장 큰 원인은, 이 잡지가 순수 동인지를 표방하면서도 상업적 성취를 염두에 두고 출발한 잡지였다는 데 있다. 이는 결국 『창조』의 성격을 불분명하게 만드는 가장 큰 요인으로 작용했다. 『창조』는 호수가 거듭되면서 필자들 사이의 결속력이 약화되고 잡지의 성격도 점차 희석되어 갔다. 『창조』의 성격이 희석되어 간 데에는, 출범 당시부터 이 잡지에 대한 성격 규정이 모호했다는 점을 가장 큰 원인으로 꼽을 수 있다. 새로운 동인의 확산과 영입은 문학관의 공유와는 전혀 관계없이 그때그때 편의에 따라 이루어졌다. 『창조』 제8호에는 1921년 1월의 동인 명단이 김관호, 김동인, 김억, 김찬영, 김환, 전영택, 이광수, 이일, 박석윤, 오천석, 주요한, 최승만 등 총 열두 명으로 기록되어 있다. 마지막 호인 제9호에는 여기에 임장화가 추가되어 총 열세 명의 명단이 기재되어 있다. 이들이 최종 동인이 되는 셈이다.

『창조』에는 문학 및 미술 등 다양한 분야에 걸친 평론들이 수록되었다. 이들 평론을 통해서는 『창조』의 동인들이 문학과 예술에 대해 어떠한 인식을 지니고 있었는가를 확인할 수 있다. 『창조』는 예술과 도덕의 관계에 거리를 두는 입장 표명 등으로 인해 유미주의 예술관 중심의 잡지로 이해되기도 한다. 그러나, 『창조』에는 유미주의적 문학관뿐만 아니라 그와 상대적 위치에 놓인 효용론적 문학관도 함께 발표되었다는 점을 주목할 필요가 있다. 김환의 「미술론」은 미술의 개념과 기원으로부터 시작해 그 종류와 유파 등에 이르기까지 다양한 내용을 다루고 있다. 「미술론」에서 특히 주목해 보아야 할 부분은 진리가 미 안에 있다는 주장이다. 김동인의 「제월 씨의 평자적 가치」는 염상섭과의 논쟁 과정에서 발표된 글이다. 이 글은 작품의 조화된 정도를 논하는 것이 비평이라는 주장을 담고 있다. 이는 김동인의 형식주의적 비평관의 실마리를 드러낸다는 점에서 중요하다. 김동인의 「비평에 대하여」는 그의 초기 문학관을 집약시켜 보여준다는 점에서 의미가 있다. 이 글에서는 문예비평의 목적이 작가를 지도하는 것이 아니라 민중을 지도하는 데 있다고 전제한다. 비평은 감상력이 부족한 민중에게 감상법을 가르치는 것을 의미한다. 이것이 비평이 존재하는 이유이다. 공정한 비평을 위해서는 선입견이 없어야 한다. 김동인은 선입견의 배제를 다시 변사론과 연결짓는다. 최승만이 자신의 예술관을 분명히 드러낸 글은 「문예에 대한 잡감」이다. 그가 이 글에서 제시한 결론적 주장은 인생을 위한 예술이다. 그가 동조하고 추구하는 문예는 자연주의 정신에 바탕을 둔 현실개조와 사회개량의 문예, 즉 인간과 사회를 위해 존재하는 문예인 것이다. 이광수의 「문사와 수양」은 '인생을 위한 예술'의 필요성을 명시적으로 제안한 글이다. 「문사와 수양」은 그동안 유미론과 효용론에 대해 두루 관심을 표명하던 이광수가 본격적으로 효용론을 주장하게 된 계기를 이루는 글이기도 하다. 「문사와 수양」에서는 문학가가 취해야 할 궁극적 태도가 인생을 위한 예술임을 분명히 한다. 인생에 유익한 예술이 필요하다는 것이다. 「문사와 수양」은 김동인 등이 제기한 유미론적 주장에 대한 비판의 성격을 지닌다. 더 나아가, 데카당스 문학을 표방하던 일부 문인들에게 경고를 보내는 글로도 읽힐 수 있다. 그럼에도 불구하고 「문사와 수양」에는 근본적 한계가 있다. 가장 문제가 되는 것은, 작가 개인의 도덕적 수양이 오늘날 문단과 민족이 처한 모든 문제를 해결할 수 있는 길이라고 주장한다는 점이다. 개인의 도덕적 수양 부족이 오늘날의 불행한 현실을 가져왔고, 반대로 개인의 도덕성 회복이 미래의 행복을 가져올 것이라는 주장은 식민지 조선이 당면한 심각한 현실문제의 핵심을 흐리게 만든다.

2.

『학지광』 소재 소설의 범주는 첫째, 약육강식의 세계관을 드러낸 작품 둘째, 유학생의 정신적 고뇌를 다룬 작품 셋째, 조선의 구습과 낡은 제도로 인한 번뇌의 현실을 다룬 작품 등으로 나눌 수 있다. 이들 작품의 창작 동기는 대부분 문학 작품을 통해 현실에 대한 고민을 표출하려는 생각과 연결된다. 그런 점에서 『학지광』 소재 소설 작품의 주제는 『학지광』 소재 문학론이 지향하는 바와는 거리가 있다. 『학지광』에 수록된 소설 작품들의 주제는 문학론보다는 오히려 『학지광』 소재 논설이 지향하는 방향에 근접해 있다. 「탁고」는 형식상 전형적인 '서사적 논설'에 해당하는 작품이다. 『학지광』이 한말 근대 신문에서 주로 발견되는 '서사적 논설'의 형식을 활용한 작품을 수록하고 있다는 것은 여러 가지로 의미가 있다. 이는 해외에 머물던 유학생들의 글쓰기의 바탕에 자연스럽게 국내에서의 독서 체험이 영향을 미치고 있음을 보여준다. 약육강식과 우승열패의 준비론적 주장이 1910년대 『학지광』의 논설란을 관통하는 핵심적 주장 가운데 하나였다는 점을 생각하면 「탁고」가 지니는 의미가 더욱 선명해진다. 현상윤의 단편 「청류벽」도 사회진화론의 논리를 작품화 한 것으로 해석할 수 있다. 「크리스마슷밤」은 이광수가 초기 문필 활동에서 보여주던 비타협의 자세를 보여주는 작품이라는 점에서 의미가 있다. 그러나, 이광수의 비타협적 자세는 오래 지속되지 않는다. 그는 「크리스마슷밤」을 개작해 「어린 벗에게」라는 제목으로 다시 발표하면서 작품의 주제를 변화시킨다. 「어린 벗에게」

는 다시 일부가 개작되어 1926년에 「젊은 꿈」이라는 작품으로 발표된다. 「어린 벗에게」와 「젊은 꿈」 사이의 가장 큰 차이는 문체에 있다. 국한문혼용체이던 「어린 벗에게」가 「젊은 꿈」에서는 순한글체 작품으로 변화하는 것이다. 진학문의 「부르지짐Cry」 또한 유학생 청년이 느끼는 삶의 고뇌를 다룬 작품이다. 「요죠오한」에서 주인공이 괴로워하는 이유가 사회적 요인과 연관되어 있었던 것과 달리, 「부르지짐」에서는 그 이유가 철저히 개인적 요인들로만 채워진다. 박석윤의 「벗의 죽엄」은 강력주의에 대한 지향과 교육을 통한 점진적 준비론의 사상을 소설적 방식으로 재구성한 작품이다. 민중에게 교육이 필요한 이유는 이들이 곧바로 깨달을 능력이 아직은 부족하기 때문이다. 이익상의 소설 「번뇌의 밤」은 조혼과 유학 그리고 교육의 문제 등을 소재로 다룬 작품이다. 「번뇌의 밤」은 이광수의 희곡 「규한」과 매우 닮아 있다. 「규한」과 「번뇌의 밤」은 두 작품이 각각 희곡과 소설이라는 양식상의 차이가 있을 뿐 구성과 주제 면에서는 거의 차이가 없다. 이들 작품은 자아실현의 권리를 주장하며 이혼과 재혼을 감행하는 지식인 유학생들의 삶의 이면에, 눈물과 한숨으로 생을 보내야 하는 여인들의 비극적 삶이 존재한다는 사실을 알리고 있다.

편집진이 사회주의 계열로 바뀐 1920년대 중반 이후에도 『학지광』에는 꾸준히 소설이 게재된다. 그러나, 1920년대 중반 이후 『학지광』에 수록된 소설들은 그 어느 한 작품도 문단의 주목을 끌지 못한다. 1920년대 이후 국내에서 발간된 『개벽』과 『조선문단』 등의 잡지에 수록된 작품의 수준이 급격히 향상된 것에 비하면, 1920년대 중반 이후 『학지광』의 소설은 서사기법 등에서 1910년대의 수준을 벗어나지 못한 것으로 보인다. 신변잡기적 소재를 통한 감상과 감정의 과잉 표출은 이제 더 이상 공감의 대상이 되지 못한다. 유학생 지식인의 방황과 나약한 감상이 더 이상 독자의 관심을 끌지 못하는 것이다. 그런 점에서 볼 때, 『학지광』의 소설사적 기여는 1910년대를 지나 1920년대 초반에 들어서면서 일단 마무리가 된 것으로 정리할 수 있다.

『여자계』에는 「경희」, 「회생ᄒᆞᆫ 손녀에게」, 「조모의 묘전에」, 「소년의 죽음」, 「즁국녀ᄌᆞ의 굿은 졍졀」, 「Pollyanna 팔늬의나」, 「영희의 일생」, 「어린 영순에게」 등 모두 여덟 편의 소설이 수록되어 있다. 이 가운데 우선 주목을 끄는 것은 나혜석의 「경희」와 「회생ᄒᆞᆫ 손녀에게」이다. 단편소설 「경희」는 나혜석의 대표작으로 꼽힌다. 나혜석은 「경희」를 통해 신여성에 대한 세간의 편견에 대응하고, 여자교육의 효용성 논란에 대해 답하고자 했다. 신여성이 갈등과 고민을 거쳐 지향해 나갈 방향을 스스로 찾는 일 또한 이 작품의 창작 동기를 이룬다. 「회생ᄒᆞᆫ 손녀에게」에는 병을 앓던 손녀가 회생하는 과정과 이를 지켜보는 할머니의 기쁨이 표현되어 있다. 이 작품에는 조선의 나이팅게일로 살고 싶은 나혜석의 욕망 또한 투영되어 있다. 나혜석의 「경희」와 「회생ᄒᆞᆫ 손녀에게」는 한국 근대 지식인 소설에서 언문일치의 한글체 문장이 정립되어 가는 모습을 보여준다. 「경희」에서 말과 글의 일치를 가장 손쉽게 확인할 수 있는 것은 우선 대화체 문장들을 통해서이다. 이 작품의 대화체 문장들에는 구어적 생동감이 살아 있다. 「경희」의 문장 특색 가운데 또 하나 두드러지게 눈에 뜨이는 것은 묘사와 서사가 유기적으로 결합된다는 점이다. 나혜석이 서양화가였고 그의 유학생활이 일본 도쿄 사립 여자미술학교 서양화부 입학에서부터 시작되었다는 점은 그의 문장 특색을 이해하는 데 도움이 된다. 「회생ᄒᆞᆫ 손녀에게」는 발화자로서의 작가의 흔적 내지 발화기원의 소거를 통해 언문일치를 실현하고 있는 대표적 작품이다. 「회생ᄒᆞᆫ 손녀에게」에서 작가 나혜석은 자신의 모습을 숨기고 문장 하나하나를 객관적으로 서술해 나간다. 『여자계』에 수록된 소설 「경희」의 문장을, 나혜석이 『학지광』에 썼던 수필 「이상적 부인」과 「잡감」 등의 문장과 비교해 보는 것도 여러 가지 점에서 의미가 있다. 「이상적 부인」이나 「잡감」 그리고 「경희」가 다루는 주제는 서로 통한다. 이 세 편의 글은, 여성에 대해 차별적인 조선 사회의 통념을 극복하고 조선의 여자가 자신의 길을 헤쳐 나가야 한다는 명제를 다룬다는 점에서 공통적이다. 그러나 이 세 편의 글은 문체에서는 적지 않은 차이를 보인다. 「이상적 부인」의 문체는 한문 구조를 활용한 국한문 혼용체이다. 「잡감」에 이르면 한문식 구문은 사라지고 한글체 문장으로 완성이 된다. 만 삼 년이 안 되는 기간이지만, 그동안 나혜석의 문장은 상당한 변화를 보이게 되는 것이다. 「경희」의 문장은 여러 가지 점에서 더욱 변화된 모습을 보인다. 소설 「경희」의 한글 문장은 나혜석 자신이 쓴 이전의 수필들과 비교해 보더라도 선구적 면모를 보인다. 김명순이 『여자계』에 발표한 두 편의 작품 「조모의 묘전에」와 「영희의 일생」은 발표 당시뿐만 아니라, 이후의 연구자들로부터도 별다른 주목을 받지 못했다. 이 작품들은 우선 문체가 구투를 벗어나지 못하고 있다. 작품의 소재나 서술의 방식 또한 마찬가지이다. 이러한 문제점들에도 불구하고, 작품에서 주목할 만한 부분을 찾는다면 혼인의 강제성을 부각시키는 장면들을 들 수 있다. 「중국녀ᄌᆞ의 굿은 정절」은 여필종부의 세계관을 미화하고 있다. 「중국녀ᄌᆞ의 굿은 정절」은 『여자계』 제2호에 수록되어 논란이 되었던 전기물 「태서현부전」과도 유사성이 있다. 「중국녀주의 굳은 정절」은 여성 편집진들이 독자적으로 발간하기 시작한 『여자계』 제4호 이후의 연재물이라는 점에서 그 게재가 매우 의외의 일로 생각된다. 이러한 점으로 미루어 보면, 당시 『여자계』의 편집진이 일정한 세계관을 공유하며 잡지 편집에 임했던 것은 아니라는 사실을 알 수 있다.

전혀 소설 작품을 수록하지 않았던 『기독청년』의 경우와는 달리, 『현대』에는 모두 네 편의 창작 소설이 실려 있다. 하지만, 『현대』에 창작 소설이 수록되었다고 해서 이 잡지의 필진들이 문학 혹은 예술에 대해 호의적인 태도를 보였던 것은 아니다. 주요한은 『기독청년』에서 창작물의 가치를 폄하하는 세간의 태도에 대해 불만을 표한 바 있다. 실제로, 『현대』 소재 논설들의 예술에 대한 언급은 대부분 비판적인 시각을 드러내고 있다. 김영만은 소설이 사회의 악풍을 교정할 의무가 있음에도 불구하고 우리나라의 소설은 그러한 역할을 하지 못한다고 비판한다. 오히려 소설이 청년남녀의 도덕적 타락을 부추긴다는 것이다. 고영환은 조선의 문예계에서 넘쳐나는 작품이 온통 연애소설뿐이라고 비판한다. 김진목도 연애실패론을 주된 내용으로 삼는 조선의 문학에 대해 비난한다. 『현대』에 발표된 첫 번째 창작 소설인 김환의 「자연의 자각」에는 김진목이 비난한 연애실패론이 소재로 등장한다. 「자연의 자각」이 발표된 직후 염상섭은 「백악 씨의 자연의 자각을 보고서」를 써서 이 작품에 대해 혹평한다. 염상섭은 「자연의 자각」이 문장을 제대로 갖추지 못했음은 물론, 인물의 개성 또한 제대로 그려내지 못했고, 백악이 자신을 광고하기 위해 쓴 작품에 지나지 않는다고 비판한다. 소설을 쓰는 목적이 자기광고에 있을 때 그의 예술은 타락의 심연으로 빠져드는 운명을 맞게 될 것이라는 사실에 대해서도 경고한다. 이 글에 대해 김동인이 『창조』에 「제월 씨의 평자적 가치」를 써서 반론을 펴고, 염상섭은 다시 『동아일보』에 「여의 평자적 가치를 논함에 답함」을 써서 대응한다. 이로 인해 한국 근대문학사 최초의 본격적 문학 논쟁인 '비평의 공정성과 범주·역할 논쟁'이 시작되는 것이다. 『현대』 소재 전영택의 작품 「피」는 그의 기독교 사상과 인도주의의 정신을 담아낸 초기 작품 가운데 하나라는 점에서 중요하다. 작품 속 주인공은 정치운동 대신 문화운동을 준비한다. 문화운동의 중요성에 대한 강조는 『현대』에 수록된 여타 논설들에서 확인할 수 있다. 김영만 등은 당시 유학생 사회에 널리 퍼져 있던 사회진화론적 사고에 대한 대안으로 문화운동을 제시한 바 있다. 그 점에서 보면, 「피」는 전영택 개인의 관심사와 당시의 사회적 관심사가 적절히 융합되어 탄생된 단편소설이라 할 수 있다. 달천의 작품 「십오일」은 이야기 구성이 흥미 본위로 흐른 감이 없지 않지만, 조혼으로 인한 사회적 문제를 환기시키고 있다는 점에서는 의미가 있다.

김동인은 『창조』 창간호에 발표한 자신의 첫 단편소설 「약한 자의 슬픔」이 아직까지 세상에 나온 모든 투의 작품과 구별되는 새로운 작품이라고 자찬한다. 하지만, 「약한 자의 슬픔」은 이광수로 대표되는 1910년대 계몽주의 계열의 소설과 연장선상에 있을 뿐 실제로는 별반 새로울 것이 없는 작품이다. 『창조』 동인들이 보여주는 이광수에 대한 외면적 배척과 실질적 동경이라는 이율배반적 태도는 소설 창작에서도 예외가 되지 않는다. 「약한 자의 슬픔」은 제도의 문제를 외면하고 개인의 심성 문제에만 주로 집착한 기형적 계몽소설이다. 「약한 자의 슬픔」의 개연성 없는 해피엔딩은 불공평한 사회적 제도에 대한 비난마저 차단하는 역할을 한다. 이광수의 계몽소설이 그동안 낡은 풍속에 대한 비판을 통해 그 나름 사회제도의 불합리성에 대해 문제를 제기하던 것과 비교할 때, 김동인의 계몽소설은 오히려 여기서 한걸음 후퇴한 것으로 볼 수 있다. 김동인의 「마음이 여튼 자여」 역시 계몽의 의도를 지닌 채 한 편으로는 개인의 심성 문제에 집착하고 있는 작품이다. 김동인의 초기 작품들은 『창조』 동인들이 거리들 두고 싶어 하던 통속소설의 평범한 도덕에서 그리 멀리 가 있지 않았다. 그런 점에서 김동인을 비롯한 『창조』 동인들의 이광수의 계몽소설에 대한 비판은 자가당착과 이율배반의 오류를 범하고 있는 것이다.

『창조』에 수록된 소설들에는 세태에 대한 다양한 관심이 표명되어 있다. 이 가운데 특히 주목해 볼 만한 것은 전영택의 작품들이다. 전영택의 소설에서는 비극적 상황에 놓인 인물들의 삶이 자주 소재로 활용된다. 전영택은 「천치? 천재?」가 애정문제를 다루지 않은 첫 작품이라는 사실을 강조하고, 이 작품이 인생을 그대로 표현해 보려 한 것이라고도 언급한다. 「천치? 천재?」가 갖는 중요한 의미는 이 작품에서부터 전영택의 인간 존중의 정신, 이른바 휴머니즘의 정신이 깊이 있게 나타나기 시작한다는 점이다. 「생명의 봄」에서는 3·1운동이라는 사회적 사건이 개인의 삶을 변화시킨다. 사회적 격변과 개인적 삶의 굴곡이 서로 이어지는 결과로 나타나는 것이다. 「생명의 봄」에서 주인공은 종교와 예술 사이에서 갈등한다. 이일의 「몽영의 비애」는 다양한 세태와 인생의 변화무쌍함을 적나라하게 그려낸 작품이다. 「생명의 봄」과 「몽영의 비애」 속 주인공들의 갈등과 고민에는 전영택과 이일의 갈등과 고민이 담겨 있다. 현실과 예술 사이를 오가던 『창조』 동인들의 고민의 일단이 담겨 있는 것이다. 『창조』 창간호에 발표된 김환의 소설 「신비의 막」은 당시 독자들에게 거의 인정을 받지 못한 작품이다. 하지만, 그럼에도 불구하고 이 작품은 다시 주목해 볼 가치가 있다. 「신비의 막」이야말로 『창조』 동인들이 역설하던 유미론적 세계관을 담아낸 첫 소설이기 때문이다. 이 작품에는 미가 곧 선이며 이는 진과도 다르지 않다는 생각이 담겨있다. 이는 김환의 글 「미술론」의 내용과 일치한다. 진리가 미 안에 숨어 있으며 미가 곧 선이라는 주장이 단편소설 「신비의 막」에 그대로 담겨 있는 것이다. 김동인의 작품 「목숨」에는 현실적 가치보다 예술적 가치를 중시하는 유미주의적 예술관이 표현되어 있다. 이는 김동인이 평론 「자기의 창조한 세계」에서 강조해 보여주었던 것이기도 하다. 서사 구성의 실패에도 불구하고 「목숨」을 주목하게 되는 이유는 이 작품에서 김동인의 유미주의적 예술관의 맹아를 발견할 수 있기 때문이다. 『창조』 마지막 호에 발표된 김동인의 단편소설 「배따락이」는 유미주의적 세계관을 선명하게 드러낸 작품이다. 이는 1920년대 초반 우리 문단의 주목할 만한 작품 가운데 하나로 손꼽힌다.

『창조』가 거둔 문학적 성과 가운데 하나로는 새로운 문체 실험과 언문일치의 실현이 꼽힌다. 그러나, 이는 김동인 스스로의 주장에 토대를 두고 있는 것이라는 점에서 다시 살펴볼 필요가 있다. 특히 구어체 문장의 확립에 대한 논의가 그러하다. 문체와 관련된 김동인의 주장에는 적지 않은 과장이 섞여 있을 뿐만 아니라 객관적 근거 또한 부족하다. 구절은 물론 단어 띄어쓰기까지 시도하는 이광수 초기 단편소설들의 문장은 규범의 적용이라는 측면에서 오히려 김동인의 문장에 비해 월등히 진화된 모습을 보여준다. 하지만 그렇다고 해서 『창조』와 김동인의 문체 실험에 주목할 만한 성과가 전혀 없었던 것은 아니다. 김동인의 문체 실험에서 가장 의미 있는 것 가운데 하나는 평안도 방언의 효과적 활용이다. 전영택의 「생명의 봄」의 묘사 문장들은 동인지 『창조』가 이루어낸 주목할 만한 문학적 성과 가운데 하나로 전혀 손색이 없다.

3.

1910년대 유학생 잡지가 수행한 가장 큰 기능은 친목과 계몽이었다. 친목은 이들 잡지가 특정한 단체의 기관지로 출발하거나 혹은 동인지로 출발했다는 사실과 관련이 있다. 계몽은 정치 방면보다는 주로 문화적 방면에서 진행이 되었다. 1910년대 일본 유학생들은 조선의 정치적 상황에 대해서도 적지 않은 관심을 지니고 있었지만, 이를 직접 글로 옮기기는 쉽지 않았다. 정치적 관심을 기사화시킨 경우에는 검열 등의 사회제도를 통과하기 어려웠고, 잡지 전체가 압수 폐기되는 일 또한 적지 않았다. 1910년대 유학생 잡지가 대부분 원고 모집 규정에서 정치와 관련된 시사물을 접수하지 않는다는 사실을 명시한 것은 이 때문이다. 이러한 상황 속에서 모든 유학생 잡지가 공통적으로 큰 관심을 보였던 것은 조선의 문화 및 관습에 대한 개량이었다. 1910년대 유학생들이 가장 관심을 갖고 고민했던 사회적 제도는 혼인 제도이다. 『학지광』에서『창조』에 이르기까지 모든 유학생 잡지의 논설과 소설에서 가장 빈번히 비판받는 구습은 조선의 조혼 제도이다. 그런데, 조혼에 대한 비판은 혼인 제도의 개선 필요성 강조뿐만 아니라 이혼의 정당성을 주장하는 논리로도 자주 활용이 된다. 그 점에서 보면, 조선의 풍습과 관련된 1910년대 유학생들의 고민과 주장의 요지를 단순히 조혼 철폐라고만 정리하는 것은 문제의 본질을 가릴 소지가 있다.

1910년대 유학생 잡지를 통해 제기되는 주장들의 가장 큰 특징은 상호모순성 및 이율배반성이다. 이는 동일 잡지에 수록된 여러 원고들 사이에서 발견되는 현상이기도 하고, 심지어는 동일 필자의 원고들 사이에서 발견되는 현상이기도 하다. 대부분의 1910년대 유학생 잡지에서는 상호모순성과 이율배반성이 조금씩 양상을 달리하면서 지속적으로 표출된다. 예를 들면,『학지광』의 논설에서는 전통에 대한 부정과 긍정, 그리고 서구화에 대한 지향심과 경계심이 공존한다. 조선청년에 거는 기대와 실력양성의 책무를 중시한 논설들은 준비론적 사상과 연관되는 것들이 대부분이다. 식민지 시기의 준비론적 사상은 그 자체가 이율배반적이라는 비판에서 자유롭지 못하다. 외적으로는 조선의 자립을 목표로 하면서도 실제로는 식민 체제의 공고화에 기여하는 이론이라는 비판을 피해가기 어려운 것이다. 문학 관련 논설에서는 문학의 자율성론이 주를 이루었지만, 다른 한편으로는 문학의 사회적 효용성론 또한 혼재되어 나타난다.『학지광』의 경우 문학 이론이 자율성론에 치중된 것에 비하면, 실제 작품은 현실 개조의 의지와 그로 인한 고뇌를 반영한 경우가 대부분이라는 점도 특기할 만하다. 문학이론과 창작물 사이의 성향 차이가 적지 않았던 것이다. 여성의 위상 변화를 다루는 논설들에서는 여성의 자유와 권리에 대한 확대를 주장하면서도 그들의 행동 규범에 대해 일정한 한계를 설정하려는 의도가 명백히 읽힌다. 이는 『학지광』의 경우뿐만 아니라 『여자계』에서도 발견되는 현상이다. 『여자계』는 1910년대에 발간된 유학생 잡지 가운데 상호모순성을 가장 빈번히 드러내는 매체이다. 『여자계』는 여성의 삶에 대한 새로운 인식의 필요성을 주장하면서도 동시에 여성들의 가치관에 대해 반성을 요구하고 여필종부의 세계관을 정당화하는 글들을 적지 않게 수록하고 있다. 『여자계』의 창작소설들은 신여성에 대한 세간의 비난과 여성을 차별하는 악습에 대응하는 모습을 보이는 것이 대부분이다. 하지만, 일부 번역소설들은 이른바 미풍양속을 표방한 전래적 구습을 옹호하는 구태의연한 모습을 여과 없이 보여준다. 동인지 『창조』의 필자들 역시 자신들이 내세운 가치를 스스로 부인하는 이율배반성을 잡지 곳곳에서 적나라하게 드러낸다. 예를 들면, 『창조』 동인들은 이광수의 계몽주의 문학을 비판하고 예술의 자율성을 강조하지만 정작 그들은 이광수 류의 계몽주의 문학의 그늘을 쉽게 벗어나지 못한다. 특히 『창조』의 대표 필자였던 김동인의 글쓰기는 상호모순성과 이율배반성을 가장 잘 보여주는 사례에 속한다.

1910년대 유학생 잡지의 글쓰기에서 발견되는 상호모순성 및 이율배반성의 원인은 크게 다음과 같이 정리할 수 있다. 첫째, 잡지 필자들의 연령과 경험 등으로 미루어 볼 때, 이들의 사고 체계가 일관된 모습을 갖추기 쉽지 않았다는 점을 들 수 있다. 아직 학생 신분이었던 유학생 잡지 필자들에게는 글을 쓰는 과정 자체가 자신의 사고 체계를 정비해 가는 과정이었다. 따라서 그들은 일관된 논지를 펼쳐 보이기보다는,

갈등하고 흔들리거나 혹은 상호 모순을 노출하는 모습을 보일 수밖에 없었다. 둘째, 이 시기 일본 유학생이라는 위상 자체가 이율배반성 혹은 상호모순성을 드러내는 측면이 없지 않았다. 이 시기의 일본 유학생들은 피식민의 상태를 벗어나기 위한 방법을 식민지 지배국가의 중심부에서 찾고 있었던 인물들이다. 그들은 피식민지인 고향의 낙후된 현실에 대한 기억을 지우지 못한 상태에서, 식민지 지배국가에서 익힌 새로운 이론들을 자신의 것으로 받아들여야 했다. 이는 전통적 도덕과 새로운 윤리 사이에서 일관된 가치 판단을 하지 못한 채 방황하는 이유가 되기도 했다. 1910년대가 일본의 다이쇼大正 데모크라시의 시대로, 정치와 사회 그리고 문화 등 여러 방면에서 변화가 급격히 모색되고 다양한 견해가 충돌하던 시기였다는 점도 영향을 미친 것으로 볼 수 있다.[189] 셋째, 유학생 잡지의 편집 체제 및 편집 여건에서도 그 원인을 찾을 수 있다. 『학지광』의 편집은 이미 선출된 학우회 임원 가운데서 몇 사람이 맡아 하는 구조였다. 따라서 시기별 회장이나 편집인의 성향에 따라 잡지에 실리는 글의 종류 및 성격이 수시로 바뀔 수밖에 없었다. 장기적 안목이나 일관된 논조의 편집 기획이 불가능한 체제로 운영되었던 것

189 이와 관련해서는 다음의 지적 참조. "1910년대 일본 유학생들을 중심으로 한국사회에 수용된 민주주의론의 전개과정은 양면적 의의를 갖고 있었다. 첫번째 민주주의론은 단순한 정치제도론을 넘어 역사발전의 보편적 목표로 자유와 평등의 실현을 제시하는 새로운 세계사의 전망이었다. 그러나 다른 한편으로 민주주의 사상은 사상내적으로 중요한 한계를 갖고 있었다. 완전한 자유, 평등의 실현을 사상적 목표로 강조하였지만, 현실적 실천방법과 주체에 대한 논의는 취약하였다. 이러한 문제는 다이쇼 데모크라시론에 내재된 문제였다. 다이쇼 데모크라시론은 개인의 인격적 성장과 사회와 개인의 조화, 사회구성원의 도덕적 의식향상을 주장하였지만 실천적 방법은 국가체제 내에서의 제도개혁, 정신개혁론이기 때문이었다." 이태훈, 「1910~20년대 초 신지식층의 민주주의 인식과 현실 활용—일본 유학생과 동아일보의 논의를 중심으로」, 『한국사상사학』 56, 한국사상사학회, 2017, 67~68쪽.

이다. 이러한 편집 체제상의 문제는 『여자계』의 경우도 크게 다르지 않다. 특히 『여자계』의 경우에는, 이 잡지가 지향하는 세계관에 대해 공감하고 이를 글로 표현해 낼 수 있는 필자를 구하기가 쉽지 않았다. 이 밖에, 물리적으로 불충분했던 잡지의 지면도 그 원인의 하나로 지목할 수 있다. 이러한 지면 환경은 원고 집필자의 의도를 조리 있게 엮어 표현하기에 적합하지 않았고, 필자들의 주장을 균열적으로 보이게 하는 또 하나의 원인으로 작용했다. 부정기적 발행과 불충분한 지면은 『학지광』·『여자계』·『기독청년』과 『현대』 그리고 『창조』 등 1910년대에 발간된 모든 유학생 잡지가 감내해야만 했던 문제들이었다.

간행사 _ 근대 한국학총서를 내면서

새 천 년이 시작된 지도 벌써 몇 해가 지났다. 식민지와 분단국가로 지낸 20세기 한국 역사의 와중에서 근대 민족국가 수립과 민족 문화 정립에 애써온 우리 한국학계는 세계사 속의 근대 한국을 학술적으로 미처 정리하지 못한 채 세계화와 지방화라는 또 다른 과제를 안게 되었다. 국가보다 개인, 지방, 동아시아가 새로운 한국학의 주요 대상이 된 작금의 현실에서 우리가 겪어온 근대성을 다시 한번 정리하고 21세기에 맞는 새로운 모습으로 탈바꿈시키는 것은 어느 과제보다 앞서 우리 학계가 정리해야 할 숙제이다. 20세기 초 전근대 한국학을 재구성하지 못한 채 맞은 지난 세기 조선학·한국학이 겪은 어려움을 상기해 보면, 새로운 세기를 맞아 한국 역사의 근대성을 정리하는 일의 시급성은 아무리 강조해도 지나치지 않다.

우리 근대한국학연구소는 오랜 전통이 있는 연세대학교 조선학·한국학 연구 전통을 원주에서 창조적으로 계승하고자 하는 목표에서 설립되었다. 1928년 위당·동암·용재가 조선 유학과 마르크스주의, 그리고 서학이라는 상이한 학문적 기반에도 불구하고 조선학·한국학 정립을 목표로 힘을 합친 전통은 매우 중요한 경험이었다. 이에 외솔과 한결이 힘을 더함으로써 그 내포가 풍부해졌음은 두말할 나위가 없다. 연세대학교 원주캠퍼스에서 20년의 역사를 지닌 매지학술연구소를 모체로 삼아, 여러 학자들이 힘을 합쳐 근대한국학연구소를 탄생시킨 것은 이러한 선배학자들의 노력을 교훈으로 삼은 것이다.

이에 우리 연구소는 한국의 근대성을 밝히는 것을 주 과제로 삼고자 한다. 문학 부문에서는 개항을 전후로 한 근대 계몽기 문학의 특성을 밝히는 데 주력할 것이다. 역사 부문에서는 새로운 사회경제사를 재확립하고 지역학 활성화를 위한 원주학 연구에 경진할 것이다. 철학 부문에서는 근대 학문의 체계화를 이끌고 사회과학 분야에서는 학제 간 연구를 활성화시키며 근대성 연구에 역량을 축적해 온 국내외 학자들과 학술 교류를 추진할 것이다. 이러한 연구들은 일방성보다는 상호 이해와 소통을 중시하는 통합적인 결과물의 산출로 이어질 것이다.

근대한국학총서는 이런 연구 결과물을 집약적으로 정리하기 위해 마련한 총서이다. 여러 한국학 연구 분야 가운데 우리 연구소가 맡아야 할 특성화된 분야의 기초자료를 수집・출판하고 연구성과를 기획・발간할 수 있다면, 우리 시대 연구자들뿐만 아니라 학문 후속세대들에게도 편리함과 유용함을 줄 수 있을 것이다. 새롭게 시작한 근대한국학총서가 맡은 바 역할을 충분히 할 수 있도록 주변의 관심과 협조를 기대하는 바이다.

2003년 12월 3일

연세대학교 원주캠퍼스 근대한국학연구소